MANESSE BIBLIOTHEK DER WELTLITERATUR

# HEINRICH HEINE

# MEIN WERTVOLLSTES VERMÄCHTNIS

## RELIGION LEBEN DICHTUNG

Herausgegeben von
Felix Stössinger

MANESSE VERLAG
ZÜRICH

Unveränderter Nachdruck der Ausgabe von 1950

CIP-Kurztitelaufnahme der Deutschen Bibliothek

*Heine, Heinrich:*
Mein wertvollstes Vermächtnis: Religion, Leben,
Dichtung / Heinrich Heine
Hrsg. von Felix Stössinger
2. Aufl. – Zürich: Manesse Verlag, 1985
(Manesse Bibliothek der Weltliteratur)
ISBN 3-7175-1700-7 Gewebe
ISBN 3-7175-1701-5 Ldr.

*Heinrich Heine kam am 13. Dezember 1797 in Düsseldorf zur Welt. Französische Revolutionstruppen hielten die Stadt von 1795 bis 1801 besetzt, von 1806 bis 1813 stand sie unter napoléonischer Verwaltung. Heine hat seiner Schuljahre besonders im Franziskanerkloster stets liebevoll gedacht. An seiner poetisch-geistigen Anlage scheiterten die Familienpläne, aus ihm einen Kaufmann zu machen. Er studierte 1819—1825 an den Universitäten Bonn, Berlin, Göttingen. Seine Lehrer waren u. a. Arndt, A. W. Schlegel, der Historiker Sartorius, der Germanist Benecke, der Indologe Bopp, der Homer-Wolf und Hegel; wahrscheinlich hörte er auch Savigny und Schleiermacher. Das Rechtsstudium war ihm lästig, die Doktorprüfung fiel bescheiden aus. In Berlin kam er durch das Haus Varnhagen mit den interessantesten Menschen und Zeitideen in Kontakt. Seine Eltern waren verarmt, alle hingen nun von dem Hamburger Onkel, dem Bankier Salomon Heine ab, einem der reichsten Männer Deutschlands. Zu seinem Unheil stand Heine lebenslänglich psychisch und finanziell im Bann seines Klans. Seine großen Jugendlieben waren die Töchter des Onkels, erst Amalie (1816), dann Therese, von 1823 ab. Beide wurden ihm weggeheiratet. Im «Buch der*

*Lieder» ist das Glück seiner Leiden verewigt. Seine ersten Reisebriefe aus Polen (1822) ließen bereits ein ungewöhnliches Talent der Lebensbeobachtung und der sozialen Deutung erkennen; vieles aus dieser Jugendschrift ist klassisch geblieben. Mit seinen Reisebildern aus Deutschland, England, Oesterreich, Italien schuf er eine neue Gattung, die in vielen Sprachen bis auf den heutigen Tag nachgeahmt wurde. Alle Versuche, sich eine Existenz zu verschaffen, scheiterten. Das gegen seine Überzeugung gelöste Entreebillett in die deutsche Gesellschaft, die Taufe, wurde bei Vorweisung nicht anerkannt.*

*Am 20. Mai 1831 kam Heine in Paris an. Damit beginnt die zweite Periode seine Lebens und Schaffens. Er wurde zum Mittler zwischen Deutschland und Frankreich, indem er Deutschland Frankreich und Frankreich Deutschland erklärte. — Seine Schriften über Religion, Philosophie und Dichtung Deutschlands haben zur Bildung richtiger Vorstellungen über Deutschland beigetragen. Paris war seine große Liebe, konnte ihm aber Deutschland nicht ersetzen.*

*Die geistvollste Gesellschaft der Welt nahm ihn in Paris als ihresgleichen auf. 1834 lernte er eine Midinette, Creszenzia Eugénie Mirat, kennen, die er 1841, am Vorabend eines Pistolenduells, heiratete. Von 1836 bis 1848 erhielt er wie viele andere verdiente Persönlichkeiten aus dem Dispositionsfond des Ministerpräsidiums eine Jahresrente. Alle, die Heines Werk verstehen, haben Frankreich für diese schöne Tat zu danken.*

*Acht Jahre fürchterlicher Leiden in der Matratzengruft bilden von 1848 an die dritte Periode seines Lebens. Er starb, fast zufällig, am 17. Februar 1856, nachdem er bewiesen hatte, daß ein Geist von unbrechbarer Energie mit einem Minimum von Körper des größten Wachstums fähig ist. Bis zuletzt wurden ihm täglich viele Stunden schwere wissenschaftliche Werke vorgelesen. Was er nachts im Opiumhalbschlaf dichtete, schrieb er am Tage nieder oder diktierte es. Zuletzt wurde ihm noch das Wunder einer deutschen und echten Liebe zuteil. Seine «Mouche» hat als französische Schriftstellerin unter dem Namen Camille Selden bewiesen, daß sie eine hochstehende, noble Persönlichkeit war.*

*Heines Werke sind im Register dieses Buches aufgeführt. Alle Zitate sind datiert, sie beweisen dem Leser, daß Heines religiöse Gefühls- und Gedankenwelt von Anfang an mit fast allen ihren Elementen in ihm vorhanden war, vom Leiden nicht hinzugefügt, sondern nur erweitert wurde. So bildet jedes der folgenden 34 Kapitel eine geistige Einheit.*

*Über Heine ist seit 1918, noch mehr seit 1933, in allen Kulturländern viel veröffentlicht worden. Auch die Zahl neuer Übersetzungen ist Legion. Aber populär, wie Heine einmal war, ist er nicht mehr. Er ist statt dessen im Begriff, überraschend zum Vorläufer einer neuen Generation zu werden, die in ihm einen Lehrer unserer Zeit entdecken kann.*

## 1. *Verborgene Einheit*

Heines Werk erscheint hier in einer Auswahl, die nicht eine Gesamtausgabe ersetzen sondern begründen will. Nach wie vor gilt das Wort des englischen Essayisten und Moralisten Matthew Arnold aus der Mitte des vorigen Jahrhunderts: «Es gibt wenige Autoren, in deren Gesammelten Werken so wenig wie bei Heine zu überspringen ist.» Aber wenige Autoren von Weltruhm sind so verkannt wie Heine. Das Genie der Leichtigkeit führt irre, besonders wenn es selbst irreführen will. Und außerdem steht dem Verständnis Heines das im Wege, was Varnhagen seine «glänzend beleuchteten Mängel» nannte. Er ist einer der gelesensten Schriftsteller des 19. Jahrhunderts. Er ist der bekannteste deutsche Lyriker. Seine Wirkung reicht so weit, daß man sich immer wieder neu vorstellen muß: sie geht von einem Einzigen aus. Aber gerade deshalb war sie anonym, ist sie anonym geworden. Heine als der Denker Unbekannt des 20. Jahrhunderts ist das Thema dieses Buches.

Ebbe und Flut seines Nachruhms geben Hebbel recht, der Heine einen schwer zu beurteilenden Dichter nannte, der in einer Gesamtausgabe gelesen werden muß. Selbst so große Heine-Verehrer wie Baudelaire und Nietzsche gelangten vom Mißtrauen zu hoher Bewunderung. Wir besitzen von Heine drei große in sich geschlossene Gedichtbücher, die er die «Säulen meines Ruhmes» nannte; drei kleinere; zwei mythische Tanzpoeme (Doktor Faust und Göttin Diana); zwei Schriften über Götter und Geister; fünf Bücher über Philosophie, Literatur, Kunst und Theater; drei Bücher Zeitgeschichte; zwei mehrbändige Zusammenfassungen von Reisen nach innen und außen; drei Novellen; zwei Tragödien; drei autobiographische Schriften; kleinere Aufsätze; Vorrede und Nachworte, die Heine zu einer neuen Gattung machte; und doch fehlt der Welt nicht so sehr ein großes Werk von Heine als eine Botschaft. Er vergeudete kostbare Jahre in einem Staub von Affairen, der oft seine Fußspitzen beschmutzte, manchmal auch die Fingerspitzen fleckig machte. Aber nichts davon reicht an die Zitadelle seines Herzens. Wir nehmen Kenntnis von den Prozeßakten seines Lebens und überlassen sie der literarhistorischen Conciergerie; jeder hat das Thema, das er verdient.

Unser Thema hier ist die verkannte Einheit und Gegenwärtigkeit von Heines Welterfahrung und Weltpostulaten. Sein Erlebnis der mysteriösen Übergangskrise, die vom 18. ins 20. Jahrhundert zielt — durch ihn hindurch. Seine Abkehr von Hegel und dem autonomen Menschen, auf jener Wegkreuzung religiöser Erschütterung, die von Byron zu Dostojewskij führte; seine Funktion als das Zwischenglied zwischen Hölderlin und Nietzsche-George. Seine poetisch-künstlerische Erfassung der Politik als einer geistig-religiösen Aufgabe unserer Zeit; seine Entwicklung vom Heils- zum Unheilspropheten der Weltrevolution — das Wort stammt von ihm! —, der aber den sozialen Primat niemals dem Königtum des Geistes geopfert hat, das das letzte Wort der Geschichte sprechen wird.

Heine wußte, daß er für seine geniale Identität mit der Zerrissenheit der Zeit mit dem Verzicht auf ein Werk der Synthese bezahlen mußte: war es doch gerade seine Aufgabe, dem hohlen Ganzheitsdünkel die wahre Ganzheit, die uns mangelt, gegenüberzustellen. Um so mehr litt er darunter, daß die in seinem Werk enthaltene Einheit verkannt wurde. Vergeblich wies er, sogar in einer Vorrede zum Buch der Lieder, darauf hin, daß seine «poetischen, theologischen und philosophischen Schriften ein und demselben Gedanken entsprossen sind». Es war keine Anbiederung an die Staatsmacht, als er sich 1836 in dem Protestbrief an die Hohe Bundesversammlung gegen das Interdikt seiner schon erschienenen und aller seiner künftigen Schriften zum Beweis erbot, und freies Geleit aus Paris nach Deutschland verlangte, wie es einst sein «Meister Martin Luther glorreichen Andenkens» erhalten hatte, daß «meine Schriften nicht aus irreligiöser und unmoralischer Laune sondern aus einer wahrhaft religiösen und moralischen Synthese hervorgegangen sind».

Zwei Umstände standen und stehen dem Verständnis Heines im Wege: seine Ausdrucksmittel und seine Ausdrucksmethode; sein Witz und die allen Einbrüchen geistiger Phantasie offene Form seiner Werke, die «ganze» Werke ausschließt. Pascal hat, vielleicht ironisch, vor den faiseurs d'esprit gewarnt, vor den Witze- und Wortemachern, und wirklich ist Vorsicht vor Glanz geboten. Aber Börne hätte für seine bekannte Behauptung, «Heine opfert einem Witz nicht bloß das Recht und die Wahrheit sondern auch seine eigene Überzeugung» kein einziges Beispiel erbringen können. Heine gebraucht seinen Witz und nicht er ihn. Ihm fällt so viel ein, seine Überzeugungen wiederzugeben, daß er sie nicht verraten muß, um Einfälle anzubringen. Niemals widerspricht sein Witz seinem Ernst, nie entspringt er etwas anderem als seinem Ernst, denn Heine illustriert in allen seinen vielen guten Augenblicken das Wort von Novalis: «Der Witz ist schöpferisch. Er macht Ähnlichkeiten.» Wenn Heine auch oft, persönlich gereizt, von seinen Waffen maßlosen Gebrauch macht, so sündigt er doch nie wissentlich gegen das, was ihm wahr erscheint. Aber Gedanken, die auf leichten Füßen kommen, stimmen mißtrauisch, und allgemein traut man einem süßen Liedermund nicht Wahrheiten zu, die die Pythia mit Schaum vor den Zähnen auf Dämpfen sitzend herausgestöhnt hat.

Die Form von Heines Werken ist seinem Wesen gemäß geschlossenen Systemen und eindimensionalen Anschauungen abhold. Was wir alle tun, nämlich unsere Meinungen unserem inneren Gesetz anpassen, ist Heines Thema, das Thema eines Künstler-Philosophen. Wie für Montaigne ist für Heine das Ich das dominierende Objekt seiner Interessen. Er hat als erster die Philosophie durch den Philosophen erklärt und nicht bloß die Resultate seines Denkens mitgeteilt, sondern auch die veranlassenden Motive, die andere lieber verschweigen oder leugnen, so Angst, Hunger, Ehrgeiz, Rach- und Vergnügungssucht, Aggressions- und Liebestriebe, also auch Liebe, Sehnsucht, Mitgefühl und soziale Solidarität. Heine erlebt die Welt als Flaneur, und so kann er sie nur flanierend in Reisebildern wiedergeben, in Gemäldeausstellungen, in denen Bild neben Bild in schreienden Kontrasten hängt, — die aber alle von einem Maler gemalt sind, und alle als Selbstbildnisse. Die Siebenmeilen-Stiefel des Gedankens, deren Flug er auf Napoléons Stirne gewahrte, haben ihn selbst durch viele Welten geführt. Dilettant in allen Fächern, hat er keines gestreift, ohne schöpferische Bereicherungen zu hinterlassen. Er brauchte nur an einem Problem zu riechen, um mehr davon zu wissen, als die Fachwissenschaft eines Jahrhunderts erarbeiten konnte.

Die romantische Formlosigkeit ist das Opfer, das er als Künstler seiner Wahrheitssendung bringen mußte. Ausgestattet mit den seltensten Talenten von Wort, Klang und Farbe, widerruft er alle Formeinheiten, die durch den bloßen Schein einer statischen Einheit sein dialektisches Verhältnis zur Welt verfälschen könnten. Aber wie der bekannte rote Faden im Tau der britischen Marine, der nur noch als Metapher Goethes existiert, durchzieht ein einheitlicher Lebensgedanke Heines Werk. Einfälle aus den verschiedensten Regionen blühen unerwartet auf. Aus der osmotischen Kraft seines religiösen Ingeniums erblühen Gedanken zu Mythen und werden Wahrheiten einer inneren Welt, eben der, in der wir heute leben. Und doch steht das Wesentlichste absichtlich im Schatten. Berühmte Effekte sind oft nur da, um abzulenken. Kleine Absätze, Sätze, Nebensätze, die ein neues Jahrhundert von Religion, Politik, Philosophie, Psychologie, Kunst ins Leben gerufen haben, gehen ihm voraus wie die Fragmente der Vorsokratiker der hellenischen Philosophie.

Die Romantik hatte nicht das Prinzip der kleinen Form, sondern hat schlaff umfängliche Formen mit Kleinplastiken ausgefüllt: mit Fragmenten, Anekdoten, Briefen, Dialogen, Strophen, Reflexionen, Aphorismen. Erst Nietzsche erhob die kleine Form zum Prinzip, das vor Systematik schützt und Gedankenkatarakte auffängt. Heine war zu sehr Poet, um sich mit der Kleinform zu begnügen und auf die Wiedergabe des Lebens mit seinen malerischen Zaubereien zu verzichten. Er blieb daher zwischen der Romantik und Nietzsche stehen. Um Heines Denkbild von der Wildnis seines Herzens zu befreien, habe ich den in ihm präformierten Nietzsche aus dem einfallsfrohen Lawrence Sterne, der ja auch in Heine enthalten ist, extrahiert und aus den neu gewonnenen Kleinformen seine große Botschaft redigiert. Durch die Titel, die fast immer einem Heineschen Wortlaut oder Gedanken entsprechen, gelegentlich aber auch eine aktuelle Facettierung nicht scheuen, entstand eine optische Identität mit Nietzsche, die das Buch noch anziehender machen wird.

Gewiß ist dieser Heine da nicht der ganze Heine, aber es ist ein faßbares, übersehbares Abbild seiner Ganzheit, und wer sie zuerst in dieser Form kennenlernt, wird seine Gesamtausgabe mit einem neuen Wissen lesen. Paradox wie Heine ist, muß das Werk des «Zerrissenen» neu zerrissen werden, um sich als Einheit zu offenbaren. Und dennoch ist Heines Einheit nicht das, was wir herkömmlich so nennen. Sie ist das subjektive Gleichgewicht der zentrifugalen Kräfte seiner Persönlichkeit, deren Ausgleich er erreichte, ohne eine einzige preiszugeben.

## *2. Kontraste*

Vom Genius verlangt Novalis, daß seine Person aus Personen besteht. Dichter, die den Zwei-Seelen-Kampf in einer Brust gewinnen, nennt man Klassiker. Aber der Klassiker unserer Zeit ist der Heilige, der um den Preis des Wahnsinns auf den Sieg verzichtete: Hölderlin. Und Heine gehört noch einer ganz anderen Kategorie von Einheitshelden an. Auch er kannte den «Bürgerkrieg in meiner Brust», aber es war ein echter Bürgerkrieg zwischen verschiedenen Völkern, Vergangenheiten und Zukunftsinteressen. Heine war völkervielstimmig wie die heutige Welt. Er durfte kein Einzel-Ich als Zensor über die Gegensätze seines weitverzweigten Personenverbandes aufrichten. Er mußte ihn föderativ gelten lassen und dem symphonischen Ablauf seines Lebens vertrauen. Es war dafür gesorgt, daß die Stimmen seiner Existenz nacheinander oder gemeinsam zur Geltung kamen und die letzten Akkorde seines Werkes wie ein Friedenschoral der geeinigten Menschheit verklingen.

Heine war Rheinländer. Er ist am Rhein geboren, an dem die Familie seiner Mutter van Geldern nachweislich seit 9 Generationen, wahrscheinlich viel länger, beheimatet war. Ein Ghetto gab es in Düsseldorf nicht, wo die Familie seit einem Jahrhundert wohnte. Als Heine am 13. Dezember 1797 zur Welt kam, war Düsseldorf schon zwei Jahre von Franzosen besetzt. Das rheinische Wesen war unter den Franzosen nur noch rheinischer geworden — das war seine Art des Deutschtums. Hat ein Landstrich formende Kräfte, so streichen sie wie der Wind über alle Menschen, die darinnen wohnen. Auch als Jude ist Heine Rheinländer. Er ist nicht derselbe Rheinländer wie die Deutschen, aber auch nicht derselbe Jude, wie es die nichtrheinischen Juden sind.

Und wie rheinisch ist Heine von Grund auf. Wie hat ihn der Rhein bezaubert, wie viele neue Zauber hat er ihm für alle Zeiten mitgeteilt. Rheinisch war Heine trunken ohne Wein. Rheinisch sind seine Torheiten und Unbesonnenheiten. Rheinisch ist in seinem Werk immer Fasching und langer Aschermittwoch. Rheinisch liebt er mit sich selbst Maske zu spielen. Rheinisch ist das Parlando seiner Verse; rheinisch ist seine moussierende Prosa.

Ein niederdeutsches Element kam zu Heine von seinem Vater, der in Hannover-Bückeburg ansässig war. Und nun sehen wir plötzlich Heine als Niederdeutschen. Niederdeutsch liebt er Westphalen und Friesen vor allen Deutschen. Niederdeutsch erlebt er wie kein Deutscher vor ihm das Meer. Niederdeutsch wirkte Heine in Paris. Und seine große skandinavische Gemeinde fühlte stammverwandten Geist in ihm, etwas nordisch Isländisches, jütländisch Bauernhaftes.

Aber plötzlich bricht etwas ganz anderes aus Heine hervor: der Orient. In Familienkisten fand er vielleicht mit 13 Jahren die Papiere seines legendären Großoheims Simon van Geldern, des Morgenländers, wie er in der Familie nach seinen Orientreisen genannt wurde. Mit seltener Klarheit bietet sich hier das Phänomen der Ahnenseele — kein Wunder, daß Heine es als erster entdeckt hat. Heine errät sich und seine Zukunft im Verstorbenen. Er fühlt sich mit ihm so ganz eins, daß er eine Identifikation mit einem unbekannten Menschen erlebt und somnambulisch nicht immer zwischen sich und ihm unterscheiden kann. Und doch wissen wir viel mehr als Heine über den Reichtum dieser Identitäten; als ob die Natur zum erstenmal versucht hätte, Heinrich Heine zu schaffen, nur daß es ihr nicht gleich gelang. Aber Heine fühlt sich in den fragmentisch-unentzifferbaren Papieren persönlich getroffen von diesem kabbalistischen Don Juan, diesem kosmopolitischen Abenteurer, der von Genuß zur Askese taumelt, wie Heines Tannhäuser; der auch an einer Kusinenliebe scheiterte, auch in

Paris lebte, ja sogar an der Emanzipation der Juden durch die Französische Revolution Anteil hatte, da er ihren Vorkämpfer, den Abbé Henri Grégoire, mit Material über die Judenfrage versorgte. Und das wußte Heine nicht!

Aber Heine erriet in sich sein letztes Geheimnis: er ist Orientale, Asiate, Inder. Er hat den Dionysos auf seinen Zügen von Indien nach Hellas begleitet und ist berufen, ihn nach Europa zurückzuholen. Er blickt hinüber auf die Lotosblumen und das Göttergewimmel, das ihm nicht metempsychotisch aus Seelenwanderungen, sondern genetisch vertraut ist. Daher seine blutverwandte Liebe zu den andersfarbigen Völkern, seine brennende Verachtung der colour bar, seine brüderliche Vertrautheit mit den Asiaten auf einem Kauffahrteischiff in London. Als Orientale erkennt er in Napoléon den wiedergeborenen Halbgott. Als Orientale ist er unerschöpflich im Märchenerzählen und -hören. Als Orientale atmet er den West-Östlichen Divan Goethes wie vertrautes Leben ein. Jener Orient, um den Goethe, Daumer, Rückert, Platen sich bemühten, ist ihm Wirklichkeit. Als Jude gehört Heine zu der älteren Schicht der Baal und Astarte, und er hat den Sieg des Gesetzes über das Reich der Instinkte dem Vatergott nie ganz vergeben; rebellisch will er das alte Reich erneuern.

Auch gesellschaftlich ist Heine der Mensch der Kontraste. Die Landschaft macht ihn zum Träumer, die Industrie- und Handelsstadt mit ihrem sozialen Klimawechsel zum Klassenkämpfer und Großstädter. Er ist der erste deutsche groß- und weltstädtische Dichter, der aber nachts durch die Straßen wie durch Dämonentäler geistert. Das Freiheitserlebnis in der Vaterstadt und das Milieu des Mutterhauses erwecken Heine zum Dichter und Publizisten der bürgerlichen Freiheit. «In meiner Wiege lag schon meine Marschroute für das Leben», schreibt er 1833 Varnhagen.

Alle Elemente von Heines Gefühls- und Gedankenwelt lassen sich wie an Leitfäden zu seinen verschiedenen Ursprüngen zurückverfolgen. Was Heines Gegner Inkonsequenz, Opportunismus, Verrat an Ideen und Grundsätzen nennen, war das unendlich kunstvoll ausbalancierte Wagnis der Treue Heines zu allen Kräften und Quellen, die in ihm lebendig waren, war seine Philosophie aus den Bedürfnissen seines Lebens, die Relativierung aller Ideen auf den Bezirk, in dem sie existentiell sind. Sie sind bei ihm im Fluß, wie es unser Körper ist, und er kann sich ihrer so wenig erwehren, daß er sie wie einen heiligen Zwang betrachtet, dem er folgen muß, ob er ihn versteht oder nicht —, beinahe immer gegen sein Bedürfnis nach Ruhe und Dauer.

Dieses Bedürfnis nach Sicherheit konnte ihn aber doch nicht dazu bestimmen, seine geistigen Welten in ein System zusammenzudrücken, das ihren Wahrheiten nicht entsprochen hätte. Goethe brachte eine überlegene Koordination seines Glaubens als Monotheist, Polytheist und Pantheist zusammen. Heine stand als Jude in dem uralten Du-Gespräch mit Gott, das er nie ganz abbrach, auch wenn er als Pantheist vor dem Schatten Gottes zurückschreckt oder ihn das himmlische Heimweh zu den Panentheisten, Polytheisten, Mono-Polytheisten treibt. Er hat als Jude Christus geliebt, als Hellene die gestürzten Götter mit Zorn oder Mitleid erlebt und sie auf ihren nächtlichen Orgien belauscht. Es gibt keine politische Richtung, von der ihn nicht die Rücksicht auf die Ansprüche eines anderen Ich in seiner Brust zurückgeholt haben. Kein zweiter bürgerlicher Demokrat wagte sich so weit wie er nach links zu den Kommunisten hinaus und nach rechts zur Monarchie, ja sogar zum Absolutismus. Am besten dünkt ihm eine Monarchie, die von Republikanern geleitet wird, oder eine Republik, in der Monarchisten regieren. Auch die politischen Formen sind doppelt bedingt. Sie sind ein Gelächter, gehalten an der gottreinen Idee; sie sind eine Lüge, gemessen an der Wirklichkeit des Menschen. Wie sein Ich ist der Mensch, die Menschenartung, für Heine wesentlicher als aufgezwungene Formen.

Auch im Verhältnis zur Welt ist Heine zunächst wie ein Bronzeabguß der dialektischen und naturalen Spannungen seines inneren Völkerkrieges. Es ist der Jude in ihm, der am Deutschen leidet, der ihn als Juden verletzt; der Deutsche in ihm, der sein Judentum mißachtet oder haßt; der Rheinländer, der aufs natürlichste preußenfeindlich ist; der Deutsche, der den Partikularismus verspottet; der Pariser der Barrikaden, der die Revolution in Krähwinkel dem Gelächter preisgibt; der Europäer, der Frankreich vor dem kommenden Aufstand der germanischen Götter warnt; der Orientale, der sich

Europa überlegen fühlt; der Schüler der Aufklärung, der vor den düsteren Kulten Asiens schaudert; der rebellische Jude, der das Schwert des Gottesreiches bringt; das Kind aus guter Familie, das hinter dem Pferd des Kurfürstendenkmals Schutz sucht, um nicht vom jauchzenden Blutstrom der Revolution verschlungen zu werden.

Den Hintergrund aller Widersprüche bildet das Absolute. Heine erklärt die Meisterschaft in der Satire des Tacitus durch dessen Empfinden für die Größe Roms und die Kleinheit der Römer. Rom ist eine Idee, die Heine haßte, weil sie ein kaltes, erbarmungsloses Abbild der wahren Ganzheit war. Wo es aber einen echten Gegensatz zwischen der Größe der Schöpfung und dem Elend ihrer Geschöpfe gibt —, liegt da nicht eine Schuld des Schöpfers vor oder gar seine Absicht, sich über sich selbst auf unsere Kosten zu belustigen? Die Welt ist keineswegs so, daß Heine Gott vom Spott über alles Nicht-Gekonnte ausnehmen dürfte. Es ist geradezu eine Nachsicht mit Gott, daß Heine unsere Welt der Kontraste als künstlerische Absicht des Urpoeten, Ursatirikers, Ur-Aristophanes da oben im Himmel mit mildernden Umständen gelten läßt. Ach, wie sich der Plagiator im Himmel dauernd neu bestiehlt. Er kann nicht recht weiter, offenbar ist er zu gesund, um etwas Neues zu schaffen. Alles ist schon dagewesen, es ist nichts Neues unter der Sonne, sie selbst ist nur ein alter, aufgewärmter Spaß des großen Kontrastkomikers. Da Heines Satire, wo sie sich nicht an Tagesfällen vergeudet, einen

Witz hat, der nicht herunterreißen will, sondern hinauf, versucht er auch aus Gott das beste herauszuholen. Aber vielleicht ist alle Arbeit vergeblich, wenn «Gott» gar nicht Gott ist, sondern ein Demiurg dieser provisorischen Welt, ein pfuschender Zwischenmeister, mit dem es zum Sterben geht, wie mit «Jehovah», dem Heine, Gipfel aristophanischer Blasphemie, die Sterbenssakramente des eigenen Sohnes zu seinem Hinscheiden darbringt.

Gnostische Grundgedanken liegen Heines Satire zugrunde und auch seiner Erklärung des Christentums. Die Heine-Wissenschaft, die ihm meist wenig zutraut, schnüffelt natürlich herum, woher Heine das wieder herhabe. Heines Wissen von den Dingen ist aber durch keine Lektüre erklärbar. Es stammt aus seiner eigenen Substanz, es ist sein in Einzelerfahrungen zum Selbstbewußtsein gelangtes Wesen, und was er aussagt, ist Vision. So las er nicht zusammen, sondern wußte als Orientale aus seinem Wesen die Idee des Christentums durch Gnosis und Manichäer auf Indien zurückzuführen. Heine geht mit sicherem Instinkt den Weg seiner weiten Herkunft zurück, wenn er zu den Quellen steigen will, und da ihm dabei die Vermischung moderner Vernunft mit ältesten Instinkten große Dienste leistet, erweist sich auch im Größten Heines Reichtum an kontrastierenden Vergangenheiten als die Mitgift seiner verschiedenen Genien.

Verwandtschaften suchte Heine lebenslänglich, um über sich selbst klar zu werden. Da ihn die Fülle seiner Erscheinungen verwirrt, sucht er sie typologisch zu ordnen; auch hier ist wieder die Naturanlage die Veranlassung seiner typologischen Erkenntnisse. Und als mythisch denkendem Künstler ist es für Heine nicht weit, auch zum Entdecker unserer Archetypen zu werden. Nicht wertend, sondern typologisch sind alle seine Selbstvergleiche zu verstehen. Aristophanes ist sein Vater, Jesus, Spinosa, Byron sind seine Vettern. Er ist ein Kirchenvater des kommenden Deutschland, ein Tannhäuser, der nach Bitternissen schmachtet, er ist der Hofnarr des deutschen Volkes, wie Kunz von der Rosen, ein Abaelard, der ohnmächtig seine Heloise liebt, die Mouche, er ist ein protestantischer Kämpfer der Geistesfreiheit wie Luther und Lessing, er hat das Dichterschicksal von Firdusi und Jehuda ha-Lewi, von Hölderlin und Lenau, er ist Faust plus Mephisto, Don Quijote plus Sancho, Hamlet plus Yorick, ein Ritter vom Heiligen Geist, der die Völkerfreiheit erstreitet, und dann wieder ein einfacher Soldat im Befreiungskriege der Menschheit.

Das geistige Frankreich wurde von diesem Phänomen entzückt und hat seinen Pluralismus verstanden. Schlechte Zensuren als «Proteus» erhielt er vor allem in Deutschland. Gautier nennt ihn einen Aristophanes und Eulenspiegel in einer Person; zahlreiche Franzosen erkennen mit dem Familienblick für Latinität den neuen Catull und Horaz. Puschkin liebt ihn als Athener. Barbey d'Aurevilly sucht in vielen Vergleichen Heine zu fassen. Er sei ein Ariost in Trauer, ein Voltaire mit Seele, — andere denken an Schiller, Leopardi, Chopin. Baudelaire identifiziert sich und seine Generation, durch Wagners Musik zu Heines Tannhäuser bis ins Mark erregt, mit dem «Chevalier qui aspire à la douleur» und erfaßt Heines Paradoxie bewundernd in dem Wort: «Vierge, il chante la débauche; sobre, l'ivrognerie.»

Aber auch die Rückführungen von Heines Persönlichkeit in archetypische Gottheiten und Gestalten wollen doch nur sein Phänomen durch Mythisierung vermenschlichen. Heine vergleicht sich selbst mit Prometheus, Odysseus, Nebukadnezar, Hiob, Lazarus und dem Ewigen Juden. Der Jugendfreund und Psalterdichter Philipp Spitta «sieht den Teufel mit Grauen / Und hört doch einen Engelsgesang». Gautier nennt Heine einen Apollon germanique, Théodor de Banville einen Apollon endiablé, dessen Stirn von Licht gebadet ist, während er unter dem Arm die Haut des geschundenen Marsyas fortträgt. Georg Brandes sieht in ihm einen Mephisto von Gottes Gnaden. In Island wird sein Name dem altgermanischen, seelenschaffenden Gott Haenir angeglichen und in Haeni verwandelt. Im Deutschen bedeutet Freund Hein der Tod. Gottfried Keller sieht den Heine der Matratzengruft als eine griechische Elfe:

«Wie die Echo ohne Körper
Widerhallte laut von Liedern,
Schau' die luft'ge Geistesflamme,
Die aus einem traurig tönern'
Lampenscherben leuchtend züngelt.»

Die Wandlung in der Matratzengruft wird von vielen Besuchern als geheimnisvoller Vorgang erlebt. Levin Schücking sieht «einen Kopf von unendlicher Schönheit, einen wahren Christuskopf», und die englische Schriftstellerin Lady Lucie Duff Gordon «geschlossene Augen und ein Antlitz, so schmerzhaft und verzehrt, wie nur je altdeutsche Meister ein Ecce Homo malten». Ein anderer Dichter sagt, daß wie aus einer griechischen Götterstatue ein Christ hervorgetreten war. Das teuflische Zucken um den Lippen, an Heine von früh an bemerkt, hat sich gemildert, und die goldene Mouche gewahrte liebevoll le sourire de Méphistophélès passant sur la figure du Christ.

Zu den überall verstreuten Ähnlichkeiten zwischen Heine und Nietzsche-Wagner gehört auch dieses Bedürfnis, geistige Filiaturen zwischen sich und einer echten oder angeähnelten Ahnenreihe herzustellen. Wagner suchte eine Standbildähnlichkeit mit Schiller-Goethe, Luther-Beethoven zu suggerieren, Nietzsche verklärt sich in Heraklit, Empedokles, Epikur, Lionardo, Napoléon. In diesem Maskenspiel liegt Bedürfnis nach Größe und Kontinuität, nur hat es Heine nicht so ernst genommen wie die Folgenden. Wenn sich Nietzsche zum Ecce homo macht und George den neuen Gott verkündet, beweist schon das Bildmaterial die Herkunft von Heine. Von gefährlichen Konsequenzen befreite sich nur Heine in der Demütigung seiner Leiden.

Die Romantik wußte, wie dünn der Panzer des klassischen, harmonischen Menschen ist, wie fern der Held der Synthese, der ganze Mensch. Und doch war Napoléon in ihrer Mitte erschienen, den Engen ein Anstoß, eine Wonne den Größten. Und er selbst hatte, Blick und Wort mit Goethe tauschend, mit einem Wort das Wunder erkannt: Voilà un homme! Endlich ein Mensch. Am vierzehnjährigen Heine war aber im Hofgarten von Düsseldorf wie ein Märchen aus tausendjährigen Zeiten der neue Alexanderzug vorübergeritten, und zum erstenmal in der modernen Welt fiel mit dem Erstaunen des antikischen Menschen das Wort: Endlich ein Gott!

### *3. Napoléon*

«Worin besteht die Barbarei anders als darin, daß man das Vortreffliche nicht anerkennt?» Goethes Definition ist in den Jahren der tiefsten Selbsterniedrigung übertroffen worden, als es zum freiheitlichen Ton gehörte, den Übermenschen mit dem Untertier zu verwechseln. Vergebens hatte ein großes Jahrhundert darum gerungen, die erstaunlichste Erscheinung der europäischen Geschichte zu erfassen, oder hatte verzweifelt, sie zu verstehen. Von Hölderlin über Beethoven, Goethe, Hegel und Heine, über Stendhal, Balzac, Hugo, Nietzsche, Sorel, George erwies sich der Mythos als letzter Versuch der Sinngebung. Bei Heine war er das erste Wort, und es ist seit dem «Buch Le Grand» wenig geschrieben worden, das Napoléon so kühn wie Heine als mythische und geschichtliche Erscheinung ineinandersieht.

Von Heines Napoléon gingen große Wirkungen aus, wie sie nur Ideen haben können, die zu einem Zusammenhang gehören. Das allzu originelle Wort, das keine Ahnen hat, hat gewöhnlich auch keine Folgen. Heines Napoléon gehört dagegen zur politischen Geschichte und zum neuen Mythos, der seit Rousseau in uns wiedererwacht ist. Napoléon war sich seines mythischen Wesens bewußt und nannte stolz und ruhig seine Gefangenschaft auf dem Marterfels une oppression des dieux. Er war zu spät geboren, um sich als Gott auszurufen, aber zu früh, um seine neue Form des Mythischen schon zu erkennen. Und doch geht von ihm die numinose Linie aus, die von Hölderlin über Heine zur Ausrufung des Gottes Maximin durch George führt.

Unendlich ergreifend warnte Hölderlin in seinem Gedicht Buonaparte davor, die napoléonische Substanz in das Gefäß des Gedichtes zu sperren, das sie sprengen würde. Der Genius einer alles einschmelzenden, allen göttlichen Wallungen angeschmiegten deutschen Sprache fürchtete, vor Napoléon zum Knaben zu werden. Hölderlin mythisiert Napoléon in diesem Gedicht und in dem zeitlich vorausgehenden «Die Völker schwiegen» zum «Geist», zum «Sohn der Natur». Natur nennt Hölderlin aber die Mutterkraft aller Gottheiten, und daß er Napoléon zu den griechischen Sohngottheiten hinzuzufügen im Begriffe stand, lassen auch die stammelnden Fragmente zu seinem dritten Napoléon-Gedicht «Dem Allbekannten» ahnen, in dem der Dichter ihn, den in Wahrheit Allunbekanntesten, «hinsehend über Italien und Griechenland» in der Nähe des Empedokles zu suchen scheint.

Im Vergleich dazu bleiben Goethes Bemühungen, Napoléon zu definieren, unbestimmt. Alle Versuche ihn mit dem Größesten zusammenzunennen, mit Phidias, Raffael, Shakespeare, Mozart sind zwar ebenso charakteristisch für Goethes Idee von Napoléon wie von seiner Auffassung der Vergleichspersonen, z. B. Mozarts. Auch die Erhebung zum Dämon, zur «herrlichsten Erscheinung» — ein Wort, das an seine Helena erinnert — zum «größten Verstand, den die Welt je gesehen», wirken doch nur als Tastversuche. Endlich schleudert Goethe das Wort Halbgott, das er in der Sturm- und Drangzeit schneller hergegeben hätte. Aber wie verblaßt es neben Heines aus Geist und Erscheinung gegossenem römischen Halbgott mit den ewigen Augen in dem marmornen Imperatorengesicht. Wie abstrakt ist Hegels Mythologisierung Napoléons zur «Weltseele». Als Beethoven aber dem Caesar nicht mehr folgen konnte und die Eroica anonym machte, wurde sie auch unverständlich. Nur mit Hilfe eines Wortes von Nietzsche, das man auf die Eroica anwenden könnte, verstehen wir noch den hinreißenden Übergang der Symphonie vom Tragisch-Heroischen zu einer bacchantischen Weltwonne als Erinnerung an das Wohlgefühl sondergleichen, das beim Erscheinen Napoléons durch Europa ging: das Genie soll Herr sein.

George hat mit dem Problem der Distanz erklären wollen, warum Goethe keinen Napoléon gestalten konnte. War es Ferne, die Heine als erstem Napoléon als Gestalt zu erschaffen erlaubte? Mit nachtwandlerischer Sicherheit hat Heine ohne Zögern Napoléon unter die vorderorientalischen Gottheiten der Kaiserkulte versetzt und ihm einen Platz zugewiesen, auf dem er erst viel später von Nietzsche und George bestätigt wurde. Für das Phänomen dieses seiner ganzen Zeit vorauseilenden Wissens gibt es keine andere Erklärung als die unschuldigste, die Heines substanzielle Verwandtschaft mit dem Völkerleben der orientalischen Götterkulte akzeptiert. Die ganze Heine-Literatur begründet Heines Napoléon-Kult mit seinem Judentum. Als ob es keine besseren Gründe in Napoléon selbst gäbe! Die Erklärung ist außerdem falsch, denn wenn Heine auch scherzte, er mußte sich wegen der Sachsen taufen lassen, die Napoléon im Stiche ließen, so verdankte doch das Judentum am Rhein den Armeen der Revolution und der Besetzung unter General Kléber lange vor Napoléon die Gleichberechtigung, die Napoléon wesentlich später, teils bestätigt, teils beschränkt hat.

Das Erlebnis des Genius als Gottmenschen sollte über Verdächtigungen erhaben sein. Seine Größe beweist seine Wahrhaftigkeit. Die Napoléon-Exegeten des George-Kreises Berthold Vallentin und Friedrich Gundolf, zu denen auch Wolfram von den Steinen gehört, haben Napoléons Ruhm als Sinnbild kosmischer Heldenverehrung erklärt, in der Alexander, Caesar und Napoléon zu einer Einheit verschmelzen. Die Antike wird durch ihn eine anwesende Kraft — auch das ist ein Heinescher Gedanke. Aus ihm erwächst

Georges Wagnis, von einem jungen Zeitgenossen zu sprechen, «in dem Geburt des Gottes sich vollzog». Einem merkwürdigen Zusammenhang ist man nahe, wenn Heine von dem «Liebesruf» spricht, der ihn an den Kaiser gebannt hat.

Außer dem antiken Sprachmaterial verwendet Heine auch evangelisches; denn in diesen schöpferisch überreichen Jugendjahren Heines entwickelt sich Christus bei ihm zum letzten hellenischen Gott. Mit diesen Vergleichen steht Heine aber nicht allein. Sie gehörten zum Zeitstiel, erscheinen auch in der Ode Manzonis auf den Kaiser in Goethes Übersetzung und entsprechen der Christianisierung, die sich in Frankreich im Glauben an den wiederkehrenden, weltlichen Heiland vollzog. Auch der Napoléon-Mythos, den Balzac aus Gesprächen am Lagerfeuer im Médecin de Campagne mit mohammedanischen Legenden vermischt, waren nur ein Vorspiel. Erst Léon Bloy hat in seinem unter Tränen des Mitleids und der Wonne geschriebenen Buch «L'Ame de Napoléon» seine Geschichte esoterisch als das Martyrium des Préfigurant des wiederkehrenden Christ gedeutet. Es ist als Liebesbekenntnis einzigartig, aber als Mythos überzeugt es nicht. Es reicht weder an die heilige Scheu Hölderlins noch an die Göttergewißheit Heines heran.

Heines Weltbild ist aber nur von seinem Napoléon-Erlebnis aus zu verstehen, es hat ihn als religiösen Politiker, als Außenpolitiker und als Geistesaristokraten beseelt. Napoléonisch ist sein Geschichtsbild, sein Glaube an den Gott im

Menschen, seine Philosophie der Kraft, seine Abneigung vor politischen Systemen und Ideologien, in die man das Leben zwingt, sein erstaunlicher Instinkt für Weltpolitik. Seine Liebe zum Kaiser gibt ihm auch den richtigen Blick für dessen hohe moralische und schicksalsergebene Persönlichkeit. Napoléonisch ist Heines Solidarität mit den großen Weltinteressen, während die entartete Jugend, die sich bei Stendhal und Balzac napoléonisch dünkt, ganz im Widerspruch zur selbstlosen Persönlichkeit des Kaisers, um ihres Selbstgenusses willen die Macht erobern will. Es sind großbürgerliche Romantiker, die mit krassester Selbstsucht über Gebirge sinnloser Verbrechen zu einer imaginären Lebenshöhe stürmen, auf der sie nicht schaffen, sondern zerstören.

Heine ist dagegen mit dem Volkskaisertum verbunden, weil er selbst als Kind des Volkes zu Napoléon hinaufgeschaut hat. In den Grenadieren schuf er den Heeresmythos, der die echte Hingabe der Masse an den echten Führer verherrlicht, während er gleichzeitig im Belsazar den schmählichen Untergang der Knechteschar zeigt, die gröhlend einem angemaßten Gotte zugehört. Volkstümlich und rheinisch im schönsten Sinn ist Heines Napoléonkult aber auch ein Zeugnis der Dankbarkeit der Deutschen für den Kaiser als ihren Befreier. Der Napoléonkult der Rheinlande reichte ins 20. Jahrhundert, und es bedurfte des ganzen Drucks der wilhelminischen Bildungsklasse, die Erinnerung an ihn auszurotten. Und doch kam selbst ein borussischer Historiker wie

Treitschke über diese Tatsache nicht hinweg. Gerade in den katholischen Rheinlanden blühte ein christianisierter Napoléonkult. Sein Todestag wurde bis 1870 in Köln in der Minoritenkirche begangen, sein Geburtstag in Mainz bis 1889 von den Vereinigungen der Anciens de la Grande Armée mit Fackelzügen gefeiert. Wie hätte sonst auch Herwegh dichten können: «Wann hängt einmal in deutschen Hütten / Der Hutten statt des Bonaparte?» Er wurde erst durch Hindenburg verdrängt. Heines Napoléonkult ist in tiefen Schichten des rheinischen Lebens verwurzelt, er zeugt von der Latinität des Deutschtums am Rhein, er ist beßres Deutsch als das Gezeter der Gegner über Heines Verrat am Vaterlande, das sich freilich Georges ebenso rheinischem Napoléonkult nicht zu nähern wagt.

Rheinisch ist aber auch Heines Verhältnis zum napoléonischen Europa, sagen wir schlicht zu Europa, denn ein anderes gab es nicht. Heine hatte noch die persönliche Erfahrung, daß Napoléons Kriege Verteidigungskriege der französischen Revolution gegen den verbündeten Feudalismus und Verteidigungkriege des Kontinents gegen die britischen Hegemonieansprüche waren. Die Billigung von Napoléons Kontinentalpolitik findet sich auch in einer Strophe von Goethes schönem, keineswegs bloß höfischem Gedicht an Ihro der Kaiserin von Frankreich Majestät. Napoléon hatte aus der geographischen Vokabel Europa eine politische gemacht, und alles, was seitdem Europa! sagt, von Goethe zu Heine, Hugo, Nietzsche folgt dem Vermächtnis von St. Helena, das Heine in seinem ergreifenden Testament auf seine Weise erneuert hat.

Dennoch hat Heine, der an den Napoléon der Geschichtszeit einen liberalen Maßstab anlegte, in einer entscheidenden Frage geirrt. Wie Hölderlin hat er ihn als Erwecker der Völker gefeiert. Unerwartet verfällt er aber dem Denkfehler der enttäuschten Napoléon-Schwärmer, der Beethoven, Byron, Shelley, Platen, die dem Kaiser vorwarfen, daß er nicht der Washington Europas geworden sei. Napoléon antwortete, er hätte auch in Amerika nichts anderes als ein Washington sein können; das war dort das Gegebene. Aber dauernd im Krieg gegen die Angreifer (nur in zwei Fällen griff er vor, in Spanien und Rußland), mußte er zum «Washington couronné» werden. An dieser Stelle widerspricht sich Heine selbst, ein wichtiges Zeugnis seines Übereifers, jedes historische Ereignis von beiden Seiten aus zu würdigen.

Im allgemeinen hat aber Heine die Maßstäbe, die er an Napoléon als zeitgeschichtliche Erscheinung anlegte, aus dem sinnbildlichen Handeln des Kaisers selbst gewonnen. Der von Heine gefeierte Napoléon der Synthese, der aus den beiden herrschenden Weltprinzipien handelt, dem revolutionären und dem konterrevolutionären, dem dynamischen und dem statischen, ist ja grade der Washington couronné und als solcher Caesars Erbe, der an seinem 18. Brumaire den Rubikon überschritt. Das Experiment der Synthese ist Heines Wesen tief vertraut, es geht aus seinen Kontrasten, nicht aus Abstraktionen hervor.

Heine hat es in seiner europäischen Konzeption am schönsten durchgeführt. Sein Kosmopolitismus ist nicht leer, wie es der Internationalismus bis in unserer Zeit war, den daher auch 1914 die Sozialdemokratie desavouieren mußte, sondern setzt sich aus der Anerkennung der Volkskräfte als Elementen der Menschheit zusammen. Heine hat weder Volk noch Nation verkannt, aber ihre begrenzten Möglichkeiten für eine europäische Zukunft vorausgesehen, in der der soziale Gegensatz echter sein wird als der nationale. In der europäischen Politik besteht die napoléonische Synthese in der Förderung und Zusammenfassung aller Nationalitäten zu Einheiten, die erst in der europäischen Gesamtheit zur vollen Selbstentwicklung im Schutz des Friedens gelangen können. Die Konsequenz der individuellen Freiheit, wie sie die Menschenrechte verkündeten, ist die nationale Freiheit. Freiheit heißt für Heine das Recht zu sein, was man ist. Äußere und innere Freiheit sind nicht von einander zu trennen, und staatliche Formen sind nur nach der Entwicklung, die sie dem Menschen gewähren, zu bewerten. Republik und Monarchie sind keine Formfragen, sondern verschiedene Phasen gesellschaftlicher Entwicklung, und ihr Prüfstein ist der Mensch.

Heines Napoléon enthält also die umfassendste Sinngebung der beispiellosen Erscheinung. Er erfaßt den Gottmenschen, der ein Alexander, den Kaiser, der Caesar und Charlemagne war, den Archetyp des Herrscherlichen, den Napoléon des Volkes, der selbst ein Volkskind war: den immensen Verstand und das nobelste Herz. Zeitgeschichtlich erfuhr Heine von Napoléon, daß wir in ein Jahrhundert weltumgestaltender Revolutionen getreten sind; numinos, daß Götter sind, und daher auch Gott.

## 4. *Pessimistischer Optimismus*

Heine wird als Dichter des Weltschmerzes und des sozialen Fortschritts, bald als eitler Melancholiker, bald als doktrinärer Fortschrittler angesehen. Er war weder das eine noch das andere. Im Gegensatz zu zeitgenössischen Dichtern der Weltschmerzlyrik vergräbt sich Heine nicht in seinem Schmerz. In seiner Wiege lag seine Marschroute, die ihn zum Kampf gegen verjährtes Unrecht rief. An diesem Unrecht, das ihm geschah und allem, was er liebte, wurde er zum Empörer. Er empörte sich gegen eine Gesellschaftsordnung, die Leiden schafft, gegen eine Religion, die den Schmerz selig preist, gegen eine göttliche Weltordnung, die auf Leiden beruht. Weil Heine schmerzempfindlich litt, ist er ein Kranker, der die Welt aus den Betten reißen will. Er fand den Schmerz entwürdigend, versklavend; aber er liebte ihn mit einer geheimen Wollust, und sein allergisches Nervensystem entdeckte als Raffinement des Genusses die Wehlust.

Persönliche und gesellschaftliche Umstände machten Heine zum Pessimisten. Aber da Genie Personenreichtum ist, blieb er mit seiner leidenden Person nicht allein. Er besaß in seiner Spottlust, in seiner vis comica Befreier. Heine will nicht am Schmerz oder gar an einer Liebe untergehen. Er weiß, er ist für mehr da als bloß für Liebe oder bloß für Frauen. Er hat das Gefühl der Größe, vor der persönliches Leid nichtig ist. Er kann seine «eigenen Schmerzen nicht erzählen, ohne daß die Sache komisch» wird, schreibt er bedauernd und froh. Aber außer dem Witz über sich selbst, gibt es etwas Höheres, das ihn vor Selbstbemitleidung bewahrt: das Mitleid mit denen, die leiden und wehrlos sind. Die Solidarität mit den Unterdrückten befreit Heine vom Weltschmerz. Er erlebt seinen Schmerz als überpersönliches Phänomen, er entdeckt das Sinnbild des Menschen, der als der Bessere leidet: den Adel der Schmerzen.

Alle Versuche Heines, aus der Welt seiner Schmerzen auszubrechen, endigen mit einem metaphysischen Katzenjammer. In seiner deutschen Jugendzeit hat er den Schmerz mit Rosen verdeckt, und seine Ideale waren deshalb Mozart, Lawrence Sterne und Rossini. Als der Schmerz wuchs, erlöste er sich von ihm durch das Gelächter, und er liebte das Lachen von Shakespeares melancholischen Narren, den irrsinnigen Witz des Aristophanes, Goethes Ironie, die den Weltschmerz mit Knittelversen schlägt. Und schließlich entdeckt er das Königtum des Geistes, das zum Untergang in dieser Welt vorbestimmt ist. Wer könnte es fassen, daß die Konvention in einem Atemzug, nur durch den Abgrund eines Bindeworts getrennt, Christus «und» Pilatus, Columbus «und» Cortez, Napoléon «und» Wellington zusammen nennt. Heine wird zum Dichter der Besiegten, der sich an ihren Tragödien zur inneren Freiheit erhebt. Man kann den Gott kreuzigen, aber nicht die Heilkraft seines Blutes aus der Welt schaffen; man kann dem Wahrheitssager den Mund vernageln: aber die Macht, das letzte Wort zu sprechen, ist das Vorrecht der Machtlosen.

Heines Pessimismus ist als Zeitkrankheit, als maladie du siècle, durch die Zeittragödie zu verstehen. Wollen wir die schmerzliche Verzweiflung, die nach Waterloo durch die Welt ging, in uns wieder herstellen, so brauchen wir nur nach der Eroica Schubert zu hören. Die berauschende Seligkeit, einer Zeit anzugehören, in der das Genie Herr war, schimmert nach seinem Sturz hinter Tränen durch. Die Wonne ist Wehmut geworden. Selbst Dichter der Legitimität wie Grillparzer oder Chateaubriand schrieben nur noch in Trauerflor.

Aber mit Byron und Heine erschien ein neues Geschlecht aus Werthers Stamm, das die Pistole nicht mehr gegen die eigene Brust richtet, sondern auf die Gesellschaft. Dostojewskij nannte den Byronismus eine «heilige Erscheinung», das «erste Ventil», aus dem «alles Gestöhn der Menschheit» hervorbrach, und so wurde in Deutschland auch Heine erlebt — nur war sein Stöhnen aufgeheitert, weil Deutschlands Schmerz geringer war. Dostojewskij rühmt auch an Puschkin, daß er allein aus dem «inneren Bankrott» einen Ausweg gekannt habe, nämlich die Verherrlichung des Volksgeistes. Aber diesen Irrwisch kennen wir. Heine hat auch den Volksgeist gekannt, doch nicht vergöttert, sondern nur als ein Element, wenn auch ein sehr schönes und lebensnotwendiges, geliebt. Er hat den Byronismus überwunden, indem er sich weder dem Lager der Sieger noch dem der Enttäuschten anschloß, sondern seinem Gotte treu blieb und für die Verwirklichung seines Vermächtnisses lebte, die Völker nicht zum Werkzeug von Interessen zu mißbrauchen, sondern sie zu einer freien Menschheit zu vereinigen.

Zum Pessimismus war aber Heine über alles Zeitliche hinweg als Jude berufen. Auch «in seinem Gesicht lag jener ewig sich aufdrängende Leidenszug, der jedem Gesicht hebräischer Abstammung ohne Unterschied eigen ist», wie Dostojewskij bei der Beschreibung eines jüdischen Wachsoldaten im Raskolnikow bemerkt. Dieses Leid ist mythisch das Schuldbewußtsein des Sündenfalls und das Heimweh nach dem Paradies, in dem sich Gott mit seinem Angesichte zeigte. Heines Gedanken und Dichtungen umkreisen oft genug diesen Übergang vom mythischen zum historischen Menschentum. Dazu kam die Kränkung durch die ihm von den Umständen, ich glaube besonders durch seine Heiratsabsichten, auferlegte Taufe. Heine hatte kein Talent zum Heroismus für Ideen, an denen er nicht hing, und als Gegner jeder positiven Religion war für ihn die Zugehörigkeit zu einer Religionsgemeinschaft in jedem Fall eine Formel — wie er sich zu glauben bemühte. Lebenslänglich an diesem Verrat laborierend, machte er ihn durch eine nie versagende Solidarität mit den Juden als

Verfolgten wett. Aber obwohl er bis an den Rand der Matratzengruft ein innigeres und lebendigeres Verhältnis zu Christus hatte als zu dem Gott, den er pejorativ «Jehovah» nannte, wußte er in den Tiefen seiner Seele, daß das aussichtslose Fluchtversuche waren. Er empfand die Taufe als eine Beleidigung seiner Menschenwürde; die Bestreitung seines Deutschtums durch die neue antisemitische Ideologie, die der Kantianer Jacob Friedrich Fries und der Historiker Chr. Fr. Rühs in Pamphleten verbreiteten, als Vergewaltigung seiner Dichterwürde. Was er mit dem Spott der Verachtung das «Entreebillett zur europäischen Kultur» nannte, machte Iwan Karamasoff zum Stichwort der nihilistischen Verzweiflung: er stellt Gott die Eintrittskarte in das Leben zurück.

Unsere transzendent gewordene Zeit versteht jetzt aber auch dank Kierkegaard die maladie du siècle als Verzweiflung der Gottlosigkeit. «Die Diktatur des Nichts», die Friedrich Schlegel 1820 angekündigt hatte, und Jean Pauls Traumrede des toten Christus vom Weltgebäude herab, daß kein Gott sei, — und in der der Schreck des Glaubens den kommenden Unglauben ahnungsvoll vorwegnimmt, fand in der deutschen Philosophie eine verführerische Rechtfertigung. Heine lehnte den Trost des Gottesglaubens ab und stürzte sich in eine bacchantische Selbsttäuschung: er wies das Opium zurück, weil er Illusionen haßte und ein beglückendes Götterbewußtsein in der Religion der Freiheit fand.

Mit Kopf- und Augenschmerzen von frühester Jugend an, war Heine zur Krankheit disponiert, lange bevor er das Opfer einer spinalen Form von einer progressiven Muskelatrophie wurde. Die Diagnose ist nicht endgültig, aber ohne Belang für die Bedeutung, die für Heine Krankheit bekommen sollte. Paul Claudel unterscheidet in den Invités à l'attention zwischen Krankheitsfällen als bloßer Lebensstörung und Krankheit, die den Berufenen zur Aufmerksamkeit auf Gott einlädt und ein transzendentes Leben schafft. Als Heine die Rehabilitierung der Materie feierte und eine Welt des Heils ankündigte, in der die Krankheit abgeschmackt sein wird und Leiden nachteilig für das Denken, ahnte er doch schon, daß Krankheit eine schöpferische Übergangserscheinung ist, vielleicht die letzte Ursache des Lebens überhaupt.

Krankheit war dem Geiste Heines so tiefverwandt eingeprägt, daß er auch in seinen übermütigsten Zeiten zu Menschen, Völkern, Tieren durch ihren Krankheitsadel hingezogen wurde. Gesundheit stieß ihn ab als eine Form menschlicher Dummheit. Sie degradiert den Menschen zu einem halben Tier. Krankheit steigert. Daß das Kranke das Vornehmere ist, lehrte ihn Italien, das er so zärtlich liebte, wie er Frankreich enthusiastisch geliebt hat. Heine hat Krankheit als die bestimmende und bewegende Kraft von Menschen- und Völkerschicksalen erkannt, sie hat eine ganz besondere Bedeutung, eine geistig-soziale, Veränderungen der Gesellschaft heilen alte Krankheiten und bereiten neue vor. Jedes neue Menschentum, jede neue Welt bringt ihre eigenen Krankheiten mit sich herauf: eine Welt ohne Krankheit ist weder wünschenswert noch vorstellbar.

«Die Krankheit nur bewähret den Gesunden», resümiert Goethes «Tagebuch» einen Krankheitsfall. Krankheit und Gesundheit stehen in dialektischer Spannung. Auch Gott ist krank.

> «Krankheit ist wohl der letzte Grund
> Des ganzen Schöpferdrangs gewesen;
> Erschaffend konnte ich genesen,
> Erschaffend wurde ich gesund.»

Das sind die Worte, die Heine Gott zur Erklärung der Schöpfung in den Mund legte. Da die Schöpfung ein Dauerakt ist, geht sie aus einem Wechselstrom von Krankheit und Gesundheit hervor. Im Anfang war nicht das Wort und nicht die Tat, sondern die Krankheit, und das heißt bei Heine die Liebe. Krankheit ist der Drang, aus dem Nichts zum Sein zu gelangen. Krankheit vermenschlicht das Tier, vergöttlicht den Menschen und steigert das Göttliche zum Gottschöpfertum. Durch Krankheit gelangen wir ahnend in Gottes Nähe und verstehen, daß der Knecht Gottes sich Gott mit seiner Leidbereitschaft zur Verfügung stellt. Alle Triumphgesänge, die Heine einer heiteren Götterwelt darbringt, können uns nicht darüber hinwegtäuschen, daß auch in seinem religiösen Reich der leidende Mitleidsgott über den lachenden Griechengott triumphiert und Heine ein tieferes Verständnis für die Berufung zum Leid besitzt als irgendein anderer deutscher Dichter außer Hölderlin.

Aber auch der französischen Dichtung brachte Heine die Erneuerung von alten Schmerz- und Krankheitstraditionen. Das christliche Frankreich hatte Pascals Prière pour demander à Dieu le bon usage des maladies nicht vergessen. Doch im Opiumrausch der Matratzengruft überließ sich Heine mit geschlossenen Augen seinem inneren Bilderstrom, über den er die Gewalt verlor, wenn im Halbdunkel seiner letzten acht Jahre funkelnde Erscheinungen ihn unablässig heimsuchten. Seine französische Nachfolge rühmt ihn als den Entdecker der Krankheit als spirituellen Zustand. Sein schwärmerischer Verehrer Barbey d'Aurevilly, sein wesensverwandter Leidensgenosse als Opiumesser Baudelaire liebten das Kranke an Heine. Die Goncourt, seine journalistischen Schüler, hängen Victor Hugo den echt heineschen Schimpf an: un génie bien portant. Gesundheit als Signatur der Philiströsität ist durch Heine eine Weltvorstellung geworden.

Nur aus dem verschmerzten Dichter-Menschen ist der lebensgläubige Lehrer einer neuen, besseren, gesünderen Menschheit zu verstehen. Heine vergleicht öfters die Prinzipien der Politik mit Himmel und Erde. Er will sagen, es handelt sich um verschiedene Kräfte, die abwechselnd herrschen, sich gegenseitig bedingen und nicht parteiisch vereinfacht werden dürfen. Er nennt das Beharrende Erde, und das Aufwärtsstrebende Himmel. An der Erde und ihren Dünsten haftet alles, was langsam gewachsen ist und stark wurzelt. Die Söhne des Himmels kämpfen mit den Erdgeistern um die Macht, aber wenn sie mit der eisernen Triumphsucht der starren Vernunft das Bestehende niederfahren, so erhebt es sich nachher wieder, Blumen schauen aus der kranken Erde hervor, die Feen leben immer noch, das alte Leben sammelt sich, wie nach einer Krankheit, mit der zärtlichen Gewißheit der Genesung.

Wie die Weltkräfte der Natur sind die Völker selbst Repräsentanten der Geschichte. Heine nimmt die Völker als ein Ganzes und hütet sich, zwischen den Klassen nationale Differenzierungen zu treffen. Der Mensch, das Volk enthält das Leben des Dauernden, nicht die Sozietät. Die Völker haben eine gemeinsame Seele, die weit in die Vergangenheit zurückreicht. Ihre Ahnenseele bezeugt, daß es eine gelebte Kontinuität der Geschichte im lebenden Menschen gibt. Diese Realität verleiht dem Patriotismus die Macht einer mächtigen, beschwörenden Formel. Die Menschen werden noch lange auf sie hören, weil sie das ältere ist. Der Erddunst des Patriotismus ist eine Wirklichkeit, und so gefährlich es ist, mit ihm Mißbrauch zu treiben, ihn zum Herrschenden zu machen, so ist er doch auch ein Recht. Höher steht aber das Recht der Götter, die Botschaft der Liebe und der Vernunft. Das sind die Kräfte des Himmels, und wenn die Sonne im Juli die Erde recht brennend küßt, dann kommen sie wieder, die heiligen Tage des Julius von 1789 und 1830. Die Revolution ist ein Naturmythos geworden, die Geschichte eines Gottes, dessen Tod die Herzen mit Weh erfüllt, dessen

Auferstehen aber das Sicherste ist, das sich nur denken läßt.

Heine war ungefähr bis 1835 ein Ideologe der Revolution. Er fühlte sich gewissermaßen selbst als Kind der Aufklärung, der französischen Philosophie. Sie hat ihm nie genügt. Schon mit 25 Jahren wußte er, daß ihr die Hauptsache fehlt: die Liebe. Ihr Gefunkel reichte nicht an das tausendjährige Erbe des Messianismus heran, an den altprophetischen Glauben an ein Reich Gottes. Die Ideen von 1789 religiös zu begründen lag im Stil der Zeit. Das Sprachmaterial der revolutionären Christianisierung ging mit verschiedenen Formen der evangelischen Verheißung und der altbiblischen Geschichte ein literarisches Bündnis ein. In der Wirklichkeit des Menschen war aber die alte Spaltung zwischen dem Reich Gottes jenseits oder diesseits nur noch tiefer geworden. Die Kirche war als Instrument des Feudalismus noch nicht reif, eine Hoffnung der Unterdrückten zu werden, die jetzt und hier Hilfe suchten. Heines Religiosität war auch noch nicht biblisch genug, seine revolutionären Überzeugungen zu begründen. Bevor er Moses und Jesus auch als Propheten einer Verheißung für das heutige Leben verstehen konnte, war die Philosophie die stärkste Waffe seines sozialen Optimismus. Durch die Philosophie stand er im Kontakt mit der Geschichte. Der Glaube an ihren Rhythmus machte ihn zum Dichter der Hegelschen Dialektik und zum Schwärmer der Saint-Simonistischen Verheißung.

## *5. Philosophische Erfahrung*

Heines Name fehlt in den Büchern der Philosophiewissenschaft, auch die Literaturwissenschaft hat seine Philosophie bagatellisiert. Ausnahmen machten Georg Brandes, Wilhelm Bölsche, Leo Berg. Bergs Studie über Heine, Nietzsche, Ibsen enthält Zusammenhänge, die man inzwischen gern vergessen hat. Wenn der hervorragende Essayist auch nur einen Teil dessen erfaßte, was Nietzsche Heine verdankt, so war es doch genug, um Heines Stellung in der Philosophie zu begründen. Aber sie ist seitdem noch viel fester geworden. Darauf hat verdienstvoll Max Brod hingewiesen. Eine Studie philosophischer Wissenschaft über Heine wäre fällig.

Heines Verhältnis zur Philosophie ist nicht das eines systematischen Denkers. Von verschiedenen Voraussetzungen kommt er zur Philosophie: von der Religion, vom Mythos, vom Studium des Ich, von der Psychologie, vom Leben, vom Pragmatismus, von der Geschichte. Auch hier hat er überall den Samen vorsokratischer Fragmente ausgestreut, der sich besonders im 20. Jahrhundert zu ganzen Wissenschaften entwickelt hat.

Philosophie als Geistesfreiheit beginnt für Heine bei Luther. Er erfaßt den Protestantismus als geistigen, religiösen, heidnisch-rebellischen, historischen, literargeschichtlichen Vorgang. Auf den Seiten seiner schönsten Prosa hat er Deutschlands protestantische Sendung entdeckt und kampflustig gefeiert. Die Probleme des lutherischen Katechismus interessierten ihn nur nebenbei, denn im Christlichen empfand er, wie viele Juden, eher katholisch als reformiert. Und vor allem packte ihn der deutscheste Deutsche der deutschen Geschichte. Ihm imponierten aber auch die germanischen Götter, die durch die Person des Reformators an Rom Rache übten. Kein schöneres Bild von Luther wurde je in Worte gefaßt als das seine. Und da Heine durch den Menschen die Idee liebte, wie er aus seinem Wesen heraus Ideen suchte und fand, so hat er wie Meister Luther auch die geistliche Nachfolge geliebt, wenn sie ganz undogmatisch und ohne Herrschsucht in evangelischer Tugend lebt. Das rührende Bild des deutschen Pfarrhauses, in dem Heine als Wandervogel Aufnahme fand, sollte man dem Dichter des Wintermärchens nicht vergessen, wenn man wissen will, wie es in seinem Herzen um Deutschland stand.

Das Verständnis abstrakter Philosophie durch das Medium des lebenden Philosophen ist Heine im schwierigsten Fall gelungen, bei Hegel. Heine hatte 1821—22 die Vorlesungen und Übungen Hegels an der Berliner Universität besucht und war von Hegel durch persönlichen Umgang ausgezeichnet worden. Scherzend erklärte ihn Heine damit, daß sich Hegel bei ihm sicher glaubte, von ihm verstanden und nicht verraten zu werden. Warum |sicher? Die königlich preußische Staatsphilosophie enthielt einen geheimen revolutionären Kern, den Heine als erster entdeckte. Er feiert in seiner «Geschichte der Philosophie und Religion in Deutschland», ein Buch, das, ohne schulphilosophisch zu sein, Geschichte und Religion gemacht hat, die revolutionäre Konsequenz der deutschen Philosophie, die vor ihm niemand gesehen hatte. Heine fiel es zwar schwer, das abstrakte Idiom zu verstehen, das er später vergeblich in ein blühendes zu übertragen suchte, aber er verstand, daß die Hegelsche Dialektik nicht die Herrschaft des Bestehenden justifiziert, sondern auch die Verwirklichung dessen verspricht, was zunächst nur in den Köpfen rumort und Gleichheitsansprüche aller Menschen im Geiste Fichtes stellt. Davon hatte die überlegene Schulphilosophie nichts bemerkt, Heine entwickelte aber in politisch-philosophischer Praxis als erster den Links-Hegelianismus, und so konnte Friedrich Engels in seiner Schrift über Feuerbach 1886 schreiben: «Was aber weder die Regierung noch die Liberalen sahen, das sah bereits 1833 wenigstens Ein Mann, und der hieß allerdings Heinrich Heine.» Als Entdecker der revolutionären Konsequenzen der Dialektik unter den damaligen ökonomisch-politischen Bedingungen und ihrer Auswirkung auf die Theologie, wurde Heine der Vorgänger von Feuerbach und Marx und damit einer der Mitbegründer des hegelianischen Sozialismus.

Auch in diesem Fall läßt sich Heines Verständnis einer ihm etwas widerstrebenden Materie und einer ihm scheinbar fernstehenden Persönlichkeit durch substanzielle Verbundenheit erklären. Heine brauchte Hegel begrifflich nicht so gut wie ein Philosophieprofessor zu verstehen, denn von den in ihm selbst wirkenden dialektischen Spannungen wurde Heine zu Hegel getrieben. Er hat sich durch Hegel selbst entdeckt. Die Dialektik gab ihm die Gewißheit, daß die in seiner Brust im Bürgerkrieg liegenden Kräfte in ein Spannungs- und Entwicklungsverhältnis treten, aus dem die Idee Heines obsiegend hervorgehen wird.

Hegelisch befreite sich Heine von der romantischen Poesie und Gefühlsergießung durch die Gegenkraft der Ironie; von der Tragik durch das Gelächter; von der Vorherrschaft seiner außerordentlichen Intelligenz durch die Kultivierung des Instinktdenkens; vom Judentum durch den Hellenismus; vom Deutschtum durch die Frankophilie; von der Religion des Schmerzes durch die Rehabilitierung der Materie; vom Dichtertum durch die Gebote der Geschichte. Hegelisch ist der Fortschreitungsglaube Heines, die Entfaltung des Geistes aus der göttlichen Person, Hegelisch ist sein Hellenismus, und unendlich ergreifend, providentiell mutet es an, daß Hölderlins Jugendfreund Hegel auch Heine auf den Weg der Götterkulte geleitet hat. Hegelisch kämpfte Heine mit der Stigmatisierung des Judentums durch Hegel als «häßlich», bis er aus der Matratzengruft mit seiner letzten Kraft diese Beschuldigung widerrief und der griechischen Schönheit die judäische Wahrheit gegenüberstellt.

Georg Brandes und Charles Andler haben Hegel als durchgehendes Prinzip von Heines Dichtung erkannt. Die aus der dreigliedrigen dialektischen Form hervorgehende triadische Bildung vieler Gedichte Heines ist wesenhaft Hegelisch. Neben

Tryptichon-Formen des Gedichtes findet man auch dreistrophige Gedichte, die in einem Zug die dialektische Entwicklung eines Vorgangs oder Gefühls wiedergeben. Heine hat zuerst Goethe als den Spinosa der Poesie bezeichnet. Und nun bewies Andler in den subtilen Analysen der Gedichte, daß Heine le poète hégélien par excellence ist. Die Hegelschen Ideen und Einflüsse kehren bei Heine nicht in ihrem nackten begrifflichen Zustand wieder, sondern haben sich in Dichtung und Leben eigener Art verwandelt. Eben darum hat sich Heine schon in den Reisebildern von dem gewaltigen Märchenerzähler losgelöst und auf eigene Erfahrungen zurückgezogen. Dennoch verdankt Heine Hegel nicht einfach «Anregungen», sondern er ist von ihm durch und durch getränkt. Aber was er von der Philosophie empfing, gab er ihr zurück: man findet auch bei Nietzsche nicht einfach «Anregungen» Heines — er ist von ihm durch und durch getränkt.

Hegel antwortete einmal auf Heines Unmut über das Wort, alles was ist, ist vernünftig, lächelnd: «Es könnte auch heißen, alles was vernünftig ist, muß sein.» Heine hat das Sein nicht als Vernunft, sondern das Leben als ein Recht erklärt. Das Leben ist nicht die Herrschaft der Vernunft, sondern der Kampf um ihre Verwirklichung. Die Doktrin des Lebens verlangt, immer voran an der Spitze zu leben, um die Vernunft ins Leben zu ziehen. Über dem Leben steht keine andere Instanz als dieses selbst, mit dem Widerspiel seiner sich gegenseitig vernichtenden und neu schaffenden Kräfte.

Heines Philosophie des Lebens kommt aber auch von Napoléon her, bei dem sie sinngebend eine Philosophie der Tat, des Fatums ist. Entstellt durch diese Selbstsucht ohne Ideale und Ziele des juste milieu, wurde das Leben bei Balzac in den Abenteuern seiner eroberungssüchtigen Helden eine peau de chagrin, ein Beutestück im Glückskampf von Geldrittern — das Wort stammt wohl von Heine — die unter Leben nur sich selbst verstehen, aber nicht einmal das bessere Selbst, das in jedem enthalten ist, sondern ihr niedrigst genußsüchtiges. Heines Lebensphilosophie hat gewiß den Lebensgenuß zu einem Recht erklärt, aber darüber steht immer die heilsame Macht sittlicher Regulative, die durch das Gebot, Leben für andere zu erkämpfen, die Entartung des Lebensprinzips zu einer Heiligung des Verbrechens und des Machttriebs ausschließt. Hier wie an manchen anderen Stellen könnte man nachweisen, daß Nietzsche gewiße Ideen, die er von Heine übernahm, übersteigert hat. Philosophie und Religion sind bei Heine ein Abbild, bei Nietzsche ein Wunschbild. Heine lernte z. B. aus seiner Krankheit, was Kranksein ist, er machte sich zu ihrem Hörer, Nietzsche lehnte aber diese invitation à l'attention ab und wurde ihr Opfer. Heine und Nietzsche fordern die Philosophie aus dem Leben, aber Heine entwickelt sie aus seiner Existenz, Nietzsche aus seiner Idee. Nietzsche verzerrt sein Leben und das seiner Ideale nach seinen Wunschbildern. Er gibt Napoléon eine Brutalität, die nur in seinem Borgiarausch existierte, war sie nicht vielleicht deutsch?

… so hat Heine auch Luther richtiger als Nietzsche gezeichnet, — von seinem erhabenen Christus zu schweigen.

Nietzsche ist Heine am ähnlichsten, wo er am edelsten ist. Beide sind Repräsentanten einer neuen Geistesaristokratie, um deren Erhaltung in der kommenden Welt des Sozialismus sie große Sorge trugen. Beide glauben an den Genie-Menschen der Vergangenheit und Zukunft. Das Problem des Führertums hat Heine besonders in seinen letzten Jahren geängstigt. Ihr Ideal war der königliche Philosoph, der nicht von der Systemwissenschaft, sondern vom Leben her seine Gebote empfängt. Daher die große Bedeutung der Lebensführung für Heine und Nietzsche. Beide wünschten, daß der Denker eine «drängende Kraft» wird, der nicht die Wirklichkeit flieht, sondern sich in sie vertieft. Beide waren ihrem rousseauischen Wesen nach Reformatoren und haben sich auch als solche gewußt. Nietzsches Wunsch, «Armenarzt des Geistes» zu werden, wie sehr war es Heine! Nietzsche scheint allerdings durch seine heftige Ablehnung des Sozialismus als einer drohenden Despotie des Herdentiers von Heine getrennt zu sein. Aber gerade diese Sorge hat Heine (und in seiner Nachfolge Baudelaire und Flaubert) mehr und mehr geplagt. Beide verspürten einen Schauer vor der kommenden Massenherrschaft und gedachten eine innere Zitadelle geistiger Aristokratie in sie einzubauen. Und wenn Nietzsche den Übermenschen verherrlicht, so hat er auch ihn von Heines Napoléon mitempfangen, aber Heine wartet geduldiger auf das Kommende, denn er will wie Nietzsche eine Menschheit schaffen, die sich nicht weiterpflanzt, sondern hinauf. Die Genüsse, die er für sie fordert, sind ja doch nur der Persönlichkeit gegeben. Beide erwarten ein neues Reich frei gewordener Menschen. Und diese Forderungen stellen sie als Repräsentanten eines neuen Wirkens, das es vor ihnen im deutschen Sprachbereich nicht gegeben hat: als Künstler-Philosophen, als Prophet-Philosophen, als Künstler-Politiker.

Heine symbolisiert seinen Pragmatismus in der Gestalt des Liktors, der hinter seinem Schreibtisch stehend die Tat von seinen Gedanken, der Dämon seines Wollens ist. Der Geburtshelfer der Tat ist die Gewalt. Heine hat nie Verbrechen verherrlicht, aber die Aristokratie für die Untaten der Revolution von 1789 verantwortlich gemacht. Daher die Verantwortung des Denkers für die Tat, die der Gedanke gebärt, oder für Tatenlosigkeit als Folge einer Philosophie in den Wolken. Der Philosoph als Weltumgestalter, das ist Hegel plus Heine; Marx hat den Heineschen Pragmatismus nicht um einen neuen Gedanken vermehrt, sondern nur in eine neue, schlagkräftige Formel mit dem bekannten Wort gebracht: «Die Philosophen haben die Welt nur verschieden interpretiert, es kommt aber darauf an sie zu verändern.» Der Philosoph, der verändert: das war Heines und Nietzsches Ideal.

Als eine Philosophie des Lebens kann man Heines Versuche bezeichnen, den Menschen zu interpretieren. Die Bezeichnungen, die Heine sich selber geben konnte, wie Deutscher, Jude, Rhein-

…, Revolutionär, Romantiker, korrespon-…ten nicht mit den Wesenheiten, die er in …ch wußte, mit den wirklichen Kräften, die den Menschen verändern oder die er verändert. Heine nahm eine rationelle Reduzierung seiner Seelenkräfte auf ihre polaren Gegensätze vor und nannte die konträren Wesen, auf die er stieß: Hellenen und Nazarener. Er verstand darunter die letzt faßbaren Gemeinsamkeiten, an denen man ein Naturell erkennt, nicht das durchschnittliche, sondern das typische. So wurde er zum eigentlichen Schöpfer der Typologie.

Die von Heine gefundenen Typen sind von ihm religiös, politisch, sozial, künstlerisch, triebhaft erfaßt und beschrieben worden. Er hat mit erstaunlicher Sicherheit Kennzeichen des Individuums auf Typen zurückgeführt und gültige Grundformen bestimmt, die durch die ganze Geschichte gehen. Platonische und aristotelische Philosophie als Typenphilosophie erklärend, hat er mit einem einzigen Aphorismus der Forschung neue Gebiete erschlossen, auch der Ästhetik. Seine typologische Zusammenfassung mutet zwar wie jede Typologie gewaltsam an, besonders da das Judentum eine irrationelle Qualität besitzt, die nicht zum Oberbegriff des Nazarenischen gehört; aber Heine erreicht die Herausarbeitung von reinen Typen, die als solche feststellbar und nachweisbar sind, auch wenn sie nur in Mischformen existieren. Es sind Archetypen, die er auf den Olymp und auf Golgatha, auf Dionysos und Christus zurückführt.

Daß Nietzsches Gegensatzpaar des Dionysischen und Apollinischen direkt von Heine stammt, bedarf keines Nachweises mehr. Es hat mit Heines Formung außer der typologischen Verwandtschaft auch den Rückbezug auf Götter als Archetypen gemein. Heines Vorgänger ist Schiller, der aber mit dem Kontrastpaar des sentimentalischen und naiven Charakters eine andere Achse zog, aber schon wie Heine die Antike zum Drehpunkt wählte. Heines Typologie stößt dagegen auf Freud vor. Das Prinzip, das Heine zugrunde legt, würden wir heute als Verhältnis zur libido bezeichnen. Der Nazarener verdrängt sie, der Hellene lebt sie. Von Heine führt eine Linie zu Jung, und zwar über Balzac. In «Louis Lambert» hat Balzac das Typenpaar des être actionnel und des être réactionnel aufgestellt, das dem extravertierten und introvertierten auffallend entspricht. Heine hat die Triebpsychologie aber auch soziologisch berücksichtigt und gehört daher zu den Vorgängern von Eduard Spranger und Alfred Weber. Dagegen hat er weniges, aber etwas doch mit der psychophysischen Typologie von Ernst Kretschmer gemein. Das hellenisch-nazarenische Typenpaar hat gemeinsame Kennzeichen mit dem zyklothymen und schizothymen Menschen. Heine hat aber bewußt darauf verzichtet, Menschen von biologischen Kennzeichen abhängig zu machen. Seine Typologie wahrt die Willensfreiheit. Geschichte, Religion, Kunst sind zwar das Werk typologischer Mächte, aber gerade das Zeugnis der Freiheit. Wie in Heine Hellenen und Nazarener abwechselnd hervortreten, verschwinden, einander verdrängen und wieder suchen, wirken sie auch in der Geschichte als das Pathos der Ereignisse. Sie sind das Abbild von Göttern, und diese sind wirklich.

### *6. Götter*

Heines Leben ist ein Religionsgespräch. Er führte es zweifelnd, mythisch, gläubig, blasphemisch, hymnisch. Der Umgang mit Gottesfragen ist sein Lebensbedürfnis. Er verehrt den großen Menschen mit religiöser Andacht. Er erblickt den Gott in Napoléon, Goethe, Paganini. Er erotisiert Madonnenbilder, Diana und Venus; in seinen Träumen umarmt er die Fee Abunde, Herodias, Ophelia, Judith. Auch Heine ist, wie Martin Heidegger von Hölderlin sagte, «hinausgeworfen in jenes Zwischen zwischen den Göttern und Menschen». Hunderte Stellen bezeugen es; nicht eine widerlegt es. Heine ist aber auch in das Zwischen geworfen, zwischen sich und sich. Das Wort Rimbauds «Je est un autre» trifft frappant auf ihn zu. Sein Über-Ich braucht ein göttliches Gesamt-Ich; und diesem weicht er aus.

Heines Religionsgespräche beginnen, wie das bei ihm als Juden gar nicht anders möglich ist, bei dem Ich-Du Gespräch mit Gott. Es ist wohl bald ins Stocken gekommen. Vielleicht hat ihn schon die Identifikation mit dem orientalischen Großoheim zu magischen Göttern gelockt. Als Rheinländer hörte er von Elfen und Geistern und in der Hexenküche der Scharfrichterfamilie von schlimmeren Dämonen. Wenn ihm dann ein schönes Mädchen Märchen erzählt, wurde sie selbst zum Märchen, zur Fee.

Volkslieder, die Sagen von Jakob Grimm, die Schriften von Paracelsus, den er eifrig las, die Kirchengeschichte verrieten ihm, daß die Götter des altheidnischen Glaubens weiterlebten, in der Nähe ihrer Tempel wie enteignete Mieter hausten und nicht bloß Teufel waren. Sie hatten sich auch in dichtere Wälder, übers Meer zurückgezogen, lebten mit den Elementen als Elemente — man konnte sie nicht mehr scheiden. Der neue Siegergott beherrschte die Welt. Heine siedelte Jupiter zwischen Eisbergen an, er lebt auf einer Insel wie ein schäbiger Savoyard vom Handel mit Kaninchenfellen — ein ewiger Jude, der einmal Gott war. Noch jetzt kauerte neben ihm ein zerrupfter Vogel, sein heruntergekommener Adler, und die magere Ziege in seiner Hütte war keine andere Person als die Göttin Althea, die ihn schon als Gott auf Kreta gesäugt hatte. Apollo ist ein Hirte in Niederösterreich, ganz wie bei Goethe «den Hirten zugestaltet, daß ihm der schönsten einer glich», die drei Grazien sind sitzengebliebene alte Jungfern — aber aus den verschiedensten Gegenden liegen authentische Nachrichten vor, daß Dionysos lebt und auf geheimnisvollen Waldlichtungen von Panthern gezogen einem Bacchanale beiwohnt. Exiliert, sind die Götter geblieben, was sie waren. Die Herrschaft des Christ hält sie nieder, aber noch immer können sie Wohltäter der Menschen sein und ihre Triebe erlösen. Wie der Stadtgott von Zion im babylonischen Exil ein Weltgott wurde, als die Verbannten an ihn glaubten, so sind die gestürzten Götter lebendige Mächte, und sie herrschen, wo sie gefeiert werden. Von uns hängt ihre Wiederkunft ab.

Sagen der Völker hatten den Zusammenhang mit den alten Göttern aufrechterhalten, als die Gebildeten sie nur noch für schöne Namen, literarische Arabesken, Sinnbilder einer für immer versunkenen Vergangenheit hielten. Schiller hatte von den Göttern Griechenlands elegisch Abschied genommen, aber Heine sah sie auf dem Himmel über der Nordsee als Wolken von leuchtendem Marmor wieder, ohnmächtig die einen, mitleidig die anderen, eine neue Götterwelt war wiedergekehrt, die Nietzsche nach Heines Göttern der Nordsee in einem Drama «Prometheus» (1874) gestalten wollte. Heine schleudert einen mächtigen Psalm des Liebeshasses gegen sie und entscheidet sich mitleidig für die Partei der Besiegten, ihr ambrosisches Recht wieder herzustellen. Der Entschluß eines Mythendichters, Götter neu einzusetzen, bildet ein Datum in der Geschichte der Dichter-Titanen, die den Olymp auf Golgatha stülpen wollten.

Die merkwürdigen Kommunikationen der Zeiten, ihre geheimen Kräfte, die allerorten erscheinen, gleichzeitig wie Vegetationen blühen und vergehen, haben es auch zuwege gebracht, daß in zwei scheinbar so grundverschiedenen, aber eben doch mythisch verwandten Dichterseelen wie Hölderlin und Heine ein Götterkult in Erscheinung trat, der auf gleiche Offenbarungen gestimmt ist. Hölderlin formte Götter nach seinem

Bilde, traf eine Wahl und ordnete eine neue Folge von Weltzeiten an. Seitdem kündigt jede Wahl von Göttern eine religiös-moralische Umwälzung an. Jede Rückkehr zur Natur ist ein Protest gegen Konventionen; jede Rückkehr nach Hellas ein Protest gegen die biblische Weltordnung und gegen gesellschaftlichen Zwang.

Daß die Revolutionen der Natur und der Menschheit ein Kommen und Gehen von göttlichen Dynastien mit sich bringen, wissen viele Mythologien; aber erst in unserer Zeit, seit Hölderlin, Hegel, Heine, Bachofen, Spitteler, Nietzsche, George, tragen wir eine Weltgeschichte der Götter in uns, deren Tod und Auferstehen von kosmischen Umwälzungen berichtet, — auch von unseren eigenen. Toll und gläubig sind die Rebellen dieser Zeit, die das Schicksal der Götterdynastien selbst in die Hand nehmen, und die wie Seismometer Erschütterungen im Götterreiche verzeichnen. Das Christentum war eine Emeute des Universalgottes gegen die hinfällige Herrschaft der Provinzgötter, die nur noch einzelne Länder oder Kräfte repräsentierten. Und auch in historischer Zeit wurden überall landesherrliche Götter vom christlichen Universalgott im Gefolge der Kolonialeroberungen gestürzt. Heere von Göttern wurden Teufel, wie Heines Vitzliputzli, der sich den rauchenden Trümmern seiner Tempel nach dem Einbruch des Cortez entwindet und sich in Europa der älteren Emigration von Satanas, Astaroth und Lilis anschließt.

Heine erfuhr aber noch selbst, daß Götter auferstehen, weil sie in den Seelen ihrer Völker nie gestorben sind. Er zitiert diesen unheimlichen Bericht des britischen Archäologen William Bullock, wie die von ihm ausgegrabenen mexikanischen Götzentrümmer am nächsten Morgen vom Landvolk mit Blumen geschmückt wurden, zur frommen Feier der göttlichen Wiederkehr. In der Ahnenseele der Indios hatten diese Götter weitergelebt, und was in Europa Teufel geworden war, war in der heiligen Heimat Gott geblieben und wird heute vom Volk noch anerkannt.

Die dialektische Entwicklung der Götter gehört zu Heines Zentralideen. Gott, als die Weltseele, die große Einheit ist in allem, aber wir haben Zugang zu ihr nur durch die Götter unseres persönlichen und unseres völkischen Seins. «Ein Volk ist tot, wenn seine Götter tot sind», stellte George fest; man tötet ein Volk, wenn man seine Götter tötet, aus seiner Volksseele herausreißen will. Wenn Heine dem Gottpopanz Jehovah die Totenglocke läutet, so meint das offenbar eine Todeserklärung der Juden als Volk dieses Gottes.

Aber sterben Götter? Hegel wagte dieses Wort, nicht einmal als erster, in der Phänomenologie des Geistes, wo der Tod Gottes den Abgrund, das Nichts von allem, was ist, bedeutet. Nietzsches Aufschrei «Gott ist tot!» geht auf sein erstes Erlebnis sterbender Götter in Heines Reisebildern zurück. Aber auch er hat ihn widerrufen. Und wenn die antike Natur in Jammer ausbrach, «der Große Pan ist tot!», war sie seiner Auferstehung gewiß, erst als Pansgott des Frühjahrs, dann als All-Gott der Christenheit.

Und doch gibt es ein Verscheiden, Verschwinden der Götter, wie es Pascal mit dem rätselhaften Satz angedeutet hat: La nature est telle qu'elle marque partout un Dieu perdu et dans l'homme et hors de l'homme. Aber verschwindet er für immer? Heine ist von dem geheimen Fortleben aller gestürzten Götter überzeugt. Während sich vor ihm der Mythendichter fast nur mit den Griechengöttern beschäftigte, sind für Heine die indischen, orientalischen, und vor allem germanischen Götter Phänomene gleicher Ordnung, wenn auch nicht gleichen Ranges. Was einmal Gott war, wirkt durch die Kontinuität der Völker gotthaft hindurch. Heine erkannte als erster in der deutschen Romantik eine Sehnsucht des deutschen Volkes nach seinem germanisch-heidnischen Pantheismus. Als er durch die deutschen Wälder wanderte, hörte er das Ächzen der Götter, er sah in dem protestantischen Römerhaß und in der deutschen Philosophie drohende Gebärden der alten Götter, die sich hinter dem philosophischen Pantheismus versteckten, und er schrieb seine im Zwischenkrieg oft zitierte mächtige Warnung vor der Wiederkunft Thors, dessen Hammer die Dome zertrümmern wird.

Heine hat Siegfried geliebt, Walhall bemitleidet, Thor gefürchtet. Reicht Heines Kult der hellenischen Götter zu Nietzsche, George und zu unserem ganzen hellenisch-mythischen Zeitalter, so geht von ihm auch eine germanische Göttermorgendämmerung aus, die zu Wagner und Jung führt. Selbst der Gebrauch von Heines Typologie und Terminologie blieb den Propheten des neogermanischen Göttertums nicht erspart. So verkündete Julius Hart, der zum Kreis des jungen Hauptmann gehörte: «Die germanische Welt bricht an. Weder Hellas noch Nazareth!» Ludwig Klages und Alfred Schuler haben das Nazarenische als Scheltwort durch das Molochitische ersetzt. Die Bedeutung der alten Götter für die Entwicklung der Volkskräfte hat George veranlaßt, heinisch den Gott der Synthese zu künden, in dem Christos Dionysos wird, Apollo bei Baldur lehnt; zwischen Menschen und Göttern steht lebenspendend der Drud. Heine hatte freilich ein geringes Vertrauen zu den schaffenden Kräften der deutschen Götter. Er war deutsch genug, Baldur neben Achilles zu stellen; aber die deutschen Götter waren doch im Vergleich zu den keltisch-französischen ein düsteres Gelichter; im Vergleich zu den hellenischen Barbaren; und wunderbar, Politik und Religion in einem Bilde verschmelzend, beschwört Heine im Schlußwort der «Religion und Philosophie in Deutschland», die Erscheinung der gepanzerten Athene, deren klassisch-heitere Kraft Europa vor dem Aufstand der germanischen Götter beschützen möge.

Heines Typenpaar Hellenen-Nazarener bezieht sich archetypisch auf den Kontrast Dionysos-Christus. Die Götter, die er liebte, entsprachen seinen Bedürfnissen; sehr klug hat ihn Wilhelm Raabe einen «semitischen Hellenen» genannt, den Orientalen vor den Juden stellend. Heines Griechenwelt ist beschwingend jung und schön. Sie bildet einen Kosmos, in dem Zeus als Herr fehlt, denn den Vatergott besaß und verwarf ja Heine schon in Jehovah. Dionysos gestaltete sich erst spät als zentrale Gottheit heraus, wie sie von Creutzer an die Spitze gestellt worden war. Aber Heine liebt an Dionysos die wehmütigen Augen, und kein Triumphzug des sieghaften Gottes reicht auch nur entfernt an Heines Christus heran, der das Kreuz von Golgatha zwischen die pokulierenden Götter wirft, daß sie erbleichen und im Nebel zerrinnen.

Heines Dionysos darf nicht retrospektiv mit Nietzsches Ästheten- und Mythenblick betrachtet werden. Nietzsche hat dem Dionysos göttliche Sonderfunktionen gegeben, die Heines Götter noch ungeteilt besitzen. Heine war vor seiner Opiumzeit kein Dichter des Rausches, sondern Apollon verwandt. Für ihn war der Olymp von Zion und Golgatha her gesehen eine einheitliche Welt, in der er persönlich am meisten Diana liebte. Das Hellenische, in das Heine seine libido projizierte, konnte ihm als Mann vor allem die nächtliche Göttin geben.

Der Gott, den Heine aber am meisten geliebt hat, ist Christus. Kein Zweifel ist möglich. Und diese Liebe ist die dauerhafteste seines Lebens. Gewiß, es ist nicht der Christus der Kirche und der Dogmen, und nur zum Teil der evangelische Gott. Es ist der Sohn des Zimmermanns, der die Axt an das morsche Haus der Gesellschaft legt, und der letzte Prophet aus Israel. Er ist auch der letzte der griechischen Götter, in frappierendster Übereinstimmung mit den Heine unbekannten Hymnen Hölderlins. Es ist nicht der Messias der Juden, doch der Gesalbte, der nicht in Jerusalem mit Palmzweigen einzieht, sondern im Olymp mit seinem Kreuze aufersteht, nicht als Richter der Menschen, sondern als Richter der Götter, die mit dieser armen Menschheit ihre grausen Späße seit Jahrtausenden spielen, seit der wahre Vater Saturn gestürzt ist. Die Szene, in der Christus unter den Olympischen erscheint, ist Mythos; der wahre Mythos unserer Zeit, der einzig neue seit viel älteren Zeiten. Ein Mensch, historisch als solcher bezeichnet, erscheint unter Göttern, die wir kennen, und sie vergehen — am Opferblut des neuen Gottes, den sie als solchen erkennen. Ein tiefes Mitleid erfaßt Heine mit den Sterbenden — doch ihr Tod ist gerecht. Nicht der Lust-, der Leidgedanke obsiegt. So stirbt eine Götterwelt, und wir können sagen, wir sind dabei gewesen.

Das olympische Erbe fällt an Christus, wie bei Hölderlin. Nicht an den, der wirklich Gott ist, sondern an den letzten Bruder der Olympischen. Beide Dichter lieben die Sohngötter und haben es nur mit ihnen zu tun. Beide Dichter lieben vor allem den Christus des Johannesevangeliums, der «der wahre Weinstock» ist.

Hölderlins Christus ist Bruder des Dionysos, wie der von George. Heines Christus ist Apollo, und in seinem Christusgedicht «Frieden» sind Gott und Sonne eines. Hölderlin kannte auch den Christus-Apollo, denn Christus ist Gegensatz und Erbe des «Eviers». Aber auch für den evischen Christus besitzt Heine ergreifende Symbole: das hölzerne Kreuz, das einem jungen Weinstock als Stütze dient, — schaurig heiter wie das Leben den Tod, umranken saftige Reben den blutigen Leib. Dieses Weinkreuz Heines ist verwandt dem Rosenkreuz von Goethes Geheimnissen. Lebens- und Todessehnsucht gehen in Heines Symbol ineinander über; und dadurch wird Heine wieder Novalis verwandt. Doch die Reben sind jung, die Götter werden auferstehen. Sie waren exiliert, das heißt: von uns vertrieben und verdrängt. In Wahrheit sind sie immer da, wie es Anatole France, ein Halbjude von Heines Glaubensstamm, als ein schönes gnostisches Märchen in seinem bedeutendsten Buch «La Révolte des Anges» erzählt. Die Engel des Dionysos weilen mitten unter uns, lehren uns die schönen Künste und schützen uns vor dem Vatergott und -grobian im Himmel Jehovah. Es scheint, daß Heine und France das evangelische Wort auch den ältern Brüdern Christi in den Mund legen: Suchet uns, so werdet ihr uns finden.

Das ist also das fundamental Neue von Heines Hellenismus. Der ältere Dichter blickte hinüber, das Land der Griechen mit der Seele suchend. Der neuere Dichter blickt in sich, das Land der Griechen in der Seele wissend. Ihre Götter sind Mächte unserer Seele, transzendente, aber autonome Entelechien, Ideen, die in Götterleibern zu unserem Bewußtsein erwachen. Damit hat aller romantische Hellenismus ein Ende. Das Griechische ist eine Kraft in uns. Der Mensch ist griechisch, unabhängig von Zeit und Raum. Aller Klassizismus hat aufgehört. Alle griechischen Formen sind nur noch Kunst, künstlich.

Helena erscheint auch in einem Kloster, wenn sie der rechte Mann beschwört. Gewiß, Goethe wußte auch das. Er schildert Winckelmann als eine «antike Natur». Die Götter waren ihm Gegenwart, er kannte die Mächte, die ihn durchschauerten. Aber seit Heine ist es ein neues, weltumwälzendes Prinzip; denn erst seit Heine ist, über manche Zwischenstationen, die moderne Dichtung griechenbewußt geworden.

Von Heine, nach Heine, kam Freud und fand die Archetypen in uns und zeigte uns, daß wir sie ausgraben können: Dionysos, Narzissus, Ödipus. Sein dualistischer Mechanismus von Lust- und Todestrieb entspricht recht genau dem Heineschen Typenpaar von Hellenen und Nazarenern. Der Heinesche Dualismus der Triebe ist der Wendepunkt, an dem die neue Literatur unzählige Symbole und Geisterbeschwörungen erlebt. Emanuel Quint von Hauptmann ist der Wiederkehrende Christ, der Ketzer von Soana der Wiedergekehrte Dionysos. Rilke verkündet den «Gott, der reift», er weiß von Heine, daß die Götter eine Gemeinschaft bilden, aus der keiner ganz verschwindet: «Keiner der Götter vergeh. Wir brauchen sie alle und jeden . . .» Und diese Götter haben, wirklich ganz allgemein geworden, im scheinbar Geringsten Unterschlupf gefunden, auch im Juden, der durch Heine wieder weltmythisch geworden ist. Es ist ein jüdischer Bänkel- und Synagogensänger, Faibisch heißt er, die Jargonisierung von Phöbus, aus dessen Brust Apollo sein offenbachisch süßes Lied singt «Doch ist mein Herz in Grăcia / In Grăcia geblieben»; und heinisch triumphiert James Joyce über den Tod Jehovahs und macht den Juden Leopold Bloom zum Ulysses, seinen Tag zur Abbreviatur der in ihm verkörperten alttestamentlichen Ritengeschichte.

Heines Ringen mit dem Engel aller Götter gehört also zu den erstaunlichsten Ereignissen in der Literatur des 19. Jahrhunderts. Heine ist nicht der einzige, der die Remythisierung der modernen Menschheit herbeigeführt hat, aber er steht weit vorne, unabsehbar anregend. Seine Bedeutung wird noch dadurch bestätigt, daß seine Wirkung indirekt, sogar namenlos ist. Anonymität gehört zum Mysterium der unbekannten Götter. Aber zum Bewußtsein gebracht, könnte Heines elementares Wissen von den Göttern noch viel größere Folgen haben. Es ist kein Akt der Billigkeit allein, Heine zwischen Hölderlin und Nietzsche zu stellen. Verschüttete Götterbilder müssen ausgegraben werden, denn wir haben ein Recht, sie zu schmücken.

### 7. *Das Dritte Testament*

Die Menschheit liebt seit Jahrtausenden den Glauben an ein Goldenes Zeitalter, welches war, an ein Erstes Reich; oder an eines, das kommen wird, an ein Drittes. Denn Drei ist seit alters her die heilige Zahl der Vollendung. In vielen Religionen, in fast allen europäischen Denkwerken, gibt es eine Dreiheit. In den Mythen wird die Drei vergöttlicht, in der Philosophie ist sie eine Anschauungsweise. Die Drei gehört zur Vollendung. Es gibt drei Naturreiche, drei Zeitalter (Vorgeburt, Leben und Tod), drei Menschen bilden die Zelle der Gesellschaft, in vielen Kulten bilden drei Götter eine triadische Einheit, sie und ihre Boten treten zu dritt auf: Parzen, Nornen, Totenrichter. Das Alte Testament hat drei Erzväter, drei Engel Abrahams, drei Freunde Hiobs, das Neue drei Versuchungen Christi, drei Verleugnungen Petri, drei Kreuze, drei Marien, drei Offenbarungen nach dem Tod, drei Tage bis zur Auferstehung. Viele Wissenschaften arbeiten mit drei Formen, Prinzipien, Anschauungen. «Weil die Idee der Trinität (schreibt Schelling) die ursprünglichste von allen ist, darum gibt es ein Christentum.» Aber der Nicht-Trinitarier könnte antworten: Für Gottes Einheit ist die Drei zu viel; für seine Fülle zu wenig. Immerhin ist es möglich, daß unser Bedürfnis nach Dreiheit Erinnerungen an einen Urzustand enthält, in der der Mensch oder sein Vorgänger den Raum zweidimensional erlebten, wie das Tier. So drückt die Dreiheit das älteste Erlebnis neuer Ganzheit aus, das die Relativitätstheorie überholt hat.

Heines Dreiheitsliebe beruht auf seiner eigensten Dreiheit. Er ist Hellene, Semite, Rheinländer. Daß diese Parallelkräfte in irgendeiner Ferne doch zusammenfließen könnten, mußte eine natürliche Hoffnung sein. So geht sein Glaube an das Dritte, wie alles bei ihm, aus seiner Existenz hervor. Die Formen aber, in denen er lebt, sind mythisches Gut des Abendlandes. Dionysisch ist sein Lust- und Todeserlebnis; saturnisch, mosaisch, evangelisch ist sein Glaube an die menschliche und gesellschaftliche Gleichheit; messianisch und johanneisch seine Erwartung des Dritten. Unendlich ergriffen ihn daher «die merkwürdigsten Worte des Neuen Testaments», das Versprechen Christi, als Geist der letzten Wahrheit wiederzukehren. Versprochen ist «die reichste Erfüllung». Daher habe ich dieses Wort als Motto über das Kapitel des Dritten Testaments gesetzt. Es ist eine zweittestamentliche Begründung, — neben der ersttestamentlichen, die keiner besonderen Zitierung bedarf.

Heines Millenium wurzelt aber außerdem in zusammenhängenden Spekulationen des Mittelalters, der Reform und der Romantik. Was Johannes der Evangelist verkündet hatte, versprach noch deutlicher Johannes der Apokalyptiker: ein neues, ein Ewiges Evangelium, das drei Engel bringen werden (wieder die Drei), allen Nationen, Stämmen, Zungen und Völkern. Aus diesem Vers der Apokalypse blühte die christliche Hoffnung auf das endgültige Reich der Liebe und Freiheit hervor.

War nun das Kommende ein neues Drittes, war es nur die Entfaltung dessen, was im Zweiten Testament verheißen war: die christliche Spekulation wußte es auf besondere Weise mit der Trinität zu verbinden. Der erste, der die Trinität als das Geheimnis der drei Zeitalter gedeutet hat, war der französische Mystiker Amaury de Bènes. Das erste Zeitalter war das des Ersten Testaments, des Vaters; ihm folgte das Zeitalter des Zweiten Testaments, des Sohnes; und nun war das Dritte Zeitalter des Heiligen Geistes im Ewigen Evangelium zugesagt.

Eine Weltbewegung entstand aber erst aus dieser Hoffnung, als der calabresische Mönch Gioacchino da Fiore im 12. Jahrhundert der Prophet des Dritten Zeitalters des Heiligen Geistes wurde, seinen Anfang auf 1260 ansetzte und eine Zukunftsgeschichte der Menschheit als die gewisseste Wirklichkeit schrieb. Wenige Persönlichkeiten des Mittelalters reichen an die Weltwirkung des Zisterzienserabtes von Corazzo heran. Er verkündete das Ewige Reich der endgültigen Liebe und Freiheit für alle. Er sagte dem päpstlichen Rom an, daß die Herrschaft Petri vom Reich des Johannes abgelöst werden wird. Der Gedanke der wandelnden Götter, waren es auch nur Apostel, lebt also in dieser Botschaft wieder auf, und zwar mitten im Christentum. Das Dritte Zeitalter war schon in uns. Und diese Lehre trug Joachim de Fiore mit einer Inbrunst und prophetischen Überlegenheit vor, die verwandelnd wirkten. Er wurde der Mystiker der Freiheit, und wo immer seit dem 13. Jahrhundert Freiheit evangelisch gefordert wurde, berief man sich auf das Ewige Evangelium. Seit 700 Jahren zehren Mystiker, Ekstatiker, Schwarmgeister und vor allem das gläubige, einfache Volk von dieser Hoffnung. Ignazio Silone erzählt, daß noch heute in seiner süditalienischen Heimat die Not des Lebens teils zu Joachim de Fiore, teils zum Anarchismus treibt. Aus Joachims Botschaft haben Franziskus und die Cölestiner gelebt; Rienzi wurde als Ritter des Heiligen Geistes der

Tribun Roms — es ist derselbe Heilige Geist, als dessen Ritter Heine das Bergarbeitermädchen revolutioniert, und an den in Wagners Oper Rienzis Gebet gerichtet ist. Für das Ewige Evangelium starben Hunderttausende. Ewiges Evangelium forderten Hussiten, und es war, wie man damals sagte, das Gift der Böhmischen Brüder, das den unterdrückten deutschen Bauern Lebenshoffnungen gab. Unter dem Banner des Ewigen Evangeliums starben Thomas Münzer, Johann von Leyden und Florian Geyer; für diesen tätigen Glauben wurden die Gliedmaße des erhabensten deutschen Plastikers Tilman Riemenschneider von Folterknechten zerquetscht; die Puritaner gingen nach Neu-England, um das Neue Jerusalem des George Fox mit Schwert und Kelle wie die Juden den Esra-Tempel zu bauen. Joachim war ein Glaube, der zu Heine schließlich auf drei Wegen gelangte: politisch-sozial über die Bauernkriege und Saint-Simon; philosophisch über Fichte und Hegel, denn Heine kannte wahrscheinlich Vico nicht; literarisch über Lessing, Jean Paul, E. Th. A. Hoffmann und Novalis.

Heine hat seinen verwandtesten Vorgänger Hölderlin nicht gekannt, der zuerst in die Drei-Zeiten-Lehre etwas Neues hineinbrachte: den Hellenismus. In Hölderlins Reichen gibt es wie bei Heine keinen Vatergott, sondern nur die Söhne. Das, was hinter ihnen steht, ist das Reich der Natur, ist Vater Äther. Hölderlins erstes Zeitalter ist das des Herkules, der Geist, Tat, Kunst ist. Sein zweites Zeitalter steht unter der Herrschaft des Dionysos: er ist Rausch, Liebe, Gemeinschaft. Sein drittes und letztes Zeitalter ist das Reich Christi. Es ist kommend, wie das Ewige Evangelium.

Heines Reihenfolge ist eine andere, sie ist bei aller revolutionärer Kühnheit traditionalistischer. Das erste Zeitalter ist das hellenische, als ein Ganzes; das zweite ist das biblische, ein nazarenisch Ganzes; das dritte ist Dionysos und Christ, Plato und Moses als Einheit. Hegels dialektischer Einfluß ist unverkennbar, denn das Nazarenertum war die Negation des Hellenismus, und die neue Botschaft ist die Synthese. Sie ist die Konsequenz des Gewesenen. Der «Fels», auf dem Heine die Kirche des Neuen Testaments errichten will, ist der Fels Petri. Und wenn die neue Kirche auch nicht christlich ist, so ist sie doch johanneisch: Geist, in dem Wein und Blut eins sind.

Der tiefe Sinn für die Wahrheit der Geschichte und des gewordenen mythischen Seins, der Glaube an die Ewigkeit und Unauslöschlichkeit der Götter, schützte Heine davor, in ein bacchantisches Apostatentum zu verfallen. Heine war kein Julian (Apostata) wie Goethe genannt und George von seinen Freunden, nicht ganz mit Recht, angesprochen wurde. Die julianische Wiederherstellung der Götter kannte Heine aus Gibbon, und dessen Geschichte vom Untergang Roms ist die gemeinsame Quelle von Heine und Ibsen. Heine wollte nicht die alten Götter wiederherstellen und Christ stürzen, sondern das ambrosische Recht im Namen der Propheten und Evangelien der ganzen Menschheit bringen. Auf diesem Weg der Verheißung sollte sie eine Übermenschheit werden. Julians Revolution war dagegen eine antichristliche Gegenreform. Der historische Caesar war keinesfalls der Charlatan eines Dritten Reiches, den Ibsen aus ihm, ahnungsvoll, gemacht hat. Seine Briefe an den Oberpriester Theodor zeigen einen gläubigen Hellenisten, der Christus ablehnt, weil er ihn schon in Homer und Plato besitzt. Wenn aber der Kaiser zuletzt am Galiläer stirbt, dem «größten Revolutionär aller Zeiten», so bleibt ihm doch die Ahnung versagt, daß auch seine Götter vor dem Heilandsblut zurückweichen mußten und nur wiederkehren können, wenn sie es anerkennen. So stark Ibsen auch von Heine beeinflußt scheint, so unterscheidet er sich doch von ihm durch den Unglauben an das Dritte. Die Paradoxie der Geschichte hat Ibsen mit seiner Heine variierenden Wortprägung (Drittes Reich statt Drittes Testament) zum Wortpaten einer Bewegung gemacht, die, mit dem Hammer Thors, Ibsens Christus und die Menschheit zerschlagen wollte.

Die Anbetung der Materie, die berühmte Rehabilitierung der Materie, entsprach Heines Schönheitssinn, seiner erotischen Fixierung an den Götterleib griechischer Statuen, seiner hellenischen Übersteigerung der biblischen Deutung des Leibes als eines Tempels Gottes. Für Heine ist der Leib der Frau das Gedicht Gottes in der Natur, aber nicht mehr. Auch in diesem Teil seiner Botschaft wird Heine von seinem nie versagenden Traditionalismus vor Übertreibungen bewahrt, für die in seinem Inneren keine Voraussetzungen bestanden. Aber da Heines Lebensbotschaft ihn zum Prototyp christlicher Gegnerschaft gemacht hat, muß man daran erinnern, wie viel weiter andere gingen als er, so Balzac, dessen Louis Lambert ein Drittes Testament erwartet, in dem stehen wird: «Et la chair se fera le verbe, elle deviendra la parole de Dieu.» Die Assimilierung Heines durch George führt zu dem Vers des Templers, der von der großen Nährerin, der Natur, der hölderlinschen Urmacht, verlangt, daß sie «den Leib vergottet und den Gott verleibt», und Georges Drittes Testament ist «des Bundes Fülle»: der «Christ im Tanz».

Der Panentheismus von Heines Drittem Testament ist ein Panhumanismus. Er verkündet einen Zukunftsmythos, der Gott und Mensch durch Freuden verbindet. Das Leid ist ausgelitten, jene Krankheit, von der Heine wußte, daß sie der letzte Grund des Schöpferdranges war und bleibt. Das Gebet um unser täglich Brot erweitert sich zu einem dionysischen Recht auf alle Genüsse des Lebens. Es setzt eine Menschheit voraus, die dazu reifen muß. Der alte Glaube hat die Freudenfähigkeit unterdrückt, der neue Glaube wird sie wecken, die Menschheit ganz machen. Ein neues Reich breitet sich aus, wie Hölderlin es erwartete: «Völkersegen / Brots die Fülle, / Lustgefilde / Überall —»

## 8. *Das Tribunat*

Heines Tribunat umfaßt alle seine Bemühungen in Vers und Prosa, ausgesprochen oder nicht, Freiheit, Recht, Wohlstand zu verbreiten, Unterdrückung, Lüge, Armut zurückzudrängen. Heine gehört keiner Partei an, außer seiner eigenen. Keine Partei, kein Volk, keine Klasse, keine Richtung kann ihn ganz für sich in Anspruch nehmen.

Heine führte den Befreiungskrieg der Menschheit als Künstler, als Freischärler. Er hatte nichts hinter sich als seine Leser, nichts in der Hand als seine Feder, aber alles, was Macht hatte, gegen sich. Sein Interesse ist die Menschheit, sein Ziel die Idee, die alle seine Forderungen überdeckt. Er ist so ganz Idealist, auch im Tribunat, daß der Mensch nicht einmal sein letzter Zweck ist. Auch er soll nur um der Ideen, um der Dinge wegen, freier, wirklicher, glücklicher werden.

Heines Politik ist ihrem Universalismus gemäß keine Politik des Kontra sondern des Pro. Er war nie der Mann der Negation, der Paradoxe, und alle Kriege führt er im Auftrag einer schöpferischen Notwendigkeit. Er kämpfte und schlug zu, weil er geboren war, das Schlechte und das Abgelebte zu beseitigen. Für diesen Kampf besaß er Wehr und Waffen. Geboren im Zeichen des Schützen, war er fernhintreffend wie Apoll, von Natur gerecht wie er. Gewiß, er hat vielen Unrecht getan, viele Gegner mißhandelt, Freunde verletzt, aber nie gegen sein besseres Wissen. Er konnte keine Wahrheit zurückhalten und hütete sich vor keinen Widersprüchen, denn nur im Widerspruch ist Wahrheit. War er auch als Kämpfer rücksichtslos, so ist das für ihn als Tribun nicht bezeichnend. Die größte Kraft seines Tribunats war sein echtes Mitleid mit den Leidenden und Schwächeren. Mitleid war der letzte Grund, der ihn, ganz gegen seine lyrische Natur, auf den Kampfplatz trieb.

Heine litt, weil er selbst ein Verfolgter war; er litt mit, weil er ein Kranker war und sich in andere Leiden versetzen konnte. Der mittelmäßige Mensch wird durch Krankheit nur noch egoistischer; der edlere gewinnt Distanz zu sich, er schaut aus der Perspektive seines vom Körper unabhängigen Ich auf sich und die Welt hinab und sieht das Gemeinsame. So kommt der kränkliche Mensch der Liebe näher.

Heine war aber auch ein großer Lebensgenießer, ein Gourmet, und wie viele köstliche Speisen gibt er uns in Vers und Prosa zu schmecken. Als begeisterter Esser konnte er sich die Leiden der Hungernden lebhaft vorstellen. Der leere Magen der Armen knurrte in seinem Kopfe und mit drohenden Worten vertrommelte er den Satten und Selbstessern den Appetit. Ihn empörte eine Weltordnung, die kein Brot für die einen und Zuckererbsen und Austern für die anderen hatte. Heine verlangte alle Genüsse für alle. Er haßte die nazarenische Freudlosigkeit und schüttete die spartanische Bettelsuppe den Reichen vor die Füße. Er war in diesen Fragen von einer großen Empfindlichkeit, und als er in München von einer Prinzessin eingeladen wurde, zu Hof nach dem Essen zu einer Tasse Kaffee zu erscheinen, sagte er ab, weil er nur dort seinen Kaffee nähme, wo er zu Mittag gegessen hatte.

Die Suppenfrage ist das Zentralproblem von Heines Sozialismus, und so hat er sie auch genannt. Er glaubte weder wie Schiller «zu essen gebt ihm, zu wohnen! / Habt ihr die Blöße bedeckt, gibt sich die Würde von selbst!»; noch wie Brecht «Erst kommt das Fressen, dann kommt die Moral», sondern: erst kam die Würde und Moral der Gesellschaft, daß es keine Hungrigen gibt, und dann wird es noch immer weit zu Moral und Würde sein. Schöner hat Hermann Cohen aus dem Geiste Kants Heines Idee verstanden: «Der Eudämonismus der Magenfrage bedeutet nichts geringeres als die Fürsorge der reinen Ethik für die Tatkraft des reinen Willens und für die Reinheit des Selbstbewußtseins.»

Das menschheitliche Selbstbewußtsein Heines wurde durch die Bilder von Not und Armut beleidigt, sein Herz krampfte sich zusammen, wenn Menschen dieser vielgerühmten Zeit vor ihm auf der Straße Hungers starben oder wegen Hungerdelikten qualvoll lang gehängt wurden. Auch als Jude des Prophetismus hatte Heine traditionelle Affinität zum geistigen Adel der Armut, zur Armut geistiger Menschen. Es liegt etwas Providentielles in der Armut des Genius, selbst das Tier ist besser, scherzte der Dichter des «Atta Troll», weil es keine Taschen hat. Zu den vielen Zügen des unbekannten Frankreich, die Heine entdeckte und liebte, gehörte auch die französische Achtung des mittellosen hommes de lettres, das schlechte Gewissen des Reichtums, der sich im

Cancan um das Goldene Kalb selbst verhöhnt. Das Geld hatte keine Selbstachtung mehr, die Zeit seiner Herrschaft ging zu Ende.

Schon in dieser einen Frage zeigt sich, daß in Heine der politische Kämpfer vom biblischen Bewußtsein nicht zu trennen ist. Heines Tribunat wird durch ein schönes Gleichgewicht zwischen der idealen Forderung und der realistischen Verwirklichung ausgezeichnet. Seine Politik steht in Kontakt mit dem Leben, wie er es um sich sah und in sich spürte. Er stellt das Leben nicht unter den Zwang von Systemen, sondern paßt die Politik den Umständen an, er ist im hohen Wortsinn Opportunist, das heißt, er versäumt keine Gelegenheit, das Opportune vom Augenblick zu verlangen. In Deutschland wirkte er sofort als ein neuer Sprecher bürgerlicher Freiheiten, als poète-citoyen, als Vorkämpfer des damals noch fehlenden Liberalismus. Er schuf liberale Menschen und bereitete damit einen deutschen Freiheitssinn vor. In Frankreich, wo immerhin schon viel verwirklicht war, macht er sich zum Sprecher des Kommunismus, das heißt aller jener Bewegungen, die, getrieben vom Hunger der Massen, Sozialideale ausgearbeitet hatten. Der Übertragung von Systemen auf die Gesellschaft stand Heine aber höchst skeptisch gegenüber. Doch war Heine nicht bloß Vorkämpfer bürgerlicher und proletarischer Freiheiten, sondern auch Aristokrat. Als Adeliger des Geistes wußte er, daß Adel ist und was Adel ist. Im Vergleich mit der aristocratie bourgeoise stand die Aristokratie der Geburt der des Geistes näher. Sie war Adel und edel. Was nützten die schönsten Ideale, solange der Mensch ihnen entgegengesetzt ist. Es gibt kein Bürgertum ohne Bürgeradel, keine Republik ohne Republikaner, keine echte Volksherrschaft, solange den Massen geschmeichelt wird. Herrschaft ist eine Frage der Berufung von Einzelnen und von Klassen. Ohne Reife zum Staatsgeschäft schlagen Revolutionen zu Menschheitstragödien aus.

Von Heine stammt das oft zitierte Wort, daß eine Revolution ein Unglück ist, aber ein noch größeres Unglück eine verunglückte Revolution. Heine sah in der Revolution den Kampf um das Recht des Lebens auf das Sein, gab aber jede verloren, die Leben bekämpft, das noch stark, noch lebensfähig ist. Was fallen will, soll man stürzen; was stehen kann, soll man stützen. Ein echter Revolutionär wie Heine unterscheidet sich vom Putschisten durch die Achtung vor dem Leben, vor der Zeit, durch das Vertrauen auf die Entwicklung. Keine Dialektik ist ohne Evolution denkbar. Als echter Dialektiker vertraute Heine den Kräften des Werdens. Wie Napoléon die Aristokratie mit der Bourgeoisie versöhnte, weil die Zeit keine von beiden entbehren konnte, hoffte Heine auf die Zusammenarbeit der Bourgeoisie mit dem Proletariat. Es war eine große Kühnheit, von einer Koalitionsregierung des Liberalismus mit dem Kommunismus zu sprechen, als dieser erst anonym existierte. Mit solchen Gedanken erweist sich Heine als echter Politiker. Er hatte mehr Voraussicht in kommende Notwendigkeiten als der Sozialismus vor 1900.

Heine hat meines Wissens auch als erster in politischen Schriften deutscher Sprache die Klassenterminologie angewendet — zumindest lange vor Marx. Er fand sie in der französischen Geschichtsschreibung von Saint-Simon bis Guizot und Thiers vor. Diese Generation von Historikern schrieb die Geschichte der Revolution unter dem Aspekt eines Klassenkrieges zwischen Feudaladel und städtischer Bürgerschaft, der im 11. Jahrhundert begann und von der Revolution gewonnen wurde. Von dieser Terminologie machte dann die sozialistische Schule nach Saint-Simon: Proudhon, Fourier, Blanc Gebrauch und erreichte die Anerkennung des Proletariats als dritte Klasse. Daß sehr viele eschatologische Heilserwartungen, die sich an das Dritte knüpfen, auch in den Kommunismus eingegangen sind, und daß sie auf Heine besonders wirkten, ist nicht mehr überraschend. Heines Sozialismus war immer religiös, und er stand dann, wie von selbst, als Heine gottgläubig geworden war, dem religiösen Sozialismus französischer Artung näher als dem hegelisch atheistischen der Deutschen von Weitling bis Marx. So wurde er ein Vorläufer von Péguy.

Geschult, in Klassen zu denken, war aber Heine nun auch einer der ersten, der im Bauernkrieg eines der größten Ereignisse der deutschen Geschichte sah, die erste Tragödie des Freiheitskrieges, in dem die Schwachen versucht hatten, die Herrschaft der Starken zu erschüttern. Er hielt sich abseits von dem Kult, den das liberale Bürgertum mit Hutten trieb, und trat unter die

Fahnen der Bauern. Anders als Goethe im «Götz» und Lassalle im «Sickingen» schätzte er die historische Funktion der Ritterschaft ein. Seine Heroen waren Münzer und die Wiedertäufer, die für das Ewige Evangelium der Freiheit gekämpft hatten. Mit dieser Entschiedenheit war Heine wieder einmal seiner Zeit voraus. Geist vom Geiste des Dritten führte ihn immer auf die Seite der Zukunft.

Heine war aber auch einer der ersten, der in seinem Tribunat der Außenpolitik die Bedeutung gab, die sie für den Frieden und die Freiheit der Menschheit hat. Er sah sie als Erbe der napoléonischen Traditionen im richtigen Wechselverhältnis zur Innenpolitik. Die Kriege der Revolution waren Verteidigungskriege gegen den Feudalismus, aber die Revolution war auch der Vorwand, mit dessen Hilfe der britische Anspruch auf die Stellung des Schiedsrichters in Europa Bundesgenossen gewann. Die Interessen der Völker wären ganz gewiß in einem friedlichen, napoléonischen Europa zum erstenmal auch national zur Geltung gekommen. Aus dieser historischen Erfahrung und Überzeugung geht Heines Außenpolitik hervor. Heine ist antienglisch wie Nietzsche, wenn auch aus anderen Motiven. Er ist frankophil bis auf die Knochen, auch wie Nietzsche. Seine Liebe zu Deutschland weist aber seinem Vaterlande den würdigsten Platz in Europa an: das Bündnis mit Frankreich als Voraussetzung eines freien Europa, das bei gegenseitiger Achtung der nationalen Selbstbestimmung seine sozialen Fragen lösen wird.

Heines außenpolitisches Prinzip wurde von Ruge und Marx in den Titel ihrer Deutsch-Französischen Jahrbücher aufgenommen; und als Schüler Heines identifizierte Lassalle das französische Interesse mit dem deutschen und dem europäischen.

Ist es noch nötig, nach den Erfahrungen von vier sinnwidrigen deutsch-französischen Kriegen Heine zu rechtfertigen, der sich als Bote einer deutsch-französischen Verständigung den Haß einer bismärckischen Literaturgeschichte zugezogen hat? (Nur in Paranthese sei der tristen Anpassung Victor Hehns gedacht, der Heine in seinen Dorpater Vorlesungen über Goethes Gedichte 1848 als den «Retter Deutschlands», als das «gewaltigste Talent der Romantik» als «die reinste Harmonie, seit Goethes Mund verstummt ist» feierte; er verglich ihn aber in den Gedanken über Goethe 1887 mit seinem «Stammesbruder, der mit der Zunge so kunstreich schnalzen kann, daß man wirklich eine Nachtigall zu vernehmen glaubt».) Heines Postulat eines deutsch-französischen Bündnisses erweist sich heute als der einzige große Gedanke deutscher Außenpolitik zwischen 1805 und 1918, und auch unter Berufung auf Heine wurde das realistische Programm der deutsch-französischen Zusammenarbeit von Erz und Kohle von Joseph Bloch, dem Schöpfer der Kontinentalpolitik, zur Basis einer neuen Weltpolitik der fünf Imperien gemacht.

Heine hat, wie diese Auswahl zeigt, das deutsche Volk, dessen bester außenpolitischer Berater er war, «als sich selbst» geliebt. Er wollte es von den gefährlichen Tendenzen abbringen, die sich jetzt zwanglos als Pränazismus bezeichnen lassen. Und wie furchtbar hat die Geschichte seinen Ausruf bestätigt: «Armes, unglückliches Vaterland! welche Schande steht dir bevor, wenn du sie erträgst diese Schmach! welche Schmerzen, wenn du sie nicht erträgst!» Es ist der Ruhm einer Nation, Dichter zu besitzen, die sie vorwärts treiben, und kein großes Volk wird einen Dichter zurückweisen, der an die Gemeinschaft, zu der er gehört, große Forderungen stellte. Animosität gab nur Heines Urteilen über England eine überspitzte Richtigkeit. Das wurde auch von Matthew Arnold anerkannt, der aber hinzufügt, daß nichts, was Heine gegen England schrieb, Vorurteile gegen ihn geschaffen habe. Und zudem teilt Heine eine durchgehende Idealisierung Deutschlands mit der Romantik. Das anläßlich des «Doktor Faustus» von Thomas Mann oft zitierte Wort «das deutsche Volk ist selber Doktor Faust» stammt von ihm. Er nannte die Deutschen und die Franzosen «die beiden auserwählten Völker der Humanität», die Deutschen und die Juden «die beiden Völker der Sittlichkeit». Er wollte ein Deutschland schaffen, das, seiner Sendung gewachsen, «europafähig», um ein Wort Masaryks zu zitieren, in das Bündnis mit Frankreich eintreten könnte. Nicht äußeren Maßstäben entlehnt Heine seine deutsche Politik. Er schöpft sie aus der deutschen Geschichte selbst, aus Religion und Philosophie, und als erster erkennt er mit erstaunlicher Weitsicht, daß Nationalismus für Deutschland zu spät kommt. Franzosen und Briten hatten Nutzen von der Nationalität, Deutschland wird nichts davon haben.

Heines dualistisch-trialistische Weltanschauung sah die Polarisierungstendenz der neuen Zeit voraus: die Scheidung der Menschheit in «zwei Nationen», in «Jagende und Gejagte»; in zwei Weltmächte: Amerika und Rußland; in zwei Katastrophen: Weltkrieg und Weltrevolution. Seine historischen Erwartungen kulminieren in einer Vision des totalitären Parteistaats, in dem mit einem eisernen Stab Ein Hirt «eine gleichgeschorene, gleichblökende Herde» regieren wird. Heines Kulturpessimismus stammt aus denselben düsteren Befürchtungen wie der von Sismondi, Burckhardt und Baudelaire. Aber welt- und gottgläubig bahnte sich Heine aus der Matratzengruft einen Lichtblick in die große Zukunft und wurde Sprecher eines religiösen Sozialismus: es ist das letzte Wort seines Tribunats. Nach biblischen Geboten wird das Eigentum moralisiert und mit dem wahren Vernunftsrecht in Übereinstimmung gebracht werden.

Im Bewußtsein, in einer Epoche permanenter Revolution zu leben, die religiös, moralisch, politisch, ökonomisch ist, wird der Jakobiner Heine Gegner jeder Katastrophenpolitik. Er sieht die Kräfte der Zerstörung, aber auch die Möglichkeiten der Entwicklung zu einer harmonischen Gesellschaft vor sich. Es ist der Mensch, der wählt und entscheidet. Mit dem Glauben an das Königtum des Geistes blieb Heine den Idealen treu, die ihn zum Tribunat beriefen.

## *9. Heimkehr*

Heimkehr nannte Heine den dritten Zyklus seines Liebesromans mit Amalie und Therese Heine. Im «Buch der Lieder» folgen der «Heimkehr» subjektive Balladen und Verserzählungen, in denen Heine sein Allerpersönlichstes Drittpersonen auferlegt, um ohne Masken von sich sprechen zu können. In der «Götterdämmerung» stürzt das Bündnis von Zwergen und Riesen Gott vom Thron und führt das alte Nichts wieder herauf. «Donna Clara», eine von Mauren- und Judenhaß verbrennende Spanierin, liegt in den Armen eines Juden, der erst beim Abschied Name und Art bekennt. In den, begreiflich genug, nur entworfenen zwei weiteren Stücken dieser Trilogie, sollte das Kind dieser Liebe den Vater unbekannter Weise als Juden verhöhnen und im dritten Stück als Dominikaner seine jüdischen Brüder foltern. In dem Gedicht «Almansor» glaubt ein Mohammedaner die Demütigung der Taufe als Liebe zu einer anderen Donna Clara leicht auf sich nehmen zu können, aber im Schoß seiner Geliebten träumt er davon, daß die Kuppel von Corduva Priester, Volk und Christengötter erschlägt. Doch zuletzt schenkt die Mutter Gottes von Kevlaar dem liebeskranken Wilhelm (mit dem Heine die Schulbank des Franziskanerklosters geteilt hatte) das Heil und die Gnade des Todes von einem Leben unentwirrbarer Konflikte.

Heines Konfliktwelt löst sich vom Ende her gesehen zur Katharsis einer Tragödie. Wohin trieb es ihn sein ganzes Leben hin? Sagen wir mit Novalis: Immer nach Hause. Auch für ihn war Heimkehr schwer, denn die letzte Station seiner Marschroute war unleserlich geschrieben. Das himmlische Heimweh trieb ihn von Jugend an zwischen Göttern und Idealen hin und her. Als einer der ersten unserer Zeit wußte er, daß auf dem Palimpsest unserer Seele zuunterst der Name unseres Gottes steht, und so viel vom Leben später darüber geschrieben wird, die älteste Eintragung bricht zuletzt durch und steht leuchtend vor uns wie die Zinnen der ewigen Stadt. Aber wenn Heine den Namen seines Gottes aussprechen sollte, verstümmelte er ihn zu Jehovah und glaubte, er könne, ohne Schaden zu nehmen, Götter inthronisieren und stürzen.

Wie Heine seine Ahnenwahrheit in den Papieren des Großoheims erriet, so auch sein eigenes Ende. Es ist doch alles nur Prophetie, was er von dem an den Felsen geschmiedeten Prometheus zum Himmel schrie. Ohne Ketten kein Lichtbringer, ohne Dornenkrone kein Heilsbringer, ohne die Inselöde kein Weltbringer, ohne Wahnsinn kein Hölderlin, ohne acht Jahre Matratzengruft kein Heine.

Das Schicksal behielt dem Dichter bacchantischer Freuden das Martyrium der Heimkehr vor. Als Heine im Mai 1848 im Louvre zu Füßen der hochgebenedeiten Madonna von Milo zusammenbrach, hatte die Göttin keine Arme, ihn aufzurichten. Hölderlin erfuhr in der Not, daß man Dionysos lieben, aber nur zu Christus beten kann. Das war sein Gott, aber nicht der von

Heine. Dieser wandte sich auf seinem Marterbett an «einen sehr bestimmten Gott, den Gott unserer Väter», den er auf einmal in dieser Urform als Gott selbst erkannte, und wie die Indios ihre aus der Erde gegrabenen Götter, schmückte er nun den aus seiner Seele ausgegrabenen Gott: Jahweh mit «sehr schönen Gebeten», die ihm guttaten. Was Heine sein ganzes Leben lang nicht wissen und hören wollte, wußte er jetzt. Er war nichts als ein armer Jude, nichts als ein unglücklicher Mensch.

Heine brauchte zu seinem Judentume nicht zurückzukehren, weil er es nie verlassen hatte. Aber in der Matratzengruft kehrte er nicht zu dem zurück, was er war, sondern dort hinauf, wo er nicht gewesen war: zum Wesen. Er wurde nicht wieder Jude, wie man einen abgelegten Paß zurücknimmt, sondern wurde jesajanisch Jude, und das heißt Knecht Gottes, Hiob. Von dort her, wo er Gott geleugnet hatte, mußte er Gott als seinen Gott erkennen und bekennen. In seinem «Widerruf I» versichert er zwar noch, daß ihn ein minder miserabler Grund als die Misere zu Gott zurückgeführt hatte. Aber wäre dieser Grund so miserabel? Wäre es nicht einfach die Erhörung des Pascalschen Gebetes, von der Krankheit den richtigen Gebrauch zu machen? Heine hatte ahnungsvoll Krankheit als den letzten Grund des Schöpferdrangs gepriesen. Warum sollte dieses welterschaffende, -erhaltende, -verbindende Prinzip nicht auch das der Heimkehr sein? Nicht als Miserere dringt die Stimme des gläubigen Heine seit einem Jahrhundert aus der Matratzengruft, sondern als die Gloria, die zur Heimkehr des verlorenen Sohnes gesungen wird, der mit den Hegelianern die Schweine des Unglaubens gehütet und nun in seines Vaters Haus zurückgekehrt ist, wo es viele Wohnungen gibt, auch eine für ihn, Gottes eigenes enfant terrible.

Das Leiden ist der Gottesbeweis von Heines neuem Glauben, denn Heine wurde durch Leid Jude im biblischen Sinn, und zu ihm gehört nun einmal die Spannung zwischen dem vertrauten Glauben und dem Abfall. Heine hat lebenslänglich über das Judentum gegrübelt und war spöttisch der Wahrheit nah, bevor er sie annahm. In seinem Gedicht auf das Neue Israelitische Hospital in Hamburg nannte er als die drei Weltgebresten Armut, Körperschmerz und Judentum. Wir wissen, daß Heine die Armut verehrte, die Krankheit pries und daß er Jude war. Sollte es da schwer gefallen sein, die geheime Einheit der drei Krankheiten (wieder diese Drei) zu erraten? Das Leid ist das Zeugnis jüdischer Erwählung, und jeder verfolgte Jude wird Gott verwandt. Heine, dürstend danach, als Ritter des Heiligen Geistes Gottes Taten selbst zu tun, schließt sich in Demut der heiligen Ritterschaft Israels an, «ein wandelndes Geheimnis».

Wie oft hat aber Heine besonders in jungen Jahren sein Judentum geschmäht, an dem Brandmal gelitten, das er trug, ohne zu wissen, daß auch ein unsichtbarer gelber Fleck eine Gottesprüfung sein kann. Er gehörte zur Generation neuer Juden, die mit dem Zaun des Gesetzes auch ihre Nabelschnur von Gott losgerissen hatten, und verlorene Schafe waren, bevor sie verlorene Söhne wurden. Die dialektische Theologie von Karl Barth hat in unseren Zeiten viele Juden in die Synagoge zurückgeführt, der einst die dialektische Philosophie von Hegel viele Juden entführte. Heine leistete dem Vakuum des absoluten Geistes Widerstand — er fürchtete den Absturz ins Nichts. Er widersetzte sich der Abstraktion, weil er das Leben liebte, und Leben war Kraft.

Kraft war aber das Judentum der Massentaufen nicht, und er selbst hatte, wie er jammerte, keine Kraft mehr, einen Kaftan zu tragen und sich Judenmauschel nachrufen zu lassen. Er wußte in dem Paris seiner heiteren Triumphe, daß der Bart nicht den Juden macht, aber er wußte noch nicht, was ihn doch macht. Ein Judentum der Kraft hatte er in Polen kennengelernt, und, den inneren Widerstand überwindend, bekannt, daß hier Größe ist. Feind aller positiven Religionen, auch der jüdischen, offenbarte sich ihm, daß der Ritus ein sakrales Familienleben aus der Fülle der Daseinsformen schuf, das den Frommen wunderbar beglückte.

Alle Theorien Heines über das Judentum verkleideten seinen voltairisch aufgeklärten Widerspruch zum jüdischen und zum europäischen Leben, ohne ihm eine Antwort auf seine jüdische Frage zu geben. Aber als orientalischer, vorjahwitischer Jude hatte Heine die Kraft mythischen Verstehens, und als Mythos erlebte er das Judentum tief und schön, bevor er es als Existenz erkannte. Er schuf sich ein Judentum des Mythos aus dem Sabbat, er erlöste den Ewigen Juden in dem selbst erfundenen Mythos des Fliegenden Holländers, der durch die Liebe der Frau von der Unendlichkeit erlöst wird, er schuf sich den Mythos des dorngekrönten Juden, der im Olymp die Götter zum Schweigen bringt und mit seinem Leidensblut die Menschheit tröstet.

Trotz qualvoller Distanz zu sich als Juden hat Heine nach seiner Taufe erst recht die Solidarität mit seinem Volke nie verleugnet. Er gebrauchte stolz seine starken Waffen zum Schutz der Schwächeren, auch der Juden, und, da ihm das Leben ein moralisches Problem war, um dem Judentum durch Wahrheit und Freiheit Kraft zu geben. Die viel belachten Hamburger Juden des Narrenreichs drücken allgemeingültige Wahrheitsfragen aus. Es sind Karikaturen auf ein übereifriges Assimilantentum, das im Drang der Anpassung, den anderen gleich zu werden, zum Gespött wird. Der Assimilant gibt sein eigenes Wesen auf und gewinnt kein anderes; denn Wesen ist ein Produkt der Zeit, der Landschaft, der Vergangenheit und der Zukunft. Woraufhin man gerichtet ist, das wird man. Die Sucht aber, das eigenste Sein zu verfälschen und fremdes Sein vorzutäuschen, kann nur entartend wirken. In seinem rührenden Simson (in den Memoiren des Herrn von Schnabelewopski) verklärt Heine dagegen die Totbereitschaft der Zeugen Jehovahs mit seinem zärtlichsten Humor. Und mit seinem Shylock hat er millionenfaches Weh in einem Winkel Venedigs in seinen

Gebetmantel geheult. Und schließlich war Heine auch der erste Partisan der jüdischen Selbstwehr. Er suchte den Antisemitismus in seinen Bierstuben auf, warnte die Welt vor dem Rassismus und zeigte ohne Scheu vor den Folgen einen Juden, der auf den antisemitischen Schmähkübel des Grafen Platen zwei zurückwarf.

Beim entschiedensten Anspruch auf die bedingungslose Gleichberechtigung der Juden, nicht um der Juden willen, auch um der Nichtjuden willen, verkannte Heine nicht, daß die jüdische Emanzipation nicht dasselbe ist wie jede andere, da sie besonders starken Widerständen an der Unterdrückungssucht des Menschen begegnet. Die echte Befreiung der Juden ist keine politische Frage allein. Erst wenn die ganze Menschheit frei geworden ist, kann sie den Juden Freiheit gewähren, denn wie sollte sie geben, was sie selbst nicht hat? Die Frage dieser Freiheit ist messianisch-religiös; aber ihre Schwierigkeit berechtigt nicht, sie zu vertagen. Sie ist ihrem Wesen nach organisch; denn vom Leiden der kleinsten Zehe kann der ganze Volkskörper vergiftet werden. Die zweifache Emanzipation fällt mit der Bildung eines neuen Menschentums zusammen. Das Judentum wirkt in der Welt als schmerzhafter Dorn, der auf eine ganze Dornenkrone hinweist.

Gerade von Heines jüdischer Politik aus läßt sich die Universalität und Überparteilichkeit seines Tribunats am schönsten verstehen. Und wie Heine der beste Freund und Ratgeber von Franzosen und Deutschen war, erhob er auch sein

Volk auf die Höhe eines inneren Zion. Mit der Bibel in der Hand sammelte er die Zerstreuten zu einem unendlichen Zug, der von Ägypten ausgegangen ist und am Horizont der Geschichte seine glorreiche Anerkennung empfangen wird.

Und doch ist Heine weder ganz im Gott seiner Väter noch ganz im Judentum aufgegangen. Er umschloß ein Leben, das den Rand von Begriffen überläuft. In ihm war nicht so sehr eine große Wandlung erfolgt als ein Elementarereignis. Der Jude, der in ihm zuunterst lag, war durch alle jüngeren Schichten durchgebrochen, unaufhaltsam wie ein Baum. Aber alles blieb sonst an seiner Stelle, nur waren die Werte modifiziert. Was Schwäche war, war Kraft geworden. Der Hiobsjude trug seinen Bart in Geduld, und dieser Bart machte den Juden, oder wie viele Besucher mit frommem Staunen meinten, den Christus.

Christus war wie die anderen Sohnesgötter in Dämmer zurückgewichen. In der Matratzengruft herrschte der Vatergott, der Widerstand gegen ihn hatte sich gelegt, er war zumindest nicht größer als dem Juden erlaubt ist. Demütig war Heine nicht. Er stand zu Gott in einem Prozeß-Verhältnis des Rechtens, das von Abraham und Hiob bis Kafka reicht. Psalmen des Hohnes schleuderte er gegen Gott, um ihn herauszufordern, aber er dankte ihm auch. Das Leiden hat Heine einen Zuwachs an Kräften und Tönen gebracht, der die ganze Wahrheit der früheren Gedichte bestätigt. Es ist nicht bloß, wie Hofmannsthal «Zu Heinrich Heines Gedächtnis» dichtete, Heines letztes Gebild, das man am lebendigen Leibe tragen soll. Was Kierkegaard als besondere Gnade rühmt, wurde Heine zuteil: Er war so konstruiert, daß bei allen Qualen seines Daseins die Saiten seines Harfenspiels nicht allein unbeschädigt blieben, «sondern noch eine Saite mehr in das Saitenspiel kam».

Heines Heimkehr ist ein ergreifendes Vorspiel der umfangreichen Heimkehr, die bald nach ihm eingesetzt hat. In der Matratzengruft fand die große Konversion des 19. Jahrhunderts zum 20. statt, nach der alle späteren leichter fallen konnten. Der Hegelsche Atheismus hatte eine Niederlage erlitten, von der er sich nie mehr ganz erholen konnte. Heine gab das auf, was Walther Rehm das Experimentum Medietatis nennt. Das Wort geht auf Augustinus zurück, der in der Schrift über die Dreieinigkeit dem wahren Menschen, der Bild und Gleichnis Gottes sein will, den Vermessenen gegenüberstellt, der von einer selbst gefundenen eigenen Mitte aus sein eigenes Mittlertum proklamiert. Die Nachfolge von Heines Heimkehr führt uns zu Dostojewskij, Wagner, Baudelaire, zu Verlaine, Rimbaud, Jacobsen, Tolstoj, Strindberg, Péguy, Claudel, um nur die charakteristischsten zu nennen. Jeder einzelne Fall ist auf seine Weise ergreifend und groß. Aber das Prototyp schuf Heine.

Das 20. Jahrhundert steht in zweifacher Abhängigkeit von Heine. Der moderne Dichter hat das Erbe des Prophetentums übernommen, er spricht vom Diesseits zum Jenseits und umgekehrt. Zwei große Strömungen bahnen sich Wege in den Himmel: ein mythischer, der mit

Götterbildern gesäumt ist, und ein mystischer, der biblisch, indisch, asiatisch zum lebendigen Gotte hindrängt. Beide gingen einmal von Heine aus und tragen die Spuren seiner Hoffnungen und seiner Leiden. Aber durch Heine ist das moderne Gotteserlebnis synkretistisch geworden. Es gibt keine Rückkehr mehr zu den vergangenen Göttern, die nicht eine Hoffnung wäre auf den kommenden Gott.

## 10. *Ein Weltreich*

Heines Weltreich abschließend zu umschreiben ist niemandem mehr allein möglich. Die Größe seiner Wirkung ist nur durch das Schöpferische zu erklären. Ein wenig gleicht Heine dem lieben Gott, wie er ihn in einem Kindertraum nach seinem eigenen Urbild sah: er streut unscheinbare Saatkörner aus, die im Weltraum aufgehen und leuchtende Welten werden. Schon gibt es eine in den letzten Jahren angewachsene Literatur, die Heines Wirkungen in Frankreich, England, Italien, Skandinavien, Rußland, der Tschechoslovakei, Holland, Rumänien verfolgt. Wissenschaftliche Arbeiten halten sich an nachweisbare Identitäten, mit denen aber die Hauptsache nicht erfaßt werden kann: Heines Gedankenbann, seine indirekte, anonyme Wirkung. Sie ist in unserer politisch-geistig-religiösen Welt größer und gewichtiger als die Weltwirkung, die einst von Heine als Lyriker ausgegangen ist.

Heine war durch Methode und Substanz seiner Gedichte ein großer Anreger. Er brachte eine neue Welt der Formen, Nerven, Stoffe mit. Am erstaunlichsten ist seine Wirkung in Frankreich. Seine Nachfolge findet man in den verschiedensten Richtungen, die, untereinander verfeindet, in ihm ein Gemeinsames besitzen. Gautier, Nerval, Banville, Baudelaire, Verlaine, Richepin, Copée, Rimbaud, Laforgue, Apollinaire haben ihn sich assimiliert. Über Laforgue ist Heine nach Deutschland neu zurückgekehrt. Die lyrischen Landschaften von Hebbel, Storm, Groth und Greif sind ohne Heine nicht denkbar. Von Heine kommen Fontane, Liliencron, Dehmel, Arno Holz und der frühe Rilke. In der sozialen Lyrik und Ballade fängt alles sozusagen mit Heine an, denn die ältere Empörerlyrik besaß die Stoffwelt der Großstadt noch nicht. Durch Heine wurden die Arbeiter als Proletariat und als rebellische Masse ein balladeskes Motiv. Heine hat den Hunger und den Haß der Unterdrückten zum Gedicht erhoben. Er führt Dirnen, Midinettes, Spießbürger, Revolutionäre, Dämonen der Gesellschaft in die Romanze ein. Das Gedicht als Porträt, als Karikatur, als Pointe, als Pamphlet, als Aktualität stammt von ihm. Man hört Heine in der Kampflyrik des Simplicissimus, in der Leidlyrik des Expressionismus, bei Erotikern, Satirikern, Hymnikern. In Italien hat er den Bann der alten Formen gebrochen. In der Schweiz übernahm Keller seinen Realismus, seine Kampflust, seine Trochäen, Meyer die hellenischen Götter. Als Prosaist führt Heine zu Andersen, zu Jacobsen, zu Bourget, zu den Goncourt, zu Pontoppidan, zu Strindberg; zu Nietzsche hinauf; aber auch hinab in einen selbstgefälligen, nicht wählerischen Journalismus.

Auf dem Theater ist Heine mit der Fülle seiner Kontraste in Werken enthalten, die weltweit auseinanderliegen und nur in ihm eine kaum faßbare gemeinsame Herkunft besitzen. Heine hatte Wagner großmütig seinen «Fliegenden Holländer» geschenkt, von dem Wagner später schrieb: «Von hier an beginnt meine Laufbahn als Dichter.» Aber auch als Musiker begann er hier. Das Motiv der Erlösung des Mannes durch die Frau ist ein Heinesches Grundmotiv, in dem Tod und Liebe ineinander fließen. In «Lohengrin» ist es Elsa, die ihre Mission verfehlt. Der «Tannhäuser» stellt Liebe als eine Qual dar, nach der wir dürsten und die von der Reinheit nicht gelöscht werden kann; es ist Heines Tannhäuser. Im Ring erlöst Brunhilde die Welt vom Fluch des Goldes. Die Götterdämmerung durch das Bündnis der Zwerge und Riesen, der sterbende Gott, der Sieg des Sohngottes, des Gottmenschen über den Vatergott, dem er das Gesetz zerschlägt, Siegfried als Symbol des Aufbruchs der germanischen Götter in Deutschland, die Valkyre, durch die «der schlechtre Mann gewinnt»: das sind alles Heinesche Motive. Und wie Wagners Werk mit der Erlösung des Ewigen Juden beginnt, endet es mit der Erlösung der Ewigen Jüdin Kundry. Neben diesen zentralen Themen fließen auch Nebenmotive Heines Wagner zu: Rienzis Anrufung des Heiligen Geistes, Lohengrin, der enttäuscht durch die verbotene Frage von seinem Schwan wieder fortgezogen wird, ja selbst Hans Sachsens Warnung vor «welschem Tand» stammt aus der ersten Fassung der Harzreise: «Die holdselige Kunst des Meistergesangs ... ist erloschen und die Bürgerinnen Nürnbergs erbauen sich an welschem Stegreif-Unsinn.» Doch auch auf Wagners erhabenster Höhe fehlt Heine nicht, Isoldens Liebestod, das Versinken im Meer der Gefühle «Unbewußt — Höchste Lust», ist Novalis-Heine-Schopenhauer.

Heines Tragödien sind Lesedramen. Den Bühnengehalt des Ratcliff haben gute Musiker erkannt. Es ist — vor Wilde und Hofmannsthal — das erste Drama, das wörtlich vertont wurde. Aufgeführt wurden die Ratcliff-Opern von Cui (1869), Mascagni (1894), Massenet (1895), Volkmar Andreae (1914), Xavier Leroux (1926) und anderen.

Das Heinesche Motiv der Erlösung des Mannes durch die Frau beherrscht Ibsen und Hauptmann; erst Strindberg hat es umgekehrt. Mächtig wirkte Heines Drittes Testament auf Ibsen ein. Er hat es in «Kaiser und Galiläer» als hellenisch-christlichen Konflikt, im «Baumeister Solneß» als Dilemma zwischen dem Bau von Kirchen und sozialen Heimstätten unter Schmerzen verworfen. Ibsen, Hauptmann, Strindberg, Shaw haben den geistigen Menschen des Romanzero auf die Bühne gebracht, der als Opfer der Familie und der Gesellschaft einsam wird.

Aber auch der heitere Heine animierte Musik und Bühne. Seine Parodie auf Götter und Helden erreicht in Offenbach, zu Nietzsches Entzücken, das Sublime. Die Überwindung der Romantik triumphiert, wenn das Land der Griechen nicht mehr gesucht, sondern besessen, aus heiterster Laune lukianisch verspottet wird. Und findet sich Heine nicht auch in Bernard Shaw? Es ist zumindest eine Verwandtschaft der Ironie.

Unter den Gemeinschaftszügen von Nietzsche und Heine ist einer der unbekanntesten der Tanz. Tanz ist der Mensch, die Menschheit am Ziele, der Gedanke, der Körper und der Körper, der Bewegung geworden ist. Heines Erzählung von den Willi, den jungen Bräuten, die vor der Hochzeit sterben und als Tote zur Geisterstunde im Mondlicht ihre wahnsinnige Lust im Tanz löschen, wurde von Théophile Gautier zum Ballett «Gisèle» mit der Musik von Adam verwendet. Anna Pawlowa gab der Gisèle ihre jenseitige Zartheit. Heines Ballett gehört auch heute zum Repertoire der großen Tanzbühnen in Paris, New-York, London. (Sadler's Wells Ballet). Heines «Doktor Faust» wurde das Tanzballett «Abraxas» von Werner Egk; Bayern hat es wegen der Schwarzen Messe verboten.

Heines große Tanzpoeme sind zum Teil ungetanzt. Vielleicht haben unwissentlich Isadora Duncan und Mary Wigman Heines Ideen eines Tanzes verwirklichen wollen, der Seelenkonflikte darstellt, in religiösen Betäubungen taumelt oder in einem Pas-de-deux der Göttin Diana einen Zweikampf griechischer Götterlust mit christlicher Spiritualität austrägt.

Was Heine für die Wiederkunft des Dionysos bedeutet, steht schon auf diesen Blättern. Er ist der Wendepunkt, der von Hölderlin und Novalis zu Bachofen, Nietzsche, George, Hauptmann, Freud, Nerval, France, Samuel Butler, D. H. Lawrence, Joyce, Rilke, Mann, Klages, Jung weist.

Aus der Krankheit heraus haben auch Baudelaire, Dostojewskij, Nietzsche gedichtet; das Problem der Krankheit beherrscht das Oeuvre von Thomas Mann. Seit Heine gibt es pragmatische Philosophie und Typologie. Der Konflikt von Wort und Tat hat den modernen Intellektuellen abenteuersüchtig gemacht; so mancher dürstet, weniger verantwortungsbewußt als Heine, selbst Liktor zu werden. E. T. Lawrence, D'Annunzio, Saint-Exupéry versuchten auf Heinesche Weise die Welt zu interpretieren und zu verändern. Heines Prinzip, seine Widersprüche und Wandlungen frei spielen zu lassen, ist das Programm von Gide — aber wie weit bleibt er hinter Heines Problemenreichtum zurück!

Heines Wirkung auf die Tat reicht aber so weit wie seine Gabe, Völkerschicksale zu erraten und zu fördern. Er hat Generationen mit Mut beseelt. Früher als Italien selbst, schreibt ein Italiener, hat Heine an das Leben und die Zukunft Italiens geglaubt. Er ruft Deutschland, England, Amerika zu einer Politik der Menschlichkeit auf. Er tröstet Polen. Er gibt dem Judentum Selbstbewußtsein. Ein Faktor kultureller Entwicklung in fast allen europäischen Ländern, wird er jetzt im erwachten Asien von Japan wieder-, von China neu entdeckt.

Seine Wirkung auf Rußland ist unabsehbar. Dostojewskijs Lehre des Dritten Roms geht zwar nicht auf Heine, sondern auf den Mönch Filofej zurück, aber sein Werk ist eine Polemik mit Heine, dem es zornig-antithetisch gegenübertritt. Durch Dostojewskij kam Heines Formel Drittes Testament nach Rußland, sie geht jetzt in der Widerstandsbewegung um. Der Gottmensch Stawrogin ist Heine plus Balzac, mit der Dynamik des Wahnsinns. Die Ermordung Gottes ist ein Heinesches Thema. Heinisch ist der Gebrauch des Traumes in Dostojewskijs Hauptwerken. Und die Legende des Großinquisitors ist das einzige Werk nach Heine, in dem Christus auftritt, wie in den Bädern von Lucca, und dessen ergreifende Antwort, dort und hier, eine stumme Gebärde ist; bei Heine das Kreuz, bei Dostojewskij der Kuß.

Mit den politischen Weltverhältnissen ist Heine eng verflochten. Im Zeichen seines Testaments wagten in Deutschland 1917 eine Handvoll Zukunftsmenschen während der deutschen Siege für den Frieden der Solidarität mit Frankreich ihr Leben einzusetzen. Für sie schrieb Hermann Wendel damals sein schönes Heine-Buch. Durch Heine wurde Frankophilie seit 1918 ein untrügliches Signum der Europafähigkeit und Franzosenhaß zum Pränazismus.

Seinen politischen Ideen hat der Bolschewismus die Formel der Weltrevolution entlehnt, der Nazismus das Dritte Reich und nur durch Bildungslücken entging dem Faschismus Heines Ideal der Geistesaristokratie zu einer Theorie der Eliten. Sein Glaube an ein künftiges Produktionsreich der Fülle widersetzt sich dem sozialen

Malthusianismus, doch findet der Kulturpessimismus bei Heine andere Argumente. Von seiner Methode des politisch-philosophischen Parallelismus hat Spengler Gebrauch gemacht. Und so ließe sich allerorten, an den unerwartetsten Stellen, Heines Einfluß feststellen. Aber das bewiese nur im Detail, was im Großen feststeht: Heines Reich ist weiter, als man bisher gewußt oder gestanden hat.

Heines Nachruhm steht unter dem Gesetz dialektischer Gegensätze, wie es seinem eigensten Wesen entspricht. Er sinkt in Schön-Wetter-zeiten und steigt mit dem Sturm. Die Geschlagenen ahnen, daß sie bei Heine Erklärungen für ihr Unglück und Ratschläge für ihre Zukunft finden: und doch schrumpfte bisher sein Leserkreis im entgegengesetzten Verhältnis zu seiner Wirkung zusammen.

Ich glaube, das gehört zur Paradoxie seiner irrationellen Persönlichkeit. Es treten immer sublimere Werte seines Werkes hervor, dessen Nachfolge immer aristokratischer wird. Die üppigen Blätter seines Ruhmeskranzes verwelken, aber die verborgenen blühen unheimlich auf. Große Teile seiner Schriften, besonders die politischen, die lange auch von wirklichen Freunden seiner Kunst für Kindereien gehalten wurden, wie etwa die Bilder Cézannes von seiner Frau, liegen heute vor uns wie aufgeschlagene Prophetien.

Immer geht aber ein Teil von Heines Werten zugunsten von anderen verloren. In sein Bestes wachsen wir erst jetzt hinein; doch sollten wir uns hüten, die abgelegten Schlangenhäute seines Nachruhms zu begraben. Bisher gab es immer ein unerwartetes Auferstehen, und unter der Erde blieben nur seine mißgünstigen Gegner.

Etwas, was in Heine an Proteus gemahnt, haftet dem Gestaltwandel seines Ruhmes an. Aber das ist nur ein Schein, oder vielmehr, es sind die verschiedenartigsten Dinge der geistigen Welt, die sich in ihm brechen und spiegeln. Seine Geltung erneuert sich, weil sein Leben und sein Werk ein Jahrhundert und unbekannt mehr verkürzt vorweg genommen haben. Wir brauchen Zeit, seinen Siebenmeilenstiefeln zu folgen und zu verstehen, daß die Widersprüche, die in seinem Werk offen vor uns als ein Nebeneinander liegen, in unserer Zeitgeschichte ein Nacheinander bildeten. Nicht auf irgendwelchen, sondern auf den entscheidenden Gebieten des Glaubens und Forderns ist uns Heine vorausgeeilt. Wir dachten ihn überholt zu haben und sehen ihn plötzlich wieder vor uns. Ein neuer Akt seines Nachruhms beginnt.

## *11. Nachweise*

(Über die zitierten Bücher siehe die Bibliographie)

1

*Matthew Arnold:* s. Bibl. — *was Varnhagen:* an Rahel, 16. 3. 1829, Houben S. 140 — *Hebbel:* Brief an Heine, 18. 12. 1855 — *Börnes Behauptung:* in «L. Börnes Urteile über H. H. Ungedruckte Stellen aus den Pariser Briefen.» 1840 — *Novalis, Der Witz.* Inselausgabe S. 424.

2

*Bürgerkrieg:* Brief an Moser 14. 12. 25 — *skandinavische Gemeinde:* s. Berendsohn — *legendärer Großoheim:* s. Heymann — *Napoléon:* Die Orthographie wird wieder hergestellt. Nichts berechtigt zur Streichung des Akzents. Konsequent gebraucht in den Sozialistischen Monatsheften und bei Thomas Mann, Lotte in Weimar — *Gnostische Grundgedanken:* einiges bei Friedrich Schlegel «Über die Sprache und Weisheit der Inder» — *Baudelaire, vierge ...* Lettre à Jules Janin. Pléiade II, 608 — *In Island:* s. Berendsohn —.

3

*Oppression des Dieux:* Mémorial 29. 11. 1815 — «*Die Völker schwiegen*»: Dem Gedicht Buonaparte in der Edition Beißner (Cotta, Große Stuttgarter Ausgabe) vorausgestellt. Bd. I, 238, 239. Dazu Lesarten 552, 553 — *Goethe-Napoléon:* hauptsächlich bei Eckermann. Das ganze Thema erschöpft Andreas Fischer (Frauenfeld) — *Hegels Weltseele:* Brief aus Jena, nach der Schlacht — *Nietzsche, Wohlgefühl:* «Unschuld des Werdens», Bd. 2, Nr. 782 — *von den Steinen:* s. Bibliographie — *Napoléon am Rhein:* Treitschke, «Historisch-politische Aufsätze» Bd. III, «Deutsche Geschichte» Bd. II, ferner: Holzhausen — *Hutten statt des Bonaparte:* die letzten Verse von «Ufenau — St. Helena», Gedichte eines Lebendigen. Zürich 1841. Im Original gesperrt gedruckt! — *Napoléons Verteidi-*

*gungskriege:* Wandel der Geschichtsauffassung über die Frage des wirklichen Angreifers in der deutschen Napoléon-Literatur durch Max Lenz, Gustaf Roloff, August Fournier. Ferner Lord Rosebery, Arthur-Lévy: Napoléon pacifiste. Zum Napoléon-Mythos auch: Ernst Bertrams Nietzsche. Über die Umwandlung Napoléons zum geopferten Christ im deutschen Volksmund, Berichte von Varnhagen, Gutzkow usw. Der erste Dichter des deutschen Napoléonkults war Hauff in seiner Erzählung «Das Bild des Kaisers» — *Washington Europas:* Mémorial, Ausg. der Pléiade II, 871 über die Wortgeschichte — *Platen:* Wagte seine «Ode an Napoléon» 1825 nicht zu veröffentlichen. Charakteristisch für seine Scheu vor sich selbst. Er stellt Napoléon als den großen Altruisten dar, «der nie für sich, der stets für die Welt gedacht». Wallfahrte 1829 nach Elba. — Eine Übersicht der pro- und antinapoléonischen Geschichtsurteile bietet Pieter Geyl, «Napoléon for and against». London 1949 —.

4

*komisch wird:* an Moser 28. 11. 23 — *Weltschmerz:* das Wort stammt von Jean Paul, Zerrissenheit von Heine — *Dostojewskij*, *Byronismus:* 1877, in den Literarischen Schriften — *Volksgeist:* der Begriff geht auf Herder zurück. Seine Vergottung von Willy Hellpach im «Lehrbuch der Sozialpsychologie» bekämpft — *Jehovah:* Über dieses Wortmißverständnis siehe die Glosse zu Nr. 387 dieser Auswahl und zum heute fortwährenden Wortmißbrauch — *jede neue Welt:* ein Hauptthema von Thomas Mann — *vermenschlicht das Tier:* auch den Löwen in Goethes «Novelle» —.

5

Der Vergleich Heine—Nietzsche ist nur skizziert. Je mehr Heine man in Nietzsche sucht, um so mehr findet man; außer im Werk auch im Schicksal. Die Skizze von Leo Berg betrifft nur den Nietzsche, der 1908 vor allem interessierte. Sie war damals eine Tat.

*Heidegger:* in den «Holzwegen» — *Rimbaud: Je est...:* Briefe an Izambard und an Démeny, Mai 1871 — *Paracelsus:* Heine las ihn zu verschiedenen Zeiten seines Lebens, auch in der Matratzengruft — *Hölderlin und Heine* der immense Gegensatz zwischen dem tragischen frommen, scheuen Hölderlin und Heine macht den Vergleich für Unvorbereitete schockierend. Aber die vielen thematischen Gemeinsamkeiten, die die Einführung hervorhebt, zeigen eine unerwartete Identität der höchsten Interessen. Hölderlins Einzigartigkeit machte jede Gleichstellung zum Frevel — *vor ihm der Mythendichter:* Klopstocks Fall zu besprechen führt zu weit. Sein Rückgriff auf die germanischen Götter ist hochbedeutsam — *George fest:* Im Gedicht «Der Krieg», 1917, 9. Strophe. Erst beim Wiederabdruck im «Neuen Reich» steht dieser Vers in Anführungszeichen. Von wem ist er? — *semitischer Hellene:* Raabe, «Akten des Vogelsangs» S. 384. Raabe ist der entschiedenste Philosemit der deutschen Literatur. — *Joyce:* Ulysses (deutsch) I/326, II/508.

7

*Dritte Testament:* Über die Wortgeschichte siehe Glosse zu Nr. 273 — *Hölderlin, Völkersegen:* Schluß von «Bücher der Zeiten». Von Beißner in der Stuttgarter Ausgabe unter 1788—1793 eingereiht.

8

*Hermann Cohen:* «Ethik des reinen Willens». 1907 — *Bauernkrieg:* s. Glosse zu Nr. 66 — *Victor Hehn:* «Über Goethes Gedichte.» Hehn hat seine Vorlesungen von 1848 nach 1849 revidiert, v. d. Hellen hat die ältere und die spätere Fassung in seiner Neuausgabe zusammengestellt. Aber auch die revidierte Fassung ist enthusiastisch und kontrastiert grell zu den Sätzen über Heine in den Gedanken über Goethe von 1887 — *Joseph Bloch* war der Herausgeber der Sozialistischen Monatshefte, in denen sein Name als Mitarbeiter fast nie erschien. Die Zeitschrift war aber der Ausdruck seines Revisionismus — *selber Doktor Faust:* «Romantische Schule» 1 (7. Absatz vor dem Schluß). In «Shakespeares Mädchen und Frauen, Helena», nennt ihn Heine «der Normal-Deutsche» —.

9

*Walter Rehm:* s. Bibliographie. Wie gewöhnlich wird Heine übergangen oder bagatellisiert. Leider auch in dem bedeutenden Buch von Rehm: «Kierkegaard und der Verführer» —.

10

*Wagner* hat durch die unwürdigsten Retouchierungen seiner eigenen Schriften seine Abhängigkeit von Heine zu verstecken und die Erfindung des Motivs Heine abzusprechen gesucht. Auch das Geständnis in der Autobiographischen Skizze, er habe die «innige Bekanntschaft» des Holländers auf hoher See gemacht und «dazu» (lies: nachher) Heine, ist bereits verfälschend, da Wagner 1843 in dem Brief an Theodor Heine die Chronologie richtig wiedergibt: erst Heine, dann Seefahrt. — Auch die Abhängigkeit der Wagnerschen Kunstschriften von Heine ist eklatant. Sie wird neuerdings von J. H. W. Rosteutscher (s. Bibliogr., S. 107) hervorgehoben. Die Beziehungen des Hauses Bayreuth zu Heine sind noch umfangreicher; denn Cosimas Mutter, die Comtesse d'Agoult, steht als Schriftstellerin unter Heines Einfluß und die Mouche hat eine schöne Studie über sie veröffentlicht — *Ibsen:* seine Abhängigkeit von Heine war ihm nicht ganz recht. Er bestritt «ein gründliches Studium Heines» getrieben zu haben. Brandes behauptet dagegen in seinem «Heine» eine tiefe Einwirkung. S. auch Berendsohn, a. a. O. — *Wendepunkt:* sicher kennen grade Autoren dieser Richtung Heine nicht immer. Sie stehen aber (über Nietzsche) unter seinem indirekten Einfluß. Und zudem ist es ein Zeitphänomen, das Heine repräsentierte. — *Von Japan:* s. Nossing, S. 14, 15.

Wie ich geboren bin, das Schlechte und Verlebte, Absurde, Falsche und Lächerliche einem ewigen Spotte preiszugeben, so ist es auch nur ein Zug meiner Natur, das Erhabene zu fühlen, das Großartige zu bewundern und das Lebendige zu feiern.

Heine zu Alfred Meißner. 1850

Le sourire de Méphistophélès passant sur la figure du Christ.

Camille Selden. Les derniers jours de Henri Heine

*Die in eckigen Klammern [ ] stehenden Worte sind erklärende Zusätze des Herausgebers.*

*Ein Stern * nach der Quellenangabe am Ende eines Stückes verweist auf die Glossen S. 549 ff.*

# I. ZWEI PASSIONEN

1

Erste Flammen — Es ist Brauch und Sitte der Scharfrichter, daß sie ein Schwert, womit hundertmal das hochnotpeinliche Amt verrichtet worden, nicht länger behalten oder gar benutzen; denn ein solches Richtschwert sei nicht wie andere Schwerter, es habe mit der Zeit ein heimliches Bewußtsein bekommen und bedürfe am Ende der Ruhe im Grabe wie ein Mensch.

Nichtsdestoweniger gestand die Göcherin [die Witwe des Scharfrichters von Goch], daß man mit einem solchen Hundertmordschwert die kostbarsten Zauberstücke verrichten könne, und noch in derselben Nacht hatte sie nichts Eiligeres zu tun, als an dem bezeichneten Baum das verscharrte Richtschwert auszugraben, und sie verwahrte es seitdem unter anderem Zaubergeräte in ihrer Rumpelkammer.

Als sie einst nicht zu Hause war, bat ich Sefchen [eines Scharfrichters Töchterlein], mir jene Kuriosität zu zeigen. Sie ließ sich nicht lange bitten, ging in die besagte Kammer und trat gleich darauf hervor mit einem ungeheuren Schwerte, das sie trotz ihrer schmächtigen Arme sehr kräftig schwang, während sie schalkhaft drohend die Worte sang:

«Willst du küssen das blanke Schwert,
Das der liebe Gott beschert?»

Ich antwortete darauf in derselben Tonart: «Ich will nicht küssen das blanke Schwert — ich will das rote Sefchen küssen!» und da sie sich aus Furcht, mich mit dem fatalen Stahl zu verletzen, nicht zur Gegenwehr setzen konnte, mußte sie es geschehen lassen, daß ich mit großer Herzhaftigkeit die feinen Hüften umschlang und die trutzigen Lippen küßte. Ja, trotz dem Richtschwert, womit schon hundert arme Schelme geköpft worden, und trotz der Infamia, womit jede Berührung des unehrlichen Geschlechtes jeden behaftet, küßte ich die schöne Scharfrichterstochter.

Ich küßte sie nicht bloß aus zärtlicher Neigung, sondern auch aus Hohn gegen die alte Gesellschaft und alle ihre dunklen Vorurteile, und in diesem Augenblicke loderten in mir auf die ersten Flammen jener zwei Passionen, welchen mein späteres Leben gewidmet blieb: die Liebe für schöne Frauen und die Liebe für die französische Revolution, den modernen furor francese, wovon auch ich ergriffen ward im Kampf mit den Landsknechten des Mittelalters.

Memoiren. 1854*

2

Die Abdankung des Kurfürsten — . . . Damals waren die Fürsten noch keine geplagte Leute wie jetzt, und die Krone war ihnen am Kopfe festgewachsen, und des Nachts zogen sie noch eine Schlafmütze darüber, und schliefen ruhig, und ruhig zu ihren Füßen schliefen die

Völker, und wenn diese des Morgens erwachten, so sagten sie: «Guten Morgen, Vater!» — und jene antworteten: «Guten Morgen, liebe Kinder!»

Aber es wurde plötzlich anders; als wir eines Morgens [am 21. März 1806], zu Düsseldorf erwachten, und «Guten Morgen, Vater!» sagen wollten, da war der Vater [Kurfürst Max Joseph] abgereist, und in der ganzen Stadt war nichts als stumpfe Beklemmung, es war überall eine Art Begräbnisstimmung, und die Leute schlichen schweigend nach dem Markte, und lasen den langen papiernen Anschlag auf der Türe des Rathauses. Es war ein trübes Wetter, und der dünne Schneider Kilian stand dennoch in seiner Nankingjacke, die er sonst nur im Hause trug, und die blauwollnen Strümpfe hingen ihm herab, daß die nackten Beinchen betrübt hervorguckten, und seine schmalen Lippen bebten, während er das angeschlagene Plakat vor sich hinmurmelte. Ein alter pfälzischer Invalide las etwas lauter, und bei manchem Worte träufelte ihm eine klare Träne in den weißen, ehrlichen Schnauzbart. Ich stand neben ihm und weinte mit, und frug ihn: warum wir weinten? Und da antwortete er: «Der Kurfürst läßt sich bedanken.» Und dann las er wieder, und bei den Worten: «für die bewährte Untertanstreue» «und entbinden Euch Eurer Pflichten», da weinte er noch stärker — Es ist wunderlich anzusehen, wenn so ein alter Mann mit verblichener Uniform und vernarbtem Soldatengesicht, plötzlich so stark weint. Während wir lasen, wurde auch das kurfürstliche Wappen vom Rathause heruntergenommen, alles gestaltete sich so beängstigend öde, es war, als ob man eine Sonnenfinsternis erwarte, die Herren Ratsherren gingen so abgedankt und langsam umher, sogar der allgewaltige Gassenvogt sah aus, als wenn er nichts mehr zu befehlen hätte, und stand da so friedlichgleichgültig, obgleich der tolle Alouisius sich wieder auf ein Bein stellte und mit närrischer Grimasse die Namen der französischen Generale herschnatterte, während der besoffene, krumme Gumpertz sich in der Gosse herumwälzte und «Ça ira, ça ira!» sang. Ideen. Das Buch Le Grand. VI - 1826*

3

FRANZÖSISCHE REVOLUTION IN DÜSSELDORF — Als ich erwachte, schien die Sonne wieder wie gewöhnlich durch das Fenster, auf der Straße ging die Trommel, und als ich in unsre Wohnstube trat und meinem Vater, der im weißen Pudermantel saß, einen guten Morgen bot, hörte ich, wie der leichtfüßige Friseur ihm während des Frisierens haarklein erzählte: daß heute auf dem Rathause dem neuen Großherzog [von Berg] Joachim [Murat] gehuldigt werde, und daß dieser von der besten Familie sei, und die Schwester des Kaisers Napoléon zur Frau bekommen, und auch wirklich viel Anstand besitze, und sein schönes schwarzes Haar in Locken trage, und nächstens seinen Einzug halten und sicher allen Frauenzimmern gefallen müsse. Unterdessen ging das Getrommel, draußen auf der Straße, immer fort, und ich trat vor die Haustür und besah die einmarschierenden französischen Truppen, das freudige Volk des Ruhmes, das singend und klingend die Welt durchzog, die heiter-ernsten Grenadiergesichter, die Bärenmützen, die dreifarbigen Kokarden, die blinkenden Bajonette, die Voltigeurs voll Lustigkeit und Point d'honneur, und den allmächtig großen, silbergestickten Tambour-Major, der seinen Stock mit dem vergoldeten Knopf bis an die erste Etage werfen konnte und seine Augen sogar bis zur zweiten Etage — wo ebenfalls schöne Mädchen am Fenster saßen. Ich freute mich, daß wir Einquartierung bekämen — meine Mutter freute sich nicht — und ich eilte nach dem Marktplatz. Da sah es jetzt ganz anders aus, es war, als ob die Welt neu angestrichen worden, ein neues Wappen hing am Rathause, das Eisengeländer an dessen Balkon war mit gestickten Sammetdecken überhängt, französische Grenadiere standen Schildwache, die alten Ratsherren hatten neue Gesichter angezogen und trugen ihre Sonntagsröcke, und sahen sich an auf französisch und sprachen bon jour, aus allen Fenstern guckten Damen, neugierige Bürgersleute und blanke Soldaten füllten den Platz, und ich nebst andern Knaben, wir kletterten auf das große Kurfürstenpferd und schauten davon herab auf das bunte Marktgewimmel.

Der lange Kurz sagte uns, daß heute keine Schule sei, wegen der Huldigung. Wir mußten lange warten, bis diese losgelassen wurde. Endlich füllte sich der Balkon des Rathauses mit bunten Herren, Fahnen und Trompeten, und der Herr Bürgermeister, in seinem berühmten roten Rock, hielt eine Rede, die sich etwas in die Länge zog, wie Gummi-Elastikum oder wie eine gestrickte Schlafmütze, in die man einen Stein geworfen — nur nicht den Stein der Weisen — und manche Redensarten konnte ich ganz deutlich vernehmen, zum Beispiel daß man uns glücklich machen wolle — und beim letzten Worte wurden die Trompeten geblasen, und die Fahnen geschwenkt, und die Trommel gerührt, und Vivat gerufen — und während ich selber Vivat rief, hielt ich mich fest an den alten Kurfürsten. Und das tat Not, denn mir wurde ordentlich schwindlig, ich glaubte schon, die Leute ständen auf den Köpfen, weil sich die Welt herumgedreht, das Kurfürstenhaupt mit der Allongeperücke nickte und flüsterte: «Halt fest an mir!» — und erst durch das Kanonieren, das jetzt auf dem Walle losging, ernüchterte ich mich, und stieg vom Kurfürstenpferd langsam wieder herab.

Als ich nach Hause ging, sah ich wieder, wie der tolle Alouisius auf einem Beine tanzte, während er die Namen der französischen Generale schnarrte, und wie sich der krumme Gumpertz besoffen in der Gosse herumwälzte und «Ça ira, ça ira» brüllte, und zu meiner Mutter sagte ich: «Man will uns glücklich machen und deshalb ist heute keine Schule.»

Den andern Tag war die Welt wieder ganz in Ordnung und es war wieder Schule, nach wie vor, und es wurde wieder auswendig gelernt, nach wie vor — die römischen Könige, die

Jahreszahlen, die nomina auf im, die verba irregularia, Griechisch, Hebräisch, Geographie, deutsche Sprache, Kopfrechnen, — Gott! der Kopf schwindelt mir noch davon — alles mußte auswendig gelernt werden. Und manches davon kam mir in der Folge zustatten.

Am allerbesten erging es mir in der französischen Klasse des Abbé d'Aulnoi, eines emigrierten Franzosen, der eine Menge Grammatiken geschrieben und eine rote Perücke trug, und gar pfiffig umhersprang, wenn er seine Art poétique und seine Histoire allemande vortrug. — Er war im ganzen Gymnasium der einzige, welcher deutsche Geschichte lehrte. Indessen auch das Französische hat seine Schwierigkeiten, und zur Erlernung desselben gehört viel Einquartierung, viel Getrommel, viel apprendre par cœur, und vor allem darf man keine Bête allemande sein.

Ideen. Das Buch Le Grand. Aus VI, VII*

4

Der Tambour — Man muß den Geist der Sprache kennen, und diesen lernt man am besten durch Trommeln. Parbleu! wie viel verdanke ich nicht dem französischen Tambour, der so lange bei uns in Quartier lag, und wie ein Teufel aussah, und doch von Herzen so engelgut war, und so ganz vorzüglich trommelte.

Es war eine kleine, bewegliche Figur mit einem fürchterlichen, schwarzen Schnurrbarte, worunter sich die roten Lippen trotzig hervorbäumten, während die feurigen Augen hin und her schossen.

Ich kleiner Junge hing an ihm wie eine Klette, und half ihm seine Knöpfe spiegelblank putzen und seine Weste mit Kreide weißen — denn Monsieur Le Grand wollte gerne gefallen — und ich folgte ihm auch auf die Wache, nach dem Appell, nach der Parade — da war nichts als Waffenglanz und Lustigkeit — les jours de fête sont passés! Monsieur Le Grand wußte nur wenig gebrochenes Deutsch, nur die Hauptausdrücke — Brot, Kuß, Ehre — doch konnte er sich auf der Trommel sehr gut verständlich machen, zum Beispiel wenn ich nicht wußte, was das Wort «liberté» bedeute, so trommelte er den Marseiller Marsch — und ich verstand ihn. Wußte ich nicht die Bedeutung des Wortes «égalité», so trommelte er den Marsch «Ça ira, ça ira — — — les aristocrates à la lanterne!» — und ich verstand ihn. Wußte ich nicht, was «bêtise» sei, so trommelte er den Dessauer Marsch, den wir Deutschen, wie auch Goethe berichtet, in der Champagne getrommelt — und ich verstand ihn. Er wollte mir mal das Wort «l'Allemagne» erklären, und er trommelte jene allzueinfache Urmelodie, die man oft an Markttagen bei tanzenden Hunden hört, nämlich Dum — Dum — Dum — ich ärgerte mich, aber ich verstand ihn doch.

Auf ähnliche Weise lehrte er mich auch die neuere Geschichte. Ich verstand zwar nicht die Worte, die er sprach, aber da er während des Sprechens beständig trommelte, so wußte ich doch, was er sagen wollte. Im Grunde ist das die beste Lehrmethode. Die Geschichte von der

Bestürmung der Bastille, der Tuilerien usw. begreift man erst recht, wenn man weiß, wie bei solchen Gelegenheiten getrommelt wurde. In unseren Schulkompendien liest man bloß: «Ihre Exz. die Baronen und Grafen und hochdero Gemahlinnen wurden geköpft — Ihre Altessen die Herzöge und Prinzen und höchstdero Gemahlinnen wurden geköpft — Ihre Majestät der König und allerhöchstdero Gemahlin wurden geköpft —» aber wenn man den roten Guillotinenmarsch trommeln hört, so begreift man dieses erst recht, und man erfährt das Warum und das Wie. Madame, das ist ein gar wunderlicher Marsch! Er durchschauerte mir Mark und Bein, als ich ihn zuerst hörte, und ich war froh, daß ich ihn vergaß — Man vergißt so etwas, wenn man älter wird, ein junger Mann hat jetzt so viel anderes Wissen im Kopf zu behalten — Whist, Boston, genealogische Tabellen, Bundestagsbeschlüsse, Dramaturgie, Liturgie, Vorschneiden — und wirklich, trotz allem Stirnreiben konnte ich mich lange Zeit nicht mehr auf jene gewaltige Melodie besinnen. Aber denken Sie sich, Madame! unlängst sitze ich an der Tafel mit einer ganzen Menagerie von Grafen, Prinzen, Prinzessinnen, Kammerherren, Hofmarschallinnen, Hofschenken, Oberhofmeisterinnen, Hofsilberbewahrern, Hofjägermeisterinnen, und wie diese vornehmen Domestiken noch außerdem heißen mögen, und ihre Unterdomestiken liefen hinter ihren Stühlen und schoben ihnen die gefüllten Teller vors Maul — ich aber, der übergangen und übersehen wurde, saß müßig, ohne die mindeste Kinnbackenbeschäftigung, und ich knetete Brotkügelchen, und trommelte vor Langerweile mit den Fingern, und zu meinem Entsetzen trommelte ich plötzlich den roten, längstvergessenen Guillotinenmarsch.

«Und was geschah?» Madame, diese Leute lassen sich im Essen nicht stören, und wissen nicht, daß andere Leute, wenn sie nichts zu essen haben, plötzlich anfangen zu trommeln, und zwar gar kuriose Märsche, die man längst vergessen glaubte.

Ist nun das Trommeln ein angeborenes Talent, oder hab ich es frühzeitig ausgebildet, genug, es liegt mir in den Gliedern, in Händen und Füßen, und äußert sich oft unwillkürlich. Unwillkürlich. Zu Berlin saß ich einst im Kollegium des Geheimerats Schmalz, eines Mannes, der den Staat gerettet durch sein Buch über die Schwarzmäntel- und Rotmäntelgefahr — Sie erinnern sich, Madame, aus dem Pausanias, daß einst durch das Geschrei eines Esels ein eben so gefährliches Komplott entdeckt wurde, auch wissen Sie aus dem Livius, oder aus Bekkers Weltgeschichte, daß die Gänse das Kapitol gerettet, und aus dem Sallust wissen Sie ganz genau, daß durch eine geschwätzige Pütaine, die Frau Fulvia, jene fürchterliche Verschwörung des Catilina an den Tag kam. — Doch um wieder auf besagten Hammel zu kommen, im Kollegium des Herrn Geheimerats Schmalz hörte ich das Völkerrecht, und es war ein langweiliger Sommernachmittag, und ich saß auf der Bank und hörte immer weniger — der Kopf war mir eingeschlafen — doch plötzlich ward ich aufgeweckt durch das Geräusch meiner eigenen Füße, die wach geblieben waren, und wahrscheinlich zugehört hatten, daß just das Gegenteil vom Völkerrecht vorgetragen und auf Konstitutionsgesinnung geschimpft wurde, und meine Füße, die mit ihren kleinen Hühneraugen das Treiben der Welt besser durchschauen, als der Geheimerat mit seinen großen Juno-Augen, diese armen, stummen Füße, unfähig, durch Worte ihre unmaßgebliche Meinung auszusprechen, wollten sich durch Trommeln verständlich machen, und trommelten so stark, daß ich dadurch schier ins Malheur kam.

Verdammte, unbesonnene Füße! sie spielten mir einen ähnlichen Streich, als ich einmal in Göttingen bei Professor Saalfeld hospitierte, und dieser mit seiner steifen Beweglichkeit auf dem Katheder hin und her sprang, und sich echauffierte, um auf den Kaiser Napoléon recht ordentlich schimpfen zu können — nein, arme Füße, ich kann es euch nicht verdenken, daß ihr damals getrommelt, ja ich würde es euch nicht mal verdacht haben, wenn ihr, in eurer stummen Naivetät, euch noch fußtrittdeutlicher ausgesprochen hättet. Wie darf ich, der Schüler Le Grands, den Kaiser schmähen hören? Den Kaiser! den Kaiser! den großen Kaiser!

Ideen. Das Buch Le Grand. VII*

5

Napoléon — Denke ich an den großen Kaiser, so wird es in meinem Gedächtnisse wieder recht sommergrün und goldig, eine lange Lindenallee taucht blühend empor, auf den laubigen Zweigen sitzen singende Nachtigallen, der Wasserfall rauscht, auf runden Beeten stehen Blumen und bewegen traumhaft ihre schönen Häupter. Ich spreche vom Hofgarten zu Düsseldorf, wo ich oft auf dem Rasen lag, und andächtig zuhörte, wenn mir Monsieur Le Grand von den Kriegstaten des großen Kaisers erzählte, und dabei die Märsche schlug, die während jener Taten getrommelt wurden, so daß ich alles lebendig sah und hörte. Ich sah den Zug über den Simplon — der Kaiser voran und hinterdrein klimmend die braven Grenadiere, während aufgescheuchtes Gevögel sein Krächzen erhebt und die Gletscher in der Ferne donnern — ich sah den Kaiser, die Fahne im Arm, auf der Brücke von Lodi — ich sah den Kaiser im grauen Mantel bei Marengo — ich sah den Kaiser zu Roß in der Schlacht bei den Pyramiden — nichts als Pulverdampf und Mamelucken — ich sah den Kaiser in der Schlacht bei Austerlitz — hui! wie pfiffen die Kugeln über die glatte Eisbahn! — ich sah, ich hörte die Schlacht bei Jena — dum, dum, dum — ich sah, ich hörte die Schlacht bei Eylau, Wagram — — — — — nein, kaum konnt ich es aushalten! Monsieur Le Grand trommelte, daß fast mein eigenes Trommelfell dadurch zerrissen wurde.

Aber wie ward mir erst, als ich ihn selber sah, mit hochbegnadigten, eignen Augen, ihn selber, Hosiannah! den Kaiser.

Es war eben in der Allee des Hofgartens zu

Düsseldorf. Als ich mich durch das gaffende Volk drängte, dachte ich an die Taten und Schlachten, die mir Monsieur Le Grand vorgetrommelt hatte, mein Herz schlug den Generalmarsch — und dennoch dachte ich zu gleicher Zeit an die Polizeiverordnung, daß man bei fünf Taler Strafe nicht mitten durch die Allee reiten dürfe. Und der Kaiser mit seinem Gefolge ritt mitten durch die Allee, die schauernden Bäume beugten sich vorwärts, wo er vorbeikam, die Sonnenstrahlen zitterten furchtsam neugierig durch das grüne Laub, und am blauen Himmel oben schwamm sichtbar ein goldner Stern. Der Kaiser trug seine scheinlose grüne Uniform und das kleine, welthistorische Hütchen. Er ritt ein weißes Rößlein, und das ging so ruhig stolz, so sicher, so ausgezeichnet — wär ich damals Kronprinz von Preußen gewesen, ich hätte dieses Rößlein beneidet. Nachlässig, fast hängend, saß der Kaiser, die eine Hand hielt hoch den Zaum, die andere klopfte gutmütig den Hals des Pferdchens. — Es war eine sonnigmarmorne Hand, eine mächtige Hand, eine von den beiden Händen, die das vielköpfige Ungeheuer der Anarchie gebändigt und den Völkerzweikampf geordnet hatten — und sie klopfte gutmütig den Hals des Pferdes. Auch das Gesicht hatte jene Farbe, die wir bei marmornen Griechen- und Römerköpfen finden, die Züge desselben waren ebenfalls edel gemessen, wie die der Antiken, und auf diesem Gesichte stand geschrieben: Du sollst keine Götter haben außer mir. Ein Lächeln, das jedes Herz erwärmte und beruhigte, schwebte um die Lippen — und doch wußte man, diese Lippen brauchten nur zu pfeifen, — et la Prusse n'existait plus — diese Lippen brauchten nur zu pfeifen — und die ganze Klerisei hatte ausgeklingelt — diese Lippen brauchten nur zu pfeifen — und das ganze heilige römische Reich tanzte. Und diese Lippen lächelten und auch das Auge lächelte. — Es war ein Auge klar wie der Himmel, es konnte lesen im Herzen der Menschen, es sah rasch auf einmal alle Dinge dieser Welt, während wir anderen sie nur nacheinander und nur ihre gefärbten Schatten sehen. Die Stirne war nicht so klar, es nisteten darauf die Geister zukünftiger Schlachten und es zuckte bisweilen über dieser Stirn, und das waren die schaffenden Gedanken, die großen Siebenmeilenstiefel-Gedanken, womit der Geist des Kaisers unsichtbar über die Welt hinschritt — und ich glaube, jeder dieser Gedanken hätte einem deutschen Schriftsteller, Zeit seines Lebens, vollauf Stoff zum Schreiben gegeben.

Der Kaiser ritt ruhig mitten durch die Allee, kein Polizeidiener widersetzte sich ihm, hinter ihm, stolz auf schnaubenden Rossen, und belastet mit Gold und Geschmeide, ritt sein Gefolge, die Trommeln wirbelten, die Trompeten erklangen, neben mir drehte sich der tolle Alouisius und schnarrte die Namen seiner Generale, unferne brüllte der besoffene Gumpertz, und das Volk rief tausendstimmig: es lebe der Kaiser!

Ideen. Das Buch Le Grand. VII, VIII*

## 6

Der Kaiser ist tot. Auf einer öden Insel des indischen Meeres ist sein einsames Grab, und Er, dem die Erde zu eng war, liegt ruhig unter dem kleinen Hügel, wo fünf Trauerweiden gramvoll ihre grünen Haare herabhängen lassen und ein frommes Bächlein wehmütig klagend vorbeirieselt. Es steht keine Inschrift auf seinem Leichensteine; aber Klio, mit dem gerechten Griffel, schrieb unsichtbare Worte darauf, die wie Geistertöne durch die Jahrtausende klingen werden.

Britannia! dir gehört das Meer. Doch das Meer hat nicht Wasser genug, um von dir abzuwaschen die Schande, die der große Tote dir sterbend vermacht hat. Nicht dein windiger Sir Hudson, nein, du selbst warst der sizilianische Häscher, den die verschworenen Könige gedungen, um an dem Manne des Volkes heimlich abzurächen, was das Volk einst öffentlich an einem der Ihrigen verübt hatte — Und er war dein Gast und hatte sich gesetzt an deinen Herd —

Bis in die spätesten Zeiten werden die Knaben Frankreichs singen und sagen von der schrecklichen Gastfreundschaft des Bellerophon, und wenn diese Spott- und Tränenlieder den Kanal hinüberklingen, so erröten die Wangen aller ehrsamen Briten. Einst aber wird dieses Lied hinüberklingen, und es gibt kein Britannien mehr, zu Boden geworfen ist das Volk des Stolzes, Westminsters Grabmäler liegen zertrümmert, vergessen ist der königliche Staub, den sie verschlossen — Und Sankt Helena ist das heilige Grab, wohin die Völker des Orients und Okzidents wallfahrten in buntbewimpelten Schiffen, und ihr Herz stärken durch große Erinnerung an die Taten des weltlichen Heilands, der gelitten unter Hudsons Lowe, wie es geschrieben steht in den Evangelien Las Cases, O'Meara und Antommarchi.

Seltsam! die drei größten Widersacher des Kaisers hat schon ein schreckliches Schicksal getroffen: Londonderry hat sich die Kehle abgeschnitten, Ludwig XVIII. ist auf seinem Throne verfault, und Professor Saalfeld ist noch immer Professor in Göttingen.

Es war ein klarer, fröstelnder Herbsttag, als ein junger Mensch von studentischem Ansehen, durch die Allee des Düsseldorfer Hofgartens langsam wanderte, manchmal, wie aus kindischer Lust, das raschelnde Laub, das den Boden bedeckte, mit den Füßen aufwarf, manchmal aber auch wehmütig hinaufblickte nach den dürren Bäumen, woran nur noch wenige Goldblätter hingen. Wenn er so hinaufsah, dachte er au die Worte des Glaukos:

Gleich wie Blätter im Walde, so sind die Geschlechter der Menschen;
Blätter verweht zur Erde der Wind nun, andere treibt dann
Wieder der knospende Wald, wenn neu auflebet der Frühling;
So der Menschen Geschlecht, dies wächst und jenes verschwindet.»

Denselben Tag war ich zur alten Vaterstadt zurückgekehrt. Aber ich wollte nicht darin übernachten und sehnte mich nach Godesberg, um zu den Füßen meiner Freundin mich niederzusetzen und von der kleinen Veronika zu erzählen. Ich hatte die lieben Gräber besucht. Von allen lebenden Freunden und Verwandten hatte ich nur einen Ohm und eine Muhme wiedergefunden. Fand ich auch sonst noch bekannte Gestalten auf der Straße, so kannte mich doch niemand mehr, und die Stadt selbst sah mich an mit fremden Augen, viele Häuser waren unterdessen neu angestrichen worden, aus den Fenstern guckten fremde Gesichter, um die alten Schornsteine flatterten abgelebte Spatzen, alles sah so tot und doch so frisch aus, wie Salat, der auf einem Kirchhofe wächst; wo man sonst französisch sprach, ward jetzt preußisch gesprochen, sogar ein kleines preußisches Höfchen hatte sich unterdessen dort angesiedelt, und die Leute trugen Hoftitel, die ehemalige Friseurin meiner Mutter war Hoffriseurin geworden, und es gab jetzt dort Hofschneider, Hofschuster, Hofwanzenvertilgerinnen, Hofschnapsladen, die ganze Stadt schien ein Hoflazarett für Hofgeisteskranke. Nur der alte Kurfürst erkannte mich, er stand noch auf dem alten Platz; aber er schien magerer geworden zu sein. Eben weil er immer mitten auf dem Markte stand, hatte er alle Misere der Zeit mit angesehen, und von solchem Anblick wird man nicht fett. Ich war wie im Traume, und dachte an das Märchen von den verzauberten Städten, und ich eilte zum Tor hinaus, damit ich nicht zu früh erwachte. Im Hofgarten vermißte ich manchen Baum, und mancher war verkrüppelt, und die vier großen Pappeln, die mir sonst wie grüne Riesen erschienen, waren klein geworden.

Während ich aber, auf der alten Bank des Hofgartens sitzend, in die Vergangenheit zurückträumte, hörte ich hinter mir verworrene Menschenstimmen, welche das Schicksal der armen Franzosen beklagten, die, im russischen Kriege als Gefangene nach Sibirien geschleppt, dort mehrere lange Jahre, obgleich schon Frieden war, zurückgehalten worden und jetzt erst heimkehrten. Als ich aufsah, erblickte ich wirklich diese Waisenkinder des Ruhmes; durch die Risse ihrer zerlumpten Uniformen lauschte das nackte Elend, in ihren verwitterten Gesichtern lagen tiefe, klagende Augen, und obgleich verstümmelt, ermattet und meistens hinkend, blieben sie doch noch immer in einer Art militärischen Schrittes, und seltsam genug! ein Tambour mit einer Trommel schwankte voran; und mit innerem Grauen ergriff mich die Erinnerung an die Sage von den Soldaten, die des Tags in der Schlacht gefallen und des Nachts wieder vom Schlachtfelde aufstehen und mit dem Tambour an der Spitze nach ihrer Vaterstadt marschieren.

Wahrlich, der arme französische Tambour schien halb verwest aus dem Grabe gestiegen zu sein, es war nur ein kleiner Schatten in einer schmutzig zerfetzten grauen Capotte, ein verstorben gelbes Gesicht, mit einem großen Schnurrbarte, der wehmütig herabhing über die verblichenen Lippen, die Augen waren wie verbrannter Zunder, worin nur noch wenige Fünkchen glimmen, und dennoch, an einem einzigen dieser Fünkchen, erkannte ich Monsieur Le Grand.

Er erkannte auch mich und zog mich nieder auf den Rasen, und da saßen wir wieder wie sonst, als er mir auf der Trommel die französische Sprache und die neuere Geschichte dozierte. Es war noch immer die wohlbekannte, alte Trommel, und ich konnte mich nicht genug wundern, wie er sie vor russischer Habsucht geschützt hatte. Er trommelte jetzt wieder wie sonst, jedoch ohne dabei zu sprechen. Waren aber die Lippen unheimlich zusammengekniffen, so sprachen desto mehr seine Augen, die sieghaft aufleuchteten, indem er die alten Märsche trommelte. Die Pappeln neben uns erzitterten, als er wieder den roten Guillotinenmarsch erdröhnen ließ. Auch die alten Freiheitskämpfe, die alten Schlachten, die Taten des Kaisers, trommelte er wie sonst, und es schien, als sei die Trommel selber ein lebendiges Wesen, das sich freute, seine innere Lust aussprechen zu können. Ich hörte wieder den Kanonendonner, das Pfeifen der Kugeln, den Lärm der Schlacht, ich sah wieder den Todesmut der Garde, ich sah wieder die flatternden Fahnen, ich sah wieder den Kaiser zu Roß — aber allmählig schlich sich ein trüber Ton in jene freudigsten Wirbel, aus der Trommel drangen Laute, worin das wildeste Jauchzen und das entsetzlichste Trauern unheimlich gemischt waren, es schien ein Siegesmarsch und zugleich ein Totenmarsch, die Augen Le Grands öffneten sich geisterhaft weit, und ich sah darin nichts als ein weites, weißes Eisfeld bedeckt mit Leichen — es war die Schlacht bei der Moskwa.

Ich hätte nie gedacht, daß die alte, harte Trommel so schmerzliche Laute von sich geben könnte, wie jetzt Monsieur Le Grand daraus hervor zu locken wußte. Es waren getrommelte Tränen, und sie tönten immer leiser, und wie ein trübes Echo brachen tiefe Seufzer aus der Brust Le Grands. Und dieser wurde immer matter und gespenstischer, seine dürren Hände zitterten vor Frost, er saß wie im Traume, und bewegte mit seinen Trommelstöcken nur die Luft, und horchte wie auf ferne Stimmen, und endlich schaute er mich an, mit einem tiefen, abgrundtiefen, flehenden Blick — ich verstand ihn — und dann sank sein Haupt herab auf die Trommel.

Monsieur Le Grand hat in diesem Leben nie mehr getrommelt. Auch seine Trommel hat nie mehr einen Ton von sich gegeben, sie sollte keinem Feinde der Freiheit zu einem servilen Zapfenstreich dienen, ich hatte den letzten flehenden Blick Le Grands sehr gut verstanden, und zog sogleich den Degen aus meinem Stock und zerstach die Trommel.

Ideen. Das Buch Le Grand. Aus IX, X*

7

## Die Grenadiere

Nach Frankreich zogen zwei Grenadier,
Die waren in Rußland gefangen.
Und als sie kamen ins deutsche Quartier,
Sie ließen die Köpfe hangen.

Da hörten sie beide die traurige Mär:
Daß Frankreich verloren gegangen,
Besiegt und zerschlagen das große Heer —
Und der Kaiser, der Kaiser gefangen.

Da weinten zusammen die Grenadier
Wohl ob der kläglichen Kunde.
Der eine sprach: Wie weh wird mir,
Wie brennt meine alte Wunde!

Der andre sprach: Das Lied ist aus,
Auch ich möcht mit dir sterben,
Doch hab ich Weib und Kind zu Haus,
Die ohne mich verderben.

Was schert mich Weib, was schert mich Kind,
Ich trage weit beßres Verlangen;
Laß sie betteln gehn, wenn sie hungrig sind —
Mein Kaiser, mein Kaiser gefangen!

Gewähr mir, Bruder, eine Bitt:
Wenn ich jetzt sterben werde,
So nimm meine Leiche nach Frankreich mit,
Begrab mich in Frankreichs Erde.

Das Ehrenkreuz am roten Band
Sollst du aufs Herz mir legen;

Die Flinte gib mir in die Hand,
Und gürt mir um den Degen.

So will ich liegen und horchen still,
Wie eine Schildwach, im Grabe,
Bis einst ich höre Kanonengebrüll
Und wiehernder Rosse Getrabe.

Dann reitet mein Kaiser wohl über mein Grab,
Viel Schwerter klirren und blitzen;
Dann steig ich gewaffnet hervor aus dem Grab —
Den Kaiser, den Kaiser zu schützen.

Buch der Lieder. Junge Leiden. 1820*

## II. DEUTSCHE REISEBILDER

8

DER RHEIN — Nein, ich bin nicht geboren in Indien; das Licht der Welt erblickte ich an den Ufern jenes schönen Stromes, wo auf grünen Bergen die Torheit wächst und im Herbste gepflückt, gekeltert, in Fässer gegossen und ins Ausland geschickt wird. — Wahrhaftig, gestern bei Tische hörte ich jemanden eine Torheit sprechen, die Anno 1811 in einer Weintraube gesessen, welche ich damals selbst auf dem Johannisberge wachsen sah. — Viel Torheit wird aber auch im Lande selbst konsumiert, und die Menschen dort sind wie überall: — sie werden geboren, essen, trinken, schlafen, lachen, weinen, verleumden, sind ängstlich besorgt um die Fortpflanzung ihrer Gattung, suchen zu scheinen, was sie nicht sind, und zu tun, was sie nicht können, lassen sich nicht eher rasieren, als bis sie einen Bart haben, und haben oft einen Bart, ehe sie verständig sind, und wenn sie verständig sind, berauschen sie sich wieder mit weißer oder roter Torheit.

Mon dieu! wenn ich doch so viel Glauben in mir hätte, daß ich Berge versetzen könnte — der Johannisberg wäre just derjenige Berg, den ich mir überall nachkommen ließe. Aber da mein

Glaube nicht so stark ist, muß mir die Phantasie helfen und sie versetzt mich selbst nach dem schönen Rhein.

O, da ist ein schönes Land, voll Lieblichkeit und Sonnenschein. Im blauen Strome spiegeln sich die Bergesufer mit ihren Burgruinen und Waldungen und altertümlichen Städten. — Dort vor der Haustür sitzen die Bürgersleute des Sommerabends, und trinken aus großen Kannen, und schwatzen vertraulich: wie der Wein, Gottlob! gedeiht, und wie die Gerichte durchaus öffentlich sein müssen, und wie die Maria Antoinette so mir nichts dir nichts guillotiniert worden, und wie die Tabaksregie den Tabak verteuert, und wie alle Menschen gleich sind, und wie der Görres ein Hauptkerl ist.

Ich habe mich nie um dergleichen Gespräche bekümmert, und saß lieber bei den Mädchen am gewölbten Fenster, und lachte über ihr Lachen und ließ mich mit Blumen ins Gesicht schlagen, und stellte mich böse, bis sie mir ihre Geheimnisse oder irgend eine andre wichtige Geschichte erzählten. Die schöne Gertrud war bis zum Tollwerden vergnügt, wenn ich mich zu ihr setzte; es war ein Mädchen wie eine flammende Rose, und als sie mir einst um den Hals fiel, glaubte ich, sie würde verbrennen und verduften in meinen Armen. Die schöne Katharine zerfloß in klingender Sanftheit, wenn sie mit mir sprach, und ihre Augen waren von einem so reinen, innigen Blau, wie ich es noch nie bei Menschen und Tieren, und nur selten bei Blumen gefunden; man sah gern hinein und konnte sich so recht viel Süßes dabei denken. Aber die schöne Hedwig liebte mich; denn wenn ich zu ihr trat, beugte sie das Haupt zur Erde, so daß die schwarzen Locken über das errötende Gesicht herabfielen, und die glänzenden Augen wie Sterne aus dunkelem Himmel hervorleuchteten. Ihre verschämten Lippen sprachen kein Wort, und auch ich konnte ihr nichts sagen. Ich hustete und sie zitterte. Sie ließ mich manchmal durch ihre Schwester bitten, nicht so rasch die Felsen zu besteigen, und nicht im Rheine zu baden, wenn ich mich heiß gelaufen oder getrunken. Ich behorchte mal ihr andächtiges Gebet vor dem Marienbildchen, das mit Goldflittern geziert und von einem brennenden Lämpchen umflittert, in einer Nische der Hausflur stand; ich hörte deutlich, wie sie die Muttergottes bat: Ihm das Klettern, Trinken und Baden zu verbieten. Ich hätte mich gewiß in das schöne Mädchen verliebt, wenn sie gleichgültig gegen mich gewesen wäre; und ich war gleichgültig gegen sie, weil ich wußte, daß sie mich liebte — Madame, wenn man von mir geliebt sein will, muß man mich en canaille behandeln.

Die schöne Johanna war die Base der drei Schwestern, und ich setzte mich gern zu ihr. Sie wußte die schönsten Sagen, und wenn sie mit der weißen Hand zum Fenster hinauszeigte, nach den Bergen, wo alles passiert war, was sie erzählte, so wurde mir ordentlich verzaubert zu Mute, die alten Ritter stiegen sichtbar aus den Burgruinen und zerhackten sich die eisernen Kleider, die Lore-Ley stand wieder auf der Bergesspitze und sang hinab ihr süß verderbliches Lied, und der Rhein rauschte so vernünftig, beruhigend und doch zugleich neckend schauerlich — und die schöne Johanne sah mich an so seltsam, so heimlich, so rätselhaft traulich, als gehörte sie selbst zu den Märchen, wovon sie eben erzählte. Sie war ein schlankes, blasses Mädchen, sie war totkrank und sinnend, ihre Augen waren klar wie die Wahrheit selbst, ihre Lippen fromm gewölbt, in den Zügen ihres Antlitzes lag eine große Geschichte, aber es war eine heilige Geschichte — Etwa eine Liebeslegende? Ich weiß nicht, und ich hatte auch nie den Mut, sie zu fragen. Wenn ich sie lange ansah, wurde ich ruhig und heiter, es ward mir, als sei stiller Sonntag in meinem Herzen und die Engel darin hielten Gottesdienst.

Ideen. Das Buch Le Grand. V*

9

## Rheinlied

Wie der Mond sich leuchtend dränget
Durch den dunklen Wolkenflor,
Also taucht aus dunkeln Zeiten
Mir ein lichtes Bild hervor.

Saßen all auf dem Verdecke,
Fuhren stolz hinab den Rhein,
Und die sommergrünen Ufer
Glühn im Abendsonnenschein.

Sinnend saß ich zu den Füßen
Einer Dame, schön und hold;
In ihr liebes, bleiches Antlitz
Spielt' das rote Sonnengold.

Lauten klangen, Buben sangen,
Wunderbare Fröhlichkeit!
Und der Himmel wurde blauer,
Und die Seele wurde weit.

Märchenhaft vorüberzogen
Berg und Burgen, Wald und Au; —
Und das alles sah ich glänzen
In dem Aug der schönen Frau.

Buch der Lieder. Heimkehr. 1823*

10

Der Brocken, ein Deutscher — Ja, in hohem Grade wunderbar erscheint uns alles beim ersten Hinabschauen vom Brocken, alle Seiten unseres Geistes empfangen neue Eindrücke, und diese, meistens verschiedenartig, sogar sich widersprechend, verbinden sich in unserer Seele zu einem großen, noch unentworrenen, unverstandenen Gefühl. Gelingt es uns, dieses Gefühl in seinem Begriffe zu erfassen, so erkennen wir den Charakter des Berges. Dieser Charakter ist ganz deutsch, sowohl in Hinsicht seiner Fehler, als auch seiner Vorzüge. Der Brocken ist ein Deutscher. Mit deutscher Gründlichkeit zeigt er uns, klar und deutlich, wie ein Riesenpanorama, die vielen hundert Städte, Städtchen und Dörfer, die meistens nördlich liegen, und ringsum alle Berge, Wälder, Flüsse, Flächen, unendlich weit. Aber eben dadurch erscheint alles wie eine scharf gezeichnete, rein illuminierte Spezialkarte, nirgends wird das Auge durch eigentlich schöne Landschaften erfreut; wie es denn immer geschieht, daß wir deutschen Kompilatoren wegen der ehrlichen Genauigkeit, womit wir alles und alles hingeben wollen, nie daran denken können, das einzelne auf eine schöne Weise zu geben. Der Berg hat auch so etwas Deutschruhiges, Verständiges, Tolerantes; eben weil er die Dinge so weit und klar überschauen kann. Und wenn solch ein Berg seine Riesenaugen öffnet, mag er wohl noch etwas mehr sehen, als wir Zwerge, die wir mit unsern blöden Äuglein auf ihm herumklettern. Viele wollen zwar behaupten, der Brocken sei sehr philiströse, und Claudius sang: «Der Blocksberg ist der lange Herr Philister!» Aber das ist Irrtum. Durch seinen Kahlkopf, den er zuweilen mit einer weißen Nebelkappe bedeckt, gibt er sich zwar einen Anstrich von Philiströsität; aber, wie bei manchen andern großen Deutschen, geschieht es aus purer Ironie.

Harzreise. 1824*

11

BIEDERMEIER — Wie viel heiterer und wohnlicher ist es in unserem lieben Deutschland! Wie traumhaft gemach, wie sabbatlich ruhig bewegen sich hier die Dinge! Ruhig zieht die Wache auf, im ruhigen Sonnenschein glänzen die Uniformen und Häuser, an den Fliesen flattern die Schwalben, aus den Fenstern lächeln dicke Justizrätinnen, auf den hallenden Straßen ist Platz genug: die Hunde können sich gehörig anriechen, die Menschen können bequem stehen bleiben und über das Theater diskurieren und tief, tief grüßen, wenn irgend ein vornehmes Lümpchen oder Vizelümpchen, mit bunten

Bändchen auf dem abgeschabten Röckchen, oder ein gepudertes, vergoldetes Hofmarschälkchen gnädig wiedergrüßend vorbeitänzelt!

Englische Fragmente. II - 1828

12

PHILISTER in Sonntagsröcklein
Spazieren durch Wald und Flur;
Sie jauchzen, sie hüpfen wie Böcklein,
Begrüßen die schöne Natur.

Betrachten mit blinzelnden Augen,
Wie alles romantisch blüht;
Mit langen Ohren saugen
Sie ein der Spatzen Lied.

Ich aber verhänge die Fenster
Des Zimmers mit schwarzem Tuch;
Es machen mir meine Gespenster
Sogar einen Tagesbesuch.

Buch der Lieder. Lyrisches Intermezzo. 1822*

13

LEIDEN AM DEUTSCHEN — Ich lebe jetzt in einer ganz besonderen Stimmung, und die mag wohl an allem den meisten Anteil haben. Alles, was deutsch ist, ist mir zuwider; und Du bist leider ein Deutscher. Alles Deutsche wirkt auf mich wie ein Brechpulver. Die deutsche Sprache zerreißt meine Ohren. Die eigenen Gedichte ekeln mich zuweilen an, wenn ich sehe, daß sie auf deutsch geschrieben sind. Sogar das Schreiben dieses Billets wird mir sauer; weil die deutschen Schriftzüge schmerzhaft auf meine Nerven wirken. Je n'aurais jamais cru que ces bêtes qu'on nomme Allemands, soient une race si ennuyante et malicieuse en même temps. Aussitôt que ma santé sera rétablie je quitterai l'Allemagne, je passerai en Arabie... O Christian, wüßtest Du, wie meine Seele nach Frieden lechzt, und wie sie doch täglich mehr und mehr zerrissen wird. Ich kann fast keine Nacht mehr schlafen. Im Traume seh ich meine sogenannten Freunde, wie sie sich Geschichtchen und Notizchen in die Ohren zischeln, die mir wie Bleitropfen ins Hirn rinnen. Des Tags verfolgt mich ein ewiges Mißtrauen, überall hör ich meinen Namen und hinterdrein ein höhnisches Gelächter.

An Chr. Sethe. Berlin, 14. IV. 1822

14

LIEBE ZUM DEUTSCHEN — Ich weiß, daß ich eine der deutschesten Bestien bin, ich weiß nur zu gut, daß mir das Deutsche das ist, was dem Fische das Wasser ist, daß ich aus diesem Lebenselement nicht heraus kann, und daß ich — um das Fischgleichnis beizubehalten — zum Stockfisch vertrocknen muß, wenn ich . . . aus dem Wasser des Deutschtümlichen herausspringe. Ich liebe sogar im Grunde das Deutsche mehr als alles auf der Welt, ich habe meine Lust und Freude dran, und meine Brust ist ein Archiv deutschen Gefühls, wie meine zwei Bücher ein Archiv deutschen Gesanges sind. Mein erstes Buch ist auch in seiner Äußerlichkeit ganz deutsch, damals war die Liebe zum Deutschen noch nicht in mir getrübt; mein zweites Buch ist nur innerlich deutsch; doch fremdartiger ist seine Äußerlichkeit. Daß aus Unmut gegen das Deutsche meine Muse sich ihr deutsches Kleid etwas fremdartig zuschnitt, ist wahrscheinlich. Zu diesem Unmut haben triftige Gründe, gerechter Ennui, Anlaß gegeben.

An R. Christiani. Verfluchtes Nest-Göttingen, den 7. III. 1824*

15

GERMANISTIK — Ich höre Beneckens Collegium über altdeutsche Sprache mit großem Vergnügen. Denk Dir, Fritz, nur 9 (sage neun) Studios hören dieses Collegium. Unter 1300 Studenten, worunter doch gewiß 1000 Deutsche, sind nur 9, die für die Sprache, für das innere Leben und für die geistigen Reliquien ihrer Väter Interesse haben. O Deutschland! Land der Eichen und des Stumpfsinnes!

An Fr. v. Beughem. Göttingen, 9. XI. 1820*

16

BEI DEN BERGARBEITERN — Nach Tische machte ich mich auf den Weg, die Gruben, die Silberhütten und die Münze zu besuchen.

Das Befahren der zwei vorzüglichsten Klausthaler Gruben, der «Dorothea» und «Carolina», fand ich sehr interessant, und ich muß ausführlich davon erzählen.

Eine halbe Stunde vor der Stadt gelangt man zu zwei großen schwärzlichen Gebäuden. Dort wird man gleich von den Bergleuten in Empfang genommen. Diese tragen dunkle, gewöhnlich stahlblaue, weite, bis über den Bauch herabhängende Jacken, Hosen von ähnlicher Farbe, ein hinten aufgebundenes Schurzfell und kleine grüne Filzhüte, ganz randlos, wie ein abgekappter Kegel. In eine solche Tracht, bloß ohne Hinterleder, wird der Besuchende ebenfalls eingekleidet, und ein Bergmann, ein Steiger, nachdem er sein Grubenlicht angezündet, führt ihn nach einer dunklen Öffnung, die wie ein Kaminfegeloch aussieht, steigt bis an die Brust hinab, gibt Regeln, wie man sich an den Leitern fest zu halten habe, und bittet angstlos zu folgen. Die Sache selbst ist nichts weniger als gefährlich; aber man glaubt es nicht im Anfang, wenn man gar nichts vom Bergwerkswesen versteht. Es gibt schon eine eigene Empfindung, daß man sich ausziehen und die dunkle Delinquententracht anziehen muß. Und nun soll man auf allen Vieren hinab klettern, und das dunkle Loch ist so dunkel, und Gott weiß, wie lang die Leiter sein mag. Aber bald merkt man doch, daß es nicht eine einzige, in die schwarze Ewigkeit hinablaufende Leiter ist, sondern daß es mehrere von funfzehn bis zwanzig Sprossen sind, deren jede auf ein kleines Brett leitet, worauf man stehen kann, und worin wieder ein neues Loch nach einer neuen Leiter hinabführt. Ich war zuerst in die Carolina gestiegen. Das ist die schmutzigste und unerfreulichste Carolina, die ich je kennen gelernt habe. Die Leitersprossen sind kotig naß. Und von einer Leiter zur andern geht's hinab, und der Steiger voran, und dieser beteuert immer: es sei gar nicht gefährlich, nur müsse man sich mit den Händen fest an den Sprossen halten, und nicht nach den Füßen sehen, und nicht schwindlicht werden, und nur bei Leibe nicht auf das Seitenbrett treten, wo jetzt das schnurrende Tonnenseil heraufgeht, und wo, vor vierzehn Tagen, ein unvorsichtiger Mensch hinuntergestürzt und leider den Hals gebrochen. Da unten ist ein verworrenes Rauschen und Summen, man stößt beständig an Balken und Seile, die in Bewegung sind, um die Tonnen mit geklopften Erzen oder das hervorgesinterte Wasser, heraufzuwinden. Zuweilen gelangt man auch in durchgehauene Gänge, Stollen genannt, wo man das Erz wachsen sieht, und wo der einsame Bergmann den ganzen Tag sitzt und mühsam mit dem Hammer die Erzstücke aus der Wand herausklopft. Bis in die unterste Tiefe bin ich nicht gekommen, unter uns gesagt, dort, bis wohin ich kam, schien es mir bereits tief genug: — immerwährendes Brausen und Sausen, unheimliche Maschinenbewegung, unterirdisches Quellengeriesel, von allen Seiten herabtriefendes Wasser, qualmig aufsteigende Erddünste, und das Grubenlicht immer bleicher hineinflimmernd in die einsame Nacht. Wirklich, es war betäubend, das Atmen wurde mir schwer, und mit Mühe hielt ich mich an den glitschrigen Leitersprossen.

Nach Luft schnappend, stieg ich einige Dutzend Leitern wieder in die Höhe, und mein Steiger führte mich durch einen schmalen, sehr langen, in den Berg gehauenen Gang nach der Grube Dorothea. Hier ist es luftiger und frischer, und die Leitern sind reiner, aber auch länger und steiler als in der Carolina. Hier wurde mir schon besser zu Mute, besonders da ich wieder Spuren lebendiger Menschen gewahrte. In der Tiefe zeigten sich nämlich wandelnde Schimmer; Bergleute mit ihren Grubenlichtern kamen allmählig in die Höhe, mit dem Gruße «Glückauf!» und mit demselben Wiedergruße von unserer Seite stiegen sie an uns vorüber; und wie eine befreundet ruhige, und doch zugleich quälend rätselhafte Erinnerung, trafen mich, mit ihren tiefsinnig klaren Blicken, die ernstfrommen, etwas blassen, und vom Grubenlicht geheimnisvoll beleuchteten Gesichter dieser jungen und alten Männer, die in ihren dunkeln, einsamen Bergschachten den ganzen Tag gearbeitet hatten, und sich jetzt hinauf sehnten nach dem lieben Tageslicht, und nach den Augen von Weib und Kind.

Die meisten Bergarbeiter wohnen in Klausthal und in dem damit verbundenen Bergstädtchen Zellerfeld. Ich besuchte mehrere dieser wackern Leute, betrachtete ihre kleine häusliche Einrichtung, hörte einige ihrer Lieder, die sie mit der Zither, ihrem Lieblingsinstrumente, gar hübsch begleiten, ließ mir alte Bergmärchen von ihnen erzählen, und auch die Gebete hersagen, die sie in Gemeinschaft zu halten pflegen, ehe sie in den dunkeln Schacht hinunter steigen, und manches gute Gebet habe ich mit gebetet. Ein alter Steiger meinte sogar, ich sollte bei ihnen bleiben und Bergmann werden; und als ich dennoch Abschied nahm, gab er mir einen Auftrag an seinen Bruder, der in der Nähe von Goslar wohnt, und viele Küsse für seine liebe Nichte.

Ich blieb die Nacht ebenfalls in der Krone, wo unterdessen auch der Hofrat B. aus Göttingen angekommen war. Ich hatte das Vergnügen, dem alten Herrn meine Aufwartung zu machen. Als ich mich ins Fremdenbuch einschrieb und im Monat Juli blätterte, fand ich auch den vielteuern Namen Adalbert von Chamisso, den Biographen des unsterblichen Schlemihl. Der Wirt erzählte mir: dieser Herr sei in einem unbeschreibbar schlechten Wetter angekommen, und in einem eben so schlechten Wetter wieder abgereist.

Harzreise. 1824*

17

## Lüneburg

Mein Herz, mein Herz ist traurig,
Doch lustig leuchtet der Mai;
Ich stehe, gelehnt an der Linde,
Hoch auf der alten Bastei.

Da drunten fließt der blaue
Stadtgraben in stiller Ruh;
Ein Knabe fährt im Kahne,
Und angelt und pfeift dazu.

Jenseits erheben sich freundlich,
In winziger, bunter Gestalt,
Lusthäuser, und Gärten, und Menschen,
Und Ochsen, und Wiesen, und Wald.

Die Mägde bleichen Wäsche,
Und springen im Gras herum:
Das Mühlrad stäubt Diamanten,
Ich höre sein fernes Gesumm.

Am alten grauen Turme
Ein Schilderhäuschen steht;
Ein rotgeröckter Bursche
Dort auf und nieder geht.

Er spielt mit seiner Flinte,
Die funkelt im Sonnenrot,
Er präsentiert und schultert —
Ich wollt, er schösse mich tot.

Buch der Lieder. Heimkehr. 1823*

18

DIE IRONIE DER BERLINER — Die Ironie ist eine Erfindung der Berliner, der klügsten Leute von der Welt, die sich sehr ärgerten, daß sie zu spät auf die Welt gekommen sind, um das Pulver erfinden zu können, und die deshalb eine Erfindung zu machen suchten, die eben so wichtig und eben denjenigen, die das Pulver nicht erfunden haben, sehr nützlich ist. Ehemals, liebes Kind, wenn jemand eine Dummheit beging, was war da zu tun? das Geschehene konnte nicht ungeschehen gemacht werden, und die Leute sagten: der Kerl war ein Rindvieh. Das war unangenehm. In Berlin, wo man am klügsten ist und die meisten Dummheiten begeht, fühlte man am tiefsten diese Unannehmlichkeit, bis endlich ein rückwirkendes Mittel erfunden ward, wodurch man jede Dummheit gleichsam ungeschehen machen und sogar in Weisheit umgestalten kann. Dieses Mittel ist ganz einfach, und besteht darin, daß man erklärt, man habe jene Dummheit bloß aus Ironie begangen oder gesprochen.

Reise von München nach Genua. 1828*

19

BERLIN UND MÜNCHEN — Berlin ist gar keine Stadt, sondern Berlin gibt bloß den Ort dazu her, wo sich eine Menge Menschen, und zwar darunter viele Menschen von Geist, versammeln, denen der Ort ganz gleichgültig ist; diese bilden das geistige Berlin.

Die Stadt enthält so wenig Altertümlichkeit, und ist so neu; und doch ist dieses Neue schon so alt, so welk und abgestorben. Denn sie ist größtenteils nicht aus der Gesinnung der Masse, sondern Einzelner entstanden. Der große Fritz ist wohl unter diesen wenigen der vorzüglichste; was er vorfand, war nur feste Unterlage, erst von ihm erhielt die Stadt ihren eigentlichen Charakter, und wäre seit seinem Tode nichts mehr daran gebaut worden, so bliebe ein historisches Denkmal von dem Geiste jenes prosaisch wundersamen Helden, der die raffinierte Geschmacklosigkeit und blühende Verstandesfreiheit, das Seichte und das Tüchtige seiner Zeit, recht deutsch-tapfer in sich ausgebildet hatte.

München damit verglichen, ist eine Stadt, gebaut von dem Volke selbst, und zwar von aufeinanderfolgenden Generationen, deren Geist noch immer in ihren Bauwerken sichtbar, so daß man dort eine chronologische Geisterreihe erblickt, von dem dunkelrohen Geiste des Mittelalters, der geharnischt aus gotischen Kirchenpforten hervortritt, bis auf den gebildet lichten Geist unserer eignen Zeit, der uns einen Spiegel entgegenhält, worin jeder sich selbst mit Vergnügen anschaut. Reise von München nach Genua*

20

POTSDAM — Schöne, generose Friedrike! Wenn man seit fünf Uhr am Arbeitstisch gehockt und über einen Druckbogen geschrieben hat, darf man schon um Mittagszeit müd und dumm sein; um so mehr, wenn man kranken Kopfes ist.

Ein ganz einsamer Robinson bin ich hier nicht mehr. Einige Offiziere sind bei mir gelandet, Menschenfresser. Gestern abend im Neuen Garten geriet ich sogar in eine Damengesellschaft, und saß zwischen einigen Potsdamerinnen, wie Apoll unter den Kühen des Admet. Vorgestern war ich in Sanssouci, wo alles glüht und blüht, aber wie! du heiliger Gott! Das ist alles nur ein gewärmter, grünangestrichener Winter, und auf den Terrassen stehen Fichtenstämmchen, die sich in Orangenbäume maskiert haben.

Ich bin so niedergeschlagen, so zusammengedrückt, so beengt — ach, ich möchte ein Kätzchen sein! Grüßen Sie mir Mimi. — Auch Ihren Hauskater lasse ich herzlich grüßen; ebenfalls alle Nachbarschaftskatzen. Auch Varnhagens. Leben Sie wohl und behalten Sie lieb

Ihre kleine Freundin
H. Heine

An Friederike Robert, Potsdam, 30. V. 1829

21

HALLE

ZU Halle auf dem Markt,
Da stehn zwei große Löwen.
Ei, du hallischer Löwentrotz,
Wie hat man dich gezähmet!

Zu Halle auf dem Markt,
Da steht ein großer Riese.
Er hat ein Schwert und regt sich nicht,
Er ist vor Schreck versteinert.

Zu Halle auf dem Markt,
Da steht eine große Kirche.
Die Burschenschaft und die Landsmannschaft,
Die haben dort Platz zum Beten.

Buch der Lieder. Heimkehr. 1824

22

Die freien Friesen — Die Badekutschen, die Droschken der Nordsee, werden hier nur bis ans Wasser geschoben, und bestehen meistens aus viereckigen Holzgestellen mit steifem Leinen überzogen. Jetzt, für die Winterzeit, stehen sie im Konversationssaale, und führen dort gewiß eben so hölzerne, und steifleinene Gespräche, wie die vornehme Welt, die noch unlängst dort verkehrte.

Wenn ich aber sage, die vornehme Welt, so verstehe ich nicht darunter die guten Bürger Ostfrieslands, ein Volk, das flach und nüchtern ist, wie der Boden, den es bewohnt, das weder singen noch pfeifen kann, aber dennoch ein Talent besitzt, das besser ist als alle Triller und Schnurrpfeifereien, ein Talent, das den Menschen adelt, und über jene windige Dienstseelen erhebt, die allein edel zu sein wähnen, ich meine das Talent der Freiheit. Schlägt das Herz für Freiheit, so ist ein solcher Schlag des Herzens eben so gut wie ein Ritterschlag, und das wissen die freien Friesen, und sie verdienen ihr Volksepitheton.

Reisebilder. Nordsee III - 1826*

23

## Westfalen

Dicht hinter Hagen ward es Nacht,
Und ich fühlte in den Gedärmen
Ein seltsames Frösteln. Ich konnte mich erst
Zu Unna, im Wirtshaus, erwärmen.

Den lispelnd westfälischen Akzent
Vernahm ich mit Wollust wieder.
Viel süße Erinnerung dampfte der Punsch,
Ich dachte der lieben Brüder,

Der lieben Westfalen, womit ich so oft
In Göttingen getrunken,
Bis wir gerührt einander ans Herz
Und unter die Tische gesunken!

Ich habe sie immer so lieb gehabt,
Die lieben, guten Westfalen,
Ein Volk so fest, so sicher, so treu,
Ganz ohne Gleißen und Prahlen.

Wie standen sie prächtig auf der Mensur
Mit ihren Löwenherzen!
Es fielen so grade, so ehrlich gemeint,
Die Quarten und die Terzen.

Sie fechten gut, sie trinken gut,
Und wenn sie die Hand dir reichen
Zum Freundschaftsbündnis, dann weinen sie;
Sind sentimentale Eichen.

Deutschland. Ein Wintermärchen. Caput X - 1844*

24

### Hamburg

Am fernen Horizonte
Erscheint, wie ein Nebelbild,
Die Stadt mit ihren Türmen,
In Abenddämmrung gehüllt.

Ein feuchter Windzug kräuselt
Die graue Wasserbahn;
Mit traurigem Takte rudert
Der Schiffer in meinem Kahn.

Die Sonne hebt sich noch einmal
Leuchtend vom Boden empor,
Und zeigt mir jene Stelle,
Wo ich das Liebste verlor.

Buch der Lieder. Heimkehr. 1823*

25

Hamburg 1830. — Sie kennen Hamburg nicht, Sie wissen nicht, welch ein Sündennest es war. Sehen Sie, was dies Hamburg mir für Leid angetan, wie profund unglücklich ich da gewesen bin, das denken Sie gar nicht aus. Diese hochmütige Splitterrichterei bei eigner balkendicker Verstocktheit, dieser Haß gegen alles Ungewöhnliche, diese angstvolle Abneigung gegen alles, was mehr ist als sie selber, diese heuchlerische bürgerliche Sittlichkeit neben einer phantasielosen Liederlichkeit — wie gräßlich war mir das alles! Berlin ist sehr langweilig, sehr trocken und unwahr, aber Hamburg!! In Hamburg war es mein einzig Pläsier, daß ich mir besser vorkam als alle andern.

Zu Adolf Stahr und Fanny Lewald. 1850

## III. DAS WASSERREICH

26

### Die Lore-Lei

In mein gar zu dunkles Leben
Strahlte einst ein süßes Bild;
Nun das süße Bild erblichen,
Bin ich gänzlich nachtumhüllt.

Wenn die Kinder sind im Dunkeln,
Wird beklommen ihr Gemüt,
Und um ihre Angst zu bannen,
Singen sie ein lautes Lied.

Ich, ein tolles Kind, ich singe
Jetzo in der Dunkelheit;
Klingt das Lied auch nicht ergötzlich,
Hat's mich doch von Angst befreit.

+

Ich weiß nicht, was soll es bedeuten,
Daß ich so traurig bin;
Ein Märchen aus alten Zeiten,
Das kommt mir nicht aus dem Sinn.

Die Luft ist kühl und es dunkelt,
Und ruhig fließt der Rhein;
Der Gipfel des Berges funkelt
Im Abendsonnenschein.

Die schönste Jungfrau sitzet
Dort oben wunderbar,
Ihr goldnes Geschmeide blitzet,
Sie kämmt ihr goldenes Haar.

Sie kämmt es mit goldenem Kamme,
Und singt ein Lied dabei;
Das hat eine wundersame,
Gewaltige Melodei.

Den Schiffer im kleinen Schiffe
Ergreift es mit wildem Weh;
Er schaut nicht die Felsenriffe,
Er schaut nur hinauf in die Höh.

Ich glaube, die Wellen verschlingen
Am Ende Schiffer und Kahn;
Und das hat mit ihrem Singen
Die Lore-Lei getan.

Buch der Lieder. Heimkehr. 1823*

27

Der Wind zieht seine Hosen an,
Die weißen Wasserhosen!
Er peitscht die Wellen, so stark er kann,
Die heulen und brausen und tosen.

Aus dunkler Höh, mit wilder Macht,
Die Regengüsse träufen;
Es ist, als wollt die alte Nacht
Das alte Meer ersäufen.

An den Mastbaum klammert die Möwe sich
Mit heiserem Schrillen und Schreien;
Sie flattert und will gar ängstiglich
Ein Unglück prophezeien.

Buch der Lieder. Heimkehr. 1823*

## 28

### Die Nacht am Strande

Sternlos und kalt ist die Nacht,
Es gärt das Meer;
Und über dem Meer, platt auf dem Bauch,
Liegt der ungestaltete Nordwind,
Und heimlich, mit ächzend gedämpfter Stimme,
Wie 'n störriger Griesgram, der gutgelaunt wird,
Schwatzt er ins Wasser hinein,
Und erzählt viel tolle Geschichten,
Riesenmärchen, totschlaglaunig,
Uralte Sagen aus Norweg,
Und dazwischen, weitschallend, lacht er und heult er
Beschwörungslieder der Edda,
Auch Runensprüche,
So dunkeltrotzig und zaubergewaltig,
Daß die weißen Meerkinder
Hoch aufspringen und jauchzen,
Übermutberauscht.

Buch der Lieder. Nordsee. Erster Zyklus. 1826*

## 29

Das Weltgesetz von Ebbe und Flut — Ich habe mich mit dem Meere wieder ausgesöhnt, und wir sitzen wieder des Abends beisammen und halten geheime Zwiegespräche. Ja, ich will die Politik und die Philosophie an den Nagel hängen und mich wieder der Naturbetrachtung und der Kunst hingeben. Ist doch all dieses Quälen und Abmühen nutzlos, und obgleich ich mich marterte für das allgemeine

Heil, so wird doch dieses wenig dadurch gefördert. Die Welt bleibt, nicht im starren Stillstand, aber im erfolglosesten Kreislauf. Einst, als ich noch jung und unerfahren, glaubte ich, daß wenn auch im Befreiungskampfe der Menschheit der einzelne Kämpfer zu Grunde geht, dennoch die große Sache am Ende siege ... Und ich erquickte mich an jenen schönen Versen Byrons:

«Die Wellen kommen eine nach der andern herangeschwommen, und eine nach der anderen zerbrechen sie und zerstieben sie auf dem Strande, aber das Meer selber schreitet vorwärts —»

Ach! wenn man dieser Naturerscheinung länger zuschaut, so bemerkt man, daß das vorwärtsgeschrittene Meer, nach einem gewissen Zeitlauf, sich wieder in sein voriges Bett zurückzieht, später aufs neue daraus hervortritt, mit derselben Heftigkeit das verlassene Terrain wieder zu gewinnen sucht, endlich kleinmütig wie vorher die Flucht ergreift, und dieses Spiel beständig wiederholend, dennoch niemals weiter kommt ... Auch die Menschheit bewegt sich nach den Gesetzen von Ebbe und Flut, und vielleicht auch auf die Geisterwelt übt der Mond seine siderischen Einflüsse. — —

Ludwig Börne. II - 1830

30

Graue Nacht liegt auf dem Meere,
Und die kleinen Sterne glimmen,
Manchmal tönen in dem Wasser
Lange hingezogne Stimmen.

Dorten spielt der alte Nordwind
Mit den blanken Meereswellen,
Die wie Orgelpfeifen hüpfen,
Die wie Orgelpfeifen schwellen.

Heidnisch halb und halb auch kirchlich
Klingen diese Melodeien,
Steigen mutig in die Höhe,
Daß sich drob die Sterne freuen.

Und die Sterne, immer größer,
Glühen auf mit Lustgewimmel,
Und am Ende groß wie Sonnen
Schweifen sie umher am Himmel.

Zur Musik, die unten tönet,
Wirbeln sie die tollsten Weisen;
Sonnennachtigallen sind es,
Die dort oben strahlend kreisen.

Und das braust und schmettert mächtig,
Meer und Himmel hör ich singen,
Und ich fühle Riesenwollust
Stürmisch in mein Herze dringen.

**Neue Gedichte. Seraphine. 1832***

31

DAS MEER WEISS ALLES — die Sterne vertrauen ihm des Nachts die verborgensten Rätsel des Himmels, in seiner Tiefe liegen, mit den fabelhaft versunkenen Reichen, auch die uralten, längst verschollenen Sagen der Erde, an allen Küsten lauscht es mit tausend neugierigen Wellenohren, und die Flüsse, die zu ihm hinabströmen, bringen ihm alle Nachrichten, die sie in den entferntesten Binnenlanden erkundet oder gar aus dem Geschwätze der kleinen Bäche und Bergquellen erhorcht haben. Vorrede zu Salon I - 1833

32

## Im Hafen

Glücklich der Mann, der den Hafen erreicht hat,
Und hinter sich ließ das Meer und die Stürme,
Und jetzo warm und ruhig sitzt
Im guten Ratskeller zu Bremen.

Wie doch die Welt so traulich und lieblich
Im Römerglas sich widerspiegelt,
Und wie der wogende Mikrokosmus
Sonnig hinabfließt ins durstige Herz!
Alles erblick ich im Glas,
Alte und neue Völkergeschichte,
Türken und Griechen, Hegel und Gans,
Zitronenwälder und Wachtparaden,
Berlin und Schilda und Tunis und Hamburg,
Vor allem aber das Bild der Geliebten,
Das Engelköpfchen auf Rheinweingoldgrund.

O, wie schön! wie schön bist du, Geliebte!
Du bist wie eine Rose!
Nicht wie die Rose von Schiras,
Die hafisbesungene Nachtigallbraut;
Nicht wie die Rose von Saron,
Die heiligrote, prophetengefeierte; —
Du bist wie die Ros im Ratskeller zu Bremen!
Das ist die Rose der Rosen,
Je älter sie wird, je lieblicher blüht sie,

Und ihr himmlischer Duft, er hat mich beseligt,
Er hat mich begeistert, er hat mich berauscht,
Und hielt mich nicht fest, am Schopfe fest,
Der Ratskellermeister von Bremen,
Ich wäre gepurzelt!

Der brave Mann! wir saßen beisammen
Und tranken wie Brüder,
Wir sprachen von hohen, heimlichen Dingen,
Wir seufzten und sanken uns in die Arme,
Und er hat mich bekehrt zum Glauben der Liebe –
Ich trank auf das Wohl meiner bittersten Feinde,
Und allen schlechten Poeten vergab ich,
Wie einst mir selber vergeben soll werden —
Ich weinte vor Andacht, und endlich
Erschlossen sich mir die Pforten des Heils,
Wo die zwölf Apostel, die heilgen Stückfässer,
Schweigend predgen, und doch so verständlich
Für alle Völker.

Das sind Männer!
Unscheinbar von außen, in hölzernen Röcklein,
Sind sie von innen schöner und leuchtender
Denn all die stolzen Leviten des Tempels
Und des Herodes Trabanten und Höflinge,
Die goldgeschmückten, die purpurgekleideten —
Hab ich doch immer gesagt,
Nicht unter ganz gemeinen Leuten,
Nein, in der allerbesten Gesellschaft,
Lebte beständig der König des Himmels!

Hallelujah! Wie lieblich umwehen mich
Die Palmen von Beth El!
Wie duften die Myrrhen von Hebron!

Wie rauscht der Jordan und taumelt vor Freude! –
Auch meine unsterbliche Seele taumelt,
Und ich taumle mit ihr, und taumelnd
Bringt mich die Treppe hinauf, ans Tagslicht,
Der brave Ratskellermeister von Bremen.

Du braver Ratskellermeister von Bremen!
Siehst du, auf den Dächern der Häuser sitzen
Die Engel und sind betrunken und singen;
Die glühende Sonne dort oben
Ist nur eine rote, betrunkene Nase,
Die Nase des Weltgeists;
Und um die rote Weltgeistnase
Dreht sich die ganze, betrunkene Welt.

Buch der Lieder. Nordsee II - 1826

# IV. DER SÜDEN

33

Buntverwirrtes Leben — Befangen in Träumen, selbst ein Traum, kam ich nach Italien, und da ich während der Reise schon ziemlich vergessen hatte, daß ich dorthin reiste, so erschrak ich fast, als mich all die großen italienischen Augen plötzlich ansahen, und das buntverwirrte italienische Leben mir leibhaftig, heiß und summend, entgegenströmte.

Es geschah dieses aber in der Stadt Trient, wo ich an einem schönen Sonntag des Nachmittags ankam, zur Zeit, wo die Hitze sich legt und die Italiener aufstehen und in den Straßen auf und ab spazieren. Diese Stadt liegt alt und gebrochen in einem weiten Kreise von blühend grünen Bergen, die, wie ewig junge Götter, auf das morsche Menschenwerk herabsehen. Gebrochen und morsch liegt daneben auch die hohe Burg, die einst die Stadt beherrschte, ein abenteuerlicher Bau aus abenteuerlicher Zeit, mit Spitzen, Vorsprüngen, Zinnen und mit einem breitrunden Turm, worin nur noch Eulen und östreichische Invaliden hausen. Auch die Stadt selbst ist abenteuerlich gebaut, und wundersam wird einem zu Sinn beim ersten Anblick dieser uraltertümlichen Häuser mit ihren verblichenen Freskos, mit ihren zerbröckelten Heiligenbildern, mit ihren Türmchen, Erkern, Gitterfensterchen, und jenen hervorstehenden Giebeln, die estradenartig auf grauen altersschwachen Pfeilern ruhen, welche selbst einer Stütze bedürften. Solcher Anblick wäre allzu wehmütig, wenn nicht die Natur diese abgestorbenen Steine mit neuem Leben erfrischte, wenn nicht süße Weinreben jene gebrechlichen Pfeiler, wie die Jugend das Alter, innig und zärtlich umrankten, und wenn nicht noch süßere Mädchengesichter aus jenen trüben Bogenfenstern hervorguckten, und über den deutschen Fremdling lächelten, der, wie ein schlafwandelnder Träumer, durch die blühenden Ruinen einherschwankt.

Ich war wirklich wie im Traum, wie in einem Traume, wo man sich auf irgend etwas besinnen will, was man ebenfalls einmal geträumt hat. Ich betrachtete abwechselnd die Häuser und die Menschen, und ich meinte fast, diese Häuser hätte ich einst in ihren besseren Tagen gesehen, als ihre hübschen Malereien noch farbig glänzten, als die goldenen Zieraten an den Fensterfriesen noch nicht so geschwärzt waren, und als die marmorne Madonna, die das Kind auf dem Arme trägt, noch ihren wunderschönen Kopf aufhatte, den jetzt die bilderstürmende Zeit so pöbelhaft abgebrochen. Vielleicht auch, dacht ich, ist das Ganze wirklich nur ein Traum, und ich hätte herzlich gern einen Taler für eine einzige Ohrfeige gegeben, bloß um dadurch zu erfahren, ob ich wachte oder schlief.

Wenig fehlte, und ich hätte diesen Artikel noch wohlfeiler eingehandelt, als ich an der Ecke des Marktes über die dicke Obstfrau hinstolperte. Sie begnügte sich aber damit, mir einige wirkliche Feigen an die Ohren zu werfen, und ich gewann dadurch die Überzeugung, daß ich mich in der wirklichsten Wirklichkeit befand, mitten auf dem Marktplatz von Trient, neben dem großen Brunnen, aus dessen kupfernen Tritonen und Delphinen die silberklaren Wasser gar lieblich ermunternd emporsprangen. Links stand ein alter Palazzo, dessen Wände mit buntallegorischen Figuren bemalt waren, und auf dessen Terrasse einige grau östreichische Soldaten zum Heldentume abgerichtet wurden. Rechts stand ein gotisch-lombardisch kapriziöses Häuslein. Vor mir aber, in der Mitte, stand der uralte Dom, nicht groß, nicht düster, sondern wie ein heiterer Greis, recht bejahrt zutraulich und einladend. Reise von München nach Genua. XIV - 1828

34

Kranke Menschen vornehmer — Beschuldige mich nicht der Anglomanie, lieber Leser, wenn ich in diesem Buche sehr häufig von Engländern spreche; sie sind jetzt in Italien zu zahlreich, um sie übersehen zu können, sie durchziehen dieses Land in ganzen Schwärmen, lagern in allen Wirtshäusern, laufen überall umher, um alles zu sehen, und man kann sich keinen italienischen Zitronenbaum mehr denken, ohne eine Engländerin, die daran riecht, und keine Galerie ohne ein Schock Engländer, die, mit ihrem Guide in der Hand, darin umherrennen, und nachsehen, ob noch alles vorhanden, was in dem Buche als merkwürdig erwähnt ist. Wenn man jenes blonde, rotbäckige Volk mit seinen blanken Kutschen, bunten Lakaien, wiehernden Rennpferden, grünverschleierten Kammerjungfern und sonstig kostbaren Geschirren, neugierig und geputzt, über die Alpen ziehen und Italien durchwandern sieht, glaubt man eine elegante Völkerwanderung zu sehen. Und in der Tat, der Sohn Albions, obgleich er weiße Wäsche trägt und alles bar bezahlt, ist doch ein zivilisierter Barbar, in Vergleichung mit dem Italiener, der vielmehr eine in Barbarei übergehende Zivilisation bekundet. Jener zeigt in seinen Sitten eine zurückgehaltene Roheit, dieser eine ausgelassene Feinheit. Und gar die blassen italienischen Gesichter, in den Augen das leidende Weiß, die Lippen krankhaft zärtlich, wie heimlich vornehm sind sie gegen die steif britischen Gesichter, mit ihrer pöbelhaft roten Gesundheit! Das ganze italienische Volk ist innerlich krank, und kranke Menschen sind immer wahrhaft vornehmer als gesunde; denn nur der kranke Mensch ist ein Mensch, seine Glieder haben eine Leidensgeschichte, sie sind durchgeistet. Ich glaube sogar, durch Leidenskämpfe könnten die Tiere zu Menschen werden; ich habe mal einen sterbenden Hund gesehen, der in seinen Todesqualen mich fast menschlich ansah.

Der leidende Gesichtsausdruck wird bei den Italienern am sichtbarsten, wenn man mit ihnen vom Unglück ihres Vaterlandes spricht, und dazu gibt's in Mailand genug Gelegenheit. Das ist die schmerzlichste Wunde in der Brust der Italiener, und sie zucken zusammen, sobald man diese nur leise berührt. Sie haben alsdann eine Bewegung der Achsel, die uns mit sonderbarem Mitleid erfüllt. Einer meiner Briten hielt die Italiener für politisch indifferent, weil sie gleichgültig zuzuhören schienen, wenn wir Fremde über die katholische Emanzipation und den Türkenkrieg politisierten; und er war ungerecht genug, gegen einen blassen Italiener mit pechschwarzem Barte sich darüber spöttisch zu äußern. Wir hatten den Abend vorher eine neue Oper in der Scala aufführen sehen, und den Mordspektakel gehört, der, wie gebräuchlich, bei solchen Anlässen stattfindet. «Ihr Italiener», sagte der Brite zu dem Blassen, «scheint für alles abgestorben zu sein, außer für Musik, und nur noch diese vermag Euch zu begeistern.» «Sie tun uns Unrecht», sagte der Blasse und bewegte die Achsel. «Ach», seufzte er hinzu, «Italien sitzt elegisch träumend auf seinen Ruinen, und wenn es dann manchmal bei der Melodie irgend eines Liedes plötzlich erwacht und stürmisch emporspringt, so gilt diese Begeisterung nicht dem Liede selbst, sondern vielmehr den alten Erinnerungen und Gefühlen, die das Lied ebenfalls geweckt hat, die Italien immer im Herzen trug, und die jetzt gewaltig hervorbrausen, — und das ist die Bedeutung des tollen Lärms, den Sie in der Scala gehört haben.»

Reise von München nach Genua. XXVII*

Esoterische Oper — Rossini, divino Maestro, Helios von Italien, der du deine klingenden Strahlen über die Welt verbreitest! verzeih meinen armen Landsleuten, die dich lästern, die deine Tiefe nicht sehen, weil du sie mit Rosen bedeckst, und denen du nicht gedankenschwer und gründlich genug bist, weil du so leicht flatterst, so gottbeflügelt! — Freilich, um die heutige italienische Musik zu lieben und durch die Liebe zu verstehn, muß man das Volk selbst vor Augen haben, seinen Himmel, seinen Charakter, seine Mienen, seine Leiden, seine Freuden, kurz seine ganze Geschichte, von Romulus, der das heilige römische Reich gestiftet, bis auf die neueste Zeit, wo es zu Grunde ging, unter Romulus Augustulus II. Dem armen geknechteten Italien ist ja das Sprechen verboten, und es darf nur durch Musik die Gefühle seines Herzens kund geben. All sein Groll gegen fremde Herrschaft, seine Begeisterung für die Freiheit, sein Wahnsinn über das Gefühl der Ohnmacht, seine Wehmut bei der Erinnerung an vergangene Herrlichkeit, dabei sein leises Hoffen, sein Lauschen, sein Lechzen nach Hülfe, alles dieses verkappt sich in jene Melodien, die von grotesker Lebenstrunkenheit zu elegischer Weichheit herabgleiten, und in jene Pantomimen, die von schmeichelnden Karessen zu drohendem Ingrimm überschnappen.

Das ist der esoterische Sinn der Opera Buffa. Die exoterische Schildwache, in deren Gegenwart sie gesungen und dargestellt wird, ahnt nimmermehr die Bedeutung dieser heiteren Liebesgeschichten, Liebesnöten und Liebesneckereien, worunter der Italiener seine tödlichsten Befreiungsgedanken verbirgt, wie Harmodius und Aristogiton ihren Dolch verbargen in einem Kranze von Myrten. Reise von München nach Genua. XIX*

36

ITALIENISCHER ADEL — Ich darf, der Wahrheit wegen, nicht unerwähnt lassen, daß sich der italienische Adel vom deutschen sehr vorteilhaft unterscheidet. Wenn ich irgend einen deutschen Baron in italienischer Gesellschaft beobachtete, so mußte mir jener Unterschied recht auffallen. Dieser besteht aber nicht bloß darin, daß der Italiener von seinen Dichtern und Künstlern, der Deutsche hingegen nur von seinen Pferden und noch dümmeren Ahnen spricht, sondern daß Letzterer wirklich nichts als ein Stallknecht ist, der von Stallknechten stammt und nach dem Stalle riecht, während Jener seinen Dante, Raffael und Michel Angelo nicht bloß bespricht, sondern auch fühlt, so daß der Italiener, wenn er auch jetzt an produktiver Poesie sehr arm ist, doch noch den alten Kunstsinn bewahrt und den Fremden damit lieblich anweht, gleich einem Bettler, der ein Fläschchen mit Rosenöl in den Händen gehabt hat und noch immer nach Rosen duftet. Reise von München nach Genua*

37

MUSIK VOLK GEWORDEN — Die Musik wird hier in Italien nicht durch Individuen repräsentiert, sondern sie offenbart sich in der ganzen Bevölkerung, die Musik ist Volk geworden. Bei uns im Norden ist es ganz anders; da ist die Musik nur Mensch geworden und heißt Mozart...

Florentinische Nächte. Erste Nacht. 1835*

38

## Wieder in Hamburg

Himmel grau und wochentäglich!
Auch die Stadt ist noch dieselbe!
Und noch immer blöd und kläglich
Spiegelt sie sich in der Elbe.

Lange Nasen, noch langweilig
Werden sie wie sonst geschneuzet,
Und das duckt sich noch scheinheilig,
Oder bläht sich, stolz gespreizet.

Schöner Süden! wie verehr ich
Deinen Himmel, deine Götter,
Seit ich diesen Menschenkehricht
Wiederseh, und dieses Wetter!

Neue Gedichte. Neuer Frühling. 1829

## V. DAS NARRENREICH

Der liebe Gott ist doch immer noch ein größerer Ironiker . . .

Die Romantische Schule. II - 1833

39

Der Urpoet — Du sublime au ridicule il n'y a qu'un pas, Madame!

Aber das Leben ist im Grunde so fatal ernsthaft, daß es nicht zu ertragen wäre ohne solche Verbindung des Pathetischen mit dem Komischen. Das wissen unsere Poeten. Die grauenhaftesten Bilder des menschlichen Wahnsinns zeigt uns Aristophanes nur im lachenden Spiegel des Witzes, den großen Denkerschmerz, der seine eigne Nichtigkeit begreift, wagt Goethe nur in den Knittelversen eines Puppenspiels auszusprechen, und die tödlichste Klage über den Jammer der Welt legt Shakespeare in den Mund eines Narren, während er dessen Schellenkappe ängstlich schüttelt.

Sie habens alle dem großen Urpoeten abgesehen, der in seiner tausendaktigen Welttragödie den Humor aufs höchste zu treiben weiß, wie wir es täglich sehen: — nach dem Abgang der Helden kommen die Clowns und Graziosos mit ihren Narrenkolben und Pritschen, nach den blutigen Revolutionsszenen und Kaiseraktionen kommen wieder herangewatschelt die dicken Bourbonen mit ihren alten abgestandenen Späßchen und zartlegitimen Bonmots, und graziöse hüpft herbei die alte Noblesse mit ihrem verhungerten Lächeln, und hintendrein wallen die frommen Kapuzen mit Lichtern, Kreuzen und Kirchenfahnen; — sogar in das höchste Pathos der Welttragödie pflegen sich komische Züge einzuschleichen, der verzweifelnde Republikaner, der sich wie ein Brutus das Messer ins Herz stieß, hat vielleicht zuvor daran gerochen, ob auch kein Hering damit geschnitten worden, und auf dieser großen Weltbühne geht es auch außerdem ganz wie auf unseren Lumpenbrettern, auch auf ihr gibt es besoffene Helden, Könige, die ihre Rolle vergessen, Kulissen, die hängen geblieben, hervorschallende Souffleurstimmen, Tänzerinnen, die mit ihrer Lendenpoesie Effekt machen, Costümes, die als Hauptsache glänzen — Und im Himmel oben, im ersten Range, sitzen unterdessen die lieben Engelein, und lorgnieren uns Komödianten hier unten, und der liebe Gott sitzt ernsthaft in seiner großen Loge, und langweilt sich vielleicht, oder rechnet nach, daß dieses Theater sich nicht lange mehr halten kann, weil der eine zu viel Gage und der andre zu wenig bekommt, und alle viel zu schlecht spielen.

Ideen. Das Buch Le Grand. XI*

40

Mit Narren gesegnet — Sie haben leicht reden, Madame, wenn Sie mich an das Horazische «nonum prematur in annum» erinnern. Diese Regel mag, wie manche andere der Art, sehr gut in der Theorie gelten, aber in der Praxis taugt sie nichts. Als Horaz dem Autor die berühmte Regel gab, sein Werk neun Jahre im Pult liegen zu lassen, hätte er ihm auch zu gleicher Zeit das Rezept geben sollen, wie man neun Jahre ohne Essen zubringen kann. Als Horaz diese Regel ersann, saß er vielleicht an der Tafel des Mäcenas und aß Truthähne mit Trüffeln, Fasanenpudding in Wildpretsauce, Lerchenrippen mit Teltower Rübchen, Pfauenzungen, indianische Vogelnester, und Gott weiß! was noch mehr, und alles umsonst. Der Wirt im «König von England», Herr Marr, ist selbst Schriftsteller und kennt auch die horazische Regel, aber ich glaube nicht, daß er mir, wenn ich sie ausüben wollte, neun Jahr zu essen gäbe.

Im Grunde, warum sollte ich sie auch ausüben? Ich habe des Guten so viel zu schreiben, daß ich nicht lange Federlesens zu machen brauche. So lange mein Herz voll Liebe und der Kopf meiner Nebenmenschen voll Narrheit ist, wird es mir nie an Stoff zum Schreiben fehlen. Denn es gibt nur eine einzige Klugheit und diese hat ihre bestimmten Grenzen; aber es gibt tausend unermeßliche Narrheiten. Ich kann sagen, daß mir ordentlich wohl wird, wenn ich bedenke, all diese Narren, die ich hier sehe, kann ich in meinen Schriften gebrauchen, sie sind bares Honorar, bares Geld. Ich befinde mich jetzt so recht in der Wolle. Der Herr hat mich gesegnet, die Narren sind dieses Jahr ganz besonders gut geraten, und als guter Wirt konsumiere ich nur wenige, suche mir die ergiebigsten heraus und bewahre sie für die Zukunft. Man sieht mich oft auf der Promenade und sieht mich lustig und fröhlich. Wie ein reicher Kaufmann, der händereibendvergnügt zwischen den Kisten, Fässern und Ballen seines Warenlagers umherwandelt, so wandle ich dann unter meinen Leuten. Ihr seid alle die Meinigen! Ihr seid mir alle gleich teuer, und ich liebe Euch, wie Ihr selbst Euer Geld liebt, und das will viel sagen.

Madame, ich bemerke eine leichte Wolke des Unmuts auf Ihrer schönen Stirne, und Sie scheinen zu fragen: ob es nicht Unrecht sei, daß ich die Narren solchermaßen zurichte, an den Spieß stecke, zerhacke, spicke, und viele sogar hinschlachte, die ich unverzehrt liegen lassen muß, und die nun den scharfen Schnäbeln der Spaßvögel zum Raube dienen, während die Witwen und Waisen heulen und jammern —

Madame, c'est la guerre! Ich will Ihnen jetzt das ganze Rätsel lösen: Ich selbst bin zwar keiner von den Vernünftigen, aber ich habe mich zu dieser Partei geschlagen, und seit 5588 Jahren führen wir Krieg mit den Narren. Die Narren glauben sich von uns beeinträchtigt, indem sie behaupten: es gäbe in der Welt nur eine bestimmte Dosis Vernunft, diese ganze Dosis hätten nun die Vernünftigen, Gott weiß wie! usurpiert, und es sei himmelschreiend, wie oft ein einziger Mensch so viel Vernunft an sich gerissen habe, daß seine Mitbürger und das ganze Land rund um ihn her ganz obskur geworden. Dies ist die geheime Ursache des Krieges, und es ist ein wahrer Vertilgungskrieg.

Aber ich hab nun mal diese unglückliche Passion für die Vernunft! Ich liebe sie, obgleich sie mich nicht mit Gegenliebe beglückt. Ich gebe ihr alles, und sie gewährt mir nichts. Ich kann nicht von ihr lassen. Und wie einst der jüdische König Salomon im Hohenliede die christliche Kirche besungen, und zwar unter dem Bilde eines schwarzen, liebeglühenden Mädchens, damit seine Juden nichts merkten; so habe ich in unzähligen Liedern just das Gegenteil, nämlich die Vernunft, besungen, und zwar unter dem Bilde einer weißen, kalten Jungfrau, die mich anzieht und abstößt, mir bald lächelt, bald zürnt, und mir endlich gar den Rücken kehrt. Dieses Geheimnis meiner unglücklichen Liebe, das ich niemand offenbare, gibt Ihnen, Madame, einen Maßstab zur Würdigung meiner Narrheit, Sie sehen daraus, daß solche von außerordentlicher Art ist, und großartig hervorragt über das gewöhnliche närrische Treiben der Menschen. Lesen Sie meinen «Ratcliff», meinen «Almansor», mein «Lyrisches Intermezzo» — Vernunft! Vernunft! nichts als Vernunft! — und Sie erschrecken ob der Höhe meiner Narrheit. Mit den Worten Agurs, des Sohnes Jake, kann ich sagen: «Ich bin der Allernärrischste und Menschenverstand ist nicht bei mir.»

Ideen. Das Buch Le Grand. Aus XIV. XV*

41

## Die Narren der Bäder von Lucca

Als ich zu Mathilden ins Zimmer trat, hatte sie den letzten Knopf des grünen Reitkleides zugeknöpft, und wollte eben einen Hut mit weißen Federn aufsetzen. Sie warf ihn rasch von sich, sobald sie mich erblickte, mit ihren wallend goldenen Locken stürzte sie mir entgegen — «Doktor des Himmels und der Erde!» rief sie, und nach alter Gewohnheit ergriff sie meine beiden Ohrlappen und küßte mich mit der drolligsten Herzlichkeit.

«Wie gehts, Wahnsinnigster der Sterblichen! Wie glücklich bin ich, Sie wiederzusehen! Denn ich werde nirgends auf dieser weiten Welt einen verrückteren Menschen finden. Narren und Dummköpfe gibt es genug, und man erzeigt ihnen oft die Ehre, sie für verrückt zu halten; aber die wahre Verrücktheit ist so selten wie die wahre Weisheit, sie ist vielleicht gar nichts anderes als Weisheit, die sich geärgert hat, daß sie alles weiß, alle Schändlichkeiten dieser Welt, und die deshalb den weisen Entschluß gefaßt hat, verrückt zu werden. Die Orientalen sind ein gescheutes Volk, sie verehren einen Verrückten wie einen Propheten, wir aber halten jeden Propheten für verrückt.»

«Aber, Mylady, warum haben Sie mir nicht geschrieben?»

«Gewiß, Doktor, ich schrieb Ihnen einen langen Brief, und bemerkte auf der Adresse: abzugeben in Neu-Bedlam. Da Sie aber, gegen alle Vermutung, nicht dort waren, so schickte man den Brief nach St. Luze, und da Sie auch hier nicht waren, so ging er weiter nach einer ähnlichen Anstalt, und so machte er die Ronde durch alle Tollhäuser Englands, Schottlands und Irlands, bis man ihn mir zurückschickte mit der Bemerkung, daß der Gentleman, den die

Adresse bezeichne, noch nicht eingefangen sei. Und in der Tat, wie haben Sie es angefangen, daß Sie immer noch auf freien Füßen sind?»

«Habs pfiffig angefangen, Mylady. Überall, wohin ich kam, wußt ich mich um die Tollhäuser herumzuschleichen, und ich denke, es wird mir auch in Italien gelingen.»

«O, Freund, hier sind Sie ganz sicher; denn erstens ist gar kein Tollhaus in der Nähe, und zweitens haben wir hier die Oberhand.»

«Wir? Mylady! Sie zählen sich also zu den Unseren? Erlauben Sie, daß ich Ihnen den Bruderkuß auf die Stirne drücke.»

Myladys Augen lachten wie Sonnenschein nach leisem Regenschauer, und ihre gute Laune brach wieder leuchtend hervor, als John hereintrat, und mit dem steifsten Lakaienpathos Seine Exzellenz den Markese Christophoro di Gumpelino anmeldete.

«Er sei willkommen! Und Sie, Doktor, werden einen Pair unseres Narrenreichs kennen lernen. Stoßen Sie sich nicht an sein Äußeres, besonders nicht an seine Nase. Der Mann besitzt vortreffliche Eigenschaften, z. B. viel Geld, gesunden Verstand, und die Sucht, alle Narrheiten der Zeit in sich aufzunehmen; dazu ist er in meine grünäugige Freundin Julie Maxfield verliebt und nennt sie seine Julia und sich ihren Romeo, und deklamiert und seufzt — und Lord Maxfield, der Schwager, dem die treue Julia von ihrem Manne anvertraut worden, ist ein Argus —»

Schon wollte ich bemerken, daß Argus eine

Kuh bewachte, als die Türe sich weit öffnete und, zu meinem höchsten Erstaunen, mein alter Freund, der Bankier Christian Gumpel, mit seinem wohlhabenden Lächeln und gottgefälligem Bauche, hereinwatschelte. Nachdem seine glänzenden breiten Lippen sich an Myladys Hand genugsam gescheuert und übliche Gesundheitsfragen hervorgebrockt hatten, erkannte er auch mich — und in die Arme sanken sich die Freunde.

*

Mathildens Warnung, daß ich mich an die Nase des Mannes nicht stoßen solle, war hinlänglich gegründet, und wenig fehlte, so hätte er mir wirklich ein Auge damit ausgestochen. Ich will nichts Schlimmes von dieser Nase sagen; im Gegenteil, sie war von der edelsten Form, und sie eben berechtigte meinen Freund, sich wenigstens einen Markese-Titel beizulegen. Man konnte es ihm nämlich an der Nase ansehen, daß er von gutem Adel war, daß er von einer uralten Weltfamilie abstammte, womit sich sogar einst der liebe Gott, ohne Furcht vor Mesallianz, verschwägert hat. Seitdem ist diese Familie freilich etwas heruntergekommen, so daß sie seit Karl dem Großen, meistens durch den Handel mit alten Hosen und Hamburger Lotteriezetteln, ihre Subsistenz erwerben mußte, ohne jedoch im mindestens von ihrem Ahnenstolze abzulassen oder jemals die Hoffnung aufzugeben, einst wieder ihre alten Güter, oder wenigstens hinreichende Emigranten-Entschädigung zu erhalten, wenn ihr alter legitimer Souverän sein

Restaurationsversprechen erfüllt, ein Versprechen, womit er sie schon zwei Jahrtausende an der Nase herumgeführt. Sind vielleicht ihre Nasen eben durch dieses lange an der Nase Herumgeführtwerden so lang geworden? Oder sind diese langen Nasen eine Art Uniform, woran der Gottkönig Jehovah seine alten Leibgardisten erkennt, selbst wenn sie desertiert sind? Der Markese Gumpelino war ein solcher Deserteur, aber er trug noch immer seine Uniform, und sie war sehr brillant, besäet mit Kreuzchen und Sternchen von Rubinen, einem roten Adlerorden in Miniatur, und anderen Dekorationen.

«O Jesu! welch eine kuriose Frau», wiederholte einigemal der Markese. «In meinem gemeinen Leben ist mir noch keine solche Frau vorgekommen.

Sie haben keinen Begriff davon, Herr Doktor, wie viel Geld ich ausgeben muß, und dabei behelfe ich mich mit einem einzigen Bedienten, und nur wenn ich in Rom bin, halte ich mir einen Kapellan für meine Hauskapelle. Sehen Sie, da kommt mein Hyazinth.»

Die kleine Gestalt, die in diesem Augenblick bei der Windung eines Hügels zum Vorschein kam, hätte vielmehr den Namen einer Feuerlilje verdient. Es war ein schlotternd weiter Scharlachrock, überladen mit Goldtressen, die im Sonnenglanze strahlten, und aus dieser roten Pracht schwitzte ein Köpfchen hervor, das mir sehr wohlbekannt zunickte. Und wirklich, als ich das bläßlich besorgliche Gesichtchen und die geschäftig zwinkenden Äuglein näher betrachtete, erkannte ich jemanden, den ich eher auf dem Berg Sinai als auf den Apenninen erwartet hätte, und das war kein anderer als Herr Hirsch, Schutzbürger in Hamburg, ein Mann, der nicht bloß immer ein sehr ehrlicher Lotteriekollekteur gewesen, sondern sich auch auf Hühneraugen und Juwelen versteht, dergestalt, daß er erstere von letzteren nicht bloß zu unterscheiden weiß, sondern auch die Hühneraugen ganz geschickt auszuschneiden und die Juwelen ganz genau zu taxieren weiß.

«Ich bin guter Hoffnung», sprach er, als er mir näher kam, «daß Sie mich noch kennen, obgleich ich nicht mehr Hirsch heiße. Ich heiße jetzt Hyazinth und bin der Kammerdiener des Herrn Gumpel.»

«Hyazinth!» rief dieser in staunender Aufwallung über die Indiskretion des Dieners.

«Sein Sie nur ruhig, Herr Gumpel, oder Herr Gumpelino, oder Herr Markese, oder Eure Excellenza, wir brauchen uns gar nicht vor diesem Herrn zu genieren, der kennt mich, hat manches Los bei mir gespielt, und ich möcht sogar drauf schwören, er ist mir von der letzten Renovierung noch sieben Mark neun Schilling schuldig — Ich freue mich wirklich, Herr Doktor, Sie hier wieder zu sehen. Haben Sie hier ebenfalls Vergnügungs-Geschäfte? Was sollte man sonst hier tun in dieser Hitze, und wo man noch dazu bergauf und bergab steigen muß. Ich bin hier des Abends so müde, als wäre ich zwanzig mal vom Altonaer Tore nach dem Steintor gelaufen, ohne was dabei verdient zu haben.»

«O Jesu!» rief der Markese, «schweig, schweig! Ich schaffe mir einen andern Bedienten an.»

«Warum schweigen?» versetzte Hirsch Hyazinthos. «Ist es mir doch lieb, wenn ich mal wieder gutes Deutsch sprechen kann mit einem Gesichte, das ich schon einmal in Hamburg gesehen, und denke ich an Hamburg —»

Hier, bei der Erinnerung an sein kleines Stiefvaterländchen, wurden des Mannes Äuglein flimmernd feucht, und seufzend sprach er: «Was ist der Mensch! Man geht vergnügt vor dem Altonaer Tore, auf dem Hamburger Berg, spazieren, und besieht dort die Merkwürdigkeiten, die Löwen, die Gevögel, die Papagoyim, die Affen, die ausgezeichneten Menschen, und man läßt sich Karussell fahren oder elektrisieren, und man denkt, was würde ich erst für Vergnügen haben an einem Orte, der noch zweihundert Meilen von Hamburg weiter entfernt ist, in dem Lande wo die Zitronen und Orangen wachsen, in Italien! Was ist der Mensch! Ist er vor dem Altonaer Tore, so möchte er gern in Italien sein, und ist er in Italien, so möchte er wieder vor dem Altonaer Tore sein! Ach stände ich dort wieder und sähe wieder den Michaelisturm, und oben daran die Uhr mit den großen goldnen Zahlen auf dem Zifferblatt, die großen goldnen Zahlen, die ich so oft des Nachmittags betrachtete, wenn sie so freundlich in der Sonne glänzten — ich hätte sie oft küssen mögen. Ach, ich bin jetzt in Italien, wo die Zitronen und Orangen wachsen; wenn ich aber die Zitronen und Orangen wachsen sehe, so denk ich an den Steinweg zu Hamburg, wo sie, ganzer Karren voll, gemächlich aufgestapelt liegen, und wo man sie ruhig genießen kann, ohne daß man nötig hat, so viele Gefahr-Berge zu besteigen und so viel Hitzwärme auszustehen. So wahr mir Gott helfe, Herr Markese, wenn ich es nicht der Ehre wegen getan hätte und wegen der Bildung, so wäre ich Ihnen nicht hierher gefolgt. Aber das muß man Ihnen nachsagen, man hat Ehre bei Ihnen und bildet sich.»

«Hyazinth!» sprach jetzt Gumpelino, der durch diese Schmeichelei etwas besänftigt worden, «Hyazinth, geh jetzt zu —»

«Ich weiß schon —»

«Du weißt nicht, sage ich dir, Hyazinth —»

«Ich sag Ihnen, Herr Gumpel, ich weiß. Ew. Exzellenz schicken mich jetzt zu der Lady Maxfield — Mir braucht man gar nichts zu sagen. Ich weiß Ihre Gedanken, die Sie noch gar nicht gedacht, und vielleicht Ihr Lebtag gar nicht denken werden. Einen Bedienten wie mich, bekommen Sie nicht so leicht — und ich tu es der Ehre wegen, und der Bildung wegen, und wirklich, man hat Ehre bei Ihnen und bildet sich —» Bei diesem Worte putzte er sich die Nase mit einem sehr weißen Taschentuche.

«Es ist ein treuer Mensch» — sagte der Markese — «sonst hätte ich ihn längst abgeschafft, wegen seines Mangels an Etikette. Vor Ihnen hat das nichts zu bedeuten. Sie verstehen mich. Wie gefällt Ihnen seine Livree? Es sind noch für vierzig Taler mehr Tressen dran als an der

Livree von Rothschilds Bedienten. Ich habe innerlich mein Vergnügen, wie sich der Mensch bei mir perfektioniert. Dann und wann gebe ich ihm selbst Unterricht in der Bildung. Ich sage ihm oft: Was ist Geld? Geld ist rund und rollt weg, aber Bildung bleibt. Ja, Herr Doktor, wenn ich, was Gott verhüte, mein Geld verliere, so bin ich doch noch immer ein großer Kunstkenner, ein Kenner von Malerei, Musik und Poesie. Sie sollen mir die Augen zubinden und mich in der Galerie zu Florenz herumführen, und bei jedem Gemälde, vor welches Sie mich hinstellen, will ich Ihnen den Maler nennen, der es gemalt hat, oder wenigstens die Schule, wozu dieser Maler gehört. Musik? Verstopfen Sie mir die Ohren und ich höre doch jede falsche Note. Poesie? Ich kenne alle Schauspielerinnen Deutschlands und die Dichter weiß ich auswendig. Und gar Natur! Ich bin zweihundert Meilen gereist, Tag und Nacht durch, um in Schottland einen einzigen Berg zu sehen. Italien aber geht über alles. Wie gefällt Ihnen hier diese Naturgegend? Welche Schöpfung! Sehen Sie mal die Bäume, die Berge, den Himmel, da unten das Wasser — ist nicht alles wie gemalt? Haben Sie es je im Theater schöner gesehen? Man wird so zu sagen ein Dichter!»

*

Es war schon spät, als ich die Wohnung des Markese erreichte. Als ich ins Zimmer trat, stand Hyazinth allein und putzte die goldenen Sporen seines Herrn, welcher, wie ich durch die halbgeöffnete Türe seines Schlafkabinetts sehen konnte, vor einer Madonna und einem großen Kruzifixe, auf den Knieen lag.

Du mußt nämlich wissen, lieber Leser, daß der Markese, dieser vornehme Mann, jetzt ein guter Katholik ist, daß er die Zeremonien der alleinseligmachenden Kirche streng ausübt, und sich, wenn er in Rom ist, sogar einen eignen Kapellan hält, aus demselben Grunde, weshalb er in England die besten Wettrenner und in Paris die schönste Tänzerin unterhielt.

«Herr Gumpel verrichtet jetzt sein Gebet», — flüsterte Hyazinth mit einem wichtigen Lächeln, und indem er nach dem Kabinette seines Herrn deutete, fügte er noch leiser hinzu: «so liegt er alle Abend zwei Stunden auf den Knieen vor der Prima Donna mit dem Jesuskind. Es ist ein prächtiges Kunstbild, und es kostet ihm sechshundert Franceskonis.»

«Und Sie, Herr Hyazinth, warum knieen Sie nicht hinter ihm? Oder sind Sie etwa kein Freund von der katholischen Religion?»

«Ich bin ein Freund davon, und bin auch wieder kein Freund davon», antwortete jener mit bedenklichem Kopfwiegen. «Es ist eine gute Religion für einen vornehmen Baron, der den ganzen Tag müßig gehen kann, und für einen Kunstkenner; aber es ist keine Religion für einen Hamburger, für einen Mann, der sein Geschäft hat, und durchaus keine Religion für einen Lotteriekollekteur. Ich muß jede Nummer, die gezogen wird, ganz exakt aufschreiben, und denke ich dann zufällig an Bum! Bum! Bum! an eine katholische Glock, oder schwebelt es mir vor den Augen wie katholischer Weihrauch, und ich verschreib mich, und ich schreibe eine unrechte Zahl, so kann das größte Unglück daraus entstehen. Ich habe oft zu Herren Gumpel gesagt: ‚Ew. Ex. sind ein reicher Mann und können katholisch sein so viel Sie wollen, und können sich den Verstand ganz katholisch einräuchern lassen, und können so dumm werden wie eine katholische Glock, und Sie haben doch zu essen; ich aber bin ein Geschäftsmann, und muß meine sieben Sinne zusammenhalten, um was zu verdienen.‘ Herr Gumpel meint freilich, es sei nötig für die Bildung, und wenn ich nicht katholisch würde, verstände ich nicht die Bilder, die zur Bildung gehören, nicht den Johann v. Viehesel, den Corretschio, den Carratschio, den Carravatschio — aber ich habe immer gedacht, der Corretschio und Carratschio und Carravatschio können mir alle nichts helfen, wenn niemand mehr bei mir spielt, und ich komme dann in die Patschio. Dabei muß ich Ihnen auch gestehen, Herr Doktor, daß mir die katholische Religion nicht einmal Vergnügen macht, und als ein vernünftiger Mann müssen Sie mir Recht geben. Ich sehe das Plaisir nicht ein, es ist eine Religion, als wenn der liebe Gott, gottbewahre, eben gestorben wäre, und es riecht dabei nach Weihrauch, wie bei einem Leichenbegängnis, und dabei brummt eine so traurige Begräbnismusik, daß man die Melancholik bekömmt — ich sage Ihnen, es ist keine Religion für einen Hamburger.»

«Aber, Herr Hyazinth, wie gefällt Ihnen denn die protestantische Religion?»

«Die ist mir wieder zu vernünftig, Herr Doktor, und gäbe es in der protestantischen Kirche keine Orgel, so wäre sie gar keine Religion. Unter uns gesagt, diese Religion schadet nichts und ist so rein wie ein Glas Wasser, aber, sie hilft auch nichts. Ich habe sie probiert, und diese Probe kostet mich vier Mark vierzehn Schilling —»

«Wie so, mein lieber Herr Hyazinth?»

«Sehen, Herr Doktor, ich habe gedacht: das ist freilich eine sehr aufgeklärte Religion, und es fehlt ihr an Schwärmerei und Wunder; indessen, ein bißchen Schwärmerei muß sie doch haben, ein ganz klein Wunderchen muß sie doch tun können, wenn sie sich für eine honette Religion ausgeben will. Aber wer soll da Wunder tun, dacht ich, als ich mal in Hamburg eine protestantische Kirche besah, die zu der ganz kahlen Sorte gehörte, wo nichts als braune Bänke und weiße Wände sind, und an der Wand nichts als ein schwarz Täfelchen hängt, worauf ein halb Dutzend weiße Zahlen stehen. Du tust dieser Religion vielleicht Unrecht, dacht ich wieder, vielleicht können diese Zahlen ebensogut ein Wunder tun wie ein Bild von der Mutter Gottes oder wie ein Knochen von ihrem Mann, dem heiligen Joseph, und um der Sache auf den Grund zu kommen, ging ich gleich nach Altona, und besetzte eben diese Zahlen in der Altonaer Lotterie, die Ambe besetzte ich mit acht Schilling, die Terne mit sechs, die Quaterne mit vier, und die Quinterne mit zwei Schilling — Aber, ich versichere Sie auf meine Ehre, keine einzige von den protestantischen Nummern ist herausgekommen. Jetzt wußte ich, was ich zu denken hatte, jetzt dacht ich, bleibt mir weg mit einer Religion, die gar nichts kann, bei der nicht einmal eine Ambe herauskömmt — werde ich so ein Narr sein, auf diese Religion, worauf ich schon vier Mark und vierzehn Schilling gesetzt und verloren habe, noch meine ganze Glückseligkeit zu setzen?»

«Die altjüdische Religion scheint Ihnen gewiß viel zweckmäßiger, mein Lieber?»

«Herr Doktor, bleiben Sie mir weg mit der altjüdischen Religion, die wünsche ich nicht meinem ärgsten Feind. Man hat nichts als Schimpf und Schande davon. Ich sage Ihnen, es ist gar keine Religion, sondern ein Unglück. Ich vermeide alles, was mich daran erinnern könnte, und weil Hirsch ein jüdisches Wort ist und auf deutsch Hyazinth heißt, so habe ich sogar den alten Hirsch laufen lassen, und unterschreibe mich jetzt: ‚Hyazinth, Kollekteur, Operateur und Taxator'. Dazu habe ich noch den Vorteil, daß schon ein H. auf meinem Petschaft steht und ich mir kein neues stechen zu lassen brauche. Ich versichere Ihnen, es kommt auf dieser Welt viel darauf an wie man heißt; der Name tut viel. Wenn ich mich unterschreibe: ‚Hyazinth, Kollekteur, Operateur und Taxator', so klingt das ganz anders als schriebe ich Hirsch schlechtweg, und man kann mich dann nicht wie einen gewöhnlichen Lump behandeln.»

«Mein lieber Herr Hyazinth! Wer könnte Sie so behandeln! Sie scheinen schon so viel für Ihre Bildung getan zu haben, daß man in Ihnen den gebildeten Mann schon erkennt, ehe Sie den Mund auftun, um zu sprechen.»

«Sie haben recht, Herr Doktor, ich habe in der Bildung Fortschritte gemacht wie eine Riesin. Ich weiß wirklich nicht, wenn ich nach Hamburg zurückkehre, mit wem ich dort umgehn soll; und was die Religion anbelangt, so weiß ich was ich tue. Vorderhand aber kann ich mich mit dem neuen israelitischen Tempel noch behelfen; ich meine den reinen Mosaik-Gottesdienst, mit orthographischen deutschen Gesängen und gerührten Predigten, und einigen Schwärmereichen, die eine Religion durchaus nötig hat. So wahr mir Gott alles Guts gebe, für mich verlange ich jetzt keine bessere Religion, und sie verdient, daß man sie unterstützt. Ich will das Meinige tun, und bin ich wieder in Hamburg, so will ich alle Sonnabend, wenn kein Ziehungstag ist, in den neuen Religion-Tempel gehen. Es gibt leider Menschen, die diesem neuen israelitischen Gottesdienst einen schlechten Namen machen, und behaupten, er gäbe, mit Respekt zu sagen, Gelegenheit zu einem Schisma — aber ich kann Ihnen versichern, es ist eine gute reinliche Religion, noch etwas zu gut für den gemeinen Mann, für den die altjüdische Religion vielleicht noch immer sehr nützlich ist. Der gemeine Mann muß eine Dummheit haben, worin er sich glücklich fühlt, und er fühlt sich glücklich in seiner Dummheit. So ein alter Jude mit einem langen Bart und zerrissenem Rock, und der kein orthographisch Wort sprechen kann und sogar ein bißchen grindig ist, fühlt sich vielleicht innerlich glücklicher als ich mich mit all meiner Bildung. Da wohnt in Hamburg, im Bäckerbreitengang, auf einem Sahl, ein Mann, der heißt Moses Lump, man nennt ihn auch Moses Lümpchen, oder kurzweg Lümpchen; der läuft die ganze Woche herum, in Wind und Wetter, mit seinem Packen auf dem Rücken, um seine paar Mark zu verdienen; wenn er nun Freitag abends nach Hause kömmt, findet er die Lampe mit sieben Lichtern angezündet, den Tisch weiß gedeckt, und er legt seinen Packen und seine Sorgen von sich, und setzt sich zu Tisch mit seiner schiefen Frau und noch schieferen Tochter, ißt mit ihnen Fische, die gekocht sind in angenehm weißer Knoblauchsauce, singt dabei die prächtigsten Lieder vom König David, freut sich von ganzem Herzen über den Auszug der Kinder Israel aus Ägypten, freut sich auch, daß alle Bösewichter, die ihnen Böses getan, am Ende gestorben sind, daß König Pharao, Nebukadnezar, Haman, Antiochus, Titus und all solche Leute tot sind, daß Lümpchen aber noch lebt und mit Frau und Kind Fisch ißt — Und ich sage Ihnen, Herr Doktor, die Fische sind delikat und der Mann ist glücklich, er braucht sich mit keiner Bildung abzuquälen, er sitzt vergnügt in seiner Religion und seinem grünen Schlafrock, wie Diogenes in seiner Tonne, er betrachtet vergnügt seine Lichter, die er nicht einmal selbst putzt — Und ich sage Ihnen, wenn die Lichter etwas matt brennen, und die Schabbesfrau, die sie zu putzen hat, nicht bei der Hand ist, und Rothschild der Große käme jetzt herein, mit all seinen Maklern, Diskonteuren, Spediteuren und Chefs de Comptoir, womit er die Welt erobert, und er spräche: ‚Moses Lump, bitte dir eine Gnade aus, was du haben willst, soll geschehen' — Herr Doktor, ich bin überzeugt, Moses Lump würde ruhig antworten: ‚Putz mir die Lichter!' und Rothschild der Große würde mit Verwunderung sagen: ‚Wär ich nicht Rothschild, so möchte ich so ein Lümpchen sein!'»

Bäder von Lucca. Aus I, II, III, IX - 1829*

# VI. HEBRÄISCHE MELODIEN

## 42

### Prinzessin Sabbat

In Arabiens Märchenbuche
Sehen wir verwünschte Prinzen,
Die zu Zeiten ihre schöne
Urgestalt zurückgewinnen:

Das behaarte Ungeheuer
Ist ein Königssohn geworden;
Schmuckreich glänzend angekleidet,
Auch verliebt die Flöte blasend.

Doch die Zauberfrist zerrinnt,
Und wir schauen plötzlich wieder
Seine königliche Hoheit
In ein Ungetüm verzottelt.

Einen Prinzen solchen Schicksals
Singt mein Lied. Er ist geheißen
Israel. Ihn hat verwandelt
Hexenspruch in einen Hund.

Hund mit hündischen Gedanken,
Kötert er die ganze Woche
Durch des Lebens Kot und Kehricht,
Gassenbuben zum Gespötte.

Aber jeden Freitag Abend,
In der Dämmrungsstunde, plötzlich
Weicht der Zauber, und der Hund
Wird aufs neu ein menschlich Wesen.

Mensch mit menschlichen Gefühlen,
Mit erhobnem Haupt und Herzen,
Festlich, reinlich schier gekleidet,
Tritt er in des Vaters Halle.

«Sei gegrüßt, geliebte Halle
Meines königlichen Vaters!
Zelte Jakobs, eure heilgen
Eingangspfosten küßt mein Mund!»

Durch das Haus geheimnisvoll
Zieht ein Wispern und ein Weben,
Und der unsichtbare Hausherr
Atmet schaurig in der Stille.

Stille! Nur der Seneschall
(Vulgo Synagogendiener)
Springt geschäftig auf und nieder,
Um die Lampen anzuzünden.

Trostverheißend goldne Lichter,
Wie sie glänzen, wie sie glimmern!
Stolz aufflackern auch die Kerzen
Auf der Brüstung des Almemors.

Vor dem Schreine, der die Torah
Aufbewahret und verhängt ist
Mit der kostbar seidnen Decke,
Die von Edelsteinen funkelt —

Dort an seinem Betpultständer
Steht schon der Gemeindesänger;
Schmuckes Männchen, das sein schwarzes
Mäntelchen kokett geachselt.

Um die weiße Hand zu zeigen,
Haspelt er am Halse, seltsam
An die Schläf den Zeigefinger,
An die Kehl den Daumen drückend.

Trällert vor sich hin ganz leise,
Bis er endlich lautaufjubelnd
Seine Stimm erhebt und singt:
Lecho daudi likras kalle!

Lecho daudi likras kalle —
Komm, Geliebter, deiner harret
Schon die Braut, die dir entschleiert
Ihr verschämtes Angesicht!

Dieses hübsche Hochzeitkarmen
Ist gedichtet von dem großen,
Hochberühmten Minnesinger
Don Jehuda ben Halevy.

In dem Liede wird gefeiert
Die Vermählung Israels
Mit der Frau Prinzessin Sabbat,
Die man nennt die stille Fürstin.

Perl und Blume aller Schönheit
Ist die Fürstin. Schöner war
Nicht die Königin von Saba,
Salomonis Busenfreundin,

Die, ein Blaustrumpf Äthiopiens,
Durch Esprit brillieren wollte,
Und mit ihren klugen Rätseln
Auf die Länge fatigant ward.

Die Prinzessin Sabbat, welche
Ja die personifizierte
Ruhe ist, verabscheut alle
Geisteskämpfe und Debatten.

Gleich fatal ist ihr die trampelnd
Deklamierende Passion,
Jenes Pathos, das mit flatternd
Aufgelöstem Haar einherstürmt.

Sittsam birgt die stille Fürstin
In der Haube ihre Zöpfe;
Blickt so sanft wie die Gazelle,
Blüht so schlank wie eine Addas.

Sie erlaubt dem Liebsten alles,
Ausgenommen Tabakrauchen —
«Liebster! Rauchen ist verboten,
Weil es heute Sabbat ist.

«Dafür aber heute mittag
Soll dir dampfen, zum Ersatz,
Ein Gericht, das wahrhaft göttlich —
Heute sollst du Schalet essen!»

Schalet, schöner Götterfunken,
Tochter aus Elysium!
Also klänge Schillers Hochlied,
Hätt er Schalet je gekostet.

Schalet ist die Himmelsspeise,
Die der liebe Herrgott selber
Einst den Moses kochen lehrte
Auf dem Berge Sinai,

Wo der Allerhöchste gleichfalls
All die guten Glaubenslehren
Und die heilgen zehn Gebote
Wetterleuchtend offenbarte.

Schalet ist des wahren Gottes
Koscheres Ambrosia,
Wonnebrot des Paradieses,
Und mit solcher Kost verglichen

Ist nur eitel Teufelsdreck
Das Ambrosia der falschen
Heidengötter Griechenlands,
Die verkappte Teufel waren.

Speist der Prinz von solcher Speise,
Glänzt sein Auge wie verkläret,
Und er knöpfet auf die Weste,
Und er spricht mit selgem Lächeln:

«Hör ich nicht den Jordan rauschen?
Sind das nicht die Brüßelbrunnen
In dem Palmental von Beth-El,
Wo gelagert die Kamele?

«Hör ich nicht die Herdenglöckchen?
Sind das nicht die fetten Hämmel,
Die vom Gileathgebirge
Abendlich der Hirt herabtreibt?»

Doch der schöne Tag verflittert;
Wie mit langen Schattenbeinen
Kommt geschritten der Verwünschung
Böse Stund — Es seufzt der Prinz.

Ist ihm doch als griffen eiskalt
Hexenfinger in sein Herze.
Schon durchrieseln ihn die Schauer
Hündischer Metamorphose.

Die Prinzessin reicht dem Prinzen
Ihre güldne Nardenbüchse.
Langsam riecht er — Will sich laben
Noch einmal an Wohlgerüchen.

Es kredenzet die Prinzessin
Auch den Abschiedstrunk dem Prinzen —
Hastig trinkt er, und im Becher
Bleiben wen'ge Tropfen nur.

Er besprengt damit den Tisch,
Nimmt alsdann ein kleines Wachslicht,
Und er tunkt es in die Nässe,
Daß es knistert und erlischt.

**Romanzero. Hebräische Melodien. 1851***

43

Das Volk des Buches — Da gestern Sonntag war, und eine bleierne Langeweile über der ganzen Insel lag, und mir fast das Haupt eindrückte, griff ich aus Verzweiflung zur Bibel ... und ich gestehe es dir, trotz dem, daß ich ein heimlicher Hellene bin, hat mich das Buch nicht bloß gut unterhalten, sondern auch weidlich erbaut. Welch ein Buch! groß und weit wie die Welt, wurzelnd in die Abgründe der Schöpfung und hinaufragend in die blauen Geheimnisse des Himmels ... Sonnenaufgang und Sonnenuntergang, Verheißung und Erfüllung, Geburt und Tod, das ganze Drama der Menschheit, alles ist in diesem Buche ... Es ist das Buch der Bücher, Biblia. Die Juden sollten sich leicht trösten, daß sie Jerusalem und den Tempel und die Bundeslade und die goldenen Geräte und Kleinodien Salomonis eingebüßt haben ... solcher Verlust ist doch nur geringfügig in Vergleichung mit der Bibel, dem unzerstörbaren Schatze, den sie gerettet. Wenn ich nicht irre, war es Mahomet, welcher die Juden «das Volk des Buches» nannte, ein Name, der ihnen bis heutigen Tag im Oriente verblieben und tiefsinnig bezeichnend ist. Ein Buch ist ihr Vaterland, ihr Besitz, ihr Herrscher, ihr Glück und ihr Unglück. Sie leben in den umfriedeten Marken dieses Buches, hier kann man sie nicht verjagen, nicht verachten, hier sind sie stark und bewundrungswürdig. Versenkt in der Lektüre dieses Buches, merkten sie wenig von den Veränderungen, die um sie her in der wirklichen Welt vorfielen; Völker erhuben sich und schwanden, Staaten blühten empor und erloschen, Revolutionen stürmten über den Erdboden ... sie aber, die Juden, lagen gebeugt über ihrem Buche und merkten nichts von der wilden Jagd der Zeit, die über ihre Häupter dahinzog!

Ludwig Börne. Helgoländer Briefe. 1830

44

## Belsazar

Die Mitternacht zog näher schon;
In stummer Ruh lag Babylon.

Nur oben in des Königs Schloß,
Da flackerts, da lärmt des Königs Troß.

Dort oben in dem Königssaal
Belsazar hielt sein Königsmahl.

Die Knechte saßen in schimmernden Reihn,
Und leerten die Becher mit funkelndem Wein.

Es klirrten die Becher, es jauchzten die Knecht;
So klang es dem störrigen Könige recht.

Des Königs Wangen leuchten Glut;
Im Wein erwuchs ihm kecker Mut.

Und blindlings reißt der Mut ihn fort;
Und er lästert die Gottheit mit sündigem Wort.

Und er brüstet sich frech, und lästert wild;
Die Knechtenschar ihm Beifall brüllt.

Der König rief mit stolzem Blick;
Der Diener eilt und kehrt zurück.

Er trug viel gülden Gerät auf dem Haupt;
Das war aus dem Tempel Jehovahs geraubt.

Und der König ergriff mit frevler Hand
Einen heiligen Becher, gefüllt bis am Rand.

Und er leert ihn hastig bis auf den Grund,
Und rufet laut mit schäumendem Mund:

Jehovah! dir künd ich auf ewig Hohn —
Ich bin der König von Babylon!

Doch kaum das grause Wort verklang,
Dem König wards heimlich im Busen bang.

Das gellende Lachen verstummte zumal;
Es wurde leichenstill im Saal.

Und sieh! und sieh! an weißer Wand
Da kams hervor wie Menschenhand;

Und schrieb, und schrieb an weißer Wand
Buchstaben von Feuer, und schrieb und schwand.

Der König stieren Blicks da saß,
Mit schlotternden Knien und totenblaß.

Die Knechtenschar saß kalt durchgraut,
Und saß gar still, gab keinen Laut.

Die Magier kamen, doch keiner verstand
Zu deuten die Flammenschrift an der Wand.

Belsazar ward aber in selbiger Nacht
Von seinen Knechten umgebracht.

**Buch der Lieder. Junge Leiden. 1820***

# VII. ENGLISCHE FRAGMENTE

45

Old merry England — Ich kenne einen guten Hamburger Christen, der sich nie darüber zufrieden geben konnte, daß unser Herr und Heiland von Geburt ein Jude war. Ein tiefer Unmut ergriff ihn jedesmal, wenn er sich eingestehen mußte, daß der Mann, der, ein Muster der Vollkommenheit, die höchste Verehrung verdient, dennoch zur Sippschaft jener ungeschneuzten Langnasen gehörte, die er auf der Straße als Trödler herumhausieren sieht, die er so gründlich verachtet, und die ihm noch fataler sind, wenn sie gar, wie er selber, sich dem Großhandel mit Gewürzen und Farbestoffen zuwenden, und seine eigenen Interessen beeinträchtigen.

Wie es diesem vortrefflichen Sohne Hammonias mit Jesus Christus geht, so geht es mir mit William Shakespeare. Es wird mir flau zu Mute, wenn ich bedenke, daß er am Ende doch ein Engländer ist, und dem widerwärtigsten Volke angehört, das Gott in seinem Zorn erschaffen hat.

Welch ein widerwärtiges Volk, welch ein unerquickliches Land! Wie steifleinen, wie hausbacken, wie selbstsüchtig, wie eng, wie englisch! Ein Land, welches längst der Ozean verschluckt hätte, wenn er nicht befürchtete, daß es ihm Übelkeiten im Magen verursachen möchte ... Ein Volk, ein graues, gähnendes Ungeheuer, dessen Atem nichts als Stickluft und tödliche Langeweile, und das sich gewiß mit einem kolossalen Schiffstau am Ende selbst aufhängt ...

Und in einem solchen Lande, und unter einem solchem Volke, hat William Shakespeare im April 1564 das Licht der Welt erblickt.

Aber das England jener Tage, wo in dem nordischen Bethlehem, welches Stratford upon Avon geheißen, der Mann geboren ward, dem wir das weltliche Evangelium, wie man die Shakespeareschen Dramen nennen möchte, verdanken, das England jener Tage war gewiß von dem heutigen sehr verschieden; auch nannte man es merry England, und es blühete in Farbenglanz, Maskenscherz, tiefsinniger Narretei, sprudelnder Tatenlust, überschwenglicher Leidenschaft ... Das Leben war dort noch ein buntes Turnier, wo freilich die edelbürtigen Ritter im Schimpf und Ernst die Hauptrolle spielten, aber der helle Trompetenton auch die bürgerlichen Herzen erschütterte ... Und statt des dicken Biers trank man den leichtsinnigen Wein, das demokratische Getränk, welches im Rausche die Menschen gleich macht, die sich eben noch auf den nüchternen Schauplätzen der Wirklichkeit nach Rang und Geburt unterschieden ...

All diese farbenreiche Lust ist seitdem erblichen, verschollen sind die freudigen Trompetenklänge, erloschen ist der schöne Rausch ...

Und das Buch, welches Dramatische Werke von William Shakespeare heißt, ist als Trost für schlechte Zeiten, und als Beweis, daß jenes merry England wirklich existiert habe, in den Händen des Volkes zurückgeblieben.

Shakespeares Mädchen und Frauen. 1838

46

Die englische Freiheit — Die Reisenden, die uns die englische Freiheit schildern wollen, geben uns in dieser Absicht eine Aufzählung von Gesetzen. Aber die Gesetze sind nicht die Freiheit selbst, sondern nur die Grenzen derselben. Man hat auf dem Kontinente keinen Begriff davon, wie viel intensive Freiheit zuweilen in jenen Grenzen zusammengedrängt ist, und man hat noch viel weniger einen Begriff von der Faulheit und Schläfrigkeit der Grenzwächter. Nur wo sie Schutz geben sollen gegen Willkür der Gewalthaber sind jene Grenzen fest und wachsam gehütet. Wenn sie überschritten werden von den Gewalthabern, dann steht ganz England auf, wie ein einziger Mann, und die Willkür wird zurückgetrieben. Ja, diese Leute warten nicht einmal, bis die Freiheit verletzt worden, sondern wo sie nur im geringsten bedroht ist, erheben sie sich gewaltig, mit Worten und Flinten. Die Franzosen des Julius sind nicht früher aufgestanden, als bis die ersten Keulenschläge der Willkür, die Ordonnanzen [vom 26. Juli 1830], ihnen aufs Haupt niederfielen. Die Engländer dieses Maimonds haben nicht den ersten Schlag abgewartet; es war ihnen schon genug, daß dem berühmten Scharfrichter [Wellington], der schon in andern Ländern die Freiheit hingerichtet, das Schwert in Händen gegeben worden.

Es sind wunderliche Käuze, diese Engländer. Ich kann sie nicht leiden. Sie sind erstens langweilig, und dann sind sie ungesellig, eigensüchtig, sie quäken wie die Frösche, sie sind geborne Feinde aller guten Musik, sie gehen in die Kirche mit vergoldeten Gebetbüchern, und sie verachten uns Deutsche, weil wir Sauerkraut essen. Aber als es der englischen Aristokratie gelang, «das deutsche Weib» («the nasty German frow») durch die Hofbastardschaft in ihr Interesse zu ziehen; als König Wilhelm, der noch des Abends [im Januar 1832] an Lord Grey versprach, so viel neue Pairs zu ernennen, als zum Durchsetzen der Reformbill nötig sei, umgestimmt durch die Königin der Nacht, des andern Morgens sein Wort brach; als Wellington und seine Tories mit ihren liberticiden Händen die Staatsgewalt ergriffen: da waren jene Engländer plötzlich gar nicht mehr langweilig, sondern sehr interessant; sie waren gar nicht mehr ungesellig, sondern sie vereinigten sich hunderttausendweis; sie wurden sehr gemeinsinnig; ihre Worte waren gar nicht mehr so quäkend, sondern voll des kühnsten Wohllauts; sie sprachen Dinge, die hinreißender klangen als die Melodien von Rossini und Meyerbeer, und sie sprachen gar nicht gebetbücherlich fromm von den Priestern der Kirche, sondern sie berieten sich ganz freigeistig, «ob sie nicht die Bischöfe zum Henker jagen, und König Wilhelm, mitsamt seiner Sauerkrautsippschaft, nach Hannover zurückschicken sollten?»

Ich habe, als ich früher in England war, über vieles gelacht, aber am herzlichsten über den Lordmayor, den eigentlichen Bürgermeister des Weichbilds von London, der, als eine Ruine des mittelalterlichen Kommunewesens, sich in all seiner Perückenmajestät und breiten Zunftwürde erhalten hat. Ich sah ihn in der Gesellschaft seiner Aldermänner; das sind die gravitätischen Vorstände der Bürgerschaft, Gevatter Schneider und Handschuhmacher, meistens dicke Krämer, rote Beefsteakgesichter, lebendige Porterkrüge, aber nüchtern, und sehr reich durch Fleiß und Sparsamkeit, so daß viele darunter, wie man mir versichert, über eine Million Pfund Sterling in der Englischen Bank liegen haben. Nichtsdestoweniger, als König Wilhelm sein Wort brach und die Freiheit von England gefährdet stand, da hat der Lordmayor von London seine große Perücke aufgesetzt, und mit seinen dicken Aldermännern machte er sich auf den Weg, und sie sahen dabei so sichermütig, so amtsruhig aus, als gingen sie zu einem feierlichen Gastmahl in Guildhall; sie gingen aber nach dem Hause der Gemeinen, und protestierten dort aufs entschlossenste gegen das neue Regiment, und widersagten dem König, im Fall er es nicht widerriefe, und wollten lieber durch eine Revolution Leib und Gut aufs Spiel setzen, als den Untergang der englischen Freiheit gestatten. Es sind wunderliche Käuze, diese Engländer! Französische Zustände. VIII - 1832*

47

Nobility — Burke machte der französischen Revolution zum hauptsächlichen Vorwurfe, daß sie sich nicht wie die englische aus alten Institutionen herausgebildet, und er kann nicht begreifen, daß ein Staat ohne Nobility bestehen könne. Englands Nobility ist aber auch etwas ganz anderes als die französische Noblesse, und sie verdient, daß ich ihr unterscheidendes Lob ausspreche. Der englische Adel stellte sich dem Absolutismus der Könige immer entgegen, in Gemeinschaft mit dem Volke, um dessen Rechte nebst den seinigen zu behaupten; er wurzelt im Volke, dem gesunden Boden, der die jüngern Söhne der Nobility als edle Schößlinge aufnimmt, und durch diese, die eigentliche Gentry, mit dem Adel selbst, der Nobility, verbunden bleibt. Dabei ist der englische Adel voll Patriotismus, er hat bisher, mit unerlogenem Eifer, das alte England wahrhaft repräsentiert, und jene Lords, die so viel kosten, haben auch, wenn es not tat, dem Vaterlande Opfer gebracht.

Französische Zustände. IV - 1832

48

Einheit der Gesinnung — Trotz entgegengesetzten Geistes- und Lebensrichtungen, findet man im englischen Volke eine Einheit der Gesinnung, die eben darin besteht, daß es sich als ein Volk fühlt; die neueren Stutzköpfe und Kavaliere mögen sich immerhin wechselseitig hassen und verachten, dennoch hören sie nicht auf, Engländer zu sein; als solche sind sie einig und zusammengehörig, wie Pflanzen, die aus demselben Boden hervorgeblüht und mit diesem Boden wunderbar verwebt sind. Daher die geheime Übereinstimmung des ganzen Lebens und Webens in England, das uns beim ersten Anblick nur ein Schauplatz der Verwirrung und Widersprüche dünken will. Überreichtum und Misere, Orthodoxie und Unglauben, Freiheit und Knechtschaft, Grausamkeit und Milde, Ehrlichkeit und Gaunerei, diese Gegensätze in ihren tollsten Extremen, darüber der graue Nebelhimmel, von allen Seiten summende Maschinen, Zahlen, Gaslichter, Schornsteine, Zeitungen, Porterkrüge, geschlossene Mäuler, alles dieses hängt so zusammen, daß wir uns keins ohne das andere denken können, und was vereinzelt unser Erstaunen oder Lachen erregen würde, erscheint uns als ganz gewöhnlich und ernsthaft in seiner Vereinigung.

Englische Fragmente. III - 1828

49

Das Geschwür der Eifersucht — Hier in der Normandie haben die Kriegsgerüchte alle Nationalgefühle und Nationalerinnerungen aufgeregt, und als ich im Wirtshaus zu Saint-Valery, während des Tischgesprächs, den Plan einer Landung in England diskutieren hörte, fand ich die Sache durchaus nicht lächerlich: denn auf derselben Stelle hatte sich einst Wilhelm der Eroberer eingeschifft, und seine damaligen Kameraden waren ebensolche Normannen, wie die guten Leute, die ich jetzt eine ähnliche

Unternehmung besprechen hörte. Möge der stolze englische Adel nie vergessen, daß es Bürger und Bauern in der Normandie gibt, die ihre Blutsverwandtschaft mit den vornehmsten Häusern Englands urkundlich beweisen können, und gar nicht übel Lust hätten, ihren lieben Vettern und Basen einen Besuch abzustatten.

Der englische Adel ist im Grunde der jüngste in Europa, trotz der hochklingenden Namen, die selten ein Zeichen der Abstammung, sondern gewöhnlich nur ein übertragener Titel sind. Der übertriebene Hochmut dieser Lordships und Ladyships ist vielleicht eine Nücke ihrer parvenierten Jugendlichkeit, wie denn immer, je jünger der Stammbaum, desto grünlich bitterer die Früchtchen. Jener Hochmut trieb einst die englische Ritterschaft in den verderblichen Kampf mit den demokratischen Richtungen und Ansprüchen Frankreichs, und es ist leicht möglich, daß ihre jüngsten Übermüte aus ähnlichen Gründen entsprungen: denn zu unserer größten Verwunderung fanden wir, daß bei jener Gelegenheit die Tories mit den Whigs übereinstimmten.

Woher aber kommt es, daß solche Emeute aller aristokratischen Interessen immer im englischen Volke so vielen Anklang fand? Der Grund liegt darin, daß erstens das ganze englische Volk, die Gentry ebensogut wie die High nobility, und der Mob ebensogut wie jene, von sehr aristokratischer Gesinnung sind, und zweitens weil immer im Herzen der Engländer eine geheime Eifersucht, wie ein böses Geschwür, juckt und eitert, sobald in Frankreich ein behaglicher Wohlstand emporblüht, sobald die französische Industrie durch den Frieden gedeiht, und die französische Marine sich bedeutend ausbildet.

Lutezia. VIII - 1840*

50

Sympathien für die Unmacht — Dieser Tage, bei der großen Hitze, kamen ganze Schwärme von Engländern nach Barèges [Schwefelbad in den Pyrenäen]; rotgesunde, beefsteakgemästete Gesichter, die mit der bleichen Gemeinde der Badegäste schier beleidigend kontrastierten. Der bedeutendste dieser Ankömmlinge ist ein enorm reiches und leidlich bekanntes Parlamentsglied von der torystischen Clique. Dieser Gentleman scheint die Franzosen nicht zu lieben, aber hingegen uns Deutsche mit der größten Zuneigung zu beehren. Er rühmte besonders unsre Redlichkeit und Treue. Auch wolle er zu Paris, wo er den Winter zu verbringen gedenke, sich keine französischen Bedienten, sondern nur deutsche anschaffen. Ich dankte ihm für das Zutrauen, das er uns schenke, und empfahl ihm einige Landsleute von der historischen Schule.

Doch will es mich bedünken, als liebe er uns weniger enthusiastisch, seitdem ich in unsern Gesprächen die Äußerung fallen ließ, daß die Deutschen jetzt ein großes Gelüste empfänden nach dem Besitz einer Marine, daß wir zu allen Schiffen unserer künftigen Flotte schon die Namen ersonnen, daß die Patrioten in den Zwangsprytaneen, statt der bisherigen Wolle, jetzt nur

Linnen zu Segeltüchern spinnen wollen, und daß die Eichen im Teutoburger Walde, die seit der Niederlage des Varus geschlafen, endlich erwacht seien und sich zu freiwilligen Mastbäumen erboten haben. Dem edlen Briten mißfiel sehr diese Mitteilung, und er meinte: wir Deutschen täten besser, wenn wir den Ausbau des Kölner Doms, des großen Glaubenswerks unsrer Väter, mit unzersplitterten Kräften betrieben.

Jedesmal wenn ich mit Engländern über meine Heimat rede, bemerke ich mit tiefster Beschämung, daß der Haß, den sie gegen die Franzosen hegen, für dieses Volk weit ehrenvoller ist, als die impertinente Liebe, die sie uns Deutschen angedeihen lassen, und die wir immer irgendeiner Lakune unsrer weltlichen Macht oder unsrer Intelligenz verdanken: sie lieben uns wegen unsrer maritimen Unmacht, wobei keine Handelskonkurrenz zu besorgen steht; sie lieben uns wegen unsrer politischen Naivetät, die sie im Fall eines Krieges mit Frankreich in alter Weise auszubeuten hoffen.

Lutezia. Anhang II, III - 1846

# VIII.
# ZUR GESCHICHTSPHILOSOPHIE

## 51

## Verschiedenartige Geschichtsauffassung

Das Buch der Geschichte findet mannigfaltige Auslegungen. Zwei ganz entgegengesetzte Ansichten treten hier besonders hervor. — Die einen sehen in allen irdischen Dingen nur einen trostlosen Kreislauf; im Leben der Völker wie im Leben der Individuen, in diesem, wie in der organischen Natur überhaupt, sehen sie ein Wachsen, Blühen, Welken und Sterben: Frühling, Sommer, Herbst und Winter. «Es ist nichts Neues unter der Sonne!» ist ihr Wahlspruch; und selbst dieser ist nichts Neues, da schon vor zwei Jahrtausenden der König des Morgenlandes [der Prediger Salomo] ihn hervorgeseufzt. Sie zucken die Achsel über unsere Zivilisation, die doch endlich wieder der Barbarei weichen werde; sie schütteln den Kopf über unsere Freiheitskämpfe, die nur dem Aufkommen neuer Tyrannen förderlich seien; sie lächeln alle über Bestrebungen eines politischen Enthusiasmus, der die Welt besser und glücklicher machen will, und der doch am Ende erkühle und nichts gefruchtet; — in der kleinen

Chronik von Hoffnungen, Nöten, Mißgeschicken, Schmerzen und Freuden, Irrtümern und Enttäuschungen, womit der einzelne Mensch sein Leben verbringt, in dieser Menschengeschichte sehen sie auch die Geschichte der Menschheit. In Deutschland sind die Weltweisen der historischen Schule [Savigny, Eichhorn] und die Poeten aus der Wolfgang Goetheschen Kunstperiode ganz eigentlich dieser Ansicht zugetan, und letztere pflegen damit einen sentimentalen Indifferentismus gegen alle politischen Angelegenheiten des Vaterlandes allersüßlichst zu beschönigen. Eine zur Genüge wohlbekannte Regierung in Norddeutschland weiß ganz besonders diese Ansicht zu schätzen, sie läßt ordentlich Menschen [Leopold von Ranke] darauf reisen, die unter den elegischen Ruinen Italiens die gemütlich beschwichtigenden Fatalitätsgedanken in sich ausbilden sollen, um nachher, in Gemeinschaft mit vermittelnden Predigern christlicher Unterwürfigkeit, durch kühle Journalaufschläge das dreitägige Freiheitsfieber des Volkes zu dämpfen. Immerhin, wer nicht durch freie Geisteskraft emporsprießen kann, der mag am Boden ranken; jener Regierung aber wird die Zukunft lehren, wie weit man kommt mit Ranken und Ränken.

Der oben besprochenen, gar fatalen fatalistischen Ansicht steht eine lichtere entgegen, die mehr mit der Idee einer Vorsehung verwandt ist, und wonach alle irdischen Dinge einer schönen Vervollkommenheit entgegenreifen, und die großen Helden und Heldenzeiten nur Staffeln sind zu einem höheren gottähnlichen Zustande des Menschengeschlechtes, dessen sittliche und politische Kämpfe endlich den heiligsten Frieden, die reinste Verbrüderung, und die ewigste Glückseligkeit zur Folge haben. Das Goldne Zeitalter, heißt es, liege nicht hinter uns, sondern vor uns; wir seien nicht aus dem Paradiese vertrieben mit einem flammenden Schwerte, sondern wir müßten es erobern durch ein flammendes Herz, durch die Liebe; die Frucht der Erkenntnis gebe uns nicht den Tod, sondern das ewige Leben. — «Zivilisation» war lange Zeit der Wahlspruch bei den Jüngern solcher Ansicht. In Deutschland huldigte ihr vornehmlich die Humanitätsschule. Wie bestimmt die sogenannte philosophische Schule dahinzielt, ist männiglich bekannt. Sie war den Untersuchungen politischer Fragen ganz besonders förderlich, und als höchste Blüte dieser Ansicht predigt man eine idealische Staatsform, die, ganz basiert auf Vernunftgründen, die Menschheit in letzter Instanz veredeln und beglücken soll. — Ich brauche wohl die begeisterten Kämpen dieser Ansicht nicht zu nennen. Ihr Hochstreben ist jedenfalls erfreulicher, als die kleinen Windungen niedriger Ranken; wenn wir sie einst bekämpfen, so geschehe es mit dem kostbarsten Ehrenschwerte, während wir einen rankenden Knecht nur mit der wahlverwandten Knute abfertigen werden.

Beide Ansichten, wie ich sie angedeutet, wollen nicht recht mit unseren lebendigsten Lebensgefühlen übereinklingen; wir wollen auf der einen Seite nicht umsonst begeistert sein und das Höchste setzen an das unnütz Vergängliche; auf der anderen Seite wollen wir auch, daß die Gegenwart ihren Wert behalte, und daß sie nicht bloß als Mittel gelte, und die Zukunft ihr Zweck sei. Und in der Tat, wir fühlen uns wichtiger gestimmt, als daß wir uns nur als Mittel zu einem Zweck betrachten möchten; es will uns überhaupt bedünken, als seien Zweck und Mittel nur konventionelle Begriffe, die der Mensch in die Natur und in die Geschichte hineingegrübelt, von denen aber der Schöpfer nichts wußte, indem jedes Erschaffnis sich selbst bezweckt und jedes Ereignis sich selbst bedingt, und alles, wie die Welt selbst, seiner selbst willen da ist und geschieht. — Das Leben ist weder Zweck noch Mittel; das Leben ist ein Recht. Das Leben will dieses Recht geltend machen gegen den erstarrenden Tod, gegen die Vergangenheit, und dieses Geltendmachen ist die Revolution. Der elegische Indifferentismus der Historiker und Poeten soll unsere Energie nicht lähmen bei diesem Geschäfte; und die Schwärmerei der Zukunftsbeglücker soll uns nicht verleiten, die Interessen der Gegenwart und das zunächst zu verfechtende Menschenrecht, das Recht zu leben, aufs Spiel zu setzen. — Le pain est le droit du peuple, sagte Saint-Just, und das ist das größte Wort, das in der ganzen Revolution gesprochen worden.

Nachlaß. Geschrieben um 1832

## 52

## Geschichtsphilosophie der Mäuse

Die Berliner Bühne ist eine vortreffliche Anstalt und besonders nützlich für Hegelsche Philosophen, welche des Abends von dem harten Tagwerk des Denkens ausruhen wollen. Der Geist erholt sich dort noch weit natürlicher als bei Wisotzki [einem witzigen Berliner Restaurateur]. Man geht ins Theater, streckt sich nachlässig hin auf die samtnen Bänke, lorgniert die Augen seiner Nachbarinnen, oder die Beine der eben auftretenden Mimin, und wenn die Kerls von Komödianten nicht gar zu laut schreien, schläft man ruhig ein, wie ich es wirklich getan, am 29ten August des Jahres 1827 nach Christi Geburt.

Als ich erwachte, war alles dunkel rund um mich her, und bei dem Scheine einer mattflimmernden Lampe erkannte ich, daß ich mich ganz allein im leeren Schauspielhause befand. Ich beschloß den übrigen Teil der Nacht dort zu verbringen, suchte wieder gelinde einzuschlafen, welches mir aber nicht mehr so gut gelang wie einige Stunden vorher, als der Mohnduft der Raupachschen Verse mir in die Nase stieg; auch störte mich allzusehr das Knispern und Gepiepse der Mäuse. Unfern vom Orchester raschelte eine ganze Mäusekolonie, und da ich nicht bloß Raupachsche Verse, sondern auch die Sprache aller übrigen Tiere verstehe, so erlauschte ich ganz unwillkürlich die Gespräche jener Mäuse. Sie sprachen über Gegenstände, die ein denkendes Geschöpf am meisten interessieren müssen: über die letzten Gründe aller Erscheinungen, über das Wesen der Dinge an und für sich, über Schicksal und Freiheit des Willens, über die große Raupachsche Tragödie, die sich kurz vorher mit allen möglichen Schrecknissen vor ihren eignen Augen entfaltet, entwickelt und geendigt hatte.

Ihr jungen Leute, sprach langsam ein alter Mauserich, Ihr habt nur ein einziges Stück oder nur wenige solcher Stücke gesehen, ich aber bin ein Greis und habe deren schon sehr viele erlebt und sie alle mit Aufmerksamkeit betrachtet. Da habe ich nun gefunden, daß sie sich im Wesen alle ähnlich, daß sie fast nur Variationen desselben Themas sind, daß manchmal ganz dieselben Expositionen, Verwicklungen und Katastrophen vorkommen. Es sind immer dieselben Menschen und dieselben Leidenschaften, welche nur Kostüme und Redefiguren wechseln. Da sind immer dieselben Beweggründe des Handelns, Liebe oder Haß, oder Ehrgeiz, oder Eifersucht, der Held mag nun eine römische Toga oder einen altdeutschen Harnisch, einen Turban oder einen Filz tragen, sich antik oder romantisch gebärden, einfach oder geblümt, in schlechten Jamben oder in noch schlechtern Trochäen sprechen. Die ganze Geschichte der Menschheit, die man gern in verschiedene Stücke, Akte und Auftritte einteilen möchte, ist doch immer eine und dieselbe Geschichte; es ist eine nur maskierte Wiederkehr derselben Naturen und Ereignisse, ein organischer Kreislauf, der immer von vorne wieder anfängt; und wenn man das einmal gemerkt hat, so ärgert man sich nicht mehr über das Böse, man freut sich auch nicht mehr allzustark über das Gute, man lächelt über die Narrheit jener Heroen, die sich aufopfern für die Veredlung und Beglückung des Menschengeschlechtes; man amüsiert sich mit weiser Gelassenheit.

Ein kicherndes Stimmchen, welches einem kleinen Spitzmäuschen zu gehören schien, bemerkte dagegen mit großer Hast: Auch ich habe Beobachtungen angestellt, und nicht bloß von einem einzigen Standpunkte aus, ich habe mir keine springende Mühe verdrießen lassen, ich verließ das Parterre und betrachtete mir die Dinge hinter den Kulissen, und da habe ich gar befremdliche Entdeckungen gemacht. Dieser Held, den Ihr eben bewundert, der ist gar kein Held; denn ich sah, wie ein junger Bursch ihn einen besoffenen Schlingel nannte, und ihm diverse Fußtritte gab, die er ruhig einsteckte. Jene tugendhafte Prinzessin, die sich für ihre Tugend aufzuopfern schien, ist weder eine Prinzessin noch tugendhaft; ich habe gesehen, wie sie aus einem Porzellantöpfchen rote Farbe genommen, ihre Wangen damit angestrichen, und dieses galt nachher für Schamröte; am Ende sogar warf sie sich gähnend in die Arme eines Gardeleutnants, der ihr auf Ehre versicherte, daß sie auf seiner Stube einen juten Heringssalat nebst einem Glase Punsch finden würde. Was Ihr für Donner und Blitz gehalten habt, das ist nur das Rollen einiger Blechwalzen und das Verbrennen einiger Lot gestoßenen Kolophoniums. Aber gar jener dicke ehrliche Bürger, der lauter Uneigennützigkeit und Großmut zu sein schien, der zankte sich sehr geldgierig mit einem dünnen Menschen, den er Herr Generalintendant titulierte, und von dem er einige Taler Zulage verlangte. Ja, ich habe alles mit eigenen Augen gesehen, und mit eigenen Ohren gehört; all das Große und Edle, das uns hier voragiert wurde, ist Lug und Trug; Eigennutz und Selbstsucht sind die geheimen Triebfedern aller Handlungen, und ein vernünftiges Wesen läßt sich nicht täuschen durch den Schein.

Hiergegen aber erhob sich eine seufzende, weinerliche Stimme, die mir schier bekannt dünkte, obgleich ich dennoch nicht wußte, ob sie einer männlichen oder weiblichen Maus gehörte. Sie begann mit einer Klage über die Frivolität des Zeitalters, jammerte über Unglauben und Zweifelsucht, und beteuerte viel von ihrer Liebe im allgemeinen. Ich liebe Euch, seufzte sie, und ich sage Euch die Wahrheit. Die Wahrheit aber offenbarte sich mir durch die Gnade in einer geweiheten Stunde. Ich schlich ebenfalls umher, die letzten Gründe der bunten Begebenheiten, die auf dieser Bühne vorüberzogen, zu enträtseln und zu gleicher Zeit auch wohl ein Brotkrümchen zu finden, um meinen leiblichen Hunger zu stillen; denn ich liebe Euch. Da entdeckte ich plötzlich ein ziemlich geräumiges Loch oder vielmehr einen Kasten, worin zusammengekauert ein dünnes, graues Männchen saß, welches eine Rolle Papier in der Hand hielt, und mit monotoner, leiser Stimme alle die

Reden ruhig vor sich hin sprach, welche oben auf der Bühne so laut und leidenschaftlich deklamiert wurden. Ein mystischer Schauer zog über mein Fell, trotz meiner Unwürdigkeit war ich doch begnadigt worden, das Allerheiligste zu erschauen, ich befand mich in der seligen Nähe des geheimnisvollen Urwesens, des reinen Geistes, welcher mit seinem Willen die Körperwelt regiert, mit seinem Wort sie schafft, mit dem Worte sie belebt, mit dem Worte sie vernichtet; denn die Helden auf der Bühne, die ich noch kurz vorher so stark bewundert, ich sah, daß sie nur dann mit Sicherheit redeten, wenn sie Sein Wort ganz gläubig nachsprachen, daß sie hingegen ängstlich stammelten und stotterten, wenn sie sich stolz von Ihm entfernt und Seine Stimme nicht vernommen hatten: alles, sah ich, war nur abhängige Kreatur von Ihm, Er war der Alleinselbständige in Seinem allerheiligsten Kasten. An jeder Seite seines Kastens erglühten die geheimnisvollen Lampen, erklangen die Violinen und tönten die Flöten, um Ihn her war Licht und Musik, Er schwamm in harmonischen Strahlen und strahlenden Harmonien . . .

Doch diese Rede ward am Ende so näselnd und weinerlich wispernd, daß ich wenig mehr davon verstehen konnte, nur mitunter hörte ich die Worte: Hüte mich vor Katzen und Mausefallen, — gib mir mein täglich Brosämchen, — ich liebe Euch — in Ewigkeit Amen. —

Durch Mitteilung dieses Traums möchte ich meine Ansicht über die verschiedenen philosophischen Standpunkte von wo aus man die Weltgeschichte zu beurteilen pflegt, meine Gedanken verraten, zugleich andeutend, warum ich diese leichten Blätter mit keiner eigentlichen Philosophie der englischen Geschichte befrachte.

Shakespeares Mädchen und Frauen. Constanze - 1838

53

ORGANISMUS DER GESCHICHTE — Eine Philosophie der Geschichte war im Altertum unmöglich. Erst die Jetztzeit hat Materialien dazu: Herder, Bossuet usw. — Ich glaube, die Philosophen müssen noch tausend Jahr warten, ehe sie den Organismus der Geschichte nachweisen können; bis dahin, glaube ich, nur Folgendes ist anzunehmen. Für Hauptsache halte ich: die menschliche Natur und die Verhältnisse (Boden, Klima, überlieferte Gesetzgebung, Krieg, unvorhergesehene und unberechenbare Bedürfnisse), beide in ihrem Konflikt oder in ihrer Allianz geben den Fond der Geschichte, sie finden aber immer ihre Signatur im Geiste, und die Idee, von welcher sie sich repräsentieren lassen, wirkt wieder als Drittes auf sie ein; das ist hauptsächlich in unseren Tagen der Fall, auch im Mittelalter. Shakespeare zeigt uns in der Geschichte nur die Wechselwirkung von der menschlichen Natur und den äußern Verhältnissen — die Idee, das Dritte, tritt nie auf in seinen Tragödien; daher eine viel klarere Gestaltung und etwas Ewiges, Unwandelbares in seinen Entwicklungen, da das Menschliche immer dasselbe bleibt zu allen Zeiten. Das ist auch der Fall bei Homer. Beider Dichter Werke sind unvergänglich. Ich glaube nicht, daß sie so gut ausgefallen wären, wenn sie eine Zeit darzustellen gehabt hätten, wo eine Idee sich geltend machte, zum Beispiel im Beginne des aufkommenden Christentums, zur Zeit der Reformation, zur Zeit der Revolution. Gedanken und Einfälle

54

Bedürfnisse suchen Ideen — Die großen Fakta und die großen Bücher entstehen nicht aus Geringfügigkeiten, sondern sie sind notwendig, sie hängen zusammen mit den Kreisläufen von Sonne, Mond und Sterne, und sie entstehen vielleicht durch deren Influenz auf die Erde. Die Fakta sind nur die Resultate der Ideen; ... aber wie kommt es, daß zu gewissen Zeiten sich gewisse Ideen so gewaltig geltend machen, daß sie das ganze Leben der Menschen, ihr Tichten und Trachten, ihr Denken und Schreiben, aufs wunderbarste umgestalten? Es ist vielleicht an der Zeit eine literarische Astrologie zu schreiben und die Erscheinung gewisser Ideen, oder gewisser Bücher worin diese sich offenbaren, aus der Konstellation der Gestirne zu erklären.

Oder entspricht das Aufkommen gewisser Ideen nur den momentanen Bedürfnissen der Menschen? Suchen sie immer die Ideen, womit sie ihre jedesmaligen Wünsche legitimieren können? In der Tat, die Menschen sind ihrem innersten Wesen nach lauter Doktrinäre; sie wissen immer eine Doktrin zu finden, die alle ihre Entsagungen oder Begehrnisse justifiziert. In bösen, mageren Tagen, wo die Freude ziemlich unerreichbar geworden, huldigen sie dem Dogma der Abstinenz und behaupten, die irdischen Trauben seien sauer; werden jedoch die Zeiten wohlhabender, wird es den Leuten möglich emporzulangen nach den schönen Früchten dieser Welt, dann tritt auch eine heitere Doktrin ans Licht, die dem Leben alle seine Süßigkeiten und sein volles, unveräußerliches Genußrecht vindiziert.

Nahen wir dem Ende der christlichen Fastenzeit und bricht das rosige Weltalter der Freude schon leuchtend heran? Wie wird die heitere Doktrin die Zukunft gestalten?

Die romantische Schule. 3. Buch. 1835

55

GOTT-ZUFALL — Werden die Angelegenheiten dieser Welt wirklich gelenkt von einem vernünftigen Gedanken, von der denkenden Vernunft? Oder regiert sie nur ein lachender Gamin, der Gott-Zufall? Es läßt sich wohl hübsch durchführen, daß der Sieg der Republik eine logische Notwendigkeit war, daß sie unabweisbar siegen mußte wie ein konsequenter Vernunft-Schluß. Aber es läßt sich noch viel leichter dartun, daß der Termin ihres Sieges von dem Zufall sehr abgekürzt ward, und daß sie vielleicht noch ein Jahrhundertlein sich mit Wartegeld begnügt haben müßte, wenn einige Blusenmänner nicht den Nationalgardisten den Vorsprung abgewonnen hätten um einige Minuten, als in der Deputiertenkammer die bekannte Entwicklungsszene stattfand. Behauptete man einst mit Recht, daß in der Juliusrevolution Ludwig Philipp die Herrschaft eskamotiert habe, so kann man dieses mit gleichem Fug von der Republik behaupten. Die Februarrevolution. 1848

56

MITTEL DER GESCHICHTE — Auch die Brust des Nicht-Polen wird von Mitgefühl durchdrungen, wenn man sich die politischen Leiden aufzählt, die in einer kleinen Zahl von Jahren die Polen betroffen. Viele unserer Journalisten schafften sich dieses Gefühl gemächlich vom Halse, indem sie leichthin aussprechen: die Polen haben sich durch ihre Uneinigkeit ihr Schicksal selbst zugezogen, und sind also nicht zu bedauern. Das ist eine törigte Beschwichtigung. Kein Volk, als ein Ganzes gedacht, verschuldet etwas; sein Treiben entspringt aus einer inneren Notwendigkeit, und seine Schicksale sind stets Resultate derselben. Dem Forscher offenbart sich der erhabenere Gedanke: daß die Geschichte (Natur, Gott, Vorsehung usw.), wie mit einzelnen Menschen, auch mit ganzen Völkern eigene große Zwecke beabsichtigt, und daß manche Völker leiden müssen, damit das Ganze erhalten werde und blühender fortschreite. Über Polen. 1822

57

KOLLEKTIVSCHULD — Aber es gibt gewiß noch schlimmere Schulden als Geldschulden, welche uns die Vorfahren zur Tilgung hinterlassen. Jede Generation ist eine Fortsetzung der andern und ist verantwortlich für ihre Taten.

Die Schrift sagt: die Väter haben Härlinge (unreife Trauben) gegessen, und die Enkel haben davon schmerzhaft taube Zähne bekommen.

Es herrscht eine Solidarität der Generationen, die auf einander folgen, ja die Völker, die hintereinander in die Arena treten, übernehmen eine solche Solidarität, und die ganze Menschheit liquidiert am Ende die große Hinterlassenschaft der Vergangenheit. Im Tale Josaphat wird das große Schuldbuch vernichtet werden oder vielleicht vorher noch durch einen Universalbankrott.

Der Gesetzgeber der Juden hat diese Solidarität tief erkannt und besonders in seinem Erbrecht sanktioniert. Memoiren. 1854

58

Das geschichtliche Recht — Es erregt Erstaunen, wenn man jetzt in den Flugschriften damaliger Zeit, zum Beispiel in dem «Histrio-Mastix» des famosen Prynne [London 1633], die Ausbrüche des Zornes liest, womit über die arme Schauspielkunst das Anathema ausgekrächzt wurde. Sollen wir den Puritanern ob solchem Zelotismus allzu ernsthaft zürnen? Wahrlich nein; in der Geschichte hat jeder recht, der seinem inwohnenden Prinzipe getreu bleibt, und die düstern Stutzköpfe folgten nur den Konsequenzen jenes kunstfeindlichen Geistes, der sich schon während der ersten Jahrhunderte der Kirche kund gab, und sich mehr oder minder bilderstürmend bis auf den heutigen Tag geltend machte. Shakespeares Mädchen und Frauen

59

Der Dichter als Historiker — Der große Brite ist nicht bloß Dichter, sondern auch Historiker; er handhabt nicht bloß Melpomenes Dolch, sondern auch Klios noch schärferen Griffel. In dieser Beziehung gleicht er den frühesten Geschichtschreibern, die ebenfalls keinen Unterschied wußten zwischen Poesie und Historie, und nicht bloß eine Nomenklatur des Geschehenen, ein stäubiges Herbarium der Ereignisse, lieferten, sondern die Wahrheit verklärten durch Gesang, und im Gesange nur die Stimme der Wahrheit tönen ließen. Die sogenannte Objektivität, wovon heut so viel die Rede, ist nichts als eine trockene Lüge; es ist nicht möglich, die Vergangenheit zu schildern, ohne ihr die Färbung unserer eigenen Gefühle zu verleihen. Ja, da der sogenannte objektive Geschichtschreiber doch immer sein Wort an die Gegenwart richtet, so schreibt er unwillkürlich im Geiste seiner eigenen Zeit, und dieser Zeitgeist wird in seinen Schriften sichtbar sein, wie sich in Briefen nicht bloß der Charakter des Schreibers, sondern auch des Empfängers offenbart. Jene sogenannte Objektivität, die, mit ihrer Leblosigkeit sich brüstend, auf der Schädelstätte der Tatsachen thront, ist schon deshalb als unwahr verwerflich, weil zur geschichtlichen Wahrheit nicht bloß die genauen Angaben des Faktums, sondern auch gewisse Mitteilungen über den Eindruck, den jenes Faktum auf seine Zeitgenossen hervorgebracht hat, notwendig sind. Diese Mitteilungen sind aber die schwierigste Aufgabe; denn es gehört dazu nicht bloß eine gewöhnliche Notizenkunde, sondern auch das Anschauungsvermögen des Dichters, dem, wie Shakespeare sagt, «das Wesen und der Körper verschollener Zeiten» sichtbar geworden. Shakespeares Mädchen und Frauen

60

Paradoxien der Geschichte — Wie der Charakter der Kleopatra, so ist auch ihre Stellung eine äußerst witzige. Dieses launische, lustsüchtige, wetterwendische, fieberhaft kokette Weib, diese antike Pariserin, diese Göttin des Lebens, gaukelt und herrscht über Ägypten, dem schweigsam starren Totenland ... Ihr kennt es wohl, jenes Ägypten, jenes geheimnisvolle Mizraim, jenes enge Niltal, das wie ein Sarg aussieht ... Im hohen Schilfe greint das Krokodil oder das ausgesetzte Kind der Offenbarung ... Felsentempel mit kolossalen Pfeilern, woran heilige Tierfratzen lehnen, häßlich bunt bemalt ... An der Pforte nickt der hieroglyphenmützige Isismönch ... In üppigen Villas halten die Mumien ihre Siesta, und die vergoldete Larve schützt sie vor den Fliegenschwärmen der Verwesung ... Wie stumme Gedanken stehen dort die schlanken Obelisken und die plumpen Pyramiden ... Im Hintergrund grüßen die Mondberge Äthiopiens, welche die Quellen des Nils verhüllen ... Überall Tod, Stein und Geheimnis ... Und über dieses Land herrschte als Königin die schöne Kleopatra.

Wie witzig ist Gott! Shakespeares Mädchen und Frauen

61

Französische Geschichtslogik — Sie gehen jeder Frage direkt auf den Leib und zerren daran so lange herum, bis sie entweder gelöst, oder als unauflösbar beseitigt wird. Das ist der Charakter der Franzosen, und ihre Geschichte entwickelt sich daher wie ein gerichtlicher Prozeß. Welche logische, systematische Aufeinanderfolge bieten alle Vorgänge der französischen Revolution! In diesem Wahnsinn war wirklich Methode, und die Historiographen, die, nach dem Vorbild von Mignet, dem Zufall und den menschlichen Leidenschaften wenig Spielraum gestattend, die tollsten Erscheinungen seit 1789 als ein Resultat der strengsten Notwendigkeit darstellen — diese sogenannte fatalistische Schule ist in Frankreich ganz an ihrem Platz, und ihre Bücher sind ebenso wahrhaft wie leichtfaßlich. Die Anschauungs- und Darstellungsweise dieser Schriftsteller, angewendet auf Deutschland, würde jedoch sehr irrtumreiche und unbrauchbare Geschichtswerke hervorbringen. Denn der Deutsche, aus Scheu vor aller Neuerung, deren Folgen nicht klar zu ermitteln sind, geht jeder bedeutenden politischen Frage so lange wie möglich aus dem Wege, oder sucht ihr durch Umwege eine notdürftige Vermittlung abzugewinnen, und die Fragen häufen und verwickeln sich unterdessen bis zu jenem Knäuel, welcher am Ende vielleicht, wie jener gordische, nur durch das Schwert gelöst werden kann.

Lutezia. 13. II. 1848

62

Schweizer Historiker — [Johannes von Müller] ist steiflangweilig, — Alpen und keine Idee darauf.

Gedanken und Einfälle

63

Zu fragmentarisch ist Welt und Leben!
Ich will mich zum deutschen Professor begeben.
Der weiß das Leben zusammenzusetzen,
Und er macht ein verständlich System daraus;
Mit seinen Nachtmützen und Schlafrockfetzen
Stopft er die Lücken des Weltenbaus.

Buch der Lieder. Heimkehr. 1824

## IX. DIE IDEE ROM

### 64

Im Amphitheater — Über das Amphitheater von Verona haben viele gesprochen; man hat dort Platz genug zu Betrachtungen, und es gibt keine Betrachtungen, die sich nicht in den Kreis dieses berühmten Bauwerks einfangen ließen. Es ist ganz in jenem ernsten, tatsächlichen Stil gebaut, dessen Schönheit in der vollendeten Solidität besteht und, wie alle öffentlichen Gebäude der Römer, einen Geist ausspricht, der nichts anders ist als der Geist von Rom selbst.

Als ich das Amphitheater besuchte, wurde just Komödie darin gespielt; eine kleine Holzbude war nämlich in der Mitte errichtet, darauf ward eine italienische Posse aufgeführt, und die Zuschauer saßen unter freiem Himmel, teils auf kleinen Stühlchen, teils auf den hohen Steinbänken des alten Amphitheaters. Da saß ich nun und sah Brighellas und Tartaglias Spiegelfechtereien [in der commedia dell'arte] auf derselben Stelle, wo der Römer einst saß und seinen Gladiatoren und Tierhetzen zusah. Der Himmel über mir, die blaue Kristallschale, war noch derselbe wie damals. Es dunkelte allmählig, die Sterne schimmerten hervor, Truffaldino lachte, Smeraldina jammerte, endlich kam Pantalone und legte ihre Hände ineinander. Das Volk klatschte Beifall und zog jubelnd von dannen. Das ganze Spiel hatte keinen Tropfen Blut gekostet. Es war aber nur ein Spiel. Die Spiele der Römer hingegen waren keine Spiele, diese Männer konnten sich nimmermehr am bloßen Schein ergötzen, es fehlte ihnen dazu die kindliche Seelenheiterkeit, und ernsthaft wie sie waren, zeigte sich auch in ihren Spielen der barste, blutigste Ernst. Sie waren keine großen Menschen, aber durch ihre Stellung waren sie größer als andre Erdenkinder, denn sie standen auf Rom. Sowie sie von den sieben Hügeln herabstiegen, waren sie klein. Daher die Kleinlichkeit, die wir da entdecken, wo ihr Privatleben sich ausspricht; und Herkulanum und Pompeji, jene Palimpseste der Natur, wo jetzt wieder der alte Steintext hervorgegraben wird, zeigen dem Reisenden das römische Privatleben in kleinen Häuschen mit winzigen Stübchen, welche so auffallend kontrastieren gegen jene kolossalen Bauwerke, die das öffentliche Leben aussprachen, jene Theater, Wasserleitungen, Brunnen, Landstraßen, Brücken, deren Ruinen noch jetzt unser Staunen erregen. Aber das ist es ja eben; wie der Grieche groß ist durch die Idee der Kunst, der Hebräer durch die Idee eines heiligsten Gottes, so sind die Römer groß durch die Idee ihrer ewigen Roma, groß überall wo sie in der Begeisterung dieser Idee gefochten, geschrieben und gebaut haben. Je größer Rom wurde, je mehr erweiterte sich diese Idee, der Einzelne verlor sich darin, die Großen, die noch hervorragen, sind nur getragen von dieser Idee, und sie macht die Kleinheit der Kleinen noch bemerkbarer. Die Römer sind deshalb zugleich die größten Helden und die größten Satiriker gewesen, Helden wenn sie handelten, während sie an Rom dachten, Satiriker wenn sie an Rom dachten, während sie die Handlungen ihrer Genossen beurteilten. Gemessen mit solchem ungeheuren Maßstab der Idee Rom, mußte selbst die größte Persönlichkeit zwerghaft erscheinen und somit der Spottsucht anheimfallen. Tacitus ist der grausamste Meister in dieser Satire, eben weil er die Größe Roms und die Kleinheit der Menschen am tiefsten fühlte. Recht in seinem Elemente ist er jedesmal, wenn er berichten kann, was die maliziösen Zungen auf dem Forum über irgend eine imperiale Schandtat räsonierten; recht ingrimmig glücklich ist er, wenn er irgendeine senatorische Blamage, etwa eine verfehlte Schmeichelei, zu erzählen hat.

Ich ging noch lange umher spazieren auf den höheren Bänken des Amphitheaters, zurücksinnend in die Vergangenheit. Wie alle Gebäude im Abendlichte ihren inwohnenden Geist am anschaulichsten offenbaren, so sprachen auch diese Mauern zu mir, in ihrem fragmentarischen Lapidarstil, tiefernste Dinge; sie sprachen von den Männern des alten Roms, und mir war dabei, als sähe ich sie selber umherwandeln, weiße Schatten unter mir im dunkeln Zirkus. Mir war, als sähe ich die Gracchen mit ihren begeisterten Märtyreraugen. «Tiberius Sempronius», rief ich hinab, «ich werde mit dir stimmen für das agrarische Gesetz!» Auch Cäsar sah ich, Arm in

Arm wandelte er mit Marcus Brutus. — «Seid Ihr wieder versöhnt?» rief ich. «Wir glaubten beide recht zu haben», lachte Cäsar zu mir herauf, «ich wußte nicht, daß es noch einen Römer gab, und hielt mich deshalb für berechtigt, Rom in die Tasche zu stecken, und weil mein Sohn Marcus eben dieser Römer war, so glaubte er sich berechtigt, mich deshalb umzubringen.» Hinter diesen beiden schlich Tiberius Nero mit Nebelbeinen und unbestimmten Mienen. Auch Weiber sah ich dort wandeln, darunter Agrippina [die Mutter Neros] mit ihrem schönen herrschsüchtigen Gesichte, das wundersam rührend anzusehen war, wie ein altes Marmorbild, in dessen Zügen der Schmerz wie versteinert erscheint. «Wen suchst du, Tochter des Germanicus?» Schon hörte ich sie klagen — da plötzlich erscholl das dumpfsinnige Geläute einer Betglocke und das fatale Getrommel des Zapfenstreichs. Die stolzen römischen Geister verschwanden, und ich war wieder ganz in der christlich östreichischen Gegenwart.

Reise von München nach Genua. XXIV - 1829

65

Die Bibel des Egoismus — Welch ein fürchterliches Buch ist das Korpus Juris, die Bibel des Egoismus!

Wie die Römer selbst blieb mir immer verhaßt ihr Rechtskodex. Diese Räuber wollten ihren Raub sicherstellen, und was sie mit dem Schwerte erbeutet, suchten sie durch Gesetze zu schützen; deshalb war der Römer zu gleicher

Zeit Soldat und Advokat, und es entstand eine Mischung der widerwärtigsten Art.

Wahrhaftig jenen römischen Dieben verdanken wir die Theorie des Eigentums, das vorher nur als Tatsache bestand, und die Ausbildung dieser Lehre in ihren schnödesten Konsequenzen ist jenes gepriesene römische Recht, das allen unseren heutigen Legislationen, ja allen modernen Staatsinstituten zu Grunde liegt, obgleich es im grellsten Widerspruch mit der Religion, der Moral, dem Menschengefühl und der Vernunft steht.

Memoiren. 1855

# X. DIE RELIGION DER FREIHEIT

## 66

### Vom Bauernkrieg zur Bastille

«Die Herren machen das selber, daß ihnen der arme Mann feind wird. Die Ursach des Aufruhrs wollen sie nicht wegtun, wie kann es in der Länge gut werden. So ich das sage werde ich aufrührisch sein, wohl hin.»

So sprach vor 300 Jahren Thomas Münzer, einer der heldenmütigsten und unglücklichsten Söhne des deutschen Vaterlandes, ein Prediger des Evangeliums, das, nach seiner Meinung nicht bloß die Seligkeit im Himmel verhieß, sondern auch die Gleichheit und Brüderschaft der Menschen auf Erden befehle. Der Doktor Martinus Luther war anderer Meinung, und verdammte solche aufrührerische Lehren, wodurch sein eigenes Werk, die Losreißung von Rom und die Begründung des neuen Bekenntnisses gefährdet wurde; und vielleicht mehr aus Weltklugheit, denn aus bösem Eifer, schrieb er das unrühmliche Buch gegen die unglücklichen Bauern. Pietisten und servile Duckmäuser haben in jüngster Zeit dieses Buch wieder ins Leben gerufen und die neuen Abdrücke ins Land herum verbreitet, einerseits um den hohen Protektoren zu zeigen, wie die reine lutherische Lehre den Absolutismus unterstütze, andererseits um durch Luthers Autorität den Freiheitsenthusiasmus in Deutschland niederzudrücken. Aber ein heiligeres Zeugnis, das aus dem Evangelium hervorblutet, widerspricht der knechtischen Ausdeutung und vernichtet die irrige Autorität; Christus, der für die Gleichheit und Brüderschaft der Menschen gestorben ist, hat sein Wort nicht als Werkzeug des Absolutismus offenbart, und Luther hatte unrecht und Thomas Münzer hatte recht. Er wurde enthauptet zu Mödlin [1525]. Seine Gefährten hatten ebenfalls recht, und sie wurden teils mit dem Schwerte hingerichtet, teils mit dem Stricke gehenkt, je nachdem sie adeliger oder bürgerlicher Abkunft waren. Markgraf Casimir von Ansbach hat, noch außer solchen Hinrichtungen, auch fünfundachtzig Bauern die Augen ausstechen lassen, die nachher im Lande herumbettelten und ebenfalls recht hatten. Wie es in Oberöstreich und Schwaben den armen Bauern erging, wie überhaupt in Deutschland viele hunderttausend Bauern, die nichts als Menschenrechte und christliche Milde verlangten, abgeschlachtet und gewürgt wurden von ihren geistlichen und weltlichen Herren, ist männiglich bekannt. Aber auch letztere hatten recht, denn sie waren noch in der Fülle ihrer Kraft, und die Bauern wurden manchmal irre an sich selber, durch die Autoritäten eines Luthers und anderer Geistlichen, die es mit den Weltlichen hielten, und durch unzeitige Kontroverse über zweideutige Bibelstellen, und weil sie manchmal Psalmen sangen statt zu fechten.

Im Jahr der Gnade 1789 begann in Frankreich derselbe Kampf um Gleichheit und Brüderschaft, aus denselben Gründen, gegen dieselben Gewalthaber, nur daß diese durch die Zeit ihre Kraft verloren und das Volk an Kraft gewonnen und nicht mehr aus dem Evangelium, sondern aus der Philosophie seine Rechtsansprüche geschöpft hatte.

Was einst, im Bauernkrieg, die Lehrer des Evangeliums versucht, das taten die Philosophen jetzt in Frankreich, und mit besserem Erfolg; sie demonstrierten dem Volke die Usurpationen des Adels und der Kirche; sie zeigten ihm, daß beide kraftlos geworden; — und das Volk jubelte auf, und als am 14. Julius 1789 das Wetter sehr günstig war, begann das Volk das Werk seiner Befreiung, und wer am 14. Julius 1790 den Platz besuchte, wo die alte, dumpfe, mürrisch unangenehme Bastille gestanden hatte, fand dort, statt dieser, ein luftig lustiges Gebäude, mit der lachenden Aufschrift: Ici on danse.

Französische Zustände. Beilage zu VI - 1832*

67

## Zur Geschichte der Freiheit

Die früheren Bestrebungen, die wir in der Geschichte der lombardischen und toskanischen Republiken, der spanischen Kommunen, und der freien Städte in Deutschland und andren Ländern erkennen, verdienen nicht die Ehre, eine Volkserhebung genannt zu werden; es war kein Streben nach Freiheit, sondern nach

Freiheiten, kein Kampf für Rechte, sondern für Gerechtsame; Korporationen stritten um Privilegien, und es blieb alles in den festen Schranken des Gilden- und Zunftwesens. Erst zur Zeit der Reformation wurde der Kampf von allgemeiner und geistiger Art, und die Freiheit wurde verlangt, nicht als ein hergebrachtes sondern als ein ursprüngliches, nicht als ein erworbenes sondern als ein angeborenes Recht. Da wurden nicht mehr alte Pergamente, sondern Prinzipien vorgebracht; und der Bauer in Deutschland und der Puritaner in England beriefen sich auf das Evangelium, dessen Aussprüche damals an Vernunft Statt galten, ja noch höher galten, nämlich als eine geoffenbarte Vernunft Gottes. Da stand deutlich ausgesprochen: daß die Menschen von gleich edler Geburt sind, daß hochmütiges Besserdünken verdammt werden muß, daß der Reichtum eine Sünde ist, und daß auch die Armen berufen sind zum Genusse, in dem schönen Garten Gottes, des gemeinsamen Vaters.

Mit der Bibel in der einen Hand und mit dem Schwerte in der anderen, zogen die Bauern durch das südliche Deutschland, und der üppigen Bürgerschaft im hochgetürmten Nüremberg ließen sie sagen: es solle künftig kein Haus im Reiche stehen bleiben, das anders aussähe als ein Bauernhaus. So wahr und tief hatten sie die Gleichheit begriffen. Noch heutigen Tags, in Franken und Schwaben, schauen wir die Spuren dieser Gleichheitslehre, und eine grauenhafte Ehrfurcht, vor dem Heiligen Geiste überschleicht den Wanderer wenn er im Mondschein die dunkeln Burgtrümmer sieht aus der Zeit des Bauernkriegs. Wohl dem, der, nüchternen Sinns, nichts anderes sieht, ist man aber ein Sonntagskind — und das ist jeder Geschichtskundige — so sieht man auch die hohe Jagd, die der deutsche Adel, der roheste der Welt, gegen die Besiegten geübt, man sieht wie tausendweis die Wehrlosen totgeschlagen, gefoltert, gespießt und gemartert wurden, und aus den wogenden Kornfeldern sieht man sie geheimnisvoll nicken die blutigen Bauernköpfe, und drüber hin hört man pfeifen eine entsetzliche Lerche, rachegellend, wie der Pfeifer vom Helfenstein.

Keine gesellschaftliche Umwälzung hat in Großbritannien stattgefunden, das Gerüste der bürgerlichen und politischen Institution blieb unzerstört, die Kastenherrschaft und das Zunftwesen hat sich dort bis auf den heutigen Tag erhalten, und obgleich getränkt von dem Lichte und der Wärme der neuern Zivilisation, verharrt England in einem mittelalterlichen Zustande, oder vielmehr im Zustande eines fashionablen Mittelalters. Die Konzessionen, die dort den liberalen Ideen gemacht worden, sind dieser mittelalterlichen Starrheit nur mühsam abgekämpft worden; und nie aus einem Prinzip, sondern aus der faktischen Notwendigkeit, sind alle modernen Verbesserungen hervorgegangen, und sie tragen alle den Fluch der Halbheit, die immer neue Drangsal und neuen Todeskampf und dessen Gefahren nötig macht. Die religiöse Reformation ist in England nur halb vollbracht, und zwischen den kahlen vier Gefängniswänden der bischöflich anglikanischen Kirche, befindet man sich noch viel schlechter, als in dem weiten, hübsch bemalten und weichgepolsterten Geisteskerker des Katholizismus. Mit der politischen Reformation ist es nicht viel besser gegangen, die Volksvertretung ist so mangelhaft als möglich: wenn die Stände sich auch nicht mehr durch den Rock trennen, so trennen sie sich doch noch immer durch verschiedenen Gerichtsstand, Patronage, Hoffähigkeit, Prärogative, Gewohnheitsvorrechte, und sonstige Fatalien; und wenn Eigentum und Person des Volks nicht mehr von aristokratischer Willkür, sondern vom Gesetze abhängen, so sind doch diese Gesetze nichts anderes als eine andere Art von Zähnen, womit die aristokratische Brut ihre Beute erhascht, und eine andere Art von Dolchen, womit sie das Volk meuchelt.

—

Die tiefste Wahrheit erblüht nur der tiefsten Liebe, und daher die Übereinstimmung in den Ansichten des älteren Bergpredigers, der gegen die Aristokratie von Jerusalem gesprochen, und jener späteren Bergprediger, die von der Höhe des Konvents zu Paris ein dreifarbiges Evangelium herabpredigten, wonach nicht bloß die Form des Staates, sondern das ganze gesellschaftliche Leben, nicht geflickt, sondern neu umgestaltet, neu begründet, ja neu geboren werden sollte.

Ich spreche von der französischen Revolution, jener Weltepoche, wo die Lehre der Freiheit und Gleichheit so siegreich emporstieg aus jener allgemeinen Erkenntnisquelle, die wir Vernunft nennen, und die, als eine unaufhörliche Offenbarung, welche sich in jedem Menschenhaupte wiederholt und ein Wissen begründet, noch weit vorzüglicher sein muß, als jene überlieferte Offenbarung, die sich nur in wenigen Auserlesenen bekundet, und von der großen Menge nur geglaubt werden kann. Diese letztgenannte Offenbarungsart, die selbst aristokratischer Natur ist, vermochte nie die Privilegienherrschaft, das bevorrechtete Kastenwesen, so sicher zu bekämpfen, wie es die Vernunft, die demokratischer Natur ist, jetzt bekämpft. Die Revolutionsgeschichte ist die Kriegsgeschichte dieses Kampfes, woran wir alle mehr oder minder teilgenommen; es ist der Todeskampf mit dem Ägyptentum.

Obgleich die Schwerter der Feinde täglich stumpfer werden, obgleich wir schon die besten Positionen besetzt, so können wir doch nicht eher das Triumphlied anstimmen, als bis das Werk vollendet ist. Wir können nur in den Zwischennächten, wenn Waffenstillstand, mit der Lanterne aufs Schlachtfeld hinausgehn, um die Toten zu beerdigen. — Wenig fruchtet die kurze Leichenrede! Die Verleumdung, das freche Gespenst, setzt sich auf die edelsten Gräber.

Wie die Helden der Revolution, so hat man die Revolution selbst verleumdet, und sie als ein Fürstenschrecknis und eine Volkscheuche dargestellt in Libellen aller Art. Man hat in den Schulen all die sogenannten Greuel der Revolution von den Kindern auswendig lernen lassen, und auf den Jahrmärkten sah man, einige Zeit, nichts anderes als grellkolorierte Bilder der Guillotine. Es ist freilich nicht zu leugnen, diese Maschine, die ein französischer Arzt, ein großer Welt-Orthopäde, Monsieur Guillotin, erfunden hat, und womit man die dummen Köpfe von den bösen Herzen sehr leicht trennen kann, diese heilsame Maschine hat man etwas oft angewandt, aber doch nur bei unheilbaren Krankheiten, zum Beispiel Verrat, Lüge, und Schwäche, und man hat die Patienten nicht lang gequält, nicht gefoltert, und nicht gerädert, wie einst tausende und aber tausende Rotüriers und Vilains, Bürger und Bauern, gequält, gefoltert und gerädert wurden, in der guten alten Zeit. Daß die Franzosen mit jener Maschine sogar das Oberhaupt ihres Staates amputiert, ist freilich entsetzlich, und man weiß nicht, ob man sie deshalb des Vatermords oder des Selbstmords beschuldigen soll; aber bei milderungsgründlicher Betrachtung finden wir, daß Ludwig von Frankreich minder ein Opfer der Leidenschaften als vielmehr der Begebenheiten geworden, und daß diejenigen Leute die das Volk zu solchem Opfer drängten und die selbst, zu allen Zeiten, in weit reichlicherem Maße, Fürstenblut vergossen haben, nicht als laute Kläger auftreten sollten. Nur zwei Könige, beide vielmehr Könige des Adels als des Volkes, hat das Volk geopfert, nicht in Friedenszeit, nicht niedriger Interessen wegen, sondern in äußerster Kriegsbedrängnis, als es sich von ihnen verraten sah, und während es seines eignen Blutes am wenigsten schonte; aber gewiß mehr als tausend Fürsten fielen meuchlings, und der Habsucht oder frivoler Interessen wegen, durch den Dolch, durch das Schwert und durch das Gift des Adels und der Pfaffen. Es ist als ob diese Kasten den Fürstenmord ebenfalls zu ihren Privilegien rechneten, und deshalb den Tod Ludwig XVI. und Karl I. um so eigennütziger beklagten. O, daß die Könige endlich einsähen, daß sie, als Könige des Volkes, im Schutze der Gesetze, viel sicherer leben können, als unter der Garde ihrer adligen Leibmörder!

—

Aber nicht bloß die Helden der Revolution und die Revolution selbst, sondern sogar unser ganzes Zeitalter hat man verleumdet, die ganze Liturgie unserer heiligsten Ideen hat man parodiert, mit unerhörtem Frevel, und wenn man sie hört oder liest, unsere schnöden Verächter, so heißt das Volk die Canaille, die Freiheit heißt Frechheit, und mit himmelnden Augen und frommen Seufzern, wird geklagt und bedauert, wir wären frivol und hätten leider keine Religion. Heuchlerische Duckmäuser, die unter der Last ihrer geheimen Sünden niedergebeugt einherschleichen, wagen es, ein Zeitalter zu lästern, das vielleicht das heiligste ist von allen seinen Vorgängern und Nachfolgern, ein Zeitalter, das sich opfert für die Sünden der Vergangenheit und für das Glück der Zukunft, ein Messias unter den Jahrhunderten, der die blutige Dornenkrone und die schwere Kreuzlast kaum ertrüge, wenn er nicht dann und wann ein heiteres Vaudeville trällerte und Späße risse über die neueren Pharisäer und Sadduzäer.

Ja, ich wiederhole die Worte, womit ich diese Blätter eröffnet: die Freiheit ist eine neue Religion, die Religion unserer Zeit. Wenn Christus auch nicht der Gott dieser Religion ist, so ist er doch ein hoher Priester derselben, und sein Name strahlt beseligend in die Herzen der Jünger. Die Franzosen sind aber das auserlesene Volk der neuen Religion, in ihrer Sprache sind die ersten Evangelien und Dogmen verzeichnet, Paris ist das neue Jerusalem, und der Rhein ist der Jordan, der das geweihte Land der Freiheit trennt von dem Lande der Philister.

Englische Fragmente. Die Befreiung. - 1828*

68

Dreierlei Liebe zur Freiheit — Der Engländer liebt die Freiheit wie ein rechtmäßiges Weib, er besitzt sie, und wenn er sie auch nicht mit absonderlicher Zärtlichkeit behandelt, so weiß er sie doch im Notfall wie ein Mann zu verteidigen.

Der Franzose liebt die Freiheit wie seine erwählte Braut. Er glüht für sie, er flammt, er wirft sich zu ihren Füßen mit den überspanntesten Beteuerungen, er schlägt sich für sie auf Tod und Leben, er begeht für sie tausenderlei Torheiten. Der Deutsche liebt die Freiheit wie seine alte Großmutter.

Englische Fragmente. Auf der Themse. 1827

69

Das Heilandsvolk — Vielleicht naht Frankreich einer schrecklichen Katastrophe. Diejenigen, welche eine Revolution anfangen, sind gewöhnlich ihre Opfer, und solches Schicksal trifft vielleicht Völker ebensogut, wie Individuen. Das französische Volk, welches die große Revolution Europas begonnen, geht vielleicht zugrunde, während nachfolgende Völker die Früchte seines Beginnens ernten.

Französische Bühne. 4. Brief. 1837*

70

Blick vom Père La Chaise — Eben war die Sonne untergegangen, ihre letzten Strahlen schienen wehmütig Abschied zu nehmen, die Nebel der Dämmerung umhüllten wie weiße Laken das kranke Paris, und ich weinte bitterlich über die unglückliche Stadt, die Stadt der Freiheit, der Begeisterung und des Martyrtums, die Heilandstadt, die für die weltliche Erlösung der Menschheit schon so viel gelitten!

Französische Zustände. VI - 1832*

71

Schweizer Würde der Persönlichkeit — Die Tiroler sind schön, heiter, ehrlich, brav, und von unergründlicher Geistesbeschränktheit. Sie sind eine gesunde Menschenrasse, vielleicht weil sie zu dumm sind, um krank sein zu können. Auch eine edle Rasse möchte ich sie nennen, weil sie sich in ihren Nahrungsmitteln sehr wählig und in ihren Gewöhnungen sehr reinlich zeigen; nur fehlt ihnen ganz und gar das Gefühl von der Würde der Persönlichkeit. Als ich vorigen Sommer in den glänzenden Konzertsälen der Londoner fashionablen Welt diese Tiroler Sänger, gekleidet in ihre heimatliche Volkstracht, das Schaugerüst betreten sah und von da herab jene Lieder hörte, die in den Tiroler Alpen so naiv und fromm gejodelt werden — da verzerrte sich alles in meiner Seele, ich habe nicht mitklatschen können bei dieser schamlosen Verschacherung des Verschämtesten, und ein Schweizer, der gleich fühlend mit mir den Saal verließ, bemerkte ganz richtig: «Wir Schwyzer geben auch viel fürs Geld, unsere besten Käse und unser bestes Blut, aber das Alphorn können wir in der Fremde kaum blasen hören, vielweniger es selbst blasen für Geld.»

Reise von München nach Genua. XI - 1818

72

Ich liebe keine Republiken – (ich habe einige Zeit in Hamburg, Bremen und Frankfurt gelebt) — ich liebe das Königtum, außerdem werde ich als Poet eher bestochen von Taten der Treue, als von Taten der Freiheit. Dennoch liebe ich die Schweizer mehr, als die Tiroler. Jene fühlen mehr die Würde der Persönlichkeit.

Dasselbe. Nur in der Handschrift

73

Die Jagenden und die Gejagten — Die Jagd am Strande soll ebenfalls ein großes Vergnügen gewähren. Was mich betrifft, so weiß ich es nicht sonderlich zu schätzen. Der Sinn für das Edle, Schöne und Gute läßt sich oft durch Erziehung den Menschen beibringen; aber der

Sinn für die Jagd liegt im Blute. Wenn die Ahnen, schon seit undenklichen Zeiten, Rehböcke geschossen haben, so findet auch der Enkel ein Vergnügen an dieser legitimen Beschäftigung. Meine Ahnen gehörten aber nicht zu den Jagenden, viel eher zu den Gejagten, und soll ich auf die Nachkömmlinge ihrer ehemaligen Kollegen losdrücken, so empört sich dawider mein Blut. Ja, aus Erfahrung weiß ich, daß, nach abgesteckter Mensur, es mir weit leichter wird, auf einen Jäger loszudrücken, der die Zeiten zurückwünscht, wo auch Menschen zur hohen Jagd gehörten. Gottlob, diese Zeiten sind vorüber! Gelüstet es jetzt solche Jäger, wieder einen Menschen zu jagen, so müssen sie ihn dafür bezahlen, wie zum Beispiel den Schnelläufer, den ich vor zwei Jahren in Göttingen sah. Der arme Mensch hatte sich schon in der schwülen Sonntagshitze ziemlich müde gelaufen, als einige hannövrische Junker, die dort Humaniora studierten, ihm ein paar Taler boten, wenn er den zurückgelegten Weg nochmals laufen wolle; und der Mensch lief, und er war totblaß und trug eine rote Jacke, und dicht hinter ihm, im wirbelnden Staube, galoppierten die wohlgenährten, edlen Jünglinge, auf hohen Rossen, deren Hufen zuweilen den gehetzten, keuchenden Menschen trafen, und es war ein Mensch.

Reisebilder. Nordsee III - 1827

74

Freiheit und Freiheiten — Wenn Vaterland das erste Wort des Polen ist, so ist Freiheit das zweite. Ein schönes Wort! Nächst der Liebe gewiß das schönste. Aber es ist auch nächst der Liebe das Wort, das am meisten mißverstanden wird, und ganz entgegengesetzten Dingen zur Bezeichnung dienen muß. Hier ist das der Fall. Die Freiheit der meisten Polen ist nicht die göttliche, die Washingtonsche; nur ein geringer Teil, nur Männer wie Kosciuszko haben letztere begriffen und zu verbreiten gesucht. Viele zwar sprechen enthusiastisch von dieser Freiheit, aber sie machen keine Anstalt, ihre Bauern zu emanzipieren. Das Wort Freiheit, das so schön und volltönend in der polnischen Geschichte durchklingt, war nur der Wahlspruch des Adels, der dem Könige so viel Rechte als möglich abzuzwängen suchte, um seine eigne Macht zu vergrößern.

Jener Grundsatz von der stürmischen Freiheit, die besser sein mag, als ruhige Knechtschaft, hat dennoch, trotz seiner Herrlichkeit, die Polen ins Verderben gestürzt. Aber es ist auch erstaunlich, wenn man sieht, welche Macht schon das bloße Wort Freiheit auf ihre Gemüter ausübt; sie glühen und flammen, wenn sie hören, daß irgend für die Freiheit gestritten wird; ihre Augen schauen leuchtend nach Griechenland und Südamerika. In Polen selbst aber wird, wie ich oben schon gesagt, unter Niederdrückung der Freiheit bloß die Beschränkung der Adelsrechte verstanden, oder gar die allmählige Ausgleichung der Stände. Wir wissen das besser; die Freiheiten müssen untergehn, wo die allgemeine gesetzliche Freiheit gedeihen soll. Über Polen. 1822*

75

Unterdrückungssucht — Daß die große Masse des englischen Volkes gegen die Katholiken gestimmt ist, und täglich das Parlament bestürmt, ihnen nicht mehr Rechte einzuräumen, ist ganz in der Ordnung. Es liegt in der menschlichen Natur eine solche Unterdrückungssucht, und wenn wir auch, was jetzt beständig geschieht, über bürgerliche Ungleichheit klagen, so sind alsdann unsere Augen nach oben gerichtet, wir sehen nur diejenigen, die über uns stehen, und deren Vorrechte uns beleidigen; abwärts sehen wir nie bei solchen Klagen, es kommt uns nie in den Sinn, diejenigen, welche durch Gewohnheitsunrecht noch unter uns gestellt sind, zu uns heraufzuziehen, ja uns verdrießt es sogar, wenn diese ebenfalls in die Höhe streben, und wir schlagen ihnen auf die Köpfe. Der Kreole verlangt die Rechte des Europäers, spreizt sich aber gegen den Mulatten, und sprüht Zorn, wenn dieser sich ihm gleichstellen will. Ebenso handelt der Mulatte gegen den Mestizen und dieser wieder gegen den Neger. Der Frankfurter Spießbürger ärgert sich über Vorrechte des Adels; aber er ärgert sich noch mehr, wenn man ihm zumutet, seine Juden zu emanzipieren. Ich habe einen Freund in Polen, der für Freiheit und Gleichheit schwärmt, aber bis auf diese Stunde seine Bauern noch nicht aus ihrer Leibeigenschaft entlassen hat.

Englische Fragmente. Die Emanzipation. 1828

76

## Der Spartacus von Downing-Street

Georg Canning, weiland Gladiator im Dienste der Tories, als er endlich die Ketten der Geistessklaverei abschütteln konnte, erhob er sich in aller Majestät seines angebornen Bürgertums, und zum Entsetzen seiner ehemaligen Gönner, ein Spartacus von Downing-Street, proklamierte er die bürgerliche und kirchliche Freiheit für alle Völker, und gewann für England alle liberalen Herzen und hierdurch die Obermacht in Europa.

Nimmermehr vergesse ich die Stunde, als ich Georg Canning über die Rechte der Völker sprechen hörte, und jene Befreiungsworte vernahm, die wie heilige Donner über die ganze Erde rollten, und in der Hütte des Mexikaners wie des Hindu ein tröstendes Echo zurückließen. «That is my thunder!» konnte Canning damals sagen. Seine schöne, volle tiefsinnige Stimme drang wehmütig kraftvoll aus der kranken Brust, und es waren klare, entschleierte, todbekräftigte Scheideworte eines Sterbenden. Einige Tage vorher war seine Mutter gestorben, und die Trauerkleidung, die er deshalb trug, erhöhte die Feierlichkeit seiner Erscheinung. Ich sehe ihn noch in einem schwarzen Oberrocke und mit seinen schwarzen Handschuhen. Diese betrachtete er manchmal, während er sprach, und wenn er dabei besonders nachsinnend aussah, dann dachte ich: jetzt denkt er vielleicht an seine tote Mutter und an ihr langes Elend, und an das Elend des übrigen armen Volkes, das im reichen England verhungert, und diese Handschuhe sind dessen Garantien, daß Canning weiß, wie ihm zu Mute ist, und ihm helfen will. In der Heftigkeit der Rede riß er einmal einen jener Handschuhe von der Hand, und ich glaubte schon, er wollte ihn der ganzen hohen Aristokratie von England vor die Füße werfen, als den schwarzen Fehdehandschuh der beleidigten Menschheit.

Französische Zustände IV - 1832*

77

An Bord eines Ostindienfahrers — Es war ein riesenhaftes Schiff und zahlreich bemannt mit Hindostanern. Die grotesken Gestalten und Gruppen, die seltsam bunten Trachten, die rätselhaften Mienen, die wunderlichen Leibesbewegungen, der wildfremde Klang der Sprache, des Jubels und des Lachens, dabei wieder der Ernst auf einigen sanftgelben Gesichtern, deren Augen, wie schwarze Blumen, mich mit abenteuerlicher Wehmut ansahen — alles das erregte in mir ein Gefühl wie Verzauberung, ich war plötzlich wie versetzt in Schehezerades Märchen, und ich meinte schon, nun müßten auch breitblättrige Palmen und langhälsige Kamele, und goldbedeckte Elefanten und andre fabelhafte Bäume und Tiere zum Vorschein kommen. Der Superkargo, der sich auf dem Schiffe befand, und die Sprache jener Leute ebenso wenig verstand als ich, konnte mir, mit echtbritischer Beschränktheit, nicht genug erzählen, was das für ein närrisches Volk sei, fast lauter Mahomedaner, zusammengewürfelt aus allen

Ländern Asiens, von der Grenze Chinas bis ans Arabische Meer, darunter sogar einige pechschwarze, wollhaarige Afrikaner.

Des dumpfen abendländischen Wesens so ziemlich überdrüssig, so recht Europa-müde wie ich mich damals manchmal fühlte, war mir dieses Stück Morgenland, das sich jetzt heiter und bunt vor meinen Augen bewegte, eine erquickliche Labung, mein Herz erfrischten wenigstens einige Tropfen jenes Trankes, wonach es in trüb hannövrischen oder königlich preußischen Winternächten so oft geschmachtet hatte, und die fremden Leute mochten es mir wohl ansehen, wie angenehm mir ihre Erscheinung war, und wie gern ich ihnen ein Liebeswörtchen gesagt hätte. Daß auch ich ihnen recht wohlgefiel, war den innigen Augen anzusehen, und sie hätten mir ebenfalls gern etwas Liebes gesagt, und es war eine Trübsal, daß keiner des andern Sprache verstand.

Englische Fragmente. Wellington. 1828*

78

## Das Sklavenschiff

1

Der Superkargo Mynheer van Koek
Sitzt rechnend in seiner Kajüte;
Er kalkuliert der Ladung Betrag
Und die probabeln Profite.

«Der Gummi ist gut, der Pfeffer ist gut,
Dreihundert Säcke und Fässer;
Ich habe Goldstaub und Elfenbein —
Die schwarze Ware ist besser.

Sechshundert Neger tauschte ich ein
Spottwohlfeil am Senegalflusse.
Das Fleisch ist hart, die Sehnen sind stramm,
Wie Eisen vom besten Gusse.

Ich hab zum Tausche Branntewein,
Glasperlen und Stahlzeug gegeben;
Gewinne daran achthundert Prozent,
Bleibt mir die Hälfte am Leben.

Bleiben mir Neger dreihundert nur
Im Hafen von Rio-Janeiro,
Zahlt dort mir hundert Dukaten per Stück
Das Haus Gonzales Perreiro.»

Da plötzlich wird Mynheer van Koek
Aus seinen Gedanken gerissen;
Der Schiffschirurgius tritt herein,
Der Doktor van der Smissen.

Das ist eine klapperdürre Figur,
Die Nase voll roter Warzen —
«Nun, Wasserfeldscherer», ruft van Koek,
«Wie gehts meinen lieben Schwarzen?»

Der Doktor dankt der Nachfrage und spricht:
«Ich bin zu melden gekommen,
Daß heute Nacht die Sterblichkeit
Bedeutend zugenommen.

Im Durchschnitt starben täglich zwei,
Doch heute starben sieben,
Vier Männer, drei Frauen – Ich hab den Verlust
Sogleich in die Kladde geschrieben.

Ich inspizierte die Leichen genau;
Denn diese Schelme stellen
Sich manchmal tot, damit man sie
Hinabwirft in die Wellen.

Ich nahm den Toten die Eisen ab;
Und wie ich gewöhnlich tue,
Ich ließ die Leichen werfen ins Meer
Des Morgens in der Fruhe.

Es schossen alsbald hervor aus der Flut
Haifische, ganze Heere,
Sie lieben so sehr das Negerfleisch;
Das sind meine Pensionäre.

Sie folgten unseres Schiffes Spur,
Seit wir verlassen die Küste;
Die Bestien wittern den Leichengeruch
Mit schnupperndem Fraßgelüste.

Es ist possierlich anzusehn,
Wie sie nach den Toten schnappen!
Die faßt den Kopf, die faßt das Bein,
Die andern schlucken die Lappen.

Ist alles verschlungen, dann tummeln sie sich
Vergnügt um des Schiffes Planken
Und glotzen mich an, als wollten sie
Sich für das Frühstück bedanken.»

Doch seufzend fällt ihm in die Red
Van Koek: «Wie kann ich lindern
Das Übel? wie kann ich die Progression
Der Sterblichkeit verhindern?»

Der Doktor erwidert: «Durch eigne Schuld
Sind viele Schwarze gestorben;
Ihr schlechter Odem hat die Luft
Im Schiffsraum so sehr verdorben.

Auch starben viele durch Melancholie,
Dieweil sie sich tödlich langweilen;
Durch etwas Luft, Musik und Tanz
Läßt sich die Krankheit heilen.»

Da ruft van Koek: «Ein guter Rat!
Mein teurer Wasserfeldscherer
Ist klug wie Aristoteles,
Des Alexanders Lehrer.

Der Präsident der Sozietät
Der Tulpenveredlung im Delfte
Ist sehr gescheit, doch hat er nicht
Von Eurem Verstande die Hälfte.

Musik! Musik! Die Schwarzen solln
Hier auf dem Verdecke tanzen.
Und wer sich beim Hopsen nicht amüsiert,
Den soll die Peitsche kuranzen.»

2

Hoch aus dem blauen Himmelszelt
Viel tausend Sterne schauen,
Sehnsüchtig glänzend, groß und klug,
Wie Augen von schönen Frauen.

Sie blicken hinunter in das Meer,
Das weithin überzogen
Mit phosphorstrahlendem Purpurduft;
Wollüstig girren die Wogen.

Kein Segel flattert am Sklavenschiff,
Es liegt wie abgetakelt;
Doch schimmern Laternen auf dem Verdeck,
Wo Tanzmusik spektakelt.

Die Fiedel streicht der Steuermann,
Der Koch, der spielt die Flöte,
Ein Schiffsjung schlägt die Trommel dazu,
Der Doktor bläst die Trompete.

Wohl hundert Neger, Männer und Fraun,
Sie jauchzen und hopsen und kreisen
Wie toll herum; bei jedem Sprung
Taktmäßig klirren die Eisen.

Sie stampfen den Boden mit tobender Lust,
Und manche schwarze Schöne
Umschlingt wollüstig den nackten Genoß —
Dazwischen ächzende Töne.

Der Büttel ist maître des plaisirs,
Und hat mit Peitschenhieben
Die lässigen Tänzer stimuliert,
Zum Frohsinn angetrieben.

Und Dideldumdei und Schnedderedeng!
Der Lärm lockt aus den Tiefen
Die Ungetüme der Wasserwelt,
Die dort blödsinnig schliefen.

Schlaftrunken kommen geschwommen heran
Haifische, viele hundert;
Sie glotzen nach dem Schiff hinauf,
Sie sind verdutzt, verwundert.

Sie merken, daß die Frühstückstund
Noch nicht gekommen, und gähnen,
Aufsperrend den Rachen; die Kiefer sind
Bepflanzt mit Sägezähnen.

Und Dideldumdei und Schnedderedeng —
Es nehmen kein Ende die Tänze.
Die Haifische beißen vor Ungeduld
Sich selber in die Schwänze.

Ich glaube, sie lieben nicht die Musik,
Wie viele von ihrem Gelichter.
Trau keiner Bestie, die nicht liebt
Musik! sagt Albions großer Dichter.

Und Schnedderedeng und Dideldumdei —
Die Tänze nehmen kein Ende.
Am Fockmast steht Mynheer van Koek
Und faltet betend die Hände:

«Um Christi willen verschone, o Herr,
Das Leben der schwarzen Sünder!
Erzürnten sie dich, so weißt du ja,
Sie sind so dumm wie die Rinder.

Verschone ihr Leben um Christi willn,
Der für uns alle gestorben!
Denn bleiben mir nicht dreihundert Stück,
So ist mein Geschäft verdorben.»

Gedichte. 1853 und 1854*

79

Die Schwarze Schmach Amerikas — Soll ich nach Amerika, nach diesem ungeheuren Freiheitsgefängnis, wo die unsichtbaren Ketten mich noch schmerzlicher drücken würden, als zu Hause die sichtbaren, und wo der widerwärtigste aller Tyrannen, der Pöbel, seine rohe Herrschaft ausübt! Dort gibt es weder Fürsten noch Adel, alle Menschen sind dort gleich, gleiche Flegel... mit Ausnahme freilich einiger Millionen, die eine schwarze oder braune Haut haben und wie die Hunde behandelt werden! Die eigentliche Sklaverei, die in den meisten nordamerikanischen Provinzen abgeschafft, empört mich nicht so sehr, wie die Brutalität, womit dort die freien Schwarzen und die Mulatten behandelt werden. Wer auch nur im entferntesten Grade von einem Neger stammt, und wenn auch nicht mehr in der Farbe, sondern nur in der Gesichtsbildung eine solche Abstammung verrät, muß die größten Kränkungen erdulden, Kränkungen, die uns in Europa fabelhaft dünken. Dabei machen diese Amerikaner großes Wesen von ihrem Christentum und sind die eifrigsten Kirchengänger. Solche Heuchelei haben sie von den Engländern gelernt, die ihnen übrigens ihre schlechtesten Eigenschaften zurückließen. Der weltliche Nutzen ist ihre eigentliche Religion, und das Geld ist ihr Gott, ihr einziger, allmächtiger Gott. Freilich, manches edle Herz mag dort im Stillen die allgemeine Selbstsucht und Ungerechtigkeit bejammern. Will es aber gar dagegen ankämpfen, so harret seiner ein Märtyrtum, das alle europäischen Begriffe übersteigt. Ich glaube, es war in New York, wo ein protestantischer Prediger über die Mißhandlung der farbigen Menschen so empört war, daß er, dem grausamen

Vorurteil trotzend, seine eigene Tochter mit einem Neger verheiratete. Sobald diese wahrhaft christliche Tat bekannt wurde, stürmte das Volk nach dem Hause des Predigers, der nur durch die Flucht dem Tode entrann; aber das Haus ward demoliert, und die Tochter des Predigers, das arme Opfer, ward vom Pöbel ergriffen und mußte seine Wut entgelten. She was flinshed, das heißt, sie ward splitternackt ausgekleidet, mit Teer bestrichen, in den aufgeschnittenen Federbetten herumgewälzt, in solcher anklebenden Federhülle durch die ganze Stadt geschleift und verhöhnt...

O Freiheit! du bist ein böser Traum!

Ludwig Börne. 2. Buch. 1839*

80

Das Völkerrecht der Freiheit — Nicht mehr die gekrönten Häuptlinge, sondern die Völker selbst sind die Helden der neuern Zeit, auch diese Helden haben eine heilige Allianz geschlossen, sie halten zusammen, wo es gilt für das gemeinsame Recht, für das Völkerrecht der religiösen und politischen Freiheit, sie sind verbunden durch die Idee, sie haben sie beschworen und dafür geblutet, ja sie sind selbst zur Idee geworden — und deshalb zuckt es gleich schmerzhaft durch alle Völkerherzen, wenn irgendwo, sei es auch im äußersten Winkel der Erde, die Idee beleidigt wird.

Englische Fragmente. Emanzipation. 1828

81

BEFREIUNGSKRIEG DER MENSCHHEIT — Aber ach! jeder Zoll, den die Menschheit weiterrückt, kostet Ströme Blutes; und ist das nicht etwas zu teuer? Ist das Leben des Individuums nicht vielleicht ebensoviel wert wie das des ganzen Geschlechtes? Denn jeder einzelne Mensch ist schon eine Welt, die mit ihm geboren wird und mit ihm stirbt, unter jedem Grabstein liegt eine Weltgeschichte — Still davon, so würden die Toten sprechen, die hier gefallen sind, wir aber leben und wollen weiter kämpfen im heiligen Befreiungskriege der Menschheit.

Reise von München nach Genua XXX - 1829

# XI. NAPOLÉON

... der Mann der Idee, der ideegewordene Mensch. An Varnhagen. 1. Mai 1827

## 82

Napoléonische Synthese — Es sind schon viele große Männer über diese Erde geschritten, hier und da sehen wir die leuchtenden Spuren ihrer Fußstapfen, und in heiligen Stunden treten sie, wie Nebelgebilde vor unsere Seele; aber ein ebenfalls großer Mann sieht seine Vorgänger weit deutlicher; aus einzelnen Funken ihrer irdischen Lichtspur erkennt er ihr geheimstes Tun, aus einem einzigen hinterlassenen Worte erkennt er alle Falten ihres Herzens; und solchermaßen, in einer mystischen Gemeinschaft, leben die großen Männer aller Zeiten.

Ein solcher ist Napoléon Bonaparte. Wir wissen von ihm, von seinem Leben und Streben, mehr als von den andern Großen dieser Erde, und täglich erfahren wir davon noch mehr und mehr. Wir sehen, wie das verschüttete Götterbild langsam ausgegraben wird, und mit jeder Schaufel Erdschlamm, die man von ihm abnimmt, wächst unser freudiges Erstaunen über das Ebenmaß und die Pracht der edlen Formen, die da hervortreten, und die Geistesblitze der Feinde, die das große Bild zerschmettern wollen, dienen nur dazu, es desto glanzvoller zu beleuchten.

Ein solcher Geist ist es, worauf Kant hindeutet, wenn er [in der Kritik der teleologischen Urteilskraft] sagt: daß wir uns einen Verstand denken können, der, weil er nicht wie der unsrige diskursiv, sondern intuitiv ist, vom synthetisch Allgemeinen, der Anschauung eines Ganzen als eines solchen, zum Besonderen geht, das ist, von dem Ganzen zu den Teilen. Ja, was wir durch langsames analytisches Nachdenken und lange Schlußfolgen erkennen, das hatte jener Geist im selben Momente angeschaut und tief begriffen. Daher sein Talent, die Zeit, die Gegenwart zu verstehen, ihren Geist zu kajolieren, ihn nie zu beleidigen und immer zu benutzen.

Da aber dieser Geist der Zeit nicht bloß revolutionär ist, sondern durch den Zusammenfluß beider Ansichten, der revolutionären und der konterrevolutionären, gebildet worden, so handelte Napoléon nie ganz revolutionär und nie ganz konterrevolutionär, sondern immer im Sinne beider Ansichten, beider Prinzipien, beider Bestrebungen, die in ihm ihre Vereinigung fanden, und demnach handelte er beständig naturgemäß, einfach, groß, nie krampfhaft barsch, immer ruhig milde. Daher intrigierte er nie im Einzelnen, und seine Schläge geschahen immer durch seine Kunst, die Massen zu begreifen und zu lenken. Zur verwickelten, langsamen Intrige neigen sich kleine, analytische Geister, hingegen synthetische, intuitive Geister wissen auf wunderbar geniale Weise die Mittel, die ihnen die Gegenwart bietet, so zu verbinden, daß sie dieselben zu ihrem Zwecke schnell benutzen können. Erstere scheitern sehr oft, da keine menschliche Klugheit alle Vorfallenheiten des Lebens voraussehen kann und die Verhältnisse des Lebens nie lange stabil sind; letzteren hingegen, den intuitiven Menschen, gelingen ihre Vorsätze am leichtesten, da sie nur einer richtigen Berechnung des Vorhandenen bedürfen, und so schnell handeln, daß dieses durch die Bewegung der Lebenswogen, keine plötzliche, unvorhergesehene Veränderung erleiden kann.

Reisebilder. Nordsee III - 1826

83

BIS ZUM 18. BRUMAIRE — Ich bitte Dich, lieber Leser, halte mich nicht für einen unbedingten Bonapartisten; meine Huldigung gilt nicht den Handlungen, sondern nur dem Genius des Mannes. Unbedingt liebe ich ihn nur bis zum achtzehnten Brumaire — da verriet er die Freiheit. Und er tat es nicht aus Notwendigkeit, sondern aus geheimer Vorliebe für Aristokratismus. Napoléon Bonaparte war ein Aristokrat, ein adeliger Feind der bürgerlichen Gleichheit, und es war ein kolossales Mißverständnis, daß die europäische Aristokratie, repräsentiert von England, ihn so todfeindlich bekriegte; denn wenn er auch in dem Personal dieser Aristokratie einige Veränderungen vorzunehmen beabsichtigte, so hätte er doch den größten Teil derselben und ihr eigentliches Prinzip erhalten, er würde diese Aristokratie regeneriert haben, statt daß sie jetzt darniederliegt durch Altersschwäche, Blutverlust und Ermüdung von ihrem letzten, gewiß allerletzten Sieg.

Reise von München nach Genua XXIX - 1829

84

Der Washington Europas — Dem Bonaparte, der ein Washington von Europa werden konnte, und nur dessen Napoléon ward, ihm ist nie wohl geworden in seinem kaiserlichen Purpurmantel; ihn verfolgte die Freiheit wie der Geist einer erschlagenen Mutter, er hörte überall ihre Stimme, sogar des Nachts, aus den Armen der anvermählten Legitimität schreckte sie ihn vom Lager; und dann sah man ihn hastig umherrennen in den hallenden Gemächern der Tuilerien, und er schalt und tobte; und wenn er dann des Morgens, bleich und müde, in den Staatsrat kam, so klagte er über Ideologie, und wieder Ideologie, und sehr gefährliche Ideologie, und Corvisart schüttelte das Haupt.

Französische Maler 1831

85

Der Adel siegte bei Leipzig — Mit seinem Instinkt begreift das Volk die Ereignisse vielleicht besser als wir mit allen unseren Hilfskenntnissen. So erzählte mir einst Frau von Varnhagen: als man den Ausgang der Schlacht bei Leipzig noch nicht wußte, sei plötzlich die Magd ins Zimmer gestürzt, mit dem Angstschrei: «der Adel hat gewonnen.»

Ludwig Börne. 2. Buch. 1839*

86

Das Unglück von Waterloo — Es sind nicht bloß die Franzosen und der Kaiser, welche zu Waterloo unterlagen — die Franzosen stritten dort freilich für ihren eignen Herd, aber sie waren zu gleicher Zeit die heiligen Kohorten, welche die Sache der Revolution vertraten, und ihr Kaiser kämpfte hier nicht sowohl für seine Krone, als auch für das Banner der Revolution, das er trug; er war der Gonfaloniere der Demokratie, wie Wellington der Fahnenjunker der Aristokratie war, als beider Heere auf dem Blachfelde von Waterloo sich gegenüberstanden. — Und diese letztere siegte, die schlechte Sache des verjährten Vorrechts, der servile Knechtsinn und die Lüge triumphierten, und es waren die Interessen der Freiheit, der Gleichheit, der Brüderschaft, der Wahrheit und der Vernunft, es war die Menschheit, welche zu Waterloo die Schlacht verloren. Wir in Deutschland, wir waren nicht die Düpes jener plenipotentiaren Tartüffe, welche, mit der rohen Übermacht die feige Heuchelei verbindend, in ihren Proklamationen erklärten, daß sie nur gegen einen einzigen Menschen, der Napoléon Bonaparte heiße, den Krieg führten: wir wußten sehr gut, daß man, wie das Sprichwort sagt, auf den Sack schlägt und den Esel meint, daß man in jenem einzigen Mann auch uns schlug, auch uns verhöhnte, uns kreuzigte, daß der «Bellerophon» auch uns transportierte, daß Hudson Lowe auch uns quälte, daß der Marterfelsen von Sankt Helena unser eignes Golgatha war, und unsere erste Leidensstation Waterloo hieß! Geständnisse. Aus der Handschrift. 1852*

87

WELLINGTON UND NAPOLÉON — Was mich am meisten ärgert, ist der Gedanke, daß Arthur Wellington ebenso unsterblich wird wie

Napoléon Bonaparte. Ist doch, in ähnlicher Weise, der Name Pontius Pilatus ebenso unvergeßlich geblieben, wie der Name Christi. Wellington und Napoléon! Es ist ein wunderbares Phänomen, daß der menschliche Geist, sich beide zu gleicher Zeit denken kann. Es gibt keine größern Kontraste als diese beiden, schon in ihrer äußern Erscheinung. Wellington, das dumme Gespenst, mit einer aschgrauen Seele in einem steifleinenen Körper, ein hölzernes Lächeln in dem frierenden Gesichte — daneben denke man sich das Bild Napoléons, jeder Zoll ein Gott!

Nie schwindet dieses Bild aus meinem Gedächtnisse. Ich sehe ihn immer noch hoch zu Roß, mit den ewigen Augen in dem marmornen Imperatorgesichte, schicksalruhig hinabblickend auf die vorbeidefilierende Garden — er schickte sie damals nach Rußland, und die alten Grenadiere schauten zu ihm hinauf, so schauerlich ergeben, so mitwissend ernst, so todesstolz. —

Te, Caesar, morituri salutant!

Manchmal überschleicht mich geheimer Zweifel, ob ich ihn wirklich selbst gesehen, ob wir wirklich seine Zeitgenossen waren, und es ist mir dann als ob sein Bild, losgerissen aus dem kleinen Rahmen der Gegenwart, immer stolzer und herrischer zurückweiche in vergangenheitliche Dämmerung. Englische Fragmente. Wellington. 1828*

88

Napoléon und Lafayette — Was auch die verblendeten Freunde und die heuchlerischen Feinde sagen mögen, Lafayette ist, nächst

Robespierre, der reinste Charakter der französischen Revolution, und nächst Napoléon ist er ihr populärster Held. Napoléon und Lafayette sind die beiden Namen, die jetzt in Frankreich am schönsten blühen. Freilich ihr Ruhm ist verschiedener Art; dieser kämpfte mehr für den Frieden als für den Sieg, und jener kämpfte mehr um den Lorbeer als um den Eichenkranz. Freilich, es wäre lächerlich, wenn man die Größe beider Helden messen wollte mit demselben Maßstabe, und den einen hinstellen wollte auf das Postament des andern. Es wäre lächerlich, wenn man das Standbild des Lafayette auf die Vendômesäule setzen wollte, auf jene Säule, die aus den erbeuteten Kanonen so vieler Schlachten gegossen worden, und deren Anblick, wie Barbier singt, keine französische Mutter ertragen kann.

Lafayette gründete sich eine bessere Säule als die des Vendômeplatzes, und ein besseres Standbild als von Metall oder Marmor. Wo gibt es Marmor so rein wie das Herz, wo gibt es Metall so fest wie die Treue des alten Lafayette? Freilich, er war immer einseitig, aber einseitig wie die Magnetnadel, die immer nach Norden zeigt, niemals zur Abwechslung einmal nach Süden oder Osten. So sagt Lafayette seit vierzig Jahren täglich dasselbe, und zeigt beständig nach Nordamerika; er ist es, der die Revolution eröffnete mit der Erklärung der Menschenrechte; noch zu dieser Stunde beharrt er auf dieser Erklärung, ohne welche kein Heil zu erwarten sei — der einseitige Mann mit seiner einseitigen Himmelsgegend der Freiheit!

Es ist freilich wahr, daß dennoch der tote Napoléon noch mehr von den Franzosen geliebt wird, als der lebende Lafayette. Vielleicht eben weil er tot ist, was wenigstens mir das Liebste an Napoléon ist; denn lebte er noch, so müßte ich ihn ja bekämpfen helfen. Man hat außer Frankreich keinen Begriff davon, wie sehr noch das französische Volk an Napoléon hängt. «Napoléon» ist für die Franzosen ein Zauberwort, das sie elektrisiert und betäubt. Wie die Juden den Namen ihres Gottes nicht eitel aussprechen, so wird hier Napoléon selten bei seinem Namen genannt, und er heißt immer «der Mann», «l'homme». Aber sein Bild sieht man überall, in Kupferstich und Gips, in Metall und Holz, und in allen Situationen. Auf allen Boulevards und Carrefours stehen Redner, die ihn preisen, den Mann, Volkssänger, die seine Taten besingen. Als ich gestern abend beim Nachhausegehen in ein einsam dunkles Gäßchen geriet, stand dort ein Kind von höchstens drei Jahren vor einem Talglichtchen, das in die Erde gesteckt war, und lallte ein Lied zum Ruhme des großen Kaisers. Als ich ihm einen Sou auf das ausgebreitete Taschentuch hinwarf, rutschte etwas neben mir, welches ebenfalls um einen Sou bat. Es war ein alter Soldat, der ebenfalls von dem Ruhme des großen Kaisers ein Liedchen singen konnte, denn dieser Ruhm hatte ihm beide Beine gekostet. Der arme Krüppel bat mich nicht im Namen Gottes, sondern mit gläubigster Innigkeit flehte er: «Au nom de Napoléon, donnez-moi un sou.» So dient dieser Name auch als das höchste

Beschwörungswort des Volkes, Napoléon ist sein Gott, sein Kultus, seine Religion.

Mehr aber noch als unter jeder andern Volksklasse herrscht die Verehrung Lafayettes unter dem eigentlichen Mittelstande, unter Gewerbsleuten und Kleinhändlern. Diese vergöttern ihn. Lafayette, der ordnungstiftende, ist der Abgott dieser Leute. Sie verehren ihn als eine Art Vorsehung zu Pferde, als einen bewaffneten Schutzpatron der öffentlichen Sicherheit, als einen Genius der Freiheit, der zugleich sorgt, daß beim Freiheitskampfe nicht gestohlen wird, und jeder das liebe Seinige behält! Die große Armee der öffentlichen Ordnung, wie Casimir Périer die Nationalgarde genannt hat, die wohlgenährten Helden mit großen Bärenmützen, worin Krämerköpfe stecken, sind außer sich vor Entzücken, wenn sie von Lafayette sprechen, ihrem alten General, ihrem Friedens-Napoléon. Ja er ist der Napoléon der petite bourgeoisie, jener braven, zahlungsfähigen Leute, jener Gevatter Schneider und Handschuhmacher, die zwar des Tages über zu sehr beschäftigt sind, um an Lafayette denken zu können, die ihn aber nachher, des Abends, mit verdoppeltem Enthusiasmus preisen, so daß man wohl behaupten kann, daß um eilf Uhr, wenn die meisten Butiken geschlossen sind, der Ruhm des Lafayette seine höchste Blüte erreicht. Französische Zustände. II - 1832

89

Heilandsbilder — Man hat keinen Begriff davon, welchen Eindruck der Tod des jungen Napoléon bei den untern Klassen des französischen Volks hervorgebracht.

In allen Hütten hängt das Bild des Kaisers. Überall fand ich es mit Trauerblumen bekränzt, wie Heilandsbilder in der Karwoche. Viele Soldaten trugen Flor. Ein alter Stelzfuß reichte mir wehmütig die Hand mit den Worten: «A présent tout es fini.»

Am öftersten fand ich in den Bauernhäusern das Bild des Kaisers, wie er zu Jaffa das Lazarett besucht, und wie er zu St. Helena auf dem Todbette liegt. Beide Darstellungen tragen auffallende Ähnlichkeit mit den Heiligenbildern jener christlichen Religion, die jetzt in Frankreich erloschen ist. Auf dem einen Bilde gleicht Napoléon einem Heilande, von dessen Berührung die Pestkranken zu genesen scheinen; auf dem andern Bilde stirbt er gleichsam den Tod der Sühne.

Wir, die wir von einer andern Symbolik befangen sind, wir sehen in Napoléons Martyrtod auf St. Helena keine Versöhnung in dem angedeuteten Sinne, der Kaiser büßte dort für den schlimmsten seiner Irrtümer, für die Treulosigkeit, die er gegen die Revolution, seine Mutter, begangen. Die Geschichte hatte längst gezeigt, wie die Vermählung zwischen dem Sohne der Revolution und der Tochter der Vergangenheit nimmermehr gedeihen konnte, — und jetzt sehen wir auch, wie die einzige Frucht solcher Ehe nicht lange zu leben vermochte und kläglich dahinstarb.

Französische Zustände. Normandie. 1832

90

Branntwein-Ruhm in vollen Zügen — War wirklich die Zeit des Kaiserreichs in Frankreich so schön und beglückend, wie diese Bonapartisten, klein und groß, vom Invaliden Ricou bis zur Herzogin von Abrantès, uns vorzuprahlen pflegen? Ich glaube nicht. Die Äcker lagen brach und die Menschen wurden zur Schlachtbank geführt. Überall Muttertränen und häusliche Verödung. Aber es geht diesen Bonapartisten wie dem versoffenen Bettler, der die scharfsinnige Bemerkung gemacht hatte, daß, solange er nüchtern blieb, seine Wohnung nur eine erbärmliche Hütte, sein Weib in Lumpen gehüllt und sein Kind krank und hungrig war, daß aber, sobald er einige Gläser Branntwein getrunken, dieses ganze Elend sich plötzlich änderte, seine Hütte sich in einen Palast verwandelte, sein Weib wie eine geputzte Prinzessin aussah, und sein Kind wie die wohlgenährteste Gesundheit ihn anlachte. Wenn man ihn nun ob seiner schlechten Wirtschaft manchmal ausschalt, so versicherte er immer, man möge ihm nur genug Branntwein zu trinken geben, und sein ganzer Haushalt würde bald ein glänzenderes Ansehen gewinnen. Statt Branntwein war es Ruhm, Ehrgier und Eroberungslust, was jene Bonapartisten so sehr berauschte, daß sie die wirkliche Gestalt der Dinge während der Kaiserzeit nicht sahen; und jetzt, bei jeder Gelegenheit, wo eine Klage über schlechte Zeiten laut wird, rufen sie immer: Das würde sich gleich ändern, Frankreich würde blühen und glänzen, wenn man uns wieder wie sonst zu trinken gäbe: Ehrenkreuze, Epaulette, contributions volontaires, spanische Gemälde, Herzogtümer in vollen Zügen.

Französische Bühne. V - 1837

91

DER MANN DES JUNGEN FRANKREICH — Die Rede, die Herr von Lamartine in der Deputiertenkammer über oder vielmehr gegen Napoléon hielt, hat mich widerwärtig berührt, obgleich diese Rede lauter Wahrheit enthält. Die Hintergedanken sind unehrlich, und der Redner sagte die Wahrheit im Interesse der Lüge. Es ist wahr, es ist tausendmal wahr, daß Napoléon ein Feind der Freiheit war, ein Despot, gekrönte Selbstsucht, und daß seine Verherrlichung ein böses, gefährliches Beispiel. Es ist wahr, ihm fehlten die Bürgertugenden eines Bailly, eines Lafayette, und er trat die Gesetze mit Füßen und sogar die Gesetzgeber, wovon noch jetzt einige lebende Zeugnisse im Hospital des Luxembourg. Aber es ist nicht dieser liberticide Napoléon, nicht der Held des 18. Brumaire, nicht der Donnergott des Ehrgeizes, dem ihr die glänzendsten Leichenspiele und Denkmale widmen sollt! Nein; es ist der Mann, der das junge Frankreich dem alten Europa gegenüber repräsentierte, dessen Verherrlichung in Frage steht: in seiner Person siegte das französische Volk, in seiner Person ward es gedemütigt, in seiner Person ehrt und feiert es sich selber — und das fühlt jeder Franzose, und deshalb vergißt man alle Schattenseiten des Verstorbenen.

Lutezia. 30. V. 1840

## 92
## Le Retour des cendres

Die kriegerischen Gelüste, die bei den Franzosen seit den Zeiten der Gallier so stürmisch loderten und brodelten, sind nachgerade ziemlich erloschen, und wie wenig die militärische «furor francese» jetzt bei ihnen vorherrschend, zeigte sich bei der Leichenfeier des Kaisers Napoléon Bonaparte. Ich kann nicht mit den Berichterstattern übereinstimmen, die in dem Schauspiel jenes wunderbaren Begräbnisses nur Pomp und Gepränge sahen. Sie hatten kein Auge für die Gefühle, die das französische Volk bis in seine Tiefen erschütterten. Diese Gefühle waren aber nicht die des soldatischen Ehrgeizes und Stolzes, den siegreichen Imperator begleitete nicht jener Prätorianerjubel, jene lärmige Ruhm- und Raubsucht, deren man sich in Deutschland noch erinnert aus den Tagen des Empire. Die alten Eroberer haben seitdem das Zeitliche gesegnet, und es war eine ganz neue Generation, die dem Leichenbegängnisse zuschaute, und wenn nicht mit brennendem Zorn, doch gewiß mit der Wehmut der Pietät sah sie auf diesen goldenen Katafalk, worin gleichsam alle Freuden, Leiden, glorreiche Irrtümer und gebrochene Hoffnungen ihrer Väter, die eigentliche Seele ihrer Väter, eingesargt lag! Da gabs mehr stumme Tränen als lautes Geschrei. Und dann war die ganze Erscheinung so fabelhaft, so märchenartig, daß man kaum seinen Augen traute, daß man zu träumen glaubte. Denn dieser Napoléon Bonaparte, den man begraben sah, war für das heutige Geschlecht schon längst dahingeschwunden in das Reich der Sage, zu den Schatten Alexanders von Mazedonien und Karls des Großen, und jetzt, siehe! eines kalten Wintertags erscheint er mitten unter uns Lebenden, auf einem goldenen Siegeswagen, der geisterhaft dahinrollt in den weißen Morgennebeln.

Diese Nebel aber zerrannen wunderbar, sobald der Leichenzug in den Champs-Elysées anlangte. Hier brach die Sonne plötzlich aus dem trüben Gewölk und küßte zum letztenmal ihren Liebling, und streute rosige Lichter auf die imperialen Adler, die ihm vorangetragen wurden, und wie mit sanftem Mitleid bestrahlte sie die armen, spärlichen Überreste jener Legionen, die einst im Sturmschritt die Welt erobert, und jetzt, mit verschollenen Uniformen, matten Gliedern und veralteten Manieren, hinter dem Leichenwagen als Leidtragende einherschwankten. Unter uns gesagt, diese Invaliden der großen Armee sahen aus wie Karikaturen, wie eine Satire auf den Ruhm, wie ein römisches Spottlied auf den toten Triumphator!

Die Muse der Geschichte hat diesen Leichenzug eingezeichnet in ihre Annalen als besondere Merkwürdigkeit; aber für die Gegenwart ist jenes Ereignis minder wichtig, und liefert nur den Beweis, daß der Geist der Soldateska bei den Franzosen nicht so blühend vorwaltet, wie mancher Bramarbas diesseits des Rheins prahlt und mancher Schöps jenseits ihm nachschwatzt. Der Kaiser ist tot. Mit ihm starb der letzte Held nach altem Geschmack, und die neue Philisterwelt atmet auf, wie erlöst von einem glänzenden Alb. Über seinem Grabe erhebt sich eine industrielle Bürgerzeit, die ganz andre Heroen bewundert, etwa den tugendhaften Lafayette, oder James Watt, den Baumwollespinner. Lutezia. 11. I. 1841

+

Ein Spätherbstmorgen, feucht und grau,
Im Schlamme keuchte der Wagen;
Doch trotz des schlechten Wetters und Wegs
Durchströmte mich süßes Behagen.

Das ist ja meine Heimatluft!
Die glühende Wange empfand es!
Und dieser Landstraßenkot, er ist
Der Dreck meines Vaterlandes!

Die Pferde wedelten mit dem Schwanz
So traulich wie alte Bekannte,
Und ihre Mistküchlein dünkten mir schön
Wie die Äpfel der Atalante!

Wir fuhren durch Mühlheim. Die Stadt ist nett,
Die Menschen still und fleißig.
War dort zuletzt im Monat Mai
Des Jahres Einunddreißig.

Damals stand alles im Blütenschmuck
Und die Sonnenlichter lachten,
Die Vögel sangen sehnsuchtvoll,
Und die Menschen hofften und dachten —

Sie dachten: «Die magere Ritterschaft
Wird bald von hinnen reisen,
Und der Abschiedstrunk wird ihnen kredenzt
Aus langen Flaschen von Eisen!

Und die Freiheit kommt mit Spiel und Tanz,
Mit der Fahne, der weiß-blau-roten;
Vielleicht holt sie sogar aus dem Grab
Den Bonaparte, den Toten!»

Ach Gott! die Ritter sind immer noch hier,
Und manche dieser Gäuche,
Die spindeldürre gekommen ins Land,
Die haben jetzt dicke Bäuche.

Die blassen Kanaillen, die ausgesehn
Wie Liebe, Glauben und Hoffen,
Sie haben seitdem in unserm Wein
Sich rote Nasen gesoffen — — —

Und die Freiheit hat sich den Fuß verrenkt,
Kann nicht mehr springen und stürmen;
Die Trikolore in Paris
Schaut traurig herab von den Türmen.

Der Kaiser ist auferstanden seitdem,
Doch die englischen Würmer haben
Aus ihm einen stillen Mann gemacht,
Und er ließ sich wieder begraben.

Hab selber sein Leichenbegängnis gesehn,
Ich sah den goldenen Wagen
Und die goldenen Siegesgöttinnen drauf,
Die den goldenen Sarg getragen.

Den Elysäischen Feldern entlang,
Durch des Triumphes Bogen,
Wohl durch den Nebel, wohl über den Schnee
Kam langsam der Zug gezogen.

Mißtönend schauerlich war die Musik.
Die Musikanten starrten
Vor Kälte. Wehmütig grüßten mich
Die Adler der Standarten.

Die Menschen schauten so geisterhaft
In alter Erinnrung verloren —
Der imperiale Märchentraum
War wieder heraufbeschworen.

Ich weinte an jenem Tag. Mir sind
Die Tränen ins Auge gekommen,
Als ich den verschollenen Liebesruf,
Das Vive l'Empereur! vernommen.

Deutschland. Ein Wintermärchen. VIII - 1844

## XII.

# DÜPES DER BEFREIUNGSKRIEGE

93

Geprellte Sklaven — Viele merkwürdige Ereignisse jener Zeit [1809] sind gar nicht aufgeschrieben, und leben nur im Gedächtnisse des [Tiroler] Volkes, das jetzt nicht gern mehr davon spricht, da die Erinnerung mancher getäuschten Hoffnung dabei auftaucht. Die armen Tiroler haben nämlich auch allerlei Erfahrungen machen müssen, und wenn man sie jetzt fragt, ob sie, zum Lohne ihrer Treue, alles erlangt, was man ihnen in der Not versprochen, so zucken sie gutmütig die Achsel und sagen naiv: «Es war vielleicht so ernst nicht gemeint, und der Kaiser hat viel zu denken, und da geht ihm manches durch den Kopf.»

Tröstet Euch, arme Schelme! Ihr seid nicht die einzigen, denen etwas versprochen worden. Passiert es doch oft auf großen Sklavenschiffen, daß man bei großen Stürmen und wenn das Schiff in Gefahr gerät, zu den schwarzen Menschen seine Zuflucht nimmt, die unten im dunkeln Schiffsraum zusammengestaut liegen. Man bricht dann ihre eisernen Ketten, und verspricht heilig und teuer, ihnen die Freiheit zu schenken, wenn durch ihre Tätigkeit das Schiff gerettet werde. Die blöden Schwarzen jubeln nun hinauf ans Tageslicht, hurra! sie eilen zu den Pumpen, stampfen aus Leibeskräften, helfen, wo nur zu helfen ist, klettern, springen, kappen die Masten, winden die Taue, kurz, arbeiten so lange, bis die Gefahr vorüber ist. Alsdann werden sie, wie sich von selbst versteht, wieder nach dem Schiffsraum hinabgeführt, wieder ganz bequem angefesselt, und in ihrem dunkeln Elend machen sie demagogische Betrachtungen über Versprechungen von Seelenverkäufern, deren ganze Sorge, nach überstandener Gefahr, dahin geht, noch einige Seelen mehr einzutauschen.

O navis, referent in mare te novi
Fluctus? etc.

Als mein alter Lehrer diese Ode des Horaz, worin der Staat mit einem Schiffe verglichen wird, explizierte, hatte er allerlei politische Betrachtungen zu machen, die er bald einstellte, als die Schlacht bei Leipzig geschlagen worden und die ganze Klasse auseinanderging.

Mein alter Lehrer hat alles vorausgewußt. Als wir die erste Nachricht dieser Schlacht erhielten, schüttelte er das graue Haupt. Jetzt weiß ich, was dieses Schütteln bedeutete. Bald kamen die genaueren Berichte, und heimlich zeigte man einander die Bilder, wo gar bunt und erbaulich abkonterfeit war: wie die hohen Heerführer auf dem Schlachtfelde knieten und Gott dankten.

«Ja, sie konnten Gott danken», sagte mein Lehrer und lächelte, wie er zu lächeln pflegte, wenn er den Sallust explizierte, «der Kaiser Napoléon hat sie so oft geklopft, daß sie es ihm doch am Ende ablernen konnten.»

Nun kamen die Alliierten und die schlechten Befreiungsgedichte, Hermann und Thusnelda, Hurra, und der Frauenverein und die Vaterlandseicheln, und das ewige Prahlen mit der Schlacht bei Leipzig, und wieder die Schlacht bei Leipzig, und kein Aufhören davon.

«Es geht diesen Leuten», bemerkte mein Lehrer, «wie den Thebanern, als sie bei Leuktra endlich einmal jene unbesiegbaren Spartaner geschlagen und beständig mit dieser Schlacht prahlten, so daß Antisthenes von ihnen sagte: ‚Sie machen es wie die Knaben, die vor Freude sich nicht zu lassen wissen, wenn sie einmal ihren Schulmeister ausgeprügelt haben.' Liebe Jungens, es wäre besser gewesen, wir hätten selbst die Prügel bekommen.»

Bald darauf ist der alte Mann gestorben. Auf seinem Grabe wächst preußisches Gras, und es weiden dort die adeligen Rosse unserer renovierten Ritter. Reise von München nach Genua. X - 1828*

94

## Gegen Preussen und Österreich

Ja, wir sind wieder Düpes geworden, und wir müssen eingestehen, daß die Lüge wieder einen großen Triumph erfochten und neue Lorbeeren eingeerntet. In der Tat, wir sind die Besiegten und, seit die heroische Überlistung auch offiziell beurkundet worden, seit der Promulgation der deplorabelen Bundestagsbeschlüsse vom 28. Junius [1832], erkrankt uns das Herz in der Brust vor Kummer und Zorn.

Armes, unglückliches Vaterland! welche Schande steht dir bevor, wenn du sie erträgst, diese Schmach! welche Schmerzen, wenn du sie nicht erträgst!

Nie ist ein Volk von seinen Machthabern grausamer verhöhnt worden. Nicht bloß, daß jene Bundestagsordonnanzen [zur Knebelung der liberalen Opposition] voraussetzen, wir ließen uns alles gefallen: man möchte uns dabei noch einreden, es geschehe uns ja eigentlich gar kein Leid oder Unrecht. Wenn Ihr aber auch mit Zuversicht auf knechtische Unterwürfigkeit rechnen durftet: so hattet Ihr doch kein Recht uns für Dummköpfe zu halten. Eine Handvoll Junker, die nichts gelernt haben als ein bißchen Roßtäuscherei, Volteschlagen, Becherspiel oder sonstig plumpe Schelmenkünste, womit man höchstens nur Bauern auf Jahrmärkten übertölpeln kann: diese wähnen damit ein ganzes Volk betören zu können, und zwar ein Volk, welches das Pulver erfunden hat und die Buchdruckerei und die «Kritik der reinen Vernunft». Diese unverdiente Beleidigung, daß Ihr uns für noch dümmer gehalten als Ihr selber seid, und Euch einbildet uns täuschen zu können, das ist die schlimmere Beleidigung, die Ihr uns zugefügt in Gegenwart der umstehenden Völker.

Ich will nicht die konstitutionellen deutschen Fürsten anklagen; ich kenne ihre Nöte, ich weiß, sie schmachten in den Ketten ihrer kleinen Kamarillen, und sind nicht zurechnungsfähig. Dann sind sie auch, durch Zwang aller Art, von Östreich und Preußen embauchiert worden. Wir wollen sie nicht schmähen, wir wollen sie bedauern. Früh oder spät ernten sie die bitteren Früchte der bösen Saat. Die Toren, sie sind noch eifersüchtig aufeinander, und während jedes klare Auge einsieht, daß sie am Ende von Östreich und Preußen mediatisiert werden, ist all ihr Sinnen und Trachten nur darauf gerichtet, wie man dem Nachbar ein Stück seines Ländchens abgewinnt. Wahrlich, sie gleichen jenen Dieben, die, während man sie nach der Hängstätte führt, sich noch untereinander die Taschen bestehlen.

Wir können, ob der Großtaten des Bundestags, nur die beiden absoluten Mächte, Östreich und Preußen, unbedingt anklagen. Wie weit sie gemeinschaftlich unsere Erkenntlichkeit in Anspruch nehmen, kann ich nicht bestimmen. Nur will es mich bedünken, als habe Östreich wieder das Gehässige jener Großtaten auf die Schulter seines weisen Bundesgenossen zu wälzen gewußt.

In der Tat, wir können gegen Östreich kämpfen, und todeskühn kämpfen, mit dem Schwert in der Hand; aber wir fühlen in tiefster Brust, daß wir nicht berechtigt sind, mit Scheltworten diese Macht zu schmähen. Östreich war immer ein offner ehrlicher Feind, der nie seinen Ankampf gegen der Liberalismus geleugnet oder auf eine kurze Zeit eingestellt hätte. Metternich hat nie mit der Göttin der Freiheit geliebäugelt, er hat nie in der Angst des Herzens den Demagogen gespielt, er hat nie Arndts Lieder gesungen und dabei Weißbier getrunken, er hat nie auf der Hasenheide geturnt [Jahns erstem Turnplatz

1811], er hat nie pietistisch gefrömmelt, er hat nie mit den Festungsarrestanten geweint, geweint, während er sie an der Kette festhielt; — man wußte immer, wie man mit ihm dran war, man wußte, daß man sich vor ihm zu hüten hatte, und man hütete sich vor ihm. Er war immer ein sicherer Mann, der uns weder durch gnädige Blicke täuschte, noch durch Privatmalicen empörte. Man wußte, daß er weder aus Liebe noch aus kleinlichem Hasse, sondern großartig im Geiste eines Systems handelte, welchem Östreich seit drei Jahrhunderten treu geblieben. Es ist dasselbe System, für welches Östreich gegen die Reformation gestritten; es ist dasselbe System, wofür es mit der Revolution in den Kampf getreten. Für dieses System fochten nicht bloß die Männer, sondern auch die Töchter vom Hause Habsburg.

Von Preußen dürfen wir in einem anderen Tone sprechen. Hier hemmt uns wenigstens keine Pietät ob der Heiligkeit eines deutschen Kaiserhaupts. Mögen immerhin die gelehrten Knechte an der Spree von einem großen Imperator des Borussenreichs träumen, und die Hegemonie und Schirmherrlichkeit Preußens proklamieren. Aber bis jetzt ist es den langen Fingern von Hohenzollern noch nicht gelungen, die Krone Karls des Großen zu erfassen und zu dem Raub so vieler polnischer und sächsischer Kleinodien in den Sack zu stecken.

Es ist wahr, noch vor kurzem haben viele Freunde des Vaterlandes die Vergrößerung Preußens gewünscht, und in seinen Königen die

Oberherren eines vereinigten Deutschlands zu sehen gehofft, und man hat die Vaterlandsliebe zu ködern gewußt, und es gab einen preußischen Liberalismus und die Freunde der Freiheit blickten schon vertrauungsvoll nach den Linden von Berlin. Was mich betrifft, ich habe mich nie zu solchem Vertrauen verstehen wollen. Ich betrachtete vielmehr mit Besorgnis diesen preußischen Adler, und während andere rühmten, wie kühn er in die Sonne schaue, war ich desto aufmerksamer auf seine Krallen. Ich traute nicht diesem Preußen, diesem langen frömmelnden Gamaschenheld mit dem weiten Magen, und mit dem großen Maule, und mit dem Korporalstock, den er erst in Weihwasser taucht, ehe er damit zuschlägt. Mir mißfiel dieses philosophisch christliche Soldatentum, dieses Gemengsel von Weißbier, Lüge und Sand. Widerwärtig, tief widerwärtig war mir dieses Preußen, dieses steife, heuchlerische, scheinheilige Preußen, dieser Tartüff unter den Staaten.

Endlich, als Warschau fiel, fiel auch der weiche, fromme Mantel, worin sich Preußen so schön zu drapieren gewußt, und selbst der Blödsichtigste erblickte die eiserne Rüstung des Despotismus, die darunter verborgen war. Diese heilsame Enttäuschung verdankt Deutschland dem Unglück der Polen.

Die Polen! Das Blut zittert mir in den Adern, wenn ich das Wort niederschreibe, wenn ich daran denke, wie Preußen gegen diese edelsten Kinder des Unglücks gehandelt hat, wie feige, wie gemein, wie meuchlerisch. Der Geschichtschreiber wird vor innerem Abscheu keine Worte finden können, wenn er etwa erzählen soll was sich zu Fischau begeben hat; jene unehrlichen Heldentaten wird vielmehr der Scharfrichter beschreiben müssen — — — ich höre das rote Eisen schon zischen auf Preußens magerem Rücken.

Dieses Preußen! wie es versteht, seine Leute zu gebrauchen! Es weiß sogar von seinen Revolutionären Vorteil zu ziehen. Zu seinen Staatskomödien bedarf es Komparsen von jeder Farbe. Es weiß sogar trikolor gestreifte Zebras zu benutzen. So hat es in den letzten Jahren seine wütendsten Demagogen dazu gebraucht, überall herum zu predigen: daß ganz Deutschland preußisch werden müsse. Hegel mußte die Knechtschaft, das Bestehende, als vernünftig rechtfertigen. Schleiermacher mußte gegen die Freiheit protestieren und christliche Ergebung in den Willen der Obrigkeit empfehlen. Empörend und verrucht ist diese Benutzung von Philosophen und Theologen, durch deren Einfluß man auf das gemeine Volk wirken will, und die man zwingt, durch Verrat an Vernunft und Gott, sich öffentlich zu entehren. Wie manch schöner Name, wie manch hübsches Talent wird da zugrunde gerichtet, für die nichtswürdigsten Zwecke. O, ich kenne sie, diese Jesuiten des Nordens! Wer nur jemals aus Not oder Leichtsinn das Mindeste von ihnen angenommen hat, ist ihnen auf immer verfallen. Wie die Hölle Proserpinen nicht losgibt, weil sie den Kern eines Granatsapfels dort genossen: so geben jene Jesuiten keinen Menschen los, der nur das Mindeste von ihnen genossen hat, und sei es auch nur einen einzigen Kern des goldenen Apfels, oder, um prosaisch zu sprechen, einen einzigen Louisdor; — kaum erlauben sie ihm, wie die Hölle der Proserpine, die eine Hälfte des Jahrs in oberweltlichem Lichte zuzubringen; — in solcher Periode erscheinen diese Leute wie Lichtmenschen, und sie nehmen Platz unter uns andern Olympiern, und sprechen und schreiben ambrosisch liberal; doch zur gehörigen Zeit findet man sie wieder im höllischen Dunkel, im Reiche des Obskurantismus, und sie schreiben preußische Apologien, Zensurgesetzentwürfe oder gar eine Rechtfertigung der Bundestagsbeschlüsse.

Letztere, die Bundestagsbeschlüsse, kann ich nicht unbesprochen lassen. Da ich wohl weiß, von welchen Leuten die Urkunde worauf sich jene Beschlüsse berufen, verfertigt worden ist: so zweifle ich keineswegs, daß diese Urkunde, nämlich die Wiener Bundesakte [Metternichs Bundesverfassung], zu jedem despotischen Gelüste die legalsten Befugnisse enthält.

Jetzt sieht jeder, daß das deutsche Volk, als es für seine Fürsten Gut und Blut geopfert und den versprochenen Lohn der Dankbarkeit empfangen sollte, aufs heilloseste getäuscht worden, daß man ein freches Gaukelspiel mit uns getrieben, daß man, statt der zugelobten Magna Charta der Freiheit, uns nur eine verbriefte Knechtschaft ausgefertigt hat.

Kraft meiner akademischen Befugnis als

Doktor beider Rechte, erkläre ich feierlichst, daß eine solche von ungetreuen Mandatarien ausgefertigte Urkunde null und nichtig ist; kraft meiner Pflicht als Bürger, protestiere ich gegen alle Folgerungen, welche die Bundestagsbeschlüsse vom 28. Juni aus dieser nichtigen Urkunde geschöpft haben; kraft meiner Machtvollkommenheit als öffentlicher Sprecher, erhebe ich gegen die Verfertiger dieser Urkunde meine Anklage und klage sie an des gemißbrauchten Volksvertrauens, ich klage sie an der beleidigten Volksmajestät, ich klage sie an des Hochverrats am deutschen Volke, ich klage sie an!

Armes Volk der Deutschen! Damals, während Ihr Euch ausruhtet von dem Kampfe für Eure Fürsten, und die Brüder begrubet, die in diesem Kampfe gefallen, und Euch einander die treuen Wunden verbandet, und lächelnd Euer Blut noch rinnen saht aus der vollen Brust, die so voll Freude und Vertrauen war, so voll Freude wegen der Rettung der geliebten Fürsten, so voll Vertrauen auf die menschlich heiligsten Gefühle der Dankbarkeit: damals, dort unten zu Wien, in den alten Werkstätten der Aristokratie, schmiedete man die Bundesakte!

Sonderbar! Eben der Fürst, der seinem Volke am meisten Dank schuldig war, der deshalb seinem Volke eine repräsentative Verfassung, eine volkstümliche Konstitution, wie andere freie Völker sie besitzen, in jener Zeit der Not versprochen hat, schwarz auf weiß versprochen und mit den bestimmtesten Worten versprochen hat: dieser Fürst hat jetzt jene anderen deutschen

Fürsten, die sich verpflichtet gehalten, ihren Untertanen eine freie Verfassung zu erteilen, ebenfalls zu Wortbruch und Treulosigkeit zu verführen gewußt, und er stützt sich jetzt auf die Wiener Bundesakte, um die kaum emporgeblühten deutschen Konstitutionen zu vernichten, er, welcher, ohne zu erröten das Wort «Konstitution» nicht einmal aussprechen dürfte!

Ich rede von Sr. Majestät, Friedrich Wilhelm, dritten des Namens, König von Preußen.

Monarchisch gesinnt, wie ich es immer war und wohl auch immer bleibe, widerstrebt es meinen Grundsätzen und Gefühlen, daß ich die Person der Fürsten selber einer allzuherben Rüge unterwürfe. Es liegt vielmehr in meinen Neigungen, sie ob ihrer guten Eigenschaften zu rühmen. Der König von Preußen ist ein sehr religiöser Mann, er hält streng auf Religion, er ist ein guter Christ, er hängt fest am evangelischen Bekenntnisse, er hat selbst eine Liturgie geschrieben, er glaubt an die Symbole — ach! ich wollte er glaubte an den Jupiter, den Vater der Götter, der den Meineid rächt, und er gäbe uns endlich die [am 25. März 1813] versprochene Konstitution.

Oder ist das Wort eines Königs nicht so heilig wie ein Eid?

Ich weiß sehr gut, die literarischen Lohnlakaien behaupten, der König von Preußen habe jene Konstitution nur der eigenen Laune halber versprochen, ein Versprechen, welches ganz unabhängig von den Zeitumständen gewesen sei.

War es wirklich nur eigne Laune, ganz unabhängig von den Zeitumständen, was den König von Preußen einst bewogen hätte, seinem Volke eine freie Konstitution zu versprechen? Er hatte also auch nicht einmal damals die Absicht dankbar zu sein? Und er hatte doch so viel Grund dazu; denn nie befand sich ein Fürst in einer kläglicheren Lage, als die worin der König von Preußen nach der Schlacht bei Jena geraten war, und woraus ihn sein Volk gerettet. Standen ihm damals nicht die Tröstungen der Religion zu Gebote, er mußte verzweifeln ob der Insolenz womit der Kaiser Napoléon ihn behandelte. Aber, wie gesagt, er fand Trost im Christentum, welches wahrlich die beste Religion ist nach einer verlorenen Schlacht. Ihn stärkte das Beispiel seines Heilandes; auch er konnte damals sagen: «Mein Reich ist nicht von dieser Welt!» und er vergab seinen Feinden, welche mit viermalhunderttausend Mann ganz Preußen besetzt hielten. Wäre Napoléon damals nicht mit weit wichtigeren Dingen beschäftigt gewesen, als daß er an Se. Majestät Friedrich Wilhelm III. allzuviel denken konnte, er hätte diesen gewiß gänzlich in Ruhestand gesetzt. Späterhin, als alle Könige von Europa sich gegen den Napoléon zusammenrotteten, und der Mann des Volkes in dieser Fürsten-Emeute unterlag und der preußische Esel dem sterbenden Löwen die letzten Fußtritte gab: da bereute er zu spät die Unterlassungssünde.

Napoléon ist jetzt tot, und liegt, wohlverschlossen in seinem bleiernen Sarg, unter dem Sand von Longwood, auf der Insel Sankt Helena.

Rund herum ist Meer. Den braucht Ihr also nicht mehr zu fürchten. Auch die letzten drei Götter, die noch im Himmel übriggeblieben, den Vater, den Sohn und den Heiligen Geist, braucht Ihr nicht zu fürchten; denn Ihr steht gut mit ihrer heiligen Dienerschaft. Ihr braucht Euch nicht zu fürchten, denn Ihr seid mächtig und weise.

Nur vor einem möchte ich euch warnen, nämlich vor dem «Moniteur» von 1793. Das ist ein Höllenzwang, den Ihr nicht an die Kette legen könnt, und es sind Beschwörungsworte darin, die viel mächtiger sind als Gold und Flinten, Worte womit man die Toten aus den Gräbern ruft und die Lebenden in den Tod schickt, Worte womit man die Zwerge zu Riesen macht und die Riesen zerschmettert, Worte die Eure ganze Macht zerschneiden, wie das Fallbeil einen Königshals.

Verlaßt Euch aber nicht auf Ohnmacht und Furcht von unserer Seite. Der verhüllte Mann der Zeit, der ebenso kühnen Herzens wie kundiger Zunge ist, und der das große Beschwörungswort weiß und es auch auszusprechen vermag, er steht vielleicht schon in Eurer Nähe. Vielleicht ist er in knechtischer Livree oder gar in Harlekinstracht vermummt, und Ihr ahnet nicht, daß es Euer Verderber ist, welcher Euch untertänig die Stiefel auszieht oder durch seine Schnurren Euer Zwerchfell erschüttert. Graut Euch nicht manchmal, wenn Euch die servilen Gestalten mit fast ironischer Demut umwedeln, und Euch plötzlich in den Sinn kommt: das ist vielleicht eine List, dieser Elende, der sich so blödsinnig absolutistisch, so viehisch gehorsam gebärdet, der ist vielleicht ein geheimer Brutus? Habt Ihr nicht nachts zuweilen Träume, die Euch vor den kleinsten, windigsten Würmern warnen, die Ihr des Tags zufällig kriechen gesehen? Ängstigt Euch nicht! Ich scherze nur, Ihr seid ganz sicher. Der große Narr schützt Euch vor den kleinen. Der große Narr ist ein sehr großer Narr, riesengroß, und er nennt sich deutsches Volk.

O, das ist ein sehr großer Narr! Seine buntscheckige Jacke besteht aus sechsunddreißig Flicken. An seiner Kappe hängen, statt der Schellen, lauter zentnerschwere Kirchenglocken, und in der Hand trägt er eine ungeheure Pritsche von Eisen. Treten ihm seine Schmerzen allzubrennend in den Sinn, dann schüttelt er wie toll den Kopf, und betäubt sich selber mit dem christlich frommen Glockengeläute seiner Kappe. Kommt ein guter Freund zu ihm, der teilnehmend über seine Schmerzen mit ihm reden will, oder gar ihm ein Hausmittelchen dagegen anrät: dann wird er rein wütend und schlägt nach ihm mit der eisernen Pritsche. Er ist überhaupt wütend gegen jeden, der es gut mit ihm meint. Er ist der schlimmste Feind seiner Freunde und der beste Freund seiner Feinde. O! der große Narr wird Euch immer treu und unterwürfig bleiben, mit seinen Riesenspäßen wird er immer Eure Junkerlein ergötzen, er wird täglich zu ihrem Vergnügen seine alten Kunststücke machen, und unzählige Lasten auf der Nase balancieren, und viele hunderttausend Soldaten auf seinem Bauche herumtrampeln lassen. Aber habt Ihr gar keine Furcht, daß dem Narren mal all die Lasten zu schwer werden, und daß er Eure Soldaten von sich abschüttelt und Euch selber, aus Überspaß, mit dem kleinen Finger den Kopf eindrückt, so daß Euer Hirn bis an die Sterne spritzt?

Fürchtet Euch nicht, ich scherze nur. Der große Narr bleibt Euch untertänigst gehorsam, und wollen Euch die kleinen Narren ein Leid zufügen, der große schlägt sie tot.

Geschrieben zu Paris, den 18. Oktober 1832.

Vorrede zu den Französischen Zuständen.
Mit dem Datum der Völkerschlacht bei Leipzig*

95

## Deutsche Auswanderer

Ihr könnt Euch darauf verlassen, die Bescheidenheit der Leute hat immer ihre guten Gründe. Der liebe Gott hat gewöhnlich die Ausübung der Bescheidenheit und ähnlicher Tugenden den Seinen sehr erleichtert. Es ist zum Beispiel leicht, daß man seinen Feinden verzeiht, wenn man zufällig nicht so viel Geist besitzt um ihnen schaden zu können.

Die Scheinheiligen von allen Farben werden über manches Gedicht in diesem Buche wieder sehr tief seufzen — aber es kann ihnen nichts mehr helfen. Wogegen ich einst mit leichten Waffen frondierte, wird jetzt ein offener ernster Krieg geführt — ich stehe sogar nicht mehr in den ersten Reihen.

Gottlob! Die Revolution des Julius hat die

Zungen gelöst, die so lange stumm geschienen; ja da die plötzlich Erweckten alles was sie bis dahin verschwiegen auf einmal offenbaren wollten, so entstand viel Geschrei, welches mir mitunter gar unerfreulich die Ohren betäubte. Ich hatte manchmal nicht übel Lust das ganze Sprechamt aufzugeben; doch das ist nicht so leicht tulich wie etwa das Aufgeben einer geheimen Staatsratstelle, obgleich letztere mehr einbringt als das beste öffentliche Tribunat. Die Leute glauben, unser Tun und Schaffen sei eitel Wahl, aus dem Vorrat der neuen Ideen griffen wir eine heraus für die wir sprechen und wirken, streiten und leiden wollten, — nein, wir ergreifen keine Idee, sondern die Idee ergreift uns, und knechtet uns, und peitscht uns in die Arena hinein, daß wir, wie gezwungene Gladiatoren, für sie kämpfen. So ist es mit jedem echten Tribunat oder Apostolat. Es war ein wehmütiges Geständnis, wenn Amos sprach zu König Amazia: «Ich bin kein Prophet, noch keines Propheten Sohn, sondern ich bin ein Kuhhirt, der Maulbeeren ablieset; aber der Herr nahm mich von der Schafherde und sprach zu mir: ‚Gehe hin und weissage'.» Es war ein wehmütiges Geständnis, wenn der arme Mönch, der, vor Kaiser und Reich, zu Worms, angeklagt stand, ob seiner Lehre, dennoch, trotz aller Demut seines Herzens, jeden Widerruf für unmöglich erklärte, und mit den Worten schloß: «Hier stehe ich, ich kann nicht anders, Gott helfe mir, Amen!»

Wenn Ihr diese heilige Zwingnis kenntet,

Ihr würdet uns nicht mehr schelten, nicht mehr schmähen, nicht mehr verleumden — wahrlich, wir sind nicht die Herren, sondern die Diener des Wortes. Es war ein wehmütiges Geständnis, wenn Maximilian Robespierre sprach: «Ich bin ein Sklave der Freiheit.»

Und auch ich will jetzt Geständnisse machen. Es war nicht eitel Lust meines Herzen, daß ich alles verließ was mir Teures im Vaterland blühte und lächelte — mancher liebte mich dort, zum Beispiel meine Mutter — aber ich ging, ohne zu wissen warum; ich ging weil ich mußte. Nachher ward mir sehr müde zu Mute; so lange vor den Juliustagen hatte ich das Prophetenamt getrieben, daß das innere Feuer mich schier verzehrt, daß mein Herz von den gewaltigen Worten, die daraus hervorgebrochen, so matt geworden, wie der Leib einer Gebärerin.

Ich dachte — habt meiner nicht mehr nötig, will auch einmal für mich selber leben, und schöne Gedichte schreiben, Komödien und Novellen, zärtliche und heitere Gedankenspiele, die sich in meinem Hirnkasten angesammelt, und will mich wieder ruhig zurückschleichen in das Land der Poesie, wo ich als Knabe so glücklich gelebt.

Und keinen Ort hätte ich wählen können, wo ich besser im Stande war, diesen Vorsatz in Ausführung zu bringen. Es war auf einer kleinen Villa dicht am Meer, nahe bei Havre-de-Grâce, in der Normandie. Wunderbar schöne Aussicht auf die große Nordsee; ein ewig wechselnder und doch einfacher Anblick; heute grimmer

Sturm, morgen schmeichelnde Stille; und drüberhin die weißen Wolkenzüge, riesenhaft und abenteuerlich, als wären es die spukenden Schatten jener Normannen, die einst auf diesen Gewässern ihr wildes Wesen getrieben. Unter meinem Fenster aber blühten die lieblichsten Blumen und Pflanzen: Rosen, die liebesüchtig mich anblickten, rote Nelken mit verschämt bittenden Düften, und Lorbeeren, die an die Mauer zu mir heraufrankten, fast bis in mein Zimmer hereinwuchsen, wie jener Ruhm, der mich verfolgt. Ja, einst lief ich schmachtend hinter Daphne einher, jetzt läuft Daphne nach mir, wie eine Metze, und drängt sich in mein Schlafgemach.

Was ich einst begehrte, ist mir jetzt unbequem, ich möchte Ruhe haben, und wünschte, daß kein Mensch von mir spräche, wenigstens in Deutschland. Und stille Lieder wollte ich dichten, und nur für mich, oder allenfalls um sie irgend einer verborgenen Nachtigall vorzulesen. Es ging auch im Anfang, mein Gemüt ward wieder umfriedet von dem Geiste der Dichtkunst, wohlbekannte edle Gestalten und goldne Bilder dämmerten wieder empor in meinem Gedächtnisse, ich ward wieder so traumselig, so märchentrunken, so verzaubert wie ehemals, und ich brauchte nur mit ruhiger Feder alles aufzuschreiben, was ich eben fühlte und dachte — ich begann.

Nun aber weiß jeder, daß man bei solcher Stimmung nicht immer im Zimmer sitzen bleibt, und manchmal mit begeistertem Herzen und glühenden Wangen ins freie Feld läuft, ohne auf

Weg und Steg zu achten. So ergings auch mir, und ohne zu wissen wie, befand ich mich plötzlich auf der Landstraße von Le Havre, und vor mir her zogen, hoch und langsam, mehre große Bauernwagen, bepackt mit allerlei ärmlichen Kisten und Kasten, altfränkischem Hausgeräte, Weibern und Kindern. Nebenher gingen die Männer, und nicht gering war meine Überraschung, als ich sie sprechen hörte — sie sprachen Deutsch, in schwäbischer Mundart. Leicht begriff ich, daß diese Leute Auswanderer waren, und als ich sie näher betrachtete, durchzuckte mich ein jähes Gefühl, wie ich es noch nie in meinem Leben empfunden, alles Blut stieg mir plötzlich in die Herzkammern und klopfte gegen die Rippen, als müsse es heraus aus der Brust, als müsse es so schnell als möglich heraus, und der Atem stockte mir in der Kehle. Ja, es war das Vaterland selbst das mir begegnete, auf jenen Wagen saß das blonde Deutschland, mit seinen ernstblauen Augen, seinen traulichen, allzubedächtigen Gesichtern, in den Mundwinkeln noch jene kümmerliche Beschränktheit, über die ich mich einst so sehr gelangweilt und geärgert, die mich aber jetzt gar wehmütig rührte — denn hatte ich einst in der blühenden Lust der Jugend, gar oft die heimatlichen Verkehrtheiten und Philistereien verdrießlich durchgehechelt, hatte ich einst mit dem glücklichen, bürgermeisterlich gehäbigen, schneckenhaft trägen Vaterlande manchmal einen kleinen Hausháder zu bestehen, wie er in großen Familien wohl vorfallen kann: so war doch all dergleichen

Erinnerung in meiner Seele erloschen, als ich das Vaterland in Elend erblickte, in der Fremde, im Elend; selbst seine Gebrechen wurden mir plötzlich teuer und wert, selbst mit seinen Krähwinkeleien war ich ausgesöhnt, und ich drückte ihm die Hand, ich drückte die Hand jener deutschen Auswanderer, als gäbe ich dem Vaterland selber den Handschlag eines erneuten Bündnisses der Liebe, und wir sprachen Deutsch. Die Menschen waren ebenfalls sehr froh auf einer fremden Landstraße diese Laute zu vernehmen; die besorglichen Schatten schwanden von ihren Gesichtern, und sie lächelten beinahe. Auch die Frauen, worunter manche recht hübsch, riefen mir ihr gemütliches «Griesch di Gott!» vom Wagen herab, und die jungen Bübli grüßten errötend höflich, und die ganz kleinen Kinder jauchzten mich an, mit ihren zahnlosen lieben Mündchen. «Und warum habt Ihr denn Deutschland verlassen?» fragte ich diese armen Leute. «Das Land ist gut und wären gern dageblieben», antworteten sie, «aber wir konntens nicht länger aushalten —»

Nein, ich gehöre nicht zu den Demagogen, die nur die Leidenschaften aufregen wollen, und ich will nicht alles wiedererzählen was ich auf jener Landstraße, bei Le Havre, unter freiem Himmel, gehört habe über den Unfug der hochnobelen und allerhöchst nobelen Sippschaft in der Heimat — auch lag die größere Klage nicht im Wort selbst, sondern im Ton womit es schlicht und grad gesprochen, oder vielmehr geseufzt wurde. Auch jene armen Leute waren keine Demagogen; die Schlußrede ihrer Klage war immer: «Was sollten wir tun? Sollten wir eine Revolution anfangen?»

Ich schwöre es bei allen Göttern des Himmels und der Erde, der zehnte Teil von dem was jene Leute in Deutschland erduldet haben, hätte in Frankreich sechsunddreißig Revolutionen hervorgebracht und sechsunddreißig Königen die Krone mitsamt dem Kopf gekostet.

«Und wir hätten es doch noch ausgehalten und wären nicht fortgegangen», bemerkte ein achtzigjähriger, also doppeltvernünftiger Schwabe, «aber wir taten es wegen der Kinder. Die sind noch nicht so stark wie wir an Deutschland gewöhnt, und können vielleicht in der Fremde glücklich werden; freilich, in Afrika werden sie auch manches ausstehen müssen.» Diese Leute gingen nämlich nach Algier, wo man ihnen, unter günstigen Bedingungen, eine Strecke Landes zur Kolonisierung versprochen hatte.

Zur Ehre der Menschheit muß ich hier des Mitgefühls erwähnen, das, nach der Aussage jener Auswanderer, ihnen auf ihren Leidensstationen durch ganz Frankreich zu Teil wurde. Die Franzosen sind nicht bloß das geistreichste, sondern auch das barmherzigste Volk. Dabei ist noch zu bemerken, daß die Franzosen nur das materielle Elend dieser Leute kennen; jene können eigentlich gar nicht begreifen, warum diese Deutschen ihr Vaterland verlassen. Denn wenn den Franzosen die landesherrlichen Plackereien so ganz unerträglich werden, oder auch nur etwas allzustark beschwerlich fallen, dann kommt ihnen doch nie in den Sinn die Flucht zu ergreifen, sondern sie geben vielmehr ihren Drängern den Laufpaß, sie werfen sie zum Lande hinaus und bleiben hübsch selber im Lande, mit einem Wort, sie fangen eine Revolution an.

Was mich betrifft, so blieb mir, durch jene Begegnung, ein tiefer Kummer, eine schwarze Traurigkeit, eine bleierne Verzagnis im Herzen, dergleichen ich nimmermehr mit Worten zu beschreiben vermag. Ich, der eben noch so übermütig wie ein Sieger taumelte, ich ging jetzt so matt und krank einher, wie ein gebrochener Mensch. Es war dieses wahrhaftig nicht die Wirkung eines plötzlich aufgeregten Patriotismus. Ich fühlte, es war etwas Edleres, etwas Besseres. Dazu ist mir seit langer Zeit alles fatal, was den Namen Patriotismus trägt. Ja, es konnte mir einst sogar die Sache selber einigermaßen verleidet werden, als ich den Mummenschanz jener schwarzen Narren erblickte, die aus dem Patriotismus ordentlich ihr Handwerk gemacht.

In Frankreich besteht auch der Patriotismus in der Liebe für ein Geburtsland, welches auch zugleich die Heimat der Zivilisation und des humanen Fortschritts. Obgedachter deutscher Patriotismus hingegen bestand in einem Hasse gegen die Franzosen, in einem Hasse gegen Zivilisation und Liberalismus. Nicht wahr, ich bin kein Patriot, denn ich lobe Frankreich?

Es ist eine eigene Sache mit dem Patriotismus, mit der wirklichen Vaterlandsliebe. Man kann sein Vaterland lieben, und achtzig Jahr dabei alt werden, und es nie gewußt haben; aber man muß dann auch zu Hause geblieben sein. Das Wesen des Frühlings erkennt man erst im Winter, und hinter dem Ofen dichtet man die besten Mailieder. Die Freiheitsliebe ist eine Kerkerblume und erst im Gefängnisse fühlt man den Wert der Freiheit. So beginnt die deutsche Vaterlandsliebe erst an der deutschen Grenze, vornehmlich aber beim Anblick deutschen Unglücks in der Fremde.

Das ist es. Deutschland, das sind wir selber. Und darum wurde ich plötzlich so matt und krank beim Anblick jener Auswandrer, jener großen Blutströme, die aus den Wunden des Vaterlands rinnen und sich in den afrikanischen Sand verlieren. Das ist es; es war wie ein leiblicher Verlust und ich fühlte in der Seele einen fast physischen Schmerz.

Ich versichere Euch, ich bin kein Patriot, und wenn ich an jenem Tage geweint habe, so geschah es wegen des kleinen Mädchens. Es war schon gegen Abend, und ein kleines deutsches Mädchen, welches ich vorher schon unter den Auswanderern bemerkt, stand allein am Strande, wie versunken in Gedanken, und schaute hinaus ins weite Meer. Die Kleine mochte wohl acht Jahr alt sein, trug zwei niedlich geflochtene Haarzöpfchen, ein schwäbisch kurzes Röckchen von wohlgestreiftem Flanell, hatte ein bleichkränkelndes Gesichtchen, groß ernsthafte Augen, und mit weichbesorgter, jedoch zugleich neugieriger Stimme frug sie mich: ob das das Weltmeer sei? — —

Bis tief in die Nacht stand ich am Meere und weinte. Ich schämte mich nicht dieser Tränen. Auch Achilles weinte am Meer, und die silberfüßige Mutter mußte aus den Wellen emporsteigen, um ihn zu trösten. Auch ich hörte eine Stimme im Wasser, aber minder trostreich, vielmehr aufweckend, gebietend und doch grundweise.

Wenn einem aber das Meer seine Geheimnisse offenbart und einem das große Welterlösungswort ins Herz geflüstert, dann ade Ruhe! Ade stille Träume! Ade Novellen und Komödien, die ich schon so hübsch begonnen und die nun schwerlich so bald fortgesetzt werden!

Die goldenen Engelsfarben sind seitdem auf meiner Palette fast eingetrocknet, und flüssig blieb darauf nur ein schreiendes Rot, das wie Blut aussieht, und womit man nur rote Löwen malt. Ja, mein nächste Buch wird wohl ganz und gar ein roter Löwe werden, welches ein verehrungswürdiges Publikum, nach obigem Geständnisse, gefälligst entschuldigen möge. —

Paris, den 17ten Oktober 1833. Vorrede zu Salon I*

96

## Mein Volk! mein Kaiser!

Der arme Kaiser [Karl V.] war von seinen Feinden gefangen genommen, und saß in schwerer Haft. Ich glaube es war in Tirol. Da saß er, in einsamer Betrübnis, verlassen von allen seinen Rittern und Höflingen, und keiner kam ihm zu Hülfe. Ich weiß nicht, ob er schon damals jenes käsebleiche Gesicht hatte, wie es auf den Bildern von Holbein abkonterfeit ist. Aber die menschenverachtende Unterlippe trat gewiß noch gewaltsamer hervor als auf jenen Bildern. Mußte er doch die Leute verachten, die, im Sonnenschein des Glückes, ihn so ergeben umwedelt, und ihn jetzt allein ließen in dunkler Not. Da öffnete sich plötzlich die Kerkertüre, und herein trat ein verhüllter Mann, und wie dieser den Mantel zurückschlug, erkannte der Kaiser seinen treuen Kunz von der Rosen, den Hofnarren. Dieser brachte ihm Trost und Rat, und es war der Hofnarr.

O, deutsches Vaterland! teures deutsches Volk! ich bin dein Kunz von der Rosen. Der Mann, dessen eigentliches Amt die Kurzweil und der dich nur belustigen sollte in guten Tagen, er dringt in deinen Kerker zur Zeit der Not; hier unter dem Mantel bringe ich dir dein starkes Zepter und die schöne Krone — erkennst du mich nicht, mein Kaiser? Wenn ich dich nicht befreien kann, so will ich dich wenigstens trösten, und du sollst jemanden um dir haben, der mit dir schwatzt über die bedränglichste Drangsal, und dir Mut einspricht, und dich lieb hat, und dessen bester Spaß und bestes Blut zu deinen Diensten steht. Denn du, mein Volk, bist der wahre Kaiser, der wahre Herr der Lande — dein Wille, mein Volk, ist die alleinig rechtmäßige Quelle aller Macht. Wenn du auch in Fesseln daniederliegst, so siegt doch am Ende dein gutes Recht, es naht der Tag der Befreiung, eine neue Zeit beginnt — mein Kaiser, die

Nacht ist vorüber und draußen glüht das Morgenrot.

«Kunz von der Rosen, mein Narr, du irrst dich, ein blankes Beil hältst du vielleicht für eine Sonne, und das Morgenrot ist nichts als Blut.»

Nein, mein Kaiser, es ist die Sonne, obgleich sie im Westen hervorsteigt — seit sechstausend Jahren sah man sie immer aufgehen im Osten, da wird es wohl Zeit, daß sie mal eine Verändrung vornehme in ihrem Lauf.

«Kunz von der Rosen, mein Narr, du hast ja die Schellen verloren von deiner roten Mütze, und sie hat jetzt so ein seltsames Ansehen, die rote Mütze.»

Ach, mein Kaiser, ich habe ob Eurer Not so wütend ernsthaft den Kopf geschüttelt, daß die närrischen Schellen abfielen von der Mütze, sie ist aber darum nicht schlechter geworden.

«Kunz von der Rosen, mein Narr, was bricht und kracht da draußen?»

Seid still! das ist die Säge und die Zimmermannsaxt und bald brechen zusammen die Pforten Eures Kerkers, und Ihr seid frei, mein Kaiser!

«Bin ich denn wirklich Kaiser? Ach, es ist ja der Narr, der es mir sagt!»

O, seufzt nicht, mein lieber Herr, die Kerkerluft macht Euch so verzagt; wenn Ihr erst wieder Eure Macht errungen, fühlt Ihr auch wieder das kühne Kaiserblut in Euren Adern, und Ihr seid stolz wie ein Kaiser, und übermütig, und genädig, und ungerecht, und lächelnd, und undankbar, wie Fürsten sind.

«Kunz von der Rosen, mein Narr, wenn ich wieder frei werde, was willst du dann anfangen?»

Ich will mir dann neue Schellen an meine Mütze nähen.

«Und wie soll ich deine Treue belohnen?»

Ach! lieber Herr, laßt mich nicht umbringen.

Englische Fragmente. Schlußwort. 1828

# XIII. JUSTE-MILIEU

Vive la France! quand même —

Motto der Französischen Zustände

97

La liberté sur les barricades — Ich wende mich zu Delacroix, der ein Bild geliefert, vor welchem ich immer einen großen Volkshaufen stehen sah, und das ich also zu denjenigen Gemälden zähle, denen die meiste Aufmerksamkeit zuteil worden. Die Heiligkeit des Sujets erlaubt keine strenge Kritik des Kolorits, welche vielleicht mißlich ausfallen könnte. Aber trotz etwaniger Kunstmängel, atmet in dem Bilde ein großer Gedanke, der uns wunderbar entgegenweht. Eine Volksgruppe während den Juliustagen ist dargestellt, und in der Mitte, beinahe wie eine allegorische Figur, ragt hervor ein jugendliches Weib, mit einer roten phrygischen Mütze auf dem Haupte, eine Flinte in der einen Hand und in der andern eine dreifarbige Fahne. Sie schreitet dahin über Leichen, zum Kampfe auffordernd, entblößt bis zur Hüfte, ein schöner, ungestümer Leib, das Gesicht ein kühnes Profil, frecher Schmerz in den Zügen, eine seltsame Mischung von Phryne, Poissarde und Freiheitsgöttin. Daß sie eigentlich letztere bedeuten solle, ist nicht ganz bestimmt ausgedrückt, diese Figur scheint vielmehr die wilde Volkskraft, die eine fatale Bürde abwirft, darzustellen. Ich kann nicht umhin, zu gestehen, diese Figur erinnert mich an jene peripatetischen Philosophinnen, an jene Schnelläuferinnen der Liebe oder Schnelliebende, die des Abends auf den Boulevards umherschwärmen; ich gestehe, daß der kleine Schornsteinkupido, der, mit einer Pistole in jeder Hand, neben dieser Gassenvenus steht, vielleicht nicht allein von Ruß beschmutzt ist; daß der Pantheonskandidat, der tot auf dem Boden liegt, vielleicht den Abend vorher mit Kontremarken des Theaters gehandelt; daß der Held, der mit seinem Schießgewehr hinstürmt, in seinem Gesichte die Galeere und in seinem häßlichen Rock gewiß noch den Duft des Assisenhofes trägt; — aber das ist es eben, ein großer Gedanke hat diese gemeinen Leute, diese Crapüle, geadelt und geheiligt und die entschlafene Würde in ihrer Seele wieder aufgeweckt.

Heilige Julitage von Paris! ihr werdet ewig Zeugnis geben von dem Uradel der Menschen, der nie ganz zerstört werden kann. Wer euch erlebt hat, der jammert nicht mehr auf den alten Gräbern, sondern freudig glaubt er jetzt an die Auferstehung der Völker. Heilige Julitage! wie schön war die Sonne und wie groß war das Volk von Paris! Die Götter im Himmel, die dem großen Kampfe zusahen, jauchzten vor Bewunderung, und sie wären gerne aufgestanden von ihren goldenen Stühlen und wären gerne zur Erde herabgestiegen, um Bürger zu werden von Paris! Aber neidisch, ängstlich, wie sie sind, fürchteten sie am Ende, daß die Menschen zu hoch und zu herrlich emporblühen möchten, und durch ihre willigen Priester suchten sie «das Glänzende zu schwärzen und das Erhabene in den Staub zu ziehn», und sie stifteten die belgische Rebellion, das de Pottersche Viehstück. Es ist dafür gesorgt, daß die Freiheitsbäume nicht in den Himmel hineinwachsen.

Auf keinem von allen Gemälden des Salons ist so sehr die Farbe eingeschlagen, wie auf Delacroix Julirevolution. Indessen, eben diese Abwesenheit von Firnis und Schimmer, dabei der Pulverdampf und Staub, der die Figuren wie graues Spinnweb bedeckt, das sonnengetrocknete Kolorit, das gleichsam nach einem Wassertropfen lechzt, alles dieses gibt dem Bilde eine Wahrheit, eine Wesenheit, eine Ursprünglichkeit, und man ahnt darin die wirkliche Physiognomie der Julitage.

Unter den Beschauern waren so manche, die damals entweder mitgestritten oder doch wenigstens zugesehen hatten, und diese konnten das Bild nicht genug rühmen. «Mâtin», rief ein Epicier, «diese Gamins haben sich wie Riesen geschlagen!» Eine junge Dame meinte, auf dem Bilde fehle der polytechnische Schüler, wie man ihn sehe auf allen andern Darstellungen der Julirevolution, deren sehr viele, über vierzig Gemälde, ausgestellt waren.

«Papa!» rief eine kleine Karlistin, «wer ist die schmutzige Frau mit der roten Mütze?» — «Nun freilich», spöttelte der noble Papa mit einem süßlich zerquetschten Lächeln, «nun freilich, liebes Kind, mit der Reinheit der Lilien hat sie nichts zu schaffen. Es ist die Freiheitsgöttin.» — «Papa, sie hat auch nicht einmal ein Hemd an.» — «Eine wahre Freiheitsgöttin, liebes Kind, hat gewöhnlich kein Hemd, und ist daher sehr erbittert auf alle Leute, die weiße Wäsche tragen.»

Bei diesen Worten zupfte der Mann seine Manschetten etwas tiefer über die langen müßigen Hände, und sagte zu seinem Nachbar: «Eminenz! wenn es den Republikanern heut an der Pforte St.-Denis gelingt, daß eine alte Frau von den Nationalgarden totgeschossen wird, dann tragen sie die heilige Leiche auf den Boulevards herum, und das Volk wird rasend, und wir haben dann eine neue Revolution.» — «Tant mieux!» flüsterte die Eminenz, ein hagerer, zugeknöpfter Mensch, der sich in weltliche Tracht vermummt, wie jetzt von allen Priestern in Paris geschieht, aus Furcht vor öffentlicher Verhöhnung, vielleicht auch des bösen Gewissens halber; «tant mieux, Marquis! wenn nur recht viele Greuel geschehen, damit das Maß wieder voll wird! Die Revolution verschluckt dann wieder ihre eignen Anstifter, besonders jene eitlen Bankiers, die sich gottlob jetzt schon ruiniert haben.» — «Ja, Eminenz, sie wollten uns à tout prix vernichten, weil wir sie nicht in unsere Salons aufgenommen; das ist das Geheimnis der Julirevolution, und da wurde Geld verteilt an die Vorstädter, und die Arbeiter wurden von den Fabrikherrn entlassen, und Weinwirte wurden bezahlt, die umsonst Wein schenkten und noch Pulver hineinmischten, um den Pöbel zu erhitzen, et du reste, c'était le soleil!»

Der Marquis hat vielleicht recht: es war die Sonne. Zumal im Monat Juli hat die Sonne immer am gewaltigsten mit ihren Strahlen die Herzen der Pariser entflammt, wenn die Freiheit bedroht war, und sonnentrunken erhob sich dann das Volk von Paris gegen die morschen Bastillen und Ordonnanzen der Knechtschaft. Sonne und Stadt verstehen sich wunderbar, und sie lieben sich. Ehe die Sonne des Abends ins Meer hinabsteigt, verweilt ihr Blick noch lange mit Wohlgefallen auf der schönen Stadt Paris, und mit ihren letzten Strahlen küßt sie die dreifarbigen Fahnen auf den Türmen der schönen Stadt Paris. Mit Recht hatte ein französischer Dichter den Vorschlag gemacht, das Julifest durch eine symbolische Vermählung zu feiern: und wie einst der Doge von Venedig jährlich den goldenen Bukentauro bestiegen, um die herrschende Venezia mit dem Adriatischen Meere zu vermählen, so solle alljährlich auf dem Bastillenplatze die Stadt Paris sich vermählen mit der Sonne, dem großen, flammenden Glücksstern ihrer Freiheit. Casimir Périer hat diesen Vorschlag nicht goutiert, er fürchtet den Polterabend einer solchen Hochzeit, er fürchtet die allzustarke Hitze einer solchen Ehe, und er bewilligt der Stadt Paris höchstens eine morganatische Verbindung mit der Sonne.

Französische Maler. 1831*

98

DIE GELDRITTER — Der Republikanismus in Frankreich benutzt die Preßfreiheit, um alle hervorragende Größe durch Spöttelei oder Verleumdung niederzudrücken und alle Begeisterung für Persönlichkeiten von Grund aus zu vernichten. Diese Verlästerungslust wird nun außerordentlich unterstützt durch das sogenannte repräsentative Verfassungswesen, durch jenes System von Fiktionen, welches die Sache der Freiheit mehr vertagt als befördert, und keine großen Persönlichkeiten aufkommen läßt, weder im Volke noch auf dem Throne. Denn dieses System, diese Verhöhnung wahrer Vertretung der Nationalinteressen, dieses Gemische von kleinen Wahlumtrieben, Mißtrauen, Keifsucht, öffentlicher Insolenz, geheimer Feilheit und offizieller Lüge, demoralisiert die Könige ebensosehr, wie die Völker. Hier müssen die Könige Komödie spielen, ein nichtssagendes Geschwätz mit noch weniger sagenden Gemeinplätzen beantworten, ihren Feinden huldreich lächeln, ihre Freunde aufopfern, immer indirekt handeln, und durch ewige Selbstverleugnung alle freien, großmütigen und tatlustigen Regungen eines königlichen Heldensinns in ihrer Brust ertöten. Eine solche Verkleinlichung aller Größe und radikale Vernichtung des Heroismus verdankt man aber ganz besonders jener Bourgeoisie, jenem Bürgerstand, der durch den Sturz der Geburtsaristokratie hier in Frankreich zur Herrschaft gelangte und seinen engen, nüchternen Krämergesinnungen in jeder Sphäre des Lebens den Sieg verschafft. Es wird nicht lange dauern, und alle heroischen Gedanken und Gefühle müssen hierzulande, wo nicht ganz erlöschen, doch wenigstens lächerlich werden. Ich will bei Leibe nicht das alte Regiment adeliger Bevorrechtung zurückwünschen; denn es war nichts als überfirnißte Fäulnis, eine geschminkte und parfümierte Leiche, die man ruhig ins Grab senken oder gewaltsam in die Gruft hineintreten mußte, im Fall sie ihr trostloses Scheinleben fortsetzen und sich allzu sträubsam gegen die Bestattung wehren wollte. Aber das neue Regiment, das an die Stelle des alten getreten, ist noch viel fataler; und noch weit unleidlicher anwidern muß uns diese ungefirnißte Roheit, dieses Leben ohne Wohlduft, diese betriebsame Geldritterschaft, diese Nationalgarde, diese bewaffnete Furcht. Französische Bühne. 1837. Gestrichen f. d. Buchausgabe

99

Die Börse lächelt — Der Feldzug nach Belgien, die Blockade von Lissabon und die Einnahme von Ancona sind die drei charakteristischen Heldentaten, womit das Justemilieu nach außen seine Kraft, seine Weisheit und seine Herrlichkeit geltend gemacht; im Innern pflückte es ebenso rühmliche Lorbeeren unter den Pfeilern des Palais Royal, zu Lyon und zu Grenoble. Nie stand Frankreich so tief in den Augen des Auslandes, nicht einmal zur Zeit der Pompadour und der Dubarry. Man merkt jetzt, daß es noch etwas Kläglicheres gibt, als eine Mätressenherrschaft. In dem Boudoir einer galanten Dame ist noch immer mehr Ehre zu finden, als in dem Comptoir eines Bankiers.

Die Anhänger des Ministeriums, d. h. Angestellte, Bankiers, Gutsbesitzer und Boutiquiers, erhöhen das allgemeine Mißbehagen noch durch die lächelnden Versicherungen, daß wir ja alle im ruhigsten Zustande leben, daß das Thermometer des Volksglücks, der Staatspapierkurs, gestiegen, und daß wir diesen Winter in Paris mehr Bälle als jemals, und die Oper in ihrer höchsten Blüte gesehen haben. Dieses war wirklich der Fall; denn jene Leute haben ja die Mittel, Bälle zu geben, und da tanzten sie nun, um zu zeigen, daß Frankreich glücklich sei; sie tanzten für ihr System, für den Frieden, für die Ruhe Europas; sie wollten die Kurse in die Höhe tanzen, sie tanzten à la hausse. Freilich manchmal, während den erfreulichsten Entrechats, brachte das diplomatische Korps allerlei Hiobsdepeschen aus Belgien, Spanien, England und Italien; aber man ließ keine Bestürzung merken, und tanzte verzweiflungsvoll lustig weiter; die Leute tanzten für ihre Renten, je gemäßigter sie gesinnt waren, desto leidenschaftlicher tanzten sie, und die dicksten, moralischsten Bankiers tanzten den verruchten Nonnenwalzer aus «Robert le Diable», der berühmten Oper [Meyerbeers].

Ich ärgere mich jedesmal, wenn ich die Börse betrete, das schöne Marmorhaus, erbaut im edelsten griechischen Stile, und geweiht dem nichtswürdigsten Geschäfte. Hier, in dem ungeheuren Raume der hochgewölbten Börsenhalle, hier ist es, wo der Staatspapierenschacher, mit allen seinen grellen Gestalten und Mißtönen, wogend und brausend sich bewegt, wie ein Meer des Eigennutzes, wo aus den wüsten Menschenwellen die großen Bankiers gleich Haifischen hervorschnappen, wo ein Ungetüm das andere verschlingt, und wo oben auf der Galerie, gleich lauernden Raubvögeln auf einer Meerklippe, sogar spekulierende Damen bemerkbar sind. Hier ist es jedoch, wo die Interessen wohnen, die in dieser Zeit über Krieg und Frieden entscheiden.

Es ist aber nicht leicht, die Natur jener Interessen, nach jedem einwirkenden Ereignisse, genau zu begreifen, und die Folgen danach würdigen zu können. Der Kurs der Staatspapiere und des Diskontos ist freilich ein politisches Thermometer; aber man würde sich irren, wenn man glaubte, dieses Thermometer zeige den Siegesgrad der einen oder der anderen großen Fragen, die jetzt die Menschheit bewegen. Das Steigen und Fallen der Kurse beweist nicht das Steigen oder Fallen der liberalen oder servilen Partei, sondern die größere oder geringere Hoffnung, die man hegt für die Pazifikation Europas, für die Erhaltung des Bestehenden, oder vielmehr für die Sicherung der Verhältnisse, wovon die Auszahlung der Staatsschuldzinsen abhängt.

In dieser beschränkten Auffassung, bei allen möglichen Vorkommenheiten, sind die Börsenspekulanten bewunderungswürdig. Ungestört von allen geistigen Aufregungen haben sie ihren Sinn allein auf alles Faktische gewendet, und fast mit tierischem Gefühle, wie Wetterfrösche, erkennen sie, ob irgendein Ereignis, das scheinbar beruhigend aussieht, nicht eine Quelle künftiger Stürme sein wird, oder ob ein großes Mißgeschick nicht am Ende dazu diene, die Ruhe zu konsolidieren. Bei dem Falle Warschaus frug man nicht: Wieviel Unheil wird für die Menschheit dadurch entstehen? sondern: Wird der Sieg des Kantschus die Unruhestifter, das heißt die Freunde der Freiheit, entmutigen? Durch die Bejahung dieser Frage stieg der Kurs. Erhielte man heute an der Börse plötzlich die telegraphische Nachricht, daß Hr. Talleyrand an eine Vergeltung nach dem Tode glaube, so würden die französischen Staatspapiere gleich um zehn Prozent fallen; denn man könnte fürchten, er werde sich mit Gott zu versöhnen suchen, und dem Ludwig Philipp und dem ganzen Justemilieu entsagen, und sie sakrifizieren, und die schöne Ruhe, deren wir jetzt genießen, aufs Spiel setzen. Weder Sein noch Nichtsein, sondern Ruhe oder Unruhe, ist die große Frage der Börse. Danach richtet sich auch der Diskonto. In unruhiger Zeit ist das Geld ängstlich, zieht sich in die Kisten der Reichen, wie in eine Festung, zurück, hält sich eingezogen; der Diskonto steigt. In ruhiger Zeit wird das Geld wieder sorglos, bietet sich preis, zeigt sich öffentlich, ist sehr herablassend; der Diskonto ist niedrig. So ein alter Louisdor hat mehr Verstand als ein Mensch, und weiß am besten, ob es Krieg oder Frieden gibt.

Als ich gestern [6. Juni 1832] nach der Börse ging, um meinen Brief in den Postkasten zu werfen, stand das ganze Spekulantenvolk unter den Kolonnen, vor der breiten Börsentreppe. Da eben die Nachricht anlangte, daß die Niederlage der Patrioten gewiß sei, zog sich die süßeste Zufriedenheit über sämtliche Gesichter; man konnte sagen, die ganze Börse lächelte. Unter Kanonendonner gingen die Fonds um zehn Sous in die Höhe. Man schoß nämlich noch bis fünf Uhr; um sechs Uhr war der ganze Revolutionsversuch unterdrückt.

Französische Zustände. Aus V und VIII - 1832*

100

Der Geldglaube — Wie im Mittelalter alles, die einzelnen Bauwerke ebenso wie das ganze Staats- und Kirchengebäude, auf dem Glauben an Blut beruhte, so beruhen alle unsere heutigen Institutionen auf dem Glauben an Geld, auf wirklichem Geld. Jenes war Aberglauben, doch dieses ist der bare Egoismus. Ersteren zerstörte die Vernunft, letzteren wird das Gefühl zerstören. Die Grundlage der menschlichen Gesellschaft wird einst eine bessere sein, und alle großen Herzen Europas sind schmerzhaft beschäftigt, diese neue bessere Basis zu entdecken.

Romantische Schule. III - 1834

101

Die Salbung von Bethanien — Der ökonomische Apostel ist derjenige, der den Beutel führt, die Gewohnheit der Geldgeschäfte hat ihn abgestumpft gegen alle uneigennützigen Nardendüfte der Liebe, er möchte Groschen dafür einwechseln zu einem nützlichen Zweck, und eben er, der Groschenwechsler, er war es, der den Heiland verriet — um dreißig Silberlinge. So hat das Evangelium auch symbolisch, in der Geschichte des Bankiers unter den Aposteln, die unheimliche Verführungsmacht, die im Geldsacke lauert, offenbart, und vor der Treulosigkeit der Geldgeschäftsleute gewarnt. Jeder Reiche ist ein Judas Ischariot. Die Stadt Lucca. VII - 1830*

102

Die Oligarchie der Tagespresse — Die französische Tagespresse ist gewissermaßen eine Oligarchie, keine Demokratie; denn die Begründung eines französischen Journals ist mit so vielen Kosten und Schwierigkeiten verbunden, daß nur Personen, die imstande sind, die größten Summen aufs Spiel zu setzen, ein Journal errichten können. Es sind daher gewöhnlich Kapitalisten oder sonstige Industrielle, die das Geld herschießen zur Stiftung eines Journals; sie spekulieren dabei auf den Absatz, den das Blatt finden werde, wenn es sich als Organ einer bestimmten Partei geltend zu machen verstanden, oder sie hegen gar den Hintergedanken, das Journal späterhin, sobald es eine hinlängliche Anzahl Abonnenten gewonnen, mit noch größerem Profit an die Regierung zu verkaufen. Auf diese Weise, angewiesen auf die Ausbeutung der vorhandenen Parteien oder des Ministeriums, geraten die Journale in eine beschränkende Abhängigkeit, und was noch schlimmer ist, in eine Exklusivität, eine Ausschließlichkeit bei allen Mitteilungen, wogegen die Hemmnisse der deutschen Zensur nur wie heitere Rosenketten erscheinen dürften. Der Redakteur en chef eines französischen Journals ist ein Condottiere, der durch seine Kolonnen die Interessen und Passionen der Partei, die ihn durch Absatz oder Subvention gedungen hat, verficht und verteidigt. Seine Unterredakteure, seine Leutnants und Soldaten, gehorchen mit militärischer Subordination, und sie geben ihren Artikeln die verlangte Richtung und Farbe, und das Journal erhält dadurch jene Einheit und Präzision, die wir in der Ferne nicht genug bewundern können. Hier herrscht die strengste Disziplin des Gedankens und sogar des Ausdrucks. Hat irgendein unachtsamer Mitarbeiter das Kommando überhört, hat er nicht ganz so geschrieben wie die Consigne lautete, so schneidet der Redakteur en chef ins Fleisch seines Aufsatzes mit einer militärischen Unbarmherzigkeit, wie sie bei keinem deutschen Zensor zu finden wäre. Käme nun gar jemand zu ihm und brächte ihm einen Aufsatz, der zu den erwähnten Zwecken seines Journals in keiner fördernden Beziehung stände, der etwa ein Thema behandelte, das kein unmittelbares Interesse hätte für das Publikum, dem das Blatt als Organ dient, so wird der Aufsatz streng zurückgewiesen, mit den sakramentalen Worten: «Cela n'entre pas dans l'idée de notre journal.» Da nun solchermaßen von den hiesigen Journalen jedes seine besondre politische Farbe und seinen bestimmten Ideenkreis hat, so ist leicht begreiflich, daß jemand, der etwas zu sagen hätte, was diesen Ideenkreis überschritte und auch keine Parteifarbe trüge, durchaus kein Organ für seine Mitteilungen finden würde. Ja, sobald man sich entfernt von der Diskussion der Tagesinteressen, den sogenannten Aktualitäten, sobald man Ideen zu entwickeln hat, die den banalen Parteifragen fremd sind, sobald man etwa nur die Sache der Menschheit besprechen wollte, würden die Redakteure der hiesigen Journale einen solchen Artikel mit ironischer Höflichkeit zurückweisen; und da man hier nur durch die Journale oder durch ihre annoncierende Vermittlung mit dem Publikum reden kann, so ist die Charte, die jedem Franzosen die Veröffentlichung seiner Gedanken durch den Druck erlaubt, eine bittere Verhöhnung für geniale Denker und Weltbürger, und faktisch existiert für diese durchaus keine Preßfreiheit: — «cela n'entre pas dans l'idée de notre journal.»

Lutezia. 3. VI. 1840

103

Aristocratie bourgeoise — Ich weiß sehr gut, daß die Revolution alle sozialen Interessen umfaßt, und Adel und Kirche nicht ihre einzigen Feinde sind. Aber ich habe, zur Faßlichkeit, die letzteren als die einzig verbündeten Feinde dargestellt, damit sich der Ankampf konsolidiere. Ich selbst hasse die aristocratie bourgeoise noch weit mehr. An Varnhagen. 19. XI. 1830

104

Die Grippe — Wenn Sie die Grippe nicht haben, so rate ich Ihnen, den Göttern dafür aufs schönste zu danken. Ich fühle mich endlich ebenfalls erreicht von dieser charakterlosen Juste-Milieu-Krankheit, die Ludwig Philipp erfunden zu haben scheint, wodurch man weder leben noch sterben kann, eine Cholera ohne Gefahr und Poesie. An August Lewald. 11. II. 1837

# XIV. PROTESTANTISCHE SENDUNG

105

## Heinrich

Auf dem Schloßhof zu Canossa
Steht der deutsche Kaiser Heinrich,
Barfuß und im Büßerhemde,
Und die Nacht ist kalt und regnicht.

Droben aus dem Fenster lugen
Zwo Gestalten, und der Mondschein
Überflimmert Gregors Kahlkopf
Und die Brüste der Mathildis.

Heinrich, mit den blassen Lippen,
Murmelt fromme Paternoster;
Doch im tiefen Kaiserherzen
Heimlich knirscht er, heimlich spricht er:

«Fern in meinen deutschen Landen
Heben sich die starken Berge,
Und im stillen Bergesschachte
Wächst das Eisen für die Streitaxt.

Fern in meinen deutschen Landen
Heben sich die Eichenwälder,
Und im Stamm der höchsten Eiche
Wächst der Holzstiel für die Streitaxt.

Du, mein liebes treues Deutschland,
Du wirst auch den Mann gebären,
Der die Schlange meiner Qualen
Niederschmettert mit der Streitaxt.»

Neue Gedichte. 1821

106

WITTEKIND — Der neue Glaube hat nicht alle Jul-Feuer löschen können und die Knaben in Deutschland springen noch immer um die jauchzenden Lichter. Der Bäcker in Deutschland brennt in seine Bröte noch immer den uralten Drudenfuß und unser tägliches Brot trägt noch immer das Zeichen der heiligen Vorzeit.

Wie man behauptet, gibt es greise Menschen in Westfalen, die noch immer wissen, wo die alten Götterbilder verborgen liegen; auf ihrem Sterbebette sagen sie es dem jüngsten Enkel, und der trägt dann das teure Geheimnis in dem verschwiegenen Sachsenherz. In Westfalen, dem ehemaligen Sachsen, ist nicht alles tot was begraben ist. Wenn man dort durch die alten Eichenhaine wandelt, hört man noch die Stimmen der Vorzeit, da hört man noch den Nachhall jener tiefsinnigen Zaubersprüche, worin mehr Lebensfülle quillt, als in der ganzen Literatur der Mark Brandenburg. Eine geheimnisvolle Ehrfurcht durchschauerte meine Seele, als ich einst, diese Waldungen durchwandernd, bei der uralten Siegburg vorbeikam. «Hier», sagte mein Wegweiser, «hier wohnte einst König Wittekind» und er seufzte tief. Es war ein schlichter Holzhauer und er trug ein großes Beil.

Ich bin überzeugt, dieser Mann, wenn es drauf ankömmt, schlägt sich noch heute für König Wittekind; und wehe dem Schädel, worauf sein Beil fällt!

Elementargeister. 1836*

107

LUTHER

Die erlauchten Leute, die Anno 1521 im Reichssaale zu Worms versammelt waren, mochten wohl allerlei Gedanken im Herzen tragen, die im Widerspruch standen mit den Worten ihres Mundes. Da saß ein junger Kaiser [Karl V.], der sich, mit jugendlicher Herrscherwonne, in seinen neuen Purpurmantel wickelte, und sich heimlich freute, daß der stolze Römer, der die Vorgänger im Reiche so oft mißhandelt und noch immer seine Anmaßungen nicht aufgegeben, jetzt die wirksamste Zurechtweisung gefunden. Der Repräsentant jenes Römers hatte seinerseits wieder die geheime Freude, daß ein Zwiespalt unter jenen Deutschen entstand, die, wie betrunkene Barbaren, so oft das schöne Italien überfallen und ausgeplündert, und es noch immer mit neuen Überfällen und Plünderungen bedrohten. Die weltlichen Fürsten freuten sich, daß sie, mit der neuen Lehre, sich auch zu gleicher Zeit die alten Kirchengüter zu Gemüte führen konnten. Die hohen Prälaten überlegten schon, ob sie nicht ihre Köchinnen heuraten und ihre Kurstaaten, Bistümer und Abteien auf ihre männlichen Sprößlinge vererben könnten. Die Abgeordneten der Städte freuten sich einer neuen Erweiterung ihrer Unabhängigkeit. Jeder hatte hier was zu gewinnen und dachte heimlich an irdische Vorteile.

Doch ein Mann war dort, von dem ich überzeugt bin, daß er nicht an sich dachte, sondern nur an die göttlichen Interessen, die er vertreten sollte. Dieser Mann war Martin Luther, der arme Mönch, den die Vorsehung auserwählt, jene römische Weltmacht zu brechen, wogegen schon die stärksten Kaiser und kühnsten Weisen vergeblich angekämpft. Aber die Vorsehung weiß sehr gut, auf welche Schultern sie ihre Lasten legt; hier war nicht bloß eine geistige, sondern auch eine physische Kraft nötig. Eines durch klösterliche Strenge und Keuschheit von Jugend auf gestählten Leibes bedurfte es, um die Mühseligkeiten eines solchen Amtes zu ertragen. Unser teurer Meister war damals noch mager und sah sehr blaß aus, so daß die roten wohlgefütterten Herren des Reichstags fast mit Mitleid auf den armseligen Mann in der schwarzen Kutte herabsahen. Aber er war doch ganz gesund, und seine Nerven waren so fest, daß ihn der glänzende Tumult nicht im mindesten einschüchterte, und gar seine Lunge muß stark gewesen sein. Denn, nachdem er seine lange Verteidigung gesprochen, mußte er, weil der Kaiser kein Hochdeutsch verstand, sie in lateinischer Sprache wiederholen. Ich ärgere mich jedesmal, wenn ich daran denke; denn unser teurer Meister stand neben einem offenen Fenster, der Zugluft ausgesetzt, während ihm der Schweiß von der Stirne troff. Durch das lange Reden mochte er wohl sehr ermüdet und sein Gaumen mochte wohl etwas trocken geworden sein. Der muß jetzt großen Durst haben, dachte gewiß der Herzog von Braunschweig; wenigstens lesen wir, daß er dem Martin Luther drei Kannen des besten Eimbecker Biers in die Herberge zuschickte. Ich werde diese edle Tat dem Hause Braunschweig nie vergessen.

Wie von der Reformation, so hat man auch von ihren Helden sehr falsche Begriffe in Frankreich. Die nächste Ursache dieses Nichtbegreifens liegt wohl darin, daß Luther nicht bloß der größte, sondern auch der deutscheste Mann unserer Geschichte ist; daß in seinem Charakter alle Tugenden und Fehler der Deutschen aufs großartigste vereinigt sind, daß er auch persönlich das wunderbare Deutschland repräsentiert. Dann hatte er auch Eigenschaften, die wir selten vereinigt finden, und die wir gewöhnlich sogar als feindliche Gegensätze antreffen. Er war zugleich ein träumerischer Mystiker und ein praktischer Mann in der Tat. Seine Gedanken hatten nicht bloß Flügel, sondern auch Hände; er sprach und handelte. Er war nicht bloß die Zunge, sondern auch das Schwert seiner Zeit. Auch war er zugleich ein kalter scholastischer Wortklauber und ein begeisterter, gottberauschter Prophet. Wenn er des Tags über mit seinen dogmatischen Distinktionen sich mühsam abgearbeitet, dann griff er des Abends zu seiner Flöte, und betrachtete die Sterne und zerfloß in Melodie und Andacht. Derselbe Mann, der wie ein Fischweib schimpfen konnte, er konnte auch weich sein, wie eine zarte Jungfrau. Er war manchmal wild wie der Sturm, der die Eiche entwurzelt, und dann war er wieder sanft wie der Zephyr, der mit Veilchen kost. Er war voll der schauerlichsten Gottesfurcht, voll Aufopferung zu Ehren des heiligen Geistes, er konnte sich ganz versenken ins reine Geisttum; und dennoch kannte er sehr gut die Herrlichkeiten dieser Erde, und wußte sie zu schätzen, und aus seinem Munde erblühte der famose Wahlspruch: Wer nicht liebt Wein, Weiber und Gesang, der bleibt ein Narr sein Leben lang. Er war ein kompletter Mensch, ich möchte sagen: ein absoluter Mensch, in welchem Geist und Materie nicht getrennt sind. Ihn einen Spiritualisten nennen, wäre daher ebenso irrig, als nennte man ihn einen Sensualisten. Wie soll ich sagen, er hatte etwas Ursprüngliches, Unbegreifliches, Mirakulöses, wie wir es bei allen providentiellen Männern finden, etwas Schauerlich-Naives, etwas Tölpelhaft-Kluges, etwas Erhaben-Borniertes, etwas Unbezwingbar-Dämonisches.

Ruhm dem Luther! Ewiger Ruhm dem teuren Manne, dem wir die Rettung unserer edelsten Güter verdanken, und von dessen Wohltaten wir noch heute leben! Es ziemt uns wenig, über die Beschränktheit seiner Ansichten zu klagen. Der Zwerg, der auf den Schultern des Riesen steht, kann freilich weiter schauen als dieser selbst, besonders wenn er eine Brille aufgesetzt; aber zu der erhöhten Anschauung fehlt das hohe Gefühl, das Riesenherz, das wir uns nicht aneignen können. Es ziemt uns noch weniger, über seine Fehler ein herbes Urteil zu fällen; diese Fehler haben uns mehr genutzt, als die Tugenden von tausend andern. Die Feinheit des Erasmus und die Milde des Melanchthon hätten uns nimmer so weit gebracht wie manchmal die göttliche Brutalität des Bruder Martin. Ja, der Irrtum in Betreff des Beginnes hat die kostbarsten Früchte getragen, Früchte, woran sich die ganze Menschheit erquickt. Von dem Reichstage an, wo Luther die Autorität des Papstes leugnet und öffentlich erklärt: «daß man seine Lehre durch die Aussprüche der Bibel selbst oder durch vernünftige Gründe widerlegen müsse!» da beginnt ein neues Zeitalter in Deutschland. Die Kette, womit der heilige Bonifaz die deutsche Kirche an Rom gefesselt, wird entzweigehauen. Diese Kirche, die vorher einen integrierenden Teil der großen Hierarchie bildete, zerfällt in religiöse Demokratien. Die Religion selber wird eine andere; es verschwindet daraus das indisch gnostische Element, und wir sehen, wie sich wieder das judäisch-deistische Element darin erhebt. Es entsteht das evangelische Christentum. Indem die notwendigsten Ansprüche der Materie nicht bloß berücksichtigt, sondern auch legitimiert werden, wird die Religion wieder eine Wahrheit. Der Priester wird ein Mensch, und nimmt ein Weib und zeugt Kinder, wie Gott es verlangt. Dagegen Gott selbst wird wieder ein himmlischer Hagestolz ohne Familie; die Legitimität seines Sohnes wird bestritten; die Heiligen werden abgedankt; den Engeln werden die Flügel beschnitten; die Muttergottes verliert alle ihre Ansprüche an die himmlische Krone und es wird ihr untersagt, Wunder zu tun.

Indessen, wenn bei uns in Deutschland, durch den Protestantismus, mit den alten Mirakeln auch sehr viel andere Poesie verloren ging, so gewannen wir doch mannigfaltigen Ersatz. Die Menschen wurden tugendhafter und edler. Der Protestantismus hatte den günstigsten Einfluß auf jene Reinheit der Sitten und jene Strenge in der Ausübung der Pflichten, welche wir gewöhnlich Moral nennen; ja, der Protestantismus hat in manchen Gemeinden eine Richtung genommen, wodurch er am Ende mit dieser Moral ganz zusammenfällt, und das Evangelium nur als schöne Parabel gültig bleibt. Besonders sehen wir jetzt eine erfreuliche Veränderung im Leben der Geistlichen. Mit dem Zölibat verschwanden auch fromme Unzüchten und Mönchslaster. Unter den protestantischen Geistlichen finden wir nicht selten die tugendhaftesten Menschen, Menschen, vor denen selbst die alten Stoiker Respekt hätten. Man muß zu Fuß, als armer Student, durch Norddeutschland wandern, um zu erfahren, wie viel Tugend, und damit ich der Tugend ein schönes Beiwort gebe, wie viel evangelische Tugend manchmal in so einer scheinlosen Pfarrerwohnung zu finden ist. Wie oft, des Winterabends, fand ich da eine gastfreie Aufnahme, ich ein Fremder, der keine andere Empfehlung mitbrachte, außer daß ich Hunger hatte und müde war. Wenn ich dann gut gegessen und gut geschlafen hatte, und des Morgens weiter ziehen wollte, kam der alte Pastor im Schlafrock und gab mir noch den Segen auf den Weg, welches mir nie Unglück gebracht hat; und die gutmütig geschwätzige Frau Pastorin steckte mir einige Butterbröte in die Tasche, welche mich nicht minder erquickten;

und in schweigender Ferne standen die schönen Predigertöchter mit ihren errötenden Wangen und Veilchenaugen, deren schüchternes Feuer, noch in der Erinnerung, für den ganzen Wintertag mein Herz erwärmte.

Indem Luther den Satz aussprach, daß man seine Lehre nur durch die Bibel selber, oder durch vernünftige Gründe widerlegen müsse, war der menschlichen Vernunft das Recht eingeräumt, die Bibel zu erklären und sie, die Vernunft, war als oberste Richterin in allen religiösen Streitfragen anerkannt. Dadurch entstand in Deutschland die sogenannte Geistesfreiheit, oder, wie man sie ebenfalls nennt, die Denkfreiheit. Das Denken ward ein Recht, und die Befugnisse der Vernunft wurden legitim. Die Fürsten, welche die Reformation annahmen, haben diese Denkfreiheit legitimiert, und eine wichtige, weltwichtige Blüte derselben ist die deutsche Philosophie.

Religion u. Philosophie in Deutschland. I - 1834*

## 108
## Dunkelmänner

Die steinernen Häuser schauten mich an,
Als wollten sie mir berichten
Legenden aus altverschollener Zeit,
Der heilgen Stadt Cöllen Geschichten.

Ja, hier hat einst die Klerisei
Ihr frommes Wesen getrieben,
Hier haben die Dunkelmänner geherrscht,
Die Ulrich von Hutten beschrieben.

Der Cancan des Mittelalters ward hier
Getanzt von Nonnen und Mönchen;
Hier schrieb Hochstraaten, der Menzel von Cöln,
Die giftgen Denunziatiönchen.

Die Flamme des Scheiterhaufens hat hier
Bücher und Menschen verschlungen;
Die Glocken wurden geläutet dabei
Und Kyrie Eleison gesungen.

Dummheit und Bosheit buhlten hier
Gleich Hunden auf freier Gasse;
Die Enkelbrut erkennt man noch heut
An ihrem Judenhasse. —

Doch siehe! dort im Mondenschein
Den kolossalen Gesellen!
Er ragt verteufelt schwarz empor,
Das ist der Dom von Cöllen.

Er sollte des Geistes Bastille sein,
Und die listigen Römlinge dachten:
In diesem Riesenkerker wird
Die deutsche Vernunft verschmachten!

Da kam der Luther, und er hat
Sein großes «Halt!» gesprochen —
Seit jenem Tage blieb der Bau
Des Domes unterbrochen.

Er ward nicht vollendet — und das ist gut.
Denn eben die Nichtvollendung
Macht ihn zum Denkmal von Deutschlands Kraft
Und protestantischer Sendung.

Deutschland. Ein Wintermärchen. IV - 1844*

## 109
## Luther, Lessing, Kant

Seit Luther hat Deutschland keinen größeren und besseren Mann hervorgebracht, als Gotthold Ephraim Lessing. Diese beiden sind unser Stolz und unsere Wonne. In der Trübnis der Gegenwart schauen wir hinauf nach ihren tröstenden Standbildern, und sie nicken eine glänzende Verheißung. Ja, kommen wird auch der dritte Mann, der da vollbringt was Luther begonnen, was Lessing fortgesetzt, und dessen das deutsche Vaterland so sehr bedarf, — der dritte Befreier! — Ich sehe schon seine goldne Rüstung, die aus dem purpurnen Kaisermantel hervorstrahlt, «wie die Sonne aus dem Morgenrot!»

Gleich dem Luther wirkte Lessing nicht nur indem er etwas Bestimmtes tat, sondern indem er das deutsche Volk bis in seine Tiefen aufregte, und indem er eine heilsame Geisterbewegung hervorbrachte, durch seine Kritik, durch seine Polemik. Er war die lebendige Kritik seiner Zeit und sein ganzes Leben war Polemik. Diese Kritik machte sich geltend im weitesten Bereiche des Gedankens und des Gefühls, in der Religion, in der Wissenschaft, in der Kunst. Diese Polemik überwand jeden Gegner und erstarkte nach jedem Siege. Lessing, wie er selbst eingestand, bedurfte eben des Kampfes zu der eignen Geistesentwickelung. Er glich ganz jenem fabelhaften Normann, der die Talente, Kenntnisse und Kräfte derjenigen Männer erbte, die er im Zweikampf erschlug, und in dieser Weise endlich mit allen möglichen Vorzügen und Vortrefflichkeiten begabt war. Begreiflich ist es, daß solch ein streitlustiger Kämpe nicht geringen Lärm in Deutschland verursachte, in dem stillen Deutschland, das damals noch sabbatlich stiller war als heute. Verblüfft wurden die meisten ob seiner literarischen Kühnheit. Aber eben diese kam ihm hülfreich zustatten; denn «*oser*!» ist das Geheimnis des Gelingens in der Literatur, ebenso wie in der Revolution — und in der Liebe. Vor dem Lessingschen Schwerte zitterten alle. Kein Kopf war vor ihm sicher. Ja, manchen Schädel hat er sogar aus Übermut heruntergeschlagen, und dann war er dabei noch so boshaft, ihn vom Boden aufzuheben, und dem Publikum zu zeigen, daß er inwendig hohl war. Wen sein Schwert nicht erreichen konnte, den tötete er mit den Pfeilen seines Witzes. Die Freunde bewunderten die bunten Schwungfedern dieser Pfeile; die Feinde fühlten die Spitze in ihren Herzen. Der Lessingsche Witz gleicht nicht jenem Enjouement, jener Gaité, jenen springenden Saillies, wie man hierzuland dergleichen kennt. Sein Witz war kein kleines französisches Windhündchen, das seinem eigenen Schatten nachläuft; sein Witz war vielmehr ein großer deutscher Kater, der mit der Maus spielt, ehe er sie würgt.

Ja, Polemik war die Lust unseres Lessings, und daher überlegte er nie lange, ob auch der Gegner seiner würdig war. So hat er, eben durch seine Polemik, manchen Namen der wohlverdientesten Vergessenheit entrissen. Mehre winzige Schriftstellerlein hat er mit dem geistreichsten Spott, mit dem köstlichsten Humor gleichsam umsponnen, und in den Lessingschen Werken erhalten sie sich nun für ewige Zeiten wie Insekten, die sich in einem Stück Bernstein verfangen. Indem er seine Gegner tötete, machte er sie zugleich unsterblich. Wer von uns hätte jemals etwas von jenem Klotz erfahren, an welchen Lessing so viel Hohn und Scharfsinn verschwendet! Die Felsenblöcke, die er auf diesen armen Antiquar geschleudert und womit er ihn zerschmettert, sind jetzt dessen unverwüstliches Denkmal.

Merkwürdig ist es, daß jener witzigste Mensch in Deutschland auch zugleich der ehrlichste war. Nichts gleicht seiner Wahrheitsliebe. Lessing machte der Lüge nicht die mindeste Konzession, selbst wenn er dadurch, in der gewöhnlichen Weise der Weltklugen, den Sieg der Wahrheit befördern konnte. Er konnte alles für die Wahrheit tun, nur nicht lügen. Wer darauf denkt, sagte er einst, die Wahrheit unter allerlei Larven und Schminken an den Mann zu bringen, der möchte wohl gern ihr Kuppler sein, aber ihr Liebhaber ist er nie gewesen.

Ein Unglück gab es, worüber sich Lessing nie gegen seine Freunde ausgesprochen: dieses war seine schaurige Einsamkeit, sein geistiges Alleinstehn. Einige seiner Zeitgenossen liebten ihn, keiner verstand ihn. Mendelssohn, sein bester Freund, verteidigte ihn mit Eifer, als man ihn des Spinosismus beschuldigte. Verteidigung und Eifer waren eben so lächerlich wie überflüssig. Beruhige dich im Grabe, alter Moses; dein Lessing war zwar auf dem Wege zu diesem entsetzlichen Irrtum, zu diesem jammervollen Unglück, nämlich zum Spinozismus — aber der Allerhöchste, der Vater im Himmel, hat ihn noch zur rechten Zeit durch den Tod gerettet. Beruhige dich, dein Lessing war kein Spinozist, wie die Verleumdung behauptete; er starb als guter Deist, wie du und Nicolai und Teller und die «Allgemeine deutsche Bibliothek»!

Lessing war nur der Prophet, der aus dem zweiten Testamente ins dritte hinüberdeutete. Ich habe ihn den Fortsetzer des Luther genannt und eigentlich in dieser Eigenschaft habe ich ihn hier zu besprechen.

Nachdem Luther uns von der Tradition befreit, und die Bibel zur alleinigen Quelle des Christentums erhoben hatte, da entstand ein starrer Wortdienst, und der Buchstabe der Bibel herrschte ebenso tyrannisch wie einst die Tradition. Zur Befreiung von diesem tyrannischen Buchstaben hat nun Lessing am meisten beigetragen. Wie Luther ebenfalls nicht der einzige war, der die Tradition bekämpft, so kämpfte Lessing zwar nicht allein, aber doch am gewaltigsten gegen den Buchstaben.

Ja, der Buchstabe, sagte Lessing, sei die letzte Hülle des Christentums, und erst nach Vernichtung dieser Hülle trete hervor der Geist. Dieser Geist ist aber nichts anders, als das, was die Wolfschen Philosophen zu demonstrieren gedacht, was die Philanthropen in ihrem Gemüte gefühlt, was Mendelssohn im Mosaismus gefunden, was die Freimaurer gesungen, was die Poeten gepfiffen, was sich damals in Deutschland unter allen Formen geltend machte: der reine Deismus.

Lessing starb zu Braunschweig, im Jahr 1781, verkannt, gehaßt und verschrien. In demselben Jahre erschien zu Königsberg die «Kritik der reinen Vernunft» von Immanuel Kant. Mit diesem Buche, welches durch sonderbare Verzögerung erst am Ende der achtziger Jahre allgemein bekannt wurde, beginnt eine geistige Revolution in Deutschland, die mit der materiellen Revolution in Frankreich die sonderbarsten Analogien bietet, und dem tieferen Denker ebenso wichtig dünken muß wie jene. Sie entwickelt sich mit denselben Phasen, und zwischen beiden herrscht der merkwürdigste Parallelismus. Auf beiden Seiten des Rheines sehen wir denselben Bruch mit der Vergangenheit, der Tradition wird alle Ehrfurcht aufgekündigt; wie hier in Frankreich jedes Recht, so muß dort in Deutschland jeder Gedanke sich justifizieren, und wie hier das Königtum, der Schlußstein der alten sozialen Ordnung, so stürzt dort der Deismus, der Schlußstein des geistigen alten Regimes.

Von dieser Katastrophe, von dem 21. Januar des Deismus, sprechen wir im folgenden Stücke. Ein eigentümliches Grauen, eine geheimnisvolle Pietät erlaubt uns heute nicht, weiterzuschreiben. Unsere Brust ist voll von entsetzlichem Mitleid — es ist der alte Jehovah selber, der sich zum Tode bereitet. Wir haben ihn so gut gekannt, von seiner Wiege an, in Ägypten, als er unter göttlichen Kälbern, Krokodilen, heiligen Zwiebeln, Ibissen und Katzen erzogen wurde. — Wir haben ihn gesehen, wie er diesen Gespielen seiner Kindheit und den Obelisken und Sphinxen seines heimatlichen Niltals ade sagte und in Palästina, bei einem armen Hirtenvölkchen, ein kleiner Gott-König wurde, und in einem eigenen Tempelpalast wohnte. — Wir sahen ihn späterhin, wie er mit der assyrisch-babylonischen Zivilisation in Berührung kam, und seine allzumenschlichen Leidenschaften ablegte, nicht mehr lauter Zorn und Rache spie, wenigstens nicht mehr wegen jeder Lumperei gleich donnerte — Wir sahen ihn auswandern nach Rom, der Hauptstadt, wo er aller Nationalvorurteile entsagte, und die himmlische Gleichheit aller Völker proklamierte, und mit solchen schönen Phrasen gegen den alten Jupiter Opposition bildete, und so lange intrigierte bis er zur Herrschaft gelangte und vom Kapitole herab die Stadt und die Welt, urbem et orbem, regierte. — Wir sahen, wie er sich noch mehr vergeistigte, wie er sanftselig wimmerte, wie er ein liebevoller Vater wurde, ein allgemeiner Menschenfreund, ein Weltbeglücker, ein Philanthrop — es konnte ihm alles nichts helfen —

Hört Ihr das Glöckchen klingeln? Kniet nieder — Man bringt die Sakramente einem sterbenden Gotte.

Religion u. Philosophie in Deutschland II

110

Politisch-philosophischer Parallelismus — Seltsam ist es, daß das praktische Treiben unserer Nachbaren jenseits des Rheins dennoch eine eigne Wahlverwandtschaft hatte mit unserem philosophischen Träumen im geruhsamen Deutschland. Man vergleiche nur die Geschichte der französischen Revolution mit der Geschichte der deutschen Philosophie, und man sollte glauben: die Franzosen, denen so viel wirkliche Geschäfte oblagen, wobei sie durchaus wach bleiben mußten, hätten uns Deutsche ersucht unterdessen für sie zu schlafen und zu träumen, und unsre deutsche Philosophie sei nichts anders, als der Traum der französischen Revolution. So hatten wir den Bruch mit dem Bestehenden und der Überlieferung im Reiche des Gedankens, ebenso wie die Franzosen im Gebiete der Gesellschaft, um die Kritik der reinen Vernunft sammelten sich unsere philosophischen Jakobiner, die nichts gelten ließen, als was jener Kritik Stand hielt, Kant war unser Robespierre — Nachher kam Fichte mit seinem Ich, der Napoléon der Philosophie, die höchste Liebe und der höchste Egoismus, die Alleinherrschaft des Gedankens, der souveräne Wille der ein schnelles Universalreich improvisierte, das ebenso schnell wieder verschwand, der despotische, schauerlich einsame Idealismus — Unter seinen konsequenten Tritten erseufzten die geheimen Blumen, die von der kantischen Guillotine noch verschont geblieben oder seitdem unbemerkt hervorgeblüht waren, die unterdrückten Erdgeister regten sich, der Boden zitterte, die Konterrevolution brach aus, und unter Schelling erhielt die Vergangenheit mit ihren traditionellen Interessen wieder Anerkenntnis, sogar Entschädigung, und in der neuen Restauration, in der Naturphilosophie, wirtschafteten wieder die grauen Emigranten, die gegen die Herrschaft der Vernunft und der Idee beständig intrigiert, der Mystizismus, der Pietismus, der Jesuitismus, die Legitimität, die Romantik, die Deutschtümelei, die Gemütlichkeit — Bis Hegel, der Orleans der Philosophie, ein neues Regiment begründete, oder vielmehr ordnete, ein eklektisches Regiment, worin er freilich selber wenig bedeutet, dem er aber an die Spitze gestellt ist, und worin er den alten Kantischen Jakobinern, den Fichtischen Bonapartisten, den Schellingschen Pairs und seinen eignen Kreaturen eine feste, verfassungsmäßige Stellung anweist.

In der Philosophie hätten wir also den großen Kreislauf glücklich beschlossen, und es ist natürlich, daß wir jetzt zur Politik übergehen.

Einleitung zu Kahldorf über den Adel. 1831*

111

## Philosophie, Revolution, Nazismus

Die deutsche Philosophie ist eine wichtige das ganze Menschengeschlecht betreffende Angelegenheit, und erst die spätesten Enkel werden darüber entscheiden können, ob wir dafür zu tadeln oder zu loben sind, daß wir erst unsere Philosophie und hernach unsere Revolution ausarbeiteten. Mich dünkt, ein methodisches Volk wie wir, mußte mit der Reformation beginnen, konnte erst hierauf sich mit der Philosophie beschäftigen, und durfte nur nach deren Vollendung zur politischen Revolution übergehen. Diese Ordnung finde ich ganz vernünftig. Die deutsche Revolution wird darum nicht milder und sanfter ausfallen, weil ihr die Kantsche Kritik, der Fichtesche Transzendental-Idealismus und gar die Naturphilosophie vorausging. Durch diese Doktrinen haben sich revolutionäre Kräfte entwickelt, die nur des Tages harren, wo sie hervorbrechen und die Welt mit Entsetzen und Bewunderung erfüllen können. Es werden Kantianer zum Vorschein kommen, die auch in der Erscheinungswelt von keiner Pietät etwas wissen wollen, und erbarmungslos, mit Schwert und Beil, den Boden unseres europäischen Lebens durchwühlen, um auch die letzten Wurzeln der Vergangenheit auszurotten. Es werden bewaffnete Fichteaner auf den Schauplatz treten, die in ihrem Willens-Fanatismus, weder durch Furcht noch durch Eigennutz zu bändigen sind; denn sie leben im Geist, sie trotzen der Materie, gleich den ersten Christen, die man ebenfalls weder durch leibliche Qualen noch durch leibliche Genüsse bezwingen konnte; ja, solche Transzendental-Idealisten wären bei einer gesellschaftlichen Umwälzung sogar noch unbeugsamer als die ersten Christen, da diese die irdische Marter ertrugen, um dadurch zur himmlischen Seligkeit zu gelangen, der Transzendental-Idealist aber die Marter selbst für eitel Schein hält und unerreichbar ist in der Verschanzung des eigenen Gedankens. Doch noch schrecklicher als alles wären Naturphilosophen, die handelnd eingriffen in eine deutsche Revolution und sich mit dem Zerstörungswerk selbst identifizieren würden. Denn wenn die Hand des Kantianers stark und sicher zuschlägt, weil sein Herz von keiner traditionellen Ehrfurcht bewegt wird; wenn der Fichteaner mutvoll jeder Gefahr trotz, weil sie für ihn in der Realität gar nicht existiert: so wird der Naturphilosoph dadurch furchtbar sein, daß er mit den ursprünglichen Gewalten der Natur in Verbindung tritt, daß er die dämonischen Kräfte des altgermanischen Pantheismus beschwören kann, und daß in ihm jene Kampflust erwacht, die wir bei den alten Deutschen finden, und die nicht kämpft, um zu zerstören, noch um zu siegen, sondern bloß um zu kämpfen. Das Christentum — und das ist sein schönstes Verdienst — hat jene brutale, germanische Kampflust einigermaßen besänftigt, konnte sie jedoch nicht zerstören, und wenn einst der zähmende Talisman, das Kreuz, zerbricht, dann rasselt wieder empor die Wildheit der alten Kämpfer, die unsinnige Berserkerwut, wovon die nordischen Dichter so viel singen und sagen. Jener Talisman ist morsch, und kommen wird der Tag, wo er kläglich zusammenbricht. Die alten steinernen Götter erheben sich dann aus dem verschollenen Schutt, und reiben sich den tausendjährigen Staub aus den Augen, und Thor mit dem Riesenhammer springt endlich empor und zerschlägt die gotischen Dome. Wenn Ihr dann das Gepolter und Geklirre hört, hütet Euch, Ihr Nachbarskinder, Ihr Franzosen, und mischt Euch nicht in die Geschäfte, die wir zu Hause in Deutschland vollbringen. Es könnte

Euch schlecht bekommen. Lächelt nicht über den Phantasten, der im Reiche der Erscheinungen dieselbe Revolution erwartet, die im Gebiete des Geistes stattgefunden. Der Gedanke geht der Tat voraus, wie der Blitz dem Donner. Der deutsche Donner ist freilich auch ein Deutscher und ist nicht sehr gelenkig, und kommt etwas langsam herangerollt; aber kommen wird er, und wenn Ihr es einst krachen hört, wie es noch niemals in der Weltgeschichte gekracht hat, so wißt: der deutsche Donner hat endlich sein Ziel erreicht. Bei diesem Geräusche werden die Adler aus der Luft tot niederfallen, und die Löwen in der fernsten Wüste Afrikas werden die Schwänze einkneifen, und sich in ihren königlichen Höhlen verkriechen. Es wird ein Stück aufgeführt werden in Deutschland, wogegen die französische Revolution nur wie eine harmlose Idylle erscheinen möchte. Jetzt ist es freilich ziemlich still: und gebärdet sich auch dort der eine oder der andere etwas lebhaft, so glaubt nur nicht, diese würden einst als wirkliche Akteure auftreten. Es sind nur die kleinen Hunde, die in der leeren Arena herumlaufen und einander anbellen und beißen, ehe die Stunde erscheint, wo dort die Schar der Gladiatoren anlangt, die auf Tod und Leben kämpfen sollen.

Und die Stunde wird kommen. Wie auf den Stufen eines Amphitheaters werden die Völker sich um Deutschland herumgruppieren, um die großen Kampfspiele zu betrachten. Ich rate Euch, Ihr Franzosen, verhaltet Euch alsdann sehr stille, und beileibe! hütet Euch, zu applaudieren. Wir könnten Euch leicht mißverstehen und Euch, in unserer unhöflichen Art, etwas barsch zur Ruhe verweisen; denn wenn wir früherhin, in unserem servil verdrossenen Zustande, Euch manchmal überwältigen konnten, so vermöchten wir es noch weit eher im Übermute des Freiheitsrausches. Ihr wißt ja selber, was man in einem solchen Zustande vermag, — und Ihr seid nicht mehr in einem solchen Zustande. Nehmt Euch in acht! Ich meine es gut mit Euch, und deshalb sage ich Euch die bittere Wahrheit. Ihr habt von dem befreiten Deutschland mehr zu befürchten, als von der ganzen heiligen Allianz mitsamt allen Kroaten und Kosaken. Was man eigentlich gegen Euch vorbringt, habe ich nie begreifen können. Einst, im Bierkeller zu Göttingen, äußerte ein junger Altdeutscher, daß man Rache an den Franzosen nehmen müsse für Konradin von Staufen, den sie [1268] zu Neapel geköpft. Ihr habt das gewiß längst vergessen. Wir aber vergessen nichts. Ihr seht, wenn wir mal Lust bekommen, mit Euch anzubinden, so wird es uns nicht an triftigen Gründen fehlen. Jedenfalls rate ich Euch, daher auf Eurer Hut zu sein. Es mag in Deutschland vorgehen, was da wolle, es mag der Kronprinz von Preußen oder der Doktor Wirth zur Herrschaft gelangen, haltet Euch immer gerüstet, bleibt ruhig auf Eurem Posten stehen, das Gewehr im Arm. Ich meine es gut mit Euch, und es hat mich schier erschreckt, als ich jüngst vernahm, Eure Minister beabsichtigten, Frankreich zu entwaffnen. —

Da Ihr, trotz Eurer jetzigen Romantik, geborne Klassiker seid, so kennt Ihr den Olymp. Unter den nackten Göttern und Göttinnen, die sich dort, bei Nektar und Ambrosia, erlustigen, seht Ihr eine Göttin, die, obgleich umgeben von solcher Freude und Kurzweil, dennoch immer einen Panzer trägt und den Helm auf dem Kopf und den Speer in der Hand behält.

Es ist die Göttin der Weisheit.

**Religion u. Philosophie in Deutschland III - 1834***

# XV. WELTPOLITIK, WELTKRIEG, WELTREVOLUTION

112

Der hundertjährige Krämerkrieg — Das Thema jener [Shakespeare]-Dramen ist noch immer nicht ganz abgehandelt, so lange der Kampf der modernen Industriebedürfnisse mit den Resten des mittelalterlichen Feudalwesens unter allerlei Transformationen fortdauert. Hier ist es nicht so leicht, wie bei den römischen Dramen, ein entschiedenes Urteil auszusprechen, und jede starke Freimütigkeit könnte einer mißlichen Aufnahme begegnen. Nur eine Bemerkung kann ich hier nicht zurückweisen.

Es ist mir nämlich unbegreiflich, wie einige deutsche Kommentatoren ganz bestimmt für die Engländer Partei nehmen, wenn sie von jenen französischen Kriegen reden, die in den historischen Dramen des Shakespeares dargestellt werden. Wahrlich, in jenen Kriegen war weder das Recht, noch die Poesie auf seiten der Engländer, die einesteils unter nichtigen Sukzessionsvorwänden die roheste Plünderungslust verbargen, anderenteils nur im Solde gemeiner Krämerinteressen sich herumschlugen ... ganz wie zu unserer eignen Zeit, nur daß es sich im neunzehnten Jahrhundert mehr um Kaffee und Zukker, hingegen im vierzehnten und fünfzehnten Jahrhundert mehr um Schafswolle handelte.

Michelet in seiner französischen Geschichte, dem genialen Buche, bemerkt ganz richtig:

«Das Geheimnis der Schlachten von Crécy, von Poitiers usw. befindet sich im Comptoir der Kaufleute von London, von Bordeaux, von Bruges. —

«Wolle und Fleisch begründeten das ursprüngliche England und die englische Rasse. Bevor England für die ganze Welt eine große Baumwollespinnerei und Eisenmanufaktur wurde, war es eine Fleischfabrik.»

Mit diesen gedungenen Fraßhelden [in englischen Tragödien des vierzehnten Jahrhunderts] vergleiche man die Franzosen, das mäßigste Volk, das weniger durch seine Weine berauscht wird, als vielmehr durch seinen angebornen Enthusiasmus. Letzterer war immer die Ursache ihrer Mißgeschicke, und so sehen wir schon in der Mitte des vierzehnten Jahrhunderts, wie sie im Kampfe mit den Engländern eben durch ihr Übermaß von Ritterlichkeit unterliegen mußten. Das war bei Crécy [1346], wo die Franzosen schöner erscheinen durch ihre Niederlage, als die Engländer durch ihren Sieg.

Für England war der Sieg, für Frankreich war der Ruhm. Ja, sogar durch ihre Niederlagen wissen die Franzosen ihre Gegner in den Schatten zu stellen.

Shakespeares Mädchen und Frauen. Königin Margareta - 1838

113

Warnung vor der Entente Cordiale — Die Vorgänge in England nehmen seit einiger Zeit mehr als jemals unsere Aufmerksamkeit in Anspruch. Wir müssen es uns endlich gestehen, daß die offene Feindschaft der absoluten Könige uns minder gefährlich ist, als des konstitutionellen John Bulls zweideutige Freundschaft. Die völkermeuchelnden Umtriebe der englischen Aristokratie treten bedrohlich genug ans offizielle Tageslicht, und der Nebel von London verhüllt nur noch spärlich die feinen Schlingen und Knoten, die das konferenzliche Protokollgespinst mit den parlamentarischen Fangfäden verknüpfen.

Das Schlimmste ist, daß die Franzosen sich London als ein andres Paris, das Westend als ein andres Saint-Germain-Viertel denken, daß sie britische Reformer für verbrüderte Liberale, und die Parlamente für eine Pairs- und Deputiertenkammer ansehen, kurz, daß sie alle englischen Vorhandenheiten nach französischem Maßstabe messen und beurteilen. Dadurch entstehen Irrtümer, wofür sie vielleicht in der Folge schwer büßen müssen. Beide Völker haben einen allzuschroff entgegengesetzten Charakter, als daß sie einander verstehen könnten, und die Verhältnisse in beiden Ländern sind zu ursprünglich verschieden, als daß sie sich miteinander vergleichen ließen. Und vollends in politischer Beziehung! England müßte man eigentlich im Stile eines Handbuchs der höhern Mechanik beschreiben, ungefähr wie eine ungeheuer komplizierte

Fabrik, wie ein sausendes, brausendes, stockendes, stampfendes und verdrießlich schnurrendes Maschinenwesen, wo die blankgescheuerten Utilitätsräder sich um alt verrostete historische Jahrzahlen drehen. Mit Recht sagen die Saint-Simonisten, England sei die Hand, und Frankreich das Herz der Welt. Ach! dieses große Weltherz müßte verbluten, wenn es, auf britische Generosität rechnend, einmal Hülfe verlangte von der kalten, hölzernen Nachbarhand. Ich denke mir das egoistische England nicht als einen fetten, wohlhabenden Bierwanst, wie man ihn auf Karikaturen sieht, sondern, nach der Beschreibung eines Satirikers, in der Gestalt eines langen, magern, knöchernen Hagestolzes, der sich einen abgerissenen Knopf an die Hosen wieder annäht, und zwar mit einem Zwirnfaden, an dessen Ende, als Knäul, die Weltkugel hängt — er schneidet aber ruhig den Faden ab, wo er ihn nicht mehr braucht, und läßt ruhig die ganze Welt in den Abgrund fallen.

Französische Zustände IV - 1832

114

PHANTASIELOSER REALISMUS — Sind aber die Engländer in der Politik wirklich so ausgezeichnete Köpfe? Worin besteht ihre Superiorität in diesem Felde? Ich glaube, sie besteht darin, daß sie erzprosaische Geschöpfe sind, daß keine poetischen Illusionen sie irreleiten, daß keine glühende Schwärmerei sie blendet, daß sie die Dinge immer in ihrem nüchternsten Lichte sehen, den nackten Tatbestand fest ins Auge fassen, die Bedingnisse der Zeit und des Ortes genau berechnen und in diesem Kalkül weder durch das Pochen ihres Herzens, noch durch den Flügelschlag großmütiger Gedanken gestört werden. Ja, ihre Superiorität besteht darin, daß sie keine Einbildungskraft besitzen. Dieser Mangel ist die ganze Force der Engländer, und der letzte Grund ihres Gelingens in der Politik, wie in allen realistischen Unternehmungen, in der Industrie, im Maschinenbau usw. Sie haben keine Phantasie; das ist das ganze Geheimnis.

Lutezia. 20. VII. 1840

115

Intelligence Service — Mehr als je wimmelt es in der Levante von britischen Agenten, die über jeden Beduinen, ja über jedes Kamel, das durch die Wüste zieht, Erkundigungen einziehen. Wieviel Zechinen Mehemet Ali in der Tasche, wieviel Gedärme dieser Vizekönig von Ägypten im Bauche hat, man weiß es ganz genau in den Bureaus von Downingstreet. Hier glaubt man nicht den Mirakelhistörchen frommer Schwärmer; hier glaubt man nur an Tatsachen und Zahlen. Aber nicht bloß im Orient, auch im Okzident hat England seine zuverlässigsten Agenten, und hier begegnen wir nicht selten Leuten, die mit ihrer geheimen Mission auch die Korrespondenz für Londoner aristokratische oder ministerielle Blätter verbinden; letztere sind darum nicht minder gut unterrichtet. Bei der Schweigsamkeit der Briten erfährt das Publikum selten das Gewerbe jener geheimen Berichterstatter, die selbst den höchsten Staatsbeamten Englands unbekannt bleiben; nur der jedesmalige Minister der äußern Angelegenheiten kennt sie, und überliefert diese Kenntnis seinem Nachfolger. Der Bankier im Ausland, der einem englischen Agenten irgendeine Auszahlung zu machen hat, erfährt nie seinen Namen, er erhält nur die Order, den Betrag einer angegebenen Summe derjenigen Person auszuzahlen, die sich durch Vorzeigen einer Karte, worauf nur eine Nummer steht, legitimieren werde.

Lutezia. 3. VI. 1840

116

ENGLANDS RINGEN UM SYRIEN — Die Nachrichten, die uns aus dem Osten zukommen, sind für die Franzosen sehr betrübend. Die Autorität Frankreichs ist im Orient unwiederbringlich verloren und wird die Beute von England und Rußland. Die Engländer haben erlangt was sie wollten, die tatsächliche Obmacht in Syrien, die Sicherung ihrer Handelsstraße nach Indien: der Euphrat, einer der vier Paradiesflüsse, wird ein englisches Gewässer, worauf man mit dem Dampfschiffe fährt, wie nach Ramsgate und Margate usw. — auf Towerstreet ist das Steamboat-office, wo man sich einschreibt — zu Bagdad, dem alten Babylon, steigt man aus und trinkt Porter oder Tee. — Die Engländer schwören täglich in ihren Blättern, daß sie keinen Krieg wollten, und daß der famose Pazifikationstraktat nicht im mindesten die Interessen Frankreichs verletzen und die Fackel des Kriegs in die Welt schleudern sollte — und dennoch war es der

Fall: die Engländer haben die Franzosen aufs bitterste beleidigt, und die ganze Welt einem allgemeinen Brande ausgesetzt, um für sich einige Schachvorteile zu erzielen! Aber die Selbstsucht sorgte nur für den Moment, und die Zukunft bereitet ihr die Strafe. Die Vorteile, die Rußland durch den erwähnten Traktat erntete, sind zwar nicht von so barer Münze, man kann sie nicht so schnell berechnen und einkassieren, aber sie sind von unschätzbarstem Werte für seine Zukunft. Zunächst ward dadurch die Allianz zwischen Frankreich und England aufgelöst, was ein wichtiger Gewinn für Rußland, das früh oder spät mit einer jener Mächte in die Schranken treten muß. Zwischen England und dem Zorn der Franzosen liegt das Meer, zwischen den letztern und den Russen liegt Deutschland; — und wir armen Deutschen, durch den Zufall der Örtlichkeit, wir hätten uns schlagen müssen für Dinge, die uns gar nichts angehen, für nichts und wieder nichts, gleichsam für des Kaisers Bart. — Ach, wäre es noch für den Bart eines Kaisers!

Lutezia. 12. XI. 1840

117

Krieg und Krise — Ich gestehe es, ich bin nicht ganz unparteiisch, wenn ich von Engländern rede, und mein Mißurteil, meine Abneigung, wurzelt vielleicht in den Besorgnissen ob der eigenen Wohlfahrt, ob der glücklichen Friedensruhe des deutschen Vaterlandes. Seitdem ich nämlich tief begriffen habe, welcher schnöde Egoismus auch in ihrer Politik waltet, erfüllen mich diese Engländer mit einer grenzenlosen, grauenhaften Furcht. Ich hege den besten Respekt vor ihrer materiellen Obmacht; sie haben sehr viel von jener brutalen Energie, womit die Römer die Welt unterdrückt, aber sie vereinigen mit der römischen Wolfsgier auch die Schlangenlist Karthagos. Gegen erstere haben wir gute und sogar erprobte Waffen, aber gegen die meuchlerischen Ränke jener Punier der Nordsee sind wir wehrlos. Und jetzt ist England gefährlicher als je, jetzt wo seine merkantilischen Interessen unterliegen: es gibt in der ganzen Schöpfung kein so hartherziges Geschöpf wie ein Krämer, dessen Handel ins Stocken geraten, dem seine Kunden abtrünnig werden und dessen Warenlager keinen Absatz mehr findet.

Wie wird England sich aus solcher Geschäftskrisis retten? Ich weiß nicht wie die Frage der Fabrikarbeiter gelöst werden kann; aber ich weiß, daß die Politik des modernen Karthagos nicht sehr wählig in ihren Mitteln ist. Ein europäischer Krieg wird dieser Selbstsucht vielleicht zuletzt als das geeignetste Mittel erscheinen, um dem innern Gebreste einige Ableitung nach außen zu bereiten.

Wenn wir dergleichen bedenken, wenn wir zur Einsicht gelangen, daß nicht an der Seine, aus Begeisterung für eine Idee und auf öffentlichem Marktplatz, die Ruhe Europas am furchtbarsten gestört werden dürfte, sondern an der Themse, in den verschwiegenen Gemächern des Foreign Office, infolge des rohen Hungerschreies englischer Fabrikarbeiter; wenn wir dieses bedenken, so müssen wir dorthin manchmal unser Auge richten und nächst der Persönlichkeit der Regierenden auch die andrängende Not der untern Klassen beobachten.

Dies ist aber keine Kleinigkeit, und es gehört dazu eine Anschauung, die man nur jenseits des Kanals, auf dem Schauplatz selbst, gewinnen kann. «Die Politik seines Landes» ist bei Engländern nichts anderes als eine Masse von Ansichten über die materiellen Interessen Englands und ein richtiges Abwägen der ausländischen Zustände inwieweit sie für Englands Wohl und Handel schädlich oder heilsam sein können. Es ist merkwürdig wie sie alle, vom Premierminister bis zum geringsten Flickschneider, hierüber die genauesten Notizen im Kopf tragen und bei jedem Tagesereignis gleich herausfinden was England dabei zu gewinnen oder zu verlieren hat, welcher Nutzen oder welcher Schaden für das liebe England daraus entstehen kann. Hier ist der Instinkt ihres Egoismus wahrhaft bewunderungswürdig. Lutezia. 17. IX. 1842

118

FRANKREICH, DEUTSCHLANDS BUNDESGENOSSE — Es sind vielleicht einige ehrliche Franzosenhasser unter der Meute, die uns ob unserer Sympathie für Frankreich so erbärmlich verkennen und so aberwitzig anklagen. Andere sind alte Rüden, die noch immer bellen wie Anno 1813 und deren Gekläffe eben von unserem Fortschritte zeugt. Die meisten aber sind Schelme, die sich diesen Haß absichtlich angelogen, ungetreue, schamlose, unehrliche, feige Schelme, die, entblößt von allen Tugenden des deutschen Volkes, sich mit den Fehlern desselben bekleiden, um sich den Anschein des Patriotismus zu geben, und in diesem Gewande die wahren Freunde des Vaterlandes gefahrlos schmähen zu dürfen. Es ist ein doppelt falsches Spiel. Bei der großen Menge ist der Franzosenhaß noch immer gleichbedeutend mit Vaterlandsliebe: durch ein geschicktes Ausbeuten dieses Hasses hat man also wenigstens den Pöbel auf seiner Seite, wenn man gegen junge Schriftsteller zu Felde zieht, die eine Freundschaft zwischen Frankreich und Deutschland zu vermitteln suchen. Freilich, dieser Haß war einst staatsnützlich, als es galt, die Fremdherrschaft zurückzudrängen; jetzt aber ist die Gefahr nicht im Westen, Frankreich bedroht nicht mehr unsere Selbständigkeit, die Franzosen von heute sind nicht mehr die Franzosen von gestern, sogar ihr Charakter ist verändert, an die Stelle der leichtsinnigen Eroberungslust trat ein schwermütiger, beinah deutscher Ernst, sie verbrüdern sich mit uns im Reiche des Geistes, während im Reiche der Materie ihre Interessen mit den unsrigen sich täglich inniger verzweigen: Frankreich ist jetzt unser natürlicher Bundesgenosse. Wer dieses nicht einsieht, ist ein Dummkopf, wer dieses einsieht und dagegen handelt, ist ein Verräter.

Vorrede zum Salon III - 1837*

119

DEUTSCHLAND!

DEUTSCHLAND ist noch ein kleines Kind,
Doch die Sonne ist seine Amme;

Sie säugt es nicht mit stiller Milch,
Sie säugt es mit wilder Flamme.

Bei solcher Nahrung wächst man schnell
Und kocht das Blut in den Adern.
Ihr Nachbarskinder, hütet euch
Mit dem jungen Burschen zu hadern!

Es ist ein täppisches Rieselein,
Reißt aus dem Boden die Eiche,
Und schlägt euch damit den Rücken wund
Und die Köpfe windelweiche.

Dem Siegfried gleicht er, dem edlen Fant,
Von dem wir singen und sagen;
Der hat, nachdem er geschmiedet sein Schwert,
Den Amboß entzwei geschlagen!

Ja, du wirst einst wie Siegfried sein
Und töten den häßlichen Drachen,
Heisa! wie freudig vom Himmel herab
Wird deine Frau Amme lachen!

Du wirst ihn töten, und seinen Hort,
Die Reichskleinodien, besitzen.
Heisa! wie wird auf deinem Haupt
Die goldne Krone blitzen!

Nachlese. 1840*

120

AN ADOLPHE THIERS — Et pour tout dire: anche io sono tedesco et je boudais un peu contre l'homme qui menaçait ma patrie d'une guerre désastreuse.

Briefentwurf v. 14. IV. 1855. Begleitbrief zur französischen Buchausgabe von Lutezia*

121

Der freie Rhein, der Brutus der Flüsse,
Er wird uns nimmermehr geraubt!
Die Holländer binden ihm die Füße,
Die Schwyzer halten fest sein Haupt.

Neue Gedichte. Zeitgedichte VI - 1842*

122

Deutschlands sicherster Alliierter — Daß das aufrichtige und großmütige, bis zur Fanfaronade großmütige Frankreich unser natürlicher und wahrhaft sicherster Alliierter ist, war die Überzeugung meines ganzen Lebens, und das patriotische Bedürfnis, meine verblendeten Landsleute über den treulosen Blödsinn der Franzosenfresser und Rheinliedbarden aufzuklären, hat vielleicht meinen Berichten über das Ministerium Thiers manchmal, namentlich in bezug auf die Engländer, ein allzu leidenschaftliches Kolorit erteilt; aber die Zeit war eine höchst gefährliche, und Schweigen war ein halber Verrat.

Lutezia. Zueignung. 1854

123

Die einzige Stütze dieser Erde — Die Furcht vor der einschläfernden und fesselnden Macht des Friedens brachte [die deutschen Radikalen] zu dem verzweiflungsvollen Entschluß, *das französische Volk* (wie sie in ihrer Unschuld sich ausdrücken) *aufzuopfern*. Wir sagen es offen, weil uns dieser Heroismus ebenso töricht wie undankbar erscheint, und weil wir unsägliches Mitleid empfinden mit der bärenhaften Unbeholfenheit, die sich einbildet klüger zu sein, als alle Füchse der List! O Ihr Toren, ich rate Euch, legt Euch nicht auf das gefährliche Fach der politischen Pfiffigkeit, seid deutsch ehrlich und menschlich dankbar, und bildet Euch nicht ein, Ihr werdet auf eigenen Beinen stehen, wenn Frankreich fällt, die einzige Stütze, die Ihr habt auf dieser Erde! Lutezia. 11. I. 1841*

124

Des freien Rheins freierer Sohn — Pflanzt die schwarz-rot-goldne Fahne auf die Höhe des deutschen Gedankens, macht sie zur Standarte des freien Menschtums, und ich will mein bestes Herzblut für sie hingeben. Beruhigt Euch, ich liebe das Vaterland ebensosehr, wie Ihr. Wegen dieser Liebe habe ich dreizehn Lebensjahre im Exile verlebt, und wegen eben dieser Liebe kehre ich wieder zurück ins Exil, vielleicht für immer, jedenfalls ohne zu flennen oder eine schiefmäulige Duldergrimasse zu schneiden. Ich bin der Freund der Franzosen, wie ich der Freund aller Menschen bin, wenn sie vernünftig und gut sind, und weil ich selber nicht so dumm oder so schlecht bin, als daß ich wünschen sollte, daß meine Deutschen und die Franzosen, die beiden auserwählten Völker der Humanität, sich die Hälse brächen zum Besten von England und Rußland und zur Schadenfreude aller Junker und Pfaffen dieses Erdballs. Seid ruhig, ich werde den Rhein nimmermehr den Franzosen abtreten, schon aus dem ganz einfachen Grunde: weil mir der Rhein gehört.

Ja, mir gehört er, durch unveräußerliches Geburtsrecht, ich bin des freien Rheins noch weit freierer Sohn, an seinem Ufer stand meine Wiege, und ich sehe gar nicht ein, warum der Rhein irgendeinem andern gehören soll als den Landeskindern. Elsaß und Lothringen kann ich freilich dem deutschen Reiche nicht so leicht einverleiben, wie Ihr es tut; denn die Leute in jenen Landen hängen fest an Frankreich wegen der Rechte, die sie durch die französische Staatsumwälzung gewonnen, wegen jener Gleichheitsgesetze und freien Institutionen, die dem bürgerlichen Gemüte sehr angenehm sind, aber dem Magen der großen Menge dennoch vieles zu wünschen übriglassen. Indessen, die Elsässer und Lothringer werden sich wieder an Deutschland anschließen, wenn wir das vollenden, was die Franzosen begonnen haben, wenn wir diese überflügeln in der Tat, wie wir es schon getan im Gedanken, wenn wir uns bis zu den letzten Folgerungen desselben emporschwingen, wenn wir die Dienstbarkeit bis in ihren letzten Schlupfwinkel, dem Himmel, zerstören, wenn wir den Gott, der auf Erden im Menschen wohnt, aus seiner Erniedrigung retten, wenn wir die Erlöser Gottes werden, wenn wir das arme, glückenterbte Volk und den verhöhnten Genius und die geschändete Schönheit wieder in ihre Würde einsetzen, wie unsere großen Meister gesagt und gesungen, und wie wir es wollen, wir, die Jünger — ja, nicht bloß Elsaß und Lothringen, sondern ganz Frankreich wird uns alsdann zufallen, ganz Europa, die ganze Welt —

die ganze Welt wird deutsch werden! Von dieser Sendung und Universalherrschaft Deutschlands träume ich oft, wenn ich unter Eichen wandle. Das ist *mein* Patriotismus.

Vorwort zu «Deutschland, ein Wintermärchen». 17. IX. 1844

125

SCHWEIZER ZWISCHENFREUNDE — Herr Prevot ist halb Franzose, halb Deutscher, nämlich ein Schweizer, und solche Leute sind die nützlichsten Zwischenfreunde zur Verbindung beider Nationen.

An Wolfgang Menzel. 15. III. 1832

126

SOBIESKI — Ist es der Wille des Schicksals, oder ist es glorreiche Beschränktheit, was die Polen immer dazu verdammte, sich selber die schlimmste Falle und endlich die Todesgrube zu graben ... seit den Tagen Sobieskis, der die Türken schlug, Polens natürliche Alliierte, und die Östreicher rettete ... der ritterliche Dummkopf!

Ludwig Börne. 3. Buch. 1839

127

HÖCHSTE BESTIMMUNG POLENS — Nein, Polen ist noch nicht verloren ... Mit seiner politischen Existenz ist sein wirkliches Leben noch nicht abgeschlossen. Wie einst Israel nach dem Falle Jerusalems, so vielleicht nach dem Falle Warschaus erhebt Polen sich zu den höchsten Bestimmungen. Es sind diesem Volke vielleicht noch Taten vorbehalten, die der Genius der

Menschheit höher schätzt als die gewonnenen Schlachten und das rittertümliche Schwertergeklirre nebst Pferdegetrampel seiner nationalen Vergangenheit! Und auch ohne solche nachblühende Bedeutung wird Polen nie ganz verloren sein ... Es wird ewig leben auf den rühmlichsten Blättern der Geschichte!!! Dasselbe

128

Weltkrieg und Weltrevolution — Ich fürchte mich immer im ersten Anfang, wenn ich die Dämonen der Umwälzung entzügelt sehe; späterhin bin ich sehr gefaßt und die tollsten Erscheinungen können mich weder beunruhigen noch überraschen, eben weil ich sie vorausgesehen. Was wäre das Ende dieser Bewegung, wozu Paris wieder wie immer das Signal gegeben? Es wäre der Krieg, der gräßlichste Zerstörungskrieg, der leider die beiden edelsten Völker der Zivilisation in die Arena riefe zu beider Verderben; ich meine Deutschland und Frankreich. England, die große Wasserschlange, die immer in ihr ungeheures Wassernest zurückkriechen kann, und Rußland, das in seinen ungeheuren Föhren, Steppen und Eisgefilden ebenfalls die sichersten Verstecke hat, diese beiden können in einem gewöhnlichen politischen Kriege, selbst durch die entschiedensten Niederlagen, nicht ganz zugrunde gerichtet werden: — aber Deutschland ist in solchen Fällen weit schlimmer bedroht, und gar Frankreich könnte in der kläglichsten Weise seine politische Existenz einbüßen. Doch das wäre nur der erste Akt des großen Spektakelstücks, gleichsam das Vorspiel. Der zweite Akt ist die europäische, die Weltrevolution, der große Zweikampf der Besitzlosen mit der Aristokratie des Besitzes, und da wird weder von Nationalität noch von Religion die Rede sein: nur Ein Vaterland wird es geben, nämlich die Erde, und nur Einen Glauben, nämlich das Glück auf Erden. Werden die religiösen Doktrinen der Vergangenheit in allen Landen sich zu einem verzweiflungsvollen Widerstand erheben, und wird etwa dieser Versuch den dritten Akt bilden? Wird gar die alte absolute Tradition nochmals auf die Bühne treten, aber in einem neuen Kostüm und mit neuen Stich- und Schlagwörtern? Wie würde dieses Schauspiel schließen? Ich weiß nicht, aber ich denke, daß man der großen Wasserschlange am Ende das Haupt zertreten und dem Bären des Nordens das Fell über die Ohren ziehen wird. Es wird vielleicht alsdann nur Einen Hirten und Eine Herde geben, ein freier Hirt mit einem eisernen Hirtenstabe und eine gleichgeschorene, gleichblökende Menschenherde! Wilde, düstere Zeiten dröhnen heran, und der Prophet, der eine neue Apokalypse schreiben wollte, müßte ganz neue Bestien erfinden, und zwar so erschreckliche, daß die älteren Johanneischen Tiersymbole dagegen nur sanfte Täubchen und Amoretten wären. Die Götter verhüllen ihr Antlitz aus Mitleid mit den Menschenkindern, ihren langjährigen Pfleglingen, und vielleicht zugleich auch aus Besorgnis über das eigene Schicksal. Die Zukunft riecht nach Juchten, nach Blut, nach Gottlosigkeit und nach sehr vielen Prügeln. Ich rate unsern Enkeln, mit einer sehr dicken Rückenhaut zur Welt zu kommen. Lutezia. 12. VII. 1842*

129

AMERIKA ODER RUSSLAND? — Die Worte Napoléons auf Sankt Helena, daß in baldiger Zukunft die Welt eine amerikanische Republik oder eine russische Universalmonarchie sein werde, sind eine sehr entmutigende Prophezeiung. Welche Aussicht! Günstigenfalls als Republikaner vor monotoner Langeweile sterben! Arme Enkel! Lutezia. 3. VI. 1840

# XVI. VATERLAND EUROPA

... alle edeln Herzen des europäischen Vaterlandes ...

Englische Fragmente. IV - 1828

130

In Europa keine Nationen mehr — Es hat den Anschein, als ob jetzt mehr geistige Interessen verfochten würden als materielle, und als ob die Welthistorie nicht mehr eine Räubergeschichte, sondern eine Geistergeschichte sein solle. Täglich verschwinden mehr und mehr die törigten Nationalvorurteile, alle schroffen Besonderheiten gehen unter in der Allgemeinheit der europäischen Zivilisation, es gibt jetzt in Europa keine Nationen mehr, sondern nur Parteien, und es ist ein wundersamer Anblick, wie diese trotz der mannigfaltigsten Farben sich sehr gut erkennen, und trotz der vielen Sprachverschiedenheiten sich sehr gut verstehen. Wie es eine materielle Staatenpolitik gibt, so gibt es jetzt auch eine geistige Parteipolitik; und wie die Staatenpolitik auch den kleinsten Krieg, der zwischen den zwei unbedeutendsten Mächten ausbräche, gleich zu einem allgemeinen europäischen Krieg machen würde, worin sich alle Staaten, mit mehr oder minderem Eifer, auf jeden Fall mit Interesse, mischen müßten: so kann jetzt in der Welt auch nicht der geringste Kampf vorfallen, bei dem, durch jene Parteipolitik, die allgemein geistigen Bedeutungen nicht sogleich erkannt, und die entferntesten und heterogensten Parteien nicht gezwungen würden, pro oder contra Anteil zu nehmen. Vermöge dieser Parteipolitik, die ich, weil ihre Interessen geistiger und ihre ultimae rationes nicht von Metall sind, eine Geisterpolitik nenne, bilden sich jetzt, ebenso wie vermittelst der Staatenpolitik, zwei große Massen, die feindselig einander gegenüberstehen und mit Reden und Blicken kämpfen. Die Losungsworte und Repräsentanten dieser zwei großen Parteimassen wechseln täglich, es fehlt nicht an Verwirrung, doch, wenn auch die Köpfe irren, so fühlen die Gemüter nichtsdestoweniger, was sie wollen, und die Zeit drängt mit ihrer großen Aufgabe.

Was ist aber diese große Aufgabe unserer Zeit?

Es ist die Emanzipation. Nicht bloß die der Irländer, Griechen, Frankfurter Juden, westindischen Schwarzen und dergleichen gedrückten Volkes, sondern es ist die Emanzipation der ganzen Welt, absonderlich Europas, das mündig geworden ist, und sich jetzt losreißt von dem eisernen Gängelbande der Bevorrechteten.

Reise von München nach Genua XXIX - 1829

131

DER SUMPF DER NATIONALSELBSTSUCHT — Was ist daran gelegen, wer unter der Maske steckt? Man will sich freuen, und zur Freude bedarf man nur Menschen. Und Mensch ist man erst recht auf dem Maskenballe, wo die wächserne Larve unsere gewöhnliche Fleischlarve bedeckt, wo das schlichte Du die urgesellschaftliche Vertraulichkeit herstellt, wo ein alle Ansprüche verhüllender Domino die schönste Gleichheit hervorbringt, und wo die schönste Freiheit herrscht — Maskenfreiheit. Für mich hat eine Redoute immer etwas höchst Ergötzliches. Auf der letzten [Berliner] Redoute war ich besonders freudig, ich hätte auf dem Kopfe gehen mögen, ein bacchantischer Geist hatte mein ganzes Wesen ergriffen, und wär mein Todfeind mir in den Weg gekommen, ich hätte ihm gesagt: «Morgen wollen wir uns schießen; aber heute will ich dich recht herzlich abküssen.» Die reinste Lustigkeit ist die Liebe, Gott ist die Liebe, Gott ist die reinste Lustigkeit! «Tu es beau! tu es charmant! tu es l'objet de ma flamme! je t'adore, ma belle!» das waren die Worte, die meine Lippen hundertmal unwillkürlich wiederholten. Und allen Leuten drückte ich die Hand und zog vor allen hübsch den Hut ab; und alle Menschen waren auch so höflich gegen mich. Nur ein deutscher Jüngling wurde grob, und schimpfte über mein Nachäffen des welschen Babeltums, und donnerte im urteutonischen Bierbaß: «Auf einer teutschen Mummerei soll der Teutsche teutsch sprechen!» O deutscher Jüngling, wie finde ich dich und deine Worte sündlich und läppisch in solchen Momenten, wo meine Seele die ganze Welt mit Liebe umfaßt, wo ich Russen und Türken jauchzend umarmen würde, und wo ich weinend hinsinken möchte an die Bruderbrust des gefesselten Afrikaners!

Ich liebe Deutschland und die Deutschen; aber ich liebe nicht minder die Bewohner des übrigen Teils der Erde, deren Zahl vierzigmal größer ist, als die der Deutschen. Die Liebe gibt dem Menschen seinen Wert. Gott lob! ich bin also vierzigmal mehr wert als jene, die sich nicht aus dem Sumpfe der Nationalselbstsucht hervorwinden können, und die nur Deutschland und Deutsche lieben. Briefe aus Berlin. 16. III. 1822*

132

Europäische Absichten — ... mein Plan: nach Paris zu reisen und dort ein europäisches Buch zu schreiben.

An Varnhagen 24. X. 1826, an Fr. Merckel 16. XI. 1826

*

Nach meiner Ansicht mag folgender Titel [für Cottas Zeitschrift] gewählt werden: Neue Annalen. Eine Monatsschrift für Politik, Literatur und Sittenkunde, und als Motto schlage ich Ihnen vor die Worte: Es gibt in Europa keine Nationen mehr, sondern nur Parteien.

An Gustav Kolb. Florenz, 11. XI. 1828

133

Lied der Marketenderin

(Aus dem Dreißigjährigen Krieg)

Und die Husaren lieb ich sehr,  
Ich liebe sehr dieselben;  
Ich liebe sie ohne Unterschied,  
Die blauen und die gelben.

Und die Musketiere lieb ich sehr,
Ich liebe die Musketiere,
Sowohl Rekrut als Veteran,
Gemeine und Offiziere.

Die Kavallerie und die Infanterie,
Ich liebe sie alle, die Braven;
Auch hab ich bei der Artillerie
Gar manche Nacht geschlafen.

Ich liebe den Deutschen, ich lieb den Franzos,
Die Welschen und Niederländschen,
Ich liebe den Schwed, den Böhm und Spanjol,
Ich liebe in ihnen den Menschen.

Gleichviel von welcher Heimat, gleichviel
Von welchem Glaubensbund ist
Der Mensch, er ist mir lieb und wert,
Wenn nur der Mensch gesund ist.

Das Vaterland und die Religion,
Das sind nur Kleidungsstücke —
Fort mit der Hülle! daß ich ans Herz
Den nackten Menschen drücke.

Ich bin ein Mensch, und der Menschlichkeit
Geb ich mich hin mit Freude;
Und wer nicht gleich bezahlen kann,
Für den hab ich die Kreide.

Der grüne Kranz vor meinem Zelt,
Der lacht im Licht der Sonne;
Und heute schenk ich Malvasier
Aus einer frischen Tonne.

Nachlese. 1853

134

Die Riesenharfe der Menschheit — Herder saß nicht wie ein literarischer Großinquisitor zu Gericht über die verschiedenen Nationen, und verdammte oder absolvierte sie nach dem Grade ihres Glaubens. Nein, Herder betrachtete die ganze Menschheit als eine große Harfe in der Hand des großen Meisters, jedes Volk dünkte ihm eine besonders gestimmte Saite dieser Riesenharfe, und er begriff die Universal-Harmonie ihrer verschiedenen Klänge.

Romantische Schule. 2. Buch. 1833

135

Verengender und erweiternder Patriotismus — Wir hätten auch den Napoléon ganz ruhig ertragen. Aber unsere Fürsten, während sie hofften durch Gott von ihm befreit zu werden, gaben sie auch zugleich dem Gedanken Raum, daß die zusammengefaßten Kräfte ihrer Völker dabei sehr mitwirksam sein möchten. Man befahl uns den Patriotismus und wir wurden Patrioten; denn wir tun alles was uns unsere Fürsten befehlen. Man muß sich aber unter diesem Patriotismus nicht dasselbe Gefühl denken, das hier in Frankreich diesen Namen führt. Der Patriotismus des Franzosen besteht darin, daß sein Herz erwärmt wird, durch diese Wärme sich ausdehnt, sich erweitert, daß es nicht mehr bloß die nächsten Angehörigen, sondern ganz Frankreich, das ganze Land der Zivilisation, mit seiner Liebe umfaßt; der Patriotismus des

Deutschen hingegen besteht darin, daß sein Herz enger wird, daß es sich zusammenzieht wie Leder in der Kälte, daß er das Fremdländische haßt, daß er nicht mehr Weltbürger, nicht mehr Europäer, sondern nur ein enger Deutscher sein will. Da sahen wir nun das idealische Flegeltum, das Herr Jahn in System gebracht; es begann die schäbige, plumpe, ungewaschene Opposition gegen eine Gesinnung die eben das Herrlichste und Heiligste ist was Deutschland hervorgebracht hat, nämlich gegen jene Humanität, gegen jene allgemeine Menschen-Verbrüderung, gegen jenen Kosmopolitismus, dem unsere großen Geister, Lessing, Herder, Schiller, Goethe, Jean Paul, dem alle Gebildeten in Deutschland immer gehuldigt haben. Romantische Schule. 1. Buch

136

Die Liebe zum Mutterland — Nie wird ein großer Mensch so weit die Gefühle seiner Seele verleugnen können, daß er das Unglück seiner Landsleute mit indifferenter Ruhe ansehen und sogar vermehren könnte. Wie wir unsere Mutter lieben, so lieben wir auch den Boden, worauf wir geboren sind, so lieben wir die Blumen, den Duft, die Sprache und die Menschen, die aus diesem Boden hervorgeblüht sind, keine Religion ist so schlecht und keine Politik ist so gut, daß sie im Herzen ihrer Bekenner solche Liebe ersticken könnte.

Englische Fragmente. Emanzipation. 1828

137

Die Ahnenseele der Völker — Walter Scotts Thema ist aber nicht bloß eine elegische Klage über Schottlands volkstümliche Herrlichkeit, die allmählig verdrängt wurde von fremder Sitte, Herrschaft und Denkweise; sondern es ist der große Schmerz über den Verlust der National-Besonderheiten, die in der Allgemeinheit neuerer Kultur verlorengehen, ein Schmerz, der jetzt in den Herzen aller Völker zuckt. Denn Nationalerinnerungen liegen tiefer in der Menschen Brust, als man gewöhnlich glaubt. Man wage es nur, die alten Bilder wieder auszugraben, und über Nacht blüht hervor auch die alte Liebe mit ihren Blumen. Das ist nicht figürlich gesagt, sondern es ist eine Tatsache: als Bullock vor einigen Jahren ein altheidnisches Steinbild in Mexiko ausgegraben, fand er den andern Tag, daß es nächtlicher Weile mit Blumen bekränzt worden; und doch hatte Spanien, mit Feuer und Schwert, den alten Glauben der Mexikaner zerstört, und seit drei Jahrhunderten ihre Gemüter gar stark umgewühlt und gepflügt und mit Christentum besäet. Solche Blumen aber blühen auch in den Walter-Scottschen Dichtungen, diese Dichtungen selbst wecken die alten Gefühle, und wie einst in Granada Männer und Weiber mit dem Geheul der Verzweiflung aus den Häusern stürzten, wenn das Lied vom Einzug des Maurenkönigs auf den Straßen erklang, dergestalt, daß bei Todesstrafe verboten wurde, es zu singen: so hat der Ton, der in den Scottschen Dichtungen herrscht, eine ganze Welt schmerzhaft erschüttert. Dieser Ton klingt wieder in den Herzen unseres Adels, der seine Schlösser und Wappen verfallen sieht; er klingt wieder in den Herzen des Bürgers, dem die behaglich enge Weise der Altvordern verdrängt wird durch weite, unerfreuliche Modernität; er klingt wieder in katholischen Domen, woraus der Glaube entflohen, und in rabbinischen Synagogen, woraus sogar die Gläubigen fliehen; er klingt über die ganze Erde, bis in die Bananenwälder Hindostans, wo der seufzende Brahmine das Absterben seiner Götter, die Zerstörung ihrer uralten Weltordnung und den ganzen Sieg der Engländer voraussieht. Reisebilder. Nordsee III - 1826*

138

Vom Nationalgefühl zum Weltbürgertum — In diesem Augenblick sind die meisten Völker noch darauf hingewiesen ihr Nationalgefühl auszubilden oder vielmehr auszubeuten, um zur innern Einheit, zur Zentralisation ihrer Kräfte zu gelangen und somit auch nach außen den bedrohlichen Nachbarn gegenüber zu erstarken. Aber das Nationalgefühl ist nur Mittel zum Zweck, es wird wieder erlöschen, sobald dieser erreicht ist, und es hat keine so große Zukunft wie jenes Bewußtsein des Weltbürgertums, das von den edelsten Geistern des 18. Jahrhunderts proklamiert worden und früh oder spät, aber auf immer, auf ewig zur Herrschaft gelangen muß. Wie tief dieser Kosmopolitismus in den Herzen der Franzosen wurzelt, das beurkundete sich recht sichtbar bei Gelegenheit des Hamburger Brandes. Die Partei der Menschheit hat da einen großen Triumph gefeiert. Es übersteigt alle Begriffe, wie gewaltig das Mitgefühl hier alle Volksklassen erfaßte, als sie von dem Unglück hörten, das jene ferne deutsche Stadt betroffen, deren geographische Lage vielleicht den wenigsten bekannt war. Ja, bei solchen Anlässen zeigt es sich, daß die Völker dieser Erde inniger verbunden sind, als man da und dort ahnen oder wünschen mag, und daß bei aller Verschiedenheit der Interessen dennoch eine glühende Bruderliebe in Europa auflodern kann, wenn die rechte Stunde kommt.

Vier Berichte f. d. Allgem. Zeitung. 1842

139

NATIONALHASS KNECHTET — Ihr spekuliert immer auf alles, was schlecht im deutschen Volke ist, auf Nationalhaß, religiösen und politischen Aberglauben, und Dummheit überhaupt. Aber ihr wißt nicht, daß auch Deutschland nicht mehr durch die alten Kniffe getäuscht werden kann, daß sogar die Deutschen gemerkt, wie der Nationalhaß nur ein Mittel ist, eine Nation durch die andere zu knechten, und wie es überhaupt in Europa keine Nationen mehr gibt, sondern nur zwei Parteien, wovon die eine, Aristokratie genannt, sich durch Geburt bevorrechtet dünkt und alle Herrlichkeiten der bürgerlichen Gesellschaft usurpiert, während die andere, Demokratie genannt, ihre unveräußerlichen Menschenrechte vindiziert und jedes Geburtsprivilegium abgeschafft haben will, im Namen der Vernunft. Wahrlich, ihr solltet uns die himmlische Partei nennen, nicht die französische; denn jene Erklärung der Menschenrechte, worauf unsere ganze Staatswissenschaft basiert ist, stammt nicht aus Frankreich, wo sie freilich am glorreichsten proklamiert worden, nicht einmal aus Amerika, woher sie Lafayette geholt hat, sondern sie stammt aus dem Himmel, dem ewigen Vaterland der Vernunft.

Vorrede zur Vorrede der Franz. Zustände, 1832

140

Von der Nationalität zur Fraternität — Nicht aus dem Boden selbst, nur aus dem Kampfe um Selbständigkeit, aus historischen Erinnerungen und aus dem Unglück ist bei den Polen diese Vaterlandsliebe entsprossen. Sie flammt jetzt noch immer so glühend wie in den Tagen Kosciuszkos: vielleicht noch glühender. Fast bis zur Lächerlichkeit ehren jetzt die Polen alles, was vaterländisch ist. Wie ein Sterbender, der sich in krampfhafter Angst gegen den Tod sträubt, so empört und sträubt sich ihr Gemüt gegen die Idee der Vernichtung ihrer Nationalität. Dieses Todeszucken des polnischen Volkskörpers ist ein entsetzlicher Anblick! Aber alle Völker Europas und der ganzen Erde werden diesen Todeskampf überstehen müssen, damit aus dem Tode das Leben, aus der heidnischen Nationalität die christliche Fraternität hervorgehe. Ich meine hier nicht alles Aufgeben schöner Besonderheiten, worin sich die Liebe am liebsten abspiegelt, sondern jene von uns Deutschen am meisten erstrebte und von unsern edelsten Volkssprechern, Lessing, Herder, Schiller usw. am schönsten ausgesprochene allgemeine Menschenverbrüderung, das Urchristentum. Von diesem sind die polnischen Edelleute, ebensogut wie wir, noch sehr entfernt. Ein großer Teil lebt noch in den Formen des Katholizismus, ohne leider den großen Geist dieser Formen und ihren jetzigen Übergang zum Weltgeschichtlichen zu ahnen; ein größerer Teil bekennt sich zur französischen Philosophie. Ich will hier diese gewiß nicht verunglimpfen: es gibt Stunden wo ich sie verehre, und sehr verehre; ich selbst bin gewissermaßen ein Kind derselben. Aber ich glaube doch, es fehlt ihr die Hauptsache — die Liebe. Wo dieser Stern nicht leuchtet, da ist es Nacht, und wenn auch alle Lichter der Enzyklopädie ihr Brillantfeuer umhersprühen. —

Über Polen. 1822

141

PATRIOTISCHER ERDDUNST — Als [die Väter] die kosmopolitischen Ideen der Revolution in Gefahr sahen, suchten sie Hülfe im Nationalgefühl. Die Söhne, welche ihre Nationalität bedroht sehen, nehmen ihre Zuflucht zu den kosmopolitischen Ideen; — diese aber treiben nicht so mächtig zur Tat, wie jene begeisternden Erddünste, die wir Vaterlandsliebe nennen.

Das niedrige Gezücht des Nationalhasses, das sich in den untern Schichten der Gesellschaft entwickelt hat, wird von der bessern Einsicht der Völker wieder in seinen Schlamm zurückgetreten werden. Lutezia. 6. I. 1841

142

DIE MÄCHTIGEN FORMELN DES NATIONALISMUS — Jene mächtigen Formeln, womit man den rohen Pöbel beschwört, die Worte «Vaterland, Deutschland, Glauben der Väter usw.» elektrisieren die unklaren Volksmassen noch immer weit sicherer als die Worte: «Menschheit, Weltbürgertum, Vernunft der Söhne, Wahrheit!» Ich will hiermit andeuten, daß jene Repräsentanten der Nationalität im deutschen Boden weit tiefer wurzeln als die Repräsentanten des Kosmopolitismus, und daß letztere im Kampfe mit jenen wahrscheinlich den Kürzern ziehen, wenn sie ihnen nicht schleunigst zuvorkommen ... durch die welsche Falle.

In Revolutionszeiten bleibt uns nur die Wahl zwischen Töten und Sterben. Ludwig Börne. 4. Buch. 1839

143

FATAL ist mir das Lumpenpack,
Das, um die Herzen zu rühren,
Den Patriotismus trägt zur Schau
Mit allen seinen Geschwüren.

Deutschland. Ein Wintermärchen XXIV

144

DIE DEUTSCHEN KOMMEN ZU SPÄT — Die Deutschen arbeiten jetzt an der Ausbildung ihrer Nationalität, kommen aber damit zu spät. Wenn sie dieselbe fertig haben, wird das Nationalitätswesen in der Welt aufgehört haben und sie werden auch ihre Nationalität gleich wieder aufgeben müssen, ohne wie Franzosen oder Briten Nutzen davon gezogen zu haben.

Gedanken und Einfälle

145

Gott verlässt kein Volk — Wohin führt diese Zersplitterung, diese Auflösung aller Gedankenbande, dieser Partikularismus, dieses Erlöschen alles Gemeingeistes, welches der moralische Tod eines Volks ist? — Der Kultus der materiellen Interessen, des Eigennutzes, des Geldes, hat diesen Zustand bereitet. Wird dieser lange währen, oder wird wohl plötzlich eine gewaltige Erscheinung, eine Tat des Zufalls oder ein Unglück, die Geister in Frankreich wieder verbinden? Gott verläßt keinen Deutschen, aber auch keinen Franzosen, er verläßt überhaupt kein Volk, und wenn ein Volk aus Ermüdung oder Faulheit einschläft, so bestellt er ihm seine künftigen Wecker, die, verborgen in irgendeiner dunkeln Abgeschiedenheit, ihre Stunde erwarten, ihre aufrüttelnde Stunde.

Lutezia. 28. XII. 1841

146

Heilige Allianz der Nationen — Wenn wir es dahin bringen, daß die große Menge die Gegenwart versteht, so lassen die Völker sich nicht mehr von den Lohnschreibern der Aristokratie zu Haß und Krieg verhetzen, das große Völkerbündnis, die Heilige Allianz der Nationen, kommt zu Stande, wir brauchen aus wechselseitigem Mißtrauen keine stehenden Heere von vielen hunderttausend Mördern mehr zu füttern, wir benutzen zum Pflug ihre Schwerter und Rosse, und wir erlangen Friede und Wohlstand und Freiheit. Dieser Wirksamkeit bleibt mein Leben gewidmet; es ist mein Amt. Der Haß meiner Feinde darf als Bürgschaft gelten, daß ich dieses Amt bisher recht treu und ehrlich verwaltet.

Vorrede zu Französische Zustände. 1832

# XVII. DAS TRIBUNAT

Kampf dem verjährten Unrecht, der herrschenden Torheit und dem Schlechten! Die Poesie ist am Ende doch nur eine schöne Nebensache.

An Karl Immermann. Berlin, 24. XII. 1822

147

## Bergidylle

Tannenbaum, mit grünen Fingern,
Pocht ans niedre Fensterlein,
Und der Mond, der stille Lauscher,
Wirft sein goldnes Licht herein.

Vater, Mutter schnarchen leise
In dem nahen Schlafgemach,
Doch wir beide, selig schwatzend,
Halten uns einander wach.

«Daß du gar zu oft gebetet,
Das zu glauben wird mir schwer,
Jenes Zucken deiner Lippen
Kommt wohl nicht vom Beten her.

Jenes böse, kalte Zucken,
Das erschreckt mich jedesmal,
Doch die dunkle Angst beschwichtigt
Deiner Augen frommer Strahl.

Auch bezweifl ich, daß du glaubest,
Was so rechter Glauben heißt —
Glaubst wohl nicht an Gott den Vater,
An den Sohn und heilgen Geist?»

Ach, mein Kindchen, schon als Knabe,
Als ich saß auf Mutters Schoß,
Glaubte ich an Gott den Vater,
Der da waltet gut und groß;

Der die schöne Erd erschaffen,
Und die schönen Menschen drauf,
Der den Sonnen, Monden, Sternen
Vorgezeichnet ihren Lauf.

Als ich größer wurde, Kindchen,
Noch viel mehr begriff ich schon,
Ich begriff, und ward vernünftig,
Und ich glaub auch an den Sohn;

An den lieben Sohn, der liebend
Uns die Liebe offenbart,
Und zum Lohne, wie gebräuchlich,
Von dem Volk gekreuzigt ward.

Jetzo, da ich ausgewachsen,
Viel gelesen, viel gereist,
Schwillt mein Herz, und ganz von Herzen
Glaub ich an den heilgen Geist.

Dieser tat die größten Wunder,
Und viel größre tut er noch;
Er zerbrach die Zwingherrnburgen,
Und zerbrach des Knechtes Joch.

Alte Todeswunden heilt er,
Und erneut das alte Recht:
Alle Menschen, gleichgeboren,
Sind ein adliges Geschlecht.

Er verscheucht die bösen Nebel
Und das dunkle Hirngespinst,
Das uns Lieb und Lust verleidet,
Tag und Nacht uns angegrinst.

Tausend Ritter, wohlgewappnet,
Hat der heilge Geist erwählt,
Seinen Willen zu erfüllen,
Und er hat sie mutbeseelt.

Ihre teuern Schwerter blitzen,
Ihre guten Banner wehn!
Ei, du möchtest wohl, mein Kindchen,
Solche stolze Ritter sehn?

Nun, so schau mich an, mein Kindchen,
Küsse mich und schaue dreist;
Denn ich selber bin ein solcher
Ritter von dem heilgen Geist.

Buch der Lieder. Harzreise. 1824*

148

## Zwei Nationen

RATCLIFF

. . . UND einen Mann ergreift der Zorn,
Wenn er betrachtet, wie die Pfennigseelen,
Die Buben, oft im Überflusse schwelgen,
In Samt und Seide schimmern, Austern schlürfen,
Sich in Champagner baden, in dem Bette
Des Doktor Graham ihre Kurzweil treiben,
In goldnen Wagen durch die Straßen rasseln,
Und stolz herabsehn auf den Hungerleider,
Der, mit dem letzten Hemde unterm Arm,
Langsam und seufzend nach dem Leihhaus wandert.

(bitter lachend)

O seht mir doch die klugen, satten Leute,

Wie sie mit einem Walle von Gesetzen
Sich wohlverwahret gegen allen Andrang
Der schreiend überlästgen Hungerleider!
Weh dem, der diesen Wall durchbricht!
Bereit sind Richter, Henker, Stricke, Galgen, —
Je nun! manchmal gibt's Leut, die das nicht scheun.

TOM:

So dacht ich auch, und teilte ein die Menschen
In zwei Nationen, die sich wild bekriegen;
Nämlich in Satte und in Hungerleider.
Weil ich zu letzterer Partei gehörte,
So mußt ich mit den Satten oft mich balgen.
Doch hab ich eingesehn, der Kampf ist ungleich,
Und zieh allmählich mich zurück vom Handwerk.

William Ratcliff. Tragödie. 1822*

*

Zu «William Ratcliff» — Der William Ratcliff wurde nur wenig bekannt; in der Tat, der Name seines Verlegers war Dümmler. Dieser Tragödie oder dramatisierten Ballade gewähre ich mit gutem Fug jetzt einen Platz in der Sammlung meiner Gedichte, weil sie als eine bedeutsame Urkunde zu den Prozeßakten meines Dichterlebens gehört. Sie resümiert nämlich meine poetische Sturm- und Drangperiode, die sich in den «Jungen Leiden» des Buchs der Lieder sehr unvollständig und dunkel kundgibt. Der junge Autor, der hier mit schwerer, unbeholfener Zunge nur träumerische Naturlaute lallt, spricht dort, im Ratcliff, eine wache, mündige Sprache und sagt unverhohlen sein letztes Wort. Dieses Wort wurde seitdem ein Losungswort, bei dessen Ruf die fahlen Gesichter des Elends wie Purpur aufflammen und die rotbäckigen Söhne des Glücks zu Kalk erbleichen. Am Herde des ehrlichen Tom im Ratcliff brodelt schon die große Suppenfrage, worin jetzt tausend verdorbene Köche herumlöffeln, und die täglich schäumender überkocht. Friedrich Schlegel nannte den Geschichtschreiber einen Propheten, der rückwärts schaue in die Vergangenheit; — man könnte mit größerem Fug von dem Dichter sagen, daß er ein Geschichtsschreiber sei, dessen Auge hinausblicke in die Zukunft.

Vorrede z. d. Neuen Gedichten. 1851*

149

HUNGER IN BERLIN — Laßt uns einsteigen. Schnell, Kutscher. Wie das Unter den Linden wogt! Wie mancher läuft da herum, der noch nicht weiß, wo er heut zu Mittag essen kann! Haben Sie die Idee eines Mittagessens begriffen, mein Lieber? Wer diese begriffen hat, der begreift auch das ganze Treiben der Menschen. Schnell, Kutscher. — Briefe aus Berlin. 26. I. 1822

150

ERFROREN ... VERHUNGERT — Und außerdem fühle ich mich ein bißchen seltsam gestimmt, wenn ich zufällig in der Zeitung lese, daß auf den Straßen Londons einige Menschen erfroren und auf den Straßen Neapels einige Menschen verhungert sind. An M. Embden. 2. II. 1823

151

Eine Welt von Jammer — Der Fremde, der die großen Straßen Londons durchwandert und nicht just in die eigentlichen Pöbelquartiere gerät, sieht daher nichts oder sehr wenig von dem vielen Elend, das in London vorhanden ist. Nur hie und da, am Eingange eines dunklen Gäßchens, steht schweigend ein zerfetztes Weib, mit einem Säugling an der abgehärmten Brust, und bettelt mit den Augen. Vielleicht wenn diese Augen noch schön sind, schaut man einmal hinein — und erschrickt ob der Welt von Jammer, die man darin geschaut hat. Die gewöhnlichen Bettler sind alte Leute, meistens Mohren, die an den Straßenecken stehen, und, was im kotigen London sehr nützlich ist, einen Pfad für Fußgänger kehren und dafür eine Kupfermünze verlangen. Die Armut in Gesellschaft des Lasters und des Verbrechens schleicht erst des Abends aus ihren Schlupfwinkeln. Sie scheut das Tageslicht um so ängstlicher, je grauenhafter ihr Elend kontrastiert mit dem Übermute des Reichtums, der überall hervorprunkt; nur der Hunger treibt sie manchmal um Mittagszeit aus dem dunklen Gäßchen, und da steht sie mit stummen, sprechenden Augen und starrt flehend empor zu dem reichen Kaufmann, der geschäftig-geldklimpernd vorübereilt, oder zu dem müßigen Lord, der, wie ein satter Gott, auf hohem Roß einherreitet und auf das Menschengewühl unter ihm dann und wann einen gleichgültig vornehmen Blick wirft, als wären es winzige Ameisen, oder doch nur ein Haufen niedriger Geschöpfe, deren Lust und Schmerz mit seinen Gefühlen nichts gemein hat — denn über dem Menschengesindel, das am Erdboden festklebt, schwebt Englands Nobility, wie Wesen höherer Art, die das kleine England nur als ihr Absteigequartier, Italien als ihren Sommergarten, Paris als ihren Gesellschaftssaal, ja die ganze Welt als ihr Eigentum betrachten.

Englische Fragmente. London. 1828

152

Galgen gegen Hunger — Ich sah zu Old-Bailey in London jemanden hängen, der ein falsches Zitat unter einen Wechsel geschrieben hatte — und der arme Schelm mochte es wohl aus Hunger getan haben. Ich hatte deshalb Mitleid mit dem armen Schelm, bei dessen Exekution sehr viele Zögerungen vorfielen. Es ist ein Irrtum, wenn man glaubt, daß das Hängen in England so schnell vonstatten gehe. Die Zubereitungen dauerten fast eine Viertelstunde. Ich ärgere mich noch heute, wenn ich daran denke mit welcher Langsamkeit dem armen Menschen die Schlinge um den Hals gelegt und die weiße Nachtmütze über die Augen gezogen wurde. Neben ihm standen seine Freunde, vielleicht die Genossen der Schule, wozu er gehörte, und harrten des Augenblicks, wo sie ihm den Liebesdienst erweisen konnten; dieser Liebesdienst besteht darin, daß sie den gehenkten Freund, um seine zuckende Todesqual abzukürzen, so stark als möglich an den Beinen ziehen.

Der Schwabenspiegel. 1838

153

Hungertod auf den Boulevards — Es gehört fast ein Goethescher Egoismus dazu, um hier zu einem ungetrübten Kunstgenuß zu gelangen, und wie sehr einem gar die Kunstkritik erschwert wird, das fühle ich eben in diesem Augenblick. Ich vermochte gestern dennoch, an diesem Berichte weiterzuschreiben, nachdem ich einmal unterdessen nach den Boulevards gegangen war, wo ich einen todblassen Menschen vor Hunger und Elend niederfallen sah.

Französische Maler. 1831*

154

Jammertal

Der Nachtwind durch die Luken pfeift,
Und auf dem Dachstublager
Zwei arme Seelen gebettet sind;
Sie schauen so blaß und mager.

Die eine arme Seele spricht:
Umschling mich mit deinen Armen,
An meinen Mund drück fest deinen Mund,
Ich will an dir erwarmen.

— — —

Am Morgen kam der Kommissär,
Und mit ihm kam ein braver
Chirurgus, welcher konstatiert
Den Tod der beiden Kadaver.

Die strenge Wittrung, erklärte er,
Mit Magenleere vereinigt,

Hat beider Ableben verursacht, sie hat
Zum mindestens solches beschleunigt.

Wenn Fröste eintreten, setzt' er hinzu,
Sei höchst notwendig Verwahrung
Durch wollene Decken; er empfahl
Gleichfalls gesunde Nahrung.

Nachlese. 1855

155

Dreinschlagen — Jetzt, wo das Neujahr herannaht, der Tag der Geschenke, überbieten sich hier die Kaufmannsläden in den mannigfaltigsten Ausstellungen. Der Anblick derselben kann dem müßigen Flaneur den angenehmsten Zeitvertreib gewähren; ist sein Hirn nicht ganz leer, so steigen ihm auch manchmal Gedanken auf, wenn er hinter den blanken Spiegelfenstern die bunte Fülle der ausgestellten Luxus- und Kunstsachen betrachtet und vielleicht auch einen Blick wirft auf das Publikum, das dort neben ihm steht. Die Gesichter dieses Publikums sind so häßlich ernsthaft und leidend, so ungeduldig und drohend, daß sie einen unheimlichen Kontrast bilden mit den Gegenständen, die sie begaffen, und uns die Angst anwandelt, diese Menschen möchten einmal mit ihren geballten Fäusten plötzlich dreinschlagen, und all das bunte, klirrende Spielzeug der vornehmen Welt mitsamt dieser vornehmen Welt selbst gar jämmerlich zertrümmern! Wer kein großer Politiker ist, sondern ein gewöhnlicher Flaneur, der sich wenig kümmert um die Nuance Dufaure und Passy, sondern um die Miene des Volks auf den

Gassen, dem wird es zur festen Überzeugung, daß früh oder spät die ganze Bürgerkomödie in Frankreich mitsamt ihren parlamentarischen Heldenspielern und Komparsen ein ausgezischt schreckliches Ende nimmt und ein Nachspiel aufgeführt wird, welches das Kommunistenregiment heißt! Von langer Dauer freilich kann dieses Nachspiel nicht sein; aber es wird um so gewaltiger die Gemüter erschüttern und reinigen: es wird eine echte Tragödie sein.

Lutezia. 11. XII. 1841

## 156

## Die schlesischen Weber

Im düstern Auge keine Träne,
Sie sitzen am Webstuhl und fletschen die Zähne:
Deutschland, wir weben dein Leichentuch,
Wir weben hinein den dreifachen Fluch —
Wir weben, wir weben!

Ein Fluch dem Gotte, zu dem wir gebeten
In Winterskälte und Hungersnöten;
Wir haben vergebens gehofft und geharrt,
Er hat uns geäfft und gefoppt und genarrt —
Wir weben, wir weben!

Ein Fluch dem König, dem König der Reichen,
Den unser Elend nicht konnte erweichen,
Der den letzten Groschen von uns erpreßt
Und uns wie Hunde erschießen läßt —
Wir weben, wir weben!

Ein Fluch dem falschen Vaterlande,
Wo nur gedeihen Schmach und Schande,

Wo jede Blume früh geknickt,
Wo Fäulnis und Moder den Wurm erquickt —
Wir weben, wir weben!

Das Schiffchen fliegt, der Webstuhl kracht,
Wir weben emsig Tag und Nacht —
Altdeutschland, wir weben dein Leichentuch,
Wir weben hinein den dreifachen Fluch,
Wir weben, wir weben!

Nachlese. 1844*

157

Alle Tage Rindfleisch — Seit durch die Fortschritte der Industrie und der Ökonomie es möglich geworden, die Menschen aus ihrem materiellen Elende herauszuziehn und auf Erden zu beseligen, seitdem — Sie verstehen mich. Und die Leute werden uns schon verstehen, wenn wir ihnen sagen, daß sie in der Folge alle Tage Rindfleisch statt Kartoffeln essen sollen, und weniger arbeiten und mehr tanzen werden. — Verlassen Sie sich darauf, die Menschen sind keine Esel.

An H. Laube. 10. VII. 1833

158

Das Losungswort der Zukunft — Die politischen Staatsformen und Regierungen sind nur Mittel; Monarchie oder Republik, demokratische oder aristokratische Institutionen sind gleichgültige Dinge, solange der Kampf um erste Lebensprinzipien, um die Idee des Lebens selbst, noch nicht entschieden ist. Erst später kommt die Frage, durch welche Mittel diese Idee im Leben realisiert werden kann, ob durch

Monarchie oder Republik, oder durch Aristokratie, oder gar durch Absolutismus, — für welchen letzteren ich gar keine große Abneigung habe. Wer das Losungswort der Zukunft kennt, gegen den vermögen die Schächer der Gegenwart sehr wenig. Jüngsthin hat einer meiner saint-simonistischen Freunde in Ägypten ein Wort gesagt, welches mich lachen machte, aber doch sehr ernsthaften Sinn hatte, er sagte, ich sei der erste Kirchenvater der Deutschen.

An Laube. 23. XI. 1835

159

PERMANENTE REVOLUTION — Der Krieg ist noch das geringste der Übel, die ich fürchte. In Paris können Auftritte stattfinden, wogegen alle Szenen der vorigen Revolution wie heitere Sommernachtsträume erscheinen möchten! Der *vorigen* Revolution? Nein, die Revolution ist noch eine und dieselbe, wir haben erst den Anfang gesehen, und viele von uns werden die Mitte nicht überleben!

Lutezia. 3. X. 1840

160

ES WÄCHST HIENIEDEN BROT GENUG

IM traurigen Monat November wars,
Die Tage wurden trüber,
Der Wind riß von den Bäumen das Laub,
Da reist ich nach Deutschland hinüber.

Ein kleines Harfenmädchen sang.
Sie sang mit wahrem Gefühle
Und falscher Stimme, doch ward ich sehr
Gerühret von ihrem Spiele.

Sie sang von Liebe und Liebesgram,
Aufopfrung und Wiederfinden
Dort oben, in jener besseren Welt,
Wo alle Leiden schwinden.

Sie sang vom irdischen Jammertal,
Von Freuden, die bald zerronnen,
Vom Jenseits, wo die Seele schwelgt
Verklärt in ewgen Wonnen.

Sie sang das alte Entsagungslied,
Das Eiapopeia vom Himmel,
Womit man einlullt, wenn es greint,
Das Volk, den großen Lümmel.

Ich kenne die Weise, ich kenne den Text,
Ich kenn auch die Herren Verfasser;
Ich weiß, sie tranken heimlich Wein
Und predigten öffentlich Wasser.

Ein neues Lied, ein besseres Lied,
O Freunde, will ich Euch dichten!
Wir wollen hier auf Erden schon
Das Himmelreich errichten.

Wir wollen auf Erden glücklich sein,
Und wollen nicht mehr darben;
Verschlemmen soll nicht der faule Bauch
Was fleißige Hände erwarben.

Es wächst hienieden Brot genug
Für alle Menschenkinder,
Auch Rosen und Myrten, Schönheit und Lust,
Und Zuckererbsen nicht minder.

Ja, Zuckererbsen für jedermann,
Sobald die Schoten platzen!
Den Himmel überlassen wir
Den Engeln und den Spatzen.

Und wachsen uns Flügel nach dem Tod,
So wollen wir Euch besuchen
Dort oben, und wir, wir essen mit Euch
Die seligsten Torten und Kuchen.

Ein neues Lied, ein besseres Lied,
Es klingt wie Flöten und Geigen!
Das Miserere ist vorbei,
Die Sterbeglocken schweigen.

Deutschland. Ein Wintermärchen. Aus Caput I - 1844*

161

HEGEL ALS PHILOSOPH DES PROLETARIATS — Wir haben jetzt Mönche des Atheismus, die Herrn von Voltaire lebendig braten würden, weil er ein verstockter Deist sei. Ich muß gestehen, diese Musik gefällt mir nicht; aber sie erschreckt mich auch nicht; denn ich habe hinter dem Maëstro [Hegel] gestanden, als er sie komponierte, freilich in sehr undeutlichen und verschnörkelten Zeichen, damit nicht jeder sie entziffre — ich sah manchmal, wie er sich ängstlich umschaute, aus Furcht, man verstände ihn. Er liebte mich sehr; denn er war sicher, daß ich ihn nicht verriet; ich hielt ihn damals sogar für servil. Als ich einst unmutig war über das Wort: «Alles, was ist, ist vernünftig», lächelte er sonderbar und bemerkte: «Es könnte auch heißen: Alles, was vernünftig ist, muß sein.»

Die Vernichtung des Glaubens an den Himmel hat nicht bloß eine moralische, sondern auch eine politische Wichtigkeit: die Massen tragen nicht mehr mit christlicher Geduld ihr irdisches Elend, und lechzen nach Glückseligkeit auf Erden. Der Kommunismus ist eine natürliche Folge dieser veränderten Weltanschauung, und er verbreitet sich über ganz Deutschland. Es ist eine ebenso natürliche Erscheinung, daß die Proletarier in ihrem Ankampf gegen das Bestehende die fortgeschrittensten Geister, die Philosophen der großen Schule, als Führer besitzen; diese gehen über von der Doktrin zur Tat, dem letzten Zweck alles Denkens, und formulieren das Programm. In meinem Buche «De l'Allemagne» [Zur Gesch. d. Religion u. Philosophie in Deutschland] habe ich bestimmt vorausgesagt, daß die politische Revolution der Deutschen aus jener Philosophie hervorgehen wird, deren Systeme man so oft als eitel Scholastik verschrien. Ich hatte leicht prophezeihen! Ich hatte ja gesehen, wie die Drachenzähne gesät wurden, aus welchen heute die geharnischten Männer emporwachsen, die mit ihrem Waffengetümmel die Welt erfüllen, aber auch leider sich untereinander würgen werden! Briefe über Deutschland. 1844*

162

Das wachsende Heer des Kommunismus — Hätte ich zur Zeit des Kaisers Nero in Rom privatisiert und etwa für die Oberpostamtszeitung von Böotien oder für die unoffizielle Staatszeitung von Abdera die Korrespondenz besorgt, so würden meine Kollegen nicht selten darüber gescherzt haben, daß ich zum Beispiel von den Staatsintrigen der Kaiserin-Mutter gar nichts zu berichten wisse, daß ich nicht einmal von den glänzenden Diners rede, womit der judäische König Agrippa das diplomatische Korps zu Rom jeden Samstag regaliere, und daß ich hingegen beständig von jenen Galiläern spräche, von jenem obskuren Häuflein, das, meistens aus Sklaven und alten Weibern bestehend, in Kämpfen und Visionen sein blödsinniges Leben verträume und sogar von den Juden desavouiert werde. Meine wohlunterrichteten Kollegen hätten gewiß ganz besonders ironisch über mich gelächelt, wenn ich vielleicht von dem Hoffeste des Cäsars, wobei Se. Majestät Höchstselbst die Guitarre spielte, nichts Wichtigeres zu berichten wußte, als daß einige jener Galiläer mit Pech bestrichen und angezündet wurden, und solchergestalt die Gärten des goldenen Palastes erleuchteten. Es war in der Tat eine sehr bedeutsame Illumination, und es war ein grausamer, echt römischer Witz, daß die sogenannten Obskuranten als Lichter dienen mußten bei der Feier der antiken Lebenslust. Aber dieser Witz ist zuschanden geworden, jene Menschenfackeln streuten Funken umher, wodurch die alte Römerwelt mit all ihrer morschen Herrlichkeit in Flammen aufging: die Zahl jenes obskuren Häufleins ward Legion, im Kampfe mit ihr mußten die Legionen Cäsars die Waffen strecken, und das ganze Reich, die Herrschaft zu Wasser und zu Lande, gehört jetzt den Galiläern.

Es ist durchaus nicht meine Absicht, hier in homiletische Betrachtungen überzugehen, ich habe nur durch ein Beispiel zeigen wollen, in welcher siegreichen Weise eine spätere Zukunft jene Vorneigung rechtfertigen dürfte, womit ich in meinen Berichten sehr oft von einer kleinen Gemeinde gesprochen, die, der Ecclesia pressa des ersten Jahrhunderts sehr ähnlich, in der Gegenwart verachtet und verfolgt wird, und doch eine Propaganda auf den Beinen hat, deren Glaubenseifer und düsterer Zerstörungswille ebenfalls an galiläische Anfänge erinnert. Ich spreche wieder von den Kommunisten, der einzigen Partei in Frankreich, die eine entschlossene Beachtung verdient. Ich würde für die Trümmer des Saint-Simonismus, dessen Bekenner, unter seltsamen Aushängeschildern, noch immer am Leben sind, sowie auch für die Fouriéristen, die noch frisch und rührig wirken, dieselbe Aufmerksamkeit in Anspruch nehmen; aber diese ehrenwerten Männer bewegt doch nur das Wort, die soziale Frage als Frage, der überlieferte Begriff, und sie werden nicht getrieben von dämonischer Notwendigkeit, sie sind nicht die prädestinierten Knechte, womit der höchste Weltwille seine ungeheuren Beschlüsse durchsetzt. Früh oder spät wird die zerstreute Familie Saint-Simons und der ganze Generalstab der Fourieristen zu dem wachsenden Heere des Kommunismus übergehen, und, dem rohen Bedürfnisse das gestaltende Wort leihend, gleichsam die Rolle der Kirchenväter übernehmen.

Lutezia. Anhang. 15. VI. 1843

163

PROUDHON — Ein untersetzter Mann, mit einem vollen, heiteren Gesicht, breiter, rund gewölbter Stirn und blauer Brille vor den Augen, stand vor uns im Gedränge. Wie von seinem Erscheinen frappiert, blieb Heine, mich zurückhaltend, stehen und flüsterte mir rasch zu: «Sehen Sie sich den an! Wer er ist? Monsieur Proudhon nennt er sich unter den Menschen. Eigentlich ist es ein Dämon. Ich bin innerlich erquickt, einmal wieder einen solchen zu sehen. Ich werde lebensüberdrüssig, wenn ich nichts als Geschäftsleute und Alltagsmenschen um mich sehe. Sie haben ja gehört, daß das kein Mensch ist, trotz seiner blauen Brille. Es ist das zerstörende Prinzip in Gestalt eines Staatsphilosophen, zum Überdruß noch bevorzugt mit den Darstellungsmitteln eines Dichters. Victor Hugo scheint ihm die Macht seiner Antithese abgetreten und Alexandre Dumas seine heitere Phantasie geliehen zu haben. Der furchtbare Ernst der Sache ist elegant und sinnvoll drapiert. Diese Werke — oder, um die Polizeisprache zu sprechen, diese Brandschriften — lesen sich wie Romane! Sie gehen hier in Frankreich von Hand zu Hand, man amüsiert sich dabei und niemand merkt, daß beim Umdrehen der Blätter Drachenzähne herausfallen, die eines Tages prächtig aufgehen und eine gesegnete Ernte geben werden.»

Zu Alfred Meißner. 7. IV. 1847

164

Die Lektüre der Ouvriers — «Erzähle mir, was du heute gesäet hast, und ich will dir voraussagen, was du morgen ernten wirst!» An dieses Sprichwort des kernichten Sancho dachte ich dieser Tage, als ich im Faubourg Saint-Marceau einige Ateliers besuchte und dort entdeckte, welche Lektüre unter den Ouvriers, dem kräftigsten Teile der untern Klasse, verbreitet wird. Dort fand ich nämlich mehre neue Ausgaben von den Reden des alten Robespierre, auch von Marats Pamphleten, in Lieferungen zu zwei Sous, die Revolutionsgeschichte des Cabet, Cormenins giftige Libelle, Babouefs Lehre und Verschwörung von Buonarotti, Schriften, die wie nach Blut rochen; — und Lieder hörte ich singen, die in der Hölle gedichtet zu sein schienen, und deren Refrains von der wildesten Aufregung zeugten. Nein, von den dämonischen Tönen, die in jenen Liedern walten, kann man sich in unsrer zarten Sphäre gar keinen Begriff machen; man muß dergleichen mit eigenen Ohren angehört haben, zum Beispiel in jenen ungeheuern Werkstätten, wo Metalle verarbeitet werden und die halbnackten trotzigen Gestalten während des Singens mit dem großen eisernen Hammer den Takt schlagen auf dem dröhnenden Amboß. Solches Akkompagnement ist vom größten Effekt, sowie auch die Beleuchtung, wenn die zornigen Funken aus der Esse hervorsprühen. Nichts als Leidenschaft und Flamme!

Lutezia. 30. IV. 1840

165

## Die Welt als Signatur des Wortes

Es ist entsetzlich, wenn die Körper, die wir geschaffen haben, von uns eine Seele verlangen. Weit grauenhafter, entsetzlicher, unheimlicher ist es jedoch, wenn wir eine Seele geschaffen und diese von uns ihren Leib verlangt und uns mit diesem Verlangen verfolgt. Der Gedanke, den wir gedacht, ist eine solche Seele, und er läßt uns keine Ruhe bis wir ihm seinen Leib gegeben, bis wir ihn zur sinnlichen Erscheinung gefördert. Der Gedanke will Tat, das Wort will Fleisch werden. Und wunderbar! der Mensch, wie der Gott der Bibel, braucht nur seinen Gedanken auszusprechen, und es gestaltet sich die Welt, es wird Licht oder es wird Finsternis, die Wasser sondern sich von dem Festland, oder gar wilde Bestien kommen zum Vorschein. Die Welt ist die Signatur des Wortes.

Dieses merkt Euch, Ihr stolzen Männer der Tat. Ihr seid nichts als unbewußte Handlanger der Gedankenmänner, die oft in demütigster Stille Euch all Eur Tun aufs bestimmteste vorgezeichnet haben. Religion u. Philosophie in Deutschland. 1834

166

## Der Liktor des Gedankens

Den Paganini begleitete stets
Ein Spiritus Familiaris,
Manchmal als Hund, manchmal in Gestalt
Des seligen Georg Harris.

Napoléon sah einen roten Mann
Vor jedem wichtgen Ereignis.
Sokrates hatte seinen Dämon,
Das war kein Hirnerzeugnis.

Ich selbst, wenn ich am Schreibtisch saß
Des Nachts, hab ich gesehen
Zuweilen einen vermummten Gast
Unheimlich hinter mir stehen.

Unter dem Mantel hielt er etwas
Verborgen, das seltsam blinkte,
Wenn es zum Vorschein kam, und ein Beil,
Ein Richtbeil, zu sein mir dünkte.

Er schien von untersetzter Statur,
Die Augen wie zwei Sterne;
Er störte mich im Schreiben nie,
Blieb ruhig stehn in der Ferne.

Seit Jahren hatte ich nicht gesehn
Den sonderbaren Gesellen,
Da fand ich ihn plötzlich wieder hier
In der stillen Mondnacht zu Cöllen.

Ich schlenderte sinnend die Straßen entlang,
Da sah ich ihn hinter mir gehen,
Als ob er mein Schatten wäre, und stand
Ich still, so blieb er stehen.

Blieb stehen, als wartete er auf was,
Und förderte ich die Schritte,
Dann folgte er wieder. So kamen wir
Bis auf des Domplatz Mitte.

Es ward mir unleidlich, ich drehte mich um
Und sprach: Jetzt steh mir Rede,
Was folgst du mir auf Weg und Steg,
Hier in der nächtlichen Öde?

Ich treffe dich immer in der Stund,
Wo Weltgefühle sprießen
In meiner Brust und durch das Hirn
Die Geistesblitze schießen.

Du siehst mich an so stier und fest —
Steh Rede: was verhüllst du
Hier unter dem Mantel, das heimlich blinkt?
Wer bist du und was willst du?

Doch jener erwiderte trockenen Tons,
Sogar ein bißchen phlegmatisch:
«Ich bitte dich, exorziere mich nicht,
Und werde nur nicht emphatisch!

Ich bin kein Gespenst der Vergangenheit,
Kein grabentstiegener Strohwisch,
Und von Rhetorik bin ich kein Freund,
Bin auch nicht sehr philosophisch.

Ich bin von praktischer Natur,
Und immer schweigsam und ruhig.
Doch wisse: was du ersonnen im Geist,
Das führ ich aus, das tu ich.

Und gehn auch Jahre drüber hin,
Ich raste nicht, bis ich verwandle
In Wirklichkeit was du gedacht;
Du denkst, und ich, ich handle.

Du bist der Richter, der Büttel bin ich,
Und mit dem Gehorsam des Knechtes
Vollstreck ich das Urteil, das du gefällt,
Und sei es ein ungerechtes.

Dem Konsul trug man ein Beil voran,
Zu Rom, in alten Tagen.
Auch du hast deinen Liktor, doch wird
Das Beil dir nachgetragen.

Ich bin dein Liktor, und ich geh
Beständig mit dem blanken
Richtbeile hinter dir — ich bin
Die Tat von deinem Gedanken.»

Deutschland. Ein Wintermärchen. Kap. VI. - 1844

167

CHARTISTEN UND PROLETARIAT — Der Aufruhr in England ist für den Augenblick gestillt, aber nur für den Augenblick; er ist bloß vertagt, er wird mit jedesmal gesteigerter Macht aufs neue ausbrechen, und um so gefährlicher, da er immer die rechte Stunde abwarten kann. Wie aus vielen Anzeichen einleuchtet, ist der Widerstand der Fabrikarbeiter jetzt ebenso praktisch organisiert wie einst der Widerstand der irischen Katholiken. Die Chartisten haben diese drohende Macht in ihr Interesse zu ziehen und einigermaßen zu disziplinieren gewußt, und ihre Verbindung mit den unzufriedenen Fabrikarbeitern ist vielleicht die wichtigste Erscheinung der Gegenwart. Lutezia. 17. IX. 1842*

168

MORALISCHE KRISE DER GELDMACHT — Armut ist das Los der großen Menschheitshelfer, der heilenden Denker in Frankreich, aber diese Armut ist bei ihnen nicht bloß ein Antrieb zu tieferer Forschung und ein stärkendes Stahlbad der Geisteskräfte, sondern sie ist auch eine empfehlende Annonce für ihre Lehre, und in dieser Beziehung gleichfalls von providentieller Bedeutsamkeit. In Deutschland wird der Mangel an irdischen Gütern sehr gemütlich entschuldigt, und besonders das Genie darf bei uns darben und verhungern, ohne eben verachtet zu werden. In England ist man schon minder tolerant, das Verdienst eines Mannes wird dort nur nach seinem Einkommen abgeschätzt, und «how much is he worth?» heißt buchstäblich: «wieviel Geld besitzt er, wieviel verdient er?» Der Kultus des Reichtums ist zwar in Frankreich so allgemein wie in andern Ländern, aber es ist ein Kultus ohne heiligen Respekt: die Franzosen tanzen ebenfalls um das goldene Kalb, aber ihr Tanzen ist zugleich Spott, Persiflage, Selbstverhöhnung, eine Art Cancan. Zur Zeit des Kaisertums florierte nur der militärische Ruhm.

Ich möchte hier ganz besonders andeuten, wie es für den Kommunismus ein unberechenbar günstiger Umstand ist, daß der Feind, den er bekämpft, bei all seiner Macht dennoch in sich selber keinen moralischen Halt besitzt. Die heutige Gesellschaft verteidigt sich nur aus platter Notwendigkeit, ohne Glauben an ihr

Recht, ja ohne Selbstachtung, ganz wie jene ältere Gesellschaft, deren morsches Gebälke zusammenstürzte, als der Sohn des Zimmermanns kam. Lutezia. Anhang. 15. VI. 1843*

169

Volle Gleichheit — Die zerstörenden Doktrinen haben in Frankreich zu sehr die unteren Klassen ergriffen — es handelt sich nicht mehr um Gleichheit der Rechte, sondern um Gleichheit des Genusses auf dieser Erde, und es gibt in Paris etwa 400000 rohe Fäuste, welche nur des Losungswortes harren, um die Idee der absoluten Gleichheit zu verwirklichen, die in ihren rohen Köpfen brütet. Von mehren Seiten hört man, der Krieg sei ein gutes Ableitungsmittel gegen solchen Zerstörungsstoff. Aber hieße das nicht Satan durch Beelzebub beschwören? Der Krieg würde nur die Katastrophe beschleunigen und über den ganzen Erdboden das Übel verbreiten, das jetzt nur an Frankreich nagt; — die Propaganda des Kommunismus besitzt eine Sprache, die jedes Volk versteht: die Elemente dieser Universalsprache sind so einfach, wie der Hunger, wie der Neid, wie der Tod.

Lutezia. 11. XII. 1841

170

Grundgesetz sei volle Gleichheit
Aller Gotteskreaturen,
Ohne Unterschied des Glaubens
Und des Fells und des Geruches.

Strenge Gleichheit! Jeder Esel
Sei befugt zum höchsten Staatsamt,
Und der Löwe soll dagegen
Mit dem Sack zur Mühle traben.

Atta Troll. VI - 1842

171

Vom Dämon des Zerstörens — Der Gemeinderat von Paris hat beschlossen, das Elefantenmodell, das auf dem Bastilleplatz steht, nicht zu zerstören, wie man anfangs beabsichtigte, sondern zu einem Gusse in Erz zu benützen und das hervorragende Monument am Eingange der Barrière du Trône aufzustellen. Über diesen Munizipalbeschluß spricht das Volk der Faubourgs Saint-Antoine und Saint-Marceau fast ebensoviel wie die höhern Klassen über die Regentschaftsfrage. Es ging nämlich unter dem Volk das unheimliche Gerücht von einer ungeheuren Anzahl Ratten, die sich im Innern des Elefanten eingenistet hätten, und es sei zu befürchten, daß, wenn man die große Gipsbestie niederreiße, eine Legion von kleinen aber sehr gefährlichen Scheusalen zum Vorschein käme, die sich über die Faubourgs Saint-Antoine und Saint-Marceau verbreiten würden. Alle Unterröcke zitterten bei dem Gedanken an solche Gefahr, und sogar die Männer ergriff eine unheimliche Furcht vor der Invasion jener langgeschwänzten Gäste. Lutezia. 29. VII. 1842

172

## Die Wanderratten

Es gibt zwei Sorten Ratten:
Die hungrigen und satten.
Die satten bleiben vergnügt zu Haus,
Die hungrigen aber wandern aus.

Sie wandern viel tausend Meilen,
Ganz ohne Rasten und Weilen,
Gradaus in ihrem grimmigen Lauf,
Nicht Wind noch Wetter hält sie auf.

Sie klimmen wohl über die Höhen,
Sie schwimmen wohl durch die Seen;
Gar manche ersäuft oder bricht das Genick,
Die lebenden lassen die toten zurück.

Es haben diese Käuze
Gar fürchterliche Schnäuze;
Sie tragen die Köpfe geschoren egal,
Ganz radikal, ganz rattenkahl.

Die radikale Rotte
Weiß nichts von einem Gotte.
Sie lassen nicht taufen ihre Brut,
Die Weiber sind Gemeindegut.

Der sinnliche Rattenhaufen,
Er will nur fressen und saufen,
Er denkt nicht, während er säuft und frißt,
Daß unsre Seele unsterblich ist.

So eine wilde Ratze,
Die fürchtet nicht Hölle, nicht Katze;
Sie hat kein Gut, sie hat kein Geld
Und wünscht aufs neue zu teilen die Welt.

Die Wanderratten, o wehe!
Sie sind schon in der Nähe.
Sie rücken heran, ich höre schon
Ihr Pfeifen — die Zahl ist Legion.

O wehe! wir sind verloren,
Sie sind schon vor den Toren!
Der Bürgermeister und Senat,
Sie schütteln die Köpfe, und keiner weiß Rat.

Die Bürgerschaft greift zu den Waffen,
Die Glocken läuten die Pfaffen.
Gefährdet ist das Palladium
Des sittlichen Staats, das Eigentum.

Nicht Glockengeläute, nicht Pfaffengebete,
Nicht hochwohlweise Senatsdekrete,
Auch nicht Kanonen, viel Hundertpfünder,
Sie helfen euch heute, ihr lieben Kinder!

Heut helfen euch nicht die Wortgespinste
Der abgelebten Redekünste.
Man fängt nicht Ratten mit Syllogismen,
Sie springen über die feinsten Sophismen.

Im hungrigen Magen Eingang finden
Nur Suppenlogik mit Knödelgründen,
Nur Argumente von Rinderbraten,
Begleitet von Göttinger Wurstzitaten.

Ein schweigender Stockfisch, in Butter gesotten,
Behaget den radikalen Rotten
Viel besser als ein Mirabeau
Und alle Redner seit Cicero.

Nachlese. 1855

## Zwei Argumente für den Kommunismus

Si les républicains offraient déjà au correspondant de la Gazette d'Augsbourg un sujet très épineux, il en était ainsi à un bien plus haut degré pour les socialistes, ou, pour nommer le monstre par son vrai nom, les communistes. Et cependant je réussis à aborder ce thème dans la Gazette d'Augsbourg. Bien des lettres furent supprimées par la rédaction de la Gazette qui se souvenait du vieux dicton: «Il ne faut pas peindre le diable sur le mur.» Mais elle ne pouvait pas étouffer toutes mes communications, et, comme je l'ai dit, je trouvai moyen de traiter, dans ses prudentes colonnes, un sujet dont l'effroyable importance était tout à fait inconnue à cette époque. Je peignis le diable sur le mur de mon journal, ou bien, comme s'exprimait une personne très spirituelle, je lui fis une bonne réclame. Les communistes, répandus isolément dans tous les pays et privés d'une conscience précise de leurs communes tendances, apprirent par la Gazette d'Augsbourg qu'ils existaient réellement, ils surent aussi à cette occasion leur nom véritable, qui était tout à fait inconnu à plus d'un de ces pauvres enfants-trouvés de la vieille société. Par la Gazette d'Augsbourg, les communes dispersées des communistes reçurent des nouvelles authentiques sur les progrès incessants de leur cause; ils apprirent à leur grand étonnement qu'ils n'étaient pas le moins du monde une faible petite communauté, mais le plus fort de tous les partis; que leur jour, il est vrai, n'était pas encore arrivé, mais qu'une attente tranquille n'est pas une perte de temps pour des hommes à qui appartient l'avenir. Cet aveu, que l'avenir appartient aux communistes, je le fis d'un ton d'appréhension et d'angoisse extrêmes, et hélas! ce n'était nullement un masque! En effet, ce n'est qu'avec horreur et effroi que je pense à l'époque où ces sombres iconoclastes parviendront à la domination: de leurs mains calleuses ils briseront sans merci toutes les statues de marbre de la beauté, si chères à mon cœur; ils fracasseront toutes ces babioles et fanfreluches fantastiques de l'art, qu'aimait tant le poète; ils détruiront mes bois de lauriers et y planteront des pommes de terre; les lis qui ne filaient ni ne travaillaient, et qui pourtant étaient vêtus aussi magnifiquement que le roi Salomon dans toute sa splendeur, ils seront arrachés alors du sol de la société, à moins qu'ils ne veuillent prendre en main le fuseau; les roses, ces oisives fiancées des rossignols, auront le même sort; les rossignols, ces chanteurs inutiles, seront chassés, et hélas! mon Livre des Chants servira à l'épicier pour en faire des cornets où il versera du café ou du tabac à priser pour les vieilles femmes de l'avenir. Hélas! je prévois tout cela, et je suis saisi d'une indicible tristesse en pensant à la ruine dont le prolétariat vainqueur menace mes vers, qui périront avec tout l'ancien monde romantique. Et pourtant, je l'avoue avec franchise, ce même communisme, si hostile à tous mes intérêts et mes penchants, exerce sur mon âme un charme dont je ne puis me défendre; deux vois s'élèvent en sa faveur dans ma poitrine, deux voix qui ne veulent pas se laisser imposer silence, qui ne sont peut-être au fond que des instigations diaboliques — mais quoi qu'il en soit, j'en suis possédé, et aucun pouvoir d'exorcisme ne saurait les dompter.

Car la première de ces voix est celle de la logique. Le diable est un logicien! dit le Dante. Un terrible syllogisme me tient ensorcelé, et si je ne puis réfuter cette prémisse: «que les hommes ont tous le droit de manger», je suis forcé de me soumettre aussi à toutes ses conséquences. En y songeant, je cours risque de perdre la raison, je vois tous les démons de la vérité danser en triomphe autour de moi, et à la fin un désespoir généreux s'empare de mon cœur et je m'écrie: Elle est depuis longtemps jugée, condamnée, cette vieille société. Que justice se fasse! Qu'il soit brisé, ce vieux monde, où l'innocence a péri, où l'égoïsme a prospéré, où l'homme a été exploité par l'homme! Qu'ils soient détruits de fond en comble, ces sépulcres blanchis, où résidaient le mensonge et l'iniquité! Et béni soit l'épicier qui un jour confectionnera avec mes poésies des cornets où il versera du café et du tabac pour les pauvres bonnes vieilles qui, dans notre monde actuel de l'injustice, ont peut-être dû se passer d'un pareil agrément — fiat justicia, pereat mundus!

La seconde des deux voix impérieuses qui m'ensorcèlent est plus puissante et plus infernale encore que la première, car c'est celle de la haine, de la haine que je voue à un parti dont le communisme est le plus terrible antagoniste, et qui est pour cette raison notre ennemi commun. Je parle du parti des soi-disant représentants de la nationalité en Allemagne, de ces faux patriotes dont l'amour pour la patrie ne consiste qu'en une aversion idiote contre l'étranger et les peuples voisins, et qui déversent chaque jour leur fiel, notamment contre la France. Oui, ces débris ou descendants des teutomanes de 1815, qui ont seulement modernisé leur ancien costume de fous ultratudesques, et se sont un peu fait raccourcir les oreilles, — je les ai détestés et combattus pendant toute ma vie, et maintenant que l'épée tombe de la main du moribond, je me sens consolé par la conviction que le communisme, qui les trouvera les premiers sur son chemin, leur donnera le coup de grâce; et certainement ce ne sera pas par un coup de massue, non, c'est par un simple coup de pied que le géant les écrasera ainsi qu'on écrase un crapaud. Ce sera son début. Par haine contre les partisans du nationalisme, je pourrais presque me prendre d'amour pour les communistes. Au moins, ce ne sont pas des hypocrites ayant toujours sur les lèvres la religion et le christianisme; les communistes, il est vrai, n'ont pas de religion (aucun homme n'est parfait), les communistes sont même athées (ce qui est assurément un grand péché), mais comme dogme principal ils professent le cosmopolitisme le plus absolu, un amour universel pour tous le peuples, une confraternité égalitaire entre tous les hommes, citoyens libres de ce globe. Ce dogme fondamental est le même qu'a prêché jadis l'Evangile, de sorte qu'en esprit et en vérité les communistes sont bien plus chrétiens que nos soi-disant patriotes germaniques, ces champions bornés d'une nationalité exclusive.

Préface. Lutèce. Le 30 mars 1855*

174

Reife der Klassen zum Staatsgeschäft — Guizot hat nie etwas anderes gewollt, als die Herrschaft der Mittelklassen, die er durch Bildung und Besitz dazu geeignet glaubte, die Staatsgeschäfte zu lenken und zu vertreten. Ich bin überzeugt, hätte er in der französischen Aristokratie noch ein Lebenselement gefunden, wodurch sie fähig gewesen wäre, zum Heil des Volkes und der Menschheit Frankreich zu regieren, Guizot wäre ihr Kämpe geworden; ich bin in gleicher Weise überzeugt, daß er für die Proletarierherrschaft kämpfen würde, wenn er die untern Klassen durch Bildung und Einsicht reif glaubte, das Staatsruder zu führen, und wenn er nicht einsähe, daß der unzeitige Triumph der Proletarier nur von kurzer Dauer und ein Unglück für die Menschheit wäre.

Die Feinde der Revolution würdigen ihn in dieser Beziehung weit besser als unsre Radikalen; jene haben wohl eingesehen, daß, während er das Regiment der Mittelklassen gegen den Ansturm der Proletarier schützt, er dennoch durch seine Unterrichtsreformen die untern Klassen vorbereitete, im Laufe der Zeit, in allmählicher Entwicklung ohne gewaltsame Plötzlichkeit, an jenem Regiment einen ersprießlichen und segensreichen Anteil zu nehmen.

Lutezia. 6. I. 1841. Letzter Absatz nur i. d. Allgem. Zeitung*

175

Lassalle — Mein Freund, Herr Lassalle, der Ihnen diesen Brief bringt, ist ein junger Mann von den ausgezeichnetsten Geistesgaben: mit der gründlichsten Gelehrsamkeit, mit dem weitesten Wissen, mit dem größten Scharfsinn, der mir je vorgekommen; mit der reichsten Begabnis der Darstellung verbindet er eine Energie des Wissens und eine Habilité im Handeln, die mich in Erstaunen setzen. Jedenfalls war diese Vereinigung von Wissen und Können, von Talent und Charakter für mich eine freudige Erscheinung... Herr Lassalle ist nun einmal so ein ausgeprägter Sohn der neuen Zeit, der nichts von jener Entsagung und Bescheidenheit wissen will, womit wir uns mehr oder minder heuchlerisch in unserer Zeit hindurchgelungert und hindurchgefaselt. — Dieses neue Geschlecht will genießen und sich geltend machen im Sichtbaren; wir, die Alten, beugten uns demütig vor dem Unsichtbaren, haschten nach Schattenküssen und blauen Blumengerüchen, entsagten und flennten und waren doch vielleicht glücklicher als jene harten Gladiatoren, die so stolz dem Kampftode entgegengehen.

An Varnhagen. 3. I. 1846*

176

MARX

LIEBSTER Marx! Ich leide wieder an meinem fatalen Augenübel, und nur mit Mühe kritzle ich Ihnen diese Zeilen. Indessen, was ich Ihnen wichtiges zu sagen, kann ich Ihnen anfangs nächsten Monats mündlich sagen, denn ich bereite mich zur Abreise, beängstigt durch einen Wink von oben — ich habe nicht Lust mich fahnden zu lassen, meine Beine haben kein Talent, eiserne Ringe zu tragen, wie Weitling sie trug. Er zeigte mir die Spuren.

Leben Sie wohl, teurer Freund, und entschuldigen Sie mein verworrenes Gekritzel. Ich kann nicht überlesen, was ich geschrieben — aber wir brauchen ja wenige Zeichen, um uns zu verstehen! Herzinnigst H. Heine

Hamburg, 21. IX. 1844

*

Die mehr oder minder geheimen Führer der deutschen Kommunisten sind grosse Logiker, von denen die stärksten aus der Hegelschen Schule hervorgegangen, und sie sind ohne Zweifel die fähigsten Köpfe und die tatkräftigsten Charaktere Deutschlands. Diese Doktoren der Revolution und ihre mitleidslos entschlossenen Jünger sind die einzigen Männer in Deutschland, denen Leben innewohnt, und ihnen gehört, ich fürchte, die Zukunft. Geständnisse - 1852*

177

DIE VOLKWERDUNG DER FREIHEIT — Die Saat der liberalen Prinzipien ist erst grün-

Diese Hoflakaien des Volkes rühmen beständig seine Vortrefflichkeiten und Tugenden und rufen begeistert: wie schön ist das Volk! wie gut ist das Volk! wie intelligent ist das Volk! — Nein, ihr lügt. Das arme Volk ist nicht schön; im Gegenteil, es ist sehr häßlich. Aber diese Häßlichkeit entstand durch den Schmutz und wird mit demselben schwinden, sobald wir öffentliche Bäder erbauen, wo Seine Majestät das Volk sich unentgeltlich baden kann. Ein Stückchen Seife könnte dabei nicht schaden, und wir werden dann ein Volk sehen, das hübsch propre ist, ein Volk, das sich gewaschen hat. Das Volk, dessen Güte so sehr gepriesen wird, ist gar nicht gut; es ist manchmal so böse wie einige andere Potentaten. Aber seine Bosheit kommt vom Hunger; wir müssen sorgen, daß das souveräne Volk immer zu essen habe; sobald allerhöchst dasselbe gehörig gefüttert und gesättigt sein mag, wird es Euch auch huldvoll und gnädig anlächeln, ganz wie die andern. Seine Majestät das Volk ist ebenfalls nicht sehr intelligent; es ist vielleicht dümmer als die andern, es ist fast so bestialisch dumm wie seine Günstlinge. Liebe und Vertrauen schenkt es nur denjenigen, die den Jargon seiner Leidenschaft reden oder heulen, während es jeden braven Mann haßt, der die Sprache der Vernunft mit ihm spricht, um es zu erleuchten und zu veredeln. So ist es in Paris, so war es in Jerusalem. Laßt dem Volk die Wahl zwischen dem Gerechtesten der Gerechten und dem scheußlichsten Straßenräuber, seid sicher, es ruft: «Wir wollen den Barabbas! Es lebe der Barabbas!» — Der Grund dieser Verkehrtheit ist die Unwissenheit; dieses Nationalübel müssen wir zu tilgen suchen durch öffentliche Schulen für das Volk, wo ihm der Unterricht auch mit den dazu gehörigen Butterbröten und sonstigen Nahrungsmitteln unentgeltlich erteilt werde. — Und wenn jeder im Volke in den Stand gesetzt ist, sich alle beliebigen Kenntnisse zu erwerben, werdet Ihr bald auch ein intelligentes Volk sehen. Geständnisse

180

Minister Heine — Wenn man mit [Heine] politisierte, so sprach er praktisch wie ein amtierender Minister, allerdings wie ein poetischer Minister. Aber dies Poetische in seiner Ministerpolitik war Weitsichtigkeit, niemals Unklarheit. Es fehlte ihm keineswegs an der Definition einer Republik, die erstrebt werden könnte, aber er zeigte spöttisch auf die jetzt lebende Menschheit, welche noch hundert Gewohnheiten und Schwächen der absoluten Königszeit im Blute trage. Wie viel Aderlässe, Häutungen und Blutumwandlungen müßten da noch vorübergehen! H. Laube. Erinnerungen an Heine. 1868

181

Kein Parteimann — Nicht den Werkstätten der Parteien will ich ihren banalen Maßstab entborgen, um Menschen und Dinge damit zu messen, noch viel weniger will ich Wert und Größe derselben nach träumenden Privatgefühlen bestimmen, sondern ich will so viel als möglich parteilos das Verständnis der Gegenwart befördern. Französische Zustände. 19. IV. 1832

Ich gehöre zu keiner Partei, oder doch nur — zu meiner Partei. Zu H. Laube. 1839

182

Politik des Erreichbaren — Der Schriftsteller, welcher eine soziale Revolution befördern will, darf immerhin seiner Zeit um ein Jahrhundert vorauseilen; der Tribun hingegen, welcher eine politische Revolution beabsichtigt, darf sich nicht allzuweit von den Massen entfernen. Überhaupt, in der Politik, wie im Leben, muß man nur das Erreichbare wünschen. Französische Zustände. 16. VI. 1832

183

Wissen und Passivität — Je mehr wir wissen, je tiefer und umfassender unsre Einsichten sind, desto schwerer wird uns das Handeln, und wer alle Folgen jedes Schrittes immer voraussähe, der würde gewiß bald aller Bewegung entsagen und seine Hände nur dazu gebrauchen, um seine eigenen Füße zu binden. Das weiteste Wissen verdammt uns zur engsten Passivität. Lutezia. 4. XII. 1842

184

Ein Schwert auf den Sarg — Ich weiß wirklich nicht, ob ich es verdiene, daß man mir einst mit einem Lorbeerkranze den Sarg verziere. Die Poesie, wie sehr ich sie auch liebte, war mir immer nur heiliges Spielzeug, oder geweihtes Mittel für himmlische Zwecke. Ich habe nie großen Wert gelegt auf Dichter-Ruhm, und ob man meine Lieder preiset oder tadelt, es kümmert mich wenig. Aber ein Schwert sollt Ihr mir auf den Sarg legen; denn ich war ein braver Soldat im Befreiungskriege der Menschheit.

Reise von München nach Genua. 1829

## XVIII.

# O SCHILDA, MEIN VATERLAND!

Der Knecht singt gern ein Freiheitslied
Des Abends in der Schenke:
Das fördert die Verdauungskraft,
Und würzet die Getränke.

An einen politischen Dichter. 1843

185

Die Revoluzzer von 1832 — Von Rheinbayern sollte die deutsche Revolution ausgehen. Zweibrücken war das Bethlehem, wo die junge Freiheit, der Heiland, in der Wiege lag und welterlösend greinte. Neben dieser Wiege brüllte manches Öchslein, das späterhin, als man auf seine Hörner zählte, sich als ein sehr gemütliches Rindvieh erwies. Man glaubte ganz sicher, daß die deutsche Revolution in Zweibrücken beginnen würde, und alles war dort reif zum Ausbruch. Aber, wie gesagt, die Gemütlichkeit einiger Personen vereitelte jenes polizeiwidrige Unterfangen.

Jene Hambacher Tage [Mai 1832] waren der letzte Termin, den die Göttin der Freiheit uns gewährte; die Sterne waren günstig; seitdem erlosch jede Möglichkeit des Gelingens. Dort waren sehr viele Männer der Tat versammelt die selber von ernstem Willen glühten und auf die sicherste Hülfe rechnen konnten. Jeder sah ein, es sei der rechte Moment zu dem großen Wagnis, und die meisten setzten gerne Glück und Leben aufs Spiel . . . Wahrlich, es war nicht die Furcht, welche damals nur das Wort entzügelte und die Tat zurückdämmte. — Was war es aber, was die Männer von Hambach abhielt die Revolution zu beginnen?

Ich wage es kaum zu sagen, denn es klingt unglaublich, aber ich habe die Geschichte aus authentischer Quelle, nämlich von einem Mann, der als wahrheitsliebender Republikaner bekannt und selber zu Hambach in dem Komitee saß, wo man über die anzufangende Revolution debattierte; er gestand mir nämlich im Vertrauen: als die Frage der Kompetenz zur Sprache gekommen, als man darüber stritt, ob die zu Hambach anwesenden Patrioten auch wirklich kompetent seien im Namen von ganz Deutschland eine Revolution anzufangen? da seien diejenigen, welche zur raschen Tat rieten, durch die Mehrheit überstimmt worden, und die Entscheidung lautete: «Man sei nicht kompetent».

O Schilda, mein Vaterland!

Ist diese Geschichte nicht wert, mit goldenen Buchstaben auf Samt gestickt zu werden, wie die Gedichte des Mollakat, welche in der Moschee von Mekka zu schauen sind? Ich möchte sie jedenfalls in Verse bringen und in Musik setzen lassen, damit sie großen Königskindern als Wiegenlied vorgesungen werde . . . Ihr könnt ruhig schlafen, und zur Belohnung für das furchtheilende Lied, das ich Euch gesungen, Ihr großen Königskinder, ich bitte Euch, öffnet die Kerkertüren der gefangenen Patrioten . . . Ihr habt nichts zu riskieren, die deutsche Revolution ist noch weit von Euch entfernt, gut Ding will Weile und die Frage der Kompetenz ist noch nicht entschieden . . .

O Schilda, mein Vaterland! Ludwig Börne. III. 1839

186

Das Traumland in Bewegung — Deutsche Republikaner! man traut seinen Ohren kaum und seinen Augen, und doch sehen wir deren hier und in Deutschland.

Noch immer, wenn ich meine deutschen Republikaner betrachte, reibe ich mir die Augen und sage zu mir selber: Träumst du etwa? Wer ist denn der große Dichter, der dies alles erfindet? Existiert der Doktor Wirth mit seinem blanken Ehrenschwert? Oder ist er nur ein Phantasiegebilde von Tieck oder Immermann? Dann aber fühle ich wohl, daß die Poesie sich nicht so hoch versteigt, daß unsere großen Poeten dennoch keine so bedeutenden Charaktere darstellen können, und daß der Doktor Wirth wirklich leibt und lebt, ein zwar irrender aber tapferer Ritter der Freiheit, wie Deutschland deren wenige gesehen, seit den Tagen Ulrichs von Hutten.

Ist es wirklich wahr, daß das stille Traumland in lebendige Bewegung geraten? Wer hätte das vor dem Julius 1830 denken können! Goethe mit seinem Eiapopeia, die Pietisten mit ihrem langweiligen Gebetbücherton, die Mystiker mit ihrem Magnetismus, hatten Deutschland völlig eingeschläfert, und weit und breit, regungslos, lag alles und schlief. Aber nur die Leiber waren schlafgebunden; die Seelen, die darin eingekerkert, behielten ein sonderbares Bewußtsein. Der Schreiber dieser Blätter wandelte damals, als junger Mensch durch die deutschen Lande und betrachtete die schlafenden Menschen; ich sah den Schmerz auf ihren Gesichtern, ich studierte ihre Physiognomien, ich legte ihnen die Hand aufs Herz und sie fingen an nachtwandlerhaft im Schlafe zu sprechen, seltsam abgebrochene Reden, ihre geheimsten Gedanken enthüllend. Die Wächter des Volks, ihre goldenen Nachtmützen tief über die Ohren gezogen, und tief eingehüllt in Schlafröcken von Hermelin, saßen auf roten Polsterstühlen, und schliefen ebenfalls, und schnarchten sogar. Wie ich so dahinwanderte, mit Ränzel und Stock, sprach ich oder sang ich laut vor mich hin, was ich den schlafenden Menschen auf den Gesichtern erspäht oder aus den seufzenden Herzen erlauscht hatte; — es war sehr still um mich her, und ich hörte nichts als das Echo meiner eigenen Worte. Seitdem, geweckt von den Kanonen der großen Woche, ist Deutschland erwacht, und jeder, der bisher geschwiegen, will das Versäumte schnell wieder einholen, und das ist ein redseliger Lärm, und ein Gepolter, und dabei wird Tabak geraucht und aus den dunklen Dampfwolken droht ein schreckliches Gewitter.

Französische Zustände. 16. VI. 1832

187

AUTORITÄTSGLAUBE — Ich glaube nicht so bald an eine deutsche Revolution, und noch viel weniger an eine deutsche Republik; letztere erlebe ich auf keinen Fall; aber ich bin überzeugt, wenn wir längst ruhig in unseren Gräbern vermodert sind, kämpft man in Deutschland mit Wort und Schwert für die Republik.

Denn die Republik ist eine Idee, und noch nie haben die Deutschen eine Idee aufgegeben, ohne sie bis in allen ihren Konsequenzen durchgefochten zu haben.

Deutschland kann keine Republik sein, weil es seinem Wesen nach royalistisch ist.

Der Royalismus eines Volks besteht, dem Wesen nach, darin: daß es Autoritäten achtet, daß es an die Personen glaubt, die jene Autoritäten repräsentieren, daß es in dieser Zuversicht auch der Person selbst anhängt. Der Republikanismus eines Volks besteht, dem Wesen nach, darin: daß der Republikaner an keine Autorität glaubt, daß er nur die Gesetze hochachtet, daß er von den Vertretern derselben beständig Rechenschaft verlangt, sie mit Mißtrauen beobachtet, sie kontrolliert, daß er also nie den Personen anhängt, und diese vielmehr, je höher sie aus dem Volke hervorragen, desto emsiger mit Widerspruch, Argwohn, Spott und Verfolgung niederzuhalten sucht. Französische Zustände. 16. VI. 1832*

188

## Erinnerung aus Krähwinkels Schreckenstagen

Wir Bürgermeister und Senat,
Wir haben folgendes Mandat
Stadtväterlichst an alle Klassen
Der treuen Bürgerschaft erlassen.

Ausländer, Fremde, sind es meist,
Die unter uns gesät den Geist

Der Rebellion. Dergleichen Sünder,
Gottlob! sind selten Landeskinder.

Auch Gottesleugner sind es meist;
Wer sich von seinem Gotte reißt,
Wird endlich auch abtrünnig werden
Von seinen irdischen Behörden.

Der Obrigkeit gehorchen, ist
Die erste Pflicht für Jud und Christ.
Es schließe jeder seine Bude,
Sobald es dunkelt, Christ und Jude.

Wo ihrer drei beisammen stehn,
Da soll man auseinander gehn.
Des Nachts soll niemand auf den Gassen
Sich ohne Leuchte sehen lassen.

Es liefre seine Waffen aus
Ein jeder in dem Gildenhaus;
Auch Munition von jeder Sorte
Wird deponiert am selben Orte.

Wer auf der Straße räsonniert,
Wird unverzüglich füsiliert;
Das Räsonnieren durch Gebärden
Soll gleichfalls hart bestrafet werden.

Vertrauet eurem Magistrat,
Der fromm und liebend schützt den Staat
Durch huldreich hochwohlweises Walten;
Euch ziemt es, stets das Maul zu halten.

Gedichte. 1853 und 1854

189

Psychologie der Knechte — Der Deutsche gleicht dem Sklaven, der seinem Herrn gehorcht ohne Fessel, ohne Peitsche, durch das bloße Wort, ja durch einen Blick. Die Knechtschaft ist in ihm selbst, in seiner Seele; schlimmer als die materielle Sklaverei ist die spiritualisierte. Man muß die Deutschen von innen befreien, von außen hilft nichts.

Gedanken und Einfälle

# XIX. PRÄ-NAZISMUS

Das war ein Vorspiel nur, dort wo man Bücher
Verbrennt, verbrennt man auch am Ende Menschen.

Almansor. Tragödie. 1820

190

Die Schwarzhemden — Zu einer Zeit, wo fast alle Nationalitäten aufhören, just da entstand eine schwarze Sekte, die von Deutschheit, Volkstum und Ureichelfraßtum die närrischsten Träume ausheckte und durch noch närrischere Mittel auszuführen dachte. Sie waren nicht unwissend; denn sie hatten alles gelesen. Sie waren vielseitig in der Beschränktheit. Sie waren durchaus keine französisch oberflächlichen Demagogen. Sie waren gründlich, kritisch, historisch — sie konnten genau den Abstammungsgrad bestimmen, der dazu gehörte, um bei der neuen Ordnung der Dinge aus dem Weg geräumt zu werden; nur waren sie nicht einig über die Hinrichtungsmethode, indem die einen meinten, das Schwert sei das Altdeutscheste, die andern hingegen behaupteten, die Guillotine könne man immerhin anwenden, da sie eine deutsche Erfindung sei und sonst «die welsche Falle» geheißen habe. Nichts war abgeschmackter als ihre blutdürstige Pedanterei.

Stadt Lucca. Handschrift. 1829*

191

Die Rassenmäkler — Sonderbar! Und immer ist es die Religion, und immer die Moral, und immer der Patriotismus, womit alle schlechten Subjekte ihre Angriffe beschönigen! Sie greifen uns an, nicht aus schäbigen Privatinteressen, nicht aus Schriftstellerneid, nicht aus angebornem Knechtsinn, sondern um den lieben Gott, um die guten Sitten und das Vaterland zu retten.

Die schwäbische Schule sollte ihrem nächsten Musenalmanach das Bildnis des Herrn Menzel voransetzen; es wäre sehr belehrsam. Das Publikum würde gleich bemerken: er sieht gar nicht aus wie Goethe. Und mit noch größerer Verwunderung würde man bemerken: dieser Held des Deutschtums, dieser Vorkämpe des Germanismus, sieht gar nicht aus wie ein Deutscher, sondern wie ein Mongole . . . jeder Backenknochen ein Kalmück!

Dieses ist nun freilich verdrießlich für einen Mann, der beständig auf Nationalität pocht, gegen alles Fremdländische unaufhörlich loszieht und unter lauter Teutomanen lebt, die ihn nur als einen nützlichen Verbündeten, jedoch keineswegs als einen reinen Stammgenossen betrachten. Wir aber sind keine altdeutschen Rassenmäkler, wir betrachten die ganze Menschheit als eine große Familie, deren Mitglieder ihren Wert nicht durch Hautfarbe und Knochenbau, sondern durch die Triebe ihrer Seele, durch ihre Handlungen offenbaren.

Es gilt dem Publikum zu zeigen, welche Bewandtnis es hat mit jenem bramarbasierenden Helden der Nationalität, jenem Wächter des Deutschtums, der beständig auf die Franzosen schimpft und uns arme Schriftsteller des Jungen Deutschlands für lauter Franzosen und Juden erklärt hat.

Über den Denunzianten. 24. I. 1837*

192

Bis zum siebenten Glied — Trotz ihrer Unwissenheit hatten die sogenannten Altdeutschen von der deutschen Gelahrtheit einen gewissen Pedantismus geborgt, der ebenso widerwärtig wie lächerlich war. Mit welchem kleinseligen Silbenstechen und Auspünkteln diskutierten sie über die Kennzeichen deutscher Nationalität! wo fängt der Germane an? wo hört er auf? Im Bierkeller zu Göttingen mußte ich einst [1820] bewundern, mit welcher Gründlichkeit meine altdeutschen Freunde die Proskriptionslisten anfertigten, für den Tag, wo sie zur Herrschaft gelangen würden. Wer nur im siebenten Glied von einem Franzosen, Juden oder Slawen abstammte, ward zum Exil verurteilt. Wer nur im mindesten etwas gegen Jahn oder überhaupt gegen altdeutsche Lächerlichkeiten geschrieben hatte, konnte sich auf den Tod gefaßt machen.

Ludwig Börne. IV. 1839*

193

## Die Wahlesel

Die Freiheit hat man satt am End,
Und die Republik der Tiere
Begehrte, daß ein einzger Regent
Sie absolut regiere.

Jedwede Tiergattung versammelte sich,
Wahlzettel wurden geschrieben;
Parteisucht wütete fürchterlich,
Intrigen wurden getrieben.

Das Komitee der Esel ward
Von Alt-Langohren regieret;
Sie hatten die Köpfe mit einer Kokard,
Die schwarz-rot-gold, verzieret.

Es gab eine kleine Pferdepartei,
Doch wagte sie nicht zu stimmen;
Sie hatte Angst vor dem Geschrei
Der Alt-Langohren, der grimmen.

Als einer jedoch die Kandidatur
Des Rosses empfahl, mit Zeter
Ein Alt-Langohr in die Rede ihm fuhr,
Und schrie: Du bist ein Verräter!

Du bist ein Verräter, es fließt in dir
Kein Tropfen vom Eselsblute;
Du bist kein Esel, ich glaube schier,
Dich warf eine welsche Stute.

Du stammst vom Zebra vielleicht, die Haut
Sie ist gestreift zebräisch;
Auch deiner Stimme näselnder Laut
Klingt ziemlich ägyptisch-hebräisch.

Und wärst du kein Fremdling, so bist du doch nur
Verstandesesel, ein kalter;
Du kennst nicht die Tiefen der Eselsnatur,
Dir klingt nicht ihr mystischer Psalter.

Ich aber versenkte die Seele ganz
In jenes süße Gedösel;
Ich bin ein Esel, in meinem Schwanz
Ist jedes Haar ein Esel.

So sprach der Patriot. Im Saal
Die Esel Beifall rufen.
Sie waren alle national,
Und stampften mit den Hufen. Nachlese. 1855

194

DAS ANNEXIONSPROGRAMM — Le parti soi-disant «national», les teutomanes, se prélassent dans leur outrecuidance aussi ridicule que brutale; leurs rodomontades sont incroyables. Ils ne rêvent que de jouer à leur tour le rôle principal dans l'histoire du monde, de rallier à la nationalité allemande ses tribus perdues de l'Est à l'Ouest et, si vous ne vous empressez pas de leur rendre l'Alsace, ils ne manqueront pas de demander aussi la Lorraine et Dieu sait où s'arrêteront leurs prétentions tudesques. La guerre est leur désir. An J. J. Dubochet. 29. VIII. 1848*

195

DEUTSCHE HALBZIVILISATION — Ich versichere Sie, das ehrliche Deutschland ist der fruchtbarste Boden für alle Bübereien und dieser Gedanke verstimmt mich sehr. Diese Halbzivilisation ist schlimmer als russische Barbarei und französisches Raffinement der Unsittlichkeit. So viele herrliche Menschen leben dort, und doch passieren dort so viele schändliche Dinge!

An Fürst Hermann v. Pückler-Muskau. 15. IV. 1854

196

Aber wir verstehn uns baß,
Wir Germanen, auf den Haß.
Aus Gemütes Tiefen quillt er,
Deutscher Haß! Doch riesig schwillt er,
Und mit seinem Gifte füllt er
Schier das Heidelberger Faß. Nachlese 1850?

## XX. 1848

Eine Revolution ist ein Unglück, aber ein noch größeres Unglück ist eine verunglückte Revolution. Ludwig Börne. III. 1839

197

Universalrevolution — Wenn die Geistesbildung und die daraus entstandenen Sitten und Bedürfnisse eines Volks nicht mehr im Einklange sind mit den alten Staatsinstitutionen, so tritt es mit diesen in einen Notkampf, der die Umgestaltung derselben zur Folge hat und eine Revolution genannt wird. Solange die Revolution nicht vollendet ist, solange jene Umgestaltung der Institutionen nicht ganz mit der Geistesbildung und den daraus hervorgegangenen Sitten und Bedürfnissen des Volks übereinstimmt: so lange ist gleichsam das Staatssiechtum nicht völlig geheilt, und das krank überreizte Volk wird zwar manchmal in die schlaffe Ruhe der Abspannung versinken, wird aber bald wieder in Fieberhitze geraten, die festesten Bandagen und die gutmütigste Scharpie von den alten Wunden abreißen, die edelsten Krankenwärter zum Fenster hinauswerfen, und sich so lange, schmerzhaft und mißbehaglich, hin und her wälzen, bis es sich in die angemessenen Institutionen von selbst hineingefunden haben wird.

Die Fragen, ob Frankreich jetzt zur Ruhe gelangt, oder ob wir neuen Staatsveränderungen entgegensehen, und endlich, welch ein Ende das alles nehmen wird? diese Fragen sollten eigentlicher lauten: Was trieb die Franzosen, eine Revolution zu beginnen, und haben sie das erreicht, was sie bedurften?

Unsere bisherigen Handbuchschreiber glaubten, die Akten der Revolutionsgeschichte seien geschlossen, und sie hatten schon über Menschen und Dinge ihr letztes Urteil gefällt: da brüllten plötzlich die Kanonen der großen Woche, und die Göttinger Fakultät merkte, daß von ihrem akademischen Spruchkollegium an eine höhere Instanz appelliert worden, und daß nicht bloß die französische Spezialrevolution noch nicht vollendet sei, sondern daß erst die weit umfassendere Universalrevolution ihren Anfang genommen habe. Französische Zustände. 19. IV. 1832

198

Die Provisorische Regierung — Obgleich wir gern zugeben, daß man dem König Ludwig Philipp großes Unrecht getan, daß man ihn mit dem unwürdigsten Undank behandelt, daß er ein wahrer Märtyrer war, und daß die Februarrevolution überhaupt sich als ein beklagenswertes Ereignis auswies, das unsäglich viel Unheil über die Welt brachte, so müssen wir nichtsdestoweniger gestehen, daß sie wieder für die Franzosen, deren Nationalgefühl dadurch erhoben worden, sowie auch für die Demokratie im allgemeinen, deren ideales Bewußtsein sich daran stärkte, eine große Genugtuung war. Doch vollständig war diese letztere noch nicht, und sie schlug bald über in eine klägliche Demütigung. Dieses verschuldeten jene ungetreuen Mandatare des Volks, die den großen Akt der Volkssouveränität, der ihnen die unumschränkteste Macht verlieh, durch ihr Ungeschick oder ihre Feigheit oder ihr Doppelspiel verzettelten. Ich will nicht sagen, daß sie schlechte Menschen waren; im Gegenteil, es wäre uns besser ergangen, wenn wir entschiedenen Bösewichtern in die Hände gefallen wären, die energisch und konsequent gehandelt und vielleicht viel Blut vergossen, aber etwas Großes für das Volk getan hätten. Ein ungeheures Verbrechen begingen jene guten Leute und schlechten Musikanten, die sich aus Ehrgeiz im Augenblick des entsetzlichsten Sturmes ans Steuerruder des Staates drängten, und, ohne die geringsten Kenntnisse politischer Nautik, das Kommando des Schiffes übernahmen, als einzige Bussole nur ihre Eitelkeit konsultierend. Unvermeidlich war der Schiffbruch.

Gleich in der ersten Stunde der provisorischen Regierung, die sich eben diesen Namen gab, offenbarte sich das Unvermögen der kleinen Menschen. Schon dieser Name «Provisorische Regierung» bekundete offiziell ihre Zagnis und annullierte von vornherein alles, was sie etwa Tüchtiges für das vertrauende Volk, das ihnen die höchste Gewalt erteilte und sie mit einer Leibgarde von 300000 Mann beschützte, tun konnten. Nie hat das Volk, das große Waisenkind, aus dem Glückstopf der Revolution miserablere Nieten gezogen, als die Personen waren, welche jene provisorische Regierung bildeten. Es befanden sich unter ihnen miserable Komödianten, die bis aufs Haar, bis auf die Farbe des Barthaars, jenen Heldenspielern des Liebhabertheaters glichen, das uns Shakespeare im «Sommernachtstraum» so ergötzlich vorführt. Diese täppischen Gesellen hatten in der Tat vor nichts mehr Angst, als daß man ihr Spiel für Ernst halten möchte, und Snug der Tischler versicherte im voraus, daß er kein wirklicher Löwe, sondern nur ein provisorischer Löwe, nur Snug der Tischler sei, daß sich das Publikum vor seinem Brüllen nicht zu fürchten brauche, da es nur ein provisorisches Brüllen sei — und dabei, in seiner Eitelkeit, hatte er Lust, alle Rollen zu spielen, und die Hauptsache war für ihn die Farbe des Bartes, womit eine Rolle tragiert werden müsse, ob es ein zindelroter oder ein trikolorer Bart sei.

Wahrlich, die auswärtigen Mächte hatten keinen Grund, sich vor diesen provisorischen Löwen zu fürchten — sie waren wohl im Beginn etwas verdutzt, aber sie faßten sich bald, als sie sahen, welche Tiere in der Löwenhaut steckten, und sie brauchten keineswegs die Februarrevolution als eine politische Beleidigung, als eine patzige Herausforderung anzusehen.

Sowohl in Bezug auf Talent als auch Gesinnung, so klein er war, überragte Louis Blanc dennoch mehrere seiner Kollegen von jener provisorischen Regierung, welche den nordischen Potentaten so wenig Furcht einjagte. Alles, was diese Fürsten sagten, ist reine Wahrheit. Unter den Mitgliedern der provisorischen Regierung war kein einziger, der im mindesten Ähnlichkeit hatte mit jenem Störefried, mit jenem Unfugstifter, jenem schrecklichen korsikanischen Taugenichts, der in allen Hauptstädten der Welt die Wache prügelte, überall die Fenster einwarf, die Laternen zerschlug und unsre ehrwürdigen Monarchen wie alte Portiers behandelte, indem er sie des Nachts aus dem Schlafe klingelte und ihr Silberhaar verlangte. Unsre gekrönten Pipelets konnten ruhig ihren Nachtschlaf genießen während der Herrschaft der provisorischen Regierung in Frankreich.

Geständnisse. Handschrift. 1852

199

## Im Oktober 1849

Gelegt hat sich der starke Wind,
Und wieder stille wirds daheime;
Germania, das große Kind,
Erfreut sich wieder seiner Weihnachtsbäume.

Wir treiben jetzt Familienglück —
Was höher lockt, das ist vom Übel —
Die Friedensschwalbe kehrt zurück,
Die einst genistet in des Hauses Giebel.

Gemütlich ruhen Wald und Fluß,
Von sanftem Mondlicht übergossen;
Nur manchmal knallts — Ist das ein Schuß? —
Es ist vielleicht ein Freund, den man erschossen.

Vielleicht mit Waffen in der Hand
Hat man den Tollkopf angetroffen
(Nicht jeder hat so viel Verstand
Wie Flaccus, der so kühn davongeloffen.)

Es knallt. Es ist ein Fest vielleicht,
Ein Feuerwerk zur Goethefeier! —
Die Sontag, die dem Grab entsteigt,
Begrüßt Raketenlärm — die alte Leier.

Auch Liszt taucht wieder auf, der Franz,
Er lebt, er liegt nicht blutgerötet
Auf einem Schlachtfeld Ungarlands;
Kein Russe, noch Kroat hat ihn getötet.

Wenn ich den Namen Ungarn hör,
Wird mir das deutsche Wams zu enge,
Es braust darunter wie ein Meer,
Mir ist als grüßten mich Trompetenklänge!

Es klirrt mir wieder im Gemüt
Die Heldensage, längst verklungen,
Das eisern wilde Kämpenlied —
Das Lied vom Untergang der Nibelungen.

Es ist dasselbe Heldenlos,
Es sind dieselben alten Mären,
Die Namen sind verändert bloß,
Doch sinds dieselben «Helden lobebären».

Es ist dasselbe Schicksal auch —
Wie stolz und frei die Fahnen fliegen,
Es muß der Held, nach altem Brauch,
Den tierisch rohen Mächten unterliegen.

Und diesmal hat der Ochse gar
Mit Bären einen Bund geschlossen —
Du fällst; doch tröste dich, Magyar,
Wir andren haben schlimmre Schmach genossen.

Anständge Bestien sind es doch,
Die ganz honett dich überwunden;
Doch wir geraten in das Joch
Von Wölfen, Schweinen und gemeinen Hunden.

Das heult und bellt und grunzt — ich kann
Ertragen kaum den Duft der Sieger.
Doch still, Poet, das greift dich an —
Du bist so krank, und schweigen wäre klüger.

Romanzero. 1849*

200

DIE PAULSKIRCHE — «Die Geschichte dieses Parlaments muß geschrieben werden, so wie Sie [Stahr] die Preußische Revolution geschrieben haben, in einem Bande, kurz! versteht sich. Es ist ja der herrlichste Stoff, der zu finden. Alles wie gemacht für ein Kunstwerk: die Einheit der Zeit, des Ortes, der Dummheit! Welch eine Menagerie saß da zusammen in dieser Paulskirche! Ein Buffon gehörte dazu, sie zu beschreiben! Was fand sich da alles beieinander, all die fossilen Vorweltlichkeiten! All der alte Schund! und die Spitze! ach, die Spitze!» — Stimme, Ausdruck, Ton und Miene, mit denen Heine diese Worte sprach, hatten etwas so unwiderstehlich Komisches, daß wir laut lachen mußten, und es, wie später noch oft, ganz und gar vergaßen, daß ein tödlich Kranker, ja sozusagen ein Sterbender mit geschlossenen Augen vor uns lag. Über seine blassen Gesichtszüge flog ein Lächeln, das ihnen außerordentlich anmutig stand. Der Ausdruck derselben, von der Krankheit ganz durchgeistigt, hat in der Ruhe etwas wunderbar Edles, das zuweilen schlagend an die leidenden Christusphysiognomien der älteren italischen Kirchenbilder erinnert.

**Gespräch mit Adolf Stahr u. Fanny Lewald. IX. 1850**

201

### Schlosslegende

(An Friedrich Wilhelm IV.)

Zu Berlin, im alten Schlosse,
Sehen wir, aus Stein gemetzt,
Wie ein Weib mit einem Rosse
Sodomitisch sich ergötzt.

Und es heißt: daß jene Dame
Die erlauchte Mutter ward
Unsres Fürstenstamms; der Same
Schlug fürwahr nicht aus der Art.

Ja, sie hatten alle wenig
Von der menschlichen Natur!
Und an jedem Preußenkönig
Merkte man die Pferdespur.

Stets brutal zugleich und blöde,
Stallgedanken, jammervoll,
Ein Gewieher ihre Rede,
Eine Bestie jeder Zoll.

Du allein, du des Geschlechtes
Jüngster Sprößling, fühlst und denkst
Wie ein Mensch, und hast ein echtes
Christenherz, und bist kein Hengst.

**Nachlese. 1847***

202

PROPHEZEIUNG DES STAATSSTREICHS — Es wird nicht mehr lange so bleiben, sagte [Heine], bitter lächelnd. Ein Staatsstreich ist ein öffentliches Geheimnis. Man plaudert so viel von ihm, daß man gar nicht mehr daran glaubt, aber er bleibt nicht aus. Der Präsident [Louis Napoléon] arbeitet nach der Schablone seines Onkels und geht auf den 18. Brumaire los. Nur zu! Nur zu! Die Republik ist nichts weiter als ein Namenswechsel, ein revolutionärer Titel. Wie könnte sich diese korrupte, weichliche Gesellschaft so schnell verwandeln? Geld machen, Ämter erhaschen, vierspännig fahren, eine Theaterloge besitzen, aus einem Vergnügen ins andere jagen, war bisher ihr Ideal. Wo hätten diese Menschen ihren Vorrat von bürgerlichen Tugenden bisher so sorgfältig versteckt? Paris, glauben Sie mir, ist gut napoléonistisch — ich meine, hier herrscht der Napoléon d'or. Mögen es andere zu ihrer Parteisache machen, einen Namen aufrecht zu erhalten, mag selbst Proudhon die bestehende Staatsform in dieser ihrer kläglichsten Phase für gegeben, unantastbar und unveränderlich, sogar über den Ursprung aller Rechte und das allgemeine Wahlrecht erhaben erklären — eine solche Politik ist nicht die meine. Der Name ist mir nichts. Nur das Farbige kann mich entzücken, die abstrakte Idee ist ohne Reiz für mich. Was wäre die Liebe, wenn es keine Frauen, die Freundschaft, wenn es keine Freunde gäbe? Verzichten Sie auf die Republik, denn es gibt keine Republikaner! Zu Alfred Meißner. 1849

## XXI. ZWEIFACHE EMANZIPATION

«Edler Herr! Wenn Ihr mein Ritter sein wollt, so müßt Ihr gegen ganze Völker kämpfen, und in diesem Kampfe gibt es wenig Dank und noch weniger Ehre zu gewinnen! Und wenn Ihr gar meine Farben tragen wollt, so müßt Ihr gelbe Ringe auf Euren Mantel nähen oder eine blaugestreifte Schärpe umbinden: denn dieses sind meine Farben, die Farben meines Hauses, des Hauses, welches Israel heißt, und sehr elend ist, und auf den Gassen verspottet wird von den Söhnen des Glücks!»

Der Rabbi von Bacherach III. 1840*

203

### An Edom!

Ein Jahrtausend schon und länger
Dulden wir uns brüderlich;
Du, du duldest, daß ich atme,
Daß du rasest, dulde ich.

Manchmal nur, in dunkeln Zeiten,
Ward dir wunderlich zu Mut,
Und die liebefrommen Tätzchen
Färbtest du mit meinem Blut.

Jetzt wird unsre Freundschaft fester,
Und noch täglich nimmt sie zu;
Denn ich selbst begann zu rasen,
Und ich werde fast wie du!

Nachlese. 11. IX. 1824*

204

Der Mythos des Ewigen Juden — Es ist aber ganz bestimmt, daß es mich sehnlichst drängt, dem deutschen Vaterland Valet zu sagen. Minder die Lust des Wanderns als die Qual persönlicher Verhältnisse (zum Beispiel der nie abzuwaschende Jude) treibt mich von hinnen.

Wie tief begründet ist doch der Mythos des ewigen Juden! Im stillen Waldtal erzählt die Mutter ihren Kindern das schaurige Märchen, die Kleinen drücken sich ängstlicher an den Herd, draußen ist Nacht — das Posthorn tönt — Schacherjuden fahren nach Leipzig zur Messe. Wir, die wir die Helden des Märchens sind, wir wissen es selbst nicht. Den weißen Bart, dessen Saum die Zeit wieder verjüngend geschwärzt hat, kann kein Barbier abrasieren.

An M. Moser. 8. VII. 1826*

205

Die polnischen Juden — Mich überläuft ein Schauder, wenn ich daran denke, wie ich hinter Meseritz zuerst ein polnisches Dorf sah, meistens von Juden bewohnt. Das W—cksche Wochenblatt, auch zu physischem Brei gekocht, hätte mich nicht so brechpulverisch anwidern können, als der Anblick jener zerlumpten Schmutzgestalten; und die hochherzige Rede eines für Turnplatz und Vaterland begeisterten Tertianers hätte nicht so zerreißend meine Ohren martern können, als der polnische Judenjargon. Dennoch wurde der Ekel bald verdrängt von Mitleid, nachdem ich den Zustand dieser Menschen näher betrachtete, und die schweinestallartigen Löcher sah, worin sie wohnen, mauscheln, beten, schachern und — elend sind. Ihre Sprache ist ein mit Hebräisch durchwirktes, und mit Polnisch fassoniertes Deutsch. Sie sind in sehr frühen Zeiten wegen Religionsverfolgung aus Deutschland nach Polen eingewandert; denn die Polen haben sich in solchen Fällen immer durch Toleranz ausgezeichnet.

Dennoch, trotz der barbarischen Pelzmütze, die seinen Kopf bedeckt, und der noch barbarischeren Ideen, die denselben füllen, schätze ich den polnischen Juden weit höher als so manchen deutschen Juden, der seinen Bolivar auf dem Kopf, und seinen Jean Paul im Kopfe trägt. In der schroffen Abgeschlossenheit wurde der Charakter des polnischen Juden ein Ganzes; durch das Einatmen toleranter Luft bekam dieser Charakter den Stempel der Freiheit. Der innere Mensch wurde kein quodlibetartiges Kompositum heterogener Gefühle und verkümmerte nicht durch die Einzwängung Frankfurter Judengaßmauern, hochweiser Stadtverordnungen und liebreicher Gesetzbeschränkungen. Der polnische Jude mit seinem schmutzigen Pelze, mit seinem bevölkerten Barte und Knoblauchgeruch und Gemauschel, ist mir noch immer lieber als mancher in all seiner staatspapiernen Herrlichkeit.

Über Polen. 1822

206

SHYLOCK — Trotz dem daß ich in der Synagoge von Venedig nach allen Seiten umherspähete, konnte ich das Antlitz des Shylocks nirgends erblicken. Und doch war es mir, als halte er sich dort verborgen, unter irgend einem jener weißen Talare, inbrünstiger betend als seine übrigen Glaubensgenossen, mit stürmischer Wildheit, ja mit Raserei hinaufbetend zum Throne Jehovahs, des harten Gottkönigs! Ich sah ihn nicht. Aber gegen Abend, wo, nach dem Glauben der Juden, die Pforten des Himmels geschlossen werden und kein Gebet mehr Einlaß erhält, hörte ich eine Stimme, worin Tränen rieselten, wie sie nie mit den Augen geweint werden... Es war ein Schluchzen, das einen Stein in Mitleid zu rühren vermochte... Es waren Schmerzlaute, wie sie nur aus einer Brust kommen konnten, die all das Martyrtum, welches ein ganzes gequältes Volk seit achtzehn Jahrhunderten ertragen hat, in sich verschlossen hielt... Es war das Röcheln einer Seele, welche todmüde niedersinkt vor den Himmelspforten... Und diese Stimme schien mir wohlbekannt, und mir war, als hätte ich sie einst gehört, wie sie ebenso verzweiflungsvoll jammerte: «Jessika, mein Kind!»

Shakespeares Mädchen und Frauen

207

JÜDISCHES GESCHICHTSBEWUSSTSEIN — Als wir denselben Abend wieder durch die Judengasse gingen, und das Gespräch über die Insassen derselben wieder anknüpften, sprudelte die Quelle des Börneschen Geistes um so heiterer, da auch jene Straße, die am Tage einen düsteren Anblick gewährte, jetzt aufs fröhlichste illuminiert war, und die Kinder Israel an jenem

Abend, wie mir mein Cicerone erklärte, ihr lustiges Lampenfest feierten. Dieses ist einst gestiftet worden zum ewigen Andenken an den Sieg, den die Makkabäer über den König von Syrien so heldenmäßig erfochten haben.

«Sehen Sie», sagte Börne, «das ist der 18. Oktober der Juden, nur daß dieser makkabäische 18. Oktober mehr als zwei Jahrtausende alt ist, und noch immer gefeiert wird, statt daß der Leipziger 18. Oktober noch nicht das fünfzehnte Jahr erreicht hat, und bereits in Vergessenheit geraten. Die Deutschen sollten bei der alten Madame Rothschild in die Schule gehen, um Patriotismus zu lernen. Sehen Sie hier, in diesem kleinen Hause wohnt die alte Frau, die Lätizia, die so viele Finanzbonaparten geboren hat, die große Mutter aller Anleihen, die aber trotz der Weltherrschaft ihrer königlichen Söhne noch immer ihr kleines Stammschlößchen in der Judengasse nicht verlassen will, und heute wegen des großen Freudenfestes ihre Fenster mit weißen Vorhängen geziert hat. Wie vergnügt funkeln die Lämpchen, die sie mit eigenen Händen anzündete, um jenen Siegestag zu feiern, wo Judas Makkabäus und seine Brüder ebenso tapfer und heldenmütig das Vaterland befreiten, wie in unsern Tagen Friedrich Wilhelm, Alexander und Franz II. Ludwig Börne I — 1839*

208

Volles Bürgerrecht der Juden — Daß ich für die Rechte der Juden und ihre bürgerliche Gleichstellung enthusiastisch sein werde, das gestehe ich, und in schlimmen Zeiten, die unausbleiblich sind, wird der germanische Pöbel meine Stimme hören, daß es in deutschen Bierstuben und Palästen widerschallt.

An M. Moser. 23. VIII. 1823

209

TANZVERBOT

«JA, sogar die Juden sollen
Volles Bürgerrecht genießen
Und gesetzlich gleichgestellt sein
Allen andern Säugetieren.

Nur das Tanzen auf den Märkten
Sei den Juden nicht gestattet;
Dies Amendement, ich mach es
Im Intresse meiner Kunst.»

Atta Troll. Caput VI - 1842

210

APOTHEKERVERBOT — Wir sprachen von Atta Troll, und ich erzählte [Heine] wie uns [die zwei obenstehenden] Strophen belustigt. «Das ist keine Erfindung», sagte er. «Ich habe das einem übrigens sehr verständigen und liberalen Manne, einem Apotheker, nachgedichtet, mit dem ich in Göttingen verkehrt habe. Er war der Meinung, daß man die Juden emanzipieren müsse, daß man sie alles solle werden lassen — nur nicht Apotheker! Das gehe wirklich nicht!»

Fanny Lewald. 22. III. 1848

211

Keine Sonderansprüche an Juden — Ja, solange die Juden nicht auch ohne Talent und ohne Hochsinn zu jenen Ämtern zugelassen werden, so gut wie Tausende von Christen die weder denken noch fühlen sondern nur rechnen können, so lange ist noch immer das Vorurteil nicht radikal entwurzelt, und es herrscht noch immer der alte Druck! Die mittelalterliche Intoleranz schwindet aber bis auf die letzte Schattenspur, sobald die Juden auch ohne sonstiges Verdienst bloß durch ihr Geld zur Deputation, dem höchsten Ehrenamte Frankreichs, gelangen können ebensogut wie ihre christlichen Brüder. Lutezia. 1846

212

Von der allgemeinen Emanzipation zur jüdischen — Ja, die Emanzipation wird früh oder spät bewilligt werden müssen, aus Gerechtigkeitsgefühl, aus Klugheit, aus Notwendigkeit. Die Antipathie gegen die Juden hat bei den obern Klassen keine religiöse Wurzel mehr, und bei den untern Klassen transformiert sie sich täglich mehr und mehr in den sozialen Groll gegen die überwuchernde Macht des Kapitals, gegen die Ausbeutung der Armen durch die Reichen. Der Judenhaß hat jetzt einen andern Namen, sogar beim Pöbel. Was aber die Regierungen betrifft, so sind sie endlich zur hochweisen Ansicht gelangt, daß der Staat ein organischer Körper ist, und daß derselbe nicht zu einer vollkommenen Gesundheit gelangen kann, solange ein einziges seiner Glieder, und sei es auch nur der kleine Zeh, an einem Gebreste leidet.

Seit 1844 hat sich vieles in Deutschland verändert, und auch die Frage von der bürgerlichen Gleichstellung der Bekenner des mosaischen Glaubens hat seitdem sonderbare Schicksale erlitten. Im Frühling des Jahres 1848 schien sie auf immer erledigt, aber wie mit so vielen andern Errungenschaften aus jener Blütezeit deutscher Hoffnung, mag es jetzt in unsrer Heimat auch mit besagter Frage sehr rückgängig aussehen, und an manchen Orten soll sie sich wieder, wie man mir sagt, im schmachvollsten statu quo befinden. Die Juden dürften endlich zur Einsicht gelangen, daß sie erst dann wahrhaft emanzipiert werden können, wenn auch die Emanzipation der Christen vollständig erkämpft und sichergestellt worden.

**Ludwig Marcus. 1844. (2. Absatz: Nachtrag 1854*)**

213

Israelitische Weltreligion der Nächstenliebe — Die israelitische Religion hätte Weltreligion werden können, wenn sie keine Theokratie mit Priestern, Opfern, Zeremonial- und Ritualgesetzen gewesen wäre; das alles war eine Überbürdung für den denkenden Menschen und somit für das damals bestehende Heidentum unannehmbar. Eine Reform war nicht möglich und wäre gefährlich geworden, weil die priesterliche Gewalt alle diejenigen verfolgte, welche es wagten, an irgendeine Reform zu denken. Aus dem Grunde wurden Tausende genötigt, in den neuen Glauben einzutreten. Auf diese Art und Weise geht es heute noch fort; man übt Toleranz gegen alle Rassen, mögen sie Heiden oder nomadische Zigeuner sein; aber Toleranz zu und Anerkennung von Juden findet man nur bei den hochherzigsten und wahrhaft edel gesinnten Männern der sogenannten christlichen Welt. Kein Mensch kann in Wirklichkeit Atheist sein; seiner Natur nach muß er an ein höheres Wesen denken und nach dem höchsten Ideal der Moralität streben. Das ist seine Bestimmung, und nur das allein ist der Kern des Judentums, welches zuerst das heiligste aller Gebote lehrt: Du sollst deinen Nächsten als dich selbst lieben.

Zu L. J. Braunhardt. 1822/23*

214

Vorbereitet zur europäischen Kultur — Eine große Zivilisation des Herzens blieb durch eine ununterbrochene Tradition von zwei Jahrtausenden. Ich glaube, die Juden konnten deshalb auch so schnell teilnehmen an der europäischen Kultur, weil sie eben in Betreff des Gefühls nichts zu erlernen hatten und nur das Wissen sich anzueignen brauchten.

An J. Lehmann. 5. X. 1854

215

Antäus des Himmels — Die Juden sind aus jenem Teige, woraus man Götter knetet; tritt man sie heute mit Füßen, fällt man morgen vor ihnen auf die Kniee; während die einen sich im schäbigsten Kote des Schachers herumwühlen, ersteigen die anderen den höchsten Gipfel der Menschheit, und Golgatha ist nicht der einzige Berg, wo ein jüdischer Gott für das Heil der Welt geblutet. Die Juden sind das Volk des Geistes, und jedesmal, wenn sie zu ihrem Prinzipe zurückkehren, sind sie groß und herrlich, und beschämen und überwinden ihre plumpen Dränger. Der tiefsinnige Rosenkranz vergleicht sie mit dem Riesen Antäus, nur daß dieser jedesmal erstarkte, wenn er die Erde berührte, jene aber, die Juden, neue Kräfte gewinnen, sobald sie wieder mit dem Himmel in Berührung kommen. Merkwürdige Erscheinung der grellsten Extreme! während unter diesen Menschen alle möglichen Fratzenbilder der Gemeinheit gefunden werden, findet man unter ihnen auch die Ideale des reinsten Menschentums, und wie sie einst die Welt in neue Bahnen des Fortschrittes geleitet, so hat die Welt vielleicht noch weitere Initiationen von ihnen zu erwarten . . . Ludwig Börne. IV. 1839

216

Spott und Bewunderung — Wenn Israel sich von Zeit zu Zeit durch kleine Gaunereien an seinen Bütteln rächt, es nimmt zur Entschädigung damit nur den millionsten Teil der Buße, die ihm gebührte! Seltsames Volk, das seit Jahrtausenden immer geschlagen wird, immer weint, immer duldet, fortwährend von seinem Gotte vergessen wird und doch so zäh und treu an ihm hängt, wie kein anderes unter der Sonne. Oh! wenn Märtyrertum adelt und

Geduld und Treue, Ausdauer im Unglück, so ist dieses Volk adlig vor vielen anderen. Lesen wir doch die Geschichte des Mittelalters, dieser klassischen Zeit des verbündeten Pfaffen- und Rittertums, es gibt kein Jahr darin, das für die Juden nicht bezeichnet wäre durch Foltern, Scheiterhaufen, Enthauptungen, Brandschatzungen und Massaker! Und zwar leiden die Juden unter den Anhängern Christi, den durch ihre Religion gebildeten, immer mehr als unter den rohesten und wildesten Völkern. Oh, es ist doch ein schönes Ding um die Religion der Liebe! Wissen Sie wohl, daß in Rom, in der Metropole des Glaubens, zwei Jahrhunderte hindurch (von 1464 bis 1688) die Juden am letzten Karnevalstage nackt, nur mit einer Binde um die Lenden bekleidet, ein Wettrennen abhalten mußten zur Ergötzung des Pöbels? Es liefen: erstens die Esel, zweitens die Juden, drittens die Büffel, viertens die Berberpferde: man stieg von den niedrigsten und verächtlichsten Tieren zu den edelsten empor.

Sie hören, mein lieber Meißner, wie ich fast in einem Atemzug die Juden verspotte und bemitleide; sie scheinen mir aber auch in der Tat ebenso lächerlich als ehrwürdig zu sein. Ich kann mich ihnen ausschließlich nicht opfern, wie zum Beispiel Herr Gabriel Rießer und andere. Ich gehe in keiner Partei auf, mögen es Republikaner oder Patrioten, Christen oder Juden sein. Dieses habe ich mit allen Artisten gemein, welche nicht für enthusiastische Momente schreiben, sondern für Jahrhunderte, nicht für ein

Land nur, sondern für die Welt, nicht für einen Stamm, sondern für die Menschheit. Es wäre abgeschmackt und klein, wenn ich, wie man mir nachsagte, mich je geschämt hätte, ein Jude zu sein, aber es wäre ebenso lächerlich, wenn ich behauptete, ich wäre einer. Wie ich geboren bin, das Schlechte und Verlebte, Absurde, Falsche und Lächerliche einem ewigen Spotte preiszugeben, so ist es auch nur ein Zug meiner Natur, das Erhabene zu fühlen, das Großartige zu bewundern und das Lebendige zu feiern. Zu Alfred Meißner. 1850

217

Die Juden sind nicht auszurotten — Gewöhnlich hat man nur Genie, um eine Motivierung dafür zu finden, daß Überfluß, ja sogar das Notwendige entbehrlich ist. Die Philosophie ist seit Adam her eine ewige Verherrlichung des Minimums, auch in geistiger Beziehung. Daher sind die Juden nicht auszurotten, sie werden nie aussterben, sie sind nie unterzukriegen. Sie haben das Minimum, das geringste Quantum Gott: kaum das Notwendige.

Diskussion zwischen Heine, Balzac und Eugène Sue. 1847.
Wiedergegeben von A. Weill, Souvenirs intimes de H. H. 1883

218

Der letzte Jude — Ich glaube: gäbe es keine Juden mehr und man wüßte, es befände sich irgendwo ein Exemplar von diesem Volk, man würde hundert Stunden reisen, um es zu sehen und ihm die Hände zu drücken — und jetzt weicht man uns aus! Gedanken und Einfälle

# XXII. GOTT UND CHRISTUS

219

Erstes Gotterlebnis — So verwerflich auch jede Diskussion über das Dasein Gottes ist, desto preislicher ist das Nachdenken über die Natur Gottes. Dieses Nachdenken ist ein wahrhafter Gottesdienst, unser Gemüt wird dadurch abgezogen vom Vergänglichen und Endlichen, und gelangt zum Bewußtsein der Urgüte und der ewigen Harmonie. Dieses Bewußtsein durchschauert den Gefühlsmenschen im Gebet oder bei der Betrachtung kirchlicher Symbole; der Denker findet diese heilige Stimmung in der Ausübung jener erhabenen Geisteskraft, welche wir Vernunft nennen, und deren höchste Aufgabe es ist, die Natur Gottes zu erforschen. Ganz besonders religiöse Menschen beschäftigen sich mit dieser Aufgabe von Kind auf, geheimnisvoll sind sie davon schon bedrängt, durch die erste Regung der Vernunft.

Der Verfasser dieser Blätter ist sich einer solchen frühen, ursprünglichen Religiosität, aufs freudigste bewußt, und sie hat ihn nie verlassen. Gott war immer der Anfang und das Ende aller meiner Gedanken. Wenn ich jetzt frage: was ist Gott? was ist seine Natur? so frug ich schon als kleines Kind: wie ist Gott? wie sieht er aus?

Einst im Traume, erinnere ich mich, sah ich Gott, ganz oben in der weitesten Ferne. Er schaute vergnüglich zu einem kleinen Himmelsfenster hinaus, ein frommes Greisengesicht mit einem kleinen Judenbärtchen, und er streute eine Menge Saatkörner herab, die, während sie vom Himmel niederfielen, im unendlichen Raum gleichsam aufgingen, eine ungeheure Ausdehnung gewannen, bis sie lauter strahlende, blühende, bevölkerte Welten wurden, jede so groß, wie unsere eigene Erdkugel. Ich habe dieses Gesicht nie vergessen können, noch oft im Traume sah ich den heiteren Alten aus seinem kleinen Himmelsfenster die Weltensaat herabschütten; ich sah ihn einst sogar mit den Lippen schnalzen, wie unsere Magd, wenn sie den Hühnern ihr Gerstenfutter zuwarf. Ich konnte nur sehen wie die fallenden Saatkörner sich immer zu großen leuchtenden Weltkugeln ausdehnten: aber die etwanigen großen Hühner, die vielleicht irgendwo mit aufgesperrten Schnäbeln lauerten, um mit den hingestreuten Weltkugeln gefüttert zu werden, konnte ich nicht sehen.

Religion u. Philosophie in Deutschland III - 1834

220

SCHÖPFUNGSLIEDER V

SPRACH der Herr am sechsten Tage:
Hab am Ende nun vollbracht
Diese große, schöne Schöpfung,
Und hab alles gut gemacht.

Wie die Sonne rosengoldig
In dem Meere widerstrahlt!

Wie die Bäume grün und glänzend!
Ist nicht alles wie gemalt?

Sind nicht weiß wie Alabaster
Dort die Lämmchen auf der Flur?
Ist sie nicht so schön vollendet
Und natürlich die Natur?

Erd und Himmel sind erfüllet
Ganz von meiner Herrlichkeit,
Und der Mensch, er wird mich loben
Bis in alle Ewigkeit!

Neue Gedichte. 1844

221

DAS SEIN IST IN GOTT — Keine feigen Rücksichten sollen mich jedoch verleiten, meine Ansicht von den göttlichen Dingen mit den gebräuchlichen, zweideutigen Worten zu verschleiern. Auch die Freunde mögen mir immerhin darob zürnen, daß ich meine Gedanken nicht gehörig verstecke, daß ich die delikatesten Gegenstände schonungslos enthülle, daß ich ein Ärgernis gebe: — weder die Böswilligkeit meiner Feinde, noch die pfiffige Torheit meiner Freunde, soll mich davon abhalten über die wichtigste Frage der Menschheit, über das Wesen Gottes, unumwunden und offen, mein Bekenntnis auszusprechen.

Ich gehöre nicht zu den Materialisten, die den Geist verkörpern; ich gebe vielmehr den Körpern ihren Geist zurück, ich durchgeistige sie wieder, ich heilige sie.

Ich gehöre nicht zu den Atheisten, die da verneinen; ich bejahe.

Die Indifferentisten und sogenannten klugen Leute, die sich über Gott nicht aussprechen wollen, sind die eigentlichen Gottesleugner. Solche schweigende Verleugnung wird jetzt sogar zum bürgerlichen Verbrechen, indem dadurch den Mißbegriffen gefrönt wird, die bis jetzt noch immer dem Despotismus als Stütze dienen.

Anfang und Ende aller Dinge ist in Gott.

Vorbericht zur Romantischen Schule. 1833

222

Der geliebteste Gott — [Christus] ist der Gott, den ich am meisten liebe — nicht weil er so ein legitimer Gott ist, dessen Vater schon Gott war und seit undenklicher Zeit die Welt beherrschte: sondern weil er, obgleich ein geborener Dauphin des Himmels, dennoch, demokratisch gesinnt, keinen höfischen Zeremonialprunk liebt, weil er kein Gott einer Aristokratie von geschorenen Schriftgelehrten und galonierten Lanzenknechten, und weil er ein bescheidener Gott des Volks ist, ein Bürger-Gott, un bon dieu citoyen. Wahrlich, wenn Christus noch kein Gott wäre, so würde ich ihn dazu wählen, und viel lieber als einem aufgezwungenen absoluten Gotte, würde ich ihm gehorchen, ihm, dem Wahlgotte, dem Gotte meiner Wahl.

Die Stadt Lucca. 1829

223

Der Mystiker Jesus — Dadurch, daß der Mystiker sich in die Traumwelt seiner innern Anschauung zurückzieht und in sich selbst die Quelle aller Erkenntnis annimmt: dadurch ist er der Obergewalt jeder äußern Autorität entronnen, und die orthodoxesten Mystiker haben auf diese Art in der Tiefe ihrer Seele jene Urwahrheiten wieder gefunden, die mit den Vorschriften des positiven Glaubens im Widerspruch stehen, sie haben die Autorität der Kirche geleugnet und haben mit Leib und Leben ihre Meinung vertreten. Ein Mystiker aus der Sekte der Essäer war jener Rabbi, der in sich selbst die Offenbarung des Vaters erkannte und die Welt erlöste von der blinden Autorität steinerner Gesetze und schlauer Priester; ein Mystiker war jener deutsche Mönch, der in seinem einsamen Gemüte die Wahrheit ahnte, die längst aus der Kirche verschwunden war; — und Mystiker werden es sein, die uns wieder vom neueren Wortdienst erlösen und wieder eine Naturreligion begründen, eine Religion, wo wieder freudige Götter aus Wäldern und Steinen hervorwachsen und auch die Menschen sich göttlich freuen. Die katholische Kirche hat jene Gefährlichkeit des Mystizismus immer tief gefühlt; daher, im Mittelalter, beförderte sie mehr das Studium des Aristoteles als des Plato; daher im vorigen Jahrhundert ihr Kampf gegen den Jansenismus; und zeigt sie sich heutzutage sehr freundlich gegen Männer wie Schlegel, Görres, Haller, Müller etc., so betrachtet sie solche doch nur wie Guerillas, die man in schlimmen Kriegszeiten, wo die stehenden Glaubensarmeen etwas zusammengeschmolzen sind, gut gebrauchen kann und späterhin in Friedenszeit gehörig unterdrücken wird. Es würde zu weit führen, wenn wir nachweisen wollten, wie auch im Oriente der Mystizismus den Autoritätsglauben sprengt, wie zum Beispiel aus dem Sufismus in der neuesten Zeit Sekten entstanden, deren Religionsbegriffe von der erhabensten Art sind.

Die deutsche Literatur. 1828

224

DIE SCHÖNHEIT VERFOLGTER RELIGIONEN — Nur solange die Religionen mit anderen zu rivalisieren haben, und weit mehr verfolgt werden als selbst verfolgen, sind sie herrlich und ehrenwert, nur da gibts Begeisterung, Aufopferung, Märtyrer und Palmen. Wie schön, wie heilig lieblich, wie heimlich süß, war das Christentum der ersten Jahrhunderte, als es selbst noch seinem göttlichen Stifter glich im Heldentum des Leidens. Da wars noch die schöne Legende von einem heimlichen Gotte, der in sanfter Jünglingsgestalt unter den Palmen Palästinas wandelte, und Menschenliebe predigte, und jene Freiheit- und Gleichheitslehre offenbarte, die auch später die Vernunft der größten Denker als wahr erkannt hat, und die, als französisches Evangelium, unsere Zeit begeistert.

Die Stadt Lucca. 1830

225

DER BALSAM DES HEILANDSBLUTES — Die Menschheit ist vielleicht zu ewigem Elend bestimmt, die Völker sind vielleicht auf ewig verdammt von Despoten zertreten, von den Spießgesellen derselben exploitiert, und von den Lakaien verhöhnt zu werden.

Ach, in diesem Falle müßte man das Christentum,

selbst wenn man es als Irrtum erkannt, dennoch zu erhalten suchen, und die Nichtigkeit aller irdischen Güter und Entsagung predigen, und den gegeißelten und verspotteten Menschen das tröstende Kruzifix vorhalten, und ihnen nach dem Tode, dort oben, alle sieben Himmel versprechen.

Das endliche Schicksal des Christentums ist also davon abhängig, ob wir dessen noch bedürfen. Diese Religion war eine Wohltat für die leidende Menschheit während achtzehn Jahrhunderten, sie war providentiell, göttlich, heilig. Alles was sie der Zivilisation genützt, indem sie die Starken zähmte und die Zahmen stärkte, die Völker verband durch gleiches Gefühl und gleiche Sprache, und was sonst noch von ihren Apologeten hervorgerühmt wird, das ist sogar noch unbedeutend in Vergleichung mit jener großen Tröstung, die sie durch sich selbst den Menschen angedeihen lassen. Ewiger Ruhm gebührt dem Symbol jenes leidenden Gottes, des Heilands mit der Dornenkrone, des gekreuzigten Christus, dessen Blut gleichsam der lindernde Balsam war, der in die Wunden der Menschheit herabrann. Besonders der Dichter wird die schauerliche Erhabenheit dieses Symbols mit Ehrfurcht anerkennen.

Religion u. Philosophie in Deutschland I - 1834

226

## FRIEDEN

HOCH am Himmel stand die Sonne,
Von weißen Wolken umwogt,
Das Meer war still,

Und sinnend lag ich am Steuer des Schiffes,
Träumerisch sinnend, — und halb im Wachen
Und halb im Schlummer, schaute ich Christus,
Den Heiland der Welt.
Im wallend weißen Gewande
Wandelt er riesengroß
Über Land und Meer;
Es ragte sein Haupt in den Himmel,
Die Hände streckte er segnend
Über Land und Meer;
Und als ein Herz in der Brust
Trug er die Sonne,
Die rote, flammende Sonne,
Und das rote, flammende Sonnenherz
Goß seine Gnadenstrahlen
Und sein holdes, liebseliges Licht,
Erleuchtend und wärmend,
Über Land und Meer.

Glockenklänge zogen feierlich
Hin und her, zogen wie Schwäne,
An Rosenbändern, das gleitende Schiff,
Und zogen es spielend ans grüne Ufer,
Wo Menschen wohnen, in hochgetürmter,
Ragender Stadt.

O Friedenswunder! Wie still die Stadt!
Es ruhte das dumpfe Geräusch
Der schwatzenden, schwülen Gewerbe,
Und durch die reinen, hallenden Straßen
Wandelten Menschen, weißgekleidete,
Palmzweigtragende,
Und wo sich Zwei begegneten,
Sahn sie sich an, verständnisinnig,

Und schauernd, in Liebe und süßer Entsagung,
Küßten sie sich auf die Stirne,
Und schauten hinauf
Nach des Heilands Sonnenherzen,
Das freudig versöhnend sein rotes Blut
Hinunterstrahlte,
Und dreimalselig sprachen sie:
Gelobt sei Jesu Christ!

Buch der Lieder. Nordsee I - 1825*

227

Der Heilquell Christi — Aus dem Alten Testament springe ich manchmal ins Neue, und auch hier überschauert mich die Allmacht des großen Buches. Welchen heiligen Boden betritt hier dein Fuß! Bei dieser Lektüre sollte man die Schuhe ausziehen, wie in der Nähe von Heiligtümern. Welche süße Gestalt dieser Gottmensch! Wie borniert erscheint in Vergleichung mit ihm der Heros des Alten Testaments! Moses liebt sein Volk mit einer rührenden Innigkeit; wie eine Mutter sorgt er für die Zukunft dieses Volks. Christus liebt die Menschheit, jene Sonne umflammte die ganze Erde mit den wärmenden Strahlen seiner Liebe. Welch ein lindernder Balsam für alle Wunden dieser Welt sind seine Worte! Welch ein Heilquell für alle Leidende war das Blut, welches auf Golgatha floß! ... Die weißen, marmornen Griechengötter wurden bespritzt von diesem Blute, und erkrankten vor innerem Grauen, und konnten nimmermehr genesen! Die meisten freilich trugen schon längst in sich das verzehrende Siechtum und nur der Schreck beschleunigte ihren Tod. Zuerst starb Pan. Kennst du die Sage, wie Plutarch sie erzählt? Diese Schiffersage des Altertums ist höchst merkwürdig. — Sie lautet folgendermaßen:

Zur Zeit des Tiberius fuhr ein Schiff nahe an den Inseln Parä, welche an der Küste von Ätolien liegen, des Abends vorüber. Die Leute, die sich darauf befanden, waren noch nicht schlafen gegangen, und viele saßen nach dem Nachtessen beim Trinken, als man auf einmal von der Küste her eine Stimme vernahm, welche den Namen des Thamus, (so hieß nämlich der Steuermann) so laut rief, daß alle in die größte Verwunderung gerieten. Beim ersten und zweiten Rufe schwieg Thamus, beim dritten antwortete er; worauf dann die Stimme mit noch verstärktem Tone diese Worte zu ihm sagte: «Wenn du auf die Höhe von Palodes anlangst, so verkündige, daß der große Pan gestorben ist!» Als er nun diese Höhe erreichte, vollzog Thamus den Auftrag, und rief vom Hinterteil des Schiffes nach dem Lande hin: «Der große Pan ist tot!» Auf diesen Ruf erfolgten von dort her die sonderbarsten Klagetöne, ein Gemisch von Seufzen und Geschrei der Verwunderung, und wie von vielen zugleich erhoben. Die Augenzeugen erzählten dies Ereignis in Rom, wo man die wunderlichsten Meinungen darüber äußerte. Tiberius ließ die Sache näher untersuchen und zweifelte nicht an der Wahrheit.

Ludwig Börne II - 1830*

# XXIII. GÖTTER UND GEISTER

228

## Die Götter Griechenlands

Vollblühender Mond! In deinem Licht,
Wie fließendes Gold, erglänzt das Meer;
Wie Tagesklarheit, doch dämmrig verzaubert,
Liegts über der weiten Strandesfläche;
Und am hellblaun, sternlosen Himmel
Schweben die weißen Wolken,
Wie kolossale Götterbilder
Von leuchtendem Marmor.

Nein, nimmermehr, das sind keine Wolken!
Das sind sie selber, die Götter von Hellas,
Die einst so freudig die Welt beherrschten,
Doch jetzt, verdrängt und verstorben,
Als ungeheure Gespenster dahinziehn
Am mitternächtlichen Himmel.

Staunend, und seltsam geblendet, betracht ich
Das luftige Pantheon,
Die feierlich stummen, graunhaft bewegten
Riesengestalten.
Der dort ist Kronion, der Himmelskönig,
Schneeweiß sind die Locken des Haupts,
Die berühmten, olymposerschütternden Locken.
Er hält in der Hand den erloschenen Blitz,

In seinem Antlitz liegt Unglück und Gram,
Und doch noch immer der alte Stolz.
Das waren bessere Zeiten, o Zeus,
Als du dich himmlisch ergötztest
An Knaben und Nymphen und Hekatomben;
Doch auch die Götter regieren nicht ewig,
Die jungen verdrängen die alten,
Wie du einst selber den greisen Vater
Und deine Titanen-Öhme verdrängt hast,
Jupiter Parricida!
Auch dich erkenn ich, stolze Juno!
Trotz all deiner eifersüchtigen Angst,
Hat doch eine andre das Zepter gewonnen,
Und du bist nicht mehr die Himmelskönigin,
Und dein großes Aug ist erstarrt,
Und deine Liljenarme sind kraftlos,
Und nimmermehr trifft deine Rache
Die gottbefruchtete Jungfrau
Und den wundertätigen Gottessohn.
Auch dich erkenn ich, Pallas Athene!
Mit Schild und Weisheit konntest du nicht
Abwehren das Götterverderben?
Auch dich erkenn ich, auch dich, Aphrodite,
Einst die goldene! jetzt die silberne!
Zwar schmückt dich noch immer des Gürtels Liebre
Doch graut mir heimlich vor deiner Schönheit,
Und wollt mich beglücken dein gütiger Leib,
Wie andere Helden, ich stürbe vor Angst —
Als Leichengöttin erscheinst du mir,
Venus Libitina!
Nicht mehr mit Liebe blickt nach dir,
Dort, der schreckliche Ares.
Es schaut so traurig Phöbos Apollo,

Der Jüngling. Es schweigt seine Lei'r,
Die so freudig erklungen beim Göttermahl.
Noch trauriger schaut Hephaistos,
Und wahrlich, der Hinkende! nimmermehr
Fällt er Heben ins Amt,
Und schenkt geschäftig, in der Versammlung,
Den lieblichen Nektar – Und längst ist erloschen
Das unauslöschliche Göttergelächter.

Ich hab euch niemals geliebt, ihr Götter!
Denn widerwärtig sind mir die Griechen,
Und gar die Römer sind mir verhaßt.
Doch heilges Erbarmen und schauriges Mitleid
Durchströmt mein Herz,
Wenn ich euch jetzt da droben schaue,
Verlassene Götter,
Tote, nachtwandelnde Schatten,
Nebelschwache, die der Wind verscheucht –
Und wenn ich bedenke, wie feig und windig
Die Götter sind, die euch besiegten,
Die neuen, herrschenden, tristen Götter,
Die schadenfrohen im Schafspelz der Demut –
O, da faßt mich ein düsterer Groll,
Und brechen möcht ich die neuen Tempel,
Und kämpfen für euch, ihr alten Götter,
Für euch und eur gutes, ambrosisches Recht,
Und vor euren hohen Altären,
Den wiedergebauten, den opferdampfenden,
Möcht ich selber knieen und beten,
Und flehend die Arme erheben –

Denn immerhin, ihr alten Götter,
Habt ihrs auch ehmals, in Kämpfen der Menschen,

Stets mit der Partei der Sieger gehalten,
So ist doch der Mensch großmütiger als ihr,
Und in Götterkämpfen halt ich es jetzt
Mit der Partei der besiegten Götter.

Buch der Lieder. Nordsee II - 1827

229

## Die Götter werden Teufel

Über das gute Prinzip, über das Reich Christi, hegte man in ganz Europa dieselben Ansichten; dafür sorgte die römische Kirche, und wer hier von der vorgeschriebenen Meinung abwich, war ein Ketzer. Aber über das böse Prinzip, über das Reich des Satans, herrschten verschiedene Ansichten in den verschiedenen Ländern, und im germanischen Norden hatte man ganz andere Vorstellungen davon, wie im romanischen Süden. Dieses entstand dadurch, daß die christliche Priesterschaft die vorgefundenen alten Nationalgötter nicht als leere Hirngespinste verwarf, sondern ihnen eine wirkliche Existenz einräumte, dabei aber behauptete, alle diese Götter seien lauter Teufel und Teufelinnen gewesen, die durch den Sieg Christi ihre Macht über die Menschen verloren und sie jetzt durch Lust und List zur Sünde verlocken wollen. Der ganze Olymp wurde nun eine luftige Hölle, und wenn ein Dichter des Mittelalters die griechischen Göttergeschichten noch so schön besang, so sah der fromme Christ darin doch nur Spuk und Teufel. Der düstere Wahn der Mönche traf am härtesten die arme Venus; absonderlich diese galt für eine Tochter Beelzebubs, und der gute Ritter Tanhüser sagt ihr sogar ins Gesicht:

O, Venus, schöne Fraue mein,
Ihr seid eine Teufelinne!

Die arme Diana sogar, trotz ihrer Keuschheit, war vor einem ähnlichen Schicksal nicht sicher, und man ließ sie nächtlich mit ihren Nymphen durch die Wälder ziehen, und daher die Sage von dem wütenden Heer, von der wilden Jagd. Hier zeigt sich noch die gnostische Ansicht von der Verschlechterung des ehemals Göttlichen, und in dieser Umgestaltung des früheren Nationalglaubens manifestiert sich am tiefsinnigsten die Idee des Christentums.

Der Nationalglaube in Europa, im Norden noch viel mehr als im Süden, war pantheistisch, seine Mysterien und Symbole bezogen sich auf einen Naturdienst, in jedem Elemente verehrte man wunderbare Wesen, in jedem Baume atmete eine Gottheit, die ganze Erscheinungswelt war durchgöttert; das Christentum verkehrte diese Ansicht, und an die Stelle einer durchgötterten Natur trat eine durchteufelte. Die heiteren, durch die Kunst verschönerten Gebilde der griechischen Mythologie, die mit der römischen Zivilisation im Süden herrschte, hat man jedoch nicht so leicht in häßliche, schauerliche Satanslarven verwandeln können, wie die germanischen Göttergestalten, woran freilich kein besonderer Kunstsinn gemodelt hatte, und die schon vorher so mißmütig und trübe waren, wie der Norden selbst. Daher hat sich bei Euch, in Frankreich, kein so finsterschreckliches Teufelstum bilden können, wie bei uns, und das Geister- und Zauberwesen selber erhielt bei Euch eine heitere Gestalt. Wie schön, klar und farbenreich sind Eure Volkssagen in Vergleichung mit den unsrigen, diesen Mißgeburten, die aus Blut und Nebel bestehen und uns so grau und grausam angrinsen. Unsere mittelalterchen Dichter, indem sie meistens Stoffe wählten, die Ihr, in der Bretagne und in der Normandie, entweder ersonnen oder zuerst behandelt habt, verliehen ihren Werken, vielleicht absichtlich, so viel als möglich von jenem heiter altfranzösischen Geiste. Aber in unseren Nationaldichtungen und in unseren mündlichen Volkssagen, blieb jener düster nordische Geist, von dem Ihr kaum eine Ahnung habt. Ihr habt, ebenso wie wir, mehre Sorten von Elementargeistern, aber die unsrigen sind von den Eurigen so verschieden wie ein Deutscher von einem Franzosen. Die Dämonen in Euren Fabliaux und Zauberromanen, wie hellfarbig und besonders wie reinlich sind sie in Vergleichung mit unserer grauen und sehr oft unflätigen Geisterkanaille. Eure Feen und Elementargeister, woher Ihr sie auch bezogen, aus Cornwallis oder aus Arabien, sie sind doch ganz naturalisiert und ein französischer Geist unterscheidet sich von einem deutschen, wie etwa ein Dandy, der mit gelben Glaceehandschuhen auf dem Boulevard Coblence flaniert, sich von einem schweren deutschen Sackträger unterscheidet. Eure Nixen, zum Beispiel die Melusine, sind von den unsrigen eben so verschieden wie eine Prinzessin von einer Wäscherin. Die Fee Morgana, wie würde sie erschrecken, wenn sie etwa einer deutschen Hexe begegnete, die nackt, mit Salben beschmiert, und auf einem Besenstiel, nach dem Brocken reitet. Dieser Berg ist kein heiteres Avalon, sondern ein Rendezvous für alles, was wüst und häßlich ist. Auf dem Gipfel des Bergs sitzt Satan in der Gestalt eines schwarzen Bocks. Jede von den Hexen naht sich ihm mit einer Kerze in der Hand und küßt ihn hinten, wo der Rücken aufhört. Nachher tanzt die verruchte Schwesterschaft um ihn herum und singt: Donderemus, Donderemus: Es meckert der Bock, es jauchzt der infernale Chahüt. Es ist ein böses Omen für die Hexe, wenn sie bei diesem Tanze einen Schuh verliert; was bedeutet, daß sie noch im selbigen Jahr verbrannt wird. Doch alle ahnende Angst übertäubt die tolle echtberliozische Sabbatmusik; — und wenn die arme Hexe des Morgens aus ihrer Berauschung erwacht, liegt sie nackt und müde in der Asche, neben dem verglimmenden Herde.

Religion u. Philosophie in Deutschland I - 1834

230

Das tanzende Genf — Ich kann hier, liebster Freund, der Versuchung nicht widerstehen, Ihnen zu erklären, was der Biograph des Nekromanten unter dem Namen «Gaillardtanzen» versteht. Ich finde nämlich in einem noch älteren Buche von Johann Prätorius, welches 1668 zu Leipzig gedruckt ist und Nachrichten über den Blocksberg enthält, die merkwürdige Belehrung, daß oberwähnter Tanz vom Teufel erfunden worden; der ehrbare Autor sagt dabei ausdrücklich:

«Von der neuen Gaillardischen Volta, einem welschen Tanze, wo man einander an schamigen Orten fasset und wie ein getriebener Topf herumhaspelt und wirbelt, und welcher durch die Zauberer aus Italien nach Frankreich ist gebracht worden, mag man auch wohl sagen, daß zu dem, daß solcher Wirbeltanz voller schändlicher unflätiger Gebärden und unzüchtiger Bewegungen ist, er auch das Unglück auf sich trage, daß unzählig viel Morde und Mißgeburten daraus entstehen. Und dieweil die Stadt Genf fürnehmlich das Tanzen hasset, so hat der Satan eine junge Tochter von Genf gelehret, alle die tanzend und springend zu machen, die sie mit einer eisernen Gerte oder Rute, welche der Teufel ihr gegeben gehabt, möchte berühren.»

Sie sehen aus dieser Zitation, liebster Freund, erstens, was die Gaillarde ist, und zweitens, daß der Teufel die Tanzkunst aus dem Grunde fördert, um den Frommen ein Ärgernis zu geben. Daß er gar die fromme Stadt Genf, das calvinistische Jerusalem, mit seiner Zaubergerte zum Tanzen zwang, das war der Gipfel seiner Frevelhaftigkeit! Denken Sie sich alle diese kleinen Genfer Heiligen, alle diese gottesfürchtigen Uhrmacher, alle diese Auserwählten des Herrn, alle diese tugendhaften Erzieherinnen, diese steifen, eckigen Prediger- und Schulmeisterfiguren, welche auf einmal die Gaillarde zu tanzen beginnen! Die Geschichte muß wahr sein, denn ich erinnere mich sie auch in der Daemonomania des Bodinus gelesen zu haben, und ich hätte nicht übel Lust, sie zu einem Ballette zu bearbeiten, betitelt: das tanzende Genf!

Der Doktor Faust. Erläuterungen. 1847

231

## Das wütende Heer

Und es war die Zeit des Vollmonds,
In der Nacht vor Sankt Johannis,
Wo der Spuk der wilden Jagd
Umzieht durch den Geisterhohlweg.

Aus dem Fenster von Urakas
Hexennest konnt ich vortrefflich
Das Gespensterheer betrachten,
Wie es durch die Gasse hinzog.

Hatte eine guten Platz
Den Spektakel anzuschauen;
Ich genoß den vollen Anblick
Grabentstiegner Totenfreude.

Peitschenknall, Hallo und Hussa!
Roßgewiehr, Gebell von Hunden!
Jagdhorntöne und Gelächter!
Wie das jauchzend widerhallte!

Lief voraus, gleichsam als Vortrab,
Abenteuerliches Hochwild,
Hirsch und Säue, rudelweis;
Hetzend hinterdrein die Meute.

Jäger aus verschiednen Zonen
Und aus gar verschiednen Zeiten;
Neben Nimrod von Assyrien
Ritt zum Beispiel Karl der Zehnte.

Hoch auf weißen Rossen sausten
Sie dahin. Zu Fuße folgten
Die Pikeure mit der Koppel
Und die Pagen mit den Fackeln.

Mancher in dem wüsten Zuge
Schien mir wohlbekannt — der Ritter,
Der in goldner Rüstung glänzte,
War es nicht der König Artus?

Und Herr Ogier, der Däne,
Trug er nicht den schillernd grünen
Ringenpanzer, daß er aussah
Wie ein großer Wetterfrosch?

Auch der Helden des Gedankens
Sah ich manchen in dem Zuge.
Ich erkannte unsern Wolfgang
An dem heitern Glanz der Augen —

Denn, verdammt von Hengstenberg,
Kann er nicht im Grabe ruhen,
Und mit heidnischem Gelichter
Setzt er fort des Lebens Jagdlust.

An des Mundes holdem Lächeln
Hab ich auch erkannt den William,
Den die Puritaner gleichfalls
Einst verflucht; auch dieser Sünder

Muß das wilde Heer begleiten
Nachts auf einem schwarzen Rappen.
Neben ihm, auf einem Esel,
Ritt ein Mensch — Und, heilger Himmel,

An der matten Betermiene,
An der frommen weißen Schlafmütz,
An der Seelenangst, erkannt ich
Unsern alten Freund Franz Horn!

Weil er einst das Weltkind Shakespeare
Kommentiert, muß jetzt der Ärmste
Nach dem Tode mit ihm reiten
Im Tumult der wilden Jagd!

Auch der Damen sah ich viele
In dem tollen Geisterzuge,
Ganz besonders schöne Nymphen,
Schlanke, jugendliche Leiber.

Rittlings saßen sie zu Pferde,
Mythologisch splitternackt;
Doch die Haare fielen lockigt
Lang herab, wie goldne Mäntel.

Trugen Kränze auf den Häuptern,
Und mit keck zurückgebognen,
Übermütgen Posituren
Schwangen sie belaubte Stäbe.

Neben ihnen sah ich einge
Zugeknöpfte Ritterfräulein,
Schräg auf Damensätteln sitzend,
Und den Falken auf der Faust.

Parodistisch hinterdrein,
Auf Schindmähren, magern Kleppern,
Ritt ein Troß von komödiantisch
Aufgeputzten Weibspersonen,

Deren Antlitz reizend lieblich,
Aber auch ein bißchen frech.
Schrien, wie rasend, mit den vollen
Liederlich geschminkten Backen.

Wie das jubelnd widerhallte!
Jagdhorntöne und Gelächter!
Roßgewiehr, Gebell von Hunden!
Peitschenknall, Hallo und Hussa!

*

Aber als der Schönheit Kleeblatt
Ragten in des Zuges Mitten
Drei Gestalten — Nie vergeß ich
Diese holden Frauenbilder.

Leicht erkennbar war die eine
An dem Halbmond auf dem Haupte;
Stolz, wie eine reine Bildsäul,
Ritt einher die große Göttin.

Hochgeschürzte Tunika,
Brust und Hüften halb bedeckend.
Fackellicht und Mondschein spielten
Lüstern um die weißen Glieder.

Auch das Antlitz weiß wie Marmor,
Und wie Marmor kalt. Entsetzlich
War die Starrheit und die Blässe
Dieser strengen edlen Züge.

Doch in ihrem schwarzen Auge
Loderte ein grauenhaftes
Und unheimlich süßes Feuer,
Seelenblendend und verzehrend.

Wie verändert ist Diana,
Die, im Übermut der Keuschheit,
Einst den Aktäon verhirschte
Und den Hunden preisgegeben!

Büßt sie jetzt für diese Sünde
In galantester Gesellschaft?
Wie ein spukend armes Weltkind
Fährt sie nächtlich durch die Lüfte.

Spät zwar, aber desto stärker
Ist erwacht in ihr die Wollust,
Und es brennt in ihren Augen
Wie ein wahrer Höllenbrand.

Die verlorne Zeit bereut sie,
Wo die Männer schöner waren,
Und die Quantität ersetzt ihr
Jetzt vielleicht die Qualität.

Neben ihr ritt eine Schöne,
Deren Züge nicht so griechisch
Streng gemessen, doch sie strahlten
Von des Keltenstammes Anmut.

Dieses war die Fee Abunde,
Die ich leicht erkennen konnte
An der Süße ihres Lächelns
Und am herzlich tollen Lachen!

Ein Gesicht, gesund und rosig,
Wie gemalt von Meister Greuze,
Mund in Herzform, stets geöffnet,
Und entzückend weiße Zähne.

Trug ein flatternd blaues Nachtkleid,
Das der Wind zu lüften suchte —
Selbst in meinen besten Träumen
Sah ich nimmer solche Schultern!

Wenig fehlte und ich sprang
Aus dem Fenster, sie zu küssen!
Dieses wär mir schlecht bekommen,
Denn den Hals hätt ich gebrochen.

Ach! sie hätte nur gelacht,
Wenn ich unten in den Abgrund
Blutend fiel zu ihren Füßen —
Ach! ich kenne solches Lachen!

Und das dritte Frauenbild,
Das dein Herz so tief bewegte,
War es eine Teufelinne,
Wie die andern zwo Gestalten?

Obs ein Teufel oder Engel,
Weiß ich nicht. Genau bei Weibern
Weiß man niemals, wo der Engel
Aufhört und der Teufel anfängt.

Auf dem glutenkranken Antlitz
Lag des Morgenlandes Zauber,
Auch die Kleider mahnten kostbar
An Scheherezadens Märchen.

Sanfte Lippen, wie Grenaten,
Ein gebognes Liljennäschen,
Und die Glieder schlank und kühlig
Wie die Palme der Oase.

Lehnte hoch auf weißem Zelter,
Dessen Goldzaum von zwei Mohren
Ward geleitet, die zu Fuß
An der Fürstin Seite trabten.

Wirklich eine Fürstin war sie,
War Judäas Königin,
Des Herodes schönes Weib,
Die des Täufers Haupt begehrt hat.

Dieser Blutschuld halber ward sie
Auch vermaledeit; als Nachtspuk
Muß sie bis zum jüngsten Tage
Reiten mit der wilden Jagd.

In den Händen trägt sie immer
Jene Schüssel mit dem Haupte
Des Johannes, und sie küßt es;
Ja, sie küßt das Haupt mit Inbrunst.

Denn sie liebte einst Johannem —
In der Bibel steht es nicht,
Doch im Volke lebt die Sage
Von Herodias' blutger Liebe —

Anders wär ja unerklärlich
Das Gelüste jener Dame —
Wird ein Weib das Haupt begehren
Eines Manns, den sie nicht liebt?

War vielleicht ein bißchen böse
Auf den Liebsten, ließ ihn köpfen;
Aber als sie auf der Schüssel
Das geliebte Haupt erblickte,

Weinte sie und ward verrückt,
Und sie starb in Liebeswahnsinn.
(Liebeswahnsinn! Pleonasmus!
Liebe ist ja schon ein Wahnsinn!)

Nächtlich auferstehend trägt sie,
Wie gesagt, das blutge Haupt
In der Hand, auf ihrer Jagdfahrt —
Doch mit toller Weiberlaune

Schleudert sie das Haupt zuweilen
Durch die Lüfte, kindisch lachend,
Und sie fängt es sehr behende
Wieder auf, wie einen Spielball.

Als sie mir vorüberritt,
Schaute sie mich an und nickte
So kokett zugleich und schmachtend,
Daß mein tiefstes Herz erbebte.

Dreimal auf und niederwogend
Fuhr der Zug vorbei, und dreimal
Im Vorüberreiten grüßte
Mich das liebliche Gespenst.

Als der Zug bereits erblichen
Und verklungen das Getümmel,
Loderte mir im Gehirne
Immer fort der holde Gruß.

Und die ganze Nacht hindurch
Wälzte ich die müden Glieder
Auf der Streu — (denn Federbetten
Gabs nicht in Urakas Hütte) —

Und ich sann: was mag bedeuten
Das geheimnisvolle Nicken?
Warum hast du mich so zärtlich
Angesehn, Herodias?

Atta Troll. Caput XVIII, XIX - 1842*

## XXIV. DER ABBÉ

232

### Moschee und Kathedrale

Almansor

(Er erblickt das Christusbild, befremdet)

Doch sprich, mein Lieb, dort steht ein fremdes Bild
Das schaut mich an so mild, und doch so traurig,
Und eine bittre Träne läßt es fallen
In meinen schönen, goldnen Freudenkelch.

Zuleima

Und kennst du nicht dies heilge Bild, Almansor?
Hast du es nie geschaut in selgen Träumen?
Trafst du es wachend nie auf deinen Wegen?
Besinn dich wohl, du mein verlorner Bruder!

Almansor

Wohl traf ich schon auf meinem Weg dies Bildnis,
Am Tage meiner Rückkehr in Hispanien.
Links an der Straße, die nach Xeres führt,
Steht prangend eine herrliche Moschee.
Doch wo der Türmer einst vom Turme rief:
«Es gibt nur einen Gott, und Mahomet
Ist sein Prophet!» da klung jetzund herab
Ein dröhnend dumpfes, schweres Glockenläuten.
Schon an der Pforte goß sich mir entgegen
Ein dunkler Strom gewaltger Orgeltöne,
Die hoch aufrauschten und wie schwarzer Sud,
Im glühnden Zauberkessel, qualmig quollen.
Und wie mit langen Armen zogen mich

Die Riesentöne in das Haus hinein.
Und in dem Hause scholl, wie'n Totenlied,
Das heisre Singen wunderlicher Männer,
Mit strengen Mienen und mit kahlen Häuptern,
Umwallt von blumgen Kleidern, und der feine
Gesang der weiß- und rotgeröckten Knaben,
Die oft dazwischen klingelten mit Schellen
Und blanke Weihrauchfässer dampfend schwangen.
Und tausend Lichter gossen ihren Schimmer
Auf all das Goldgefunkel und Geglitzer,
Und überall, wohin mein Auge sah,
Aus jeder Nische nickte mir entgegen
Dasselbe Bild, das ich hier wiedersehe.
Doch überall sah schmerzenbleich und traurig
Des Mannes Antlitz, den dies Bildnis darstellt.
Hier schlug man ihn mit harten Geißelhieben,
Dort sank er nieder unter Kreuzeslast,
Hier spie man ihm verachtungsvoll ins Antlitz,
Dort krönte man mit Dornen seine Schläfe,
Hier schlug man ihn ans Kreuz, mit scharfem Speer
Durchstieß man seine Seite, — Blut, Blut, Blut
Entquoll jedwedem Bild. Ich schaute gar
Ein traurig Weib, die hielt auf ihrem Schoß
Des Martermannes abgezehrten Leichnam,
Ganz gelb, und nackt, von schwarzem Blut umronnen —
Da hört ich eine gellend scharfe Stimme:
«Dies ist sein Blut», und wie ich hinsah, schaut ich

(schaudernd)

Den Mann, der eben einen Becher austrank.

(Pause)

Zuleima

Ins Haus der Liebe trat dein Fuß, Almansor,
Doch Blindheit lag auf deinen Augenwimpern.
Vermissen mochtest du den heitern Schimmer,
Der leicht durchgaukelt alte Heidentempel,
Und jene Werkeltagsbequemlichkeit,
Die in des Moslems dumpfer Betstub kauert.
Ein ernstres, beßres Haus hat sich die Liebe
Zur Wohnung ausgesucht auf dieser Erde.
In diesem Hause werden Kinder mündig,
Und Mündge werden da zu Kindern wieder;
In diesem Hause werden Arme reich,
Und Reiche werden selig in der Armut;
In diesem Hause wird der Frohe traurig,
Und aufgeheitert wird da der Betrübte.
Denn selber als ein traurig armes Kind
Erschien die Liebe einst auf dieser Erde.
Ihr Lager war des Stalles enge Krippe,
Und gelbes Stroh war ihres Hauptes Kissen.
Und flüchten mußte sie wie 'n scheues Reh,
Von Dummheit und Gelehrsamkeit verfolgt.
Für Geld verkauft, verraten ward die Liebe,
Sie ward verhöhnt, gegeißelt und gekreuzigt —
Die Liebe wars, die du geschaut als Leiche
Im Mutterschoße jenes traurgen Weibes.
O, glaube mir, an jenem kalten Leichnam
Kann sich erwärmen eine ganze Menschheit,
Aus jenem Blute sprossen schönre Blumen
Als aus Alradschids stolzen Gartenbeeten,
Und aus den Augen jenes traurgen Weibes
Fließt wunderbar ein süßres Rosenöl,
Als alle Rosen Schiras' liefern könnten.
Auch du hast teil, Almansor ben Abdullah,

An jenem ewgen Leib und ewgen Blute,
Auch du kannst setzen dich zu Tisch mit Engeln
Und Gottesbrot und Gotteswein genießen,
Auch du darfst wohnen in der Selgen Halle,
Und, gegen Satans starke Höllenmacht,
Schützt dich mit ewgem Gastrecht Jesu Christ,
Wenn du genossen hast sein «Brot und Wein».

Almansor. Tragödie. 1821*

233

MADONNENMYSTIK — Aber ich muß ja eine Madonna haben. Wird mir die Himmlische die Irdische ersetzen? Ich will die Sinne berauschen. Nur in den unendlichen Tiefen der Mystik kann ich meinen unendlichen Schmerz hinabwälzen. Wie erbärmlich scheint mir jetzt das Wissen in seinem Bettlerkleid.

An Chr. Sethe. 27. X. 1816*

234

## Der Gruss des Engels

Im Rhein, im heiligen Strome,
Da spiegelt sich in den Welln,
Mit seinem großen Dome,
Das große, heilige Köln.

Im Dom da steht ein Bildnis,
Auf goldenem Leder gemalt;
In meines Lebens Wildnis
Hats freundlich hineingestrahlt.

Die Augen, die Lippen, die Wänglein,
Die sah ich schöner nie.

Es kommt und spricht ein Englein:
Gegrüßt seist du, Marie!

Buch der Lieder. Lyrisches Intermezzo. 1822*

235

Im Dom von Trient — Als ich den grünseidenen Vorhang, der den Eingang des Doms bedeckte, zurückschob und eintrat in das Gotteshaus, wurde mir Leib und Herz angenehm erfrischt von der lieblichen Luft, die dort wehte, und von dem besänftigend magischen Lichte, das durch die buntbemalten Fenster auf die betende Versammlung herabfloß. Es waren meistens Frauenzimmer, in lange Reihen hingestreckt auf den niedrigen Betbänken. Sie beteten bloß mit leiser Lippenbewegung, und fächerten sich dabei beständig mit großen grünen Fächern, so daß man nichts hörte als ein unaufhörlich heimliches Wispern, und nichts sah als Fächerschlag und wehende Schleier. Der knarrende Tritt meiner Stiefeln störte manche schöne Andacht, und große katholische Augen sahen mich an, halb neugierig, halb liebwillig, und mochten mir wohl raten, mich ebenfalls hinzustrecken und Seelensieste zu halten.

Wahrlich, ein solcher Dom mit seinem gedämpften Lichte und seiner wehenden Kühle ist ein angenehmer Aufenthalt, wenn draußen greller Sonnenschein und drückende Hitze. Davon hat man gar keinen Begriff in unserem protestantischen Norddeutschland, wo die Kirchen nicht so komfortabel gebaut sind, und das Licht so frech durch die unbemalten Vernunftscheiben hineinschießt, und selbst die kühlen Predigten vor der Hitze nicht genug schützen. Man mag sagen, was man will, der Katholizismus ist eine gute Sommerreligion. Es läßt sich gut liegen auf den Bänken dieser alten Dome, man genießt dort die kühle Andacht, ein heiliges Dolce far niente, man betet und träumt und sündigt in Gedanken, die Madonnen nicken so verzeihend aus ihren Nischen, weiblich gesinnt verzeihen sie sogar, wenn man ihre eignen holden Züge in die sündigen Gedanken verflochten hat, und zum Überfluß steht noch in jeder Ecke ein brauner Notstuhl des Gewissens, wo man sich seiner Sünden entledigen kann.

Reise von München nach Genua XV - 1828

236

Gotische Symbolik — Die Baukunst trug im Mittelalter denselben Charakter wie die anderen Künste; wie denn überhaupt damals alle Manifestationen des Lebens aufs wunderbarste miteinander harmonierten. Hier, in der Architektur zeigt sich dieselbe parabolische Tendenz wie in der Dichtkunst. Wenn wir jetzt in einen alten Dom treten, ahnen wir kaum mehr den esoterischen Sinn seiner steinernen Symbolik. Nur der Gesamteindruck dringt uns unmittelbar ins Gemüt. Wir fühlen hier die Erhebung des Geistes und die Zertretung des Fleisches. Das Innere des Doms selbst ist ein hohles Kreuz und wir wandeln da im Werkzeuge des Martyrtums selbst; die bunten Fenster werfen auf uns ihre roten und grünen Lichter, wie Blutstropfen und Eiter; Sterbelieder umwimmern uns; unter unseren Füßen Leichensteine und Verwesung; und mit den kolossalen Pfeilern strebt der Geist in die Höhe, sich schmerzlich losreißend von dem Leib, der wie ein müdes Gewand zu Boden sinkt. Wenn man sie von außen erblickt diese gotischen Dome, diese ungeheuren Bauwerke, die so luftig, so fein, so zierlich, so durchsichtig gearbeitet sind, daß man sie für ausgeschnitzelt, daß man sie für Brabanter Spitzen von Marmor halten sollte: dann fühlt man erst recht die Gewalt jener Zeit, die selbst den Stein so zu bewältigen wußte, daß er fast gespenstisch durchgeistet erscheint, daß sogar diese härteste Materie den christlichen Spiritualismus ausspricht.

Romantische Schule I - 1833

237

KATHEDRALEN — In der Tat, welche kolossale Konsequenz in der christlichen Kunst, namentlich in der Architektur! Diese gotischen Dome, wie stehen sie im Einklang mit dem Kultus, und wie offenbart sich in ihnen die Idee der Kirche selber! Alles strebt da empor, alles transsubstanziiert sich: der Stein sproßt aus in Ästen und Laubwerk und wird Baum; die Frucht des Weinstocks und der Ähre wird Blut und Fleisch; der Mensch wird Gott; Gott wird reiner Geist!

Religion u. Philosophie in Deutschland I - 1834

238

KATHEDRALE ZU AMIENS — Dieses Monument von felsentürmender Riesenkraft und unermüdlich schnitzelnder Zwergsgeduld. Die

Menschen in jener alten Zeit hatten Überzeugungen, wir Neueren haben nur Meinungen, und es gehört etwas mehr als eine bloße Meinung dazu, um so einen gotischen Dom aufzurichten.

Französische Bühne IX - 1837

239

BILD — Haushalt Josephs und Marias. Ersterer sitzt an der Wiege des Kindes und schaukelt es, singt auch Eiapopeia — Prosa. Maria sitzt am Fenster zwischen Blumen und streichelt ihre Taube.

Gedanken und Einfälle

240

HIMMELSBRÄUTE

«SÜSSER Jesus, o vergib
Endlich uns die Schuld, die schwere,
Schließ uns auf den warmen Himmel —
Miserere! Miserere!»

Also singt die Nonnenschar,
Und ein längst verstorbner Küster
Spielt die Orgel. Schattenhände
Stürmen toll durch die Register.

Romanzero. 1851

241

LUTHER BEGRIFF NICHT DEN KATHOLIZISMUS — Mehr noch als die Gesinnung des Teufels verkannte Martin Luther die Gesinnung des Papstes und der katholischen Kirche. Bei meiner strengen Unparteiligkeit muß ich beide, ebenso wie den Teufel, gegen den allzueifrigen Mann in Schutz nehmen. Ja, wenn man mich aufs Gewissen früge, würde ich eingestehn, daß der Papst, Leo X., eigentlich weit vernünftiger war, als Luther, und daß dieser die letzten Gründe der katholischen Kirche gar nicht begriffen hat. Denn Luther hatte nicht begriffen, daß die Idee des Christentums, die Vernichtung der Sinnlichkeit, gar zu sehr in Widerspruch war mit der menschlichen Natur, als daß sie jemals im Leben ganz ausführbar gewesen sei; er hatte nicht begriffen, daß der Katholizismus gleichsam ein Konkordat war zwischen Gott und dem Teufel, das heißt zwischen dem Geist und der Materie, wodurch die Alleinherrschaft des Geistes in der Theorie ausgesprochen wird, aber die Materie in den Stand gesetzt wird alle ihre annullierten Rechte in der Praxis auszuüben.

Religion u. Philosophie in Deutschland I - 1833

242

Unsterbliches Christentum — Voltaire hat nur den Leib des Christentums verletzen können. Alle seine Späße, die aus der Kirchengeschichte geschöpft, alle seine Witze über Dogmatik und Kultus, über die Bibel, dieses heiligste Buch der Menschheit, über die Jungfrau Maria, diese schönste Blume der Poesie, das ganze Dictionnaire philosophischer Pfeile, das er gegen Klerus und Priesterschaft losschoß, verletzte nur den sterblichen Leib des Christentums, nicht dessen inneres Wesen, nicht dessen tieferen Geist, nicht dessen ewige Seele. Denn das Christentum ist eine Idee, und als solche unzerstörbar und unsterblich, wie jede Idee.

Dasselbe

243

Konsequenz und Poesie des Dogmas — Ich habe längst aller Befehdung [der römischen Kirche] entsagt, und längst ruht in der Scheide das Schwert, das ich einst zog im Dienste einer Idee, und nicht einer Privatleidenschaft. Ja, ich war in diesem Kampf gleichsam ein officier de fortune, der sich brav schlägt, aber nach der Schlacht oder nach dem Scharmützel keinen Tropfen Groll im Herzen bewahrt, weder gegen die bekämpfte Sache, noch gegen ihre Vertreter. Von fanatischer Feindschaft gegen die römische Kirche kann bei mir nicht die Rede sein, da es mir immer an jener Borniertheit fehlt, die zu einer solchen Animosität nötig ist. Als Denker, als Metaphysiker, mußte ich immer der Konsequenz der römisch-katholischen Dogmatik meine Bewunderung zollen; auch darf ich mich rühmen, weder das Dogma noch den Kultus je durch Witz und Spötterei bekämpft zu haben, und man hat mir zugleich zu viel Ehre und zu viel Unehre erzeigt, wenn man mich einen Geistesverwandten Voltaires nannte. Ich war immer ein Dichter, und deshalb mußte sich mir die Poesie, welche in der Symbolik des katholischen Dogmas und Kultus blüht und lodert, viel tiefer als andern Leuten offenbaren, und nicht selten in meiner Jünglingszeit überwältigte auch mich die unendliche Süße, die geheimnisvoll selige Überschwenglichkeit und schauerliche Todeslust jener Poesie: auch ich schwärmte manchmal für die hochgebenedeite Königin des Himmels, die Legenden ihrer Huld und Güte brachte ich in zierliche Reime, und meine erste Gedichtsammlung enthält Spuren dieser schönen Madonna-Periode, die ich in spätern Sammlungen lächerlich sorgsam ausmerzte.

Die Zeit der Eitelkeit ist vorüber, und ich erlaube jedem, über diese Geständnisse zu lächeln.

Geständnisse. 1852

244

Gerechtigkeit für die Jesuiten — Wie es oben in der Diplomatie Leute gibt, die jedesmal, wenn die Flutzeit der Revolution eintritt, das gleichzeitige Heranbranden so vieler brausenden Wellen für das Werk eines Comité directeur in Paris erklären: so gibt es Tribunen hier unten, die, wenn die Ebbe beginnt, wenn die revolutionären Springfluten sich wieder verlaufen, diese Erscheinung den Intrigen der Jesuiten zuschreiben, und sich ernsthaft einbilden, es residiere ein Jesuitengeneral in Rom, welcher durch seine vermummten Schergen die Reaktion der ganzen Welt leite. Nein, es existiert kein solcher Jesuitengeneral in Rom, wie auch in Paris kein Comité directeur existiert; das sind Märchen für große Kinder, hohle Schreckpopanze, moderner Aberglaube.

Man hat im vorigen Jahrhundert gegen diesen Orden so gründlich polemisiert, daß noch eine geraume Zeit vergehen dürfte, ehe man ein mildes, unparteiisches Urteil über ihn fällen wird. Es will mich bedünken, als habe man die Jesuiten nicht selten ein bißchen jesuitisch behandelt, und als seien die Verleumdungen, die sie sich zuschulden kommen ließen, ihnen manchmal mit zu großen Zinsen zurückgezahlt worden. Aber der Tag wird kommen, wo man auch ihnen Gerechtigkeit widerfahren lassen und ihre Verdienste anerkennen wird. Schon jetzt müssen wir eingestehen, daß sie durch ihre Missionsanstalten die Gesittung der Welt, die Zivilisation unberechenbar gefördert, daß sie ein heilsames Gegengift gewesen gegen die lebenverpestenden Miasmen von Port-Royal, daß sogar ihre vielgescholtene Akkommodationslehre noch das einzige Mittel war, wodurch die Kirche über die moderne, freiheitslustige und genußsüchtige Menschheit ihre Oberherrschaft bewahren konnte. Lutezia. 8. VII. 1843*

245

## Der Priesterschüler

Katholische Priester waren es, denen ich als Kind meinen ersten Unterricht verdankte; sie leiteten meine ersten Geistesschritte. Auch in der höhern Unterrichtsanstalt zu Düsseldorf, welche unter der französischen Regierung das Lyceum hieß, waren die Lehrer fast lauter katholische Geistliche, die sich alle mit ernster Güte meiner Geistesbildung annahmen; seit der preußischen Invasion, wo auch jene Schule den preußischgriechischen Namen Gymnasium annahm, wurden die Priester allmählig durch weltliche Lehrer ersetzt. Mit ihnen wurden auch ihre Lehrbücher abgeschafft, die kurzgefaßten, in lateinischer Sprache geschriebenen Leitfaden und Chrestomathien, welche noch aus den Jesuitenschulen herstammten, und sie wurden ebenfalls ersetzt durch neue Grammatiken und Kompendien, geschrieben in einem schwindsüchtigen, pedantischen Berlinerdeutsch, in einem abstrakten Wissenschaftsjargon, der den jungen Intelligenzen minder zugänglich war, als das leichtfaßliche, natürliche und gesunde Jesuitenlatein.

Was mich betrifft, so konnte ich nie einstimmen in das Zetergeschrei meiner Genossen, die bei dem Namen Loyola immer in Wut gerieten, wie Ochsen, denen man einen roten Lappen vorhält! Und dann, ohne im geringsten die Hut meiner Partei-Interessen zu verabsäumen, mußte ich mir in der Besonnenheit meines Gemütes zuweilen gestehen, wie es oft von den kleinsten Zufälligkeiten abhing, daß wir dieser statt jener Partei zufielen und uns jetzt nicht in einem ganz entgegengesetzten Feldlager befänden. In dieser Beziehung kommt mir oft ein Gespräch in den Sinn, das ich mit meiner Mutter führte, vor etwa acht Jahren, wo ich die hochbetagte Frau, die schon damals achtzigjährig, in Hamburg besuchte. Eine sonderbare Äußerung entschlüpfte ihr, als wir von den Schulen, worin ich meine Knabenzeit zubrachte, und von meinen katholischen Lehrern sprachen, worunter sich, wie ich jetzt erfuhr, manche ehemalige Mitglieder des Jesuitenordens befanden. Wir sprachen viel von unserm alten lieben Schallmeyer, dem in der französischen Periode die Leitung des Düsseldorfer Lyceums als Rektor anvertraut war, und der auch für die oberste Klasse Vorlesungen über Philosophie hielt, worin er unumwunden die freigeistigsten griechischen Systeme auseinandersetzte, wie grell diese auch gegen die orthodoxen Dogmen abstachen, als deren Priester er selbst zuweilen in geistlicher Amtstracht am Altar fungierte. Der alte Herr besprach sich sehr oft mit meiner Mutter über meine Erziehung und künftige Laufbahn, und in solcher Unterredung war es, wie mir meine Mutter später in Hamburg erzählte, daß er ihr den Rat erteilte, mich dem Dienst der Kirche zu widmen und nach Rom zu schicken, um in einem dortigen Seminar katholische Theologie zu studieren; durch die einflußreichen Freunde, die der Rektor Schallmeyer unter den Prälaten höchsten Ranges zu Rom besaß, versicherte er, im stande zu sein, mich zu einem bedeutenden Kirchenamte zu fördern. Als mir dieses meine Mutter erzählte, bedauerte sie sehr, daß sie dem Rate des geistreichen alten Herrn nicht Folge geleistet, der mein Naturell frühzeitig durchschaut hatte und wohl am richtigsten begriff, welches geistige und physische Klima demselben am angemessensten und heilsamsten gewesen sein möchte.

O, welch ein glücklicher Sterblicher ist ein römischer Abbate, der nicht bloß der Kirche Christi, sondern auch dem Apoll und den Musen dient. Er selbst ist ihr Liebling, und die drei Göttinnen der Anmut halten ihm das Tintenfaß, wenn er seine Sonette verfertigt, die er in der Akademie der Arkadier mit zierlichen Kadenzen rezitiert. Er ist ein Kunstkenner, und er braucht nur den Hals einer jungen Sängerin zu betasten, um voraussagen zu können, ob sie einst eine celeberrima cantatrice, eine diva, eine Weltprimadonna, sein wird. Er versteht sich auf Antiquitäten, und über den ausgegrabenen Torso einer griechischen Bacchantin schreibt er eine Abhandlung im schönsten Ciceronianischen Latein, die er dem Oberhaupte der Christenheit, dem pontifex maximus, wie er ihn nennt, ehrfurchtsvoll widmet. Und gar welcher Gemäldekenner ist der Signor Abbate, der die Maler in ihren Ateliers besucht und ihnen über ihre weiblichen Modelle die feinsten anatomischen Beobachtungen mitteilt. Der Schreiber dieser Blätter hätte ganz das Zeug dazu gehabt, ein solcher Abbate zu werden und im süßesten dolce far niente dahinzuschlendern durch die Bibliotheken, Galerien, Kirchen und Ruinen der ewigen Stadt, studierend im Genusse und genießend im Studium, und ich hätte Messe gelesen vor den auserlesensten Zuhörern, ich wäre auch in der heiligen Woche als strenger Sittenprediger auf die Kanzel getreten, freilich auch hier niemals in asketische Roheit ausartend — ich hätte am meisten die römischen Damen erbaut, und wäre vielleicht durch solche Gunst und Verdienste in der Hierarchie der Kirche zu den höchsten Würden gelangt, ich wäre vielleicht ein monsignore geworden, ein Violettstrumpf, sogar der rote Hut konnte mir auf den Kopf fallen — und wie das Sprüchlein heißt:

Es ist kein Pfäfflein noch so klein,
Es möchte gern ein Päpstlein sein —

Geständnisse. 1852

246

Abbé Heine — Sein Äußeres hatte gar nichts vom jüdischen Nationaltypus. Er war jetzt 40 Jahre alt und stand in voller Kraft der Entwicklung, körperlich wie geistig. Ganz wie ein französischer Abbé mutete er uns an. Eine Mittelfigur, fleischig und von feiner rosig angehauchter Haut. Sehr wohlgeschnittenes Antlitz mit zierlicher Nase, mit nicht großen, schalkhaften Augen, mit graziösem, sehr ausdrucksvollem Munde und braunem Haare, welches er halblang trug. Er sprach rasch, meist in kurzen, vielfach witzigen Wendungen, welche ein sarkastisches Lächeln, zuweilen auch ein kurzes, helles Lachen begleitete.

Es war ganz Epikuräer aus der ersten Kaiserzeit Roms, den Stoizismus höhnend durch sehr menschliche Bemerkungen, und doch augenblicklich bereit, den schlimm lächelnden Mund ernsthaft festzuhalten, sobald eine Weltfrage berührt wurde, welche poetisch aufgefaßt werden konnte. Augenblicklich war dann der jüdische Denker in ihm erweckt, und bei allem Epikuräismus sprach er dann wie ein Geistlicher über die Geistesfreuden peinlicher Enthaltsamkeit. Die Opferlust mit ihren geistigen Reizen erschien dann wie eine raffinierte Erweiterung epikuräischer Grundsätze.

Heinrich Laube. Erinnerungen 1810—1840. 1875

# XXV. HELLENEN UND NAZARENER

247

## Christus im Olymp

Jener schenkte nunmehr auch der übrigen Götterversammlung,
Rechtshin, lieblichen Nektar dem Mischkrug emsig entschöpfend.
Doch unermeßliches Lachen erscholl den seligen Göttern,
Als sie sahn, wie Hephästos im Saal so gewandt umherging.
Also den ganzen Tag bis spät zur sinkenden Sonne
Schmausten sie; und nicht mangelt' ihr Herz des gemeinsamen Mahles,
Nicht des Saitengetöns von der lieblichen Leier Apollons,
Noch des Gesangs der Musen mit holdantwortender Stimme.

(Vulgata)

Da plötzlich keuchte heran ein bleicher, bluttriefender Jude, mit einer Dornenkrone auf dem Haupte, und mit einem großen Holzkreuz auf der Schulter; und er warf das Kreuz auf den hohen Göttertisch, daß die goldnen Pokale zitterten, und die Götter verstummten und erblichen, und immer bleicher wurden, bis sie endlich ganz in Nebel zerrannen.

Nun gabs eine traurige Zeit, und die Welt wurde grau und dunkel. Es gab keine glücklichen Götter mehr, der Olymp wurde ein Lazarett wo geschundene, gebratene und gespießte Götter langweilig umherschlichen, und ihre Wunden verbanden und triste Lieder sangen. Die Religion gewährte keine Freude mehr, sondern Trost; es war eine trübselige, blutrünstige Delinquentenreligion.

War sie vielleicht nötig für die erkrankte und zertretene Menschheit? Wer seinen Gott leiden sieht, trägt leichter die eignen Schmerzen. Die vorigen heiteren Götter, die selbst keine Schmerzen fühlten, wußten auch nicht, wie armen gequälten Menschen zumute ist, und ein armer gequälter Mensch könnte auch, in seiner Not, kein rechtes Herz zu ihnen fassen. Es waren Festtagsgötter, um die man lustig herumtanzte, und denen man nur danken konnte. Sie wurden deshalb auch nie so ganz von ganzem Herzen geliebt. Um so ganz von ganzem Herzen geliebt zu werden — muß man leidend sein. Das Mitleid ist die letzte Weihe der Liebe, vielleicht die Liebe selbst. Von allen Göttern, die jemals gelebt haben, ist daher Christus derjenige Gott, der am meisten geliebt worden.

Stadt Lucca VI - 1830*

248

«Schutzrede für die Tempel» — Alle Lust und Liebe für [das Christentum] versiegte mir in der Brust, als ich mir lebhaft ausdachte, wie etwa ein Gegner den Triumph des Evangeliums schildern könnte. Zu meinem Unglück fielen mir einige neuere Schriftsteller, zum Beispiel Edward Gibbon, in die Hände, die sich eben nicht besonders günstig über jenen Sieg aussprachen und nicht sehr davon erbaut schienen, daß die Christen, wo das geistige Schwert und die geistige Flamme nicht hinreichten, zu dem weltlichen Schwert und der weltlichen Flamme ihre Zuflucht nahmen. Ja, ich muß gestehen, daß mich endlich für die Reste des Heidentums, jene schönen Tempel und Statuen, ein schauerliches Mitleid anwandelte; denn sie gehörten nicht mehr der Religion, die schon lange, lange vor Christi Geburt, tot war, sondern sie gehörten der Kunst, die da ewig lebt. Es trat mir einst feucht in die Augen, als ich zufällig auf der Bibliothek die «Schutzrede für die Tempel» las, worin der alte Grieche Libanius die frommen Barbaren aufs schmerzlichste beschwor, jene teuren Meisterwerke zu schonen, womit der bildende Geist der Hellenen die Welt verziert hatte. Aber vergebens! Jene Denkmäler einer Frühlingsperiode der Menschheit, die nie wiederkehren wird und die nur einmal hervorblühen konnte, gingen unwiederbringlich zu Grunde, durch den schwarzen Zerstörungseifer der Christen.

Elementargeister. 1836

249

Hellenismus und Judäismus — Ich bin gar nicht der Meinung, daß die Bilderstürmerei der ersten Christen so bitter zu tadeln sei; sie konnten und durften die alten Tempel und

Statuen nicht schonen, denn in diesen lebte noch jene alte griechische Heiterkeit, jene Lebenslust, die dem Christen als Teufeltum erschien. In diesen Statuen und Tempeln sah der Christ nicht bloß die Gegenstände eines fremden Kultus, eines nichtigen Irrglaubens, dem alle Realität fehle: sondern diese Tempel hielt er für die Burgen wirklicher Dämonen, und den Göttern, die diese Statuen darstellten, verlieh er eine unbestrittene Existenz; sie waren nämlich lauter Teufel. Wenn die ersten Christen sich weigerten vor den Bildsäulen der Götter zu knien und zu opfern, und deshalb angeklagt und vor Gericht geschleppt wurden, antworteten sie immer: sie dürften keine Dämonen anbeten! Sie erduldeten lieber das Martyrtum, als daß sie vor dem Teufel Jupiter, oder vor der Teufelin Diana, oder gar vor der Erzteufelin Venus irgendeinen Akt der Verehrung vollzogen.

Arme, griechische Philosophen! Sie konnten diesen Widerspruch niemals begreifen, wie sie auch späterhin niemals begriffen, daß sie in ihrer Polemik mit den Christen keineswegs die alte erstorbene Glaubenslehre, sondern weit lebendigere Dinge zu verteidigen hatten. Es galt nämlich nicht die tiefere Bedeutung der Mythologie durch neoplatonische Spitzfindigkeiten zu beweisen, den erstorbenen Göttern ein neues symbolisches Lebensblut zu infusieren und sich mit den plumpen, materiellen Einwürfen der ersten Kirchenväter, die besonders über den moralischen Charakter der Götter fast voltairisch spotteten, tagtäglich abzuquälen: es galt vielmehr den Hellenismus selbst, griechische Gefühls- und Denkweise, zu verteidigen und der Ausbreitung des Judäismus, der judäischen Gefühls- und Denkweise, entgegenzuwirken. Die Frage war: ob der trübsinnige, magere, sinnenfeindliche, übergeistige Judäismus der Nazarener, oder ob hellenische Heiterkeit, Schönheitsliebe und blühende Lebenslust in der Welt herrschen solle? Jene schönen Götter waren nicht die Hauptsache; niemand glaubte mehr an die ambrosiaduftenden Bewohner des Olymps, aber man amüsierte sich göttlich in ihren Tempeln, bei ihren Festspielen, Mysterien; da schmückte man das Haus mit Blumen, da gab es feierlich holde Tänze, da lagerte man sich zu freudigen Mahlen ... wo nicht gar zu noch süßeren Genüssen.

All diese Lust, all dieses frohe Gelächter ist längst verschollen, und in den Ruinen der alten Tempel wohnen, nach der Meinung des Volkes, noch immer die altgriechischen Gottheiten, aber sie haben durch den Sieg Christi all ihre Macht verloren, sie sind arge Teufel, die sich am Tage, unter Eulen und Kröten, in den dunkeln Trümmern ihrer ehemaligen Herrlichkeit versteckt halten, des Nachts aber in liebreizender Gestalt emporsteigen, um irgendeinen arglosen Wandrer oder verwegenen Gesellen zu betören und zu verlocken.

Dasselbe

250

## Der Apollogott

Ich bin der Gott der Musika,
Verehrt in allen Landen;
Mein Tempel hat in Gräcia,
Auf Mont-Parnaß gestanden.

Auf Mont-Parnaß in Gräcia,
Da hab ich oft gesessen
Am holden Quell Kastalia,
Im Schatten der Zypressen.

Vokalisierend saßen da
Um mich herum die Töchter,
Das sang und klang la-la, la-la!
Geplauder und Gelächter.

Mitunter rief tra-ra, tra-ra!
Ein Waldhorn aus dem Holze;
Dort jagte Artemisia,
Mein Schwesterlein, die Stolze.

Ich weiß es nicht, wie mir geschah:
Ich brauchte nur zu nippen
Vom Wasser der Kastalia,
Da tönten meine Lippen.

Ich sang — und wie von selbst beinah
Die Leier klang, berauschend;
Mir war, als ob ich Daphne sah,
Aus Lorbeerbüschen lauschend.

Ich sang — und wie Ambrosia
Wohlrüche sich ergossen,
Es war von einer Gloria
Die ganze Welt umflossen.

Wohl tausend Jahr aus Grācia
Bin ich verbannt, vertrieben —
Doch ist mein Herz in Grācia,
In Grācia geblieben.

Romanzero. 1851*

## 251

Religionsgenossenschaft und Glaubenszwang — Die Menschen werden immer streiten über die Vorzüglichkeit derjenigen Religionsbegriffe, die man ihnen früh beigebracht, und der Vernünftige wird immer doppelt zu leiden haben. Einst war es freilich anders, da ließ sich keiner einfallen, die Lehre und die Feier seiner Religion besonders anzupreisen, oder gar sie jemandem aufzudringen. Die Religion war eine liebe Tradition, heilige Geschichten, Erinnerungsfeier und Mysterien, überliefert von den Vorfahren, gleichsam Familiensakra des Volks, und einem Griechen wäre es ein Greuel gewesen, wenn ein Fremder, der nicht von seinem Geschlechte, eine Religionsgemeinschaft mit ihm verlangt hätte; noch mehr würde er es für eine Unmenschlichkeit gehalten haben, irgend jemand, durch Zwang oder List, dahinzubringen, seine angeborene Religion aufzugeben und eine fremde dafür anzunehmen. Da kam aber ein Volk aus Ägypten, dem Vaterland der Krokodile und des Priestertums, und außer den Hautkrankheiten und den gestohlenen Gold- und Silbergeschirren, brachte es auch eine sogenannte positive Religion mit, eine sogenannte Kirche, ein Gerüste von Dogmen, an die man glauben, und heiliger Zeremonien, die man feiern mußte, ein Vorbild der späteren Staatsreligionen. Nun entstand ‚die Menschenmäkelei', das Proselytenmachen, der Glaubenszwang, und all jene heiligen Greul, die dem Menschengeschlechte so viel Blut und Tränen gekostet.

O, dieses Ägypten! seine Fabrikate trotzen der Zeit, seine Pyramiden stehen noch immer unerschütterlich, seine Mumien sind noch so unzerstörbar wie sonst, und ebenso unverwüstlich ist jene Volksmumie, die über die Erde wandelt, eingewickelt in ihren uralten Buchstabenwindeln, ein verhärtet Stück Weltgeschichte, ein Gespenst, das zu seinem Unterhalte mit Wechseln und alten Hosen handelt. Stadt Lucca XIII - 1830*

252

Das einseitige Streben nach Vergeistigung — Wie der Prophet des Morgenlandes [die Juden] «das Volk des Buches» nannte, so hat sie der Prophet des Abendlands [Hegel] in seiner Philosophie der Geschichte als «das Volk des Geistes» bezeichnet.

Es ist ein merkwürdiges Schauspiel, wie das Volk des Geistes sich allmählig ganz von der Materie befreit, sich ganz spiritualisiert. Moses gab dem Geiste gleichsam materielle Bollwerke, gegen den realen Andrang der Nachbarvölker: Rings um das Feld, wo er Geist gesäet, pflanzte er das schroffe Zeremonialgesetz und eine egoistische Nationalität als schützende Dornhecke. Als aber die heilige Geistpflanze so tiefe Wurzel geschlagen und so himmelhoch emporgeschossen, daß sie nicht mehr ausgereutet werden konnte: da kam Jesus Christus und riß das Zeremonialgesetz nieder, das fürder keine nützliche Bedeutung mehr hatte, und er sprach sogar das Vernichtungsurteil über die jüdische Nationalität ... Er berief alle Völker der Erde zur Teilnahme an dem Reiche Gottes, das früher nur einem einzigen auserlesenen Gottesvolke gehörte, er gab der ganzen Menschheit das jüdische Bürgerrecht ... Das war eine große Emanzipationsfrage, die jedoch weit großmütiger gelöst wurde, wie die heutigen Emanzipationsfragen in Sachsen und Hannover ... Freilich, der Erlöser, der seine Brüder vom Zeremonialgesetz und der Nationalität befreite, und den Kosmopolitismus stiftete, ward ein Opfer seiner Humanität, und der Stadtmagistrat von Jerusalem ließ ihn kreuzigen und der Pöbel verspottete ihn ...

Aber nur der Leib ward verspottet und gekreuzigt, der Geist ward verherrlicht, und das Märtyrtum des Triumphators, der dem Geiste die Weltherrschaft erwarb, ward Sinnbild dieses Sieges, und die ganze Menschheit strebte seitdem, in imitationem Christi, nach leiblicher Abtötung und übersinnlichem Aufgehen im absoluten Geiste ...

Wann wird die Harmonie wieder eintreten, wann wird die Welt wieder gesunden von dem einseitigen Streben nach Vergeistigung, dem tollen Irrtume, wodurch sowohl Seele wie Körper erkrankten!

Ludwig Börne II - 1830

## Rom stirbt am Spiritualismus

Ich weiß nicht ob die melancholische Blume, die wir in Deutschland Passionsblume benamsen, auch in Frankreich diese Benennung führt, und ob ihr von der Volkssage ebenfalls jener mystische Ursprung zugeschrieben wird. Es ist jene sonderbar mißfarbige Blume, in deren Kelch man die Marterwerkzeuge, die bei der Kreuzigung Christi gebraucht worden, nämlich Hammer, Zange, Nägel, usw., abkonterfeit sieht, eine Blume die durchaus nicht häßlich, sondern nur gespenstisch ist, ja, deren Anblick sogar ein grauenhaftes Vergnügen in unserer Seele erregt, gleich den krampfhaft süßen Empfindungen, die aus dem Schmerze selbst hervorgehen. In solcher Hinsicht wäre diese Blume das geeignetste Symbol für das Christentum selbst, dessen schauerlichster Reiz eben in der Wollust des Schmerzes besteht.

Obgleich man in Frankreich unter dem Namen Christentum nur den römischen Katholizismus versteht, so muß ich doch besonders bevorworten, daß ich nur von letzterem spreche. Ich spreche von jener Religion, in deren ersten Dogmen eine Verdammnis alles Fleisches enthalten ist, und die dem Geiste nicht bloß eine Obermacht über das Fleisch zugesteht, sondern auch dieses abtöten will um den Geist zu verherrlichen; ich spreche von jener Religion durch deren unnatürliche Aufgabe ganz eigentlich die Sünde und die Hypokrisie in die Welt gekommen, indem eben, durch die Verdammnis des Fleisches, die unschuldigsten Sinnenfreuden eine Sünde geworden, und durch die Unmöglichkeit ganz Geist zu sein die Hypokrisie sich ausbilden mußte; ich spreche von jener Religion, die ebenfalls durch die Lehre von der Verwerflichkeit aller irdischen Güter, von der auferlegten Hundedemut und Engelsgeduld, die erprobteste Stütze des Despotismus geworden. Die Menschen haben jetzt das Wesen dieser Religion erkannt, sie lassen sich nicht mehr mit Anweisungen auf den Himmel abspeisen, sie wissen daß auch die Materie ihr Gutes hat und nicht ganz des Teufels ist, und sie vindizieren jetzt die Genüsse der Erde, dieses schönen Gottesgartens, unseres unveräußerlichen Erbteils. Eben weil wir alle Konsequenzen jenes absoluten Spiritualismus jetzt so ganz begreifen, dürfen wir auch glauben, daß die christkatholische Weltansicht ihre Endschaft erreicht. Denn jede Zeit ist eine Sphinx, die sich in den Abgrund stürzt, sobald man ihr Rätsel gelöst hat.

Keineswegs jedoch leugnen wir hier den Nutzen, den die christkatholische Weltansicht in Europa gestiftet. Sie war notwendig als eine heilsame Reaktion gegen den grauenhaft kolossalen Materialismus, der sich im römischen Reiche entfaltet hatte und alle geistige Herrlichkeit des Menschen zu vernichten drohte. Wie die schlüpfrigen Memoiren des vorigen Jahrhunderts gleichsam die pièces justificatives der französischen Revolution bilden; wie uns der Terrorismus eines Comité du salut public als notwendige Arznei erscheint, wenn wir die Selbstbekenntnisse der französischen vornehmen Welt seit der Regentschaft gelesen: so erkennt man auch die Heilsamkeit des asketischen Spiritualismus, wenn man etwa den Petron oder den Apulejus gelesen, Bücher, die man als pièces justificatives des Christentums betrachten kann. Das Fleisch war so frech geworden in dieser Römerwelt, daß es wohl der christlichen Disziplin bedurfte um es züchtigen. Nach dem Gastmahl eines Trimalkion bedurfte man einer Hungerkur gleich dem Christentum.

Schlimmer Überreiz! er raubte dem römischen Staatskörper die letzten Kräfte. Nicht durch die Trennung in zwei Reiche ging Rom zu Grunde; am Bosphoros wie an der Tiber ward Rom verzehrt von demselben judäischen Spiritualismus, und hier wie dort ward die römische Geschichte ein langsames Dahinsterben, eine Agonie die Jahrhunderte dauerte. Hat etwa das gemeuchelte Judäa, indem es den Römern seinen Spiritualismus bescherte, sich an dem siegenden Feinde rächen wollen, wie einst der sterbende Kentaur, der dem Sohne Jupiters das verderbliche Gewand, das mit dem eignen Blute vergiftet war, so listig zu überliefern wußte? Wahrlich, Rom, der Herkules unter den Völkern, wurde durch das judäische Gift so wirksam verzehrt, daß Helm und Harnisch seinen welkenden Gliedern entsanken, und seine imperatorische Schlachtstimme herabsiechte zu betendem Pfaffengewimmer und Kastratengetriller.

Aber was den Greis entkräftet, das stärkt den Jüngling. Jener Spiritualismus wirkte heilsam auf die übergesunden Völker des Nordens; die allzuvollblütigen barbarischen Leiber wurden christlich vergeistigt; es begann die europäische Zivilisation. Das ist eine preiswürdige, heilige Seite des Christentums. Die katholische Kirche erwarb sich in dieser Hinsicht die größten Ansprüche auf unsere Verehrung und Bewunderung. Sie hat, durch große geniale Institutionen, die Bestalität der nordischen Barbaren zu zähmen und die brutale Materie zu bewältigen gewußt.

Romantische Schule I - 1833*

254

Die sich nicht selbst genügende Materie — Die Sentimentalität ist ein Produkt des Materialismus. Der Materialist trägt nämlich in der Seele das dämmernde Bewußtsein, daß dennoch in der Welt nicht alles Materie ist; wenn ihm sein kurzer Verstand die Materialität aller Dinge noch so bündig demonstriert, so sträubt sich doch dagegen sein Gefühl; es beschleicht ihn zuweilen das geheime Bedürfnis, in den Dingen auch etwas Urgeistiges anzuerkennen; und dieses unklare Sehnen und Bedürfen erzeugt jene unklare Empfindsamkeit, welche wir Sentimentalität nennen. Sentimentalität ist die Verzweiflung der Materie, die sich selber nicht genügt und nach etwas Besserem, ins unbestimmte Gefühl hinausschwärmt. — Und in der Tat, ich habe gefunden, daß es eben die sentimentalen Autoren waren, die zu Hause, oder wenn ihnen der Wein die Zunge gelöst hatte, in den derbsten Zoten ihren Materialismus auskramten. Der sentimentale Ton, besonders wenn er mit patriotischen, sittlich religiösen Bettelgedanken verbrämt ist, gilt aber bei dem großen Publikum als das Kennzeichen einer schönen Seele! Französische Bühne IV - 1837

255

Spiritualistische und sensualistische Denkweise — Ich habe mich schon mehrmals der Worte Spiritualismus und Sensualismus bedient; diese Worte beziehen sich aber hier nicht, wie bei den französischen Philosophen auf die zwei verschiedenen Quellen unserer Erkenntnisse, ich gebrauche sie vielmehr wie schon aus dem Sinne meiner Rede immer von selber hervorgeht, zur Bezeichnung jener beiden verschiedenen Denkweisen, wovon die eine den Geist dadurch verherrlichen will, daß sie die Materie zu zerstören strebt, während die andere die natürlichen Rechte der Materie gegen die Usurpationen des Geistes zu vindizieren sucht. Religion u. Philosophie in Deutschland I - 1834*

256

Hellenen und Nazarener als Lebenstypen — Wie in seinen Äußerungen über Goethe, so auch in seiner Beurteilung anderer Schriftsteller, verriet Börne seine nazarenische Beschränktheit. Ich sage nazarenisch, um mich weder des Ausdrucks «jüdisch» noch «christlich» zu bedienen, obgleich beide Ausdrücke für mich synonym sind und von mir nicht gebraucht werden, um einen Glauben, sondern um ein Naturell zu bezeichnen. «Juden» und «Christen» sind für mich ganz sinnverwandte Worte im Gegensatz zu «Hellenen», mit welchem Namen ich ebenfalls kein bestimmtes Volk, sondern eine sowohl angeborene als angebildete Geistesrichtung und Anschauungsweise bezeichne. In dieser Beziehung möchte ich sagen: alle Menschen sind entweder Juden oder Hellenen, Menschen mit asketischen, bildfeindlichen, vergeistigungssüchtigen Trieben, oder Menschen von lebensheiterem, entfaltungsstolzem und realistischem Wesen. So gab es Hellenen in deutschen Predigerfamilien, und Juden, die in Athen geboren und vielleicht von Theseus abstammen. Der Bart macht nicht den Juden, oder der Zopf macht nicht den Christen, kann man hier mit Recht sagen. Börne war ganz Nazarener, seine Antipathie gegen Goethe ging unmittelbar hervor aus seinem nazarenischen Gemüte, seine spätere politische Exaltation war begründet in jenem schroffen Asketismus, jenem Durst nach Märtyrtum, der überhaupt bei den Republikanern gefunden wird, den sie republikanische Tugend nennen und der von der Passionssucht der früheren Christen so wenig verschieden ist. In einer spätern Zeit wendete sich Börne sogar zum historischen Christentum, er sank fast in den Katholizismus, er fraternisierte mit dem Pfaffen Lamennais und verfiel in den widerwärtigsten Kapuzinerton, als er sich einst über einen Nachfolger Goethes, einen Pantheisten von der heitern Observanz, öffentlich aussprach. — Psychologisch merkwürdig ist die Untersuchung, wie in Börnes Seele allmählig das eingeborene Christentum emporstieg, nachdem es lange niedergehalten worden von seinem scharfen Verstand und seiner Lustigkeit. Ich sage Lustigkeit, gaité, nicht Freude, joie; die Nazarener haben zuweilen eine gewisse springende gute Laune, eine witzige eichkätzchenhafte Munterkeit, gar lieblich kapriziös, gar süß, auch glänzend, worauf aber bald eine starre Gemütsvertrübung folgt: es fehlt ihnen die Majestät der Genußseligkeit, die nur bei bewußten Göttern gefunden wird. L. Börne I - 1839

257

Typologie der Weltanschauung — Plato und Aristoteles! Das sind nicht bloß die zwei Systeme, sondern auch die Typen zweier verschiedenen Menschennaturen, die sich, seit undenklicher Zeit, unter allen Kostümen, mehr oder minder feindselig entgegenstehen. Vorzüglich das ganze Mittelalter hindurch, bis auf den heutigen Tag, wurde solchermaßen gekämpft, und dieser Kampf ist der wesentlichste Inhalt der christlichen Kirchengeschichte. Von Plato und Aristoteles ist immer die Rede, wenn auch unter anderem Namen. Schwärmerische, mystische, platonische Naturen offenbaren aus den Abgründen ihres Gemütes die christlichen Ideen und die entsprechenden Symbole. Praktische, ordnende, aristotelische Naturen bauen aus diesen Ideen und Symbolen ein festes

System, eine Dogmatik und einen Kultus. Die Kirche umschließt endlich beide Naturen, wovon die einen sich meistens im Klerus, und die anderen im Mönchstum verschanzen, aber sich unablässig befehden. In der protestantischen Kirche zeigt sich derselbe Kampf, und das ist der Zwiespalt zwischen Pietisten und Orthodoxen, die den katholischen Mystikern und Dogmatikern in einer gewissen Weise entsprechen. Die protestantischen Pietisten sind Mystiker ohne Phantasie, und die protestantischen Orthodoxen sind Dogmatiker ohne Geist.

Religion u. Philosophie in Deutschland II - 1834

258

Athen und Jerusalem — Diese alte, unversöhnliche Abneigung gegen das Theater ist nichts als eine Seite jener Feindschaft, die seit achtzehn Jahrhunderten zwischen zwei ganz heterogenen Weltanschauungen waltet, und wovon die eine dem dürren Boden Judäas, die andere dem blühenden Griechenland entsprossen ist. Ja, schon seit achtzehn Jahrhunderten dauert der Groll zwischen Jerusalem und Athen, zwischen dem heiligen Grab und der Wiege der Kunst, zwischen dem Leben im Geiste und dem Geist im Leben; und die Reibungen, öffentliche und heimliche Befehdungen, die dadurch entstanden, offenbaren sich dem esoterischen Leser in der Geschichte der Menschheit.

Shakespeares Mädchen und Frauen. 1838

259

Portia und Shylock — Wollen wir [Shylock], in üblicher Auffassung, als den Repräsentanten des starren, ernsten, kunstfeindlichen Judäas betrachten, so erscheint uns dagegen Portia als die Repräsentantin jener Nachblüte des griechischen Geistes, welche von Italien aus, im sechzehnten Jahrhundert, ihren holden Duft über die Welt verbreitete und welche wir noch heute unter dem Namen «die Renaissance» lieben und schätzen. Portia ist zugleich die Repräsentantin des heitern Glückes im Gegensatze zu dem düstern Mißgeschick, welches Shylock repräsentiert. Wie blühend, wie rosig, wie reinklingend ist all ihr Denken und Sprechen, wie freudewarm sind ihre Worte, wie schön alle ihre Bilder, die meistens der Mythologie entlehnt sind! Wie trübe, kneifend und häßlich sind dagegen die Gedanken und Reden des Shylock, der im Gegenteil nur alttestamentalische Gleichnisse gebraucht! Sein Witz ist krampfhaft und ätzend, seine Metaphern sucht er unter den widerwärtigsten Gegenständen, und sogar seine Worte sind zusammengequetschte Mißlaute, schrill, zischend und quirrend. Wie die Personen so ihre Wohnungen. Wenn wir sehen, wie der Diener Jehovas, der weder ein Abbild Gottes noch des Menschen, des erschaffenen Konterfei Gottes, in seinem «ehrbaren Hause» duldet, sogar die Ohren desselben, die Fenster, verstopft, damit die Töne des heidnischen Mummenschanz nicht hineindringen in sein «ehrbares Haus» . . . so sehen wir im Gegenteil das kostbarste und geschmackvollste Villegiatura-Leben in dem schönen Palazzo zu Belmont, wo lauter Licht und Musik, wo unter Gemälden, marmornen Statuen und hohen Lorbeerbäumen die geschmückten Freier lustwandeln und über Liebesrätsel sinnen, und inmitten aller Herrlichkeit Signora Portia, gleich einer Göttin, hervorglänzt, «das sonnige Haar die Schläf umwallend».

Dasselbe

260

SION UND SIDON — «Nun so will ich Euch nach der besten Garküche Israels führen» — rief Don Isaak — «nach dem Hause meiner Freundin Schnapper-Elle, das hier in der Nähe. Schon rieche ich ihren holden Duft, nämlich der Garküche. O wüßtest du, Abraham, wie dieser Duft mich anspricht! Er ist es, der mich, seit ich in dieser Stadt verweile, so oft hinlockt nach den Zelten Jakobs. Der Verkehr mit dem Volke Gottes ist sonst nicht meine Liebhaberei, und wahrlich nicht um hier zu beten, sondern um zu essen besuche ich die Judengasse ...»

«Du hast uns nie geliebt, Don Isaak ...»

«Ja» — fuhr der Spanier fort — «Ich liebe Eure Küche weit mehr als Euren Glauben; es fehlt ihm die rechte Sauce. Euch selber habe ich nie ordentlich verdauen können. Selbst in Euren besten Zeiten, selbst unter der Regierung meines Ahnherrn Davids, welcher König war über Juda und Israel, hätte ich es nicht unter Euch aushalten können, und ich wäre gewiß eines frühen Morgens aus der Burg Sion entsprungen und nach Phönizien emigriert, oder nach Babylon, wo die Lebenslust schäumte im Tempel der Götter . . .»

«Du lästerst, Isaak, den einzigen Gott» — murmelte finster der Rabbi — «du bist weit schlimmer als ein Christ, du bist ein Heide, ein Götzendiener . . .»

«Ja, ich bin ein Heide, und ebenso zuwider wie die dürren, freudlosen Hebräer sind mir die trüben, qualsüchtigen Nazarener. Unsere liebe Frau von Sidon, die heilige Astarte, mag es mir verzeihen, daß ich vor der schmerzenreichen Mutter des Gekreuzigten niederkniee und bete... Nur mein Knie und meine Zunge huldigt dem Tode, mein Herz blieb treu dem Leben! . . .»

Rabbi von Bacherach. 1840

261

PHILOSOPHIE NACH DEM BEDÜRFNIS DES PHILOSOPHEN — (Heine) dachte stets in erster Linie an seine Person, an sein persönliches Schicksal, wenn von Staatsformen die Rede war, und wenn man ihm dies vorwarf, so lachte er und sagte: «Dies ist ja natürlich, und weil es natürlich, ist es auch richtig. Täten dies alle Politiker, so entstünde nicht so viel Abstraktes, Künstliches und Gemachtes, was keinen Bestand hat. Man soll naiv sein als Politiker wie als Poet. In der Philosophie soll sich das Bedürfnis der Denker ausdrücken, im Staate aber das Bedürfnis der Menschen.»

Zu Heinrich Laube. 1847

262

Flucht in den nazarenischen Selbstmord — «Aus Ärger katholisch werden» — so lautet ein deutsches Sprichwort, dessen verflucht tiefe Bedeutung mir jetzt erst klar wird. — Ist doch der Katholizismus die schauerlich reizendste Blüte jener Doktrin der Verzweiflung, deren schnelle Verbreitung über die Erde nicht mehr als ein großes Wunder erscheint wenn man bedenkt, in welchem grauenhaft peinlichen Zustand die ganze römische Welt schmachtete ... Wie der Einzelne sich trostlos die Adern öffnete und im Tode ein Asyl suchte gegen die Tyrannei der Cäsaren: so stürzte sich die große Menge in die Asketik, in die Abtötungslehre, in die Martyrsucht, in den ganzen Selbstmord der nazarenischen Religion, um auf einmal die damalige Lebensqual von sich zu werfen und den Folterknechten des herrschenden Materialismus zu trotzen ...

Für Menschen, denen die Erde nichts mehr bietet, ward der Himmel erfunden ... Heil dieser Erfindung! Heil einer Religion, die dem leidenden Menschengeschlecht in den bittern Kelch einige süße, einschläfernde Tropfen goß, geistiges Opium, einige Tropfen Liebe, Hoffnung und Glauben!

Ludwig Börne IV - 1839*

263

Verteidigungsbedürfnis der Religion — Von dem Augenblick an, wo eine Religion bei der Philosophie Hülfe begehrt, ist ihr Untergang unabwendlich. Sie sucht sich zu verteidigen und schwatzt sich immer tiefer ins Verderben hinein. Die Religion, wie jeder Absolutismus, darf sich nicht justifizieren. Prometheus wird an den Felsen gefesselt von der schweigenden Gewalt. Ja, Äschylus läßt die personifizierte Gewalt kein einziges Wort reden. Sie muß stumm sein. Sobald die Religion einen räsonierenden Katechismus drucken läßt, sobald der politische Absolutismus eine offizielle Staatszeitung herausgibt, haben beide ein Ende. Aber das ist eben unser Triumph, wir haben unsere Gegner zum Sprechen gebracht und sie müssen uns Rede stehn.

Es ist freilich nicht zu leugnen, daß der religiöse Absolutismus, ebenso wie der politische, sehr gewaltige Organe seines Wortes gefunden hat. Doch laßt uns darob nicht bange sein. Lebt das Wort, so wird es von Zwergen getragen; ist das Wort tot, so können es keine Riesen aufrecht erhalten. Religion u. Philosophie in Deutschland II - 1834

264

Religion und Brudermord — Kain mit Weib und Kind, schicksalsergeben, gedankenlos brütend, eine Versteinerung trostloser Ruhe, Dieser Mann hat seinen Bruder getötet, in Folge eines Opferzwistes, eines Religionstreits. Ja. die Religion hat den ersten Brudermord verursacht, und seitdem trägt sie das Blutzeichen auf der Stirne. Französische Maler. Nachtrag. 1833

265

Der Schulstolz der Logik — Unendlich selig ist das Gefühl, wenn die Erscheinungswelt mit unserer Gemütswelt zusammenrinnt, und grüne Bäume, Gedanken, Vögelgesang, Wehmut, Himmelsbläue, Erinnerung und Kräuterduft sich in süßen Arabesken verschlingen. Die Frauen kennen am besten dieses Gefühl, und darum mag auch ein so holdselig ungläubiges Lächeln um ihre Lippen schweben, wenn wir mit Schulstolz unsere logischen Taten rühmen, wie wir alles so hübsch eingeteilt in objektiv und subjektiv, wie wir unsere Köpfe apothekenartig mit tausend Schubladen versehen, wo in der einen Vernunft, in der andern Verstand, in der dritten Witz, in der vierten schlechter Witz, und in der fünften gar nichts, nämlich die Idee, enthalten ist.

Harzreise. 1824

266

Realität der Begriffe — Unsere Moralbegriffe schweben keineswegs in der Luft: die Veredlung des Menschen, Recht und Unsterblichkeit haben Realität in der Natur. Was wir Heiliges denken, hat Realität, ist kein Hirngespinst.

Gedanken und Einfälle

267

Religiöse Gesundung — Wir wollen eine gesunde Religion, damit die Sitten wieder gesunden, damit sie besser basiert werden als jetzt, wo sie nur Unglauben und abgestandene Heuchelei zur Basis haben.

An H. Laube. 23. XI. 1835

# XXVI. DAS DRITTE TESTAMENT

Die merkwürdigsten Worte des Neuen Testaments sind für mich die Stelle im Evangelium Johannis, Kap. 16, 12, 13. «Ich habe Euch noch viel zu sagen, aber Ihr könnet es jetzt nicht tragen. Wenn aber jener, der Geist der Wahrheit, kommen wird, der wird Euch in alle Wahrheit leiten. Denn er wird nicht von sich selbst reden, sondern was er hören wird, das wird er reden, und was zukünftig ist, wird er Euch verkündigen.» Das letzte Wort ist also nicht gesagt worden, und hier ist vielleicht der Ring, woran sich eine neue Offenbarung knüpfen läßt. Sie beginnt mit der Erlösung vom Worte, macht dem Märtyrtum ein Ende und stiftet das Reich der ewigen Freude: das Millenium. Alle Verheißungen finden zuletzt die reichste Erfüllung.

Ludwig Börne II - 1839

268

Die verunglückte Christianisierung der Menschheit — Die Juden achteten den Leib als etwas Geringes, als eine armselige Hülle des Ruach hakodasch, des heiligen Hauchs, des Geistes, und nur diesem widmeten sie ihre Sorgfalt, ihre Ehrfurcht, ihren Kultus. Sie wurden daher ganz eigentlich das Volk des Geistes, keusch, genügsam, ernst, abstrakt, halsstarrig, geeignet zum Martyrtum, und ihre sublimste Blüte ist Jesus Christus. Dieser ist im wahren Sinne des Wortes der inkarnierte Geist, und tiefsinnig bedeutungsvoll ist die schöne Legende, daß ihn eine leiblich unberührte, immakulierte Jungfrau, nur durch geistige Empfängnis, zur Welt gebracht habe.

Hatten aber die Juden den Leib nur mit Geringschätzung betrachtet, so sind die Christen auf dieser Bahn noch weiter gegangen, und betrachteten ihn als etwas Verwerfliches, als etwas Schlechtes, als das Übel selbst. Da sehen wir nun, einige Jahrhunderte nach Christi Geburt, eine Religion emporsteigen, welche ewig die Menschheit in Erstaunen setzen, und den spätesten Geschlechtern die schauerlichste Bewunderung abtrotzen wird. Ja, es ist eine große, heilige, mit unendlicher Süßigkeit erfüllte Religion, die dem Geiste auf dieser Erde die unbedingteste Herrschaft erobern wollte. — Aber diese Religion war eben allzuerhaben, allzurein, allzugut für diese Erde, wo ihre Idee nur in der Theorie proklamiert, aber niemals in der Praxis ausgeführt werden konnte. Der Versuch einer Ausführung dieser Idee hat in der Geschichte unendlich viel herrliche Erscheinungen hervorgebracht, und die Poeten aller Zeiten werden noch lange davon singen und sagen. Der Versuch, die Idee des Christentums zur Ausführung zu bringen, ist jedoch, wie wir endlich sehen, aufs kläglichste verunglückt, und dieser unglückliche Versuch hat der Menschheit Opfer gekostet, die unberechenbar sind, und trübselige Folge derselben ist unser jetziges soziales Unwohlsein in ganz Europa.

Religion u. Philosophie in Deutschland II - 1834*

269

REHABILITATION DER MATERIE — Der nächste Zweck aller unserer neuen Institutionen ist die Rehabilitation der Materie, die Wiedereinsetzung derselben in ihre Würde, ihre moralische Anerkennung, ihre religiöse Heiligung, ihre Versöhnung mit dem Geiste. Purusa wird wieder vermählt mit Prakriti. Durch ihre gewaltsame Trennung, wie in der indischen Mythe so sinnreich dargestellt wird, entstand die große Weltzerrissenheit, das Übel.

Wißt Ihr nun, was in der Welt das Übel ist? Die Spiritualisten haben uns immer vorgeworfen, daß bei der pantheistischen Ansicht der Unterschied zwischen dem Guten und dem Bösen aufhöre. Das Böse ist aber einesteils nur ein Wahnbegriff ihrer eignen Weltanschauung, anderenteils ist es ein reelles Ergebnis ihrer eigenen Welteinrichtung. Nach ihrer Weltanschauung ist die Materie an und für sich böse, was doch wahrlich eine Verleumdung ist, eine entsetzliche Gotteslästerung. Die Materie wird nur alsdann böse, wenn sie heimlich konspirieren muß gegen die Usurpationen des Geistes, wenn der Geist sie fletriert hat und sie sich aus Selbstverachtung prostituiert, oder wenn sie gar mit Verzweiflungshaß sich an dem Geiste rächt; und somit wird das Übel nur ein Resultat der spiritualistischen Welteinrichtung.

Gott ist identisch mit der Welt. Er manifestiert sich in den Pflanzen, die ohne Bewußtsein ein kosmisch-magnetisches Leben führen. Er manifestiert sich in den Tieren, die in ihrem sinnlichen Traumleben eine mehr oder minder dumpfe Existenz empfinden. Aber am herrlichsten manifestiert er sich in dem Menschen, der zugleich fühlt und denkt, der sich selbst individuell zu unterscheiden weiß von der objektiven Natur, und schon in seiner Vernunft die Ideen trägt, die sich ihm in der Erscheinungswelt kund geben. Im Menschen kommt die Gottheit zum Selbstbewußtsein, und solches Selbstbewußtsein offenbart sie wieder durch den Menschen. Aber dieses geschieht nicht in dem einzelnen und durch den einzelnen Menschen, sondern in und durch die Gesamtheit der Menschen: so daß jeder Mensch nur einen Teil des Gott-Welt-Alls auffaßt und darstellt, alle Menschen zusammen aber das ganze Gott-Welt-All in der Idee und in der Realität auffassen und darstellen werden. Jedes Volk vielleicht hat die Sendung, einen bestimmten Teil jenes Gott-Welt-Alls zu erkennen und kundzugeben, eine Reihe von Erscheinungen zu begreifen und eine Reihe von Ideen zur Erscheinung zu bringen, und das Resultat den nachfolgenden Völkern, denen eine ähnliche Sendung obliegt, zu überliefern. Gott ist daher der eigentliche Held der Weltgeschichte, diese ist sein beständiges Denken, sein beständiges Handeln, sein Wort, seine Tat; und von der ganzen Menschheit kann man mit Recht sagen, sie ist eine Inkarnation Gottes! Dasselbe

270

Nachahmung der Ganzheit — Lieber Leser, gehörst Du vielleicht zu jenen frommen

Vögeln, die da einstimmen in das Lied von byronischer Zerrissenheit, das mir schon seit zehn Jahren, in allen Weisen, vorgepfiffen und vorgezwitschert worden? Ach, teurer Leser, wenn Du über jene Zerrissenheit klagen willst, so beklage lieber, daß die Welt selbst mitten entzwei gerissen ist. Denn da das Herz des Dichters der Mittelpunkt der Welt ist, so mußte es wohl in jetziger Zeit jämmerlich zerrissen werden. Wer von seinem Herzen rühmt, es sei ganz geblieben, der gesteht nur, daß er ein prosaisches weitabgelegenes Winkelherz hat. Durch das meinige ging aber der große Weltriß, und eben deswegen weiß ich, daß die großen Götter mich vor vielen anderen hoch begnadigt und des Dichtermärtyrtums würdig geachtet haben.

Einst war die Welt ganz, im Altertum und im Mittelalter, trotz der äußeren Kämpfe gabs doch noch immer eine Welteinheit, und es gab ganze Dichter. Wir wollen diese Dichter ehren und uns an ihnen erfreuen; aber jede Nachahmung ihrer Ganzheit ist eine Lüge, eine Lüge, die jedes gesunde Auge durchschaut, und die dem Hohne dann nicht entgeht.

Bäder von Lucca IV - 1829*

271

Überwindung des Traums — Was ist Traum? Was ist Tod? Ist dieser nur eine Unterbrechung des Lebens? oder gänzliches Aufhören desselben? Ja, für Leute, die nur Vergangenheit und Zukunft kennen und nicht in jedem Momente der Gegenwart eine Ewigkeit leben können, ja für solche muß der Tod schrecklich sein! Wenn ihnen die beiden Krücken, Raum und Zeit, entfallen, dann sinken sie ins ewige Nichts.

Und der Traum? Warum fürchten wir uns vor dem Schlafengehn nicht weit mehr als vor dem Begrabenwerden? Ist es nicht furchtbar, daß der Leib eine ganze Nacht leichentot sein kann, während der Geist in uns das bewegteste Leben führt, ein Leben mit allen Schrecknissen jener Scheidung, die wir eben zwischen Leib und Geist gestiftet? Wenn einst, in der Zukunft, beide wieder in unserem Bewußtsein vereinigt sind, dann gibt es vielleicht keine Träume mehr, oder nur kranke Menschen, Menschen deren Harmonie gestört, werden träumen. Nur leise und wenig träumten die Alten; ein starker, gewaltiger Traum war bei ihnen wie ein Ereignis und wurde in die Geschichtsbücher eingetragen. Das rechte Träumen beginnt erst bei den Juden, dem Volke des Geistes, und erreichte seine höchste Blüte bei den Christen, dem Geistervolk. Unsere Nachkommen werden schaudern, wenn sie einst lesen, welch ein gespenstisches Dasein wir geführt, wie der Mensch in uns gespalten war und nur die eine Hälfte ein eigentliches Leben geführt. Unsere Zeit — und sie beginnt am Kreuze Christi — wird als eine große Krankheitsperiode der Menschheit betrachtet werden.

Und doch, welche süße Träume haben wir träumen können! Unsere gesunden Nachkommen werden es kaum begreifen. Um uns her verschwanden alle Herrlichkeiten der Welt, und wir fanden sie wieder in unserer inneren Seele — in unsere Seele flüchtete sich der Duft der zertretenen Rosen und der lieblichste Gesang der verscheuchten Nachtigallen. —

Ich weiß das alles und sterbe an den unheimlichen Ängsten und grauenhaften Süßigkeiten unserer Zeit. Wenn ich des Abends mich auskleide, und zu Bette lege, und die Beine lang ausstrecke, und mich bedecke mit dem weißen Laken: dann schaudre ich manchmal unwillkürlich, und mir kommt in den Sinn, ich sei eine Leiche und ich begrübe mich selbst. Dann schließe ich aber hastig die Augen um diesem schauerlichen Gedanken zu entrinnen, um mich zu retten in das Land der Träume.

Memoiren d. Herrn v. Schnabelewopski XII - 1833

272

Die Übermenschheit — Es ist eine irrige Meinung, daß der Pantheismus die Menschen zum Indifferentismus führe. Im Gegenteil, das Bewußtsein seiner Göttlichkeit wird den Menschen auch zur Kundgebung derselben begeistern, und jetzt erst werden die wahren Großtaten des wahren Heroentums diese Erde verherrlichen.

Die politische Revolution, die sich auf die Prinzipien des französischen Materialismus stützt, wird in den Pantheisten keine Gegner finden, sondern Gehülfen, aber Gehülfen, die ihre Überzeugungen aus einer tieferen Quelle, aus einer religiösen Synthese, geschöpft haben.

Wir befördern das Wohlsein der Materie, das materielle Glück der Völker, nicht weil wir gleich den Materialisten den Geist mißachten, sondern weil wir wissen, daß die Göttlichkeit des Menschen sich auch in seiner leiblichen Erscheinung kundgibt, und das Elend den Leib, das Bild Gottes, zerstört oder aviliert, und der Geist dadurch ebenfalls zu grunde geht. Das große Wort der Revolution, das Saint-Just ausgesprochen: le pain est le droit du peuple, lautet bei uns: le pain est le droit divin de l'homme. Wir kämpfen nicht für die Menschenrechte des Volks, sondern für die Gottesrechte des Menschen. Hierin, und in noch manchen andern Dingen, unterscheiden wir uns von den Männern der Revolution. Wir wollen keine Sansküllotten sein, keine frugalen Bürger, keine wohlfeilen Präsidenten: wir stiften eine Demokratie gleichherrlicher, gleichheiliger, gleichbeseligter Götter. Ihr verlangt einfache Trachten, enthaltsame Sitten und ungewürzte Genüsse; wir hingegen verlangen Nektar und Ambrosia, Purpurmäntel, kostbare Wohlgerüche, Wollust und Pracht, lachenden Nymphentanz, Musik und Komödien. — Religion u. Philosophie in Deutschland II - 1834*

273

## Das Dritte Testament

Auf diesem Felsen bauen wir
Die Kirche von dem dritten,
Dem dritten neuen Testament;
Das Leid ist ausgelitten.

Vernichtet ist das Zweierlei,
Das uns so lang betöret;
Die dumme Leiberquälerei
Hat endlich aufgehöret.

Hörst du den Gott im finstern Meer?
Mit tausend Stimmen spricht er.
Und siehst du über unserm Haupt
Die tausend Gotteslichter?

Der heilge Gott der ist im Licht
Wie in den Finsternissen;
Und Gott ist alles was da ist;
Er ist in unsern Küssen.

Neue Gedichte. Seraphine VII - 1832*

274

DER ÜBERGANGSMENSCH — Ach! ich bin ja noch ein Kind der Vergangenheit, ich bin noch nicht geheilt von jener knechtischen Demut, jener knirschenden Selbstverachtung, woran das Menschengeschlecht seit anderthalb Jahrtausenden siechte, und die wir mit der abergläubischen Muttermilch eingesogen ... Ich darf nicht aussagen, was ich geschaut ... Aber unsere gesünderen Nachkommen werden in freudigster Ruhe ihre Göttlichkeit betrachten, bekennen und behaupten. Sie werden die Krankheit ihrer Väter kaum begreifen können. Es wird ihnen wie ein Märchen klingen, wenn sie hören, daß weiland die Menschen sich alle Genüsse dieser Erde versagten, ihren Leib kasteiten und ihren Geist verdumpften, Mädchenblüten und Jünglingsstolz abschlachteten, beständig logen und greinten, das abgeschmackteste Elend duldeten. . . ich brauche wohl nicht zu sagen wem zu Gefallen! Vorwort zu Weills Novellen. 1847

275

DIE WELT AUS DEN BETTEN JAGEN — Ich bin nicht dazu geeignet ein Kerkermeister der Gedanken zu sein. Bei Gott! ich laß sie los. Mögen sie sich immerhin zu den bedenklichsten Erscheinungen verkörpern, mögen sie immerhin, wie ein toller Bacchantenzug, alle Lande durchstürmen, mögen sie mit ihren Thyrsusstäben unsere unschuldigsten Blumen zerschlagen, mögen sie immerhin in unsere Hospitäler hereinbrechen, und die kranke alte Welt aus ihren Betten jagen — es wird freilich mein Herz sehr bekümmern und ich selber werde dabei zu Schaden kommen! Denn ach! ich gehöre ja selber zu dieser kranken alten Welt, und mit Recht sagt der Dichter: wenn man auch seiner Krücken spottet, so kann man darum doch nicht besser gehen. Ich bin der Krankste von Euch allen und um so bedauernswürdiger, da ich weiß was Gesundheit ist. Ihr aber, Ihr wißt es nicht, Ihr Beneidenswerten! Ihr seid kapabel zu sterben, ohne es selbst zu merken. Religion u. Philosophie in Deutschland III - 1834

276

FÜR DIE MOUCHE

Es träumte mir von einer Sommernacht,
Wo bleich, verwittert, in des Mondes Glanze
Bauwerke lagen, Reste alter Pracht,
Ruinen aus der Zeit der Renaissance.

Nur hie und da, mit dorisch ernstem Knauf,
Hebt aus dem Schutt sich einzeln eine Säule,
Und schaut ins hohe Firmament hinauf,
Als ob sie spotte seiner Donnerkeile.

Gebrochen auf dem Boden liegen rings
Portale, Giebeldächer mit Skulpturen,
Wo Mensch und Tier vermischt, Zentaur und Sphinx,
Satyr, Chimäre — Fabelzeitfiguren.

Es steht ein offner Marmorsarkophag
Ganz unverstümmelt unter den Ruinen,
Und gleichfalls unversehrt im Sarge lag
Ein toter Mann mit leidend sanften Mienen.

Karyatiden mit gerecktem Hals,
Sie scheinen mühsam ihn emporzuhalten.
An beiden Seiten sieht man ebenfalls
Viel basrelief gemeißelte Gestalten.

Hier sieht man des Olympos Herrlichkeit
Mit seinen lüderlichen Heidengöttern,
Adam und Eva stehn dabei, sind beid
Versehn mit keuschem Schurz von Feigenblättern.

Hier sieht man Trojas Untergang und Brand,
Paris und Helena, auch Hektor sah man;
Moses und Aaron gleich daneben stand,
Auch Esther, Judith, Holofern und Haman.

Desgleichen war zu sehn der Gott Amur,
Phöbus Apoll, Vulkanus und Frau Venus,
Pluto und Proserpine und Merkur,
Gott Bacchus und Priapus und Silenus.

Daneben stand der Esel Balaams
— Der Esel war zum Sprechen gut getroffen —
Dort sah man auch die Prüfung Abrahams
Und Lot, der mit den Töchtern sich besoffen.

Hier war zu schaun der Tanz Herodias',
Das Haupt des Täufers trägt man auf der Schüssel,
Die Hölle sah man hier und Satanas,
Und Petrus mit dem großen Himmelsschlüssel.

Abwechselnd wieder sah man hier skulpiert
Des geilen Jovis Brunst und Freveltaten,
Wie er als Schwan die Leda hat verführt,
Die Danäe als Regen von Dukaten.

Hier war zu sehn Dianas wilde Jagd,
Ihr folgten hochgeschürzte Nymphen, Doggen,
Hier sah man Herkules in Frauentracht,
Die Spindel drehend hält sein Arm den Rocken.

Daneben ist der Sinai zu sehn,
Am Berg steht Israel mit seinen Ochsen,
Man schaut den Herrn als Kind im Tempel stehn
Und disputieren mit den Orthodoxen.

Die Gegensätze sind hier grell gepaart,
Des Griechen Lustsinn und der Gottgedanke
Judäas! Und in Arabeskenart
Um beide schlingt der Efeu seine Ranke.

Doch, wunderbar! Derweilen solcherlei
Bildwerke träumend ich betrachtet habe,
Wird plötzlich mir zu Sinn, ich selber sei
Der tote Mann im schönen Marmorgrabe.

Zu Häupten aber meiner Ruhestätt
Stand eine Blume, rätselhaft gestaltet,
Die Blätter schwefelgelb und violett,
Doch wilder Liebreiz in der Blume waltet.

Das Volk nennt sie die Blum der Passion
Und sagt, sie sei dem Schädelberg entsprossen,
Als man gekreuzigt hat den Gottessohn,
Und dort sein welterlösend Blut geflossen.

Blutzeugnis, heißt es, gebe diese Blum,
Und alle Marterinstrumente, welche
Dem Henker dienten bei dem Märtyrtum,
Sie trüge sie abkonterfeit im Kelche.

Ja, alle Requisiten der Passion
Sähe man hier, die ganze Folterkammer,
Zum Beispiel: Geißel, Stricke, Dornenkron,
Das Kreuz, den Kelch, die Nägel und den Hammer.

Solch eine Blum an meinem Grabe stand,
Und über meinen Leichnam niederbeugend,
Wie Frauentrauer, küßt sie mir die Hand,
Küßt Stirne mir und Augen, trostlos schweigend.

Doch, Zauberei des Traumes! Seltsamlich,
Die Blum der Passion, die schwefelgelbe,
Verwandelt in ein Frauenbildnis sich,
Und das ist Sie — die Liebste, ja, die selbe!

Du warst die Blume, du geliebtes Kind,
An deinen Küssen mußt ich dich erkennen.
So zärtlich keine Blumenlippen sind,
So feurig keine Blumentränen brennen!

Geschlossen war mein Aug, doch angeblickt
Hat meine Seel beständig dein Gesichte,
Du sahst mich an, beseligt und verzückt,
Und geisterhaft beglänzt vom Mondenlichte!

Wir sprachen nicht, jedoch mein Herz vernahm,
Was du verschwiegen dachtest im Gemüte —
Das ausgesprochne Wort ist ohne Scham,
Das Schweigen ist der Liebe keusche Blüte.

Lautloses Zwiegespräch! man glaubt es kaum,
Wie bei dem stummen, zärtlichen Geplauder
So schnell die Zeit verstreicht im schönen Traum
Der Sommernacht, gewebt aus Lust und Schauder.

Was wir gesprochen, frag es niemals, ach!
Den Glühwurm frag, was er dem Grase glimmert,
Die Welle frage, was sie rauscht im Bach,
Den Westwind frage, was er weht und wimmert.

Frag, was er strahlet, den Karfunkelstein,
Frag, was sie duften, Nachtviol und Rosen —
Doch frage nie, wovon im Mondenschein
Die Marterblume und ihr Toter kosen!

Ich weiß es nicht, wie lange ich genoß
In meiner schlummerkühlen Marmortruhe
Den schönen Freudentraum. Ach, es zerfloß
Die Wonne meiner ungestörten Ruhe!

O Tod! mit deiner Grabesstille, du,
Nur du kannst uns die beste Wollust geben;
Den Krampf der Leidenschaft, Lust ohne Ruh,
Gibt uns für Glück das albern rohe Leben!

Doch wehe mir! es schwand die Seligkeit,
Als draußen plötzlich sich ein Lärm erhoben;
Es war ein scheltend, stampfend wüster Streit,
Ach, meine Blum verscheuchte dieses Toben!

Ja, draußen sich erhob mit wildem Grimm
Ein Zanken, ein Gekeife, ein Gekläffe,
Ich glaubte zu erkennen manche Stimm —
Es waren meines Grabmals Basrelieffe.

Spukt in dem Stein der alte Glaubenswahn?
Und disputieren diese Marmorschemen?
Der Schreckensruf des wilden Waldgotts Pan
Wetteifernd wild mit Mosis Anathemen!

O, dieser Streit wird enden nimmermehr,
Stets wird die Wahrheit hadern mit dem Schönen,
Stets wird geschieden sein der Menschheit Heer
In zwei Partein: Barbaren und Hellenen.

Das fluchte, schimpfte! gar kein Ende nahms
Mit dieser Kontroverse, der langweilgen,
Da war zumal der Esel Balaams,
Der überschrie die Götter und die Heilgen!

Mit diesem I-A, I-A, dem Gewiehr,
Dem schluchzend ekelhaften Mißlaut, brachte
Mich zur Verzweiflung schier das dumme Tier,
Ich selbst zuletzt schrie auf — und ich erwachte.

**Heines letztes Gedicht. Januar 1856***

## XXVII. TRAGÖDIE

Die Gestalt der wahren Sphinx
Weicht nicht ab von der des Weibes;
Faselei ist jener Zusatz
Des betatzten Löwenleibes.

Todesdunkel ist das Rätsel
Dieser wahren Sphinx. Es hatte
Kein so schweres zu erraten
Frau Jokastens Sohn und Gatte.

Doch zum Glücke kennt sein eignes
Rätsel nicht das Frauenzimmer;
Spräch es aus das Lösungswort,
Fiele diese Welt in Trümmer.

Gedichte / 1853 und 1854

277

### Tragödie

I

Entflieh mit mir und sei mein Weib,
Und ruh an meinem Herzen aus;
Fern in der Fremde sei mein Herz
Dein Vaterland und Vaterhaus.

Gehst du nicht mit, so sterb ich hier
Und du bist einsam und allein;
Und bleibst du auch im Vaterhaus,
Wirst doch wie in der Fremde sein.

II

(Dieses ist ein wirkliches Volkslied, welches ich am Rheine gehört)

Es fiel ein Reif in der Frühlingsnacht,
Er fiel auf die zarten Blaublümelein,
Sie sind verwelket, verdorret.

Ein Jüngling hatte ein Mädchen lieb,
Sie flohen heimlich von Hause fort,
Es wußt weder Vater noch Mutter.

Sie sind gewandert hin und her,
Sie haben gehabt weder Glück noch Stern,
Sie sind verdorben, gestorben.

III

Auf ihrem Grab da steht eine Linde,
Drin pfeifen die Vögel und Abendwinde,
Und drunter sitzt, auf dem grünen Platz
Der Müllersknecht mit seinem Schatz.

Die Winde die wehen so lind und so schaurig,
Die Vögel die singen so süß und so traurig,
Die schwatzenden Buhlen, die werden stumm,
Sie weinen und wissen selbst nicht warum.

Neue Gedichte. 1827*

278

Es fällt ein Stern herunter
Aus seiner funkelnden Höh!
Das ist der Stern der Liebe,
Den ich dort fallen seh.

Es fallen vom Apfelbaume
Der Blüten und Blätter viel!
Es kommen die neckenden Lüfte,
Und treiben damit ihr Spiel.

Es singt der Schwan im Weiher,
Und rudert auf und ab,
Und immer leiser singend,
Taucht er ins Flutengrab.

Es ist so still und dunkel!
Verweht ist Blatt und Blüt,
Der Stern ist knisternd zerstoben,
Verklungen das Schwanenlied.

Buch der Lieder. Lyrisches Intermezzo. 1822

279

Wo ich bin, mich rings umdunkelt
Finsternis, so dumpf und dicht,
Seit mir nicht mehr leuchtend funkelt,
Liebste, deiner Augen Licht.

Mir erloschen ist der süßen
Liebessterne goldne Pracht,
Abgrund gähnt zu meinen Füßen —
Nimm mich auf, uralte Nacht!

Buch der Lieder. Lyrisches Intermezzo. 1823*

280

In meiner Erinnrung erblühen
Die Bilder, die längst verwittert —
Was ist in deiner Stimme,
Das mich so tief erschüttert?

Sag nicht, daß du mich liebst!
Ich weiß, das Schönste auf Erden,
Der Frühling und die Liebe,
Es muß zu Schanden werden.

Sag nicht, daß du mich liebst!
Und küsse nur und schweige,
Und lächle, wenn ich dir morgen
Die welken Rosen zeige.

Neue Gedichte. Neuer Frühling. 1827*

## 281

SCHATTENKÜSSE, Schattenliebe,
Schattenleben, wunderbar!
Glaubst du, Närrin, alles bliebe
Unverändert, ewig wahr?

Was wir lieblich fest besessen,
Schwindet hin, wie Träumerein,
Und die Herzen, die vergessen,
Und die Augen schlafen ein.

Neue Gedichte. Seraphine IX - 1831

## 282

### DER ASRA

TÄGLICH ging die wunderschöne
Sultanstochter auf und nieder
Um die Abendzeit am Springbrunn,
Wo die weißen Wasser plätschern.

Täglich stand der junge Sklave
Um die Abendzeit am Springbrunn,
Wo die weißen Wasser plätschern;
Täglich war er bleich und bleicher.

Eines Abends trat die Fürstin
Auf ihn zu mit raschen Worten:
Deinen Namen will ich wissen,
Deine Heimat, deine Sippschaft!

Und der Sklave sprach: Ich heiße
Mohamet, ich bin aus Yemmen,
Und mein Stamm sind jene Asra,
Welche sterben, wenn sie lieben.

Romanzero I - 1846*

283

NEUE Melodieen spiel ich
Auf der neugestimmten Zither.
Alt ist der Text! Es sind die Worte
Salomos: das Weib ist bitter.

Ungetreu ist sie dem Freunde,
Wie sie treulos dem Gemahle!
Wermut sind die letzten Tropfen
In der Liebe Goldpokale.

Also wahr ist jene Sage
Von dem dunklen Sündenfluche,
Den die Schlange dir bereitet,
Wie es steht im alten Buche?

Kriechend auf dem Bauch, die Schlange,
Lauscht sie noch in allen Büschen,
Kost mit dir noch jetzt wie weiland,
Und du hörst sie gerne zischen.

Ach, es wird so kalt und dunkel!
Um die Sonne flattern Raben,
Und sie krächzen. Lust und Liebe
Ist auf lange jetzt begraben.

Auf die letzten welken Blumen,
Auf die letzten güldnen Flitter
Meines Glückes schau ich nieder
Kummervoll! Das Weib ist bitter! —

Neue Gedichte. Hortense V - 1833*

Antonius und Kleopatra — Wie jener Speer des Achilles, welcher die Wunden, die er schlug, wieder heilen konnte, so kann der Mund des Liebenden mit seinen Küssen auch die tödlichsten Stiche wieder heilen, womit sein scharfes Wort das Gemüt des Geliebten verletzt hat... Und nach jeder Schändlichkeit, welche die alte Nilschlange gegen den römischen Wolf ausübte, und nach jeder Schimpfrede, die dieser darüber losheulte, züngeln sie beide miteinander um so zärtlicher; noch im Sterben drückt er auf ihre Lippen von so vielen Küssen noch den letzten Kuß...

Aber auch sie, die ägyptische Schlange, wie liebt sie ihren römischen Wolf! Ihre Verrätereien sind nur äußerliche Windungen der bösen Wurmnatur, sie übt dergleichen mehr mechanisch aus angeborner oder angewöhnter Unart... aber in der Tiefe ihrer Seele wohnt die unwandelbarste Liebe für Antonius, sie weiß es selbst nicht, daß diese Liebe so stark ist, sie glaubt manchmal diese Liebe überwinden oder gar mit ihr spielen zu können, und sie irrt sich, und dieser Irrtum wird ihr erst recht klar in dem Augenblick, wo sie den geliebten Mann auf immer verliert.

Diese Kleopatra ist ein Weib. Sie liebt und verrät zu gleicher Zeit. Es ist ein Irrtum zu glauben, daß die Weiber, wenn sie uns verraten, auch aufgehört haben uns zu lieben. Sie folgen nur ihrer angebornen Natur; und wenn sie auch nicht den verbotenen Kelch leeren wollen, so möchten sie doch manchmal ein bißchen nippen, an dem Rande lecken, um wenigstens zu kosten, wie Gift schmeckt.

Ja, diese Kleopatra ist ein Weib, in der holdseligsten und vermaledeitesten Bedeutung des Wortes! Sie erinnert mich an jenen Ausspruch Lessings: als Gott das Weib schuf, nahm er den Ton zu fein. Die Überzartheit seines Stoffes verträgt sich nun selten mit den Ansprüchen des Lebens. Dieses Geschöpf ist zu gut und zu schlecht für diese Welt. Die lieblichsten Vorzüge werden hier die Ursache der verdrießlichsten Gebrechen. Mit entzückender Wahrheit schildert Shakespeare schon gleich beim Auftreten der Kleopatra den bunten flatterhaften Launengeist, der im Kopfe der schönen Königin beständig rumort, nicht selten in den bedenklichsten Fragen und Gelüsten übersprudelt, und vielleicht eben als der letzte Grund von all ihrem Tun und Lassen zu betrachten ist.

Es ist äußerst gefährlich, sich mit einer Person, wie die Kleopatra, in ein näheres Verhältnis einzulassen. Ein Held kann dadurch zugrunde gehen, aber auch nur ein Held. Der lieben Mittelmäßigkeit droht hier, wie überall, keine Gefahr. Shakespeares Mädchen und Frauen. 1838

285

Frau Venus, meine schöne Frau,
Von süßem Wein und Küssen
Ist meine Seele geworden krank;
Ich schmachte nach Bitternissen.

Wir haben zuviel gescherzt und gelacht,
Ich sehne mich nach Tränen,
Und statt mit Rosen möcht ich mein Haupt
Mit spitzen Dornen krönen.

Neue Gedichte. Der Tannhäuser. 1836*

286

HEINE SELBER TANNHÄUSER — Vous auriez une juste idée du triste état de ma santé morale, si vous saviez quelle réaction se fait depuis peu dans mon esprit par rapport aux doctrines religieuses dont on me connaît l'adversaire. Mes opinions sont en contradiction d'avec mes sentiments; je porte un chapelet de roses sur la tête et la douleur dans mon cœur. J'ai soif d'unité morale, de faire harmoniser mes opinions avec mes sentiments; il faut que j'arrache toutes les feuilles roses de mon chapelet, afin qu'il ne reste qu'une couronne d'épines, ou que j'anéantisse toutes les souffrances de mon cœur, et que je les remplace par de nouvelles joies. Mais, hélas! je les combats en vain, ces douleurs; elles sont cuirassées, et les armes les plus acérées de la raison s'emoussent contre elles. An Prinzessin Cristina Belgiojoso. 30. X. 1836*

287

VERDAMMT ZUR NIEDRIGEN LIEBE — Den Überbringer habe ich leider nicht sehen können, da ich mich auf dem Lande befand, bei Saint-Germain, auf dem Schlosse des schönsten und edelsten und geistreichsten Weibes ... in welches ich aber nicht verliebt bin. Ich bin verdammt, nur das Niedrigste und Törichtste zu lieben ... begreifen Sie, wie das einen Menschen quälen muß, der stolz und sehr geistreich ist? An H. Laube. 27. IX. 1835*

288

HEUT Nacht, im Traum, unglücklicherweis,
Tät ich an der schmutzigsten Magd mich laben,
Und ich konnte doch für denselben Preis
Die allerschönste Prinzessin haben.

An R. Christiani. 19. IX. 1827

289

MATHILDE — Meine Leidenschaftlichkeit für Mathilde wird täglich chronischer; sie führt sich gut auf — jetzt quält sie mich mehr im Traume als in der Wirklichkeit — aber der geträumte Kummer und düstere Zukunftsgedanken verbittern meine Tage. Ich genieße in vollen Zügen die Schmerzen des Besitzes.

An Joh. Herm. Detmold. 3. X. 1837

290

HOMÖOPATHIE DER LIEBE — Welche schreckliche Krankheit ist die Frauenliebe! Da hilft keine Inokulation [Impfung], wie wir leider gesehen. Sehr gescheute und erfahrene Ärzte raten zu Ortsveränderung und meinen, mit der Entfernung von der Zauberin zerreiße auch der Zauber. Das Prinzip der Homöopathie, wo das Weib uns heilet von dem Weibe, ist vielleicht das probateste. Memoiren. 1855

# XXVIII. FRAUEN

291

JÜDINNEN — Die schöne Sara, die auf einem ebenfalls erhabenen Sammetsessel an [ihres Mannes] Seite saß, trug als Wirtin nichts von ihrem Geschmeide, nur weißes Linnen umschloß ihren schlanken Leib und ihr frommes Antlitz. Dieses Antlitz war rührend schön, wie denn überhaupt die Schönheit der Jüdinnen von eigentümlich rührender Art ist; das Bewußtsein des tiefen Elends, der bittern Schmach und der schlimmen Fahrnisse, worinnen ihre Verwandten und Freunde leben, verbreitet über ihre holden Gesichtszüge eine gewisse leidende Innigkeit und beobachtende Liebesangst, die unsere Herzen sonderbar bezaubern. So saß heute die schöne Sara und sah beständig nach den Augen ihres Mannes; dann und wann schaute sie auch nach der vor ihr liegenden Agade, dem hübschen, in Gold und Samt gebundenen Pergamentbuche, einem alten Erbstück mit verjährten Weinflecken aus den Zeiten ihres Großvaters.

Rabbi von Bacherach. 1825

292

Du bist wie eine Blume,
So hold und schön und rein;

Ich schau dich an, und Wehmut
Schleicht mir ins Herz hinein.

Mir ist, als ob ich die Hände
Aufs Haupt dir legen sollt,
Betend, daß Gott dich erhalte
So rein und schön und hold.

Buch der Lieder. Heimkehr. 1823*

293

Polinnen — Jetzt aber knien Sie nieder, oder wenigstens ziehen Sie den Hut ab — ich spreche von Polens Weibern. Mein Geist schweift an den Ufern des Ganges, und sucht die zartesten und lieblichsten Blumen, um sie damit zu vergleichen. Aber was sind gegen diese Holden alle Reize der Mallika, der Kuwalaja, der Oschadhi, der Nagakesarblüten, der heiligen Lotosblumen, und wie sie alle heißen mögen — Kamalata, Pedma, Kamala, Tamala, Çirischa usw.!! Hätte ich den Pinsel Raffaels, die Melodien Mozarts und die Sprache Calderons, so gelänge es mir vielleicht, Ihnen ein Gefühl in die Brust zu zaubern, das Sie empfinden würden, wenn eine wahre Polin, eine Weichsel-Aphrodite, vor Ihren hochbegnadigten Augen leibhaftig erschiene. Aber was sind raffaelsche Farbenkleckse gegen diese Altarbilder der Schönheit, die der lebendige Gott in seinen heitersten Stunden fröhlich hingezeichnet! Was sind mozartsche Klimpereien gegen die Worte, die gefüllten Bonbons für die Seele, die aus den Rosenlippen dieser Süßen hervorquellen! Was sind alle calderonischen Sterne der Erde und Blumen des Himmels gegen diese Holden, die ich ebenfalls, auf gut calderonisch, Engel der Erde benamse, weil ich die Engel selbst Polinnen des Himmels nenne! Ja, mein Lieber, wer in ihre Gazellenaugen blickt, glaubt an den Himmel, und wenn er der eifrigste Anhänger des Barons Holbach war.

Über Polen. 1822

294

ITALIENERINNEN — Ich weiß nicht, ob andere Reisende hier das Beiwort «schön» billigen werden; mir aber gefielen die Trienterinnen ganz ausnehmend gut. Es war just die Sorte, die ich liebe: — und ich liebe diese blassen, elegischen Gesichter, wo die großen, schwarzen Augen so liebeskrank herausstrahlen; ich liebe auch den dunkeln Teint jener stolzen Hälse, die schon Phöbos geliebt und braun geküßt hat; ich liebe sogar jene überreifen Nacken, worin purpurne Pünktchen, als hätten lüsterne Vögel daran gepickt; vor allem aber liebe ich jenen genialen Gang, jene stumme Musik des Leibes, jene Glieder, die sich in den süßesten Rhythmen bewegen, üppig, schmiegsam, göttlich liederlich, sterbefaul, dann wieder ätherisch erhaben, und immer hochpoetisch. Ich liebe dergleichen, wie ich die Poesie selbst liebe, und diese melodisch bewegten Gestalten, dieses wunderbare Menschenkonzert, das an mir vorüberrauschte, fand sein Echo in meinem Herzen und weckte darin die verwandten Töne. Nie hat mich etwas wehmütiger gestimmt, als der Anblick einer Trienterin, die an Gestalt und Gesichtsfarbe einer marmornen Göttin glich, und auf diesem antik edlen Leib ein Kleid von braungestreiftem Kattun trug, so daß es aussah, als sei die steinerne Niobe plötzlich lustig geworden, und habe sich maskiert in unsere moderne Kleintracht, und schreite bettelstolz und grandios unbeholfen durch die Straßen Trients.

Reise von München nach Genua XVII - 1828

295

Italienerinnen in der Oper — Aber wie schön sind sie erst diese Italienerinnen, wenn die Musik ihre Gesichter beleuchtet. Ich sage beleuchtet, denn die Wirkung der Musik, die ich, in der Oper, auf den Gesichtern der schönen Frauen bemerke, gleicht ganz jenen Licht- und Schatteneffekten, die uns in Erstaunen setzen, wenn wir Statuen in der Nacht bei Fackelschein betrachten. Diese Marmorbilder offenbaren uns dann, mit erschreckender Wahrheit, ihren innewohnenden Geist und ihre schauerlichen stummen Geheimnisse. In derselben Weise gibt sich uns auch das ganze Leben der schönen Italienerinnen kund, wenn wir sie in der Oper sehen; die wechselnden Melodien wecken alsdann in ihrer Seele eine Reihe von Gefühlen, Erinnerungen, Wünschen und Ärgernissen, die sich alle augenblicklich in den Bewegungen ihrer Züge, in ihrem Erröten, in ihrem Erbleichen, und gar in ihren Augen aussprechen. Wer zu lesen versteht, kann alsdann auf ihren schönen Gesichtern sehr viel süße und interessante Dinge lesen, Geschichten die so merkwürdig wie die Novellen des Boccaccio, Gefühle die so zart wie die Sonette des Petrarca, Launen die so abenteuerlich wie die Ottaverime des Ariosto, manchmal auch furchtbare Verräterei und erhabene Bosheit, die so poetisch wie die Hölle des großen Dante. Da ist es der Mühe wert, hinaufzuschauen nach den Logen. Florentinische Nächte I - 1835

296

PARISERINNEN — Ich kenne nichts Treffenderes als die Legende, daß die Pariserinnen mit allen möglichen Fehlern zur Welt kommen, daß aber eine holde Fee sich ihrer erbarmt und jedem ihrer Fehler einen Zauber verleiht, wodurch er sogar als ein neuer Liebreiz wirkt. Diese holde Fee ist die Grazie.

Sind ihre Gesichter schön? Auch dieses wäre schwierig zu ermitteln. Denn alle ihre Gesichtszüge sind in beständiger Bewegung, jede Pariserin hat tausend Gesichter, eins lachender, geistreicher, holdseliger als das andere, und setzt denjenigen in Verlegenheit, der darunter das schönste Gesicht auswählen oder gar das wahre Gesicht erraten will. Sind ihre Augen groß? Was weiß ich! Wir untersuchen nicht lange das Kaliber der Kanone, wenn ihre Kugel uns den Kopf entführt. Und wen sie nicht treffen, diese Augen, den blenden sie wenigstens durch ihr Feuer, und er ist froh genug sich in sicherer Schußweite zu halten. Ist der Raum zwischen Nase und Mund bei ihnen breit oder schmal? Manchmal ist er breit, wenn sie die Nase rümpfen; manchmal ist er schmal, wenn ihre Oberlippe sich übermütig bäumt. Ist ihr Mund groß oder klein? Wer kann wissen wo der Mund aufhört und das Lächeln beginnt? Damit ein richtiges Urteil gefällt werde, muß der Beurteilende und der Gegenstand der Beurteilung sich im Zustande der Ruhe befinden. Aber wer kann ruhig bei einer Pariserin sein und welche Pariserin ist jemals ruhig? Es gibt Leute, welche glauben, sie könnten den Schmetterling ganz genau betrachten, wenn sie ihn mit einer Nadel aufs Papier festgestochen haben. Das ist ebenso töricht wie grausam. Der angeheftete, ruhige Schmetterling ist kein Schmetterling mehr. Den Schmetterling muß man betrachten wenn er um die Blumen gaukelt... und die Pariserin muß man betrachten, nicht in ihrer Häuslichkeit, wo sie mit der Nadel in die Brust befestigt ist, sondern im Salon, bei Soireen und Bällen, wenn sie mit den gestickten Gaze- und Seidenflügeln dahinflattert, unter den blitzenden Kristallkronen der Freude! Dann offenbart sich bei ihnen eine hastige Lebenssucht, eine Begier nach süßer Betäubung, ein Lechzen nach Trunkenheit, wodurch sie fast grauenhaft verschönert werden und einen Reiz gewinnen, der unsere Seele zugleich entzückt und erschüttert.

Florentinische Nächte II - 1835

297

Hände — Zuvörderst muß ich eingestehen: — ich war nicht wert, diese Hand zu küssen. Es war eine schöne Hand, so zart, durchsichtig, glänzend, süß, duftig, sanft, lieblich — wahrhaftig, ich muß nach der Apotheke schicken, und mir für zwölf Groschen Beiwörter kommen lassen.

Auf dem Mittelfinger saß ein Ring mit einer Perle — ich sah nie eine Perle, die eine klägliche Rolle spielte — auf dem Goldfinger trug sie einen Ring mit einer blauen Antike — ich habe Stunden lang Archäologie daran studiert — auf dem Zeigefinger trug sie einen Diamant — es war ein Talisman, so lange ich ihn sah, war ich glücklich, denn wo er war, war ja auch der Finger, nebst seinen vier Kollegen — und mit allen fünf Fingern schlug sie mir oft auf den Mund. Seitdem ich solchermaßen manupoliert worden, glaube ich steif und fest an den Magnetismus. Aber sie schlug nicht hart, und wenn sie schlug, hatte ich es immer verdient durch irgend eine gottlose Redensart, und wenn sie mich geschlagen hatte, so bereuete sie es gleich und nahm einen Kuchen, brach ihn entzwei, und gab mir die eine und dem braunen Dachse die andere Hälfte, und lächelte . . . Das Buch Le Grand XVII - 1826

*

Ich küßte Myladys Hand fast inniger als ehemals, obgleich sie minder vollblühend war und einige Adern, etwas allzublau hervortretend, mir ebenfalls zu sagen schienen: Mathilde hat unterdessen viel gelitten. Bäder von Lucca I - 1829

*

Beim Abschied gab sie mir beide Hände — es waren weiße, süße Hände, und rein wie eine Hostie.

Das Buch Le Grand V - 1826

*

In einem solchen [Beicht]stuhle saß ein junger Mönch mit ernster Miene, das Gesicht der Dame, die ihm ihre Sünden beichtete, war mir aber teils durch ihren weißen Schleier, teils durch das Seitenbrett des Beichtstuhls verborgen. Doch kam außerhalb desselben eine Hand zum Vorschein, die mich gleichsam festhielt. Ich konnte nicht aufhören diese Hand zu betrachten; das bläuliche Geäder und der vornehme Glanz der weißen Finger war mir so befremdlich wohlbekannt, und alle Traumgewalt meiner Seele kam in Bewegung, um ein Gesicht zu bilden, das zu dieser Hand gehören konnte. Es war eine schöne Hand, und nicht wie man sie bei jungen Mädchen findet, die halb Lamm, halb Rose, nur gedankenlose, vegetabil animalische Hände haben, sie hatte vielmehr so etwas Geistiges, so etwas geschichtlich Reizendes, wie die Hände von schönen Menschen, die sehr gebildet sind oder viel gelitten haben. Diese Hand hatte dabei auch so etwas rührend Unschuldiges, daß es schien, als ob sie nicht mitzubeichten brauche, und auch nicht hören wolle was ihre Eigentümerin beichtete, und gleichsam draußen warte, bis diese fertig sei. Das dauerte aber lange; die Dame mußte viele Sünden zu erzählen haben. Ich konnte nicht länger warten, meine Seele drückte einen unsichtbaren Abschiedskuß auf die schöne Hand, diese zuckte in demselben Momente, und zwar so eigentümlich, wie die Hand der toten Maria zu zucken pflegte, wenn ich sie berührte. Um Gotteswillen, dacht ich, was tut die tote Maria in Trient? — und ich eilte aus dem Dome.

Reise von München nach Genua XV - 1828

*

[Prinzessin Katharina] hat hier ein wahres Vogelgesicht, und die Augen sehen aus wie geborgt. Sind es etwa Papageienfedern, die sie auf dem Haupte trägt, und soll damit ihre nachplappernde Gelehrigkeit angedeutet werden? Sie hat kleine, weiße, neugierige Hände. · Eitel Putzliebe und Gefallsucht ist ihr ganzes Wesen, und sie weiß mit dem Fächer allerliebst zu spielen. Ich wette ihre Füßchen kokettieren mit dem Boden worauf sie wandeln.

Shakespeares Mädchen und Frauen. 1838

298

HEINES HÄNDE — Seine Hände waren von der zartesten Form, gleichsam durchgeistigt, und alabasterweiß. Sie erschienen namentlich in ihrer vollen Schönheit, wenn Heine in vertrautem Kreise gebeten wurde, das herrliche Rheinlied: «Wie der Mond sich leuchtend dränget» zu deklamieren. Er pflegte sich dann zu erheben und die feine weiße Hand weit vorzustrecken.

G. Knille. Erinnerungen. 1824

Es hat wohl niemals weißere und feiner geformte Hände gegeben.

Philibert Audebrand. 1838

Seine Hand schien mir wie aus Elfenbein geschnitzt, die Hand eines gekreuzigten Christus.

Henri Julia. Etwa 1852

Wunderbar aber noch waren Heines Hände, durchsichtig, leuchtend, von weiblicher Zartheit, ganz Anmut und Geist... Hände, so einzigartig, wie es ähnliches nur im Märchen gibt und die verdienten zitiert zu werden wie Aschenbrödels Füßchen. Emile Montégut. 14. XI. 1855

Mühsam streckte mir der Dichter eine zarte, gebrechliche, matte Hand entgegen, die so weiß war wie eine Hostie, eine Krankenhand, die seit Jahren niemals mehr an der frischen Luft gewesen..., nie war eine knöcherne Totenhand mit einer zarteren, geschmeidigeren, samtigeren und glatteren Haut bedeckt. Blutwärme brachte nur noch das Fieber in diese Hand hinein, und doch, als ich sie berührte, erschauerte ich, als wenn ich eine Totenhand gefaßt hielte.

Théophile Gautier. Januar 1856

299

WIE DIE FRAUEN SO DIE KÜCHE — Von hohem idealischen Standpunkte betrachtet, haben die Weiber überall eine gewisse Ähnlichkeit mit der Küche des Landes. Sind die britischen Schönen nicht ebenso gesund, nahrhaft, solide, konsistent, kunstlos und doch so vortrefflich wie Altenglands einfach gute Kost: Rostbeaf, Hammelbraten, Pudding in flammendem Kognak, Gemüse in Wasser gekocht, nebst zwei Saucen, wovon die eine aus gelassener Butter besteht?

Da lächelt kein Frikassee, da täuscht kein flatterndes Vol-au-vent, da seufzt kein geistreiches Ragout, da tändeln nicht jene tausendartig gestopften, gesottenen, aufgehüpften, gerösteten, durchzückerten, pikanten, deklamatorischen und sentimentalen Gerichte, die wir bei einem französischen Restaurant finden, und die mit den schönen Französinnen selbst die größte Ähnlichkeit bieten! Merken wir doch nicht selten, daß bei diesen ebenfalls der eigentliche Stoff nur als Nebensache betrachtet wird, daß der Braten selber manchmal weniger wert ist als die Sauce, daß hier Geschmack, Grazie und Eleganz die Hauptsache sind. Italiens gelbfette, leidenschaftgewürzte, humoristisch garnierte, aber doch schmachtend idealische Küche trägt ganz den Charakter der italienischen Schönen. O, wie sehne ich mich manchmal nach den lombardischen Stuffados, nach den Tagliarinis und Broccolis des holdseligen Toskana! Alles schwimmt in Öl, träge und zärtlich, und trillert Rossinis süße Melodieen, und weint vor Zwiebelduft und Sehnsucht! Den Makkaroni mußt du aber mit den Fingern essen, und dann heißt er: Beatrice!

Von der deutschen Küche kein Wort. Sie hat alle möglichen Tugenden und nur einen einzigen Fehler; ich sage aber nicht welchen. Da gibts gefühlvolles, jedoch unentschlossenes Backwerk, verliebte Eierspeisen, tüchtige Dampfnudeln, Gemütssuppe mit Gerste, Pfannkuchen mit Äpfel und Speck, tugendhafte Hausklöße, Sauerkohl — wohl dem, der es verdauen kann.

Was die holländische Küche betrifft, so unterscheidet sie sich von letzterer, erstens durch die Reinlichkeit, zweitens durch die eigentliche Leckerkeit. Besonders ist die Zubereitung der Fische unbeschreibbar liebenswürdig. Rührend inniger, und doch zugleich tiefsinnlicher Selleriedufft. Selbstbewußte Naivität und Knoblauch. Tadelhaft jedoch ist es, daß sie Unterhosen von Flanell tragen; nicht die Fische, sondern die schönen Töchter des meerumspülten Hollands.

Memoiren d. Herrn v. Schnabelewopski VIII - 1833

300

Die grosse Frauenfrage — Große, außerordentliche Talente bewundern wir, die sich hier [auf der französischen Bühne] um so zahlreicher entfalten konnten, da die Frauen durch eine ungerechte Gesetzgebung, durch die Usurpation der Männer, von allen politischen Ämtern und Würden ausgeschlossen sind und ihre Fähigkeiten nicht auf den Brettern des Palais Bourbon und des Luxembourg geltend machen können. Lutezia. 30. IV. 1840

*

So viel ist aber gewiß, daß der Prozeß der Dame von Glandier [der die Jury als Gattenmörderin eine moralische Notwehr zuerkannte], ein wichtiges Aktenstück ist, wenn man sich mit der großen Frauenfrage beschäftigt, von deren Lösung das ganze gesellschaftliche Leben Frankreichs abhängt. Die außerordentliche Teilnahme, die jener Prozeß erregt, entspringt aus dem Bewußtsein eignen Leids. Ihr armen Frauen, ihr seid wahrhaftig übel dran. Die Juden in ihren Gebeten danken täglich dem lieben Gott, daß er sie nicht als Frauenzimmer zur Welt kommen ließ. Naives Gebet von Menschen, die eben durch Geburt nicht glücklich sind, aber ein weibliches Geschöpf zu sein für das schrecklichste Unglück halten! Sie haben recht, selbst in Frankreich, wo das weibliche Elend mit so vielen Rosen bedeckt wird.

Dasselbe. 1. X. 1840

301

... GOTTES STIMME — Wie die Frauen derartiges empfinden! Wie sie oft erraten, was wir selbst kaum in uns erkennen! Man sollte nicht sagen: vox populi, vox dei — sondern Frauen Stimme, Gottes Stimme.

Zu Fanny Lewald X. 1850

# XXIX. WELTLITERATUR

302

Aristophanes — Nach [Tiecks] Beispiel erhielten wir Lustspiele, deren komische Wirkung nicht durch einen launigen Charakter oder durch eine spaßhafte Intrige herbeigeführt wird, sondern die uns gleich unmittelbar in eine komische Welt versetzen, in eine Welt, wo die Tiere wie Menschen sprechen und handeln, und wo Zufall und Willkür an die Stelle der natürlichen Ordnung der Dinge getreten ist. Dieses finden wir auch bei Aristophanes. Nur daß letzterer diese Form gewählt, um uns seine tiefsinnigsten Weltanschauungen zu offenbaren, wie zum Beispiel in den «Vögeln», wo das wahnwitzigste Treiben der Menschen, ihre Sucht, in der leeren Luft die herrlichsten Schlösser zu bauen, ihr Trotz gegen die ewigen Götter, und ihre eingebildete Siegesfreude in den possierlichsten Fratzen dargestellt ist. Darum eben ist Aristophanes so groß, weil seine Weltansicht so groß war, weil sie größer, ja tragischer war als die der Tragiker selbst, weil seine Komödien wirklich «scherzende Tragödien» waren; denn z. B. Peithetairos wird nicht am Ende des Stückes, wie etwa ein moderner Dichter tun würde, in seiner lächerlichen Nichtigkeit dargestellt; sondern vielmehr er gewinnt die Basileia, die schöne wundermächtige Basileia, er steigt mit dieser himmlischen Gemahlin empor in seine Luftstadt, die Götter sind gezwungen, sich seinem Willen zu fügen, die Narrheit feiert ihre Vermählung mit der Macht, und das Stück schließt mit jubelnden Hymenäen. Gibt es für einen vernünftigen Menschen etwas grauenhaft Tragischeres als dieser Narrensieg und Narrentriumph!

Romantische Schule II - 1833

303

Das Nibelungenlied — Das Interesse für [unsere Geschichte] ist zwar jetzt nicht sonderlich rege im Volke. Es ist sogar der Fall, daß gegenwärtig das Studium altdeutscher Kunst- und Geschichtsdenkmale im allgemeinen übel akkreditiert ist. Möge bald die Zeit kommen, wo man auch dem Mittelalter sein Recht widerfahren läßt, wo kein alberner Apostel seichter Aufklärung ein Inventarium der Schattenpartien des großen Gemäldes verfertigt, um seiner lieben Lichtzeit dadurch ein Kompliment zu machen; wo kein gelehrter Schulknabe Parallelen zieht zwischen dem Kölner Dom und dem Pantheon, zwischen dem «Nibelungen-Lied» und der «Odyssee», wo man die Mittelalter-Herrlichkeiten aus ihrem organischen Zusammenhange erkennt, und nur mit sich selbst vergleicht, und das Nibelungen-Lied einen versifizierten Dom und den Kölner Dom ein steinernes Nibelungen-Lied nennt. Über Polen. 1822

304

Shakespeare — Der liebe Gott hat natürlich auf den ersten Platz Anspruch, aber bestimmt gebührt der zweite Platz Shakespeare.

Zu Camille Selden. 1855

305

Racine — Racine war der erste moderne Dichter, wie Ludwig XIV. der erste moderne König war. In Corneille atmet noch das Mittelalter. In ihm und in der Fronde röchelt noch das alte Rittertum. Man nennt ihn auch deshalb manchmal romantisch. In Racine ist aber die Denkweise des Mittelalters ganz erloschen; in ihm erwachen lauter neue Gefühle; er ist das Organ einer neuen Gesellschaft; in seiner Brust dufteten die ersten Veilchen unseres modernen Lebens; ja wir könnten sogar schon die •Lorbeeren darin knospen sehen, die erst später, in der jüngsten Zeit, so gewaltig emporschossen. Wer weiß, wie viel Taten aus Racines zärtlichen Versen erblüht sind! Die französischen Helden, die bei den Pyramiden, bei Marengo, bei Austerlitz, bei Moskau und bei Waterloo begraben liegen, sie hatten alle einst Racines Verse gehört, und ihr Kaiser hatte sie gehört aus dem Munde Talmas. Ob Euripides ein größerer Dichter ist als Racine, das weiß ich nicht. Aber ich weiß, daß letzterer eine lebendige Quelle von Liebe und Ehrgefühl war, und mit seinem Tranke ein ganzes Volk berauscht und entzückt und begeistert hat. Was verlangt Ihr mehr von einem Dichter? Wir sind alle Menschen, wir steigen ins Grab und lassen zurück unser Wort, und wenn dieses seine Mission erfüllt hat, dann kehrt es zurück in die Brust Gottes, den Sammelplatz der Dichterworte, die Heimat aller Harmonie.

Romantische Schule II - 1833

306

CERVANTES, SHAKESPEARE, GOETHE — Cervantes, Shakespeare und Goethe bilden das Dichtertriumvirat, das in den drei Gattungen poetischer Darstellung, im Epischen, Dramatischen und Lyrischen, das Höchste hervorgebracht. Nicht bloß die Alten, sondern auch manche Neuere haben Dichtungen geliefert, worin die Flamme der Poesie ebenso prachtvoll lodert, wie in den Meisterwerken von Shakespeare, Cervantes und Goethe. Jedoch diese Namen halten zusammen, wie durch ein geheimes Band. Es strahlt ein verwandter Geist aus ihren Schöpfungen; es weht darin eine ewige Milde, wie der Atem Gottes; es blüht darin die Bescheidenheit der Natur. Wie an Shakespeare, erinnert Goethe auch beständig an Cervantes, und diesem ähnelt er bis in die Einzelnheiten des Stils, in jener behaglichen Prosa, die von der süßesten und harmlosesten Ironie gefärbt ist. Cervantes und Goethe gleichen sich sogar in ihren Untugenden: in der Weitschweifigkeit der Rede, in jenen langen Perioden, die wir zuweilen bei ihnen finden, und die einem Aufzug königlicher Equipagen vergleichbar. Nicht selten sitzt nur ein einziger Gedanke in so einer breitausgedehnten Periode, die wie eine große vergoldete Hofkutsche mit sechs panaschierten

Pferden gravitätisch dahinfährt. Aber dieser einzige Gedanke ist immer etwas Hohes, wo nicht gar der Souverän. Einleitung zum Don Quixote. 1837

307

LAWRENCE STERNE — Er ist ebenbürtig mit William Shakespeare, und auch ihn haben die Musen erzogen auf dem Parnaß. Aber, nach Frauenart, haben sie ihn, besonders durch ihre Liebkosungen, schon frühe verdorben. Er war das Schoßkind der bleichen tragischen Göttin. Einst, in einem Anfall von grausamer Zärtlichkeit, küßte diese ihm das junge Herz so gewaltig, so liebestark, so inbrünstig saugend, daß das Herz zu bluten begann und plötzlich alle Schmerzen dieser Welt verstand und von unendlichem Mitleid erfüllt wurde. Armes, junges Dichterherz! Aber die jüngere Tochter Mnemosynes, die rosige Göttin des Scherzes, hüpfte schnell hinzu und nahm den leidenden Knaben in ihre Arme und suchte ihn zu erheitern mit Lachen und Singen und gab ihm als Spielzeug die komische Larve und die närrischen Glöckchen, und küßte begütigend seine Lippen, und küßte ihm darauf all ihren Leichtsinn, all ihre trotzige Lust, all ihre witzige Neckerei.

Und seitdem gerieten Sternes Herz und Sternes Lippen in einen sonderbaren Widerspruch: wenn sein Herz manchmal ganz tragisch bewegt ist, und er seine tiefsten blutenden Herzensgefühle aussprechen will, dann, zu seiner eignen Verwunderung, flattern von seinen Lippen die lachend ergötzlichsten Worte. Romantische Schule III - 1835

308

Als ich ging nach Ottensen hin,
Auf Klopstocks Grab gewesen ich bin.
Viel schmucke und stattliche Menschen dort standen,
Und den Leichenstein mit Blumen umwanden,
Die lächelten sich einander an
Und glaubten wunders was sie getan. —
Ich aber stand beim heiligen Ort,
Und stand so still und sprach kein Wort,
Meine Seele war da unten tief,
Wo der heilige deutsche Sänger schlief — —

An Chr. Sethe. Hamburg, 6. VII. 1816

309

Lessing politisch — Mehr als man ahnte war Lessing auch politisch bewegt, eine Eigenschaft die wir bei seinen Zeitgenossen gar nicht finden; wir merken jetzt erst was er mit der Schilderung des Duodezdespotismus in «Emilia Galotti» gemeint hat. Man hielt ihn damals nur für einen Champion der Geistesfreiheit und Bekämpfer der klerikalen Intoleranz; denn seine theologischen Schriften verstand man schon besser.

Romantische Schule I - 1833

310

Gottfried August Bürger — Bürgers Gedichte geben den Geist [unserer Zeit]. Diesen Geist begriff Herr Schlegel nicht; sonst würde er in dem Ungestüm, womit dieser Geist zuweilen aus den Bürgerschen Gedichten hervorbricht, keineswegs den rohen Schrei eines ungebildeten Magisters gehört haben, sondern vielmehr die gewaltigen Schmerzlaute eines Titanen, welchen eine Aristokratie von hannövrischen Junkern und Schulpedanten zu Tode quälten. Dieses war nämlich die Lage des Verfassers der «Leonore», und die Lage so mancher anderer genialer Menschen, die als arme Dozenten in Göttingen darbten, verkümmerten, und in Elend starben. Wie konnte der vornehme, von vornehmen Gönnern beschützte, renovierte, baronisierte, bebänderte Ritter August Wilhelm von Schlegel jene Verse begreifen, worin Bürger laut ausruft: daß ein Ehrenmann, ehe er die Gnade der Großen erbettle, sich lieber aus der Welt heraushungern solle!

Der Name «Bürger» ist im Deutschen gleichbedeutend mit dem Worte citoyen.

Romantische Schule II - 1833

311

Goethe und Ich — Im Grunde sind aber Ich und Goethe zwei Naturen, die sich in ihrer Heterogenität abstoßen müssen. Er ist von Haus aus ein leichter Lebemensch, dem der Lebensgenuß das Höchste, und der das Leben für und in der Idee wohl zuweilen fühlt und ahnt und in Gedichten ausspricht, aber nie tief begriffen und noch weniger gelebt hat. Ich hingegen bin von Haus aus ein Schwärmer, das heißt bis zur Aufopferung begeistert für die Idee und immer gedrängt, in dieselbe mich zu versenken, dagegen aber habe ich den Lebensgenuß begriffen und Gefallen daran gefunden, und nun ist in mir der große Kampf zwischen meiner klaren Vernünftigkeit, die den Lebensgenuß billigt und alle aufopfernde Begeisterung als etwas Törichtes ablehnt, und zwischen meiner schwärmerischen Neigung, die oft unversehens aufschießt und mich gewaltsam ergreift und mich vielleicht einst wieder in ihr uraltes Reich hinabzieht, wenn es nicht besser ist zu sagen, hinaufzieht; denn es ist noch die große Frage, ob der Schwärmer, der selbst sein Leben für die Idee hingibt, nicht in einem Momente mehr und glücklicher lebt als Herr von Goethe während seines ganzen 76jährigen, egoistisch behaglichen Lebens.

An M. Moser. 1. VII. 1825

*

Man will [in Berlin] wissen, Wolfgang Goethe spräche mißfällig von mir; das würde Frau von Varnhagen leid tun. Wolfgang Goethe mag immerhin das Völkerrecht der Geister verletzen; er kann doch nicht verhindern, daß sein großer Name einst gar oft zusammen genannt wird mit dem Namen H. Heine. An Varnhagen. 30. X. 1827

312

Goethe und die Kunstperiode — In den Vorlesungen über Literatur ist, vielleicht mehr als [Friedrich Schlegel] selbst weiß, die Idee der Kunst noch immer der herrschende Mittelpunkt, der mit seinen goldenen Radien das ganze Buch umspinnt. Ist doch die Idee der Kunst zugleich der Mittelpunkt jener ganzen Literaturperiode, die mit dem Erscheinen Goethes anfängt und erst jetzt ihr Ende erreicht hat, ist sie doch der eigentliche Mittelpunkt in Goethe selbst, dem großen Repräsentanten dieser Periode — und wenn Friedrich Schlegel, in seiner Beurteilung Goethes, demselben allen Mittelpunkt abspricht, so hat dieser Irrtum vielleicht seine Wurzel in einem verzeihlichen Unmut.

Die deutsche Literatur. 1828

*

... die spätere Kunstbehaglichkeit des großen Zeitablehnungsgenies, der sich selbst letzter Zweck ist.

Es ist noch immer meine fixe Idee, daß mit der Endschaft der Kunstperiode auch das Goethetum zu Ende geht; nur unsere ästhetisierende, philosophierende Kunstsinnzeit war dem Aufkommen Goethes günstig; eine Zeit der Begeisterung und der Tat kann ihn nicht brauchen.

An Varnhagen von Ense. 27. II. 1830

313

«Werther» politisch — Sein erstes Publikum fühlte nimmermehr seine eigentliche Bedeutung, und es war nur das Erschütternde, das Interessante des Faktums, was die große Menge anzog und abstieß. Man las das Buch wegen des Totschießens, und Nicolaiten schrieben dagegen wegen des Totschießens. Es liegt aber noch ein Element im Werther, welches nur die kleinere Menge angezogen hat, ich meine nämlich die Erzählung, wie der junge Werther aus der hochadeligen Gesellschaft höflichst hinausgewiesen wird. Wäre der Werther in unseren Tagen erschienen, so hätte diese Partie des Buches weit bedeutsamer die Gemüter aufgeregt, als der ganze Pistolenknalleffekt.

Michael Beers Struensee. 1828

314

Schillers Zeitgeist und Goethes Kunstperiode — Ihn, den Friedrich Schiller, erfaßte lebendig der Geist seiner Zeit, er rang mit ihm, er ward von ihm bezwungen, er folgte ihm zum Kampfe, er trug sein Banner, und es war dasselbe Banner worunter man auch jenseits des Rheines so enthusiastisch stritt, und wofür wir noch immer bereit sind, unser bestes Blut zu vergießen. Schiller schrieb für die großen Ideen der Revolution, er zerstörte die geistigen Bastillen, er baute an dem Tempel der Freiheit, und zwar an jenem ganz großen Tempel, der alle Nationen, gleich einer einzigen Brüdergemeinde, umschließen soll; er war Kosmopolit. Er begann mit jenem Haß gegen die Vergangenheit, welchen wir in den «Räubern» sehen, wo er einem kleinen Titanen gleicht, der aus der Schule gelaufen ist und Schnaps getrunken hat und dem Jupiter die Fenster einwirft; er endigte mit jener Liebe für die Zukunft, die schon im «Don Carlos» wie ein Blumenwald hervorblüht, und er selber ist jener Marquis Posa, der zugleich Prophet und Soldat ist, der auch für das kämpft was er prophezeit, und unter dem spanischen Mantel das schönste Herz trägt, das jemals in Deutschland geliebt und gelitten hat.

Der Poet, der kleine Nachschöpfer, gleicht dem lieben Gott auch darin, daß er seine Menschen nach dem eigenen Bilde erschafft. Wenn daher Karl Moor und der Marquis Posa ganz Schiller selbst sind, so gleicht Goethe seinem Werther, seinem Wilhelm Meister und seinem Faust, worin man die Phasen seines Geistes studieren kann. Wenn Schiller sich ganz in die Geschichte stürzt, sich für die gesellschaftlichen Fortschritte der Menschheit enthusiasmiert und die Weltgeschichte besingt: so versenkt sich Goethe mehr in die individuellen Gefühle, oder in die Kunst, oder in die Natur. Goethe, den Pantheisten, mußte die Naturgeschichte endlich als ein Hauptstudium beschäftigen, und nicht bloß in Dichtungen, sondern auch in wissenschaftlichen Werken gab er uns die Resultate seiner Forschungen. Sein Indifferentismus war ebenfalls ein Resultat seiner pantheistischen Weltansicht.

Es ist leider wahr, wir müssen es eingestehn, nicht selten hat der Pantheismus die Menschen zu Indifferentisten gemacht. Sie dachten: wenn alles Gott ist, so mag es gleichgültig sein, womit man sich beschäftigt, ob mit Wolken oder mit antiken Gemmen, ob mit Volksliedern oder mit Affenknochen, ob mit Menschen oder mit Komödianten. Aber da ist eben der Irrtum: Alles ist nicht Gott, sondern Gott ist alles; Gott manifestiert sich nicht in gleichem Maße in allen Dingen, er manifestiert sich vielmehr nach verschiedenen Graden in den verschiedenen Dingen, und jedes trägt in sich den Drang einen höheren

Grad der Göttlichkeit zu erlangen; und das ist das große Gesetz des Fortschrittes in der Natur. Die Erkenntnis dieses Gesetzes, das am tiefsinnigsten von den Saint-Simonisten offenbart worden, macht jetzt den Pantheismus zu einer Weltansicht, die durchaus nicht zum Indifferentismus führt, sondern zum aufopferungsüchtigsten Fortstreben. Nein, Gott manifestiert sich nicht gleichmäßig in allen Dingen, wie Wolfgang Goethe glaubte, der dadurch ein Indifferentist wurde, und statt mit den höchsten Menschheitsinteressen, sich nur mit Kunstspielsachen, Anatomie, Farbenlehre, Pflanzenkunde und Wolkenbeobachtungen beschäftigte: Gott manifestiert sich in den Dingen mehr oder minder, er lebt in dieser beständigen Manifestation, Gott ist in der Bewegung, in der Handlung, in der Zeit, sein heiliger Odem weht durch die Blätter der Geschichte, letztere ist das eigentliche Buch Gottes; und das fühlte und ahnte Friedrich Schiller und er ward ein «rückwärtsgekehrter Prophet», und er schrieb den «Abfall der Niederlande», den «Dreißigjährigen Krieg» und die «Jungfrau von Orleans» und den «Tell».

Freilich, auch Goethe besang einige große Emanzipationsgeschichten, aber er besang sie als Artist. Da er nämlich den christlichen Enthusiasmus, der ihm fatal war, verdrießlich ablehnte, und den philosophischen Enthusiasmus unserer Zeit nicht begriff, oder nicht begreifen wollte, weil er dadurch aus seiner Gemütsruhe herausgerissen zu werden fürchtete: so behandelte er den Enthusiasmus überhaupt ganz historisch, als etwas Gegebenes, als einen Stoff, der behandelt werden soll, der Geist wurde Materie unter seinen Händen, und er gab ihm die schöne gefällige Form. So wurde er der größte Künstler in unserer Literatur, und alles was er schrieb wurde ein abgerundetes Kunstwerk.

Das Beispiel des Meisters leitete die Jünger, und in Deutschland entstand dadurch jene literarische Periode, die ich einst als «die Kunstperiode» bezeichnet, und wobei ich den nachteiligen Einfluß auf die politische Entwickelung des deutschen Volkes nachgewiesen habe. Keineswegs jedoch leugnete ich bei dieser Gelegenheit den selbständigen Wert der Goetheschen Meisterwerke. Sie zieren unser teueres Vaterland, wie schöne Statuen einen Garten zieren, aber es sind Statuen. Man kann sich darin verlieben, aber sie sind unfruchtbar: die Goetheschen Dichtungen bringen nicht die Tat hervor, wie die Schillerschen. Die Tat ist das Kind des Wortes, und die Goetheschen schönen Worte sind kinderlos. Das ist der Fluch alles dessen was bloß durch die Kunst entstanden ist. Die Statue, die der Pygmalion verfertigt, war ein schönes Weib, sogar der Meister verliebte sich darin, sie wurde lebendig unter seinen Küssen, aber so viel wir wissen hat sie nie Kinder bekommen. Sonderbar! die Antiken [des Louvre] mahnten mich an die Goetheschen Dichtungen, die ebenso vollendet, ebenso herrlich, ebenso ruhig sind, und ebenfalls mit Wehmut zu fühlen scheinen, daß ihre Starrheit und Kälte sie von unserem jetzigen bewegt warmen Leben abscheidet, daß sie nicht mit uns leiden und jauchzen können, daß sie keine Menschen sind, sondern unglückliche Mischlinge von Gottheit und Stein.

Romantische Schule I - 1833*

315

Gott Goethe — Die Übereinstimmung der Persönlichkeit mit dem Genius, wie man sie bei außerordentlichen Menschen verlangt, fand man ganz bei Goethe. Seine äußere Erscheinung war ebenso bedeutsam wie das Wort das in seinen Schriften lebte; auch seine Gestalt war harmonisch, klar, freudig, edel gemessen, und man konnte griechische Kunst an ihm studieren, wie an einer Antike. Dieser würdevolle Leib war nie gekrümmt von christlicher Wurmdemut; die Züge dieses Antlitzes waren nicht verzerrt von christlicher Zerknirschung; diese Augen waren nicht christlich sünderhaft scheu, nicht andächtelnd und himmelnd, nicht flimmernd bewegt: — nein, seine Augen waren ruhig wie die eines Gottes. Es ist nämlich überhaupt das Kennzeichen der Götter, daß ihr Blick fest ist und ihre Augen nicht unsicher hin und her zucken. Daher, wenn Agni, Varuna, Jama und Indra die Gestalt des Nala annehmen, bei Damajantis Hochzeit, da erkennt diese ihren Geliebten an dem Zwinken seiner Augen, da wie gesagt die Augen der Götter immer unbewegt sind. Letztere Eigenschaft hatten auch die Augen des Napoléon. Daher bin ich überzeugt, daß er ein Gott war. Goethes Auge blieb in seinem hohen Alter eben so göttlich wie in seiner Jugend. Die Zeit hat auch sein Haupt zwar mit Schnee bedecken, aber nicht beugen können. Er trug es ebenfalls immer stolz und hoch, und wenn er sprach wurde er immer größer, und wenn er die Hand ausstreckte, so war es, als ob er, mit dem Finger, den Sternen am Himmel den Weg vorschreiben könne, den sie wandeln sollten. Um seinen Mund will man einen kalten Zug von Egoismus bemerkt haben; aber auch dieser Zug ist den ewigen Göttern eigen, und gar dem Vater der Götter, dem großen Jupiter, mit welchem ich Goethe schon verglichen.

Wahrlich, als ich ihn in Weimar besuchte und ihm gegenüber stand, blickte ich unwillkürlich zur Seite, ob ich nicht auch neben ihm den Adler sähe mit den Blitzen im Schnabel. Ich war nahe dran ihn griechisch anzureden; da ich aber merkte, daß er deutsch verstand, so erzählte ich ihm auf deutsch: daß die Pflaumen auf dem Wege zwischen Jena und Weimar sehr gut schmeckten. Ich hatte in so manchen langen Winternächten darüber nachgedacht, wie viel Erhabenes und Tiefsinniges ich dem Goethe sagen würde, wenn ich ihn mal sähe. Und als ich ihn endlich sah, sagte ich ihm, daß die sächsischen Pflaumen sehr gut schmeckten. Und Goethe lächelte. Er lächelte mit denselben Lippen womit er einst die schöne Leda, die Europa, die Danae, die Semele und so manche andere Prinzessinnen oder auch gewöhnliche Nymphen geküßt hatte. — —

Dasselbe

Der West-östliche Divan — Goethes West-östlicher Divan enthält die Denk- und Gefühlsweise des Orients, in blühenden Liedern und kernigen Sprüchen; und das duftet und glüht darin, wie ein Harem voll verliebter Odalisken mit schwarzen geschminkten Gazellenaugen und sehnsüchtig weißen Armen. Manchmal ist dem Leser auch zu mute, als läge er behaglich ausgestreckt auf einem persischen Teppich, und rauche aus einer langröhrigen Wasserpfeife den gelben Tabak von Turkistan, während eine schwarze Sklavin ihm mit einem bunten Pfauenwedel Kühlung zuweht, und ein schöner Knabe ihm eine Schale mit echtem Mokka-Kaffee darreicht: — den berauschendsten Lebensgenuß hat hier Goethe in Verse gebracht, und diese sind so leicht, so glücklich, so hingehaucht, so ätherisch, daß man sich wundert wie dergleichen in deutscher Sprache möglich war. Dabei gibt er auch in Prosa die allerschönsten Erklärungen über Sitten und Treiben im Morgenlande, über das patriarchalische Leben der Araber; und da ist Goethe immer ruhig lächelnd, und harmlos wie ein Kind, und weisheitvoll wie ein Greis. Diese Prosa ist so durchsichtig wie das grüne Meer, wenn heller Sommernachmittag und Windstille, und man ganz klar hinabschauen kann in die Tiefe, wo die versunkenen Städte mit ihren verschollenen Herrlichkeiten sichtbar werden; — manchmal ist aber auch jene Prosa so magisch, so ahnungsvoll, wie der Himmel wenn die Abenddämmerung heraufgezogen: und die großen Goetheschen Gedanken treten dann hervor, rein und golden, wie die Sterne. Unbeschreiblich ist der Zauber dieses Buches: es ist ein Selam, den der Occident dem Oriente geschickt hat, und es sind gar närrische Blumen darunter: sinnlich rote Rosen, Hortensien wie weiße nackte Mädchenbusen, spaßhaftes Löwenmaul, Purpurdigitalis wie lange Menschenfinger, verdrehte Krokosnasen, und in der Mitte, lauschend verborgen, stille deutsche Veilchen. Dieser Selam aber bedeutet, daß der Occident seines frierend mageren Spiritualismus überdrüssig geworden und an der gesunden Körperwelt des Orients sich wieder erlaben möchte. Goethe, nachdem er, im «Faust», sein Mißbehagen an dem abstrakt Geistigen und sein Verlangen nach reellen Genüssen ausgesprochen, warf sich gleichsam mit dem Geiste selbst in die Arme des Sensualismus, indem er den «West-Östlichen Divan» schrieb.

Dasselbe*

317

Goethe und die Natur — Goethe hält [der Natur] den Spiegel vor, oder, besser gesagt, er ist selbst der Spiegel der Natur. Die Natur wollte wissen, wie sie aussieht, und sie erschuf Goethe. Sogar die Gedanken, die Intentionen der Natur vermag er uns wiederzuspiegeln.

Reise von München nach Genua XXVI - 1829

318

Schillers Orgien — Bei Schiller feiert der Gedanke seine Orgien — nüchterne Begriffe, weinlaubumkränzt, schwingen den Thyrsus, tanzen wie Bacchanten — besoffene Reflexionen.

Gedanken und Einfälle

319

BYRON — Während ich dieses schreibe, erfahre ich, daß mein Vetter, Lord Byron, zu Missolunghi gestorben ist. So hat auch dieses große Herz aufgehört zu schlagen! Es war groß und ein Herz, kein kleines Eierstöckchen von Gefühlen. Ja, dieser Mann war groß, er hat im Schmerze neue Welten entdeckt, er hat den miserabelen Menschen und ihren noch miserableren Göttern prometheisch getrotzt, und der Ruhm seines Namens drang bis zu den Eisbergen Thules und bis in die brennenden Sandwüsten des Morgenlandes.

An R. Christiani. 24. V. 1824*

320

KLEIST — Er hat in höherem Grade, was Dir bei mir gefällt. Er ist ganz Romantiker, will nur das Romantische geben und gibt dieses durch lauter plastische Gestalten, so daß er wieder äußerlich ganz Plastiker ist.

An Fr. Merckel. 16. VIII. 1826

321

GRABBE — Dietrich Grabbe, einer der größten deutschen Dichter, [darf] von allen unseren dramatischen Dichtern wohl als derjenige genannt werden, der die meiste Verwandtschaft mit Shakespeare hat. Er mag weniger Saiten auf seiner Leier haben als andre, die dadurch ihn vielleicht überragen, aber die Saiten, die er besitzt, haben einen Klang, der nur bei dem großen Briten gefunden wird. Er hat dieselben Plötzlichkeiten, dieselben Naturlaute, womit uns Shakespeare erschreckt, erschüttert, entzückt.

Aber alle seine Vorzüge sind verdunkelt durch eine Geschmacklosigkeit, einen Zynismus und eine Ausgelassenheit, die das Tollste und Abscheulichste überbieten, das je ein Gehirn zutage gefördert. Es ist aber nicht Krankheit, etwa Fieber oder Blödsinn, was dergleichen hervorbrachte, sondern eine geistige Intoxikation des Genies. Wie Plato den Diogenes sehr treffend einen wahnsinnigen Sokrates nannte, so könnte man unsern Grabbe leider mit doppeltem Rechte einen betrunkenen Shakespeare nennen. Memoiren*

322

E. Th. A. Hoffmann — Hoffmann war als Dichter viel bedeutender als Novalis. Denn letzterer, mit seinen idealischen Gebilden, schwebt immer in der blauen Luft, während Hoffmann, mit allen seinen bizarren Fratzen, sich doch immer an der irdischen Realität festklammert. Wie aber der Riese Antäus unbezwingbar stark blieb, wenn er mit dem Fuße die Mutter Erde berührte, und seine Kraft verlor, sobald ihn Herkules in die Höhe hob: so ist auch der Dichter stark und gewaltig, solange er den Boden der Wirklichkeit nicht verläßt, und er wird ohnmächtig, sobald er schwärmerisch in der blauen Luft umherschwebt. Romantische Schule II - 1833

323

Brentanos Ponce de Leon — Es gibt nichts Zerrisseneres als dieses Stück, sowohl in Hinsicht der Gedanken als auch der Sprache. Aber alle diese Fetzen leben und kreiseln in bunter Lust. Man glaubt einen Maskenball von Worten und Gedanken zu sehen. Das tummelt sich alles in süßester Verwirrung und nur der gemeinsame Wahnsinn bringt eine gewisse Einheit hervor. Wie Harlekine rennen die verrücktesten Wortspiele durch das ganze Stück und schlagen überallhin mit ihrer glatten Pritsche. Eine ernsthafte Redensart tritt manchmal auf, stottert aber wie der Dottore von Bologna. Da schlendert eine Phrase wie ein weißer Pierrot mit zu weiten schleppenden Ärmeln und allzugroßen Westenknöpfen. Da springen buckligte Witze mit kurzen Beinchen, wie Policinelle. Liebesworte wie neckende Kolombinen flattern umher, mit Wehmut im Herzen. Und das tanzt und hüpft und wirbelt und schnarrt, und drüberhin erschallen die Trompeten der bacchantischen Zerstörungslust. Romantische Schule III - 1833

324

Immermann — Doch ich verließ ein lieberes Thema, nämlich unser liebes Tulifäntchen, den kleinen Helden, den epischen Kolibri. Er ist durch und durch poetisch, besonders das vorletzte Kapitel gehört zu den hängenden Blumengärten der Feendichtung. Einheit des Tones, Drolligkeit der Beiwörter und Wortbeugungen überall, süße Drolligkeit und Anmut überall durchlauernd. Es ist ein Epos, worin die Formen des Heldengedichtes zum Spaß angewendet werden und sich allerliebst mit den Elementen des Kindermärchens vermischen, die mit naivem Ernste darin laut werden. An Immermann. 3. II. 1830*

325

Platens «Romantischer Ödipus» — Es tut mir in der Seele weh, wenn ich sehe, wie sich der arme Graf jede Gelegenheit zu guten Witzen vorbeigehen läßt! Den Ödipus selbst, die Hauptperson seines Lustspiels, hätte er, durch einige Modifikationen in der Fabel des Stückes, besser benutzen können. Statt daß er ihn den Vater Lajus töten, und die Mutter Jokaste heiraten ließ, hätte er es im Gegenteil so einrichten sollen, daß Ödipus seine Mutter tötet und seinen Vater heiratet. Bäder von Lucca X - 1829*

326

Der deutsche Waldvogel französisch — Sie können nicht glauben, sagte Heine, wie schwer es den Deutschen fällt, in diesen abgezirkelten, bestimmten, unverrückbaren Formen [der französischen Sprache] den deutschen Geist wiederzugeben. Meine eignen Lieder kommen mir in dieser Umbildung ganz fremd vor. Ich deutscher Waldvogel, gewohnt seine Wohnung aus dem buntesten und einfachsten Material zusammenzubauen — ich niste da in der Allongeperücke Voltaires! Zu A. Meißner. August 1854

327

Übersetzer — Sogar nach tausend Jahren werde ich noch verleumdet werden, und das dieser [meiner] unglücklichen Übersetzung halber [des Intermezzos und der Nordseebilder mit Hilfe Gérard de Nervals]. «Sehen Sie, meine Herren», wird der Professor der älteren Literatur an einer Universität von Neuseeland sagen, «jenes Zeitalter, wo die Menschen noch verschiedene Sprachen hatten, brachte eine Art von Geschöpfen hervor, die sich zu den Schriftstellern verhielten, wie der Affe zum Menschen. Man nannte sie Übersetzer. Diese Halbmenschen hatten nun die Aufgabe, die Werke eines Dichters denen, die nicht seine Sprache redeten, verständlich zu machen, und taten das meistenteils wie die Affen, wenn sie ihren Mitaffen die Gebärden der Menschen voräffen.»

Zu Gérard de Nerval und A. Mels. IX - 1850

328

Die Kunst der Prosa — Die heutige Prosa ist nicht ohne viel Versuch, Beratung, Widerspruch und Mühe geschaffen worden. Rahel liebte vielleicht Börne um so mehr, da sie ebenfalls zu jenen Autoren gehörte, die, wenn sie gut schreiben sollen, sich immer in einer leidenschaftlichen Anregung, in einem gewissen Geistesrausch befinden müssen: Bachanten des Gedankens, die dem Gotte mit heiliger Trunkenheit nachtaumeln. Aber bei ihrer Vorliebe für wahlverwandte Naturen, hegte sie dennoch die größte Bewunderung für jene besonnenen Bildner des Wortes, die all ihr Denken, Fühlen und Anschaun, abgelöst von der gebärenden Seele, wie einen gegebenen Stoff zu handhaben und gleichsam plastisch darzustellen wissen. Ungleich jener großen Frau, hegte Börne den engsten Widerwillen gegen dergleichen Darstellungsart; in seiner subjektiven Befangenheit begriff er nicht die objektive Freiheit, die Goethische Weise, und die künstlerische Form hielt er für Gemütlosigkeit: er glich dem Kinde, welches, ohne den glühenden Sinn einer griechischen Statue zu ahnen, nur die marmornen Formen betastet und über Kälte klagt. Ludwig Börne I - 1839

329

Vom Vers zur Prosa — Nur so viel will ich bemerken, daß, um vollendete Prosa zu schreiben, unter andern auch eine große Meisterschaft in metrischen Formen erforderlich ist. Ohne solche Meisterschaft fehlt dem Prosaiker ein gewisser Takt, es entschlüpfen ihm Wortfügungen, Ausdrücke, Zäsuren und Wendungen, die nur in gebundener Rede statthaft sind, und es entsteht ein geheimer Mißlaut, der nur wenige, aber sehr feine Ohren verletzt.

Dasselbe

330

Die deutsche und die französische Sprache — Die deutsche Sprache an sich ist reich, aber in der deutschen Konversation gebrauchen wir nur den zehnten Teil dieses Reichtums; faktisch sind wir also spracharm.

Die französische Sprache an sich ist arm, aber die Franzosen wissen alles, was sie enthält, in der Konversation auszubeuten, und sie sind daher sprachreich in der Tat.

Nur in der Literatur zeigen die Deutschen ihren ganzen Sprachschatz, und die Franzosen, davon geblendet, denken, wunders wie glänzend wir zu Hause — sie haben auch keinen Begriff davon, wie wenig Gedanken bei uns im Umlauf zu Hause. Bei den Franzosen just das Gegenteil: mehr Ideen in der Gesellschaft, als in den Büchern, und die Geistreichsten schreiben gar nicht oder bloß zufällig. Gedanken und Einfälle

# XXX. ZUR KUNST

331

Die Symbolsprache der Kunst — Jeder Genius muß studiert und nur nach dem beurteilt werden, was er selbst will. Hier gilt nur die Beantwortung der Fragen: hat er die Mittel, seine Idee auszuführen? hat er die richtigen Mittel angewendet? Hier ist fester Boden. Wir modeln nicht mehr an der fremden Erscheinung nach unsern subjektiven Wünschen, sondern wir verständigen uns über die gottgegebenen Mittel, die dem Künstler zu Gebote stehen bei der Veranschaulichung seiner Idee. In den rezitierenden Künsten bestehen diese Mittel in Tönen und Worten. In den darstellenden Künsten bestehen sie in Farben und Formen. Töne und Worte, Farben und Formen, das Erscheinende überhaupt, sind jedoch nur Symbole der Idee, Symbole, die in dem Gemüte des Künstlers aufsteigen, wenn es der heilige Weltgeist bewegt, seine Kunstwerke sind nur Symbole, wodurch er andern Gemütern seine eigenen Ideen mitteilt. Wer mit den wenigsten und einfachsten Symbolen das Meiste und Bedeutendste ausspricht, der ist der größte Künstler. Französische Maler. 1831

332

AUTONOMIE DER KUNST — Nicht die Moralbedürfnisse irgendeines verheirateten Bürgers in einem Winkel Deutschlands, sondern die Autonomie der Kunst kommt hier in Frage. Mein Wahlspruch bleibt: Kunst ist der Zweck der Kunst, wie Liebe der Zweck der Liebe, und gar das Leben selbst der Zweck des Lebens ist.

An K. Gutzkow. 23. VIII. 1838

333

DER Stoff, das Material des Gedichts,
Das saugt sich nicht aus dem Finger;
Kein Gott erschafft die Welt aus nichts,
So wenig wie irdische Singer.

Aus vorgefundenem Urweltsdreck
Erschuf ich die Männerleiber,
Und aus dem Männerrippenspeck
Erschuf ich die schönen Weiber.

Den Himmel erschuf ich aus der Erd
Und Engel aus Weiberentfaltung;
Der Stoff gewinnt erst seinen Wert
Durch künstlerische Gestaltung.

Neue Gedichte. Schöpfungslieder. 1844

334

DIE FREIHEIT DES SCHAFFENDEN — Was ist in der Kunst das Höchste? Das, was auch in allen andern Manifestationen des Lebens das Höchste ist: die selbstbewußte Freiheit des Geistes. Nicht bloß ein Musikstück, das in der

Fülle jenes Selbstbewußtseins komponiert worden, sondern auch der bloße Vortrag desselben kann als das künstlerisch Höchste betrachtet werden, wenn uns daraus jener wundersame Unendlichkeitshauch anweht, der unmittelbar bekundet, daß der Exekutant mit dem Komponisten auf derselben freien Geisteshöhe steht, daß er ebenfalls ein Freier ist. Ja, dieses Selbstbewußtsein der Freiheit in der Kunst offenbart sich ganz besonders durch die Behandlung, durch die Form, in keinem Falle durch den Stoff, und wir können im Gegenteil behaupten, daß die Künstler, welche die Freiheit selbst und die Befreiung zu ihrem Stoffe gewählt, gewöhnlich von beschränktem, gefesseltem Geiste, wirklich Unfreie sind. Diese Bemerkung bewährt sich heutigentages ganz besonders in der deutschen Dichtkunst, wo wir mit Schrecken sehen, daß die zügellos trotzigsten Freiheitsänger, beim Licht betrachtet, meist nur bornierte Naturen sind, Philister, deren Zopf unter der roten Mütze hervorlauscht.

Lutezia. 20. III. 1843

335

Traum der Sommernacht, phantastisch
Zwecklos ist mein Lied, ja zwecklos
Wie das Leben, wie die Liebe.
Keinem Zeitbedürfnis dient es.

Sucht darin nicht die Vertretung
Hoher Vaterlandsintressen;
Diese wollen wir befördern,
Aber nur in guter Prosa.

Ja, in guter Prosa wollen
Wir das Joch der Knechtschaft brechen —
Doch in Versen, doch im Liede
Blüht uns längst die höchste Freiheit.

Hier im Reich der Poesie,
Hier bedarf es keiner Kämpfe,
Laßt uns hier den Thyrsus schwingen
Und das Haupt mit Rosen kränzen!

Atta Troll. Parerga II - 1842

336

ROSE UND KARTOFFEL — Demokratische Wut gegen das Besingen der Liebe — Warum die Rose besingen, Aristokrat! besing die demokratische Kartoffel, die das Volk nährt!

Gedanken und Einfälle

337

DAS TRÄUMENDE SPIEGELBILD DER ZEIT — Meine alte Prophezeiung von dem Ende der Kunstperiode, die bei der Wiege Goethes anfing und bei seinem Sarge aufhören wird, scheint ihrer Erfüllung nahe zu sein. Die jetzige Kunst muß zugrunde gehen, weil ihr Prinzip noch im abgelebten, alten Regime, in der heiligen römischen Reichsvergangenheit wurzelt. Deshalb, wie alle welken Überreste dieser Vergangenheit, steht sie im unerquicklichsten Widerspruch mit der Gegenwart. Dieser Widerspruch und nicht die Zeitbewegung selbst ist der Kunst so schädlich; im Gegenteil, diese Zeitbewegung müßte ihr sogar gedeihlich werden, wie einst in Athen und Florenz, wo eben in den wildesten Kriegs- und Parteistürmen die Kunst ihre herrlichsten Blüten entfaltete. Freilich, jene griechischen und florentinischen Künstler führten kein egoistisch isoliertes Kunstleben, die müßig dichtende Seele hermetisch verschlossen gegen die großen Schmerzen und Freuden der Zeit; im Gegenteil, ihre Werke waren nur das träumende Spiegelbild ihrer Zeit, und sie selbst waren ganze Männer, deren Persönlichkeit ebenso gewaltig wie ihre bildende Kraft; Phidias und Michelangelo waren Männer aus einem Stück, wie ihre Bildwerke, und wie diese zu ihren griechischen und katholischen Tempeln paßten, so standen jene Künstler in heiliger Harmonie mit ihrer Umgebung; sie trennten nicht ihre Kunst von der Politik des Tages, sie arbeiteten nicht mit kümmerlicher Privatbegeisterung, die sich leicht in jeden beliebigen Stoff hineinlügt; Äschylus hat die «Perser» mit derselben Wahrheit gedichtet, womit er zu Marathon gegen sie gefochten, und Dante schrieb seine Komödie nicht als stehender Kommissionsdichter, sondern als flüchtiger Guelfe, und in Verbannung und Kriegsnot klagte er nicht über den Untergang seines Talentes, sondern über den Untergang der Freiheit.

Indessen, die neue Zeit wird auch eine neue Kunst gebären, die mit ihr selbst in begeistertem Einklang sein wird, die nicht aus der verblichenen Vergangenheit ihre Symbolik zu borgen braucht, und die sogar eine neue Technik, die von der seitherigen verschieden, hervorbringen muß. Bis dahin möge, mit Farben und Klängen, die selbsttrunkenste Subjektivität, die weltentzügelte Individualität, die gottfreie Persönlichkeit mit all ihrer Lebenslust sich geltend machen, was doch immer ersprießlicher ist, als das tote Scheinwesen der alten Kunst. Französische Maler. 1831*

338

Egalité der Genies — Nichts ist törichter als die Frage: welcher Dichter größer sei, als der andere? Flamme ist Flamme, und ihr Gewicht läßt sich nicht bestimmen nach Pfund und Unze. Nur platter Krämersinn kommt mit seiner schäbigen Käsewage und will den Genius wiegen. Nicht bloß die Alten, sondern auch manche Neuere haben Dichtungen geliefert, worin die Flamme der Poesie ebenso prachtvoll lodert, wie in den Meisterwerken von Shakespeare, Cervantes und Goethe. Einleitung zum Don Quixote. 1837

339

Egalité der Mittelmässigkeit — Auffenberg hab ich nicht gelesen — ich denke: er ist ungefähr wie Arlincourt, den ich auch nicht gelesen habe. Gedanken und Einfälle

340

Die Biene und die Spinne — Nichts ist törichter als dieser Vorwurf des Plagiats, es gibt in der Kunst kein siebentes Gebot, der Dichter darf überall zugreifen, wo er Material zu seinen Werken findet, und selbst ganze Säulen mit ausgemeißelten Kapitälern darf er sich zueignen, wenn nur der Tempel herrlich ist, den er damit stützt. Dieses hat Goethe sehr gut verstanden, und vor ihm sogar Shakespeare. Nichts ist törichter als das Begehrnis, ein Dichter solle alle seine Stoffe aus sich selber heraus schaffen; das sei Originalität. Ich erinnere mich einer Fabel, wo die Spinne mit der Biene spricht und ihr vorwirft, daß sie aus tausend Blumen das Material sammle, wovon sie ihren Wachsbau und den Honig darin bereite: ich aber, setzt sie triumphierend hinzu, ich ziehe mein ganzes Kunstgewebe in Originalfäden aus mir selber hervor.

Französische Bühne VI - 1837

341

Naivität des Genies — Gibt es aber in der Kunst eine geniale Ursprünglichkeit ohne Naivität? Bis jetzt ist dieser Fall noch nicht vorgekommen.

Lutezia. April 1842

342

Eingeborene Symbolik — In der Kunst bin ich Supernaturalist. Ich glaube, daß der Künstler nicht alle seine Typen in der Natur auffinden kann, sondern daß ihm die bedeutendsten Typen, als eingeborene Symbolik eingeborner Ideen, gleichsam in der Seele geoffenbart werden.

Französische Maler. 1831

343

Isolierter Witz — Der Saphir, von dem Du sprichst, scheint noch sehr ungeschliffen zu sein. Ich habe kürzlich eine Bagatelle von ihm im Gesellschafter gelesen. Witz in seiner Isolierung ist gar nichts wert. Nur dann ist mir Witz erträglich, wenn er auf einem ernsten Grunde ruht. Darum trifft so gewaltig der Witz Börnes, Jean Pauls und des Narren im Lear.

An M. Moser. 1. VII. 1825*

344

Spass mit dem Entsetzen — Das ist eben die Ironie, wie sie auch immer das Hauptelement der Tragödie ist. Das Ungeheuerste, das Entsetzlichste, das Schaudervollste, wenn es nicht unpoetisch werden soll, kann man auch nur in dem buntscheckigen Gewande des Lächerlichen darstellen, gleichsam versöhnend — darum hat auch Shakespeare das Gräßlichste im Lear durch den Narren sagen lassen, darum hat auch Goethe zu dem furchtbarsten Stoffe, zum Faust, die Puppenspielform gewählt, darum hat auch der noch größere Poet (der Urpoet, sagt Friederike), nämlich unser Herrgott, allen Schreckensszenen dieses Lebens eine gute Dosis Spaßhaftigkeit beigemischt.

An Friederike Robert. 12. X. 1825

345

Michelangelos Nacht — Eine wunderbare Leidenschaft für marmorne Statuen hat sich seitdem in meiner Seele entwickelt, und noch diesen Morgen empfand ich ihre hinreißende Gewalt. Ich kam aus der Laurentiana, der Bibliothek der Mediceer, und geriet, ich weiß nicht mehr wie, in die Kapelle, wo jenes prachtvollste Geschlecht Italiens sich eine Schlafstelle von Edelsteinen gebaut hat, und ruhig schlummert. Eine ganze Stunde blieb ich dort versunken in dem Anblick eines marmornen Frauenbilds, dessen gewaltiger Leibesbau von der kühnen Kraft des Michelangelo zeugt, während doch die ganze Gestalt von einer ätherischen Süßigkeit umflossen ist, die man bei jenem Meister eben nicht zu suchen pflegt. In diesen Marmor ist das ganze Traumreich gebannt, mit allen seinen stillen Seligkeiten, eine zärtliche Ruhe wohnt in diesen schönen Gliedern, ein besänftigendes Mondlicht scheint durch ihre Adern zu rinnen ... es ist die Nacht des Michelangelo Buonarotti. O wie gerne möchte ich schlafen des ewigen Schlafes in den Armen dieser Nacht ...

Florentinische Nächte I - 1835

346

Berlioz — Selbst die trägsten Gemüter wurden fortgerissen von der Gewalt des Genius, der sich in allen Schöpfungen des großen Meisters bekundet. Hier ist ein Flügelschlag, der keinen gewöhnlichen Sangesvogel verrät, das ist eine kolossale Nachtigall, ein Sprosser von Adlersgröße, wie es deren in der Urwelt gegeben haben soll. Ja, die Berliozische Musik überhaupt hat für mich etwas Urweltliches, wo nicht gar Antediluvianisches, und sie mahnt mich an untergegangene Tiergattungen, an fabelhafte Königstümer und Sünden, an aufgetürmte Unmöglichkeiten.

Lutezia. 25. IV. 1844

347

Was ist Musik? — Aber was ist die Musik? Diese Frage hat mich gestern abend vor dem Einschlafen stundenlang beschäftigt. Es hat mit der Musik eine wunderliche Bewandtnis; ich möchte sagen, sie ist ein Wunder. Sie steht zwischen Gedanken und Erscheinung; als dämmernde Vermittlerin steht sie zwischen Geist und Materie; sie ist beiden verwandt und doch von beiden verschieden: sie ist Geist, aber Geist, welcher eines Zeitmaßes bedarf; sie ist Materie, aber Materie, die des Raumes entbehren kann.

Französische Bühne IX - 1837

348

Musik — das letzte Wort der Kunst — Mit der allmählichen Vergeistigung des Menschengeschlechts halten auch die Künste ebenmäßig Schritt. In der frühesten Periode mußte notwendigerweise die Architektur alleinig hervortreten, die unbewußte rohe Größe massenhaft verherrlichend, wie wirs z. B. sehen bei den Ägyptiern. Späterhin erblicken wir bei den Griechen die Blütezeit der Bildhauerkunst, und diese bekundet schon eine äußere Bewältigung der Materie: der Geist meißelte eine ahnende Sinnigkeit in den Stein. Aber der Geist fand dennoch den Stein viel zu hart für seine steigenden Offenbarungsbedürfnisse, und er wählte die Farbe, den bunten Schatten, um eine verklärte und dämmernde Welt des Liebens und Leidens darzustellen. Da entstand die große Periode der Malerei, die am Ende des Mittelalters sich glänzend entfaltete. Mit der Ausbildung des Bewußtseinlebens schwindet bei den Menschen alle plastische Begabnis, am Ende erlischt sogar der Farbensinn, der doch immer an bestimmte Zeichnung gebunden ist, und die gesteigerte Spiritualität, das abstrakte Gedankentum, greift nach Klängen und Tönen, um eine lallende Überschwenglichkeit auszudrücken, die vielleicht nichts anderes ist, als die Auflösung der ganzen materiellen Welt: die Musik ist vielleicht das letzte Wort der Kunst, wie der Tod das letzte Wort des Lebens. Lutezia. 20. IV. 1841

349

Der Mensch-Planet — Paganini setzte wieder ruhig seine Violine ans Kinn und mit dem ersten Strich seines Bogens begann auch wieder die wunderbare Transfiguration der Töne. Nur gestaltete sie sich nicht mehr so grellfarbig und leiblich bestimmt. Diese Töne entfalteten sich ruhig, majestätisch wogend und anschwellend, wie die eines Orgelchorals in einem Dome; und alles umher hatte sich immer weiter und höher ausgedehnt zu einem kolossalen Raume, wie nicht das körperliche Auge, sondern nur das Auge des Geistes ihn fassen kann. In der Mitte dieses Raumes schwebte eine leuchtende Kugel, worauf riesengroß und stolzerhaben ein Mann stand, der die Violine spielte. Diese Kugel war sie die Sonne? Ich weiß nicht. Aber in den Zügen des Mannes erkannte ich Paganini, nur idealisch verschönert, himmlisch verklärt, versöhnungsvoll lächelnd. Sein

Leib blühte in kräftigster Männlichkeit, ein hellblaues Gewand umschloß die veredelten Glieder, um seine Schulter wallte, in glänzenden Locken, das schwarze Haar; und wie er da fest und sicher stand, ein erhabenes Götterbild, und die Violine strich: da war es als ob die ganze Schöpfung seinen Tönen gehorchte. Er war der Mensch-Planet um den sich das Weltall bewegte, mit gemessener Feierlichkeit und in seligen Rhythmen erklingend.

Florentinische Nächte I - 1835

# XXXI. KÖNIGTUM DES GEISTES

... daß die Leitung der Welt nicht dem kleinen Zahlensinn, nicht dem hochbesteuerten Rechentalente gebührt, sondern dem Genie, der Schönheit, der Liebe und der Kraft. Französische Bühne IV - 1837

Schönheit und Genie sind ja auch eine Art Königtum, und sie passen nicht in eine Gesellschaft, wo jeder, im Mißgefühl der eigenen Mittelmäßigkeit, alle höhere Begabnis herabzuwürdigen sucht, bis aufs banale Niveau. Ludwig Börne V - 1839

350

Martyrium des Genies — Daß ein Mann wie Lessing niemals glücklich sein konnte, werdet Ihr leicht begreifen. Und wenn er auch nicht die Wahrheit geliebt hätte, und wenn er sie auch nicht selbstwillig überall verfochten hätte, so mußte er doch unglücklich sein; denn er war ein Genie. Alles wird man dir verzeihen, sagte jüngst ein seufzender Dichter, man verzeiht dir deinen Reichtum, man verzeiht dir die hohe Geburt, man verzeiht dir deine Wohlgestalt, man läßt dir sogar Talent hingehen, aber man ist unerbittlich gegen das Genie. Ach! und begegnet ihm auch nicht der böse Wille von außen, so fände das Genie doch schon in sich selber den Feind, der ihm Elend bereitet. Deshalb ist die Geschichte der großen Männer immer eine Märtyrerlegende; wenn sie auch nicht litten für die große Menschheit, so litten sie doch für ihre eigene Größe, für die große Art ihres Seins, das Unphilisterliche, für ihr Mißbehagen an der prunkenden Gemeinheit, der lächelnden Schlechtigkeit ihrer Umgebung, ein Mißbehagen, welches sie natürlich zu Extravaganzen bringt, zum Beispiel zum Schauspielhaus oder gar zum Spielhaus — wie es dem armen Lessing begegnete.

Religion u. Philosophie in Deutschland II - 1834

351

Überall ist Golgatha — Bei der Lektüre des Spinosa ergreift uns ein Gefühl wie beim Anblick der großen Natur in ihrer lebendigsten Ruhe. Ein Wald von himmelhohen Gedanken, deren blühende Wipfel in wogender Bewegung sind, während die unerschütterlichen Baumstämme in der ewigen Erde wurzeln. Es ist ein gewisser Hauch in den Schriften des Spinosa, der unerklärlich. Man wird angeweht wie von den Lüften der Zukunft. Der Geist der hebräischen Propheten ruhte vielleicht noch auf ihrem späten Enkel. Dabei ist ein Ernst in ihm, ein selbstbewußter Stolz, eine Gedankengrandezza, die ebenfalls ein Erbteil zu sein scheint; denn Spinoza gehörte zu jenen Märtyrerfamilien, die damals von den allerkatholischsten Königen aus Spanien vertrieben worden. Dazu kommt noch die Geduld des Holländers, die sich ebenfalls, wie im Leben, so auch in den Schriften des Mannes, niemals verleugnet hat.

Konstatiert ist es, daß der Lebenswandel des Spinosa frei von allem Tadel war, und rein und makellos wie das Leben seines göttlichen

Vetters, Jesu Christi. Auch wie dieser litt er für seine Lehre, wie dieser trug er die Dornenkrone. Überall, wo ein großer Geist seine Gedanken ausspricht, ist Golgatha. Dasselbe

352

Überall ist Liliput —, wo ein großer Mensch unter kleine Menschen gerät, die unermüdlich und auf die kleinlichste Weise ihn abquälen, und die wieder durch ihn genug Qual und Not ausstehen; aber hätte der Dechant Swift in unserer Zeit sein Buch geschrieben, so würde man in dessen scharfgeschliffenem Spiegel nur die Gefangenschaftsgeschichte des Kaisers erblicken, und bis auf die Farbe des Rocks und des Gesichts die Zwerge erkennen, die ihn gequält haben. Englische Fragmente IV - 1828

353

Das Unglück des Genius — Aber ist das Unglück des Genius immer nur das Werk eines blinden Zufalls, oder entspringt es als Notwendigkeit aus seiner innern Natur und der Natur seiner Umgebung? Tritt seine Seele in Kampf mit der Wirklichkeit, oder beginnt die rohe Wirklichkeit einen ungleichen Kampf mit seiner edeln Seele?

Die Gesellschaft ist eine Republik. Wenn der Einzelne emporstrebt, drängt ihn die Gesamtheit zurück durch Ridiküle und Verlästerung. Keiner soll tugendhafter und geistreicher sein, als die übrigen. Wer aber durch die unbeugsame Gewalt des Genius hinausragt über das banale

Gemeindemaß, diesen trifft der Ostrazismus der Gesellschaft, sie verfolgt ihn mit so gnadenloser Verspottung und Verleumdung, daß er sich endlich zurückziehen muß in die Einsamkeit seiner Gedanken.

Einleitung zum Don Quixote. 1837

354

Die Satire auf die Begeisterung — Ich war der Meinung, die Lächerlichkeit des Donquixotismus bestehe darin, daß der edle Ritter eine längst abgelebte Vergangenheit ins Leben zurückrufen wollte, und seine armen Glieder, namentlich sein Rücken, mit den Tatsachen in schmerzliche Reibungen gerieten. Ach, ich habe seitdem erfahren, daß es eine ebenso undankbare Tollheit ist, wenn man die Zukunft allzu frühzeitig in die Gegenwart einführen will und bei solchem Ankampf gegen die schweren Interessen des Tages nur einen sehr mageren Klepper, eine sehr morsche Rüstung und einen ebenso gebrechlichen Körper besitzt! Wie über jenen, so auch über diesen Donquixotismus schüttelt der Weise sein vernünftiges Haupt. — Aber Dulcinea von Toboso ist dennoch das schönste Weib der Welt; obgleich ich elend zu Boden liege, nehme ich dennoch diese Behauptung nimmermehr zurück, ich kann nicht anders, — stoßt zu mit Euren Lanzen, Ihr silberne Mondritter, Ihr verkappte Barbiergesellen!

[Cervantes] richtete die Ritterromane so gründlich zu Grunde, daß bald nach dem Erscheinen des «Don Quixote» der Geschmack für jene Bücher in ganz Spanien erlosch, und auch keins derselben mehr gedruckt ward. Aber die Feder des Genius ist immer größer als er selber, sie reicht immer weit hinaus über seine zeitlichen Absichten, und ohne daß er sich dessen klar bewußt wurde, schrieb Cervantes die größte Satire gegen die menschliche Begeisterung.

Dasselbe

355

### Das warnende Exempel

Die Sonne ging auf bei Paderborn,
Mit sehr verdroßner Gebärde.
Sie treibt in der Tat ein verdrießlich Geschäft —
Beleuchten die dumme Erde!

Hat sie die eine Seite erhellt,
Und bringt sie mit strahlender Eile
Der andern ihr Licht, so verdunkelt schon
Sich jene mittlerweile.

Der Stein entrollt dem Sisyphus,
Der Danaiden Tonne
Wird nie gefüllt, und den Erdenball
Beleuchtet vergeblich die Sonne! —

Und als der Morgennebel zerrann,
Da sah ich am Wege ragen,
Im Frührotschein, das Bild des Manns,
Der an das Kreuz geschlagen.

Mit Wehmut erfüllt mich jedesmal
Dein Anblick, mein armer Vetter,
Der du die Welt erlösen gewollt,
Du Narr, du Menschheitsretter!

Sie haben dir übel mitgespielt,
Die Herren vom hohen Rate.
Wer hieß dich auch reden so rücksichtslos
Von der Kirche und vom Staate!

Geldwechsler, Bankiers, hast du sogar
Mit der Peitsche gejagt aus dem Tempel —
Unglücklicher Schwärmer, jetzt hängst du am Kreuz
Als warnendes Exempel!

Deutschland. Ein Wintermärchen XIII - 1844*

356

VERTAUSCHTE ROLLEN — Überhaupt scheint die Weltperiode vorbei zu sein, wo die Taten der Einzelnen hervorragen; die Völker, die Parteien, die Massen selber sind die Helden der neuern Zeit; die moderne Tragödie unterscheidet sich von der antiken dadurch, daß jetzt die Chöre agieren und die eigentlichen Hauptrollen spielen, während die Götter, Heroen, und Tyrannen, die früherhin die handelnden Personen waren, jetzt zu mäßigen Repräsentanten des Parteiwillens und der Volkstat herabsinken.

Französische Zustände. 10. VI. 1832*

357

EHRFURCHT VOR DEM GENIE — Wenn [Gutzkow] nur nicht so irreligiös wäre! Das heißt, wenn ihm der heilige Schauer, den uns die großen Männer, die Repräsentanten des heiligen Geistes, einflößen, nicht ganz fremd wäre!

An J. Campe. 19. XII. 1837

*

Quelque sceptique que j'aie toujours été, je n'ai jamais pu me défaire, je dois l'avouer, d'un certain saisissement religieux à l'approche d'un véritable grand homme. Mais, à vrai dire, j'en ai rencontré si rarement que je n'ai pu devenir blasé sur ce sentiment de vénération superstitieuse que m'inspire le génie humain.

An François Guizot. April 1855

358

Onkel Salomon und Vetter Karl Heine — Der Verrat, der im Schoße der Familie, wo ich waffenlos und vertrauend war, an mir verübt wurde, hat mich wie ein Blitz aus heiterer Luft getroffen und fast tödlich beschädigt; wer die Umstände erwägt, wird hierin einen Meuchelmordsversuch sehen; die schleichende Mittelmäßigkeit, die zwanzig Jahre lang harrte, ingrimmig neidisch gegen den Genius, hatte endlich ihre Siegesstunde erreicht. Im Grunde ist auch das eine alte Geschichte, die sich immer erneut. An Varnhagen. 3. I. 1846

359

Spanische Atriden

Am Hubertustag des Jahres
Dreizehnhundert drei und achtzig
Gab der König uns ein Gastmahl
Zu Segovia im Schlosse.

Hofgastmähler sind dieselben
Überall, es gähnt dieselbe
Souveräne Langeweile
An der Tafel aller Fürsten.

Prunkgeschirr von Gold und Silber,
Leckerbissen aller Zonen,
Und derselbe Bleigeschmack,
Mahnend an Lokustes Küche.

Auch derselbe seidne Pöbel,
Buntgeputzt und vornehm nickend,
Wie ein Beet von Tulipanen;
Nur die Saucen sind verschieden.

Und das ist ein Wispern, Sumsen,
Das wie Mohn den Sinn einschläfert,
Bis Trompetenstöße wecken
Aus der kauenden Betäubnis.

Neben mir, zum Glücke, saß
Don Diego Albuquerque,
Dem die Rede unterhaltsam
Von den klugen Lippen floß.

Ganz vorzüglich gut erzählte
Er die blutgen Hofgeschichten
Aus den Tagen des Don Pedro,
Den man «König Grausam» nannte.

Er erzählte mir zum Beispiel,
Wie der König dem Don Gaston,
Seinem leiblich eignen Vetter,
Abhaun ließ die beiden Hände —

Einzig und allein, weil dieser
Ein Poet war und der König
Einst geträumt, der Vetter schreibe
Gegen ihn ein Spottsirvente.

Als ich frug, warum Don Pedro
Seinen Bruder Don Fredrego
Insgeheim enthaupten ließ,
Sprach mein Tischgenosse seufzend:

Sennor! glaubt nicht was sie klimpern
Auf den schlottrigen Gitarren,
Bänkelsänger, Maultiertreiber,
In Posaden, Kneipen, Schenken.

Glaubet nimmer, was sie faseln
Von der Liebe Don Fredregos
Und Don Pedros schöner Gattin,
Donna Blanka von Bourbon.

Nicht der Eifersucht des Gatten,
Nur der Mißgunst eines Neidharts
Fiel als Opfer Don Fredrego,
Calatravas Ordensmeister.

Das Verbrechen, das Don Pedro
Nicht verzieh, das war sein Ruhm,
Jener Ruhm, den Donna Fama
Mit Entzücken ausposaunte.

Auch verzieh ihm nicht Don Pedro
Seiner Seele Hochgefühle
Und die Wohlgestalt des Leibes,
Die ein Abbild solcher Seele.

Blühend blieb mir im Gedächtnis
Diese schlanke Heldenblume;
Nie vergeß ich dieses schöne
Träumerische Jünglingsantlitz.

Das war eben jene Sorte,
Die geliebt wird von den Feen,
Und ein märchenhaft Geheimnis
Sprach aus allen diesen Zügen.

Blaue Augen, deren Schmelz
Blendend wie ein Edelstein, —
Aber auch der stieren Härte
Eines Edelsteins teilhaftig.

Seine Haare waren schwarz,
Bläulichschwarz, von seltnem Glanze,
Und in üppig schönen Locken
Auf die Schulter niederfallend.

In der schönen Stadt Coimbra,
Die er abgewann den Mohren,
Sah ich ihn zum letzten Male
Lebend — unglückselger Prinz!

Eben kam er vom Alkanzor,
Durch die engen Straßen reitend;
Manche junge Mohrin lauschte
Hinterm Gitter ihres Fensters.

Seines Hauptes Helmbusch wehte
Frei galant, jedoch des Mantels
Strenges Calatrava-Kreuz
Scheuchte jeden Buhlgedanken.

Ihm zur Seite, freudewedelnd,
Sprang sein Liebling, Allan hieß er,
Eine Bestie stolzer Rasse,
Deren Heimat die Sierra.

Trotz der ungeheuern Größe
War er wie ein Reh gelenkig,
Nobel war des Kopfes Bildung,
Ob sie gleich dem Fuchse ähnlich.

Schneeweiß und so weich wie Seide
Flockten lang herab die Haare;
Mit Rubinen inkrustieret
War das breite goldne Halsband.

Dieses Halsband, sagt man, barg
Einen Talisman der Treue;
Niemals wich er von der Seite
Seines Herrn, der treue Hund.

O der schauerlichen Treue!
Mir erbebet das Gemüte,
Denk ich dran, wie sie sich hier
Offenbart vor unsern Augen.

O des schreckenvollen Tages!
Hier in diesem Saale war es,
Und wie heute saß ich hier
An der königlichen Tafel.

An dem obern Tafelende,
Dort, wo heute Don Henrico
Fröhlich bechert mit der Blume
Kastilianscher Ritterschaft —

Jenes Tags saß dort Don Pedro
Finster stumm, und neben ihm,
Strahlend stolz wie eine Göttin,
Saß Maria de Padilla.

Hier am untern End der Tafel,
Wo wir heut die Dame sehen,
Deren große Linnenkrause
Wie ein weißer Teller aussieht —

Während ihr vergilbt Gesichtchen
Mit dem säuerlichen Lächeln
Der Zitrone gleichet, welche
Auf besagtem Teller ruht:

Hier am untern End der Tafel
War ein leerer Platz geblieben;
Eines Gasts von hohem Range
Schien der goldne Stuhl zu harren.

Don Fredrego war der Gast,
Dem der goldne Stuhl bestimmt war —
Doch er kam nicht — ach, wir wissen
Jetzt den Grund der Zögerung.

Ach, zur selben Stunde wurde
Sie vollbracht, die dunkle Untat,
Und der arglos junge Held
Wurde von Don Pedros Schergen

Hinterlistig überfallen
Und gebunden fortgeschleppt
In ein ödes Schloßgewölbe,
Nur von Fackelschein beleuchtet.

Dorten standen Henkersknechte,
Dorten stand der rote Meister,
Der, gestützt auf seinem Richtbeil,
Mit schwermütger Miene sprach:

Jetzt, Großmeister von San Jago,
Müßt Ihr Euch zum Tod bereiten,
Eine Viertelstunde sei
Euch bewilligt zum Gebete.

Don Fredrego kniete nieder,
Betete mit frommer Ruhe,
Sprach sodann: ich hab vollendet,
Und empfing den Todesstreich.

In demselben Augenblicke,
Als der Kopf zu Boden rollte,
Sprang drauf zu der treue Allan,
Welcher unbemerkt gefolgt war.

Er erfaßte, mit den Zähnen,
Bei dem Lockenhaar das Haupt,
Und mit dieser teuern Beute
Schoß er zauberschnell von dannen.

Jammer und Geschrei erscholl
Überall auf seinem Wege,
Durch die Gänge und Gemächer,
Treppen auf und Treppen ab.

Seit dem Gastmahl des Belsazar
Gab es keine Tischgesellschaft,
Welche so verstöret aussah
Wie die unsre in dem Saale,

Als das Ungetüm hereinsprang
Mit dem Haupte Don Fredregos,
Das er mit den Zähnen schleppte
An den träufend blutgen Haaren.

Auf den leer gebliebnen Stuhl,
Welcher seinem Herrn bestimmt war,
Sprang der Hund und, wie ein Kläger,
Hielt er uns das Haupt entgegen.

Ach, es war das wohlbekannte
Heldenantlitz, aber blässer,
Aber ernster, durch den Tod,
Und umringelt gar entsetzlich

Von der Fülle schwarzer Locken,
Die sich bäumten wie der wilde
Schlangenkopfputz der Meduse,
Auch wie dieser schreckversteinernd.

Ja, wir waren wie versteinert,
Sahn uns an mit starrer Miene,
Und gelähmt war jede Zunge
Von der Angst und Etikette.

Nur Maria de Padilla
Brach das allgemeine Schweigen;
Händeringend, laut aufschluchzend,
Jammerte sie ahndungsvoll:

«Heißen wird es jetzt, ich hätte
Angestiftet solche Mordtat,
Und der Groll trifft meine Kinder,
Meine schuldlos armen Kinder!»

Don Diego unterbrach hier
Seine Rede, denn wir sahen,
Daß die Tafel aufgehoben
Und der Hof den Saal verlassen.

Höfisch fein von Sitten, gab
Mir der Ritter das Geleite,
Und wir wandelten selbander
Durch das alte Gotenschloß.

In dem Kreuzgang, welcher leitet
Nach des Königs Hundeställen,
Die durch Knurren und Gekläffe
Schon von fernher sich verkündgen,

Dorten sah ich, in der Wand
Eingemauert und nach außen
Fest mit Eisenwerk vergattert,
Eine Zelle wie ein Käfig.

Menschliche Gestalten zwo
Saßen drin, zwei junge Knaben;
Angefesselt bei den Beinen,
Hockten sie auf fauler Streu.

Kaum zwölfjährig schien der eine,
Wenig älter war der andre;
Die Gesichter schön und edel,
Aber fahl und welk von Siechtum.

Waren ganz zerlumpt, fast nackend,
Und die magern Leibchen trugen
Wunde Spuren der Mißhandlung;
Beide schüttelte das Fieber.

Aus der Tiefe ihres Elends
Schauten sie zu mir empor,
Wie mit weißen Geisteraugen,
Daß ich schier darob erschrocken.

Wer sind diese Jammerbilder?
Rief ich aus, indem ich hastig
Don Diegos Hand ergriff,
Die gezittert, wie ich fühlte.

Don Diego schien verlegen,
Sah sich um, ob Niemand lausche,
Seufzte tief und sprach am Ende,
Heitern Weltmannston erkünstelnd:

Dieses sind zwei Königskinder,
Früh verwaiset, König Pedro
Hieß der Vater, und die Mutter
War Maria de Padilla.

Nach der großen Schlacht bei Narvas,
Wo Henrico Transtamare
Seinen Bruder, König Pedro,
Von der großen Last der Krone

Und zugleich von jener größern
Last, die Leben heißt, befreite:
Da traf auch die Bruderskinder
Don Henricos Siegergroßmut.

Hat sich ihrer angenommen,
Wie es einem Oheim ziemet,
Und im eignen Schlosse gab er
Ihnen freie Kost und Wohnung.

Enge freilich ist das Stübchen,
Das er ihnen angewiesen,
Doch im Sommer ist es kühlig,
Und nicht gar zu kalt im Winter.

Ihre Speis ist Roggenbrot,
Das so schmackhaft ist, als hätt es
Göttin Ceres selbst gebacken
Für ihr liebes Proserpinchen.

Manchmal schickt er ihnen auch
Eine Kumpe mit Garbanzos,
Und die Jungen merken dann,
Daß es Sonntag ist in Spanien.

Doch nicht immer ist es Sonntag,
Und nicht immer gibts Garbanzos,
Und der Oberkoppelmeister
Regaliert sie mit der Peitsche.

Denn der Oberkoppelmeister,
Der die Ställe mit der Meute
Sowie auch den Neffenkäfig
Unter seiner Aufsicht hat,

Ist der unglückselge Gatte
Jener sauren Zitronella
Mit der weißen Tellerkrause,
Die wir heut bei Tisch bewundert,

Und sie keift so frech, daß oft
Ihr Gemahl zur Peitsche greift —
Und hierher eilt und die Hunde
Und die armen Knaben züchtigt.

Doch der König hat mißbilligt
Solch Verfahren und befahl,
Daß man künftig seine Neffen
Nicht behandle wie die Hunde.

Keiner fremden Mietlingsfaust
Wird er ferner anvertrauen
Ihre Zucht, die er hinfüro
Eigenhändig leiten will.

Don Diego stockte plötzlich,
Denn der Seneschall des Schlosses
Kam zu uns und frug uns
Höflich: ob wir wohlgespeist? — —

Romanzero. Lamentationen. 1851*

360

Geburtsaristokratie — Was soll ich aber nun vom Fürsten Pückler sagen! — welch ein Grand Seigneur! Einer der letzten Ritter der alten Geburtsaristokratie gibt den Emporkömmlingen der neuen Geldaristokratie noch zuletzt eine Lektion über das Thema der Ehre, und zwar zum Besten des beleidigten Genius. — Ja, die Lektion ist siegreich, der chevalereske Hochsinn zeigt sich hier auf seinem schönsten Tournierrosse und in seinem fleckenlosesten Harnisch, dem Point d'honneur und der loyauté; das plumpe selbstische Krämertum, ich hätte fast gesagt: das Bürgertum, findet hier seine kläglichste Niederlage; und an Verhöhnung wird es nicht fehlen, zumal von seiten der allermodernsten Gegner der jetzigen Geldherrschaft — Sie wissen, welche Leute ich meine. Der Genius freilich spielt hier eine trübselige Figur; die Romantik, die er selber auf den Tod befehdet, tritt hier großmütig für ihn selbst in die Schranken, denn am Ende, wenn Pückler auch

Fürst in den Idealprovinzen des Geistes ist, so ist er es doch auch in dem preußischen Schlesien, und seine Handlungsweise ist ebenso adlig als edel.

An Lassalle. 10. II. 1846*

361

O laß nicht ohne Lebensgenuß
Dein Leben verfließen!
Und bist du sicher vor dem Schuß,
So laß sie nur schießen.

Fliegt dir das Glück vorbei einmal,
So faß es am Zipfel.
Auch rat ich dir, baue dein Hüttchen im Tal
Und nicht auf dem Gipfel.

Motto zu Romanzero. Hebräische Melodien. 1851

# XXXII. O DEUTSCHLAND, MEINE FERNE LIEBE

Eine große Vorliebe für Deutschland grassiert in meinem Herzen, sie ist unheilbar.

An Campe. 29. XII. 1843

362

## Anno 1839

O, Deutschland, meine ferne Liebe,
Gedenk ich deiner, wein ich fast!
Das muntre Frankreich scheint mir trübe,
Das leichte Volk wird mir zur Last.

Nur der Verstand, so kalt und trocken,
Herrscht in dem witzigen Paris —
O, Narrheitsglöcklein, Glaubensglocken,
Wie klingelt ihr daheim so süß!

Höfliche Männer! Doch verdrossen
Geb ich den artgen Gruß zurück. —
Die Grobheit, die ich einst genossen
Im Vaterland, das war mein Glück!

Lächelnde Weiber! Plappern immer,
Wie Mühlenräder stets bewegt!
Da lob ich Deutschlands Frauenzimmer,
Das schweigend sich zu Bette legt.

Und alles dreht sich hier im Kreise,
Mit Ungestüm, wie ’n toller Traum!
Bei uns bleibt alles hübsch im Gleise,
Wie angenagelt, rührt sich kaum.

Mir ist, als hört ich fern erklingen
Nachtwächterhörner, sanft und traut;
Nachtwächterlieder hör ich singen,
Dazwischen Nachtigallenlaut.

Dem Dichter war so wohl daheime,
In Schildas teurem Eichenhain!
Dort wob ich meine zarten Reime
Aus Veilchenduft und Mondenschein.

**Neue Gedichte. Romanzen. 1839**

363

WENN ich, beseligt von schönen Küssen,
In deinen Armen mich wohl befinde,
Dann mußt du mir nie von Deutschland reden; —
Ich kanns nicht vertragen — es hat seine Gründe.

Ich bitte dich, laß mich mit Deutschland in Frieden!
Du mußt mich nicht plagen mit ewigen Fragen
Nach Heimat, Sippschaft und Lebensverhältnis; —
Es hat seine Gründe — ich kanns nicht vertragen.

Die Eichen sind grün, und blau sind die Augen
Der deutschen Frauen; sie schmachten gelinde
Und seufzen von Liebe, Hoffnung und Glauben; —
Ich kanns nicht vertragen — es hat seine Gründe.

**Neue Gedichte. Angelique. 1835**

364

DAS EXIL DER FREMDSPRACHE — Es sind heute über sechs Monde, daß kein deutscher Laut an mein Ohr klang, und alles was ich dichte und trachte, kleidet sich mühsam in ausländische Redensarten . . . Ihr habt vielleicht einen Begriff vom leiblichen Exil, jedoch vom geistigen Exil kann nur ein deutscher Dichter sich eine Vorstellung machen, der sich gezwungen sähe, den ganzen Tag französisch zu sprechen, zu schreiben, und sogar des Nachts, am Herzen der Geliebten französisch zu seufzen! Auch meine Gedanken sind exiliert, exiliert in eine fremde Sprache.

Ludwig Börne V - 1839

365

## Jetzt wohin?

Jetzt wohin? Der dumme Fuß
Will mich gern nach Deutschland tragen;
Doch es schüttelt klug das Haupt
Mein Verstand und scheint zu sagen:

Zwar beendigt ist der Krieg,
Doch die Kriegsgerichte blieben,
Und es heißt, du habest einst
Viel Erschießliches geschrieben.

Das ist wahr, unangenehm
Wär mir das Erschossenwerden;
Bin kein Held, es fehlen mir
Die pathetischen Gebärden.

Gern würd ich nach England gehn,
Wären dort nicht Kohlendämpfe
Und Engländer — schon ihr Duft
Gibt Erbrechen mir und Krämpfe.

Manchmal kommt mir in den Sinn
Nach Amerika zu segeln,
Nach dem großen Freiheitstall,
Der bewohnt von Gleichheitsflegeln —

Doch es ängstet mich ein Land,
Wo die Menschen Tabak käuen,
Wo sie ohne König kegeln,
Wo sie ohne Spucknapf speien.

Rußland, dieses schöne Reich,
Würde mir vielleicht behagen,
Doch im Winter könnte ich
Dort die Knute nicht ertragen.

Traurig schau ich in die Höh,
Wo viel tausend Sterne nicken —
Aber meinen eignen Stern
Kann ich nirgends dort erblicken.

Hat im güldnen Labyrinth
Sich vielleicht verirrt am Himmel,
Wie ich selber mich verirrt
In dem irdischen Getümmel. —

Romanzero. Lamentationen. 1830

366

HAMBURG IN TRÜMMERN — Mein armes Hamburg liegt in Trümmern, und die Orte, die mir so wohl bekannt, mit welchen alle Erinnerungen meiner Jugend so innig verwachsen, sie sind ein rauchender Schutthaufen! Am meisten beklage ich den Verlust jenes Petriturmes — er war über die Kleinlichkeit seiner Umgebung so erhaben! Die Stadt wird bald wieder aufgebaut sein mit neuen gradlinigen Häusern und nach der Schnur gezogenen Straßen, aber es wird doch nicht mehr mein altes Hamburg sein, mein altes, schiefwinklichtes, schlabbriges Hamburg! Der Breitengiebel, wo mein Schuster wohnte und wo ich Austern aß, bei Unbescheiden — ein Raub der Flammen! Der «Hamburger Korrespondent» meldet zwar, daß der Dreckwall sich bald wie ein Phönix aus der Asche erheben werde — aber ach! es wird doch der alte Dreckwall nicht mehr sein! Und das Rathaus — wie oft ergötzte ich mich an den Kaiserbildern, die, aus Hamburger Rauchfleisch gemeißelt, die Fassade zierten! Sind die hoch- und wohlgepuderten Perücken gerettet, die dort den Häuptern der Republik ihr majestätisches Ansehen gaben? Der Himmel bewahre mich in einem Momente wie der jetzige an diesen alten Perücken ein weniges zu zupfen. Im Gegenteil, ich möchte bei dieser Gelegenheit vielmehr bezeugen, daß die Regierung zu Hamburg immer die Regierten übertraf an gutem Willen für gesellschaftlichen Fortschritt. Das Volk stand hier immer tiefer als seine Stellvertreter, worunter Männer von der bedeutendsten Bildung und Vernünftigkeit. Aber es steht zu hoffen, daß der große Brand auch die unteren Intelligenzen ein bißchen erleuchtet haben wird und die ganze hamburgische Bevölkerung jetzt einsieht, daß der Zeitgeist, der ihr im Unglück seine Wohltat angedeihen ließ, späterhin nicht mehr durch kleinlichen Krämersinn beleidigt werden darf. Namentlich die bürgerliche Gleichstellung der verschiedenen Konfessionen wird gewiß jetzt nicht mehr in Hamburg vertagt werden können. — Wir wollen das Beste von der Zukunft erwarten; der Himmel schickt nicht umsonst die großen Prüfungen.

Vier Berichte f. d. Allgem. Zeitung. 20. V. 1844

# XXXIII. TOD

Das Leben verliebt in den Tod —

Neue Gedichte. Romanzen. 1829

367

NUN ist es Zeit, daß ich mit Verstand
Mich aller Torheit entledge;
Ich hab so lang als ein Komödiant
Mit dir gespielt die Komödie.

Die prächtgen Kulissen, sie waren bemalt
Im hochromantischen Stile,
Mein Rittermantel hat goldig gestrahlt,
Ich fühlte die feinsten Gefühle.

Und nun ich mich gar säuberlich
Des tollen Tands entledge,
Noch immer elend fühl ich mich,
Als spielt ich noch immer Komödie.

Ach Gott! im Scherz und unbewußt
Sprach ich was ich gefühlet;
Ich hab mit dem Tod in der eignen Brust
Den sterbenden Fechter gespielet.

Buch der Lieder. Heimkehr XLIV - 1823

368

DAS LEBEN IST DER GÜTER HÖCHSTES — Gleichviel! ich lebe. Bin ich auch nur das Schattenbild in einem Traum, so ist auch dieses besser als das kalte, schwarze, leere Nichtsein des Todes.

Das Leben ist der Güter höchstes, und das schlimmste Übel ist der Tod. Mögen berlinische Gardeleutnants immerhin spötteln und es Feigheit nennen, daß der Prinz von Homburg zurückschaudert, wenn er sein offnes Grab erblickt — Heinrich Kleist hatte dennoch ebenso viel Courage wie seine hochbrüstigen, wohlgeschnürten Kollegen, und er hat es leider bewiesen. Aber alle kräftigen Menschen lieben das Leben. Goethes Egmont scheidet nicht gern «von der freundlichen Gewohnheit des Daseins und Wirkens». Immermanns Edwin hängt am Leben «wie 'n Kindlein an der Mutter Brüsten» und obgleich es ihm hart ankömmt, durch fremde Gnade zu leben, so fleht er dennoch um Gnade:

«Weil Leben, Atmen doch das Höchste ist.»

Wenn Odysseus in der Unterwelt den Achilleus als Führer toter Helden sieht, und ihn preist wegen seines Ruhmes bei den Lebendigen und seines Ansehens sogar bei den Toten, antwortet dieser:

«Nicht mir rede vom Tod ein Trostwort, edler Odysseus!
Lieber ja wollt ich das Feld als Tagelöhner bestellen
Einem dürftigen Mann, ohn Erbe und eigenen Wohlstand,
Als die sämtliche Schar der geschwundenen Toten beherrschen.»

Ja, als der Major Düvent den großen Israel Löwe auf Pistolen forderte und zu ihm sagte:

«Wenn Sie sich nicht stellen, Herr Löwe, so sind Sie ein Hund»: da antwortete dieser: «Ich will lieber ein lebendiger Hund sein, als ein toter Löwe!» Und er hatte Recht — Ich habe mich oft genug geschlagen, Madame, um dieses sagen zu dürfen — Gottlob! ich lebe!

Ideen. Buch Le Grand. III - 1826*

369

## Epilog

Unser Grab erwärmt der Ruhm.
Torenworte! Narrentum!
Eine beßre Wärme gibt
Eine Kuhmagd, die verliebt
Uns mit dicken Lippen küßt
Und beträchtlich riecht nach Mist.
Gleichfalls eine beßre Wärme
Wärmt dem Menschen die Gedärme,
Wenn er Glühwein trinkt und Punsch
Oder Grog nach Herzenswunsch
In den niedrigsten Spelunken,
Unter Dieben und Halunken,
Die dem Galgen sind entlaufen,
Aber leben, atmen, schnaufen,
Und beneidenswerter sind
Als der Thetis großes Kind —
Der Pelide sprach mit Recht:
Leben wie der ärmste Knecht
In der Oberwelt ist besser
Als am stygischen Gewässer
Schattenführer sein, ein Heros,
Den besungen selbst Homeros.

Gedichte/ 1853 und 1854*

370

## Bimini (IV)

Juan Ponce de Leon wahrlich
War kein Tor, kein Faselante,
Als er unternahm die Irrfahrt
Nach der Insel Bimini.

Ob der Existenz der Insel
Hegt er niemals einen Zweifel —
Seiner alten Kaka Singsang
War ihm Bürgschaft und Gewähr.

Mehr als andre Menschenkinder
Wundergläubig ist der Seemann;
Hat er doch vor Augen stets
Flammend groß die Himmelswunder,

Während ihn umrauscht beständig
Die geheimnisvolle Meerflut,
Deren Schoß entstiegen weiland
Donna Venus Aphrodite. —

Ach, anstatt von altem Siechtum
Zu genesen, ward der Ärmste
Heimgesucht von vielen neuen
Leibesübeln und Gebresten.

Während er die Jugend suchte,
Ward er täglich noch viel älter,
Und verrunzelt, abgemergelt
Kam er endlich in das Land,

In das stille Land, wo schaurig
Unter schattigen Zypressen

Fließt ein Flüßlein, dessen Wasser
Gleichfalls wundertätig heilsam —

Lethe heißt das gute Wasser!
Trink daraus, und du vergißt
All dein Leiden — ja, vergessen
Wirst du was du je gelitten —

Gutes Wasser! gutes Land!
Wer dort angelangt, verläßt es
Nimmermehr — denn dieses Land
Ist das wahre Bimini.

Nachlese 1855

371

DER Tod ist nicht so zufällig als man denkt, er ist das Resultat des Lebens, und man bedenke sich wohl, wenn man in späteren Jahren noch eine Hauptveränderung machen will.

Zu Hebbel. September 1843

372

DAS ist der böse Thanatos,
Er kommt auf einem fahlen Roß;
Ich hör den Hufschlag, hör den Trab,
Der dunkle Reiter holt mich ab —

Romanzero. Lazarus XV - 1851

373

FRAU SORGE

AN meinem Bett in der Winternacht
Als Wärterin die Sorge wacht.
Sie trägt eine weiße Unterjack,
Ein schwarzes Mützchen, und schnupft Tabak.
Die Dose knarrt so gräßlich,
Die Alte nickt so häßlich.

Mir träumt manchmal, gekommen sei
Zurück das Glück und der junge Mai
Und die Freundschaft und der Mückenschwarm —
Da knarrt die Dose — daß Gott erbarm,
Es platzt die Seifenblase —
Die Alte schneuzt die Nase.

Romanzero. Lazarus XIV - 1851

374

Es sitzen am Kreuzweg drei Frauen,
Sie grinsen und spinnen,
Sie seufzen und sinnen;
Sie sind gar häßlich anzuschauen.

Die erste trägt den Rocken,
Sie dreht die Fäden,
Befeuchtet jeden;
Deshalb ist die Hängelippe so trocken.

Die zweite läßt tanzen die Spindel;
Das wirbelt im Kreise,
In drolliger Weise;
Die Augen der Alten sind rot wie Zindel.

Es hält die dritte Parze
In Händen die Schere,
Sie summt Miserere;
Die Nase ist spitz, drauf sitzt eine Warze.

O spute dich und zerschneide
Den Faden, den bösen,
Und laß mich genesen
Von diesem schrecklichen Lebensleide!

Zum Lazarus X - 1854

375

Mein Tag war heiter, glücklich meine Nacht.
O Gott! wie häßlich bitter ist das Sterben!
O Gott! wie süß und traulich läßt sich leben
In diesem traulich süßen Erdenneste!

Nachlese. 1855

376

Gibt es einen Tod? — Das holdselige Bewußtsein, ein schönes Leben geführt zu haben, erfüllt meine Seele selbst in dieser kummervollen Zeit, wird mich auch hoffentlich in den letzten Stunden bis an den weißen Abgrund begleiten. — Unter uns gesagt, dieser letztere ist das wenigst Furchtbare, das Sterben ist etwas Schauderhaftes, nicht der Tod, wenn es überhaupt einen Tod gibt. Der Tod ist vielleicht der letzte Aberglaube.

An J. Campe. 1. IX. 1846

377

Der Tod, das ist die kühle Nacht,
Das Leben ist der schwüle Tag.
Es dunkelt schon, mich schläfert,
Der Tag hat mich müd gemacht.

Über mein Bett erhebt sich ein Baum,
Drin singt die junge Nachtigall;
Sie singt von lauter Liebe,
Ich hör es sogar im Traum.

Buch der Lieder. Heimkehr LXXXVII - 1824

# XXXIV. HEIMKEHR

378

Gespräche mit Jehovah — Ach die Götter! Die heidnischen Götter hätten einem Dichter nicht angetan, was mir geschieht; so etwas tut bloß unser alter Jehovah! Selbst die Lippen, mit denen ich so vergnügt gesungen und geküßt, sind mir ja halb gelähmt. Ich halte jetzt, da ich stündlich an meinen Tod denken muß, oft sehr ernste Gespräche mit Jehovah in der Nacht, und er hat mir gesagt: Sie dürfen alles sein, lieber Doktor, was sie wollen, Republikaner und Sozialist, nur kein Atheist.

Zu Fanny Lewald. 22. III. 1848*

379

An den Gott unserer Väter — In meinen schlaflosen Marternächten verfasse ich sehr schöne Gebete, die ich aber doch nicht niederschreiben lasse, und die alle an einen sehr bestimmten Gott, den Gott unserer Väter, gerichtet sind. Die alte garde-malade, die bei mir wacht, sagte mir vorige Nacht, daß sie gegen den Krampf in den Knieen ein sehr gutes Gebet wisse, und ich bat sie mit großem Ernst, für mich es hinzubeten, während sie mir zu gleicher Zeit eine heiße Serviette um die Kniee wickelte.

Das Gebet hat eine gute Wirkung getan, und der Krampf wich. Was wird man aber im Himmel von mir sagen; ich sehe schon wie mancher Engel von Gesinnung sich verächtlich über mich äußert: da sehen wir ganz diesen charakterlosen Menschen, der, wenn es ihm schlecht geht, durch alte Weiber eine Fürbitte machen läßt, bei derselben Gottheit, die er in gesunden Tagen am ärgsten verhöhnte. An Maximilian Heine. 3. VI. 1848

380

Die grosse Umwandlung — In manchen Momenten, besonders wenn die Krämpfe in der Wirbelsäule allzu qualvoll rumoren, durchzuckt mich der Zweifel, ob der Mensch wirklich ein zweibeiniger Gott ist, wie mir der selige Professor Hegel vor fünfundzwanzig Jahren in Berlin versichert hatte. Im Wonnemond des vorigen Jahres mußte ich mich zu Bette legen, und ich bin seitdem nicht wieder aufgestanden. Unterdessen, ich will es freimütig gestehen, ist eine große Umwandlung mit mir vorgegangen: ich bin kein göttlicher Bipede mehr; ich bin nicht mehr der «freieste Deutsche nach Goethe», wie mich Ruge in gesündern Tagen genannt hat; ich bin nicht mehr der große Heide Nr. II, den man mit dem weinlaubumkränzten Dionysus verglich, während man meinem Kollegen Nr. I den Titel eines großherzoglich weimarschen Jupiters erteilte; ich bin kein lebensfreudiger, etwas wohlbeleibter Hellene mehr, der auf trübsinnige Nazarener herablächelte — ich bin jetzt nur ein armer todkranker

Jude, ein abgezehrtes Bild des Jammers, ein unglücklicher Mensch! Berichtigung. 15. IV. 1849

381

Der Himmel — Daß es einen Himmel gibt, liebster Max, das ist jetzt ganz gewiß, seit ich diesen so sehr nötig habe bei meinen Erdenschmerzen. Leb wohl, mein teurer Bruder, der Gott unserer Väter erhalte Dich. Unsere Väter waren wackere Leute: sie demütigten sich vor Gott und waren deshalb störrig und trotzig den Menschen, den irdischen Mächten gegenüber; ich dagegen, ich bot dem Himmel frech die Stirne und war demütig und kriechend vor den Menschen — und deswegen liege ich jetzt am Boden wie ein zertretener Wurm. Ruhm und Ehre dem Gott in der Höhe. An M. Heine. 3. V. 1849

382

Von Hegel zu Moses — Es hat sich in meiner religiösen Gefühlsweise gar keine so große Veränderung zugetragen, und das einzige innere Ereignis, wovon ich Dir mit Bestimmtheit und mit Selbstbewußtsein etwas melden kann, besteht darin, daß auch in meinen religiösen Ansichten und Gedanken eine Februar-Revolution eingetreten ist, wo ich an der Stelle eines früheren Prinzipes, das mich doch früherhin ziemlich indifferent ließ, ein neues Prinzip aufstellte, dem ich ebenfalls nicht allzu fanatisch anhänge, und wodurch mein Gemütszustand nicht plötzlich umgewandelt werden konnte; ich habe nämlich, um dir die Sache mit einem

Worte zu verdeutlichen, den Hegelschen Gott oder vielmehr die Hegelsche Gottlosigkeit aufgegeben und an dessen Stelle das Dogma von einem wirklichen, persönlichen Gotte, der außerhalb der Natur und des Menschengemütes ist, wieder hervorgezogen. Dieses Dogma, das sich ebensogut durchführen läßt wie unsere Hegelsche Synthese, haben am tiefsinnigsten, laut den Zeugnissen der neoplatonischen Fragmente, schon die alten Magier dargestellt, und später in den mosaischen Urkunden tritt es mit einer Wahrheitsbegeisterung und einer Beredsamkeit hervor, welche wahrlich nicht bei unseren neuen Dialektikern zu finden ist. Hegel ist bei mir sehr heruntergekommen, und der alte Moses steht in floribus. — An H. Laube. 25. I. 1850

383

## Widerruf I

Wenn man auf dem Sterbebette liegt, wird man sehr empfindsam und weichselig, und möchte Frieden machen mit Gott und der Welt. Ich gestehe es, ich habe manchen gekratzt, manchen gebissen, und war kein Lamm. Aber glaubt mir, jene gepriesenen Lämmer der Sanftmut würden sich minder frömmig gebärden, besäßen sie die Zähne und die Tatzen des Tigers. Ich kann mich rühmen, daß ich mich solcher angebornen Waffen nur selten bedient habe. Seit ich selbst der Barmherzigkeit Gottes bedürftig, habe ich allen meinen Feinden Amnestie erteilt; manche schöne Gedichte, die gegen sehr hohe und sehr niedrige Personen gerichtet waren, wurden deshalb in vorliegender Sammlung nicht aufgenommen. Gedichte, die nur halbweg Anzüglichkeiten gegen den lieben Gott selbst enthielten, habe ich mit ängstlichem Eifer den Flammen überliefert. Es ist besser, daß die Verse brennen als der Versifex. Ja, wie mit der Kreatur, habe ich auch mit dem Schöpfer Frieden gemacht, zum größten Ärgernis meiner aufgeklärten Freunde, die mir Vorwürfe machten über dieses Zurückfallen in den alten Aberglauben, wie sie meine Heimkehr zu Gott zu nennen beliebten. Andere, in ihrer Intoleranz, äußerten sich noch herber. Der gesamte hohe Klerus des Atheismus hat sein Anathema über mich ausgesprochen, und es gibt fanatische Pfaffen des Unglaubens, die mich gerne auf die Folter spannten, damit ich meine Ketzereien bekenne. Zum Glück stehen ihnen keine andern Folterinstumente zu Gebote als ihre Schriften. Aber ich will auch ohne Tortur alles bekennen. Ja, ich bin zurückgekehrt zu Gott, wie der verlorene Sohn, nachdem ich lange Zeit bei den Hegelianern die Schweine gehütet. War es die Misere, die mich zurücktrieb? Vielleicht ein minder miserabler Grund. Das himmlische Heimweh überfiel mich und trieb mich fort durch Wälder und Schluchten, über die schwindlichsten Bergpfade der Dialektik. Auf meinem Wege fand ich den Gott der Pantheisten, aber ich konnte ihn nicht gebrauchen. Dies arme träumerische Wesen ist mit der Welt verwebt und verwachsen, gleichsam in ihr eingekerkert, und gähnt dich an, willenlos und ohnmächtig. Um einen Willen zu haben, muß man eine Person sein, und, um ihn zu manifestieren, muß man die Ellbogen frei haben. Wenn man nun einen Gott begehrt, der zu helfen vermag — und das ist doch die Hauptsache — so muß man auch seine Persönlichkeit, seine Außerweltlichkeit und seine heiligen Attribute, die Allgüte, die Allweisheit, die Allgerechtigkeit usw. annehmen.

Ich habe vom Gott der Pantheisten geredet, aber ich kann nicht umhin zu bemerken, daß er im Grunde gar kein Gott ist, so wie überhaupt die Pantheisten eigentlich nur verschämte Atheisten sind, die sich weniger vor der Sache als vor dem Schatten, den sie an die Wand wirft, vor dem Namen, fürchten. Auch haben die meisten in Deutschland während der Restaurationszeit mit dem lieben Gotte dieselbe funfzehnjährige Komödie gespielt, welche hier in Frankreich die konstitutionellen Royalisten, die größtenteils im Herzen Republikaner waren, mit dem Königtume spielten. Nach der Juliusrevolution ließ man jenseits wie diesseits des Rheines die Maske fallen. Seitdem, besonders aber nach dem Sturz Ludwig Philipps, des besten Monarchen, der jemals die konstitutionelle Dornenkrone trug, bildete sich hier in Frankreich die Meinung: daß nur zwei Regierungsformen, das absolute Königtum und die Republik, die Kritik der Vernunft oder der Erfahrung aushielten, daß man eins von beiden wählen müsse, daß alles dazwischen liegende

Mischwerk unwahr, unhaltbar und verderblich sei. In derselben Weise tauchte in Deutschland die Ansicht auf, daß man wählen müsse zwischen der Religion und der Philosophie, zwischen dem geoffenbarten Dogma des Glaubens und der letzten Konsequenz des Denkens, zwischen dem absoluten Bibelgott und dem Atheismus.

Je entschiedener die Gemüter, desto leichter werden sie das Opfer solcher Dilemmen. Was mich betrifft, so kann ich mich in der Politik keines sonderlichen Fortschritts rühmen; ich verharrte bei denselben demokratischen Prinzipien, denen meine früheste Jugend huldigte und für die ich seitdem immer flammender erglühte. In der Theologie hingegen muß ich mich des Rückschreitens beschuldigen, indem ich, was ich bereits oben gestanden, zu dem alten Aberglauben, zu einem persönlichen Gotte, zurückkehrte. Das läßt sich nun einmal nicht vertuschen, wie es mancher aufgeklärte und wohlmeinende Freund versuchte. Ausdrücklich widersprechen muß ich jedoch dem Gerüchte, als hätten mich meine Rückschritte bis zur Schwelle irgendeiner Kirche oder gar in ihren Schoß geführt. Nein, meine religiösen Überzeugungen und Ansichten sind frei geblieben von jeder Kirchlichkeit; kein Glockenklang hat mich verlockt, keine Altarkerze hat mich geblendet. Ich habe mit keiner Symbolik gespielt und meiner Vernunft nicht ganz entsagt. Ich habe nichts abgeschworen, nicht einmal meine alten Heidengötter, von denen ich mich zwar abgewendet, aber scheidend in Liebe und Freundschaft. Es war im Mai 1848, an dem Tage, wo ich zum letzten Male ausging, als ich Abschied nahm von den holden Idolen, die ich angebetet in den Zeiten meines Glücks. Nur mit Mühe schleppte ich mich bis zum Louvre, und ich brach fast zusammen, als ich in den erhabenen Saal trat, wo die hochgebenedeite Göttin der Schönheit, Unsere liebe Frau von Milo, auf ihrem Postamente steht. Zu ihren Füßen lag ich lange, und ich weinte so heftig, daß sich dessen ein Stein erbarmen mußte. Auch schaute die Göttin mitleidig auf mich herab, doch zugleich so trostlos, als wollte sie sagen: siehst du denn nicht, daß ich keine Arme habe und also nicht helfen kann?

Der Autor gewöhnt sich am Ende an sein Publikum, als wäre es ein vernünftiges Wesen. Auch dich scheint es zu betrüben, daß ich Dir Valet sagen muß, du bist gerührt, mein teurer Leser, und kostbare Perlen fallen aus deinen Tränensäckchen. Doch beruhige Dich, wir werden uns wiedersehen in einer besseren Welt, wo ich dir auch bessere Bücher zu schreiben gedenke. Ich setze voraus, daß sich dort auch meine Gesundheit bessert und daß mich Swedenborg nicht belogen hat. Dieser erzählt nämlich mit großer Zuversicht, daß wir in der andern Welt das alte Treiben, ganz wie wir es in dieser Welt getrieben, ruhig fortsetzen, daß wir dort unsere Individualität unverändert bewahren und daß der Tod in unserer organischen Entwickelung gar keine sonderliche Störung hervorbringe. Swedenborg ist eine grundehrliche

Haut, und glaubwürdig sind seine Berichte über die andere Welt, wo er mit eigenen Augen die Personen sah, die auf unserer Erde eine Rolle gespielt. Die meisten, sagt er, blieben unverändert und beschäftigen sich mit denselben Dingen, mit denen sie sich auch vormals beschäftigt; sie blieben stationär, waren veraltet, rokoko, was sich mitunter sehr lächerlich ausnahm. So zum Beispiel unser teurer Doktor Martinus Luther war stehen geblieben bei seiner Lehre von der Gnade, über die er während dreihundert Jahren tagtäglich dieselben verschimmelten Argumente niederschrieb — ganz in derselben Weise wie der verstorbene Baron Eckstein, der während zwanzig Jahren in der Allgemeinen Zeitung einen und denselben Artikel drucken ließ, den alten jesuitischen Sauerteig beständig wiederkäuend. Aber, wie gesagt, nicht alle Personen, die hienieden eine Rolle gespielt, fand Swedenborg in solcher fossilen Erstarrung; sie hatten im Guten wie im Bösen ihren Charakter weidlich ausgebildet in der anderen Welt, und da gab es sehr wunderliche Erscheinungen. Helden und Heilige dieser Erde waren dort zu Lumpen und Taugenichtsen herabgesunken, während auch das Gegenteil stattfand. So zum Beispiel stieg dem heiligen Antonius der Hochmut in den Kopf, als er erfuhr, welche ungeheure Verehrung und Anbetung ihm die ganze Christenheit zollt, und er, der hienieden den furchtbarsten Versuchungen widerstanden, ward jetzt ein ganz impertinenter Schlingel und liederlicher Galgenstrick, der sich mit seinem Schweine um die Wette in den Kot wälzt. Die keusche Susanne brachte der Dünkel ihrer Sittlichkeit, die sie unbesiegbar glaubte, gar schmählich zu Falle, und sie, die einst den Greisen so glorreich widerstanden, erlag der Verlockung des jungen Absalon, Sohn Davids. Die Töchter Lots hingegen hatten sich im Verlauf der Zeit sehr vertugendhaftet und gelten in der andern Welt für Muster der Anständigkeit; der Alte verharrte leider bei der Weinflasche.

So närrisch sie auch klingen, so sind doch diese Nachrichten ebenso bedeutsam wie scharfsinnig. Der große skandinavische Seher begriff die Einheit und Unteilbarkeit unserer Existenz, so wie er auch die unveräußerlichen Individualitätsrechte des Menschen ganz richtig erkannte und anerkannte. Die Fortdauer nach dem Tode ist bei ihm kein idealer Mummenschanz, wo wir neue Jacken und einen neuen Menschen anziehen; Mensch und Kostüm bleiben bei ihm unverändert. In der anderen Welt des Swedenborg werden sich auch die armen Grönländer behaglich fühlen, die einst, als die dänischen Missionäre sie bekehren wollten, an diese die Frage richteten: ob es im christlichen Himmel auch Seehunde gäbe? Auf die verneinende Antwort erwiderten sie betrübt: der christliche Himmel passe alsdann nicht für Grönländer, die nicht ohne Seehunde existieren könnten.

Wie sträubt sich unsere Seele gegen den Gedanken des Aufhörens unserer Persönlichkeit, der ewigen Vernichtung! Der horror vacui, den man der Natur zuschreibt, ist vielmehr dem menschlichen Gemüte angeboren. Sei getrost, teurer Leser, es gibt eine Fortdauer nach dem Tode, und in der anderen Welt werden wir auch unsere Seehunde wiederfinden.

Nachwort zum Romanzero. 30. IX. 1851*

384

## Widerruf II

Das vorliegende Buch ist Fragment, und soll auch Fragment bleiben. Ehrlich gestanden, es wäre mir lieb, wenn ich das Buch ganz ungedruckt lassen könnte. Es haben sich nämlich seit dem Erscheinen desselben meine Ansichten über manche Dinge, besonders über göttliche Dinge, bedenklich geändert, und manches, was ich behauptete, widerspricht jetzt meiner bessern Überzeugung. Aber der Pfeil gehört nicht mehr dem Schützen, sobald er von der Sehne des Bogens fortfliegt, und das Wort gehört nicht mehr dem Sprecher, sobald es seiner Lippe entsprungen und gar durch die Presse vervielfältigt worden. Außerdem würden fremde Befugnisse mir mit zwingendem Einspruch entgegentreten, wenn ich dieses Buch ungedruckt ließe und meinen Gesamtwerken entzöge. Ich könnte zwar, wie manche Schriftsteller in solchen Fällen tun, zu einer Milderung der Ausdrücke, zu Verhüllungen durch Phrase meine Zuflucht nehmen; aber ich hasse im Grund meiner Seele die zweideutigen Worte, die heuchlerischen Blumen, die feigen Feigenblätter. Einem ehrlichen Manne bleibt aber unter allen Umständen das unveräußerliche

Recht, seinen Irrtum offen zu gestehen, und ich will es ohne Scheu hier ausüben. Ich bekenne daher unumwunden, daß alles, was in diesem Buche namentlich auf die große Gottesfrage Bezug hat, ebenso falsch wie unbesonnen ist. Ebenso unbesonnen wie falsch ist die Behauptung, die ich der Schule nachsprach, daß der Deismus in der Theorie zugrunde gerichtet sei und sich nur noch in der Erscheinungswelt kümmerlich hinfriste. Nein, es ist nicht wahr, daß die Vernunftkritik, welche die Beweistümer für das Dasein Gottes, wie wir dieselben seit Anselm von Canterbury kennen, zernichtet hat, auch dem Dasein Gottes selber ein Ende gemacht habe. Der Deismus lebt, lebt sein lebendigstes Leben, er ist nicht tot, und am allerwenigsten hat ihn die neueste deutsche Philosophie getötet. Diese spinnwebige Berliner Dialektik kann keinen Hund aus dem Ofenloch locken, sie kann keine Katze töten, wieviel weniger einen Gott. Ich habe es am eignen Leibe erprobt, wie wenig gefährlich ihr Umbringen ist; sie bringt immer um, und die Leute bleiben dabei am Leben.

Ach! einige Jahre später ist eine leibliche und geistige Veränderung eingetreten. Wie oft seitdem denke ich an die Geschichte dieses babylonischen Königs, der sich selbst für den lieben Gott hielt, aber von der Höhe seines Dünkels erbärmlich herabstürzte, wie ein Tier am Boden kroch und Gras aß — (es wird wohl Salat gewesen sein). In dem prachtvoll grandiosen Buch Daniel steht diese Legende, die ich nicht bloß dem guten Ruge, sondern auch meinem noch viel verstocktern Freunde Marx, ja auch den Herren Feuerbach, Daumer, Bruno Bauer, Hengstenberg und wie sie sonst heißen mögen, diese gottlosen Selbstgötter, zur erbaulichen Beherzigung empfehle. Es stehen überhaupt noch viel schöne und merkwürdige Erzählungen in der Bibel, die ihrer Beachtung wert wären, zum Beispiel gleich im Anfang die Geschichte von dem verbotenen Baume im Paradiese und von der Schlange, der kleinen Privatdozentin, die schon sechstausend Jahre vor Hegels Geburt die ganze Hegelsche Philosophie vortrug. Dieser Blaustrumpf ohne Füße zeigt sehr scharfsinnig, wie das Absolute in der Identität von Sein und Wissen besteht, wie der Mensch zum Gotte werde durch die Erkenntnis, oder was dasselbe ist, wie Gott im Menschen zum Bewußtsein seiner selbst gelange — Diese Formel ist nicht so klar wie die ursprünglichen Worte: Wenn ihr vom Baume der Erkenntnis genossen, werdet ihr wie Gott sein! Frau Eva verstand von der ganzen Demonstration nur das eine, daß die Frucht verboten sei, und weil sie verboten, aß sie davon, die gute Frau. Aber kaum hatte sie von dem lockenden Apfel gegessen, so verlor sie ihre Unschuld, ihre naive Unmittelbarkeit, sie fand, daß sie viel zu nackend sei für eine Person von ihrem Stande, die Stammutter so vieler künftiger Kaiser und Könige, und sie verlangte ein Kleid. Freilich nur ein Kleid von Feigenblättern, weil damals noch keine Lyoner Seidenfabrikanten geboren waren, und weil es auch im

Paradiese noch keine Putzmacherinnen und Modehändlerinnen gab — o Paradies! Sonderbar, so wie das Weib zum denkenden Selbstbewußtsein kommt, ist ihr erster Gedanke ein neues Kleid! Auch die biblische Geschichte, zumal die Rede der Schlange, kommt mir nicht aus dem Sinn, und ich möchte sie als Motto diesem Buche voransetzen, in derselben Weise, wie man oft vor fürstlichen Gärten eine Tafel sieht mit der warnenden Aufschrift: Hier liegen Fußangeln und Selbstschüsse.

Ich habe mich bereits in meinem jüngsten Buche, im «Romanzero», über die Umwandlung ausgesprochen, welche in bezug auf göttliche Dinge in meinem Geiste stattgefunden. Es sind seitdem mit christlicher Zudringlichkeit sehr viele Anfragen an mich ergangen, auf welchem Wege die bessere Erleuchtung über mich gekommen. Fromme Seelen scheinen darnach zu lechzen, daß ich ihnen irgendein Mirakel aufbinde, und sie möchten gerne wissen, ob ich nicht wie Saulus ein Licht erblickte auf dem Wege nach Damaskus, oder ob ich nicht wie Bileam, der Sohn Beors, einen stätigen Esel geritten, der plötzlich den Mund auftat und zu sprechen begann wie ein Mensch? Nein, Ihr gläubigen Gemüter, weder eine Vision, noch eine seraphitische Verzückung, noch eine Stimme vom Himmel, auch kein merkwürdiger Traum oder sonst ein Wunderspuk brachte mich auf den Weg des Heils, und ich verdanke meine Erleuchtung ganz einfach der Lektüre eines Buches — Eines Buches? Ja, und es ist ein altes, schlichtes Buch, bescheiden wie die Natur, auch natürlich wie diese; ein Buch, das werkeltätig und anspruchslos aussieht, wie die Sonne, die uns wärmt, wie das Brot, das uns nährt; ein Buch, das so traulich, so segnend gütig uns anblickt, wie eine alte Großmutter, die auch täglich in dem Buche liest, mit den lieben, bebenden Lippen, und mit der Brille auf der Nase — und dieses Buch heißt auch ganz kurzweg das Buch, die Bibel. Mit Fug nennt man diese auch die heilige Schrift; wer seinen Gott verloren hat, der kann ihn in diesem Buche wiederfinden, und wer ihn nie gekannt, dem weht hier entgegen der Odem des göttlichen Wortes. Die Juden, welche sich auf Kostbarkeiten verstehen, wußten sehr gut, was sie taten, als sie bei dem Brande des zweiten Tempels die goldenen und silbernen Opfergeschirre, die Leuchter und Lampen, sogar den hohenpriesterlichen Brustlatz mit den großen Edelsteinen im Stich ließen, und nur die Bibel retteten. Ein jüdischer Priester, der zweihundert Jahr vor dem Brand des zweiten Tempels, während der Glanzperiode des Ptolemäers Philadelphus, zu Jerusalem lebte und Josua ben Siras ben-Eliezer hieß, hat in einer Gnomensammlung, «Meschalim», in bezug auf die Bibel den Gedanken seiner Zeit ausgesprochen, und ich will seine schönen Worte hier mitteilen. Sie sind sazerdotal feierlich und doch zugleich so erquickend frisch, als wären sie erst gestern einer lebenden Menschenbrust entquollen, und sie lauten wie folgt:

«Dies alles ist eben das Buch des Bundes, mit dem höchsten Gott gemacht, nämlich das

Gesetz, welches Mose dem Hause Jakob zum Schatz befohlen hat. Daraus die Weisheit geflossen ist, wie das Wasser Pison, wenn es groß ist: und wie das Wasser Tigris, wenn es übergehet in Lenzen. Daraus der Verstand geflossen ist, wie der Euphrates, wenn er groß ist, und wie der Jordan in der Ernte. Aus demselben ist hervorbrochen die Zucht, wie das Licht, und wie das Wasser Nilus im Herbst. Er ist nie gewesen, der es ausgelernt hätte: und wird nimmermehr werden, der es ausgründen möchte. Denn sein Sinn ist reicher, weder kein Meer: und sein Wort tiefer, denn kein Abrund.»

Geschrieben zu Paris, im Wonnemond 1852.

Vorrede zur 2. Auflage der Geschichte der Religion und Philosophie in Deutschland*

385

Unsterblichkeit als Liebesglaube — Als ich noch klein war, hatte ich gehört: der Mond sei eine Frucht, die, wenn sie reif geworden, vom lieben Gott abgepflückt, und, zu den übrigen Vollmonden, in den großen Schrank gelegt werde, der am Ende der Welt steht, wo sie mit Brettern zugenagelt ist. Als ich größer wurde, bemerkte ich, daß die Welt nicht so eng begrenzt ist, und daß der menschliche Geist die hölzernen Schranken durchbrochen, und mit einem riesigen Petri-Schlüssel, mit der Idee der Unsterblichkeit, alle sieben Himmel aufgeschlossen hat. Unsterblichkeit! schöner Gedanke! wer hat dich zuerst erdacht? War es ein Nürnberger Spießbürger, der, mit weißer Nachtmütze auf dem Kopfe und weißer Tonpfeife im Maule, am lauen Sommerabend vor seiner Haustüre saß, und recht behaglich meinte: es wäre doch hübsch, wenn er nun so immer fort, ohne daß sein Pfeifchen und sein Lebensatemchen ausgingen, in die liebe Ewigkeit hineinvegetieren könnte! Oder war es ein junger Liebender, der in den Armen seiner Geliebten jenen Unsterblichkeitsgedanken dachte, und ihn dachte, weil er ihn fühlte, und weil er nichts anders fühlen und denken konnte! — Liebe! Unsterblichkeit! — in meiner Brust ward es plötzlich so heiß, daß ich glaubte, die Geographen hätten den Äquator verlegt, und er laufe jetzt gerade durch mein Herz. Harzreise. 1824

386

Seelenwanderung — Mag es immerhin lächerlich klingen, ich kann es dennoch nicht verhehlen, das Mißverhältnis zwischen Körper und Seele quält mich einigermaßen, und hier am Meere, in großartiger Naturumgebung, wird es mir zuweilen recht deutlich, und die Metempsychose ist oft der Gegenstand meines Nachdenkens. Wer kennt die große Gottesironie, die allerlei Widersprüche zwischen Seele und Körper hervorzubringen pflegt! Wer kann wissen, in welchem Schneider jetzt die Seele eines Platos, und in welchem Schulmeister die Seele eines Cäsars wohnt! Wer weiß, ob die Seele Gregors VII. nicht in dem Leibe des Großtürken sitzt, und sich unter tausend hätschelnden Weiberhändchen behaglicher fühlt, als einst in ihrer purpurnen Zölibatskutte.

Die Hindus sind so dumm nicht, wie unsere Missionäre glauben, sie ehren die Tiere wegen der menschlichen Seele, die sie in ihnen vermuten, und wenn sie Lazarette für invalide Affen stiften, in der Art unserer Akademien, so kann es wohl möglich sein, daß in jenen Affen die Seelen großer Gelehrter wohnen, da es hingegen bei uns ganz sichtbar ist, daß in einigen großen Gelehrten nur Affenseelen stecken.

Wer doch mit der Allwissenheit des Vergangenen auf das Treiben der Menschen von oben herab sehen könnte! Wenn ich des Nachts am Meere wandelnd, den Wellengesang höre, und allerlei Ahnung und Erinnerung in mir erwacht, so ist mir, als habe ich einst solchermaßen von oben herabgesehen und sei vor schwindelndem Schrecken zur Erde heruntergefallen; es ist mir dann auch, als seien meine Augen so teleskopisch scharf gewesen, daß ich die Sterne in Lebensgröße am Himmel wandeln gesehen, und durch all den wirbelnden Glanz geblendet worden; — wie aus der Tiefe eines Jahrtausends kommen mir dann allerlei Gedanken in den Sinn, Gedanken uralter Weisheit, aber sie sind so neblicht, daß ich nicht erkenne, was sie wollen.

Reisebilder Nordsee III - 1826

387

EWIGE WIEDERKEHR — Noch schlimmer als dieses Gefühl eines ewigen Sterbens, einer öden gähnenden Vernichtung, ergreift uns der

Gedanke, daß wir nicht einmal als Originale dahinsterben, sondern als Kopien von längst verschollenen Menschen, die geistig und körperlich uns gleich waren, und daß nach uns wieder Menschen geboren werden, die wieder ganz aussehen und fühlen und denken werden wie wir, und die der Tod ebenfalls wieder vernichten wird — ein trostlos ewiges Wiederholungsspiel, wobei die zeugende Erde beständig hervorbringen und mehr hervorbringen muß, als der Tod zu zerstören vermag, so daß sie, in solcher Not, mehr für die Erhaltung der Gattungen als für die Originalität der Individuen sorgen kann. Reise von München nach Genua XXXIV - 1829

*

Die Zeit ist unendlich, aber die Dinge in dieser Zeit, die fasslichen Körper, sind endlich; sie können zwar in die kleinsten Teilchen zerstieben, doch diese Teilchen, die Atome, haben ihre bestimmte Zahl, und bestimmt ist auch die Zahl der Gestaltungen, die sie gottselbst aus ihnen hervorbilden; und wenn auch noch so lange Zeit darüber hingeht, so müssen doch, nach den ewigen Kombinationsgesetzen dieses ewigen Wiederholungsspiels, alle Gestaltungen, die auf dieser Erde schon gewesen sind, sich wieder begegnen, anziehen, abstoßen, küssen, verderben, vor wie nach — Dasselbe. Älterer Fassung XX

388

WIEDERSEHEN IM BRAUNEN ÜBERROCK — Als Heine im Jahr nach dem Tode des Vaters wieder nach Lüneburg kam, vermißte er ihn schmerzlich und sagte dann, mehr für sich als für den Zuhörer: «Ja, ja! da reden sie von einem Wiedersehn in verklärter Leibesgestalt! Was tu ich damit? Ich kenne ihn in seinem alten braunen Überrocke, und so will ich ihn wiedersehen. So saß er oben am Tische, Salzfaß und Pfefferdose vor ihm, das eine rechts, das andere links, und wenn mal die Pfefferdose rechts stand und das Salzfaß links, so stellte er das um. Im braunen Überrock kenne ich ihn, und so will ich ihn wiedersehn.»

Zu Rudolf Christiani. 1829

389

NUR wissen möcht ich: wenn wir sterben,
Wohin dann unsre Seele geht?
Wo ist das Feuer, das erloschen?
Wo ist der Wind, der schon verweht?

Neue Gedichte. Clarisse V - 1833

390

SEELENWANDERUNGSLEHRE — Dem Dichter wird während des Dichtens zumute, als habe er, nach der Seelenwanderungslehre der Pythagoräer, in den verschiedensten Gestalten ein Vorleben geführt — seine Intuition ist wie Erinnerung.

Gedanken und Einfälle

391

MANIFESTATION DER ATOME — Es ist darüber ein wunderbarer Widerstreit in mir. All mein Verstand, all mein Wissen sagt mir: Der Glaube an persönliche Fortdauer nach dem Tode ist Wahnsinn. Es ist auch im Alten Testamente keine Spur davon — Moses war viel zu gesund dazu. Erst die krankhafte Sekte, aus der Christus und das Christentum hervorgingen, verfiel mit der Askese auch auf die Unsterblichkeit. Ich bin mit dem Verstande von unserem Aufhören vollkommen überzeugt, aber mit dem Gefühl fasse ich es nicht. Ich kann es nicht fassen und begreifen, während ich noch bin. Ich kann überhaupt nur von Egoisten annehmen, daß ihnen der Gedanke an das Aufhören ein vertrauter wird. Mit einem liebenden Herzen bleibt er trotz des Wissens unfaßbar. Einer Frau habe ich es noch neulich beim Abschiede versprochen, daß ich kommen würde, wenn die Atome sich noch nach dem Tod manifestieren können, und die hat auch den Mut dazu: das ist die Fürstin Belgiojoso.

Zu Ad. Stahr u. Fanny Lewald. September 1850

392

Grauen vor der Seligkeit — Sosehr ich an Fortdauer glaube, so habe ich doch eigentlich ein geheimes Grauen vor der leidenschaftlosen Seligkeit und Ewigkeitsfreude. Wenn ich so ohne Körper als Lichtgestalt im Blauen umherschwebte, und mit einemmal im Äther als reine Tugendgasflamme in alle Ewigkeit zu brennen und zu leuchten anfinge, Gott, das wäre schrecklich! Ich habe mich aber aus Vorsicht im Leben mit so viel Leidenschaft beladen, daß ich die ätherreine Seligkeit und ihre Langeweile eigentlich nicht sehr zu fürchten brauche.

Zu Fanny Lewald. Oktober 1850

393

LEIB UND SEELE

DIE arme Seele spricht zum Leibe:
Ich laß nicht ab von dir, ich bleibe
Bei dir — Ich will mit dir versinken
In Tod und Nacht, Vernichtung trinken!
Du warst ja stets mein zweites Ich,
Das liebevoll umschlungen mich —
Weh mir! jetzt soll ich gleichsam nackt,
Ganz ohne Körper, ganz abstrakt,
Hinlungern als ein selges Nichts
Dort oben in dem Reich des Lichts,
In jenen kalten Himmelshallen,
Wo schweigend die Ewigkeiten wallen
Und mich angähnen — sie klappern dabei
Langweilig mit ihren Pantoffeln von Blei.
O, das ist grauenhaft; o bleib,
Bleib bei mir, du geliebter Leib!

Gedichte/ 1853 und 1854

394

INDIVIDUELLE RELIGIONEN — Es ist ein eigen Ding damit, daß wir so universelle Religionen haben, während doch gerade die Religion das Individuellste sein müßte. Ich bin für meinen Teil zu der Überzeugung gekommen, daß schon Gesunde und Kranke ganz verschiedener Religionen bedürfen. Für den Gesunden ist das Christentum unbrauchbar mit seinen Resignationen und Jenseitigkeiten. Für den Kranken aber, ich versichere Sie, ist es eine ganz gute Religion. Zu Ad. Stahr u. Fanny Lewald. November 1850

*

«Könnte ich doch nur mit Krücken ausgehen!» seufzte Heine. «Wissen Sie wohin ich ginge? Geradenwegs in die Kirche!»

«Sie scherzen!» warf ich ungläubig ein.

«Nein, nein! gewiß! in die Kirche!» antwortete Heine. «Und wohin soll man denn auch mit Krücken gehen? Freilich, wenn ich ohne Krücken ausgehen könnte, spazierte ich lieber über die lachenden Boulevards und würde den Bal Mabille mitmachen!»

Gespräch mit A. Meißner. Sommer 1850

395

WEDER HELLENE NOCH NAZARENER — Ich bin nicht Nazarener geworden, aber das Griechentum, so schön und heiter es auch ist, genügt mir nicht mehr, seitdem ich selbst nicht mehr schön und heiter bin. Ich bin in Passy gelegen, als meine böse Krankheit anfing. Während ich mich krampfhaft auf dem Lager wälzte, wurde draußen der entsetzliche Junikampf (1848) gekämpft. Der Kanonendonner zerriß mein Ohr. Ich hörte das Geschrei der Sterbenden; ich sah den Tod mit seiner unbarmherzigen Sense die Pariser Jugend hinmähen. In solchen gräßlichen Augenblicken reicht der Pantheismus nicht aus; da muß man an einen persönlichen Gott, an eine Fortdauer jenseits des Grabes glauben. Ich bin kein Mucker geworden. Ich habe den Weg zum lieben Gott weder durch die Kirche noch durch die Synagoge genommen. Es hat mich kein Priester, es hat mich kein Rabbiner ihm vorgestellt. Ich habe mich selbst bei ihm eingeführt, und er hat mich gut aufgenommen. Er hat meine Seele geheilt, möge es ihm gelingen, auch meinen Körper zu heilen!

Zu L. Kalisch. 20. I. 1850

396

Der Schatz des Armen — Mir erging es wie einem verarmten Manne, der alles verloren und den Hungertod vor Augen hat, als er unerwartet in einem vergessenen, unbeachteten Schubfach seines Geldschranks noch eine Million entdeckt. So war ich durch den Verlust des unschätzbaren Gutes der Gesundheit bankerott geworden an allem irdischen Glück; da fand ich in meinem Herzen einen stillen Ort, wo der Schatz der Religion bis dahin unbeachtet geruht hatte, ich bin dadurch vor dem Verschmachten gerettet worden.

Zu Friederike v. Hohenhausen. August 1852

397

Der Aristophanes des Himmels — Ach! der Spott Gottes lastet schwer auf mir. Der große Autor des Weltalls, der Aristophanes des Himmels, wollte dem kleinen irdischen, sogenannten deutschen Aristophanes recht grell dartun, wie die witzigsten Sarkasmen desselben nur armselige Spöttereien gewesen im Vergleich mit den seinigen, und wie kläglich ich ihm nachstehen muß im Humor, in der kolossalen Spaßmacherei.

Ja, die Lauge der Verhöhnung, die der Meister über mich herabgeußt, ist entsetzlich, und schauerlich grausam ist sein Spaß. Demütig bekenne ich seine Überlegenheit, und ich beuge mich vor ihm im Staube. Aber wenn es mir auch an solcher höchsten Schöpfungskraft fehlt, so blitzt doch in meinem Geiste die ewige Vernunft, und ich darf sogar den Spaß Gottes vor ihr Forum ziehen und einer ehrfurchtsvollen Kritik unterwerfen. Und da wage ich nun zunächst die untertänigste Andeutung auszusprechen, es wolle mich bedünken, als zöge sich jener Spaß, womit der Meister den armen Schüler heimsucht, etwas zu sehr in die Länge; er dauert schon über sechs Jahre, was nachgerade langweilig wird. Dann möchte ich ebenfalls mir die unmaßgebliche Bemerkung erlauben, daß jener Spaß nicht neu ist und daß ihn der große Aristophanes des Himmels schon bei einer andern Gelegenheit angebracht, und also ein Plagiat an hoch sich selber begangen habe. Um diese Behauptung zu unterstützen, will ich eine Stelle der Limburger Chronik zitieren. Du weißt gewiß, lieber Leser, was für ein schauderhaftes Gebreste im Mittelalter die Misselsucht war, und wie die armen Leute, die solchem unheilbaren Siechtum verfallen, aus jeder bürgerlichen Gesellschaft ausgestoßen waren und sich keinem menschlichen Wesen nahen durften. Lebendig Tote wandelten sie einher, vermummt vom Haupt bis zu den Füßen, die Kapuze über das Gesicht gezogen, und in der Hand eine Klapper tragend, die sogenannte Lazarus-Klapper, womit sie ihre Nähe ankündigten, damit ihnen jeder zeitig aus dem Wege gehen konnte. Der arme

Klerikus, von dessen Ruhm als Liederdichter die obgenannte Limburger Chronik gesprochen, war nun ein solcher Misselsüchtiger, und er saß traurig in der Öde seines Elends, während jauchzend und jubelnd ganz Deutschland seine Lieder sang und pfiff! O, dieser Ruhm war die uns wohlbekannte Verhöhnung, der grausame Spaß Gottes, der auch hier derselbe ist, obgleich er diesmal im romantischern Kostüme des Mittelalters erscheint. Der blasierte König von Judäa sagte mit Recht: es gibt nichts Neues unter der Sonne — vielleicht ist diese Sonne selbst ein alter aufgewärmter Spaß, der mit neuen Strahlen geflickt, jetzt so imposant funkelt!

Manchmal in meinen trüben Nachtgesichten glaube ich den armen Klerikus der Limburger Chronik, meinen Bruder in Apoll, vor mir zu sehen, und seine leidenden Augen lugen sonderbar stier hervor aus seiner Kapuze; aber im selben Augenblick huscht er von dannen, und verhallend, wie das Echo eines Traumes, hör ich die knarrenden Töne der Lazarus-Klapper.

Geständnisse. 1852

398

Lass die heilgen Parabolen,
Laß die frommen Hypothesen —
Suche die verdammten Fragen
Ohne Umschweif uns zu lösen.

Warum schleppt sich blutend, elend,
Unter Kreuzlast der Gerechte,
Während glücklich als ein Sieger
Trabt auf hohem Roß der Schlechte?

Woran liegt die Schuld? Ist etwa
Unser Herr nicht ganz allmächtig?
Oder treibt er selbst den Unfug?
Ach, das wäre niederträchtig.

Also fragen wir beständig,
Bis man uns mit einer Handvoll
Erde endlich stopft die Mäuler —
Aber ist das eine Antwort?

**Zum Lazarus I - 1854***

399

«Das nennen Sie religiös?» fragte ich (nach der Lektüre dieses Gedichtes). «Ich nenne es atheistisch.»

«Nein, nein, religiös, blasphemisch-religiös», erwiderte Heine lächelnd.

**Gespräch mit Alfred Meißner. August 1854**

400

Hiob-Fragen — Aber warum muß der Gerechte so viel leiden auf Erden? Warum muß Talent und Ehrlichkeit zugrunde gehen, während der schwadronierende Hanswurst, der gewiß seine Augen niemals durch arabische Manuskripte trüben mochte, sich räkelt auf den Pfühlen des Glücks und fast stinkt vor Wohlbehagen? Das Buch Hiob löst nicht diese böse Frage. Im Gegenteil, dieses Buch ist das Hohelied der Skepsis, und es zischen und pfeifen darin die entsetzlichen Schlangen ihr ewiges: Warum? Wie kommt es, daß bei der Rückkehr aus Babylon die fromme Tempelarchivkommission, deren Präsident Esra war, jenes Buch in den

Kanon der heiligen Schriften aufgenommen? Ich habe mir oft diese Frage gestellt. Nach meinem Vermuten taten solches jene gotterleuchteten Männer nicht aus Unverstand, sondern weil sie in ihrer hohen Weisheit wohl wußten, daß der Zweifel in der menschlichen Natur tief begründet und berechtigt ist, und daß man ihn also nicht täppisch ganz unterdrücken, sondern nur heilen muß. Sie verfuhren bei dieser Kur ganz homöopathisch, durch das Gleiche auf das Gleiche wirkend, aber sie gaben keine homöopathisch kleine Dosis, sie steigerten vielmehr dieselbe aufs ungeheuerste, und eine solche überstarke Dosis von Zweifel ist das Buch Hiob; dieses Gift durfte nicht fehlen in der Bibel, in der großen Hausapotheke der Menschheit. Ja, wie der Mensch, wenn er leidet, sich ausweinen muß, so muß er sich auch auszweifeln, wenn er sich grausam gekränkt fühlt in seinen Ansprüchen auf Lebensglück; und wie durch das heftigste Weinen, so entsteht auch durch den höchsten Grad des Zweifelns, den die Deutschen so richtig die Verzweiflung nennen, die Krisis der moralischen Heilung. Ludwig Marcus. 1844

401

## Religiöser Sozialismus

Jetzt wo durch das Wiedererwachen des religiösen Gefühls, sowie auch durch meine körperlichen Leiden, mancherlei Veränderung in mir vorgegangen — entspricht jetzt die lutherische Glaubens-Uniform einigermaßen meinem innersten Gedanken? Inwieweit ist das offizielle Bekenntnis zur Wahrheit geworden? Solcher Frage will ich durch keine direkte Beantwortung begegnen, sie soll mir nur eine Gelegenheit bieten, die Verdienste zu beleuchten, die sich der Protestantismus, nach meiner jetzigen Einsicht, um das Heil der Welt erworben; und man mag danach ermessen, inwiefern ihm eine größere Sympathie von meiner Seite gewonnen ward.

Früherhin, wo die Philosophie ein überwiegendes Interesse für mich hatte, wußte ich den Protestantismus nur wegen der Verdienste zu schätzen, die er sich durch die Eroberung der Denkfreiheit erworben, die doch der Boden ist, auf welchem sich später Leibniz, Kant und Hegel bewegen konnten — Luther, der gewaltige Mann mit der Axt, mußte diesen Kriegern vorangehen und ihnen den Weg bahnen. In dieser Beziehung habe ich auch die Reformation als den Anfang der deutschen Philosophie gewürdigt und meine kampflustige Parteinahme für den Protestantismus justifiziert. Jetzt, in meinen spätern und reifern Tagen, wo das religiöse Gefühl wieder überwältigend in mir aufwogt, und der gescheiterte Metaphysiker sich an die Bibel festklammert: jetzt würdige ich den Protestantismus ganz absonderlich ob der Verdienste, die er sich durch die Auffindung und Verbreitung des heiligen Buches erworben. Ich sage die Auffindung, denn die Juden, die dasselbe aus dem großen Brande des zweiten Tempels gerettet, und es im Exile gleichsam wie ein portatives Vaterland mit sich herumschleppten, das ganze Mittelalter hindurch, sie hielten diesen Schatz sorgsam verborgen in ihrem Ghetto, wo die deutschen Gelehrten, Vorgänger und Beginner der Reformation, hinschlichen um Hebräisch zu lernen, um den Schlüssel zu der Truhe zu gewinnen, welche den Schatz barg. Ein solcher Gelehrter war der fürtreffliche Reuchlinus, und die Feinde desselben, die Hochstraaten u. Comp. in Köln, die man als blödsinnige Dunkelmänner darstellte, waren keineswegs so ganz dumme Tröpfe, sondern sie waren fernsichtige Inquisitoren, welche das Unheil, das die Bekanntschaft mit der heiligen Schrift für die Kirche herbeiführen würde, wohl voraussahen: daher ihr Verfolgungseifer gegen alle hebräische Schriften, die sie ohne Ausnahme zu verbrennen rieten, während sie die Dolmetscher dieser heiligen Schriften, die Juden, durch den verhetzten Pöbel auszurotten suchten. Jetzt, wo die Motive jener Vorgänge aufgedeckt liegen, sieht man wie jeder im Grunde recht hatte. Die Kölner Dunkelmänner glaubten das Seelenheil der Welt bedroht, und alle Mittel, sowohl Lüge als Mord, dünkten ihnen erlaubt, zumal in betreff der Juden. Das arme niedere Volk, die Kinder des Erb-Elends, haßte die Juden schon wegen ihrer aufgehäuften Schätze, und was heutzutage der Haß der Proletarier gegen die Reichen überhaupt genannt wird, hieß ehemals Haß gegen die Juden. In der Tat, da diese letztern, ausgeschlossen von jedem Grundbesitz und jedem Erwerb durch Handwerk, nur auf den Handel und die Geldgeschäfte angewiesen waren, welche die Kirche für Rechtgläubige verpönte, so waren sie, die Juden, gesetzlich dazu verdammt, reich, gehaßt und ermordet zu werden. Solche Ermordungen freilich trugen in jenen Zeiten noch einen religiösen Deckmantel, und es hieß, man müsse diejenigen töten, die einst unsern Herrgott getötet. Sonderbar! eben das Volk, das der Welt einen Gott gegeben, und dessen ganzes Leben nur Gottesandacht atmete, ward als Deicide verschrien! Die blutige Parodie eines solchen Wahnsinns sahen wir beim Ausbruch der Revolution von Sankt Domingo, wo ein Negerhaufen, der die Pflanzungen mit Mord und Brand heimsuchte, einen schwarzen Fanatiker an seiner Spitze hatte, der ein ungeheures Kruzifix trug und blutdürstig schrie: Die Weißen haben Christum getötet, laßt uns alle Weißen totschlagen!

Ja, den Juden, denen die Welt ihren Gott verdankt, verdankt sie auch dessen Wort, die Bibel; sie haben sie gerettet aus dem Bankerott des Römischen Reichs, und in der tollen Raufzeit der Völkerwanderung bewahrten sie das teure Buch, bis es der Protestantismus bei ihnen aufsuchte und das gefundene Buch in die Landessprachen übersetzte und in alle Welt verbreitete. Diese Verbreitung hat die segensreichsten Früchte hervorgebracht, und dauert noch bis auf heutigen Tag, wo die Propaganda der Bibelgesellschaft eine providentielle Sendung erfüllt, die bedeutsamer ist und jedenfalls ganz andere Folgen haben wird, als die frommen Gentlemen dieser britischen Christentums-Speditions-Sozietät selber ahnen. Sie glauben eine kleine enge Dogmatik zur Herrschaft zu bringen und wie das Meer, auch den Himmel zu monopolisieren, denselben zur britischen Kirchendomäne zu machen: und siehe! sie fördern, ohne es zu wissen, den Untergang aller protestantischen Sekten, die alle in der Bibel ihr Leben haben und in einem allgemeinen Bibeltume aufgehen. Sie fördern die große Demokratie, wo jeder Mensch nicht bloß König, sondern auch Bischof in seiner Hausburg sein soll; indem sie die Bibel über die ganze Erde verbreiten, sie sozusagen der ganzen Menschheit durch merkantilische Kniffe, Schmuggel und Tausch, in die Hände spielen und der Exegese, der individuellen Vernunft überliefern, stiften sie das große Reich des Geistes, das Reich des religiösen Gefühls, der Nächstenliebe, der Reinheit und der wahren Sittlichkeit, die nicht durch dogmatische Begriffsformeln gelehrt werden kann, sondern durch Bild und Beispiel, wie dergleichen enthalten ist in dem schönen heiligen Erziehungsbuche für kleine und große Kinder, in der Bibel.

Es ist für den beschaulichen Denker ein wunderbares Schauspiel, wenn er die Länder betrachtet, wo die Bibel schon seit der Reformation ihren bildenden Einfluß ausgeübt auf die Bewohner, und ihnen in Sitte, Denkungsart und Gemütlichkeit jenen Stempel des palästinischen Lebens aufgeprägt hat, das in dem Alten wie in dem Neuen Testamente sich bekundet. Im Norden von Europa und Amerika, namentlich in den skandinavischen und anglosächsischen, überhaupt in germanischen und einigermaßen auch in keltischen Landen, hat sich das Palästinatum so geltend gemacht, daß man sich dort unter Juden versetzt zu sehen glaubt. Zum Beispiel die protestantischen Schotten, sind sie nicht Hebräer, deren Namen überall biblisch, deren Cant sogar etwas jerusalemitisch-pharisäisch klingt, und deren Religion nur ein Judentum ist, welches Schweinefleisch frißt? So ist es auch mit manchen Provinzen Norddeutschlands und mit Dänemark; ich will gar nicht reden von den meisten neuen Gemeinden der Vereinigten Staaten, wo man das alttestamentarische Leben pedantisch nachäfft. Letzteres erscheint hier wie daguerreotypiert, die Konturen sind ängstlich richtig, doch alles ist grau in grau, und es fehlt der sonnige Farbenschmelz des Gelobten Landes. Aber die Karikatur wird einst schwinden, das Echte, Unvergängliche und Wahre, nämlich die Sittlichkeit des alten Judentums, wird in jenen Ländern ebenso gotterfreulich blühen, wie einst am Jordan und auf den Höhen des Libanons. Man hat keine Palme und Kamele nötig, um gut zu sein, und Gutsein ist besser denn Schönheit.

Vielleicht liegt es nicht bloß in der Bildungsfähigkeit der erwähnten Völker, daß sie das jüdische Leben in Sitte und Denkweise so leicht in sich aufgenommen. Der Grund dieses Phänomens ist vielleicht auch in dem Charakter des jüdischen Volks zu suchen, das immer sehr große Wahlverwandtschaft mit dem Charakter der germanischen und einigermaßen auch der keltischen Rasse hatte. Judäa erschien mir immer wie ein Stück Okzident, das sich mitten in den Orient verloren. In der Tat, mit seinem spiritualistischen Glauben, seinen strengen, keuschen, sogar asketischen Sitten, kurz mit seiner abstrakten Innerlichkeit, bildete dieses Land und sein Volk immer den sonderbarsten Gegensatz zu den Nachbarländern und Nachbarvölkern, die den üppig buntesten und brünstigsten Naturkulten huldigend, im bacchantischen Sinnenjubel ihr Dasein verluderten. Israel saß fromm unter seinem Feigenbaum und sang das Lob des unsichtbaren Gottes und übte Tugend und Gerechtigkeit, während in den Tempeln von Babel, Ninive, Sidon und Tyrus jene blutigen und unzüchtigen Orgien gefeiert wurden, ob deren Beschreibung uns noch jetzt das Haar sich sträubt! Bedenkt man diese Umgebung, so kann man die frühe Größe Israels nicht genug bewundern. Von der Freiheitsliebe Israels, während nicht bloß in seiner Umgebung, sondern bei allen Völkern des Altertums, sogar bei den philosophischen Griechen, die Sklaverei justifiziert war und in Blüte stand, will ich gar nicht reden, um die Bibel nicht zu kompromittieren bei den jetzigen Gewalthabern. Es gibt wahrhaftig keinen Sozialisten, der terroristischer wäre als unser Herr und Heiland, und bereits Moses war ein solcher Sozialist, obgleich er, als ein praktischer Mann, bestehende Gebräuche, namentlich in bezug auf das Eigentum, nur umzumodeln suchte. Ja, statt mit dem Unmöglichen zu ringen, statt die Abschaffung des Eigentums tollköpfig zu dekretieren, erstrebte Moses nur die Moralisation desselben, er suchte das Eigentum in Einklang zu bringen mit der Sittlichkeit, mit dem wahren Vernunftrecht, und solches bewirkte er durch die Einführung des Jubeljahrs, wo jedes alienierte Erbgut, welches bei einem ackerbauenden Volke immer Grundbesitz war, an den ursprünglichen Eigentümer zurückfiel, gleichviel in welcher Weise dasselbe veräußert worden. Diese Institution bildet den entschiedensten Gegensatz zu der «Verjährung» bei den Römern, wo nach Ablauf einer gewissen Zeit der faktische Besitzer eines Gutes von dem legitimen Eigentümer nicht mehr zur Rückgabe gezwungen werden kann, wenn letzterer nicht zu beweisen vermag, während jener Zeit eine solche Restitution in gehöriger Form begehrt zu haben. Diese letzte Bedingnis ließ der Chicane offnes Feld, zumal in einem Staate, wo Despotismus und Jurisprudenz blühte und dem ungerechten Besitzer alle Mittel der Abschreckung, besonders dem Armen gegenüber, der die Streitkosten nicht erschwingen kann, zu Gebote stehn. Der Römer war zugleich Soldat und Advokat, und das Fremdgut, das er mit dem Schwerte erbeutet, wußte er durch Zungendrescherei zu verteidigen. Nur ein Volk von Räubern und Kasuisten konnte die Proskription, die Verjährung, erfinden und dieselbe konsakrieren in jenem abscheulichsten Buche, welches die Bibel des Teufels genannt werden kann, im Codex des römischen Zivilrechts, der leider noch jetzt herrschend ist.

Ich habe oben von der Verwandtschaft gesprochen, welche zwischen Juden und Germanen, die ich einst «die beiden Völker der Sittlichkeit» nannte, stattfindet, und in dieser Beziehung erwähne ich auch als einen merkwürdigen Zug den ethischen Unwillen, womit das alte deutsche Recht die Verjährung stigmatisiert; in dem Munde des niedersächsischen Bauers lebt noch heute das rührend schöne Wort: «Hundert Jahr Unrecht machen nicht ein Jahr Recht.» Die mosaische Gesetzgebung protestiert noch entschiedener durch die Institution des Jubeljahres. Moses wollte nicht das Eigentum abschaffen, er wollte vielmehr, daß jeder dessen besäße, damit niemand durch Armut ein Knecht mit knechtischer Gesinnung sei. Freiheit war immer des großen Emanzipators letzter Gedanke, und dieser atmet und flammt in allen seinen Gesetzen, die den Pauperismus betreffen. Die Sklaverei selbst haßte er über alle Maßen, schier ingrimmig, aber auch diese Unmenschlichkeit konnte er nicht ganz vernichten, sie wurzelte noch zu sehr im Leben jener Urzeit, und er mußte sich darauf beschränken, das Schicksal der Sklaven gesetzlich zu mildern, den Loskauf zu erleichtern und die Dienstzeit zu beschränken. Wollte aber ein Sklave, den das Gesetz endlich befreite, durchaus nicht das Haus des Herrn verlassen, so befahl Moses, daß der unverbesserliche servile Lump mit dem Ohr an den Türpfosten des herrschaftlichen Hauses angenagelt würde, und nach dieser schimpflichen Ausstellung war er verdammt, auf Lebenszeit zu dienen. O Moses, unser Lehrer, Mosche Rabenu, hoher Bekämpfer der Knechtschaft, reiche mir Hammer und Nägel, damit ich unsre gemütlichen Sklaven in schwarzrotgoldner Livree mit ihren langen Ohren festnagle an das Brandenburger Tor! Geständnisse. 1852*/54*

402

### Das Prototypvolk der Menschheit

Die Wiedererweckung meines religiösen Gefühls verdanke ich jenem heiligen Buche, und dasselbe ward für mich ebensosehr eine Quelle des Heils, als ein Gegenstand der frömmigsten Bewunderung. Sonderbar! Nachdem ich mein ganzes Leben hindurch mich auf allen Tanzböden der Philosophie herumgetrieben, allen Orgien des Geistes mich hingegeben, mit allen möglichen Systemen gebuhlt, ohne befriedigt worden zu sein, wie Messaline nach einer lüderlichen Nacht — jetzt befinde ich mich plötzlich auf demselben Standpunkt, worauf auch der Onkel Tom steht, auf dem der Bibel, und ich kniee neben dem schwarzen Betbruder nieder in derselben Andacht —

Welche Demütigung! mit all meiner Wissenschaft habe ich es nicht weiter gebracht, als der arme unwissende Neger, der kaum buchstabieren gelernt! Der arme Tom scheint freilich in dem heiligen Buche noch tiefere Dinge zu sehen, als ich, dem besonders die letzte Partie noch nicht ganz klargeworden. Tom versteht sie vielleicht besser, weil mehr Prügel darin vorkommen. nämlich jene unaufhörlichen Peitschenhiebe, die mich manchmal bei der Lektüre der Evangelien und der Apostelgeschichte sehr unästhetisch anwiderten. So ein armer Negersklave liest zugleich mit dem Rücken, und begreift daher viel besser als wir. Dagegen glaube ich mir schmeicheln zu dürfen, daß mir der Charakter des Moses in der ersten Abteilung des heiligen Buches einleuchtender aufgegangen sei. Diese große Figur hat mir nicht wenig imponiert. Welche Riesengestalt! Ich kann mir nicht vorstellen, daß Ok, König von Basan, größer gewesen sei. Wie klein erscheint der Sinai, wenn Moses darauf steht! Dieser Berg ist nur das Postament, worauf die Füße des Mannes stehen, dessen Haupt in den Himmel hineinragt, wo er mit Gott spricht — Gott verzeih mir die Sünde, manchmal wollte es mich bedünken, als sei dieser mosaische Gott nur der zurückgestrahlte Lichtglanz des Moses selbst, dem er so ähnlich sieht, ähnlich in Zorn und in Liebe — Es wäre eine große Sünde, es wäre Anthropomorphismus, wenn man eine solche Identität des Gottes und seines Propheten annähme — aber die Ähnlichkeit ist frappant.

Ich hatte Moses früher nicht sonderlich geliebt, wahrscheinlich weil der hellenische Geist in mir vorwaltend war, und ich dem Gesetzgeber der Juden seinen Haß gegen alle Bildlichkeit, gegen die Plastik, nicht verzeihte. Ich sah nicht, daß Moses, trotz seiner Befeindung der Kunst, dennoch selber ein großer Künstler war und den wahren Künstlergeist besaß. Nur war dieser Künstlergeist bei ihm, wie bei seinen ägyptischen Landsleuten, nur auf das Kolossale und Unverwüstliche gerichtet. Aber nicht wie die Ägypter formierte er seine Kunstwerke aus Backstein und Granit, sondern er baute Menschenpyramiden, er meißelte Menschen-Obelisken, er nahm einen armen Hirtenstamm und schuf daraus ein Volk, das ebenfalls den Jahrhunderten trotzen sollte, ein großes, ewiges, heiliges Volk, ein Volk Gottes, das allen andern Völker als Muster, ja der ganzen Menschheit als Prototyp dienen konnte: er schuf Israel! Mit größerm Rechte als der römische Dichter darf jener Künstler, der Sohn Amrams und der Hebamme Jochebet, sich rühmen, ein Monument errichtet zu haben, das alle Bindungen aus Erz überdauern wird!

Wie über den Werkmeister, hab ich auch über das Werk, die Juden, nie mit hinlänglicher Ehrfurcht gesprochen, und zwar gewiß wieder meines hellenischen Naturells wegen, dem der judäische Asketismus zuwider war. Meine Vorliebe für Hellas hat seitdem abgenommen. Ich sehe jetzt, die Griechen waren nur schöne Jünglinge, die Juden aber waren immer Männer, gewaltige, unbeugsame Männer, nicht bloß ehemals, sondern bis auf den heutigen Tag, trotz achtzehn Jahrhunderten der Verfolgung und des Elends. Ich habe sie seitdem besser würdigen gelernt, und wenn nicht jeder Geburtsstolz bei dem Kämpen der Revolution und ihrer demokratischen Prinzipien ein närrischer Widerspruch wäre, so könnte der Schreiber dieser Blätter stolz darauf sein, daß seine Ahnen dem edlen Hause

Israel angehörten, daß er ein Abkömmling jener Märtyrer, die der Welt einen Gott und eine Moral gegeben, und auf allen Schlachtfeldern des Gedankens gekämpft und gelitten haben.

Die Geschichte des Mittelalters und selbst der modernen Zeit hat selten in ihre Tagesberichte die Namen solcher Ritter des heiligen Geistes eingezeichnet, denn sie fochten gewöhnlich mit verschlossenem Visier. Ebensowenig die Taten der Juden, wie ihr eigentliches Wesen, sind der Welt bekannt. Man glaubt sie zu kennen, weil man ihre Bärte gesehen, aber mehr kam nie von ihnen zum Vorschein, und wie im Mittelalter sind sie auch noch in der modernen Zeit ein wandelndes Geheimnis. Es mag enthüllt werden an dem Tage wovon der Prophet geweissagt, daß es alsdann nur noch einen Hirten und eine Herde geben wird, und der Gerechte, der für das Heil der Menschheit geduldet, seine glorreiche Anerkennung empfängt. Dasselbe*

403

LETZTE WORTE — Am Samstag [16. Februar 1856] verschlimmerte sich [Heines] Übel noch mehr, nachmittags zwischen vier und fünf Uhr flüsterte er dreimal das Wort «Schreiben». Ich verstand ihn nicht mehr, antwortete aber: «Ja». Dann rief er: «Papier — Bleistift . . .» Dies waren seine letzten Worte. Die Schwäche nahm zu und der Bleistift entfiel seiner Hand . . .

Bericht der Krankenschwester Catherine Bourlois über Heines Tod

404

VISION — An jenem Sonntag, den 17. Februar, wurde ich auf eine seltsame Weise geweckt. Gegen 8 Uhr Morgens vernahm ich Lärm in meinem Zimmer, ein Zappeln und Schlagen wie von den Körpern der Nachtfalter, die an Sommerabenden durch die offenen Fenster hereinfliegen und gewaltsam einen Ausweg suchen. Meine Augen öffneten sich, schlossen sich aber gleich wieder; eine schwarze Gestalt wand sich, wie ein Rieseninsekt, im Licht des frühen Morgens und suchte ins Freie zu entkommen.

Camille Selden. 17. II. 1856*

405

VERMÄCHTNIS — Ich verlange, daß mein Leichenbegängnis so einfach wie möglich sei, und daß die Kosten meiner Beerdigung nicht den gewöhnlichen Betrag derjenigen des geringsten Bürgers übersteigen. Obschon ich durch den Taufakt der lutherischen Konfession angehöre, wünsche ich nicht, daß die Geistlichkeit dieser Kirche zu meinem Begräbnisse eingeladen werde; ebenso verzichte ich auf die Amtshandlung jeder andern Priesterschaft bei der Feier meines Leichenbegängnisses. Dieser Wunsch entspringt aus keiner freigeistigen Anwandlung. Seit vier Jahren habe ich allem philosophischen Stolze entsagt und bin zu religiösen Ideen und Gefühlen zurückgekehrt; ich sterbe im Glauben an einen einzigen Gott, den ewigen Schöpfer der Welt, dessen Erbarmen ich anflehe für meine unsterbliche Seele. Ich bedaure, in meinen

Schriften zuweilen von heiligen Dingen ohne die ihnen schuldige Ehrfurcht gesprochen zu haben, aber ich wurde mehr durch den Geist meines Zeitalters als durch meine eigenen Neigungen fortgerissen. Wenn ich unwissentlich die guten Sitten und die Moral beleidigt habe, welche das wahre Wesen aller monotheistischen Glaubenslehren ist, so bitte ich Gott und die Menschen um Verzeihung. Ich verbiete, daß irgendeine Rede, deutsch oder französisch, an meinem Grabe gehalten werde. Gleichzeitig spreche ich den Wunsch aus, daß meine Landsleute, wie glücklich sich auch die Geschicke unsrer Heimat gestalten mögen, es vermeiden, meine Asche nach Deutschland hinüberzuführen; ich habe es nie geliebt, meine Person zu politischen Possenspielen herzugeben. Es war die große Aufgabe meines Lebens, an dem herzlichen Einverständnisse zwischen Deutschland und Frankreich zu arbeiten und die Ränke der Feinde der Demokratie zu vereiteln, welche die internationalen Vorurteile und Animositäten zu ihrem Nutzen ausbeuten. Ich glaube mich sowohl um meine Landsleute wie um die Franzosen wohlverdient gemacht zu haben, und die Ansprüche, welche ich auf ihren Dank besitze, sind ohne Zweifel das wertvollste Vermächtnis —

Testament vom 13. XI. 1851*

# GLOSSEN

*Die Ziffern am Rande der Glossen beziehen sich, wo nicht S. [Seite] vermerkt ist, auf die Nummern der einzelnen Stücke*

Der Text dieser Ausgabe beruht auf den heute noch maßgebenden wissenschaftlichen Ausgaben von Heines sämtlichen Werken. Die ältere von Ernst Elster erschien in 7 Bänden 1890 im Bibliographischen Institut. Die revidierte Neuausgabe 1924 geriet nur bis zum 4. Band. Die Insel-Ausgabe in 10 Bänden, nebst Registerband, wurde von Oskar Walzel 1910—15 unter Mitwirkung von Jonas Fränkel für die 3 musterhaften Gedichtbände und von L. Krähe, A. Leitzmann und J. Petersen herausgegeben, deren Leistungen aber recht verschiedenartig sind. Ausgezeichnet ist der Registerband von Paul Neuburger. In chronologischer Anordnung gab Fritz Strich die Werke in 11 Bänden heraus.

Das Problem der Heine-Ausgabe ist noch weit von einer befriedigenden Lösung entfernt. Die unentbehrliche Ergänzung der deutschen Texte durch die oft abweichenden französischen wollte der Insel-Verlag in der schon von Walzel angekündigten deutsch-französischen Gesamtausgabe im Dünndruck besorgen. Dazu ist es nicht mehr gekommen.

Zu einer Heine-Ausgabe gehören außer den gesamten Lesarten auch die Varianten der Handschriften, soweit sie noch existieren. Vieles ist noch immer nicht zugänglich. Heines Werk befand sich in einem dauernden Fluß, es wurde von seiner eigenen Entwicklung laufend umgewandelt und stand unter dem Druck von Zensuren und eigenen Bedenken. Berechtigte Erwartungen setzt man auf die von Walter Wadepuhl, Elmhurst (Illinois) druckfertig gemachte Ausgabe sämtlicher Werke und Briefe mit kritischem Kommentar in 20 bis 25 Bänden. Wadepuhl verfügt über die umfangreichste Sammlung von Handschriften und Photokopien.

Für die *Briefe* bedeutete die noch immer fragmentarische dreibändige Ausgabe von Friedrich Hirth einen großen Fortschritt. Eine endgültigere Ausgabe mit dem noch immer fehlenden Kommentarband ist angekündigt. Leider befindet sich wichtiges Material in verschiedenen Händen, so daß eine wirkliche Gesamtausgabe nicht zu erwarten ist. Was sie für Heine bedeutet, steht in der Einleitung.

Die Gespräche mit Heine hat H. H. Houben 1926 gesammelt veröffentlicht. Es ist das Buch des geistvollsten deutschen Causeurs. Ein unveränderter Neudruck erschien bei Rütten & Loening, Potsdam 1948. — Als Ergebnis eigener Forschungen liegen auch Heines Gespräche samt Briefen, Tagebüchern, Berichten seiner Zeitgenossen in der kleineren Ausgabe von Hugo Bieber vor.

Da das Thema dieser Ausgabe Heines geistige Gestalt ist, wurden die Texte durch Striche thematisch konzentriert. Die Quellenangaben sind so genau, daß jedes Stück leicht in jeder Ausgabe gefunden werden kann. Die Orthographie wurde mit wenigen Ausnahmen modernisiert, dagegen Heines Interpunktion, auf die er den größten Wert legte, unverändert beibehalten. Heines Interpunktationsprinzip ist das der rhythmischen Führung des Lesers. Wie im Französischen und Englischen unterbleibt das gliedernde Komma überall dort, wo der Satzbau selbst gliedert, aber bei der Unordnung der Handschriften und Korrekturen fehlen oft authentische Vorlagen. Ich habe mich an die Inselausgabe gehalten. Die vielen Interpunktationsabweichungen von der Norm sind also keine Druckfehler, sondern haben ihre Richtigkeit. Ein eigenes Interpunktionszeichen ist Heines Gedankenstrich statt eines Punktes. Es ist sorgfältig in allen Fällen beibehalten, wo Heine Sätze nicht strikt trennt, sondern nur innehält.

Die Einführung versucht Heines geistige Gestalt zu erfassen und in Zusammenhänge zu stellen, die bisher übersehen wurden. Das biographische Material ist in den Hintergrund gedrängt. Vieles ist noch ungeklärt, die Aktenwahrheit, die strittig ist, trägt nicht zum Begreifen der Heineschen Denkformen und -resultate bei. Man hat sich übergenug mit Heine von oben her, strafend, beschäftigt. Es ist Zeit von unserem Ort her zu ihm aufzusehen.

In den Glossen findet man Erklärungen zum einzelnen Stück, Einordnung des Themas in Heines Welt und in die Geistesgeschichte.

Alle Texte Heines sind im Kommentar *kursiv* gesetzt.

ERSTE FLAMMEN — Das erste Stück dieser Auswahl 1
schlägt mehr als die beiden Hauptthemen an, auf die hin die Erzählung dieses Abschnitts pointiert ist. Die Heere der napoléonischen Revolution hatten auch am Rhein den feudalen Überbau fortgefegt; aber aus den Volksträumen blühte die Vergangenheit in Sagen und Liedern noch immer fort. Heine hatte sie mit der Milch seiner Amme Zippel eingesogen. Es war seine Werfelsche Barbara, die Sibylle hieß und war. Wunderlich, wie das Schicksal mit großen Menschen waltet, hatte es dem «märchentrunkenen», zaubersüchtigen, mythenschaffenden Dichter eine Wärterin an die Wiege gesetzt, die das jüdische Kind mit deutschen Sagenliedern in die deutschesten Träume lullte, mit Zaubersprüchen und heilkräftiger Spucke vor bösen Geistern schützte und den Jungen später in die Hexen-

küche der in diesem Stück erwähnten Scharfrichterin einführte. Dort wurden an Gastwirte Totenfinger verkauft, die das Bier würzig machen, an Mädchen Liebestränke für den Burschen, an furchtsame Liebhaber das abgehackte «Ding» von entmannten Gehenkten, und es wurden noch andere Ruchlosigkeiten begangen, die man im Hexenhammer, dem Malleus maleficarum, von Sprenger und Krämer (1489), diesem Lehrbuch für Inquisitionsrichter und Adepten des Scheiterhaufens, nachlesen kann[1]. Ein Dichter für unsere Zeit hat das alles also noch selbst erlebt. So kurz ist es her, daß wir aus dem Mittelalter entlassen wurden; daher ging es auch so schnell wieder zurück.

Sibylle Zippel sang auch Sefchen ihre Sagen vor, und da die beiden jungen Leute verwandte Stimmen hatten, klanglos verschleiert, wenn sie verlegen waren, und metallisch reich, wenn Hemmungen fielen, glaubte Heine seine eigenen Träume und Schmerzen in den Liedern des Roten Sefchen mit den schweigsam schwarzen Rätselaugen zu hören. Die Henkerstochter war nicht seine Julia, wie er später scherzte, sondern nur seine Rosalinde; sie kam aber dem Idealfall der Liebe, der Liebe zum ähnlichen Menschen, nahe. Heine erlebte ihn erst, als sich das Wunder der «Mouche» (Camille Selden) an seiner Matratzengruft niederließ.

Die Revenants der wenige Jahre später gedichteten *Traumbilder*, im *Buch der Lieder*, erscheinen zwar in den Formen und Formeln von Volkslied und Ballade, und unverkennbar fließen Erinnerungen an Herder, Bürger, Goethe und die Romantiker mit ein; doch haben diese Gedichte auch den großen Vorbildern ihre biographische Echtheit voraus. Sie sind nicht bloß Literatur. Lange bevor die Sammlung von Arnim und Brentano in Heines Hände gelangte, klang das Wald- und Wunderhorn der Romantik in seiner Kinderstube, hatte er Blocksberg und

[1] Deutsche Ausgabe von 1923.

Hochgericht in der Rumpelkammer einer Vorstadthexe erlebt.

Diese Jugendmotive entwickelten sich zu Heines dritter Passion, dem Volkslied. Und wie er, der spätere Tribun der Armut, das Pariakind in seiner Umarmung rehabilitierte und dankbar war, daß sein Vater Sefchen auf der Straße grüßte, so hat dann später sein Herzog den *Schelm von Bergen*, den Scharfrichter, der zur Fastnacht vermummt mit der Herzogin in Düsseldorf tanzt, zu ihrer Ehrenrettung durch Schwertschlag ritterzünftig gemacht.

Die Welt der Amme und der Henker lebt in Heines Poesie hundertfältig fort. Hingerichtete und Selbstmörder geistern wie Armesünderblumen durch Gedichte und Reisebilder. *Der Henker steht vor der Türe:* als Refrain zum Hochzeitsschmaus des *Ritter Olaf. Karl I.* wiegt ahnungsvoll sein Henkerchen in Schlaf. Die Judith von Horace Vernet, *gottrein wie eine entweihte Hostie*, zieht das Schwert gegen den schlafenden Holofernes, und Sefchen scheint durch sie hindurch. In der Wilden Jagd des *Atta Troll* schleudert Herodias das Haupt des Täufers kindlich lachend durch die Lüfte (s. Nr. 231).

Heine genießt sensualistisch die Tristan-Akkorde von Tod und Liebe; aber den Humanisten empören die qualvoll ausgedehnten Hinrichtungen, denen er in London zusah (s. Nr. 152), und er plante 1825 eine Abhandlung über die Todesstrafe, *versteht sich dagegen.* Der Protest gegen die Diffamierung der Henkersfamilie wendet sich gegen die Gesellschaft, die beim Henker Zuflucht sucht.

An seine Zippel erinnert sich Heine nachts in den leeren Straßen der *Stadt Lucca*, auf einem Opernball in Paris, wenn sich die Tanzenden gebärden wie die Unholde im Verlorenen Tal. In dem feierlichen Sonett auf seinen Lehrer der Verskunst August Wilhelm von Schlegel fehlt auch die Lehrerin, die Amme, nicht. Aus voller Brust singt er ihre Märchen im *Wintermärchen*, auf der Heimfahrt zu allen deutschen Erinnerungen, auch zu

*Der Amme, der lieben Alten;*
*Ich sehe wieder ihr braunes Gesicht,*
*Mit allen Runzeln und Falten.*

*Wie klingen sie lieblich, wie klingen sie süß,*
*Die Märchen der alten Amme!*
*Mein abergläubisches Herze jauchzt:*
*Sonne, du klagende Flamme!*

Schließlich ist Zippel die alte Indianerin Kaka, die ihr lebensmüdes Kind, den Ritter Don Juan Ponce de Leon, in seiner Hängematte mit ihrem Singsang von dem ewigen Jugendlande *Bimini* in den Schlaf wiegt, bis er, erwacht, eine Karawelle rüstet und das Ammenmärchen in der Wirklichkeit sucht, *wo das Wasser der Verjüngung lieblich sprudelt*. Nur Zippel-Kaka ist an Bord,

*Rokoko-anthropophagisch,*
*Karaibisch-Pompadour*
*Zu der Kaka wunderlichem*
*Papageienvogelantlitz.*

Die Expedition führt zum guten Wasser der Lethe, dem wahren Verjüngungstrank (s. Nr. 370). Die Fahrt in den Tod ist die Heimfahrt in die Kinderstube.

Die *Memoiren*, denen dieses Stück entnommen ist, sollten Heines Lebensbuch werden. Bereits mit 26 Jahren konzipiert er sie als Spät- oder Nachlaßwerk. Als sie 28 Jahre nach seinem Tod, 1884, erschienen, bestätigten sich die schlimmsten Befürchtungen. Von einem umfangreichen Manuskript, das viele Besucher der Matratzengruft gesehen hatten, Heines Freund Alfred Meißner noch an 600 Blätter stark im Nachlaß, waren nur 116 Seiten übriggeblieben. Die Vernichtung von Heines vielleicht bedeutendstem Buch ist das Verbrechen seiner Familie.

Briefe und Gespräche Heines ermöglichen die Rekonstruktion seiner Arbeitsmethode. Heine begann seine

Tagebücher 1823, um seiner Widersprüche zwischen Talent und Schicksal, Aufgabe und Lebenskämpfen Herr zu werden. Er rang von früh an um die Einheit seiner Persönlichkeit.

Da Heine zur Zeitgeschichte gehörte, entwickelte sich das Buch, das eine Ich-Synthese suchte, als Zeitbericht zur *treuen Darstellung der mysteriösesten Übergangskrise:* es enthielt, wie Heine Campe 1837 schrieb, *die Resultate meines Aufenthalts im Foyer der politischen und sozialen Revolution.* Nur Heine erkannte damals, daß die Gesellschaft in einer heute noch fortdauernden Übergangskrise von mysteriösem Charakter lebt. Das Wort allein bezeugt, daß ein Werk von hohem politischem Weitblick uns in den Memoiren verlorengegangen ist.

Um 1850 überwindet Heine sich selbst als Symptom der Übergangskrise, er erlebt die *Heimkehr*, die das letzte Kapitel dieses Bandes wiedergibt. Er beschloß eine neue Fassung seiner Memoiren. So wurde aus einer tagebuchartigen Begleitung seines Lebens eine rückblickende Erinnerung, in der, wie im Goetheschen Vorbild, unvermeidlich Dichtung und Wahrheit daraus entstehen, daß der Erzähler durch die Brille des bereits bekannten Aktschlusses die vorausgegangenen Szenen als einen Werdegang von Resultaten beschreibt. Doch sah Heine auch die umgestalteten Memoiren als sein Hauptwerk an; sie würden, vier Bände stark, *die Popularität des Buchs der Lieder erreichen . . . die Krone meiner Schriften sein.*

Auf dieses Wort darf man sich verlassen.

Berichte und Gespräche zeigen den Dichter Tag und Nacht an der Arbeit. Er schuf neue Texte und nahm alte Teile mit auf. Er arbeitete im Wettlauf mit dem Tode an seinem Vermächtnis, wie jene Herzogin des Ancien régime, die sich auf dem Totenbett von ihrer Pflegerin nicht mit der Warnung vor ihrem bevorstehenden Ende von der Handarbeit abhalten ließ, sondern die vorbildliche Antwort gab: «Um so mehr müssen wir uns beeilen»; so sagte auch Heine seiner Pflegerin Catharine Bourlois, die ihn am 13. Februar flehentlich bat, sich Ruhe zu gönnen, nachdem er volle 6 Stunden geschrieben hatte: — *Ich habe nur mehr 4 Tage Arbeit, dann ist mein Werk vollendet.*

Er hatte aber nur noch 3 Tage zu leben, und als er in der Agonie flüsterte *Papier — Bleistift*, meinte er wohl die letzten Seiten seines Hauptwerks.

Die *Memoiren* waren, wie alle Bücher Heines, ein Reisebuch, das Bild der Lebensreise, die, wie er 1852 einem englischen Interviewer sagte, *voller Leidenschaft, aber ohne Handlung war; lauter stürmisches Wollen, nirgends Vollbringen; Stimmungen und Träume, geistige Freuden und Leiden, Begeisterung, Verzweiflung, himmlischer Frieden und fröhlicher Aufstieg zu den Höhen, auf denen die Schöpfung unter uns liegt.*

Außerdem enthielt das Buch Sanktionen an den Feinden der Person und der Idee, vielleicht auch, aber das ist ganz ungewiß, an seiner Hamburger Familie.

Ihr schlechtes Gewissen hatte allen Grund, sie zu befürchten. Als Heines Onkel-Mäzen Salomon Heine 1844 starb und rund 40 Millionen Francs hinterließ, fand er den Neffen, den er immer, aber karg unterstützt hatte, mit 8000 Francs ab. Die Heine versprochene Jahresrente von 4800 Francs stand nicht im Testament. Es vermachte Millionen den verheirateten Kindern, Heines Jugendlieben Amalie und Therese, und dem Haupterben Carl Heine 15 Millionen.

Heine traf der Schlag. Sein körperlicher Niedergang datiert von diesem *Meuchelmordversuch* seines *furchtbaren Tyrannen*, von dem er abhing, denn die deutschen Zensurverbote und die Ausbeuterverträge seines Verlegers Julius Campe hatten ihn zu dauernder Geldknappheit verdammt.

Noch härter als der Verlust der Unterstützung traf den Künstler die Tücke des Familienpöbels. Er hat ihm in den *Spanischen Atriden* ein Rachemal gesetzt (359), einem der schauerlichsten Gedichte der Weltliteratur.

Weniger die Interventionen von Freunden und Verehrern, der Humboldt, Varnhagen, Pückler-Muskau, Laube, Lassalle, Meyerbeer, bezwangen den harten Sinn von Carl Heine als der öffentliche Skandal, der die Bankfirma zu kompromittieren drohte. Heine mußte sich gegen eine Rente für sich und seine Witwe verpflichten, nichts Kränkendes mehr über die Familie zu veröffentlichen — vor allem über die angeheirateten Bankiers Furtado-Fould, mit denen als Politikern sich Heine in legitimer Weise als Publizist beschäftigt hatte. Dennoch waren es ganz andere Wunden, die in dieser Familie schwärten, so lästig dieser neuen Geldaristokratie der schärfste Kritiker des Juste milieu auch fallen mußte.

Die Schwiegersöhne des Verstorbenen verziehen Heine nicht, daß er ihre Frauen als Mädchen geliebt und im Buch der Lieder unsterblich gemacht hatte. Therese Heine wäre mit ihrem Vetter beinahe durchgebrannt (s. Nr. 277). Und Heine war der Liebhaber von Cécile Furtado-Fould gewesen, bevor er sie seinem Vetter Carl Heine als Partie zuführte.

Die Gründe, die zur Vernichtung fast des ganzen, religiös-politischen Werkes führten, lassen sich dennoch nicht einmal erraten. Es schaudert, eine solche Untat auszudenken.

Heine sah sein Schicksal in den letzten Strophen über *die Magen und die Sippen* voraus.

*Wenn ich sterbe, wird die Zunge*
*Ausgeschnitten meiner Leiche;*
*Denn sie fürchten, redend käm ich*
*Wieder aus dem Schattenreiche.*

*Stumm verfaulen wird der Tote*
*In der Gruft, und nie verraten*
*Werd ich die an mir verübten*
*Lächerlichen Freveltaten.*

Lächerlich waren sie nicht. Sie waren so ruchlos, wie nur der mittelmäßige Mensch freveln kann.

2-6 Für IDEEN DAS BUCH LE GRAND, das 1827 als 3. Stück im 2. Band der *Reisebilder* erschien und Heine mit einem Schlage *einen ungeheuren Anhang und Popularität in Deutschland* verschaffte, gilt noch immer das Wort einer der ersten Rezensionen: «Davon eine Vorstellung in Kürze zu geben, ist ganz unmöglich.» Neben den beiden späten *Tanzpoemen* enthält es Heines genialste Prosa. Aus vielen Stilen entstanden, sind Form und Inhalt doch von unwiederholbarer Originalität. Der Frage nach dem sonderbaren Doppeltitel weicht Heine in der Schrift selbst mit dem Scherze aus: *Der Titel eines Buches bedeutet so wenig als der Titel eines Verfassers.* Und doch bekennt sich Heine durch den Titel zu seinem Lehrer Hegel, distanziert sich von ihm durch Widersprüche und folgt im ganzen der dialektischen Methode.

In seinen Briefen von 1823 und in der Harzreise wehrte sich Heine dagegen, bloß eine «Idee» zu sein, obwohl er für den Ausnahmemenschen Napoléon anerkennt, er sei *der Mann der Idee, der ideegewordene Mensch* (s. S. 148). Die Erzählung stellt aber dem Absoluten der Idee die Lobpreisung des Lebens und der konkreten Größe als autonomer Mächte gegenüber.

Natur und Idee sind keine Gegensätze, sie stehen *in wunderlichem Verkehr* miteinander. Die Natur glüht, rauscht, singt, lacht, leuchtet, wenn die verkörperte Idee in ihrer Mitte erscheint (s. S. 15).

Der Versuch, einen dialektischen Aufbau des *Buches Le Grand* nachzuweisen, mißlang, weil der Verfasser (Ewald A. Bouke, Euphorion 1909) die Synthese an falscher Stelle suchte. Der Reiz der Schrift besteht grade darin, daß auf These und Antithese die Synthese ausbleibt. These ist die poetische Jugend des Erzählers, der Mythos des Kaisers, der im Hofgarten von Düsseldorf erscheint; Antithese, Negation, ist der Tod des Kaisers, die Herrschaft der Unvernunft, das Narrenreich. Eine Synthese gibt es in der Erzählung so wenig wie in der abgebrochenen Weltgeschichte. Es war bester hegelscher und frischester dichterischer Geist, daß die Weltgeschichte ohne Folgen «Zahnweh im Herzen» verursacht, eine nihilistische Heiterkeit hinterläßt, eine trällernde Verzweiflung. Flaubert, als Künstler selbst ohne Humor, kannte diesen Schmerz, der lacht, und wünschte sich auf seinem Grabstein den närrisch-lyrischen Refrain: *Er liebte die Blumen der Brenta* (Kap. IV, XVIII)[1].

Daß der Humor des Le Grand Lawrence Sterne die Antizipation seiner eigensten Originalität verdankt, wurde an zahlreichen Parallelstellen nachgewiesen[2]. Während Lessing, Goethe, Nietzsche in Sterne den freiesten Befreier feiern, entdeckt Heine den wahlverwandt Zwiespältigen, den Zerrissenen, der sich aus trivialen Späßen zu shakespearescher Würde erhebt und in ein fröhliches Gelächter auf den Höhen der Tragik ausbricht, während Jean Paul, *wenn der Spaß nur im mindesten ernsthaft wird, zu flennen beginnt.* Nichts war Heine schrecklicher als der Untergang des Kaisers. Nie ist er Aristophanes näher als in den Späßen, mit denen der Erzähler des Le Grand das tragischste Kapitel der modernen Geschichte zuschlägt.

Das Buch machte, wie Heine erwartete, gewaltige Wirkung *durch die großen Weltinteressen, die es aussprach.* Die Jugend erkannte im Weltschmerz des Dichters den eigenen Gram über den Sieg der Gegenrevolution: des Stiefels über den Geist. Der scheinbare Verzicht auf den Fortgang der Universalgeschichte enthielt ja doch den Appell, sie den Siegern nicht länger zu überlassen. Der romantische Dichter verflüchtigte sich nicht mehr ins All, sondern faßte Fuß in der geschichtlichen Wirklichkeit. Die Feder

[1] Friedrich Hirth: Heinrich Heine und seine französischen Freunde. S. 219. Verlag Florian Kupferberg. Mainz 1949.

[2] Besonders von Stefan Vacano: Heine, Sterne. Berlin 1907. — Sternes Hauptwerke liegen in guten Schweizer Ausgaben wieder vor: Tristram Shandy, in der Manesse-Bibliothek; Eine empfindsame Reise durch Frankreich und Italien, illustriert, Bühl-Verlag, Herrliberg-Zürich.

eines jungen Lyrikers brach die Pforten auf, hinter denen die Obskuranten der Heiligen Allianz die Hoffnungen der Völker zunichte machten.

3 Französische Revolution in Düsseldorf — Die französische Armee erschien 1795 in Düsseldorf. Die Stadt ergab sich mit 350 Geschützen und 10000 Gewehren, ohne einen Schuß abzufeuern. Napoléon machte das Großherzogtum Berg mit Düsseldorf als Hauptstadt zu einem rechtsrheinischen Pufferstaat als Flankendeckung der linksrheinischen Departements. Da das Münsterland und das Ruhrgebiet auch zum Großherzogtum gehörten, wuchs Heine im Klima eines Industriestaats auf, das seine Entwicklung förderte.

Der Umschwung erfolgte auch in Düsseldorf nach Abdankung des Kurfürsten, der König von Bayern geworden war, in krähwinkliger Gemütsamkeit, wie Heine sie schildert. Die Anpassung an die neuen Herren machte wie 1918, 1933, 1945 keine Schwierigkeiten.

S. 8, *halt fest an mir:* Heines Neigung zum Traditionellen bildlich ausgedrückt. Es drängte ihn von früh an zu einer Politik der Mitte.

Heine beschreibt nur die selbsterlebte Umwälzung in der Schule, nicht die Zertrümmerung der Feudalherrschaft durch die Revolution. «Überall, wo der Kaiser gesiegt hatte, erblicken wir den Anlauf zu einer höheren sozialen Ordnung», schreibt Napoléons Historiograph August Fournier[1]: Bauernbefreiung, Gleichheit vor dem Gesetz, Code Napoléon, Ehefähigkeit zwischen Bürgerlichen und Adeligen (zu der Goethe den Wilhelm Meister hinaufführt), Gleichstellung der Konfessionen. Da es in Düsseldorf kein Ghetto gab, konnte es auch nicht von der Revolution beseitigt werden, wie die meisten Heine-Biographen annehmen. Doch stand den Juden erst jetzt jeder Beruf offen, und Mama Heine wollte sogleich aus

[1] Napoléon I. Eine Biographie in 3 Bänden. 4. Auflage. Wien 1922.

dem begabten Sohn einen General, Gouverneur oder Kardinal machen.

Der Tambour — . . . *ärgerte mich:* Heine reagiert immer 4
empfindlich, wenn Deutschland von Ausländern herabgesetzt wird (s. Nr. 50, 119, 120).

. . . *andere Leute, wenn sie nichts zu essen haben:* Der Hunger der Armen — ein Heinesches Hauptthema (s. Nr. 148 bis 160).

Napoléon inspizierte vom 2. bis 5. November 1811 das 5
Großherzogtum Berg und beschäftigte sich mit den ökonomischen Schwierigkeiten, die durch die Trennung der links- und rechtsrheinischen Industrie entstanden waren. Die bergische Industrie wünschte durch Vereinigung mit den linksrheinischen Departements in die französisch-italienische Zollunion aufgenommen zu werden. Die glänzende Entwicklung der Tuchindustrie von Aachen war von großem Anreiz. Die Kölner Fabrikanten fürchteten aber die rechtsrheinische Konkurrenz, und die von Napoléon gegründete Kölner Handelskammer, die einzige am Rhein, denunzierte patriotisch die bergischen Landsleute beim Kaiser, sie wollten sich doch nur auf Kosten Frankreichs bereichern. Die wachsende Rohstoff- und Absatzkrise durch die englische Blockade und die napoléonische Gegenblockade (Kontinentalsperre) lähmte die verheißungsvolle Entwicklung. Die Blockade erreichte ihr Ziel, dem Krieg der Feudalmächte gegen die bürgerliche Revolution den Charakter einer wirtschaftlich-nationalen Notwendigkeit zu geben.

. . . *sommergrün und goldig.* Das war es im November nicht. Die Naturbeschreibung zeigt deutlicher als in manchen Gedichten, daß Heine die Natur symbolistisch inneren Vorgängen angleicht, das heißt erfindet.

. . . *die Polizeiverordnung* . . . Ganz wie 1918. Es dauerte lange, bis der Polizeipräsident von Berlin die Verordnung aufhob, die die mittlere Durchfahrt des Brandenburger Tors dem Kaiserlichen Hause reservierte. Brav begnügte sich viele Jahre der Auto-, Wagen- und Busverkehr mit den Seitentoren.

*... eine sonnig-marmorne Hand*, das Doppelattribut beschwört südliche Antikenbilder. Fünf Zeilen weiter: die *marmornen Griechen- und Römerköpfe*. Man vergißt, bei dieser Hypostasierung in den caesarischen Gott, die *scheinlose grüne Uniform* des Reiters. Heine entdeckte die Urform römischer Plastik in Napoléon auf den ersten Blick. Vergleiche dazu das besonders schöne 3. Buch «Antike und Klassizismus» im Napoléon von Berthold Vallentin, der größten Historikerleistung des George-Kreises.

Zur Beschreibung der Hände s. Nr. 297, 298.

Der ganze Absatz enthält eine der schönsten Menschenbeschreibungen der deutschen Literatur. Jedes Wort baut auf; Erscheinung und Wesen sind unvergleichlich als Einheit ineinandergeschaut.

6 Der Kaiser ist tot — *... des indischen Meeres:* Die Verwechslung des Indischen Ozeans mit dem Atlantischen steht in allen von Heine korrigierten deutschen und französischen Ausgaben.

Das Stück stellt den Übergang von der antikischen zur christlichen Mythisierung des «*weltlichen Heilands*» dar. Sie entstand spontan an vielen Stellen Europas. Der Tote wurde eine größere Geistesmacht als der Lebendige.

Heine las die Hauptwerke der neuen Napoléon-Literatur auf Norderney und besprach sie in dem Stück *Nordsee III*, das in den *Reisebildern* dem *Buch Le Grand* vorausgeht. Die hier genannten *Evangelien* sind:

Comte de Las Cases: Le Mémorial de Sainte-Hélène
O'Meara: Napoléon in exile, or a voice from St. Helena
Antommarchi: Les derniers moments de Napoléon.

Wie Eckermann durch seine Hingabe an Goethe, wurde Las Cases durch seine Hingabe an Napoléon Weltliteratur.

Nietzsche nennt beide zusammen «die paar guten Bücher, die von diesem Jahrhundert übrig bleiben werden». Den stärksten Eindruck machte auf Heine die Histoire de Napoléon et de la Grande Armée en 1812 von Philippe-Paul Conte de Ségur. Er schreibt darüber Moser: *Dieses Buch ist ein Ozean, eine Odyssee und Ilias, eine Ossianische Elegie, ein Volkslied, ein Seufzer des ganzen französischen Volks! Ein Sallust? Meinethalben! Ich kann nicht darüber urteilen. Ich bin noch wie betäubt.*

S. 17 ... *wo fünf Trauerweiden ...:* Das Grab mit dem kleinen Baumschmuck gab zu vielen Gedichten Anlaß; auch zu dem von Immermann: Das Grab auf St. Helena. — Die Grabtafel blieb namenlos, weil Hudson Lowe dem General Montholon und dem Marschall Bertrand verbot, auf die Tafel nur das Wort: Napoléon zu setzen. Er kannte nur einen Napoléon Bonaparte. Man verzichtete daher auf jede Inschrift. Die Anonymität wurde ein neues Motiv des Mythos.

... *Schande ... vermacht hat:* Ein Wort Napoléons, das Antommarchi wiedergibt.

... *sizilianischer Häscher:* «cabo do sbirri», Gerichtsknecht, Polizeidiener nannte Napoléon und sein Hofstaat Hudson Lowe, weil er in Süditalien als britischer Nachrichtenoffizier Partisanen gegen Frankreich aufgestellt hatte. Die eigentliche Verantwortung für die kleinliche und gehässige Behandlung des Kaisers trägt der britische Minister Lord Bathurst. Er vor allem verdient die Invektiven seines Gefangenen[1].

*Londonderry:* H. R. St. Castlereagh, Kriegs-, Kolonial- und von 1812 an Außenminister. Die treibende Kraft der Koalition, die Napoléon zu Fall brachte. Beherrschte bis zu seinem Tode (1822) mit Metternich Europa. Suspendierung der Habeas-Corpus-Akte. Byron hat im Don Juan und in Epigrammen den Selbstmörder erbarmungslos ver-

[1] Vgl. den Kommentar zum Mémorial de Sainte-Hélène von Jean Prévost in der Ausgabe der Pléiade.

höhnt, weil sein Tod keinen Trost für seine Geburt gewähre.

... *Professor Saalfeld* ... *in Göttingen:* Auch er wurde später geisteskrank.

... *Gleich wie die Blätter im Walde:* Ilias VI, 146—149.

... *ward jetzt preußisch gesprochen:* Der größere Teil des Großherzogtums Berg wurde auf dem Wiener Kongreß mit Preußen vereinigt. In Düsseldorf residierte ein preußischer Prinz.

... *als Gefangene nach Sibirien geschleppt* ...: Auch damals kehrten Gefangene aus Rußland mit langer Verspätung zurück. Die Sympathie des Publikums mit ihnen ist historisch.

7 DIE GRENADIERE schließen sich motivisch dem vorausgegangenen Stück an, und vielleicht gewinnen sie durch die unvermittelte Steigerung vom Bericht zum Mythos eine neue Mächtigkeit. Heines Behandlung eines Motivs gewöhnlich erst in Prosa, dann in Versen, ist hier mehrmals zusammengestellt, so Nr. 27 (mit Anmerkung), 41 und 42, 92/93, 153/54, 165/66, 171/72, 209/10.

Im Durchgang zu tieferen Erlebnisformen wird die Substanz des Tagesereignisses Gedicht, ohne daß die ursprünglichen Umstände dabei verlorengehn. Die Grenadiere des Gedichts und Berichts sind unverkennbar identisch.

Das Entstehungsjahr ist strittig. Heine gab 1814 an, aber sein Zahlengedächtnis ist unzuverlässig. Vieles spricht dagegen, daß dieses Meisterstück zwischen den unreifen Versuchen des Siebzehnjährigen entstanden sein sollte. Ernst Elster und Jonas Fränkel haben sich für 1820 entschieden.

Im Herbst dieses Jahres hatte Heine wieder Düsseldorf besucht. Die Stadt bedrückte ihn; sie war nicht mehr heimatlich. Der Vater hatte Bankerott gemacht, das Elternhaus wurde versteigert. Die Erinnerung an eine holde

Vergangenheit war persönlich und politisch verdüstert. Unter dem Eindruck des Weißen Schreckens der Bourbonen, der Wiedereinführung von Inquisition und Scheiterhaufen in Spanien, der Aufhebung der Bürgerrechte in England, der Knebelung des Geisteslebens durch Metternich und den Zaren setzte das liberale Europa Hoffnungen auf ein freiheitliches Kaiserreich. Napoléon wurde der Barbarossa des Volksglaubens. Heine projizierte die Erwartungen der freien Geister auf eine mythische Wiederkehr des weltlichen Heilands. Der glaubensfähige Prophet eines Dritten Testaments bekannte noch 1852 in einem Gespräch mit dem Londoner Editor der Zeitschrift The Critic: *Ich habe nie an seiner Rückkehr verzweifelt. Mein Kaiser, Du Herrscher über die Völker, zum Besten der Völker.*

Als Träger des Kaiser-Mythos hat Heine vor und unabhängig von Béranger und Balzac die Grenadiere entdeckt. In den vielen Revenants-Gedichten des Romantikers Heine holen die Toten die Lebenden zu sich: das ist die Balladentradition, die von den Gespensterstücken der Sammlung Percy (Reliques of ancient English poetry, 1765) zu Bürger (Lenore), Hölty (Adelstan und Röschen), Goethe (Der untreue Knabe) u. a. führt. Die Heimholungsgedichte Heines drücken seine todessüchtige Stimmung aus. In den *Grenadieren* überwinden die Soldaten der Idee den Tod. Es ist kein Zufall, wenn auch unbeabsichtigt, und vielleicht noch nicht bemerkt, daß in Heines erster Romanzensammlung zwei Jugendgedichte das gleiche Motiv verschieden prägen. *Belsazar*, der Gott auf ewig Hohn kündet, wird von seiner Knechteschar umgebracht; Napoléon, der keine anderen Götter neben sich duldet, weil er als Gefäß des Göttlichen, Kosmischen erscheint, wird von der auferstandenen Garde zur Glorie geleitet.

Die Ganzheit des Gedichtes entschädigt für einige Unwahrscheinlichkeiten; sie gehören zur naiven Phantastik der Grognards, denen nichts unmöglich erscheint. Wie einfach hebt das Stück an, wie steigt es an zu seiner barocken Apotheose. Der in jeder Zeile wechselnde Rhythmus ziseliert die Vorgänge und den Dialog. Die Zeilen haben abwechselnd 4 und 3 Hebungen; die Taktfüllung ist frei. Heines Rhythmik hat, nach Wilhelm Jordan, den deutschen Sprachgeist wieder zum Bewußtsein seines ureigensten rhythmischen Gesetzes erweckt.

... *das große Heer:* bis zur 4. Auflage des Buches der Lieder: *tapfere Heer.* Heine übersetzt grande armée. Es entsteht eine neue rhythmische Stauung.

... *wie weh wird mir:* Vier Einsilber mit einer Senkung, aber welcher!

*das Lied ist aus:* nämlich die Ilias, das Epos, über das Heine nach der Lektüre von Ségur schreibt.

*Was schert mich Weib ... lassen sie betteln gehn:* Zweifacher Anklang an «Edward», Heines Lieblingsballade aus Herders Volksliedern.

*Ehrenkreuz:* Légion d'honneur. Gegründet vom Ersten Konsul 1802. Goethes Lieblingsorden. Er trug ihn weiter, als es schon strafbar war.

Das Gedicht ist viele Male übersetzt worden, weil es unübersetzbar ist. In Anpassung an Béranger wurde der Titel oft mit Les deux Grenadiers wiedergegeben. Heine meint aber nicht die «beiden» Grenadiere, sondern alle.

Richard Wagner und Schumann haben unabhängig voneinander dem Schluß die Marseiller Hymne unterlegt.

Schumann liebte Heine und Napoléon. Er lernte 1828 in München Heine kennen, der ihm die Stadt zeigte Schumann schreibt an Heinrich v. Kurrer: «Wir sprachen viel über den großen Napoléon und ich fand in ihm einen Bewunderer, wie man ihn ... wohl selten trifft.» Die Grenadiere komponierte er 1840. In alter Gesinnung, nicht mehr im alten Glauben. In den Akkorden des Klaviernachspiels bricht das Auge des Sterbenden in einer Agonie ohne Auferstehung.

Der Rhein — *Görres ein Hauptkerl ist* (S.26): Joseph 8
Görres, ursprünglich enthusiastischer Parteigänger der Revolution, wollte mit General Hoche aus Cisrhenanien (Links-Rheinlande), Elsaß und Belgien ein lotharingisches Zwischenreich herstellen. Enttäuscht von der Revolution, wurde er als Volksromantiker einer der ersten Theoretiker der französischen «Oberflächlichkeit», im Gegensatz zur deutschen «Tiefe»; Einfluß auf Fichte und die antifranzösische Romantik, von der sich Heine gründlich distanziert. Napoléon nannte seine Zeitschrift «Rheinischer Merkur» die fünfte Großmacht. Das Wort ging nach allerlei Varianten in die Fünfte Kolonne über.

Rheinlied — Titel hinzugesetzt. Die 88 Gedichte der 9
*Heimkehr* sind titellos. Das Gedicht wurde in Heines Freundeskreis so genannt. Er wurde oft gebeten, es vorzutragen (s. Nr. 298).

Der Brocken, ein Deutscher — . . . *und Claudius sang:* 10
Im Rheinweinlied. Es zählt die deutschen Berge auf, die «zu faul» sind, Reben zu tragen. Claudius erklärt, warum der Blocksberg ein Philister ist: «Er macht nur Wind, wie der.»

. . . *aus purer Ironie:* Vgl. Nr. 18 über die Ironie der Berliner. Ironisierung des Philisters, der auch in *großen Deutschen* enthalten ist.

Philister — Die letzte Strophe gestrichen. Sie fügt der 12
reizenden Karikatur einen wertlosen Ichbezug hinzu. Denselben Fehler hat wenige Seiten später das Gedicht *Sie saßen und tranken am Teetisch.* Heine wagt noch nicht Karikaturen in Versen ohne persönlichen Zusatz. Das Versporträt in grotesker Manier ist später in Frankreich, zuletzt im deutschen Expressionismus oft gedichtet worden. Es geht auf Heine zurück.

*Begrüßen die schöne Natur:* Heine verspottet den Naturphilister, der, wie in der Harzreise, echte Naturandacht mit dem Ausruf stört: *Wie ist die Natur doch im allgemeinen so schön.* In den *Bädern von Lucca* ist der Assimilantenjude Markese di Gumpelino 200 Meilen gereist, um einen einzigen Berg zu sehen, und findet *diese Naturgegend wie gemalt.* Heine nennt (im anschließenden Kapitel IV) dieses Naturgetue *grüne Lügen.* Er erzählt von dem Berliner Blaustrumpf, der Unter den Linden schmachtend seufzt *Ach, die jrine Beeme!*, worauf die naive Tochter verwundert fragt: *Mutter, was gehn Ihnen die jrine Beeme an?*

Eine Frage, zu der jedes snobistische Getue Anlaß gibt. Marx hat das Wort als Motto in seiner Frühschrift «Deutsche Ideologie: Sankt Max» (nämlich Stirner) zitiert[1].

14 LIEBE ZUM DEUTSCHEN — *Mein erstes Buch:* Gedichte 1822, die 1827 in das *Buch der Lieder* übergingen.

*Mein zweites Buch: Tragödien nebst einem lyrischen Intermezzo.* 1823. Das Intermezzo enthält Satiren der Gesellschaft. Die Autoemanzipation vom Sentiment durch Ironie. Die Tragödien bringen im *Almansor* die Auseinandersetzung des Juden mit der Gesellschaft, die ihn zur Taufe drängt, und im *William Ratcliff* die ersten Prozeßakte des Heineschen Tribunats (s. Nr. 148).

15 GERMANISTIK — *Beneckens Collegium:* Heine war in Göttingen Lieblingsschüler des Historikers Sartorius und des Germanisten Georg Friedrich Benecke. Mitverfasser des Mittelhochdeutschen Wörterbuchs, Herausgeber von Wirnt von Grafenbergs Wigalois, den Heine, in der *Romantischen Schule*, wegen seiner Kleiderschilderungen ein damaliges Modejournal nennt.

16 BEI DEN BERGARBEITERN ist die erste moderne Reportage. Die Arbeiter als Proletariat lernte Heine erst in Frank-

[1] Karl Marx: Der Historische Materialismus. Sammlung Kröner. Band II, S. 85. Ohne Angabe Heines.

reich kennen. Hier sieht er sie noch mit ständischen Vorstellungen an. Bergwerk und Bergarbeiter gehören zur Klassik durch Goethe, zur Romantik durch Novalis und Brentano. Tieck schildert in der fortschrittlichsten Novelle der Romantik «Der Alte vom Berge» (1828) den Bergwerksbesitzer Balthasar, den die Hungerszenen in Paris und London (s. Nr. 150ff.) erschüttern und der seinem Oberinspektor Eduard sagt: «In manchen Gegenden kann nur noch oben das Kapital wachsen, indem es unten die Armen noch mehr verarmt, bis denn der Verlauf der Zeit das trübselige Exempel einmal ausrechnen und das schreckliche Fazit mit blutiger Feder durchstreichen wird.» Ähnlich dachte vor Heine nur die geniale Bettina. Ferner: Ein Besuch im Bergwerk von Kafka.

*... viele Küsse für seine liebe Nichte:* die Heine in den Versen *Tannenbaum, mit grünen Fingern* katechisiert (s. Nr. 147).

Lüneburg — Titel hinzugefügt. Der Zyklus *Heimkehr* — 17
88 Gedichte — erschien zuerst in den *Reisebildern.* Heine schrieb sie 1823 an der Nordsee und in Lüneburg; er war von der Universität Berlin ins bescheidene Haus der Eltern heimgekehrt. Seine Stimmung war düster, er plante, nach Frankreich auszuwandern. Heines Bruder Maximilian schreibt zur vorletzten Strophe: «Bezieht sich auf die damals noch rot uniformierten hannoverschen Soldaten. Die ganze Beschreibung in diesem Gedichte paßt genau auf die damalige Lokalität des Lüneburger Walles.»

Die Landschaft, biedermeierlich sauber funkelnd, ist ein Meisterwerk der Kleinmalerei.

Es fehlt auch sonst nicht im *Buch der Lieder* an Selbstmordwünschen. Hier platzt die Verwünschung so unerwartet heraus wie in Eichendorffs Zerbrochenem Ringlein:

Hör ich das Mühlrad gehen:
Ich weiß nicht, was ich will —

Ich möcht am liebsten sterben,
Da wärs auf einmal still!

18 DIE IRONIE DER BERLINER — Die Ausrede, eine ertappte Torheit wäre ironisch gemeint gewesen, ist heute noch in Berlin gang und gäbe.

19 BERLIN UND MÜNCHEN — *Der große Fritz ...:* Heines Sympathie für den König erklärt sich aus seiner Zuneigung zur großen Persönlichkeit ohne Voreingenommenheit der Partei. In der *Stadt Lucca* (XII) nennt er ihn den *witzigen Kamaschengott von Sanssouci.* War Friedrich II. auch kein großer König, so war er gewiß kein kleiner.

Heines Charakteristik Berlins galt noch für die Jahre des Zwischenkriegs. Ähnliches Gesamturteil in Karl Schefflers lebendiger Monographie «Berlin».

22, 23 FRIESEN, WESTFALEN — Beide Stücke zeigen, wie Heine sich an allen guten deutschen Eigenschaften freute. In der Matratzengruft erzählte er gern von seinen Fußwanderungen auf Langeroog, Spikeroog, Wangeroog. Ein friesischer Besucher, Heinrich Rohlfs, wunderte sich über seine Einzelkenntnisse der friesischen Vergangenheit.

24 HAMBURG — Titel hinzugefügt, um die Lokalität zu bezeichnen. Es ist die Heimkehr nach Hamburg, wo Heine Amalie verloren hatte und Therese fand. Eine mit ihrer stillen, nördlichen Größe Caspar David Friedrich verwandte Hafenlandschaft. Storm hat von diesem Heine gelernt, den er überhaupt sehr liebte.

Die Natur steht an Stelle der Empfindung. Sie ist nicht erfunden, sondern da. Die 1. Strophe ist ganz «Ferne». Das Attribut wird von der Beschreibung bestätigt. Die verzögernden Zäsuren der 2. Zeile bereiten auf eine langsame Hafeneinfahrt vor. Die Abenddämmerung ist, wie das Stadtbild, himmelfüllend. Das Wort *kräuselt* die Luft spür- und sichtbar. Man hört das Knacken der Ruder. *Die graue Wasserbahn:* Man fährt auf ihr. Und wie ist das Wort *leuchtend* gesetzt! Der Rhythmus modelliert das Licht. Leider weist die Sonne auf eine leere Stelle des Gedichtes hin.

Die Lore-Lei erscheint hier im motivischen Zusammen- 26
hang mit dem vorausgehenden ersten Gedicht der *Heimkehr* als eine dem Goetheschen Fischer verwandte Ballade des Wasser- und Frauenreichs. Fast alle Gedichte im *Buch der Lieder*, diesem dreiteiligen Werther-Roman in Versen, haben eine epische Funktion. Die mit feinstem Takt geschaffene zyklische Liederform bringt aber auch raffinierte Wirkungen der Aufeinanderfolge hervor. Max Brod entdeckte in seinem an neuen Einsichten so reichen «Heine» (1935) die Auftaktbedeutung des Gedichtes *In mein gar zu dunkles Leben.* Wer seitdem beide Gedichte gern hintereinander liest oder sagt, möchte diese klangliche Zusammengehörigkeit nicht mehr missen. Ich empfinde das erste Gedicht als Rezitativ, aus dem das Arioso der Lore-Lei bestrickend hervorgeht.

Da die Vollendung eines Kunstwerks in der Vollbringung seiner Absichten besteht, ist die Lore-Lei in ihrer Art vollkommen. Heine singt das Lied, das von der Angst befreit. Befürchtet, ersehnt, ironisiert (*Ich glaube . . . am Ende*), gibt der Liebestod im Wasserreich, im Chthonischen, diesen Versen ihren angstbefreienden Zauber.

*Ein Märchen aus alten Zeiten:* Dafür hat es Heine gehalten. Im *Buch le Grand* erzählt es ihm Johanna. Die Lore-Lei wurde aber erst 1801 von Brentano erfunden und als Lied von der Zauberin «Zu Bacharach am Rheine» hat es der Dichter in seinem Roman Godwi der Violette in den Mund gelegt. Es ist eine formlos lange Romanze mit Vor- und Nachgeschichte und christlicher Schuldmotivierung, aus der unerwartet zuletzt ein Elementargeist hervorgeht. Auf einem Berggipfel oberhalb St. Goarshausen, dem Lurlei (Lur = Elbe, Elfe; Lei = Schieferfels) gab es ein dreifaches Echo, aus dem Brentano mit feinster Klangpoesie den Namen Lore-Lei als Elfennamen heraushörte.

Die christliche Schuldmotivierung übernahm Eichendorff in seinen zwei Lore-Lei-Balladen, in denen die Bergelfe ein Walddämon wurde. Eine seiner «Loreleien» klingt an den Erlkönig an: «Es ist schon spät, es ist schon kalt / Was reitest du einsam durch den Wald?»

Heine konnte die Schuld der Frau, die ihre verratene Liebe rächt, nicht anerkennen. Er dichtete eine zweite Lorelei in seiner *Pfalzgräfin Jutta*, im *Romanzero*, deren Blaubarttreiben eine Sage an den Juttenfels bei Oberwesel lokalisierte. Aber auch Brentano hatte den Stoff in seiner Zauberin zu Bacharach nicht erschöpft; hatte ja überhaupt seine erste Gestaltung den Hauptfehler, keine Gestalt zu geben, sondern ein Vielerlei von Motiven einem Wesen zuzulegen, aus dem man ganz verschiedene herausholen kann. Seine Elfe kehrt in mehreren Liedern und Märchen wieder, und, abgesehen von der zauberhaften letzten Strophe seines Urgedichts, ist sein schönstes Loreleigedicht das «Singet leise, leise, leise», mit dem die als Müllersfrau verwandelte Verführerin die Kinder im Wasserschloß des Rheins einschläfert.

Heines Gedicht hat mit dem angeblichen Brentanoschen Vorbild nichts als die Bergsage des Lur-Lei gemein, ein Stoffgewebe, das zu dünn ist, einen kunstwertenden Vergleich zuzulassen. Zudem entnahm Heine sein Gedichtmotiv einer mittelmäßigen Ballade, «Der Lurley-Fels», von Graf von Loeben, und einem damaligen Baedeker, dem «Handbuch für Reisende am Rhein», von Aloys Schreiber. Beide Vorlagen behandelten den Stoff als altes Sagengut.

Und doch hat Heine allein der Lore-Lei die Gestalt gegeben, die die Welt kennt und liebt und die sie nur schwer aus Brentano herauslesen könnte. Heine war auch hier der geborene Balladiker, der sich auf knappe, allgemeingültige Motivierung beschränkt. Er singt in seiner Ich-Romanze das Lied der Trauer und Angst vor dem Leben, in dem das Weibliche als Dämonium in Wasser, Licht, Luft, Farbe, Musik enthalten ist, als zerstörende Urkraft. Und deshalb ist es doch ein *altes Märchen*, das, wenn man es singt, von Angst befreit, weil es selbst Musik ist wie die Sirenen Homers, wie Undine, Rusalka und Wagners Rheintöchter, die Wasser und Weib mit gleißender Tücke vereinen, in den Liebestod ziehen, der ohne Liebe ist.

Im «König in Thule» bekennt sich Ernst Beutler[1] zu Heines «großer Kunst», womit vielleicht der Professorenkrieg beendigt ist, den Wilhelm Scherer 1883 mit den peinlichen Worten eröffnete: «Heine erntete durch seine geschickte Mache, was Brentano gesät hatte. — Von dem (Brentano) ihn hauptsächlich scheidet, daß er den Effekt versteht und daß ihn kein Bedenken der Scham abhält, den Effekt sicher zu erreichen.» In den neuesten Anthologien von Lyrikkennern, wie René Schickele[2] und Felix Braun[3], übt die Lore-Lei wieder ihren alten Zauber aus.

DER WIND — In dem Brief an Moses Moser vom 23.VIII. 27
1823 befindet sich das Gedicht noch im Prosazustand: «*Ich bin in diesem Augenblick wie zerschlagen, die ganze Nacht habe ich auf der Nordsee herumgeschwommen, ich wollte nach Helgoland reisen, doch in der Nähe dieser Insel mußte der Kapitän wieder umkehren, weil der Sturm gar zu entsetzlich war . . . Es soll einer der wildesten Stürme gewesen sein, die See war eine bewegliche Berggegend, die Wasserberge zerschellten gegen einander, die Wellen schlagen über das Schiff zusammen und schleudern es herauf und herab, Musik der Kotzenden in der Kajüte, Schreien der Matrosen, dumpfes Heulen der Winde,*

[1] Goethe-Schriften. Artemis-Verlag, Zürich 1947.
[2] Das Vermächtnis. Verlag Karl Alber, Freiburg 1948.
[3] Der tausendjährige Rosenstrauch. Paul Zsolnay Verlag, Wien 1949.

*Brausen, Summen, Pfeifen, Mordspektakel, der Regen gießt herab, als wenn die himmlischen Heerscharen ihre Nachttöpfe ausgössen — und ich lag auf dem Verdecke und hatte nichts weniger als fromme Gedanken in der Seele.*

28 Nur die erste Strophe des Gedichts. — Aus der *Nordsee* ist weniger entnommen, weil die Meergedichte durch ihre Länge, die zu ihrer Form gehört, den Rahmen des Buches erweitert hätten. Auch sind sie lyrisch wichtiger als gedanklich.

30 GRAUE NACHT — Ein schönes Beispiel für die Synthese von Realismus und Symbolismus, die Heine oft gesucht, selten so überzeugend wie in diesem Hymnus erreichte. Die Nachtigall, eine von Heine oft mißbrauchte Symbolchiffre, wird hier in ihren kosmischen Ursprung rückversetzt, von dem auf Erden ihre Sehnsucht schlägt. Das Gedicht gehört zum Zyklus *Seraphine* und folgt als 8. Stück der Botschaft des *Dritten Testaments* (s. Nr. 273).

34 KRANKE MENSCHEN VORNEHMER — Die englischen Kontinenttouristen, besonders in Italien und der Schweiz, werden im zeitgenössischen Roman ähnlich behandelt. Wie Heine, spottet Wilhelm Waiblinger in seiner Novelle über «Die Briten in Rom». Waiblinger, dessen Gedichte Mörike edierte, wurde auch von Heine sehr geschätzt.

35 ESOTERISCHE OPER — Nach der italienischen Niederlage von 1821 schrieb Byron seinem Freunde Thomas Moore, eine italienische Patriotin habe ihm gesagt: «Die Italiener müssen sich jetzt wieder auf die Oper verlegen.» — Auch Stendhal gab der österreichischen Fremdherrschaft die Schuld, daß in Italien nur Liebe und Oper gedeihen. Die politische Oper, die die Massen aufrüttelt, schuf schließlich Verdi. Sein Nabucco (1842) ist das Musikdrama des Risorgimento. Es stellt das Volk dar, das an den eigenen

Flüssen unter Fremdherrschaft seufzt. Die österreichische Schildwache hat die Italiener hinter der jüdischen Verkleidung nicht entdeckt. Verdis Name wurde ein Losungswort, als Akrostichon von V-ittorio E-manuele R-e D-Italia. Als der Meister starb, folgten Tausende seinem Sarge, und unter Tränen sang das Volk den herrlichen Chor Va, pensiero, sull'ali dorate...: die esoterische Oper war Geschichte geworden.

Italienischer Adel — Die Stelle findet sich nur in der 36
Handschrift. Heine mußte der Zensur wegen lebenslänglich Zurückhaltung üben. Mit den gestrichenen Stellen in den Lesarten der Gesamtausgabe findet ein guter Autor sein Auskommen.

Musik Volk geworden — Man kann den fundamentalen 37
Unterschied zwischen der deutschen und der italienischen Musikalität (zu der auch die slawische zu rechnen wäre) nicht treffender ausdrücken. Heine fügte nach Mozart Meyerbeer hinzu. Den Irrtum korrigierte er später selbst. Die Punkte sollen andeuten, daß wir an dieser Stelle andere teure Namen deutscher Musiker denken wollen.

Der Urpoet — Gott als Urpoet, Ursatiriker, Schöpfer, 39
der Künstler als Kopist Gottes: ein von Heine gern gebrauchtes Bild, das auch seine Genievergottung erklärt. Das Wort Urpoet stammt von Friederike Robert, der das Buch Le Grand gewidmet ist.

Mit Narren gesegnet — Eine Zusammenziehung, die 40
auf gedrängtem Raum die Hauptfiguren des Narrenreiches versammelt: Heine selbst, Lady Mathilde (ihr noch nicht rekognosziertes Urbild lernte die Mouche [Camille Selden] in Heines Krankenzimmer kennen), Gumpel und Hirsch-Hyazinth. Als Hofnarren des deutschen Volkes stellt sich Heine mehrfach dar (s. Nr. 96).

41 Die Narren der Bäder von Lucca — *dem neuen israelitischen Tempel* ... (S. 77): In Hamburg wurde von den Assimilanten eine Reform des Gottesdienstes unternommen, da Friedrich Wilhelm III. sie in Berlin als «Umsturz» verboten hatte. An Stelle der «Synagoge» der Gesetzestreuen wurde ein «Tempel» errichtet, mit deutschen Gesängen, Gebeten, Predigt, Orgel, gemeinsamem Männer- und Frauenchor. Man wollte durch die Reform der Taufbewegung steuern.

*Schabbesfrau* ... (S. 79): die Hausgehilfin, die als Nichtjüdin von den strengen Sabbatvorschriften der Arbeitsruhe befreit ist, aber ein Anrecht auf Ruhe hat.

Der Titel *Hebräische Melodien* entspricht den Hebrew Melodies von Byron, durch den das Wort ein Begriff wurde. Byron meinte es noch wörtlich. Er schrieb 1814 diese Gedichte auf Bestellung, als Texte zu einer Sammlung altjüdischer Melodien. Im Gegensatz dazu sind Heines drei Hebräische Melodien episch-satirische Stücke, die das Dritte Buch des *Romanzero* bilden.

42 Prinzessin Sabbat — Im vorausgegangenen Stück (S. 78) schilderte Heine das Glück des Moses Lümpchen, den der Sabbat für das tägliche Elend entschädigt und wunschlos macht. Sabbatliches Behagen kannte Heine aus seinem Elternhaus, und aus Jugenderinnerungen ist die kleine Sabbatszene im *Rabbi von Bacherach* (1. Kapitel) geschöpft. 25 Jahre später war Heine als Hiob prototypisch Jude geworden, und die Sabbatverehrung erwies sich auch bei ihm als Symbol eines geläuterten Ideenbewußtseins. Die Satire des Gedichts drückt diesmal den Kontrast zu seinem eigenen Sabbatmangel aus.

Die freie Menschheit, immer Heines Ziel, suchte sich schon in verschiedenen geistigen Emanzipationen zu verwirklichen. Eine davon ist der kultische Akt, auch der Sabbat. Als orientalisches Märchen erzählt Heine die allwöchentliche Verwandlung des zu einem Hundedasein verhexten Prinzen Israel in einen freien Menschen *mit erhobenem Haupt und Herzen* und den allwöchentlichen Rückfall in die Sklaverei des Geldverdienens.

Dieses Wunder bewirkt der Sabbat, der als Prinzessin Sabbat bei Israel einkehrt. (Das hebräische Wort ist manchmal auch weiblich.) Sie schenkt dem gläubigen Juden eine göttliche Union. Alle Feiertage beziehen sich auf den Menschen; der Sabbat bezieht sich nur auf Gott. Er ist ein ewiges Prinzip der Schöpfung. Wie die Tat Gottes ist, so auch die Pause. Durch das Produktionsgebot an Adam, das erste biblische Gebot, gehört der Mensch zu Gott als Schöpfer, zur Gottheit als Urheber des Werdens; durch das Sabbatgebot zu Gott als dem reinen, ruhenden Sein. Zur Tat ist der Mensch geboren; zur Ruhe in Gott muß er geheiligt werden. Heiligung und Freiheit gehören aber zusammen, daher ist der Sabbat Schöpfungsfeier und Befreiungsfest. So meint es auch Heine. Der Sabbat galt allen Zeiten als höchstes kultisches Gebot, das alle anderen in sich schließt. Ein einziger, genau von ganz Israel gefeierter Sabbat würde den Messias auf Erden ziehen, heißt es in einem Midrasch. Denn der Sabbat vollendet alles. Moses ist an einem Sabbat gestorben. Er bedeutet Ruhe, Heimkehr, Vollendung, auch die Heimkehr der Sphären an ihren Ort, wie ein Chassid lehrt[1].

Damit der abgefallene, entwürdigte Mensch den Sabbat begehen kann und seinen Bezug auf Gott nicht verliert, wird ihm eine besondere Sabbatseele eingehaucht. Das ist der Inhalt des Gedichts. Nach der Kabbala ist es die Seele der künftigen, vollendeten Welt. Die Sabbatfeier ist daher auch eine Antizipation der einmal vollendeten Welt und der Vollendung von Israel als Prototypvolk[2]. Erst im Besitz der Zweiten Seele, der Neschama jetera, erfüllt der Fromme das Gebot, das Klopstock besingt:

[1] Martin Buber: Die Erzählungen der Chassidim. S. 264. Manesse-Verlag.
[2] Leonhard Ragaz: Die Bibel. Eine Deutung. Diana-Verlag, Zürich.

Ruh auch, und denk den Tag von dir
Und deinem Staub empor!

Dem Sabbat als sozialem Gebot haben die französischen Utopisten gehuldigt, denen Heine in Paris nahestand. Der Saint-Simonismus dankte Moses als dem ersten sozialen Gesetzgeber durch den Besuch von Synagogen. Nach Proudhon läßt sich nichts mit dem Sabbat vergleichen, was seit dem Sinai unter Menschen erdacht und ausgeführt wurde.

*Sei gegrüßt ... Mund!:* Die Strophe faßt Gebetworte und Kultvorschriften zusammen.

*Almemor:* Die Tribüne in der Mitte der Synagoge, von der aus vorgebetet und vorgelesen wird. Im Reformtempel ist sie an den Platz des christlichen Altars verschoben.

*Lecho daudi likras kalle —:* Das Begrüßungslied der Sabbatbraut. Der erste Vers lautet in der Übersetzung von Herder (veröffentlicht und kommentiert in «Adrastea»): «Komme, Freund, der Braut entgegen, laß uns den Sabbat begrüßen!» Die Hymne stammt nicht, wie Heine in der folgenden Strophe angibt, von *Don Jehuda ben Halevy* (richtig: Jehuda ha-Lewi), sondern von Salomo ha-Lewi Alkabez aus Safed (1560).

*Addas:* hebr. Myrte.

*Ausgenommen Tabakrauchen:* Unterliegt dem Verbot, Feuer anzuzünden.

*Schalet:* Wegen des Feuerverbots kann der Jude am Sabbat nur in Kochkisten beendigte oder bewahrte Gerichte zu sich nehmen. Diese Speisen nennt man Schalet (romanischer Herkunft: excalento, chauld, caldo). Irrtümlich setzt man den Oberbegriff für die verschiedenen Gerichte und glaubt, daß das beliebteste Schalet (Bohnen mit Fleisch oder Gänsehals) das einzige sei. An dieses Gericht denkt Heine, wenn er Schalet sagt.

*... schöner Götterfunken:* Die Parodie auf Schillers Lied An die Freude ist nicht so sinnlos, denn das erste Schalet war das Man (Manna), das Wüstenbrot, das am Sabbat nicht vom Himmel fiel, so daß das Man vom 6. Tag gegessen wurde (Exodus 16).

*Brüselbrunnen:* Brausebrunnen.

*Die Prinzessin reicht dem Prinzen:* Hier beginnt die Verabschiedung des Sabbat, die «Hawdala», für die es in Synagoge und Haus zahlreiche Riten gibt. Die Frommen ziehen sie so lang als möglich hin, um die Prinzessin Sabbat weit zurück zu Gott zu geleiten, bis ihr Glanz erlischt und die Rückverwandlung einsetzt.

Eine schöne moderne Schilderung der Sabbatpoesie findet man in Schalom Aschs Trost des Volkes.

BELSAZAR — Neben den *Grenadieren* und der *Wallfahrt nach Kevlaar* zeigt *Belsazar* die Gestaltungskraft des geborenen Mythendichters. Aus Vorgefundenem stammend, steht das Stück in einem geschlossenen Wurfe da. Die Zeilenpaare erinnern unbestimmt an den Parallelismus der hebräischen Poesie. Das archaisch große Belsazargedicht aus der Osterhaggada — dem Lesebuch des Sederabends —, von dem palästinensischen Synagogendichter Eleasar Kalir (um 750), inspirierte Heine zu seiner Mitternachtsvision. Der dreifache Refrain Kalirs «Es war in der Mitternacht» (Wajhi bachazi halajlah) und die Zeile «Der sich berauscht aus heiligen Geräten, er ward erschlagen in derselben Nacht» wurden von Heine übernommen. Zeugnis sprachlicher Schöpferkraft ist im deutschen Gedicht der Reim, wenn der Klangakkord einen Sinnakkord schafft. Der Reim von «Hohn» auf «Babylon» ist ersten Ranges. Gestützt, vorbereitet von der O-Silbe in Jehovah, kündet er auf dem Höhepunkt des Gedichts: Auf das Wort des lebendigen Gottes ist Babels Antwort ewig Hohn. 44

46 Die englische Freiheit — *dem berühmten Scharfrichter:* Wellington, der im Kampf gegen die Wahlreform «der unpopulärste Mann Englands wurde»[1].

49 Das Geschwür der Eifersucht — Heines politischer Scharfblick erkannte Grundzüge der britischen Wirklichkeit, ohne die der Parlamentarismus und das Zweiparteiensystem keine Stetigkeit hätten. Die numerische Demokratie findet einen unkonstitutionellen, aber faktischen Ausgleich in dem vom Volk geliebten Eliteprinzip der aristokratischen Vorbildlichkeit. Auch wenn sich manches seit 1945 verändert hat, ist noch immer die Studie von Hilaire Belloc: The Character of modern England[2], wichtig durch ihre Betonung dieses Eliteprinzips.

66, 67 Vom Bauernkrieg — Heine ist mit seinem Verständnis des Bauernkrieges seiner Zeit wieder einmal weit voraus. Goethe hat im Götz, Lassalle in seinem Drama Franz von Sickingen (1859) Vertreter der zum Untergang bestimmten Klasse des Ritteradels heroisiert. Heine nimmt mit revolutionärem Instinkt für die aufsteigende Bauernschaft Partei. Die uns seit Wilhelm Zimmermann (1843) bekannte Bedeutung der Bauerntragödie für die Konservierung Deutschlands als Feudalmacht war damals nur ganz wenigen Historikern bekannt. Heine wurde vielleicht von seinem Göttinger Lehrer, dem demokratischen Historiker Georg Sartorius, beeinflußt. Sein «Versuch einer Geschichte des deutschen Bauernkriegs» (1795) und die «Geschichte Thomas Münzers» von Karl Treitschke (1811) haben den Zusammenhang zwischen Bauernkrieg und Französischer Revolution gesehen.

*rachegellend, wie der Pfeifer vom Helfenstein* (S. 126): Ein Kampflied der Aufständischen. Der Amtmann Graf von

[1] Vgl. Richard Aldington: Leben und Leistungen Arthur Wellesleys, Ersten Herzogs von Wellington. S. 428. Morgarten Verlag, Conzett & Huber, Zürich 1948.

[2] Neue Schweizer Rundschau, 1936.

Helfenstein wurde ermordet. Es war «glücklicherweise nur eine vereinzelte Ausschreitung»[1].

HEILANDSVOLK, *Heilandsstadt* gehören wie der *weltliche* 69, 70
*Heiland* Napoléon (s. Nr. 6), Shakespeares *weltliches Evangelium* (s. Nr. 45) zur säkularisierenden Sprache des Geniekults. Goethe hatte in Dichtung und Wahrheit (13. Buch) die wahre Poesie ein «weltliches Evangelium» genannt.

FREIHEIT UND FREIHEITEN — Heine versteht im Geiste 74
der Deklaration der Menschenrechte, Artikel III, IV, V, unter *Freiheiten* Privilegien, die auf Kosten des Ganzen erteilt wurden und nicht mit der Gleichheit aller vor dem Gesetz zu vereinbaren sind. Der gebildete polnische Adel war im Geistigen freiheitlich, ökonomisch aber feudalistisch gesinnt.

DER SPARTACUS VON DOWNING STREET — Heine hat 76
George Canning als den Anwalt des Selbstbestimmungsrechts der Völker wiederholt enthusiastisch gefeiert. Die außenpolitische Funktion von Cannings Nationalitätenpolitik war Heine unbekannt. Um die Balance of power wiederherzustellen und Englands Schiedsrichterstellung zu stärken, unterstützte die britische Politik schon seit Castlereagh (s. Nr. 6 und Anm.) die Politik der Nationalitäten, die die Heilige Allianz schwächen sollten. Cannings welthistorische Leistung war die Förderung der südamerikanischen Befreiungskriege und die strategische Garantie der Monroedoktrin durch die Geheimallianz von 1823. Ganz Amerika sollte unter angelsächsische Aufsicht gestellt, Europa ausgeschaltet werden.

AN BORD EINES OSTINDIENFAHRERS — *Europa-müde:* Das 77
Wort stammt von Heine und ist, wie viele andere von ihm,

[1] Veit Valentin: Geschichte der Deutschen. S. 174. Pontes Verlag, Berlin 1947.

in den Sprachgebrauch eingegangen. Es drückt die Verzweiflung der freien Geister nach der Beseitigung Napoléons aus. Das Wort wurde durch den Roman Die Europa-Müden von Ernst Willkomm (1838), später durch den Amerika-Müden von Ferdinand Kürnberger — dessen Modell Lenau war —, geflügelt. Eine Übersicht über den Europa-Müden in der deutschen Erzählungsliteratur gab Walter Imhoof[1]. Europa-Müdigkeit nahm Heine nie den Mut, für ein kommendes, geeintes Europa zu kämpfen.

78 DAS SKLAVENSCHIFF — Das Gedicht ist auch eine Satire auf jede Sozialpolitik, die den Arbeiter als Fabriksmaterial schonend behandelt (s. auch Nr. 93).

79 DIE SCHWARZE SCHMACH AMERIKAS — Heine war Amerika-müde aus europäischem Selbstbewußtsein. Er hat uns auch darin heute wieder Lektionen zu erteilen.

*O Freiheit! du bist ein böser Traum!:* Heines Sorge, seine Ideale könnten unrealisierbar sein, stammt aus den Enttäuschungen am Menschen. Ähnlich Schiller: «Freiheit ist nur in dem Reich der Träume» (1800).

85 DER ADEL SIEGTE BEI LEIPZIG — Varnhagen korrigierte Heine in einer Randbemerkung im Handexemplar seines «Börne», wie Oskar Walzel feststellen konnte. Ein Gast erzählte Rahel, daß ein Berliner beim Salutschießen zur Eroberung von Paris, 1814, gesagt habe: « . . . die Adligen haben gesiegt.» In Helgoland sagte 1830 nach den Julitagen ein Fischer lachend zu Heine: «Die armen Leute haben gesiegt.» Beide Stellen zeigen eine nüchtern-richtige Beurteilung der Ereignisse. Ein Historiker aus dem George-Kreise sagt heute noch genauer: «Eigentlicher als die Throne und Altäre trug die Großbourgeoisie bei Leipzig und Waterloo den Gewinn davon»[2].

[1] Horgen-Zürich 1929.

[2] Wolfram von den Steinen: Das Zeitalter Goethes. Sammlung Dalp, Bd. 70, S. 298.

GESTÄNDNISSE — Nach Mitteilung des Heine-Forschers 86
Walter Wadepuhl stammen die Geständnisse von 1852. Sie sind ein Bruchstück der *Memoiren*.

WELLINGTON — And I shall be delighted to learn who, 87
Save you and yours, have gain'd by Waterloo?
Byron, Don Juan, Canto IX/4

GEPRELLTE SKLAVEN — *Die armen Tiroler:* Der Tiroler 93
Aufstand von 1809 richtete sich nicht gegen Frankreich, sondern gegen Bayern. Napoléon hatte im Frieden von Preßburg das Land Habsburg genommen und dem verbündeten Bayern übergeben. Tirol wünschte Selbständigkeit oder den Anschluß an Graubünden. Bayern hob 1808 die Tiroler Autonomie auf, löschte den Namen des Landes und machte aus Tirol den Kreis Südbayern. Beim Ausbruch des neuen österreichisch-französischen Krieges brach der Aufstand aus, die Bayern wurden vertrieben. Durch den Frieden von Schönbrunn blieb Tirol bayrisch. Ein neuer Aufstand gegen den Anschluß wurde von bayrischen und französischen Truppen niedergeschlagen[1].

*O navis, referent . . .:* «Wieder trägt dich, o Schiff, neues Gewog ins Meer» (Voß). Aus Horaz: Ode an die Republik.

GEGEN PREUSSEN UND ÖSTERREICH — Heine datiert dieses 94
Manifest gegen die deutschen Zustände vom 19. Jahrestag der Völkerschlacht bei Leipzig, in der «der Adel siegte».

Die *Französischen Zustände*, denen das Vorwort die deutschen gegenüberstellt, bestehen aus den Pariser Korrespondenz-Artikeln, die Heine 1831/32 für Cottas Augsburger «Allgemeine Zeitung» schrieb und mit denen er den Eisernen Vorhang durchlöcherte, der nach dem Willen von Metternich die deutschen Staaten von der Fran-

[1] Vgl. Das Handbuch des Österreichers. Herausgegeben von Dr. Ernst Joseph Görlich. Österreichischer Kulturverlag, Salzburg 1949.

zösischen Revolution trennen sollte. Auch wenn Heine den deutschen Linksdoktrinären zu gemäßigt war, machte er sich gerade durch seine wirkungsvolle Mittelstellung der deutschen Reaktion verhaßt. Die Ideen von 1789 sind Ausgang und Ziel seiner ersten politischen Publizistik. Er beleidigte die Sieger von Leipzig und Waterloo, wenn er als großer Warner Frankreichs *das Entsetzliche* beschwor, *die potsdämische Junkersprache* könnte *wieder durch die Straßen von Paris schnarren, und schmutzige Teutonenstiefel befleckten wieder den heiligen Boden der Boulevards, und der Palais Royal röche wieder nach Juchten* ... Wir haben es erlebt und erlitten. Aufreizend wirkte noch in Wien und Berlin, daß Heine die Stützen der neuen Ordnung, das Juste Milieu, unglimpflicher behandelte als Kutte und Säbel. Metternich veranlaßte Gentz, Baron Cotta zu schreiben: «Was ein verruchter Abenteurer wie Heine, den ich als Dichter gelten lasse, ja sogar liebe, und gegen den also kein persönlicher Haß mich bewegt, eigentlich will und wünscht, indem er die heutige französische Regierung in den Kot tritt, mag ich nicht weiter untersuchen ... Mich dünkt aber, die grenzenlose Verachtung, womit diese Unholde unter anderem, und jetzt vorzugsweise, von den achtbarsten Klassen des Mittelstandes sprechen, sollte selbst diese Klasse gegen sie aufbringen... Wie muß einem aufgeklärten Kaufmann hierbei zu Mute sein?»

Heines Berichterstattung wurde eingestellt. Daraufhin gab er seine Artikel mit allen von der Zensur gestrichenen Stellen in Buchform mit dieser Vorrede heraus, die «zu dem Stärksten gehört, was in den bitteren Kämpfen um deutsche Einheit und Freiheit überhaupt gesagt worden ist»[1]. Heine war sich der Folgen seiner Vorrede bewußt, die er in einem Sonderdruck veröffentlichen ließ: *Ich weiß, daß ich mir Deutschland auf Lebenszeit versperre, wenn die Vorrede erscheint* ... (An Campe, 28. XII. 1832).

[1] Veit Valentin: Kommentar zur Heine-Ausgabe der Bong-Klassiker.

*Bundestagsbeschlüsse:* Sie waren die Antwort der Regierungen auf das demokratische Maifest von Hambach (im Pfälzischen), auf dem Johann Wirth und Philipp Siebenpfeiffer vor Tausenden von Menschen unter schwarz-rot-goldenen Fahnen die deutsche Einheit forderten. Die Bundestagsbeschlüsse führten zu neuen Einschränkungen des politischen und geistigen Lebens, Verfolgungen und Schreibverboten. In Preußen wurde die Todesstrafe für Mitgliedschaft bei Burschenschaften eingeführt.

*zu wälzen gewußt:* Metternich hatte Preußen im Bundestag zur Vorlage der Beschlüsse vorgeschoben.

*Friedrich Wilhelm III.:* Gehört zur deutschen Literatur durch Heines Pamphlet und Goethes Fluch. Auf ihn bezieht Konrad Burdach[1] die Strophe «Verflucht sei, wer nach falschem Rat, / Mit überfrechem Mut, / Das, was der Korse-Franke tat / Nun als ein Deutscher tut!», nämlich Sachsen annektieren. (Zahme Xenien IX, 870). Friedrich Wilhelm III. verbot öffentliche Ehrungen Goethes und leitete eine Untersuchung gegen die Veranstalter von Goethes Totenfeier wegen ihres Umfangs ein.

*versprochene Konstitution:* In der Proklamation des Oberbefehlshabers der Verbündeten Russisch-Preußischen Armeen, Fürsten Kutusow-Smolenskoj, datiert Kalisch, 25. März 1813. Der Aufruf «An die Deutschen» entspricht dem Textentwurf des Reichsfreiherrn von Stein. Friedrich Wilhelm III. wiederholte das Verfassungsversprechen am 22. Mai 1815 am Wiener Kongreß. Es bedurfte des Sturzes der Hohenzollern, um die Versprechungen von 1813, 1815, 1848 zu verwirklichen.

DEUTSCHE AUSWANDERER — Neben der Vorrede zu den 95
*Französischen Zuständen* gehört diese Vorrede zum 1. Band des *Salon* zu den wuchtigsten Pamphleten deutscher Sprache gegen die Unterdrücker des deutschen Volkes. Und

[1] Berliner Akademie-Vortrag über des Epimenides Erwachen. Sitzungsberichte 1932.

dieses Volk soll Heine nicht geliebt haben? Was für ein Unsinn! Beide Vorreden sind von der Völkerschlacht bei Leipzig datiert. In der ersten Vorrede hat es Heine mit Staat und Volk als Politikum zu tun; in dieser mit dem Menschen selbst. Der «Flüchtling» ist ein abstraktes Wort; aber der Mensch selbst, dem Heine auf der Flucht begegnet, ist eine Wirklichkeit von Blut und Tränen. Heines Fähigkeit, sich mit dem Volk zu unterhalten — nicht jeder Literator kann das! —, entspricht seiner eigensten volkstümlichen Art. Daher die Wirkung seiner Werke. So verletzlich seine Dichterwürde war, so herzlich und naiv war sein Umgang mit dem Volk, dessen Leiden, Lieder, Worte und Erzählungen ihn immer angezogen haben. Wahrheitssüchtig wie alle Schriften Heines, drückt auch diese Vorrede sein zwiespältiges Verhältnis zum politischen Sprechamt aus. Immer wieder wurde er zum Tribunat zurückberufen, wenn er gerade in der Sonne ausruhen wollte.

*Diener des Worts:* Heine meint das durch Karl Kraus bekannt gewordene Diktum nicht wie dieser zur Bezeichnung der Gedankenempfängnis durch die sich enthüllende Sprache, sondern ähnlich Robespierre und Napoléon, die sich Sklaven der Notwendigkeit wußten, als Dienst der Propheten Wahrheiten zu melden, die ihnen die Stimme bekanntgibt; er spricht, nicht um zu sagen, was er leidet, sondern was andere leiden: Dinge und Menschen. Heine kontrastiert zum prophetischen Dienst am Wort die artistische Meisterung des Wortes (*Ludwig Börne, V. Buch*) *zu jedem beliebigen Zweck . . . nach Willkür.* Beim wahren Dichter wird dagegen die Sprache *Meister in ihm (Bäder von Lucca XI)*. Der scheinbare Widerspruch spricht die verschiedenen Verhaltungsweisen dem Wort gegenüber aus, je nachdem es ding- oder ichbezogen ist.

*das Vaterland in Elend:* Doppelsinnig. Das mittelhochdeutsche ellende bezeichnet den Aufenthalt in der Fremde, den Gram der Fremdheit.

. . . *Deutschland verlassen?:* Die Alternative zwischen Revolution und Auswanderung stellte Karl Ludwig von Haller, der Berner Patriziersohn, in seiner Schrift «Restauration der Staatswissenschaften» (1818), die für Friedrich Wilhelm IV. maßgeblich war. Die Hauptsorge dieses Schweizers war, nach Ricarda Huch, «die bestehenden Mächte zu schützen und das Eindringen demokratischer Ideen und Einrichtungen zurückzuweisen»[1].

*kein Patriot, denn ich lobe Frankreich:* Diese Unvereinbarkeit wurde niemals, außer in Kriegszeiten, zwischen deutschem Patriotismus und dem Lob anderer Länder (z. B. der angelsächsischen oder Italiens) behauptet. Byron nennt satirisch im Don Juan (VII/22) Wahrheit über Frankreich Verrat.

La liberté sur les barricades — Eine dreistimmige Darstellung der Juli-Tage: romantisch-revolutionär malt sie Delacroix, ideologisch-idealistisch deutet sie Heine; Rückübertragung der Bildelemente in die Sprache der Kämpfenden, die ihre Interessen in das Bild hineinsehen. Hofmannsthal nahm diesen Text in sein Deutsches Lesebuch auf. 97

Delacroix erhielt für das Bild die Ehrenlegion, doch durfte es erst 1864 wieder öffentlich ausgestellt werden.

Die Börse lächelt — *als in dem Comptoir eines Bankiers:* Dieser Abschnitt über die Geldaristokratie veranlaßte Metternich, einzuschreiten. S. Glosse zu Nr. 94. 99

Die Salbung von Bethanien — Nur Johannes 12, 1—8 legt den Einwand Judas allein in den Mund. Bei Matthäus 26, 6—13 sind es «die» Jünger; bei Markus 14, 3—9 sind «einige» unwillig. Bei Johannes ist Judas nicht, wie Heine aus der Erinnerung annimmt, bloß ökonomisch gesinnt, 101

[1] «1848. Die Revolution des 19. Jahrhunderts in Deutschland.» S. 138. Atlantis-Verlag, Zürich 1944.

sondern einfach ein Dieb, der den Erlös der Salbe unterschlagen wollte.

106 Der Widerstand des westfälischen Sachsenführers WIDUKIND gegen die Christianisierung der Elbelinie wurde wiederholt in eine historische Linie des Germanismus mit Luther gestellt. Im Sturm und Drang, bei Klopstock, beginnt die Regermanisierung, deren Ende wir erlebt haben. Friedrich Leopold Graf zu Stolberg schildert in seinem Gedicht «Freiheitsgesang aus dem 20. Jahrhundert» (Manuskriptdruck Zürich 1775) eine Endschlacht, in der die wahrhaft Freien die Tyrannen der Vergangenheit besiegen und Karl der Große «noch lebend ward er endlich lebender Wölfe Raub». Von einer Himmelsloge aus sehen Hermann, Tell, Luther, Klopstock der Schlächterei befriedigt zu. Vergleiche dazu Goethes nicht gerade Zahme Xenie (IX):

> Den deutschen Mannen gereichts zum Ruhm,
> Daß sie gehaßt das Christentum,
> Bis Herrn Karolus' leidigem Degen
> Die edlen Sachsen unterlegen. — — —

Auch der nazistische Rückgriff auf Wittekind hat eine klassische Vergangenheit, über die eine umfangreiche Literatur unterrichtet[1]. Heine warnte als erster vor der Wiederkehr der germanischen Götter (s. S. 225).

107 *Ich werde diese edle Tat* . . . (S. 210): Fanny Lewald sagte 1850 Heine, welchen Eindruck gerade diese Stelle auf sie gemacht habe. Er fragte verwundert: «Aber was hat Ihnen denn daran so besonders gefallen?» — «Es hat mir immer so de paire en paire, so souverän geklungen!»

108 DUNKELMÄNNER — Heine liebte den Torso des Kölner Doms als Monument gotischer Größe (s. Nr. 303), die er für germanisch hielt, wie auch Goethe in seinem Hymnus

[1] Übersichten in der Historischen Zeitschrift, Bd. 155 und 160.

auf Erwin Steinbach von «deutscher» Baukunst spricht, die dem Franzosen «Kindereien» ist — beide wußten nicht, daß auf der Ile de France das Kreuzrippengewölbe geschaffen wurde und die Gotik aus dem Geist der Kommunen in Frankreich entstand.

Um so besser begriff Heine die antifranzösische Tendenz der Dombaupropaganda, die er, der Vorkämpfer deutsch-französischer Verständigung, angreifen mußte. Die Berufung Friedrich Wilhelms IV. zum Protektor wurde als Symbol eines scheinbar überkonfessionellen, in Wahrheit großdeutsch-aggressiven Werkes von wachen Ohren nicht verkannt. Sie war ja auch absurd genug, nach dem eben beendeten ersten Kulturkampf, in dem Preußen ultramontane Erzbischöfe auf Festung nach Minden und Posen geschickt hatte. Der Dom sollte nicht Christus ehren, sondern als Bollwerk am deutschen Rhein gegen Frankreich gerichtet werden. Hoffmann von Fallersleben verspottete den «Einheitsdom». Die milde Droste, empfindlich gegen Großmannssucht, richtete ihr Gedicht «Die Stadt und der Dom (Eine Karikatur des Heiligsten)» gegen den Bau, der die Deutschen «zum Weltvolk» erheben wollte. Zeugnis von Heines richtigem Blick ist, zehn Jahre später, sein Spottgedicht *Kobes I.* (1853) auf seinen früheren Kameraden in der Pariser Emigration Jakob Venedey (Kobes kölnisches Diminutiv von Jakob), der, wie andere Demokraten der Frankfurter Nationalversammlung, ein alldeutscher Ideologe geworden war. Jetzt heißt es:

*Ist aber der Dom zu Ende gebaut,*
*Dann wird sich der Kobes erbosen*
*Und mit dem Schwerte in der Hand*
*Zur Rechenschaft ziehn die Franzosen.*

*Er nimmt ihnen Elsaß und Lothringen ab,*
*Das sie dem Reich entwendet,*
*Er zieht auch siegreich nach Burgund —*
*Sobald der Dom vollendet.*

*Hochstraaten, der Menzel von Cöln:* genauer Hoogstraeten, der päpstliche Inquisitor, Gegner Reuchlins. — Menzel, der Franzosenfresser, Literarhistoriker, der Heine und das Junge Deutschland durch unermüdliche Denunziationen bei den Regierungen mundtot zu machen suchte.

*Judenhasse:* Für den Druck zu *Glaubenshasse* gemildert.

Aus diesem längeren Caput IV des *Wintermärchens* stehen hier nur die thematisch hergehörigen Strophen.

Die satirische Schärfe des *Wintermärchens* dient noch immer dazu, die deutsche Erbitterung gegen Heine zu begründen, der lachend seine Deutschen wecken wollte. Rilke verteidigte ihn mit folgenden Versen:

NOCHMAL «HEINE»

Dem Franken selbst krümmt man kein Härchen,
Der offen über Deutschland spricht;
Allein das wahre «Wintermärchen»
Verzeiht man einem Deutschen nicht.

Grüb' jeder nur mit scharfem Stichel
Die Fehler alle frei herauf, —
Leicht gingen dann dem deutschen Michel
Die — blauen Augen endlich auf[1].

110 Heine liebt PARALLELEN zwischen der wirklichen Umwälzung durch die Französische Revolution und der theoretischen durch die deutsche Philosophie zu ziehen. Der Einfluß Hegels ist offenbar. Heine zeigt durch richtige Vergleiche bis ins Einzelne, daß in der Welt des Gedankens dasselbe Stück gespielt wird wie auf der Geschichtsbühne. Ein Prinzip, eine treibende Ursache, arbeitet er aber nicht heraus[2].

*... und es ist natürlich, daß wir jetzt zur Politik übergehen:* Hier zeigt sich die Schwäche des Vergleichs bei seiner An-

[1] Richard von Mises: R. M. Rilke im Jahre 1896. 3. Bd.

[2] Heines Vergleich hat auch Carducci ausgeführt. Croce schreibt die Geschichte dieses Vergleichs in den «Conversazioni Critiche» (II).

wendung auf die Praxis. Ein methodischerer Entwicklungsgang ist in Frankreich und England als in Deutschland zu finden. Dort denkt der Philosoph die nächsten Aufgaben der Geschichte in engstem Zusammenhang mit ihr durch. In Deutschland spielt sich dagegen der geistige Prozeß in einem Laboratorium ab, in dem kühnere Denkergebnisse möglich sind, die keine Rücksicht auf die Praxis zu nehmen haben, auf die sie aber deshalb ohne jeden Einfluß bleiben.

In dieser seit 1933 oft zitierten Vision einer kommenden 111
«deutschen Revolution» korrigiert Heine seinen Ausgangspunkt erheblich. Die Bedeutung dieser Stelle besteht darin, daß Heine von den idealischen Kräften nicht ihre hohen Konsequenzen, sondern den Umschlag in das Germanisch-Heidnische erwartet. Der den Deutschen oft nachgerühmte, nie recht begründete, historisch unbewiesene Drang, bei der Verwirklichung einer Idee bis zur letzten Konsequenz zu gehen (Schelling, Stirner, Marx, Heine selbst, s. Nr. 187), führt zum Umschlag des abstrakten Humanismus in den heidnischsten Inhumanismus. Die stolze Unabhängigkeit von der Materie erlebt dann ihre rohesten, materiellen Triumphe. Wie Heine selbst über die Verantwortung für den Übergang vom Gedanken in die Tat dachte, bezeugt das Gedicht Der Liktor des Gedankens, s. Nr. 166.

Heine hält den künftigen Versuch der deutschen Geschichte, eine «Idee» zu realisieren, für unvermeidlich. Visionär fürchtet er, daß eine deutsche Revolution nicht die universalistische Philosophie verwirklichen, sondern zu einer Bedrohung der Menschheit durch die germanischen Götter werden wird. Er erfüllte eine deutsche Ehrenpflicht, Frankreich und Europa vor Abrüstung zu warnen. Sein eigenes positives Programm einer deutschen Revolution findet man im Stück 124.

. . . *der Doktor Wirth* (S. 227): Diese Stelle wurde in den

Zitierungen seit 1933 besonders goutiert. Der Rapallo-Reichskanzler Hermann Wirth hat sich erst nach dem Kriege gerühmt, schon vor Hitler aufgerüstet zu haben. Aber auch der Held des Hambacher Demokratenfestes, Johann Georg Wirth, forderte, wie andere deutsche Föderalisten, den Anschluß der verlorenen Reichsgebiete (Schweiz, Holland, Belgien, Elsaß-Lothringen usw.) und wollte Deutschland «in Europa als Wächter des Lichts» bestellen[1]. Wie berechtigt ist also Heines Warnung vor beiden Wirthen.

118 FRANKREICH, DEUTSCHLANDS BUNDESGENOSSE — ... *die Gefahr nicht im Westen:* Napoléon sagte schon 1812 dem Grafen Bubna: «Der Franzose ist nicht kriegerisch; er liebt die Künste, die Wissenschaften, die Industrie und die Freude am Leben. Nur ich bin es, der ihn durch meinen Ernst und meine Rauheit vorwärtstreibt; aber so muß er geführt werden. Wenn ich nicht mehr sein werde, wird Frankreich für Deutschland nie mehr gefährlich werden, wohl aber die russische Nation.»

119-121 DEUTSCHLAND — Heines Antwort auf die Fanfaronade Thiers, der in Syrien vor England zurückweichen mußte und Erfolge am Rhein zum Ersatz suchte. Von einer ernsten Bedrohung Preußens war keine Rede, Louis-Philippe lehnte außenpolitische Abenteuer ab. Heine zeigt in diesem spontanen Gedicht, daß er keine deutsch-französische Verständigung der Kapitulation befürwortet. In dem gereimten Rheinkrieg behielten Nikolaus Becker (Sie sollen ihn nicht haben ...), Max Schneckenburger (Es braust ein Ruf wie Donnerhall), Georg Herwegh (Wo solch ein Feuer noch gedeiht) das letzte Wort. Aber Lamartine antwortete mit der Marseillaise de la Paix, und Heine ver-

[1] Die politisch-reformatorische Richtung der Deutschen im XVI. und XIX. Jahrhundert. Thurgau 1841. — Geschichte der Deutschen. 4 Bde. 1842—45.

sicherte im *Wintermärchen* (V) aufs neue die Deutschen der tiefen Wandlung des französischen Wesens zum Frieden.

*Weltrevolution:* Heines Wortprägung hat der Bolschewismus bekannt gemacht. Sie findet sich nicht bei Marx. 128

*Einen Hirten und Eine Herde:* Voraussage der totalitären Diktatur.

*Bruderbrust des gefesselten Afrikaners:* Zur Emanzipation der Unterdrückten gehört für Heine das Menschenrecht der andersfarbigen Völker (hochmütig sagt man der «couloured», der Farbigen [s. Nr. 79]). Heine war oft Weißen-müde. Er las viele Reisebeschreibungen. «Der Überdruß, den mir die Weißen einflößen, ist wohl schuld daran, daß ich mich in diese schwarze Welt versenke . . .» schreibt er Georg Weerth (5-XI-51). 131

DIE AHNENSEELE DER VÖLKER — Aus solchen zerstreuten, bisher kaum bemerkten Reflexionen setzt sich Heines heutige Aktualität zusammen. Was bei Heine als Zitat erscheint (die Stelle aus William Bullock), ist sein von ihm bei der Lektüre entdecktes Eigentum; er illustriert sich selbst mit Lesefrüchten. Als Irrationalisten hat ihm der rationelle Fortschrittsglaube nie genügt. Die Kenntnis unserer Ahnenseele verleitet ihn aber auch nicht zu einem einseitigen Kult des Archaischen. Er räumt den Imponderabilien ein, worauf sie Anspruch haben: nicht weniger, aber auch nicht mehr. 137

BERGIDYLLE — Wie Faust von Gretchen, wird Heine von dem Mädchen katechisiert. Er selbst ist es, erkennbar am physiognomischen Zug, den viele beobachtet haben: *Jenes Zucken deiner Lippen.* Es wurde von einem kurzen Lachen oder von stummem Hohn hervorgebracht. Rahel Varnhagen nannte es «im Munde ein Zerren, fast als eine kleine Grazie bemerkt»; Alexandre Weill 1839: «alle seine Gedichte entspringen seinem Mundwinkel.» 147

Die Trinität wird zu einem dialektischen Märchen aufgelöst; man kann nicht gleichzeitig hegelischer und poetischer sein. Der Glaube an Vater, Sohn und Geist tritt stufenweise aus der Selbstentfaltung des Individuums hervor und bezeichnet die eigene Entfaltung und Enthüllung des Absoluten. Gott Vater ist Schöpfer der schönen und geordneten Natur; der Sohn gründet das Reich der Liebe; der Geist macht die Menschen zu Mitschaffenden einer sich sozial befreienden Welt. Der absolute Geist tritt vor dem Mädchen durch den Dichter in ihr Dasein. Er ist Träger des Dritten Testaments (s. Einleitung), seine Ritter sind befreite Befreier. Zuletzt werden sie zu Märtyrern (s. Nr. 402).

Die Anrufung des Heiligen Geistes als Kampfgebet stammt von Rienzo; mit ihm beschäftigte man sich in Deutschland erst 1835. Wir kennen den Anruf aus dem Gebet in Wagners Oper (1842).

148 Zwei Nationen — Von Heine stammt also diese Formel, die in der internationalen politischen Literatur «täglich» zitiert wird. Heine überträgt den nationalen Gegensatz auf den Klassenkampf. Er negiert jenen und behauptet diesen; er polarisiert alle gesellschaftlichen Gegensätze auf die zwei äußersten von Ausbeutern und Ausgebeuteten. In der Heine-Literatur wird wiederholt behauptet, daß dieser Einfall des Dichters nur am Rande des *Ratcliff* stehe und erst nach dem Aufkommen der sozialistischen Literatur die Bedeutung erhielt, die Heine ihm in der anschließend zitierten Vorrede von 1851 gab. Die im «Tribunat» vereinigten Stücke beweisen die Kontinuität des sozialen Gedankens in Heines Denken vom Beginn bis zum Ende. Er wiederholt die Formel Zwei Nationen in seinen sozialen Schriften; sie bildet ein Hauptargument seines europäischen Glaubens (Nr. 130, 132, 138, 139). Und 1827 teilte er die Menschen ein in Jagende und Gejagte (s. Nr. 73)

Beim Entstehen des Ratcliff drückte diese Formel besonders die englischen Verhältnisse aus. Nach Friedrich Engels' «Ludwig Feuerbach und der Ausgang der klassischen deutschen Philosophie» (1888) war es «seit 1815 keinem Menschen in England ein Geheimnis mehr, daß dort der ganze politische Kampf sich drehte um die Herrschaftsansprüche zweier Klassen, der grundbesitzenden Aristokratie (landed aristocracy) und der Bourgeoisie (middle class)».

In England wurde Heines Formel durch Disraelis Roman «Sybil or the two Nations» populär (1845). «The Privileged and the People form two Nations.» Als Vorgänger Heines wäre Platon zu nennen. In der «Republik» spricht er von einem Staat, der nicht eins ist, sondern zwiefach, und auf dessen Territorium Arme und Reiche gegeneinander konspirieren (VIII 551 d).

*Goethescher Egoismus:* tut Goethe unrecht, der Charlotte 153
von Stein über seine Iphigenie schreibt: «Hier will das Drama gar nicht fort, es ist verflucht, der König von Tauris soll reden, als wenn kein Strumpfwürcker in Apolde hungerte» (6. III. 1779). Bemerkungen über dieses Elend in Goethes Tagebüchern.

## Die schlesischen Weber

Dem Gedicht liegt der Aufstand der Weber von Peters- 156
waldau und Langenbielau am Fuße des Eulengebirges zugrunde. Er begann am 4. Juni 1844 und dauerte einige Tage. Dank Heine und Gerhart Hauptmann wurde er der bekannteste Hungertumult aller Zeiten. In den vierziger Jahren gärte es von Pommern bis Regensburg, von Breslau bis Mainz, ohne organisatorische Anleitung, ohne kommunistische Inspirationen. Ein Bericht im Pariser «Vorwärts!» veranlaßte Heines Gedicht, das schon in der anschließenden Nummer vom 10. Juli erschien.

Weberei und Weberleiden gehören zu den ältesten Sozialthemen der Weltliteratur. Chrétien de Troyes, den Gustave Cohen den Balzac des 12. Jahrhunderts nennt, beklagte schon in seinem Versepos «Yvain ou le Chevalier au Lion» die miserablen Löhne, zu denen die Weber die herrlichen gold- und edelsteingeschmückten Hofgewänder gewebt haben. Der zweite Höhepunkt ist Goethes Beschreibung der Schweizer Weber in Wilhelm Meisters Wanderjahren (III. Buch, 5., 13.): «Das überhandnehmende Maschinenwesen quält und ängstigt mich, es wälzt sich heran wie ein Gewitter, langsam, langsam; aber es hat seine Richtung genommen, es wird kommen und treffen ... Und wer möchte sich solche Schrecknisse gern vergegenwärtigen!»

Über den Sinn des Aufstands vom 4. Juni waren die Meinungen in Heines Freundeskreis geteilt. Arnold Ruge sprach im «Vorwärts!» dem Aufstand jeden allgemeinen Charakter ab. Marx antwortete mit «Kritischen Randglossen». Er schloß aus dem anonymen Weberlied, das in Hauptmanns Schauspiel wie ein Sturm ausbricht, daß mit ihm «das Proletariat sogleich seinen Gegensatz gegen die Gesellschaft des Privateigentums in schlagender, scharfer, rücksichtsloser, gewaltsamer Weise herausschreit. Der schlesische Aufstand beginnt gerade damit, womit die französischen und englischen Arbeiteraufstände enden, mit dem Bewußtsein über das Wesen des Proletariats.»

Marx irrte, wie Franz Mehring feststellt; Ruge hatte richtiger gesehen. Heines Auffassung steht Marx näher. Es war eine Ereignis, das durch das Gedicht erst politische Folgen bekam. Von den deutschen Weberdichtern Freiligrath, Ludwig Pfau, Hermann Püttmann, Georg Werth reicht keiner an Heine heran. Und während Thomas Hood in seinem berühmten Song of the Shirt bloß das Schicksal eines armen Weberweibleins wiedergibt, sind Heines Weber die erste dichterische Gestaltung einer verzweifelten Masse, die hungert und flucht und sich über ihr Schicksal durch die Verwünschung der Gegenwart und Beschwörung der Zukunft erhebt. Gegen die preußisch-patriotischen Embleme richtet sich, wie meist verkannt wird, das Gedicht mit den drei Flüchen gegen «Gott, König und Vaterland», die Devise auf dem weißen Kreuz der von Scharnhorst geschaffenen Landwehr. Sie wurde auf den preußischen Uniformen bis 1918 getragen. Die preußenfeindliche Tendenz der Weber machte ihren Autor in Deutschland ebenso anrüchig, wie es lange Zeit die mächtige Bildnerin der Heineschen und Hauptmannschen Weber war, Käthe Kollwitz.

Die schwache Stelle des Gedichts sind die Verse *Wo jede Blume früh geknickt, / Wo Fäulnis und Moder den Wurm erquickt—* Die erste bessere Fassung: *Wo nur Verwesung und Totengeruch — / Altdeutschland, wir weben dein Leichentuch:* mußte wegen der hinzugefügten sehr guten 5. Strophe verändert werden.

ES WÄCHST HIENIEDEN BROT GENUG — *(Den Him-* 160
*mel überlassen wir / Den Engeln und den Spatzen):* Heines enthusiastische Versicherung, daß auf Erden Brot genug wächst, für alle Menschenkinder, hatte noch lange den Ludergeruch der Revolution. Der Dichter sah richtiger als die zeitgenössischen Malthusianer. Heine wird auch gegen den heutigen Neomalthusianismus recht behalten, der den Wettlauf der Vermehrung zwischen Bevölkerung und Landwirtschaft mit Sorgen verfolgt. Die Revolution der Agrarwissenschaft kann für Milliarden Menschen Brot und Zuckererbsen aus dem Boden holen.

Überholt ist Heines Gegenüberstellung von Wohlstand und christlicher Entsagung. Die christlichen Gewerkschaften fordern genau so viel Brot für ihre Arbeiter wie die sozialistischen. Heines letzter Glauben reicht über dieses Zitat hinaus. Ohne Bezug auf den ganzen Heine beruft sich Freud auf diese zwei Verse seines *Unglaubensgenossen*[1].

[1] Die Zukunft einer Illusion. S. 81. Wien 1927.

161 *verbreitet sich über ganz Deutschland:* stark übertrieben.

167 CHARTISTEN — *praktisch organisiert:* Heine hat wieder das Wesentliche gesehen. Der Chartismus (1836—1855), Vorläufer der Labour Party, konnte die Arbeiter nur schwer organisatorisch erfassen, da das Vereinsgesetz regionale Zusammenfassungen verbot. Die Schwierigkeit wurde überwunden. 1842 kam es fast zu einem Generalstreik. Die chartistische Bewegung hat dem religiösen Sozialismus Englands neue Inhalte gegeben.

168 MORALISCHE KRISE DER GELDMACHT — *how much is he worth?:* Ähnlich Kant in der «Anthropologie in pragmatischer Hinsicht»: «Der kaufmännische Geist zeigt auch gewisse Modifikationen seines Stolzes in der Verschiedenheit des Tons im Großtun. Der Engländer sagt: ‚Der Mann ist eine Million wert'; der Franzose: ‚Er besitzt eine Million.'»

172 DIE WANDERRATTEN — Geht aus dem in 171 berichteten Projekt hervor. Heine hält den Kommunismus für eine bloße Magenfrage. Die Ratte ist ein beliebtes Sujet von Heines Tierfabeleien. Heines Wanderratte verwendet Gottfried Keller im «Apostatenmarsch», als drastische Metapher für Anpasser.

173 Heines Argumente für den Kommunismus — sein letztes Wort in den Werken —, stehen nur im Vorwort zur französischen Ausgabe von *Lutèce.*

Die Entwicklung hat beide Argumente für den Kommunismus überholt. Das logische hat sich in eine unbestrittene Notwendigkeit verwandelt. Ohne einen weltumfassenden Konsumentenmarkt geht jede moderne Wirtschaft zugrunde.

Das moderne Proletariat hat nach hundert Jahren politischer und industrieller Schulung nichts mehr mit den rohen Maschinen- und Bilderstürmern der Heine-Zeit gemein.

Die Prophezeiung eines kommunistischen Sieges über den deutschen exklusiven Nationalismus ging in Erfüllung, aber freilich nur wort-, nicht sinngemäß. Der Bolschewismus besiegte als russische Macht die deutsche. Er hat inzwischen den Kosmopolitismus geächtet.

Aber wenn beide Argumente für den Bolschewismus nicht mehr sprechen, so zeugen sie um so lauter für Heine. Der Dichter unterwirft sich mit allem, was ihm teuer ist, dem Primat sozialer Notwendigkeiten. Er feiert das Vorrecht der Menschheit vor der Ichsucht.

Baudelaire, der unter Heines starkem Einfluß steht, drückt seine Besorgnis vor der Herrschaft des Proletariats mit ähnlichen Worten aus Heines Sprachmaterial aus. Im «Salon de 1846» ruft er einem Gardisten zu, der gegen Arbeiter mit dem Kolben losgeht: «L'homme que tu crosses est un ennemi des roses et des parfums, un fanatique des ustensiles; c'est un ennemi de Watteau, un ennemi de Raphaël, un ennemi acharné du luxe, des beaux-arts et des belles lettres, iconoclaste juré, bourreau de Vénus et d'Apollon!»[1].

Reife der Klassen — *allmählicher Entwicklung:* Heines Entwicklung zum evolutionären Politiker ist schon früh zu bemerken. Er zieht erst in *Lutezia* die Zeit als politischen Faktor in Betracht. Sein Gedanke einer Koalitionsregierung des demokratischen Bürgertums mit der Arbeiterklasse war von revolutionierender Neuheit. 174

Marx — *wir brauchen ja wenige Zeichen:* oft zitiert als Zeichen geistiger Übereinstimmung des berühmten Dichters mit dem 26jährigen, wenig bekannten Marx. Ähnlich über die geliebt-verehrte Rahel Varnhagen: «Das beste ist, ich brauche Frau von Varnhagen keine langen Briefe 176

[1] Edition de la Pléiade, II, 130.

zu schreiben. Wenn sie nur weiß, daß ich lebe, so weiß sie auch, was ich fühle und denke» (an Varnhagen, 29.VII.26).

*Les chefs plus ou moins occultes:* Diese Voraussage des Einflusses von Lassalle und Marx existiert nur im französischen Text. Er fehlt in der deutschen Ausgabe aus Zensurgründen. Die französische Ausgabe der *Geständnisse* erschien vor der deutschen in der Revue des deux mondes, September 1854.

*je le crains:* Von Heine in der französischen Buchausgabe gestrichen.

187 AUTORITÄTSGLAUBE — Heine stellt den konkreten Menschen ins politische Kalkül.

190, 192 DIE SCHWARZHEMDEN waren die Vorläufer der Braunhemden. Sie trugen schwarze Röcke, lange Haare, ein mittelalterliches Barett und träumten von einer «Nacht der langen Messer» (Gregor Straßer). Der Nazismus, der von der Großmutter aufwärts Pardon gewährte, während seine Vorläufer die Blutprobe bis zum 7. Ahnen verlangten, war also humaner.

... *Bildnis des Herrn Menzel* (S. 311): Von Goethe in einer seiner letzten Invektiven (Manesse-Goethe III/S. 410) als potenziertes Ferkel bezeichnet.

194 DAS ANNEXIONSPROGRAMM entstand in den «Befreiungs»-Kriegen unseligen Angedenkens. Es führte von Arndt und Jahn, über Wirth, Lagarde, List, Constantin Frantz (der ihm ein föderalistisches Mäntelchen umhing) zu Treitschke und zum Nazismus. Es umfaßte Belgien, Holland, die Schweiz, Burgund, Elsaß-Lothringen, Polen, Ungarn, den Balkan, die Ukraine. Das alte Preußen, bis Bismarck inklusive, war bescheidener. Darauf verwies zuerst Charles Andler[1].

[1] Les Origines du Pangermanisme. 1800-1888. Textes traduits de l'allemand, avec une préface. Louis Conard, Paris 1915.

Im Oktober 1849 — Der Strich durch zwei Strophen 199
Satire auf Liszt dient zur Stärkung dieses ergreifenden Abgesangs. Es ist ein Abschied von den eigenen Hoffnungen. Das Gedicht ist der politische Höhepunkt des *Romanzero*, den Heine *die dritte Säule meines lyrischen Ruhms* nannte. Das Buch war der erste Best-Seller deutscher Verse. In vier Monaten wurden 20000 Exemplare verkauft. Es ist das Buch der Besiegten, der Letzten, die woanders die Ersten sein werden.

Schlosslegende — Diese Verhöhnung der Hohenzollern 201
konnte auch die Inselausgabe 1913 nur in der von Heine nachträglich erfundenen Verkleidung als *Wälsche Sage* bringen, mit Turin statt Berlin, Sardenkönig statt Preußenkönig. Weit schlimmere Beschimpfungen der Dynastie durch Byron wurden sofort unverändert gedruckt. «Heinrich Heine hätte für seine Gedichte gegen die Hohenzollern verdient, daß man ihm den Hintern vollgehauen hätte», sagte in einem Kolleg der Berliner Universität jungen Studenten, den späteren Heine-Verbrennern, Erich Schmidt, gerühmt als bester Schüler von Scherer (s. S. 575, 620)[1].

Zweifache Emanzipation — Der Titel dieses Teiles gibt S. 325
den Grundgedanken von Heines jüdischer Emanzipationspolitik wieder. Es geht nicht um eine bloß gesetzliche Gleichstellung, sondern um die wechselseitige Erlösung von der Fremdheit, die den Verfolgten äußerlich und den Verfolger innerlich unfrei macht.[2]

*gelbe Ringe:* eine Diffamierung durch Kleidungsteile haben zuerst die Mohammedaner Christen und Juden auferlegt; Papst Innozenz III. führte sie 1215 ein. Die Diffamierungszeichen wechselten, in der Provence war im Mit-

[1] Arnold Zweig: Worte an die Freunde. Aufbau 11, Berlin 1948.

[2] Vgl. Felix Stössinger: Revolution der Weltpolitik. Paris 1939. Über die Zweifache Emanzipation. S. 705—780. Das Werk ging im Krieg zugrunde. In Schweizer Bibliotheken hat es sich erhalten.

telalter die Rose als Sinnbild der Sünde diskriminierende Vorschrift für Juden und Huren[1].

203 EDOM — Nachkommen Esaus, Symbolwort für Erbfeind, Kennwort im Talmud für das heidnische Rom. Das Gedicht entstand bei der *schmerzlichen Lektüre des Basnage* als Warnung Heines an sein Volk, Haß mit Haß zu erwidern. Die siebenbändige Histoire de la religion des Juifs des hugenottischen Exilierten Jacques Basnage war ein Geschichtswerk französischer Toleranz, das die Verfolgten stärken und trösten wollte.

204 EWIGER JUDE — Heine hat in seinem *Fliegenden Holländer* (in den *Memoiren des Herrn von Schnabelewopski*) die Erlösung Ahasvers durch den Liebestod erfunden. Die Erzählung fehlt in dieser Auswahl, da sie durch Wagner bekannt ist.

207 *Lampenfest:* das Lichtfest der Einweihung (Chanukka) des Tempels nach dem Sieg der Makkabäer. Der achtzweigige Leuchter (Menorah) wird meist im selben Monat wie der christliche Weihnachtsbaum angezündet.

213 Heine kannte noch den mosaischen Ursprung des Gebots der Nächstenliebe (3. Buch Moses, 19, 18). Das ist heute keine Selbstverständlichkeit mehr. Obwohl Christus dreimal das Gebot, Gott und den Nächsten zu lieben, als Quintessenz des Gesetzes und der Propheten in Übereinstimmung mit den ihn versuchenden Pharisäern bezeichnet, hat man sich gewöhnt, das mosaische Gebot evangelisch zu nennen. Nur selten wird dieser Irrtum widerrufen, wie dankenswerterweise von Hermann Hesse in einer Erklärung zum «Kurgast»[2], in dem er ihn begangen hatte. Fassungslos lese ich bei Freud, daß diese «so-

[1] J.K. Huysmans: La Cathédrale.

[2] Neue Zürcher Zeitung, 1948, Nr. 810. Hesse wird hoffentlich fortan den Kurgast nur noch mit diesem Nachwort zusammen veröffentlichen.

genannte ideale Forderung der Kulturgesellschaft . . . gewiß (sic!) älter ist als das Christentum, das sie als seinen (sic) stolzesten Anspruch vorweist[1]. Auch Homer hat nicht tiefer geschlafen.

*als dich selbst:* diese originelle Übersetzung stammt offenbar von Heine selbst. Sie ist wichtig. Durch «als» dich selbst wird das Du zum eigentlichen Liebesobjekt, die naturale Ich-Liebe ganz auf den Nächsten projiziert. Das ist auch das Ziel des Gebotes, wie es das pharisäische Judentum zu verwirklichen suchte[2]. Die Identität des Wortes mit dem vedantischen Tat twam asi (Das bist du) tritt in dieser Übersetzung hervor. Heine liebte alles Indische, er hatte in Berlin die Sanskritvorlesungen von Franz Bopp gehört.

FRIEDEN — In den 22 Stücken der beiden Nordsee-Zyklen 226
vermischen sich Meer und Himmel zu einer stürmischen Gewalt, deren Braus und Farbe, Wind und Weite, Schlag und Schäumen Heine mit wortschöpferischen Rhythmen dem deutschen Gedicht triefend einverleibt hat. Die Nordsee, meist nur als «Meer»-Dichtung gerühmt und selbst von voreingenommenen Verächtern Heines, wie Ludwig Klages, als exzeptionelles Werk anerkannt, ist der Schauplatz mythischer Kämpfe mit den Göttern, die die Menschheit geschaffen hat und die der faustische Nordseewanderer überblickt und verwirft. Die beiden schönsten Studien über Heines Poesie, die von Charles Andler und Wilhelm Boelsche, nennen die Nordsee richtig Heines faustisches Buch. Die Götter der Edda und der Odyssee toben ungestüm oder erscheinen auch in der fleischlichen Fülle des Rubens. Die Welt ist von Gottgespenstern bevölkert, aus dem Meer braust die Orgel neuer Gottesdienste herauf. Da wandelt die Sonne über die gebändigten Fluten, die

[1] Das Unbehagen in der Kultur. S. 76. 1930.

[2] Vgl. dazu Elie Benamozegh: Morale juive et Morale chrétienne. Préface de Josué Jéhouda. A la Baconnière, Boudry-Neuchâtel 1946. Ein Buch voll der überraschendsten Entdeckungen.

Himmel offenbaren sich als der Heiland, der Mensch und Natur mit Frieden segnet. Das Herz dieses Gottes ist die Sonne, die wie Liebe lodert. Der Dichter hat Christus geschaut, oder vielmehr geträumt. Und gesucht, hat sich Christus dem Halbschlummernden gegeben.

Bei Plotin ist Sonnenglanz eine Metapher des von Gott ausgehenden Intellekts, und Francesco sagt vom Sonnengestirn «de Te, Altissimo, porta significatione», «es ist, Erhabener, Dein Gleichnis[1]». Auch Hölderlin vergleicht die Sonne wiederholt mit Christus (Ausgabe Hellingrath IV 166, 203, 226, 379) und ein mystischer Dichter unserer Zeit, Francis Thompson, sah in der Sonne den Christ[2].

227 Über den Tod des Großen Pan berichtet Plutarchs Abhandlung De defectu oraculorum, Kap. 17. Es war das alljährliche Sterben einer Allgottheit in ihrer Erscheinung als Vegetationsgottheit, die in viele kleine Pane aufgespalten ist. Diese sind anwesend, wenn der «große» Pan stirbt oder mit Kore-Persephone wiedererscheint, und sie brechen dann in das hier beschriebene Jammern aus, oder in den Pansjubel des Frühjahrs. Pan ist bocksbeinig und geschwänzt der Höllenfürst des Christentums, aber durch seine Namensgleichheit mit einer «All»gottheit auch eine Metamorphose von Christus. Er ist der verteufelte Gott und der «vergötterte Waldteufel» des Goetheschen Satyros[3].

231 ATTA TROLL, schrieb Heine über sein nach einem Kuraufenthalt in Cauterets entstandenes satirisches Tierheldengedicht, *ist das Bedeutendste, was ich in Versen geschrieben habe.* Wenn Heine damit auch anderen Werken unrecht

[1] Franz von Assisi: Legenden und Laude. Herausgegeben von Otto Karrer. Manesse-Bibliothek.

[2] Orient-Ode. Übertragen von Theodor Haecker. Der Brenner, Innsbruck 1925.

[3] Die Pansliteratur hat G. A. Gerhard: Der Tod des großen Pan, in den Heidelberger Sitzungsberichten, 1915 (5), gesichtet. Vgl. Reinhard Herbig: Pan. Der griechische Bocksgott. Versuch einer Monographie. Vittorio Klostermann, Frankfurt a.M. 1949.

tut, so entzückt doch grade Atta Troll den Leser durch eine graziöse Phantasie, die in die Reiche des Dämonisch-Geisterhaften schweift. Die 27 Kapitel und Parerga des Werkes funkeln nur so von anmutigsten Einfällen, lyrischen Zaubereien, frischesten Landschaftsfarben. Es ist zudem, auch darin einzig, ein Tendenzgedicht gegen Tendenzdichtung und eben doch nicht tendenziös: das Leben antwortet selbst den damaligen und allen späteren Bärenhäutern der Littérature engagée, den Antipoeten, die den Poeten wieder zum Liebhaber der Romantik machen, deren Grenzen er selbst gesprengt hat. Heine hatte im Waffenstillstand des Zeitkampfs über das Recht der Poesie auf sich selbst skeptisch denken gelernt. Keinesfalls wollte er aber den Freisinnsphilistern gestatten, die Literatur Parteilinien, das Talent einem Charakterknigge zu unterwerfen, die lachende Schönheit in puritanischen Bettel zu stecken. Er mißtraute einer Freiheit, die dem schaffenden Geist beengende Vorschriften macht — wie wird es gar um die politische Freiheit dann bestellt sein? Das ist die moderne Bedeutung des Atta Troll.

Das Gedicht gibt Heine den Anlaß, alle deutschen politischen Philistereien auf den gemeinsamen Nenner des Bärenhaften zu bringen und die Karikatur jeder einzelnen Richtung auf die eine Bärenschnauze zu malen: den Teutomanen der Jahnzeit, den kommunistischen Revoluzzer, der bei Feuerbach und Proudhon Honig leckt; den Laternenanzünder der behördlich privilegierten Revolution von Schilda, seinem Vaterland; den atheistelnden oder christelnden Tugendbold. Die ideologischen Widersprüche stören die Tierechtheit nicht, für die sich Heine von La Fontaine und von Grandvilles «Scènes de la Vie publique et privée des Animaux» inspirieren ließ, wo er auch das Kapitel L'ours ou Lettre écrite de la Montagne fand. Das ist übrigens das einzige Beispiel einer französischen Beeinflussung Heines als Künstler. Er ist in keinem anderen Werke so pariserisch.

Wie alle Dichtungen Heines, endigt auch diese im Metaphysikum. Alle Späße der Tierfabel zeigen nur Heines satirische Überlegenheit: welchem Reich er selbst angehört, erfahren wir von dem *Wütenden Heer*, das in der Johannisnacht durch die archaischen Klüfte der Pyrenäen vorüberflammt. Das heidnische Personal der Jagd fand Heine in Jakob Grimms Deutscher Mythologie; aber da die alten Götter für ihn leben, vermischt er moderne Gottmenschen mit ihnen, in deren Troß Shakespeare und Goethe sagengeworden mitreiten. Und Heine gehört selbst dazu. In der leuchtenden Dreigestalt von Diana, der Fee Abunde und der Herodias erscheinen die Sehnsuchtsfrauen seiner Träume, Weibverkörperungen der Antike, des romantisch-keltischen Mittelalters und des eigenen Judentums, die im Zuge reitend ihn zu sich rufen. Heine hat diesen Lusterscheinungen in knappen Meisterversen Realität und Aureole gegeben — so hat Marées Götterfresken malen wollen, doch nicht gekonnt.

232 ALMANSOR stellt in der Verkleidung eines moslemisch-katholischen Konflikts aus altspanischen Zeiten Heines Leiden am jüdisch-christlichen Gegensatz und an der Taufe dar, zu der die Umstände drängten. Das Stück soll auch für die dichterischen Schönheiten zeugen, die in den beiden, meist verkannten Tragödien enthalten sind.

233 Die Madonna hat ähnliche Bedeutung wie im *Wütenden Heer* Diana, Herodias und Abunde: Heine hypostasiert seine Liebessehnsucht, erotisiert Kultur und Religion mit Wunschträumen.

234 Das bekannte Gedicht erscheint hier in seiner ersten, katholischen Version, die erst in der Buchausgabe dem Thema des Zyklus angepaßt wurde. Die letzte Strophe lautet seitdem:

*Es schweben Blumen und Englein*
*Um unsre liebe Frau;*
*Die Augen, die Lippen, die Wänglein,*
*Die gleichen der Liebsten genau.*

Über die nachträgliche Verweltlichung seiner Madonnenliebe belustigt sich Heine in Nr. 243. — Das Bild auf goldenem Leder ist ein Altarflügel von Lochner.

Durch seine Sympathie für die JESUITEN unterscheidet sich Heine gründlich von der nackten Aufklärung und dem aktivistischen Liberalismus. Heine steht an Gegnerschaft gegen den politisierenden Katholizismus niemandem nach. Er verwirft, wie Klopstock, was dieser über die Jesuiten in sein Spracherz schneidet: «Sie sind nicht Staat im Staate; sie sind Staat über dem Staate.» Und er wußte, was sein geliebter Johann Heinrich Voß grimmig hinzufügt: «und nicht Einem Staate, nein Allen.» Auf diesen Jesuitismus, der auch ihn verfolgte, hat Heine kräftig losgeschlagen. Aber in Italien ergriffen ihn unvergeßliche Physiognomien von Bettelmönchen, die für einen Glauben leiden, und wie Sterne in der Empfindsamen Reise bei einem Franziskaner als Aufklärer umlernt, notiert Heine in der *Stadt Lucca*, während des Umzugs großartiger Prozessionen, *gegen den Mann will ich nicht schreiben*, . . . *gegen den Mann will ich auch nicht schreiben*. 244

Als Politiker von abwägender Gerechtigkeit setzt sich Heine auch in den Luteziabriefen von 1843 für die Jesuiten ein. Seine Jugendeindrücke von ihnen als Menschenbildnern stellen immer wieder ein herzliches Verhältnis zu ihnen her. Einseitige Jesuitenfeindschaft war ihm wie jeder Pauschalhaß suspekt. In den *Geständnissen* stehen die Worte für die Jesuiten im gewollten Gegensatz zur Jesuitenpolemik des Jungen Deutschlands[1].

[1] Erwin Burckhardt: Antiultramontane Strömungen in der deutschen Literatur von 1820—1870. Dissertation Basel 1930. (Ohne Berücksichtigung der Schweiz und der Jesuitengegnerschaft von Keller, Gotthelf, Meyer usw.)

Immerhin könnte auch diese vielen überraschende Toleranz Heines zeigen, daß es in der Politik für ein letztes Wort immer zu früh ist. Im «Siebenten Ring» steht jetzt die Tafel Georges: «Kehrt wieder, kluge und gewandte Väter!» Max Brod hat in seinem Roman «Galilei in Gefangenschaft» mit schönem Rechtssinn den Jesuiten der Inquisition die erhabenen Missionare zur Seite gestellt, die Campanellas Sonnenstaat in Paraguay der Wildnis der Natur und des Menschen abtrotzen. Carl Ludwig Schleich gibt im Schaltwerk der Gedanken den Exerzitien Loyolas den Vorzug vor der Psychoanalyse.

247 Christus im Olymp — *Vulgata* heißt die allein authentische lateinische Bibelausgabe. Heine zitiert diese Verse aus der Ilias (I, 597ff.) unter dem Namen Vulgata, um Homer zum Ersten Testament zu machen. Der Leidensgott, vor dem die pokulierenden Götter erbleichen: man wird vergebens in der nachantikischen Literatur eine solche Szene suchen, in der die Götter zu Sterblichen werden und der Mensch Gott. Klinger hat ein Wandbild nach dieser Scene gemalt.

250 Der Apollogott — Treitschke, von Heines antisemitischen Gegnern der objektivste, schreibt an Josef Schrattenholz 1894: «Heines unsterbliche Werke sind wahrhaftig nicht jene internationalen Witze, um derentwillen er le seul poète vraiment parisien genannt wurde (was sich nie auf Heines Witz bezog. D. Hrsg.), sondern die schlechtweg deutschempfundenen Gedichte, so die Loreley, dies echte Kind deutscher Romantik, so jene herrlichen Verse ‚*Wohl tausend Jahr aus Grächia*‘, die noch immer alles zusammenfassen, was die Deutschen seit Winkelmanns Tagen über die Schönheit der hellenischen Welt gesungen und gesagt hatten . . .»

251 Glaubenszwang — Das kleine Stück enthält eine ganze Musterkarte antisemitischer Beschuldigungen, die längst

widerlegt sind. Sie stammen zum größten Teil von den Enzyklopädisten, die, wie Voltaire und Montesquieu, das Judentum nicht als Volk oder Rasse, sondern als mittelalterliches Ueberbleibsel, als Feind der Aufklärung bekämpften. Erst in der Matratzengruft hat Heine seine Anfälligkeit zu jüdischem Selbsthaß überwunden und Israel als Monument von ägyptischer Größe gefeiert. (S. Nr. 402 und Glosse.)

Menschenmäkelei: Ein Wort aus Lessings Nathan.

ROM STIRBT . . . — *das judäische Gift* (S. 391): Heine meint 253
nicht die Synagoge und die Juden, sondern die Kirche als ihre Nachfolge. Dennoch hat kein Wort eine größere Wirkung auf den Weltantisemitismus gehabt — soweit er antikisch argumentiert —, als diese ungenaue Definition, eine offenkundige Fehlleistung von jüdischem Selbsthaß. Noch schärfer Goethe zu Karl August Böttiger 1794: «Beim erneuerten Studium Homers empfinde ich erst ganz, welches unnennbare Unheil der jüdische Praß uns zugefügt hat . . . wäre Homer unsere Bibel geblieben, welch eine ganz andere Gestalt würde die Menschheit dadurch gewonnen haben!» (Vermutlich eine noch rohere.) Den «todfeindlichen Widerspruch» von «Rom gegen Judäa, Judäa gegen Rom» übernahm Nietzsche von Heine (Genealogie der Moral, 16). Ähnlich bei Klages, Schuler u. a. rassistisch-germanisch argumentierend. In Frankreich Anatole France, Maurras, Jaloux mit «mediterraner» Tendenz. Auch auf die slawische Welt hat die Problemstellung gewirkt. Der 2. Band des achtbändigen Weltgeschichts-Gedichts «Das Gewissen der Zeiten» des tschechischen Dichters und Publizisten aus dem Kreise Masaryks, J. S. Machar, heißt «Das Gift aus Judäa» (Jed z Judee). Der 1. Band hieß «Im Strahl der hellenischen Sonne». Paulus macht den judäischen Gifttrank für die Menschheit mundgerecht.

262 *geistiges Opium:* diese Stelle ist aller Wahrscheinlichkeit nach der moderne Ursprung des meist falsch zitierten Wortes von Marx: «Sie (die Religion) ist das Opium des Volks.» Es steht in dem Aufsatz «Zur Kritik der Hegelschen Rechtsphilosophie» (1843). Daß dieser Satz mit und ohne «für» verschiedenes bedeutet, versteht sich. Marx will nicht sagen, daß die Religion von irgendwelchen Bösewichtern zur Lähmung des Volkes erfunden wurde, sondern daß das Volk in ihr ein illusorisches Ersatzglück findet. Heine rühmt sogar die Funktion der asketisch-christlichen Religion. Seine Ironie gilt in diesem Fall den Verhältnissen, die dieses Trosts bedürfen. Vor Marx wurde das Wort schon von Bruno Bauer und Arnold Ruge 1841, zwei Jahre nach Heines Börne, gebraucht, einem Sensationsbuch jener Zeit. Marx schrieb diesen Aufsatz in Paris, im Freundschaftsverkehr mit Heine, dessen Börne er schätzte. Das Wort ist ausgesprochen linkshegelisch, aber den Linkshegelianismus hat ja Heine in Hegel entdeckt! Die Wortgeschichte wurde von Reinhart Seeger aufgeklärt, der Heine, wie üblich, übergeht[1]. Heine sagte auch 1850 im Gespräch: *Opium ist auch eine Religion* (Houben S. 712). Dagegen hat Prof. Hans Barth in einer Rezension der Schrift in der Neuen Zürcher Zeitung (1949, Nr. 591) Herder als den ersten, der Religion und Opium zusammenbrachte, entdeckt. Die Stelle findet sich in der Akademieschrift «Vom Einfluß der Regierungen auf die Wissenschaften und der Wissenschaften auf die Regierung» (1779). Eine Gegenüberstellung zeigt, daß Herder, Heine und Marx dem gleichen Gedankengang folgten:

*Herder:* «Religion ist's, die unter dem härtesten Joch des Despotismus den Un-

*Marx:* «Die Religion ist ihr (der Welt) allgemeiner Trost- und Rechtferti-

[1] Herkunft und Bedeutung des Schlagwortes «Religion ist Opium für (sic!) das Volk». Akademischer Verlag, Halle a. d. Saale 1935.

terdrückten allein tröstet: aus Ergebung in den Willen Gottes ergibt er sich in die Hand des Despoten und wird still und ruhig... (Islamismus) ist Opium, wo er nicht mehr gesunde Speise sein darf. Auch in Zeiten der Unterdrückung Europas hatte Religion diese Wirkung.»

gungsgrund . . . Die Religion ist der Seufzer der bedrängten Kreatur, das Gemüt einer herzlosen Welt, wie sie der Geist geistloser Zustände ist. Sie ist das Opium des Volks.» (Sammlung Kröner, Bd. 91, S. 264.)

Marx folgert Aufhebung der Religion; Herder Beseitigung des Elends, in dem Religion diese Wirkung hat; Heine Religion des Dritten Testaments.

Im Sinn eines christlichen Selbstvorwurfs schrieb einer der Gründer des englischen christlichen Sozialismus Charles Kingsley: «Wir haben die Bibel wie eine Dosis Opium benutzt, damit die mühselig Beladenen sich in Geduld noch mehr aufladen lassen.»

VERUNGLÜCKTE CHRISTIANISIERUNG — Die Geringschät- 268
zung des Leibes hat weder im Juden- noch im Christentum diese pointierte Bedeutung. Die Heiligung des Leibes als einer göttlichen Schöpfung liegt zahlreichen vom Talmud verschärften Gesetzesvorschriften über Speisen, Körperpflege usw. zugrunde. Der Katholizismus hat die Natur als göttliche Ordnung, als Voraussetzung der Gnade bezeichnet. Natur und Übernatur ergänzen einander. Die Ehe ist ein Sakrament. Gegen Gnostiker, Manichäer, Albigenser, Bogomilen «wahrt die Kirche das Recht und die Würde des menschlichen Leibes»[1]. Die Stellung der Reform ist bekannt.

[1] Karl Adam: Das Wesen des Katholizismus. Olten 1944.

270 Nachahmung der Ganzheit — Heine hat das Wort *Zerrissenheit* in einem neuen Sinn eingeführt. Er gebraucht es zuerst in *Nordsee III* 1826. Es wurde ein Losungswort der Generation. Keller bekennt sich im «Lied der Zerrissenen» (1844) zu ihnen, zählt viele auf, Platen, Schiller, Chamisso, Byron usw. — nur Heine nicht!

272 Die Übermenschheit — Ein Zentralstück der Heineschen Gedankenwelt. Vom göttlichen Recht des Menschen auf Brot erhebt sich diese Prosa zur Ahnung einer göttlich-tanzenden, genießenden Übermenschheit. Der Heine in vielem so verwandte Büchner schließt, ein Jahr später, 1835, Leonce und Lena, das mit der Frage beginnt: «Und der Hunger?» mit der Antwort: «Und dann legen wir uns in den Schatten und bitten Gott um Makkaroni, Melonen und Feigen, um musikalische Kehlen, klassische Leiber und eine kommode Religion!»

273 Die Bezeichnung des *Dritten* als *Testament* (bei Ibsen als «Reich») stammt wahrscheinlich aus Börnes Essay «Altes Wissen, neues Leben» (1823), der die «Zeit des dritten Testaments» ankündigt. Heine legte weder auf fremden noch auf eigenen Ursprung solcher Formeln Wert; schuf er doch ununterbrochen neue. Bald nach diesem Gedicht nannte er *Lessing* den *Propheten, der aus dem zweiten Testament ins dritte hinüberdeutete (Religion und Philosophie in Deutschland, 2. Buch).* Heine hat den Ausdruck nur diese beiden Male gebraucht.

Die Vorstellung einer neuen Kirche empfing Heine vom Nouveau Christianisme des Utopisten Claude-Henri Comte de Saint-Simon, mit dessen Schule er stark liiert war. Saint-Simonistisch schließt Heines französische Vorrede zu den *Tableaux de voyage* von 1834: *Il ne s'agit plus de détruire violemment la vieille église, mais bien d'en édifier une nouvelle, et bien loin de vouloir anéantir la prêtrise, c'est nous-même qui voulons aujourd'hui nous faire prêtres.*

FÜR DIE MOUCHE — Heines bedeutendstes Gedicht, zwei, drei Wochen vor seinem Tode entstanden. Bis in die Agonie zerreißt den Dichter der Weltspalt zwischen Hellenen und Nazarenern, Schönheit und Güte, Genuß und Opfer. Es gibt keine andere letzte Antwort als das Schweigen. Er erlebte es mit der «Mouche», seiner letzten und geistigsten Liebe Camille Selden. 276

Wie er in seiner wahren Heimkehr zuletzt seinen eigensten Gott findet, so auch seine eigenste Frau. Er, dessen Seele mit Göttinnen und dessen Leib mit Midinetten Umgang pflegte, findet, fast ganz gelähmt, ein lebender Toter, am Grabesrand die Frau, die das Leben ihm versagte, eine etwa fünfundzwanzigjährige Deutsche unbekannter Herkunft, die wie Heine Maskierungen liebte. Seine Leidenschaft zu ihr ist erotisch-geistig schicksalhaft, wahnsinnig und zärtlich. Vergebens sucht man in der Liebesgeschichte aller Zeiten ein Wunder, das diesem gleicht. Camille Selden, wie sich die Anonyme als französische Schriftstellerin nannte, hat Heine geliebt und verstanden. Sie wurde später zehn Jahre durch die Liebe von Taine ausgezeichnet, übersetzte Goethes Wahlverwandtschaften, schrieb den ersten französischen Aufsatz über den Grünen Heinrich, und ihren Roman Daniel Vlady (1862) behandelte F. Baldensperger als Vorgänger des «Jean Christophe».

TRAGÖDIE bezieht sich auf Therese Heine, die Tochter 277
von Heines Onkel und launischem Mäzen in Hamburg. Die Liebe zu ihrer älteren Schwester Amalie beherrschte ihn von 1816 bis 1823, die zu Therese von 1823 bis 1827. Amalie war 3 Jahre, Therese 11 Jahre jünger als er. Beide Gestalten verschmolzen in den Gedichten scheinbar zu einer einzigen Passion, bis die verschiedenen Urbilder entdeckt und auseinandergelegt wurden. Die Liebe zu zwei Schwestern, zwei Kusinen, verrät den Mutterkomplex, an dem Heine laborierte. Seine Liebe zu beiden ist

eine quälende Leidenschaft, in der sein Ich dominierte. Im Gegensatz zu Amalie hat Therese seine Liebe wenigstens erwidert. Nichts stand der Heirat im Wege als der Vater. So spielte der Gedanke einer Flucht mit ihnen, wie dieses Gedicht erzählt. Heines intensive Bemühung, in diesen Jahren sich eine literarische oder juristische Existenz zu verschaffen, erklärt sich aus seinen Heiratsabsichten. Seine Liebe macht das Rätsel seiner Taufe verständlicher. Es war der überstürzte Akt eines Verzweifelten, ein Verrat, der ihn doppelt quälte, weil er nutzlos war. Am 28. Juni 1825 ließ sich Heine taufen, am 12. November schrieb er dem Freunde Christian Sethe: *Vielleicht kann ich Dir die Nachricht mitteilen, daß ich mich dort (Hamburg) als Advokat niederlasse, heirate, viel schreibe etc.* Dieser Plan war schon nach vier Wochen gescheitert. Die Heiratsabsichten gaben die jungen Leute nicht auf. Als auch Heines Münchner Pläne zergingen, verheiratete Salomon Heine seine Tochter kurzerhand, wie es damals üblich war, mit Dr. Adolf Halle. Heine schrieb Varnhagen am 12. Februar 1828, strich den Satz aber wieder aus: «Mein Oheim dort, der Millionär, hat wie der gemeinste Schurke gegen mich gehandelt.» Schwiegervater und -sohn enterbten zuletzt gemeinsam den verhaßten Dichter. Die beiden großen Erfahrungen mit Amalie und Therese bestätigten Heines apriorische Gewißheit, daß Liebe tragisch ist.

Das 2. Stück des Tryptichons kannte Heine aus der Zeitschrift Rheinische Flora. Es wurde durch seine Redaktion ein Meisterstück. Er strich die 4. Strophe, mit deren ersten Worten «Auf ihrem Grab blau Blümlein blühn» das folgende Gedicht beginnt. Dieses Stück ein Volkslied nennen, ist Willkür. Ein Kenner wie Karl Simrock, Heines Bonner Studienfreund, nahm es 1851 in seine Deutschen Volkslieder nicht auf, weil er Heine für den Verfasser hielt. Und Heine bedauerte nachträglich, *von der peinlichsten literarischen Ehrlichkeit gewesen zu sein. Andere, selbst Goethe, haben sich weit mehr Benutzung des Vorhandenen erlaubt, und sie haben recht daran getan.* Die «Blaublümelein» der 1. und 4. (gestrichenen) Strophe sind romantisch spät. Die Verbindung von Reif und Blumen ist altes Volksliedgut, wie z. B. «Der reif mit seinem zeichen / Verderbt mangs bluemli zart»[1]. Der leidenschaftliche Befehl *Entflieh mit mir* verewigt einen authentischen Augenblick. Das Wort *Vater* kommt viermal vor.

Das Gedicht fehlte in den bekannten Anthologien, bis 279
George und Wolfskehl es in ihr «Jahrhundert Goethes» unter Heines 15 beste Gedichte aufnahmen. Vier mittlere Zeilen Licht, eingefaßt von vier äußeren Zeilen Nacht. Das Licht ist nicht so hell, wie das Dunkel dicht ist. Taumelnd aber zwischen I- und U-Lauten, steht der Geblendete jäh vor dem Abgrund, den Müttern.

Rudolf Borchardt hat in seinem «Ewigen Vorrat deut- 280
scher Poesie» die letzte Strophe gestrichen. Die Versuchung ist stark, ihm zu folgen. Aber die Melodie des Gedichts verlangt nach einem Abschluß, selbst nach einem abfallenden. Und zudem drückt die Wendung ein neues Wissen aus. Daß die Liebe zuschanden geht, ist nicht mehr erschreckend; nur ist die Erinnerung an diese erste Erfahrung erschütternd. Über ihre Wiederholung lächelt man schon abgeklärt zu zweien.

Das Gedicht, zu bekannt durch seine lautlose Pointe, 282
um noch lyrisch zu wirken, ist inhaltlich bemerkenswert. Heine kennt nur den Liebestod des Mannes und den Liebesmord der Frau. Er ist die Folge ihres ihr selbst unbekannten, fremden Wesens. Wüßte sie's, stürbe sie. Das Thema entnahm Heine den Anekdoten aus Stendhals De l'Amour über die Beni-Asra, deren Frauen schön und deren Männer keusch sind.

[1] Liliencron: Deutsches Leben im Volkslied um 1530. S. 204.

283 Die letzte Strophe aus den Varianten wieder hinzugesetzt.

285, 286 DIE TANNHÄUSER-Sage, deren Ursprung neuerdings ins 13. Jahrhundert rückversetzt wird[1], ist als Volksballade seit 1614 in den verschiedensten Fassungen, auch einer schweizerischen, gedruckt worden. Ihre christlich-heidnischen Zwischentöne haben die Romantiker gefesselt. Noch vor des «Knaben Wunderhorn» schrieb Tieck seine Erzählung «Der getreue Eckart und der Tannhäuser». Heine macht Tannhäuser zum modernen Instinktmenschen, der sich so wenig von den süßen Qualen sexueller Hörigkeit befreien kann, wie er selbst von Mathilde. Goethe hat die efeuhafte Umklammerung Christines und die Duldung seiner Hörigkeit im Amyntas ewig ergreifend begründet: «Ist wie mein eigenes Laub nicht mir das ihre verwandt?» Beide Gedichte geben auch metaphorisch das Erlebnis der sexuellen Naturgewalt verwandt wieder.

Goethe:
ABER, ach! das Wasser entstürzt der Steile des Felsens
Rasch, und die Welle des Bachs halten Gesänge nicht auf.
Rast nicht unaufhaltsam der Sturm? und wälzet die Sonne
Sich, von dem Gipfel des Tags, nicht in die Wellen hinab?

Heine: *Ich liebe sie mit Allgewalt,*
*Nichts kann die Liebe hemmen!*
*Das ist wie ein wilder Wasserfall,*
*Du kannst seine Flut nicht dämmen;*

*Er springt von Klippe zu Klippe herab,*
*Mit lautem Tosen und Schäumen,*
*Und bräch er tausendmal den Hals,*
*Er wird im Laufe nicht säumen.*

Heine stattet Venus mit den französischen Zügen Mathildens aus, die ihn bis zuletzt bestrickten:

[1] H. Naumann im «Jahrbuch für Volksliedforschung», 5. Bd.

*Sie lacht so gesund, so glücklich, so toll,*
*Und mit so weißen Zähnen!*
*Wenn ich an dieses Lachen denk,*
*So weine ich plötzlich Tränen.*

Ja selbst Heines Prügel fehlen nicht im Haushalt Tannhäuser-Venus, die Verlaine an sein Verhältnis mit Mathilde Maute erinnerten.

Heines Venus ist nicht bloß Mathilde, sondern «Vénus toute entière à sa proie attachée», wie in Racines Phèdre. Heine gab dem Tannhäuser auch eigene Züge, wie er dem jungen Freunde Ludwig Bechstein gestand und der Prinzessin Christine Belgiojoso schreibt, von deren Liebe er Befreiung von Mathilde erhoffte (286/7). Darüber hinaus drückt Tannhäuser den Zustand aus, den Wagner berauscht im Tannhäuser wiedergibt («Aus Freuden sehn' ich mich nach Schmerzen») und den Baudelaire mit sich selbst identifiziert: «Nous étions semblables au chevalier Tannhäuser lui-même, qui, saturé de délices énervantes, ‚aspire à la douleur'.» Auf den in Wagner enthaltenen Heineschen Tannhäuser kommt Baudelaire in seinen schönen Noten über Heine für Jules Janin nochmals zurück[1].

Der Versuch, Wagners Tannhäuser von Heine möglichst unabhängig zu machen und auf die Volkssage zu beziehen, ist hoffnungslos[2]. Das Gemeinsame ist nicht der Stoff, sondern das Erlebnis der Lust, die Qual wird.

*geistreichsten Weibes:* Prinzessin Belgiojoso. Sie besuchte Heine bis zu seinem Tode. 287

Nach einer Familientradition war es eine Ostjüdin, die Heine in Berlin in Not traf und betreute. 255 Komponisten haben diese Verse kompromittiert, bis George sie rehabilitierte. 292

[1] Edition de la Pléiade, II, 497, 498, 607, 610.

[2] Max Kempter-Lott: Quellen zu Richard Wagners Tannhäuser. Zürich 1942.

297 HÄNDE — Vgl. dazu Napoléons Hände S. 15.

Heines so moderne Kunst der Handbeschreibung, der Handerlebnisse, gehört zu den vielen unbekannten Schönheiten seines Prosawerks. D'Annunzio, der nicht am wenigsten als Entdecker der Frauenhände gefeiert wurde, hat von Heine profitiert. Das S. 434 stehende Stück hat er sogar in eigener Übersetzung 1887 veröffentlicht (Siehe A.F. Nossing, S. 251 ff.). Von Heines Händen der Beichtenden, die viel gelitten hat, führt eine Linie zu den Händen der Duse bei D'Annunzio.

314 *rückwärts gekehrter Prophet* (S. 451): Heine hat diesem Wort von Fr. Schlegel in Nr. 148 einen schöneren Sinn gegeben: der Dichter als Geschichtsschreiber der Zukunft.

*Mischlinge von Gottheit und Stein:* Nur Dichter drücken kritische Einwände mit einem Bild aus, das sie aufhebt. Es bezieht sich gewiß nicht auf die Goetheschen Menschen von Shakespearescher Lebensfülle, wie Gretchen, Mephisto und viele andere, selbst in den Dramolets der Jugendjahre. Aber trifft es nicht zu auf die Mischlinge von Goethe und Frau von Stein? Adolf Bartels bemerkt dazu: «Man möchte dem Hallunken ... an die Kehle springen[1].» Schon der zweite deutsche Professor, der Brachialgewalt gegen Heine empfiehlt. (s. S. 603)

316 DER WEST-ÖSTLICHE DIVAN — Die Größe von Goethes Alterslyrik wurde erst im 20. Jahrhundert entdeckt. Auch hier ist Heine seiner Zeit weit voraus.

319 BYRON — *mein Vetter:* Heine bezeichnet öfters damit eine geistige Blutsverwandtschaft. Er meint es auch in bezug auf Jesus nicht anders (s. Nr. 355). George Sand und Heine sprachen sich regelmäßig so an.

[1] «Heinrich Heine. Auch ein Denkmal.» Dresden 1906.

Grabbe — Heine bewährt wieder den frühen und schnel- 321
len Blick für das Geniale. Er erklärte Grabbe sofort zum Genie, nach der Lektüre des Gothland.

Immermann — Zwar nur der Brief an einen Freund, aber 324
die Zeit hätte auch dieses Urteil Heines bestätigt, wenn sie Zeit gehabt hätte, das charmante Werkchen zu lesen. Es braucht sich nicht zu weit weg von Alice im Wunderland zu verstecken.

Platen — Heines Polemik kann nicht durch den mächti- 325
gen Witz gerettet werden, mit dem der unbesiegbare Fechter den hilflosen Angreifer zerfleischt. Immerhin soll dieses amüsante Zitat zeigen, daß Heine nicht, wie allgemein behauptet wird, Platen Homosexualität vorgeworfen hat, sondern Zagnis vor dem Rätsel der eigenen Natur, das freilich damals noch wenig bekannt war. Wenn Heine aber zweimal ausruft *Er ist kein Dichter*, so stände damit seine einzige Reputation in Frage, die er hier verlieren kann: die seines untrüglichen Blicks für Ingenium. Glücklicherweise kennen wir Heines Brief an W. Menzel, geschrieben vor der Polemik, in dem Heine ausruft: *Er ist ein wahrer Dichter*. Damit ist Heines literarische Autorität gerettet.

An der Platenschen ist in diesem Fall nichts zu retten, denn zu stolz, den Gegner auch nur zu lesen, begnügte er sich mit der ihm «komisch» dünkenden «Ingredienz», daß Heine Jude war. Wen Heines krasse Verhöhnung von Platens Liebesleben verletzt, der wird hoffentlich für Platens witzlose Verhöhnung von Heines Judentum gleich empfindlich sein. Beiden Attacken ist fatal gemein, daß sie den Gegner bei seiner Natur packen, für die er keine Schuld trägt, und die keine Schuld ist. Daß Heine inmitten von Straßenpogromen und staatlicher Entrechtung einen Juden zeigen wollte, dessen Gegenschlag vernichtet, machte seine Polemik unwählerisch, deshalb unwirksam, rechtfertigt sie aber als moralischen Mutakt. Platen bietet dafür jetzt, wenn man seine Stichelverse insgesamt überblickt, das psychologische Rätsel, daß er sich gerade in diesem Fall homosexueller Invektiven gegen Heine nicht enthalten konnte, so wenn er im Romantischen Ödipus wissen will, daß Heines Küsse Immermann nicht munden, weil sie «sondern ab Knoblauchsgeruch»; ja daß er sich noch für viel mehr interessiert, wie die Frage zeigt: «Solltest Du nackt dich zeigen, im männlichen Spiel der Palästra / Sprich, wie verstecktest du dann jenen verstümmelten Teil?»[1].

Der Haß der Gegner steigerte sich am Mangel echter Gegensätze, bei der Austragung von eingebildeten, zum Paroxysmus. Keiner ahnte, daß sie beide zusammen, unwissentlich verbunden in ihrer Verehrung Napoléons, in der Verherrlichung der Freiheit, im Mitleid mit versklavten Völkern, in der Polemik gegen Deutschland, noch oft, besonders von links her, zusammen genannt werden sollten. Und eben dies macht diesen Literatenkrieg posthum lächerlich und leider allzu menschlich. — Will man Polemik lesen, die bereichert, so greife man zu Goethes Göttern, Helden und Wieland. Hier wird die Negation vom Vorbildlichen erdrückt, der Hofrat, der den Herkules artig im Munde führt, von dem Giganten, einem hinreißenden Goetheschen Mischling von Gott und Held.

337 *eine neue Kunst gebären:* Heines Einsicht, in einer Übergangskrise zu leben. Er erwartet erst von der Zukunft eine neue Ganzheit.

343 SAPHIR — Moritz Saphir, österreichischer Humorist ungarischer Herkunft, brachte das Feuilleton in den Ruf von leerem Gewitzel. Heine wendet sich hier und anders-

[1] Platens Werke, herausgegeben von Max Koch und Erich Petzet. Hesse-Klassiker, Bd. 4, S. 227f.

wo gegen Witz und Satire ohne Ziel. Wer Heine einen «Feuilletonisten» nennt, sollte auch sagen können, wer von dieser Gattung ihm das Wasser reicht, geschweige denn den Wein.

Heine weiß immer zwischen Jesus, dem blutsver- 355
wandten Sozialpropheten, und Christus, dem Sohn-Gott von Golgatha, zu unterscheiden.

Der Staat der Parteifunktionäre in der parlamentari- 356
schen Demokratie und der diktatorische Ein-Mann-Staat (s. Nr. 128) wurden von Heine mit Sorge vorausgesehen.

SPANISCHE ATRIDEN — Die Atriden weisen auf die 359
attische Familientragödie hin, das spanische Attribut auf Grausamkeit ohne Größe. Das Thema des Gedichts ist der Haß, den der Genius durch sein Ausnahmewesen auf sich zieht. Die niedere Kreatur haßt den Genius, weil sie nichts über sich duldet. Die Gnadenwahl, die auf Abel und David gefallen ist, hat die Mordsucht von Kain und Saul erregt. Das Thema der Ballade ist biblisch prototypisch.

Heine, in der Gattung der Verserzählung ein Meister der Weltliteratur, ist gerade in diesem Gedicht, einem der grausamsten, die je geschrieben wurden, Aristophanes am nächsten. Die tragischen Dichter wie Shakespeare, Goethe, Swift, Byron stellen Greuel mit einer Ruhe dar, die jeden Augenblick in Gelächter umschlagen könnte. Heine wählt hier den verschärfenden Ton weltmännischer Höflichkeit. Die Geschichte spielt unter dem seidenen Pöbel, mit feiner Sitte, die über das Verbrecherische mit keuschen Augen hinwegblickt.

Es ist aber auch ein Vorgang aus dem Familienleben der guten Gesellschaft. Die Ballade hieß ursprünglich *Familiengeschichte*, und die von Heine gestrichenen, hier wieder eingesetzten Strophen 8 und 9 sind ein Selbstporträt. Über die Familientragödie s. S. 558. Auch als Familiengedicht haben die Atriden Epoche gemacht. Innerhalb der Familie gab es schon vorher Konflikte, die aus Verbrechen, Bruch der Sitte usw. resultierten. Hier ist die Familie nicht das Gefäß, sondern der Boden der Untat, die Walstatt der Gegensätze. Es ist ein Mord auch aus Familiengründen, ein Generationenproblem. Die Familie, die Zelle der Gesellschaft, birgt auch die Verbrechen der Gesellschaft in nuce.

Den Stoff fand Heine in der spanischen Geschichte, bei Mérimée und bei Dumas (Le Batard de Mauléon). Th. Fontane, der für seine Balladen von Heines leichtem Gesprächston lernte, läßt in Effi Briest (17. Kap.) den Major Crampas Heinesche Gedichte, auch dieses, erzählen, aber mit Veränderungen, die sich auf das Romangeschehen beziehen.

360 Hermann Fürst von Pückler-Muskau, dem Heine als «hochgefeierten und wahlverwandten Zeitgenossen» Lutezia gewidmet hat. Als Geistesaristokrat zog Heine der Geldaristokratie die Geburtsaristokratie vor, unter der er Freunde und Verehrer hatte, — inklusive Metternich, für den wieder Heine als Persönlichkeit Sympathien äußerte.

68, 369 *Das Leben ist der Güter höchstes:* Heine parodiert mit einem Strich durch das «nicht» die Schiller-Verse aus der Braut von Messina: «Das Leben ist der Güter höchstes nicht / Der Übel größtes aber ist die Schuld.» Heines Antithese Leben—Tod hat mit der Schillerschen Leben—Schuld nichts gemein, ist also weder Antwort noch Widerlegung, da Heine ja selbst das Leben für die Idee am höchsten stellt, also ihr jenes ohne weiteres opfert. Zu Heines Lebensphilosophie gehört aber auch seine Todessehnsucht. Schließlich platzt das Wort dem Erzähler von den Lippen, gleich nachdem ihn eine «lebenschenkende Frau» vom Selbstmord zurückgeholt hat.

Die Leben-Tod-Zitate von Goethe und Kleist beziehen sich auch auf den eben nöch vermiedenen Selbstmord. Aus diesem Zusammenhang hat Alfred Kerr das Wort herausgerissen und so oft gebraucht, daß es für sein Wort gehalten wurde. So wie er es gebrauchte, gehört es freilich ihm.

Die Anekdote Düvent-Löwe führt den Gedanken weiter. Sie ist keine echte Anekdote, sondern zu einer Pointe nachträglich hinzuerfunden. Der Satz «einem lebendigen Hunde ist wohler als einem toten Löwen» steht im Prediger Salomonis (9,4.) Zum Kohelet gehört die ganze Fragestellung dieses Stückes. Das Bibelbuch leugnet die Unsterblichkeit, gibt dem Leben eine absolute Priorität, weil anderes als Leben nicht existiert, der Tod das Nicht ist, der Mensch dem Vieh gleicht — in welcher Lebensform immer er lebt, gehört er doch wenigstens dem Sein an. Die Philosophie des Kohelet ist noch todesfeindlicher als die homerische. Das Achilleszitat hat Heine mehrmals verwendet. Das Hund-Löwe-Wort wurde ihm oft als Zeichen besonderer Charakterlosigkeit von Gegnern ohne Bibelkenntnis vorgeworfen. Auch Gottfried Keller hänselt Heine damit (Apotheker von Chamounix, II, 3).

DER TOD DAS IST . . . — Alle Einwände gegen Heines 377
oft nur sagende Lyrik bringt dieses Gedicht zum Schweigen. Es stammt aus jenen Sprachtiefen, in denen die Dinge Ton und Raum werden; es ist in gewisser Beziehung sein schönstes. Erlebnis und Wort sind ohne die leiseste Veränderung traumverwoben. Das Gedicht hebt im Leben an, mit knappen prosaischen Angaben, und wandelt sich sofort in das ganz Andere. Das Leben, seiner selbst müde, erwacht im Traum zu einem jenseitigen Tag. Er ist anders als jeder bekannte. Der Surrealismus des Volkslieds erreicht alogisch die Umwandlung der uns bekannten Dinge in echtere. Was für ein fremder und

doch eigentlicher Baum aus dem Boden des Traums herauswächst und von welchem Kosmos tönt der Schlag der Nachtigall her — aus ihrem, aus unserem? Gibt es zwei verschiedene Leben? Im Gedicht verfließen sie.

378 JEHOVAH — Diese Gottesbezeichnung ist pejorativ. Das Wort existiert so wenig wie der Begriff. Die Konsonantengruppe des Gottesnamens Jahweh, den auszusprechen verboten ist, erhielt im 8. Jahrhundert, als die Texte gereinigt und mit Vokalen versehen wurden, die Vokalfolge o—a, um die richtige Aussprache a—e zu verhindern und zum Ersatzwort Adonaj — mein Herr — hinzuleiten. Das wußten die christlichen Hebraisten nicht und führten das im Hebräischen nicht existierende Wort Jehovah ein. Mit ihm wurde eine judenfeindliche Gottesvorstellung verbunden, deren Rudimente zwar im Alten Testament vorhanden sind, aber auch überwunden werden. Im besten antisemitischen Stil spricht Heine von Jehovah als *hartem Gottkönig*, *Gott der Rache*, *unser Gott ist nicht die Liebe* (ironisch-antirabbinistisch in der *Disputation*). Heute ist der Gebrauch animos, da gewöhnlich vom Popanzgott auf das Popanzvolk geschlossen wird, so von Anatole France, Gundolf, Rilke, um einige mir grade präsente Fälle anzuführen[1].

383, 384 WIDERRUFE — Sie wurden in Deutschland belustigt oder skeptisch aufgenommen und waren besonders für die liberalen Bärenhäuter ein Zeichen charakterloser Schwäche. In Wahrheit tritt mit ihnen die Synthese hervor, die Heine lebenslänglich auf Pfaden suchte, die eben nicht ganz die seinen waren. Zeugnis des zeitgenössischen Mißverständnisses ist Kellers «Apotheker von Chamounix», immerhin eine funkelnde Literatursatire, in der Keller Heine mit dem Hute in der Hand verspottet.

*der hohe Klerus des Atheismus:* Heine kannte schon da-

[1] Rilke: Briefe. 2. Bd., S. 284. Insel-Verlag 1950.

mals die *fanatischen Pfaffen des Unglaubens.* Hengstenberg, den lutherischen Zeloten, trennt er nur durch ein Komma von seinen linkshegelischen Widersachern, um sie alle in den einen Preßtopf der Unduldsamkeit zu werfen.

*Josua ben Siras:* Verfasser des biblischen apokryphen Buches Sirach.

Lass die heilgen Parabolen — Heine hatte schon 1848 398
in einem Brief an Gustav Kolb die Hiobsfrage gestellt: «Warum muß der Gerechte so viel auf Erden leiden?... Es ist wahr, daß der Schmerz ein seelenreinigendes Medikament ist, aber mich dünkt, ich hätte doch diese Kur entbehren können.» Und doch bedurfte es noch langer Kuren, bis sich Heine als Hiob erlebte, er Prototyp seines Volkes wurde, dessen Sinnbild Hiob ist. Warum bedurfte Heine solcher Prüfungen, um zu den Tiefen seines Ichs zu gelangen? Hundert Jahre später hat Margarete Susman das Buch Hiob als Mythos eines Volkes gedeutet, das aus den Todesöfen lebensbejahend, staatsschaffend hervorgegangen ist[1], wie auch Heine auf der Matratzengruft ganz neue Töne der Lebens- und Gottesbejahung in eigener Verheißung fand.

Hiob und Jeremias gewähren auch dem Frommen das Recht, Gott zu fragen, das Wort zu prüfen. Deshalb ist Heines Rebellengedicht religiös. *Fragen* hat schon der faustische Wanderer am Nordseestrand an die Götter gerichtet: *Und ein Narr wartet auf Antwort (Nordsee, II, 7).*

*Aber ist das eine Antwort?:* Der Reim ist im Deutschen der Schöpfer eines Gleichklangs zusammengehöriger Bedeutungen zu einem neuen Sinn. Aber wie drückt hier der verblüffend reimlose Ausgang des Gedichts die unermeßliche Leere zwischen Frage und Schweigen aus! Der Nichtreim dehnt das Warten auf Antwort in alle Ewigkeit aus. Wie eine Pause den Strom einer Beethoven-

[1] Das Buch Hiob und das Schicksal des jüdischen Volkes. Steinberg Verlag Zürich, 2. Auflage 1948.

schen Musik staut, bringt die Reimpause die Frage zum Schweigen. Der Nichtreim — das ist also die Antwort.

401 *allgemeines Bibeltum* (S. 538): Heine schwebt etwas vor wie der größere Christus von Leonhard Ragaz. Er sieht die Israellinie eines gemeinsamen Juden-Christentums. Was Heine negativ Nazarener nannte, nennt Ragaz positiv Israel[1].

*Verwandtschaft zwischen Juden und Germanen.* (S. 539): ein Märchen aus dem Berliner Kreis der getauften Romantiker und Romantikerinnen, das vielen deutschen Juden teuer geblieben ist. In Wahrheit handelt es sich nur um Reflexverwandtschaft durch Assimilation. Auch George kontrastiert und bindet Juden und Germanen zur Schicksalsverwandtschaft[2].

*Verjährung* (S. 54): Heine irrt. Sie existiert auch im jüdischen Recht[3].

402 *Moses:* Heines Moses, in Wortstein gemeißelt, als Künstler, der ein Volk schafft, beeinflußte Thomas Manns Erzählung Das Gesetz[4]. Freud, der auch Moses als Ägypter darstellt, kannte Heines Darstellung nicht, wie mir sein Famulus Friedrich Eckstein erzählte.

*Heine* hat die Juden lange als ägyptisches Urübelvolk verhöhnt (s. Nr. 251). Jetzt feiert er sie als Menschen-Obelisken. Die Ägyptologie hat keine Zusammenhänge mit dem Mosaismus feststellen können.

*Ritter des Heiligen Geistes:* In der *Bergidylle* war diese Ritterschaft säkularisiert. Jetzt ist sie Priesterschaft geworden. So ist es zuletzt das Erste Testament, das in das Dritte *hinüberdeutet.*

[1] Israel, Judentum, Christentum. Zürich 1943.

[2] Stern des Bundes. Verlag Helmut Küpper, vormals Georg Bondi Godesberg 1949, S. 41—43. Vgl. Werner Kraft: George und das Judentum Neue Schweizer Rundschau, 1950, 10.

[3] Israel Tabak: Iudaic Lore in Heine. Baltimore 1948. S. 87.

[4] Die Entstehung des Doktor Faustus. S. Fischer Verlag 1949, S. 20.

Untersucht in der Gazette médicale de Paris, 1902, p. 404
81—91 «Un cas historique de télépathie. Camille Selden et la mort de Heine».[1]

Das einzige Testament eines Dichters, das ein poli- 405
tisches Anliegen stellt. Das Schicksal Europas ist mit Heines Vermächtnis verknüpft.

[1] J. Wright: Camille Selden. Sa vie - son œuvre. Paris 1931. p. 248.

# BIBLIOGRAPHIE

ANDLER (Charles): La Poésie de Heine. Paris 1949

ARNOLD (Matthew): Essays in Criticism. London 1860

BENZ (Richard): Lebenswelt der Romantik. Dokumente romantischen Denkens und Seins. München. Nymphenburger Verlagsh. 1948

BENZ (Richard): Wandel des Bildes der Antike in Deutschland. Piper, München 1948

BERG (Leo): Heine — Nietzsche — Ibsen. Berlin 1908

BERENDSOHN (Walter A.): Der lebendige Heine im germanischen Norden. Kopenhagen 1935

BETZ (Louis P.): Heine in Frankreich. Zürich 1895

BIANQUIS (Geneviève): Heine. L'homme et l'œuvre. Paris 1948

BÖLSCHE (Wilhelm): Heinrich Heine. Leipzig 1888

BRANDES (Georg): Heinrich Heine. 1922

BROD (Max): Heinrich Heine. Amsterdam 1935

CONRADY (Alexander): Die Rheinlande in der Franzosenzeit (1759—1815). Stuttgart 1922

CLOSS (August): Die freien Rhythmen in der deutschen Lyrik. Francke, Bern 1947

CROCE (Benedetto): Poesie und Nichtpoesie. 1925

ELIOT (George): Essays. Leipzig 1884

ERNST (Fritz): Die romantische Ironie. Dissertation. Zürich 1915

FEJTÖ (François): Henri Heine. Lüttich 1946

FISCHER (Andreas): Goethe und Napoléon. Frauenfeld 1899

FRIEDEMANN (Hermann): Die Götter Griechenlands. Von Schiller bis Heine. Dissertation. Berlin 1905

GUNDOLF (Friedrich): Dichter und Helden. Heidelberg 1921

HENNEQUIN (Emile): Ecrivains francisés. Paris 1889

HEYMANN (Fritz): Der Chevalier von Geldern. Amsterdam 1937

HIRTH (Friedrich): Heinrich Heine und seine französischen Freunde. Florian Kupferberg, Mainz 1949

HOLZHAUSEN (Paul): Napoléons Tod im Spiegel der zeitgenössischen Presse und Dichtung. Frankfurt a. M. 1902

HÜFFER (Hermann): Heinrich Heine. Gesammelte Aufsätze. Herausg. v. Ernst Elster. Georg Bondi, Berlin 1906

KARPELES (Gustav): Heinrich Heine. Aus seinem Leben und aus seiner Zeit. Leipzig 1899

KAUFMANN (David): Aus Heinrich Heines Ahnensaal. Breslau 1896

KRAUS (Karl): Heine und die Folgen. München 1910

LEGRAS (Jules): Henri Heine. Poète. Paris 1897

LION (Ferdinand): Romantik als deutsches Schicksal. Hamburg 1947

LICHTENBERGER (Henri): Henri Heine. Penseur. Paris 1905 (Dresden 1905)

LOEWENTHAL (Erich): Studien zu Heines «Reisebildern». Palaestra 138. Berlin 1922

LUKACS (Georg): Fortschritt und Reaktion in der deutschen Literatur. Berlin 1947

MARCUSE (Ludwig): Heinrich Heine. Ein Leben zwischen gestern und morgen. Berlin 1931

MEISSNER (Alfred): Heinrich Heine. Erinnerungen. New York 1856

NOSSING (Anne Fiedler): Heine in Italia nel secolo decimonono. S. F. Vanni, New York 1948

MOOREN (R.): Heines Wirkung in Holland. Bonn 1930

PETERSEN (Julius): Die Sehnsucht nach dem Dritten Reich in deutscher Sage und Dichtung. Stuttgart 1934

POLAK (K.): Heine und die tschechische Dichtung. Prag 1929

REHM (Walther): Experimentum medietatis. München 1947

RUGE (Arnold): Gesammelte Schriften. 2. Bd. Mannheim 1846

ROMANTISME ALLEMAND (Le): Textes et études publiés sous la direction de Albert Béguin. Les Cahiers du Sud. Marseille 1949

ROSTEUTSCHER (J. H. W.): Die Wiederkunft des Dionysos. Der naturmystische Irrationalismus in Deutschland. Francke, Bern 1947

SCHNEIDER (Reinhold): Dämonie und Verklärung. Liechtenstein, Vaduz 1947

SOLOWJEW (Wladimir): Zwölf Vorlesungen über das Gottmenschentum. M. e. Einführung v. Rudolf Steiner. Stuttgart 1921

STEINEN (Wolfram von den): Das Zeitalter Goethes. Sammlung Dalp. 1949

STERNBERG (Kurt): Heinrich Heines geistige Gestalt und Welt. Berlin 1929

STÖSSINGER (Felix): Revolution der Weltpolitik. (Denkmal für Joseph Bloch.) Paris 1939 (900 S.)

STÖSSINGER (Felix): Heinrich Heine. Neue Zürcher Zeitung 1947 Nr. 2493, 2521, 2522, 2531, 2535 und «Vision.» Konstanz 1948

STRICH (Fritz): Deutsche Klassik und Romantik oder Vollendung und Unendlichkeit. 4. Auflage. Francke, Bern 1949

STRODTMANN (Adolf): H. Heine's Leben und Werke. 2. Auflage 1873

TABAK (Israel): Judaic Lore in Heine. The heritage of a Poet. Baltimore 1948

VALLENTIN (Antonina): Heinrich Heine. Zsolnay, Wien 1948

VALLENTIN (Berthold): Napoléon. Georg Bondi, Berlin 1923

VONTIN (Walter): Heinrich Heine. Lebensbild des Dichters und Kämpfers. Berlin 1948

WADEPUHL (Walter): Heines Geburtsjahr. Publications of the Modern Language association of America. 1946.

WEIDEKAMPF (Ilse): Traum und Wirklichkeit in der Romantik und bei Heine. 1932

WENDEL (Hermann): Heinrich Heine. Ein Lebens- und Zeitbild. Dresden 1916

WOLFF (Max J.): Heinrich Heine. München 1922

WOLFSKEHL (Karl): Bild und Gesetz. Zürich 1930

WORMLEY (Stanton L.): Heine in England. Chapel Hill 1943

WRIGHT (J.): Camille Selden. Sa vie — Son Oeuvre. Paris 1931

Weitere Literatur ist in den 51 Anmerkungen zu den Glossen verzeichnet.

GEDICHTE an und über Heine liegen in großer Zahl vor. Die wichtigsten sind von: Ph. SPITTA, HERWEGH, KELLER, HOFFMANN V. FALLERSLEBEN, Matthew ARNOLD, CARDUCCI, HOFMANNSTHAL, RILKE (s. S. 592).

# REGISTER

## NAMEN- UND SACHREGISTER

(Die Ziffern bezeichnen die Nummern, der Zusatz S. die Seite)

## GEDICHTANFÄNGE UND GEDICHTTITEL

* nach der Anfangszeile, bedeutet Kürzungen oder Rückgriff auf Varianten
** Bezeichnet hinzugesetzten Gedichttitel

## WERKTITEL

## (AUSSER KLEINEN EINZELSCHRIFTEN)

# INHALT